Question prioritaire de constitutionnalité

Kölner Schriften zu Recht und Staat

Herausgegeben von
Prof. Dr. Hartmut Schiedermair und
Prof. Dr. Bernhard Kempen

Band 55

PL ACADEMIC RESEARCH

Lukas Preußler

Question prioritaire de constitutionnalité

Perspektiven konkreter Normenkontrolle in Frankreich

PL ACADEMIC RESEARCH

Bibliografische Information der Deutschen Nationalbibliothek
Die Deutsche Nationalbibliothek verzeichnet diese Publikation in der Deutschen Nationalbibliografie; detaillierte bibliografische Daten sind im Internet über http://dnb.d-nb.de abrufbar.

Zugl.: Köln, Univ., Diss., 2014

Abbildung auf dem Umschlag:
Historisches Universitätssiegel
der Universität zu Köln.

D 38
ISSN 1433-0253
ISBN 978-3-631-66425-4 (Print)
E-ISBN 978-3-653-05576-4 (E-Book)
DOI 10.3726/978-3-653-05576-4

PL Academic Research ist ein Imprint der Peter Lang GmbH.

Peter Lang – Frankfurt am Main · Bern · Bruxelles · New York · Oxford · Warszawa · Wien

Diese Publikation wurde begutachtet.

www.peterlang.com

Meinen Eltern

Vorwort

Die vorliegende Arbeit wurde durch die Rechtswissenschaftliche Fakultät der Universität zu Köln im Dezember 2014 als Dissertation angenommen. Sie ist von Herbst 2012 bis 2014 während meiner Tätigkeit als wissenschaftliche Hilfskraft am Institut für Völkerrecht und ausländisches öffentliches Recht der Universität zu Köln entstanden. Die Bearbeitung befindet sich inhaltlich auf dem Stand der Einreichung von Oktober 2014.

Der Konrad-Adenauer-Stiftung, durch die mein Studium und die Entstehung dieser Dissertation großzügig gefördert wurden, gilt großer Dank.

Meinem Doktorvater und Institutsdirektor, Herrn Prof. Dr. Bernhard Kempen, danke ich sehr, dass er mich zur Wahl des Themas ermutigt, die Entstehung der Arbeit zu jeder Zeit mit großem Interesse begleitet und mir wertvolle Anregungen gegeben hat. Sehr dankbar bin ich auch für die klare zeitliche Zielsetzung und die sehr schnelle Begutachtung.

Herrn Prof. Dr. Otto Depenheuer danke ich herzlich für die schnelle Erstellung des Zweitgutachtens und sein großes Interesse an der Arbeit und ihrer Fragestellung.

Geprägt worden bin ich während der zurückliegenden zwei Jahre auch durch meine Lehrtätigkeit im Rahmen des Studiengangs Europäische Rechtslinguistik, wo Frau Prof. Dr. Isolde Burr-Haase in den gemeinsamen Lehrveranstaltungen meinen Blick für die sprachlichen Feinheiten und bedeutenden Unterschiede verschiedener Sprachfassungen europäischer Urteile geschärft hat.

Die Arbeit hätte nicht entstehen können ohne den fruchtbaren Austausch mit meinen Kolleginnen und Kollegen am Institut, bei denen ich stets ein offenes Ohr gefunden habe.

Die Arbeit hätte auch nicht entstehen können ohne die vorbehaltlose Unterstützung meiner Freunde, vor allem Andreas, Christine, Jochen, Katharina, Nikolaus und Robert, die mir während der gesamten Zeit zur Seite gestanden haben und mir über manche Durststrecke halfen.

Und die Arbeit hätte nicht entstehen können ohne die Hilfe meiner Eltern, Hans-Christian Preußler und Barbara Schürmann-Preußler, denen ich für ihr ungebrochenes Interesse und die Bereitschaft, mir immer ein offenes Ohr zu leihen und mir in manch schwerer Zeit zu helfen, nicht genug danken kann. Ihnen ist diese Arbeit gewidmet.

Inhaltsverzeichnis

Kapitel 1 – Einleitung

A. Heranführung an das Thema

Toute Société dans laquelle la garantie des Droits n'est pas assurée, ni la séparation des Pouvoirs déterminée, n'a point de Constitution.[1]

Diese Feststellung trifft Art. 16 der französischen Erklärung der Menschen- und Bürgerrechte bereits 1789.

In Frankreich selbst wurde die letzte Konsequenz aus dieser Feststellung erst 2008 gezogen. Seit diesem Zeitpunkt existiert eine Möglichkeit, Gesetze auch nach ihrem Inkrafttreten auf ihre Kompatibilität mit der Verfassung, genauer, mit den durch die Verfassung garantierten Rechten und Freiheiten, zu überprüfen und gegebenenfalls zu annullieren.

Die *Question prioritaire de constitutionnalité*, Vorrangige Frage der Verfassungsmäßigkeit oder kurz QPC[2], hat das französische Rechtssystem innerhalb kurzer Zeit grundlegend beeinflusst. Bis zum Inkrafttreten der QPC am 01. März 2010 war jedes verkündete Gesetz in Frankreich der Kontrolle entzogen. Erst mit der heute noch gültigen Verfassung der Fünften Republik von 1958 war überhaupt ein Verfassungsgericht, der Conseil constitutionnel, geschaffen worden, erst nachdem dieses Gericht 1971 selbst seine Prüfungskompetenz erweitert hatte, waren neben Kompetenzregeln auch Grundrechte und Freiheiten tauglicher Prüfungsmaßstab, jedoch stets nur vor dem Inkrafttreten der Gesetze.

Schon hieran wird deutlich, warum die QPC eine solche Bedeutung erlangt hat, warum mit Blick auf die umfangreiche Diskussion im französischen Schrifttum und die zahlreichen Entscheidungen tatsächlich von einem „Big Bang juridictionnel[3]" gesprochen werden kann.

Die Entwicklung der QPC ist aber nicht nur wegen der fundamentalen Änderungen, die sie im französischen Staatsrecht ausgelöst hat, bemerkenswert. Auch der Weg, der zu ihrer Einrichtung geführt hat, ist gegenüber anderen Systemen der Verfassungmäßigkeitskontrolle hervorzuheben.

---

1 *Jede Gesellschaft, in der die Garantie der Rechte nicht sichergestellt oder die Teilung der Gewalten nicht bestimmt ist, hat keine Verfassung.* [eig. Übersetzung].

2 Die Abkürzung „QPC" hat in Frankreich inzwischen Eingang in den wissenschaftlichen Sprachgebrauch gefunden und wird im Schrifttum umfänglich verwendet. Sie kennzeichnet beim Conseil constitutionnel als Teil des Aktenzeichens die Entscheidungsart, siehe hierzu beispielhaft die erste Entscheidung über eine QPC vom 28. Mai 2010, N° 2010-1 QPC, *Consorts L.* Diese Arbeit nutzt aus Gründen der Übersichtlichkeit ebenfalls die akzeptierte Kurzform.

3 Diese Bezeichnung wählte Dominique Rousseau anlässlich seiner Besprechung des Verfahrens in der RDP 2009, S. 631.

Die Entscheidung „*Marbury vs. Madison*" des Supreme Court of the United States von 1803[4], mit der dieser sich die Möglichkeit zugestand, Gesetze am Maßstab der Verfassung zu prüfen[5], sollte auch vor dem Hintergrund des noch jungen und instabilen amerikanischen Staatsgebildes gesehen werden.

Hans Kelsen, der in den 20er Jahren des 20. Jahrhunderts in Österreich an der Schaffung einer unabhängigen Verfassungsgerichtsbarkeit mitwirkte, tat dieses in einer Zeit des Umbruchs, der Abschaffung der Monarchie und damit auch des Garanten der Verfassung in der Person des Kaisers.[6]

Das Bundesverfassungsgericht wurde 1949 auch ins Leben gerufen und mit umfangreichen Kompetenzen ausgestattet, weil nach der Katastrophe des Dritten Reichs die Notwendigkeit, den Staat selbst zu binden und sein Wirken an unabänderlichen Werten zu messen, offensichtlich war.[7]

---

4 Supreme Court of the United States, *Marbury v. Madison*, 5 U.S. 137, 177 (1803).

5 Die entscheidende und vielzitierte Formulierung, das Verhältnis zwischen Gesetzen und Verfassung betreffend, ist die folgende: „*[...], then a legislative act contrary to the constitution is not law: [im gegenteiligen Fall:] then written constitutions are absurd attempts, on the part oft the people, to limit a power in its own nature illimitable.*" (Dann ist ein legislativer Akt, der konträr zur Verfassung ist, kein Gesetz/Recht [...] dann sind geschriebene Verfassungen absurde Versuche durch das Volk, eine Gewalt zu limitieren, die ihrer eigenen Natur nach nicht limitierbar ist.) [eigene Übersetzung].

6 Siehe zur Entwicklung des Österreichischen Verfassungsgerichtshofs nur die detaillierte Darstellung des Kelsen-Schülers Eisenmann in seiner 1928 erschienenen Dissertation, Eisenmann, Justice constitutionelle, S. 161 ff., insbes. S. 174.

7 Hierzu sei nur auf die vielzitierte Äußerung von Carlo Schmid in den Beratungen des parlamentarischen Rates über die Rolle der Grundrechte verwiesen:
„Als drittes Erfordernis für das Bestehen einer demokratischen Verfassung gilt im allgemeinen die Garantie der Grundrechte. [...] Der Staat soll nicht alles tun können, was ihm gerade bequem ist, wenn er nur einen willfährigen Gesetzgeber findet, sondern der Mensch soll Rechte haben, über die auch der Staats nicht soll verfügen können. Die Grundrechte müssen das Grundgesetz regieren; sie dürfen nicht nur ein Anhängsel des Grundgesetzes sein, wie der Grundrechtskatalog von Weimar ein Anhängsel der Verfassung gewesen ist. Diese Grundrechte sollen nicht bloße Deklamationen, Deklarationen oder Direktiven sein, nicht nur Anforderungen an die Länderverfassungen, nicht nur eine Garantie der Länder-Grundrechte, sondern unmittelbar geltendes Bundesrecht, *auf Grund dessen jeder einzelne Deutsche, jeder einzelne Bewohner unseres Landes vor den Gerichten soll Klage erheben können.*" Eig. Hervorhebung, zitiert nach: Stenographischer Bericht der Sitzungen des Parlamentarischen Rats, S. 8, 14 (zweite Sitzung vom 08. September 1948). Sich noch deutlicher zur Situation zur Zeit des Nationalsozialismus abgrenzend positionierte sich der Abgeordnete Adolf Süsterhenn für die Fraktion der CDU:
„Wir wollen einen Staatsgerichtshof, dem nicht nur ein Prüfungsrecht darüber zusteht, ob ein Gesetz in der vorgeschriebenen Form erlassen ist oder ob es mit dem Buchstaben und dem Wortlaut der Verfassung in Einklang steht. Der von uns geforderte Verfassungsgerichtshof soll auch das Recht haben zu prüfen, ob ein

Sogar der Einrichtung des Conseil constitutionnel 1958 liegt eine Zeit der Spannung und der Krise zu Grunde. Denn er sollte eigentlich als Moderator zwischen den Staatsgewalten dafür sorgen, dass das Land nach der zu Erstarrung führenden Überbetonung des Primats des Parlaments in der Vierten Republik, im rationalisierten Parlamentarismus mit einer sorgfältig austarierten Machtverteilung zwischen Regierung und Volksvertretung der Fünften Republik regierbar blieb. Seine Aufgabe bestand nicht darin, individuelle Rechte zu gewährleisten.

2008 ist die Situation anders. Die QPC wird eingeführt, weil der politische Wille dazu besteht, ohne dass es zu einer fundamentalen Umwälzung oder einer politischen Krise gekommen wäre. Nach zwei gescheiterten Ansätzen 1989 und 1993 wird die Möglichkeit der nachträglichen Prüfung von Gesetzen am Maßstab der Verfassung im Zuge einer Verfassungsreform beschlossen, die darüber hinaus viele kleinere Nachjustierungen am Verhältnis der Staatsorgane zueinander vorgenommen hat.

Die Entwicklung des neuen Rechtsinstituts ist beeindruckend. Nach der Verfassungsreform vom 23. Juli 2008, die mit dem neuen Art. 61–1 Const. die Voraussetzungen für eine nachträgliche Kontrolle schuf, wurde das Ausführungsgesetz am 10. Dezember 2009 beschlossen, das neue Verfahren trat am 01. März 2010 in Kraft. Seit diesem Zeitpunkt hat der Conseil constitutionnel in nur vier Jahren über 350 Entscheidungen zur Verfassungsmäßigkeit von Gesetzen gefällt und zahlreiche Normen aufgehoben. Die Zahl der tatsächlich gestellten Fragen, die zunächst einer Weiterleitung durch die Instanzgerichte und die beiden obersten Gerichtshöfe, den Conseil d'État für die Verwaltungsgerichtsbarkeit und die Cour de cassation für die ordentliche Gerichtsbarkeit, bedürfen, lässt sich nicht genau beziffern, übersteigt die Zahl der schlussendlich vorgelegten Fragen jedoch um ein Vielfaches. Die QPC hat den normalen Gerichten die Bedeutung der Verfassung, auch für ihre Auslegungen und Urteile, plastisch vor Augen geführt, sie hat weiterhin

Gesetz seinem Inhalt nach dem Geist und den naturrechtlichen, menschrechtlichen Grundlagen der Verfassung entspricht, wie dies z. B. beim Bundesgerichtshof der Vereinigten Staaten der Fall ist, welcher über den Willen des Gesetzgebers hinaus zum Hüter der Verfassung, zum Wahrer des Naturrechts und zum verkörperten Gewissen der Volksgesamtheit geworden ist. Wir haben kein Angst vor der von dem mit zwei „t" geschriebenen Namensvetter des Herrn Kollegen Carlo Schmid an die Wand gemalten Gefahr einer sogenannten justizförmigen Politik. Es geht uns hier in dieser Frage um die Fundamente des Staates. Entweder wird das Recht tatsächlich als die Grundlage der menschlichen Gesellschaft anerkannt und dann auch mit den notwendigen Garantien zu seiner Verwirklichung ausgestattet. Oder aber die politische Zweckmäßigkeit wird zum höchsten Prinzip erhoben, was dann wieder zu den gefährlichen Grunddogmen einer vergangenen Epoche hinführen würde, wonach eben Recht ist, was dem Volke oder der Regierung oder dem Staate nutzt." Zit. nach: Stenographischer Bericht der Sitzungen des Parlamentarischen Rats, S. 17, 25 (zweite Sitzung vom 08. September 1948).

dem EuGH bereits die Möglichkeit gegeben, sein Verhältnis zur nationalen Verfassungsgerichtsbarkeit zu präzisieren.

Das Interesse an einer vertieften Untersuchung des neuen Systems ist offenkundig. Es besteht die Möglichkeit, geradezu im Zeitraffer zu verfolgen, wie sich eine Verfassungsgerichtsbarkeit entwickelt, ohne dass dieser Entwicklung mehr als der bloße politische Wille zu ihrer Einrichtung zu Grunde liegt.

In Frankreich beschäftigt das neue Rechtsinstitut Wissenschaftler und Praktiker aller juristischen Disziplinen gleichermaßen[8] und ist bereits Anlass umfangreicher Publikationen geworden. Die deutsche Rechtswissenschaft hat die QPC jedoch bisher, außerhalb des eng umgrenzten Bereichs der Europarechtskonformität, weitgehend unberücksichtigt gelassen. Diese Arbeit versucht, einen Beitrag zur Schließung dieser Lücke zu leisten. Das neue Verfahren soll strukturiert vorgestellt und dabei kritisch analysiert werden, um dem deutschen Leser die Möglichkeit zu geben, sich eine Vorstellung von der nunmehr auch in Frankreich möglichen Kontrolle von Gesetzen nach ihrem Inkrafttreten zu machen.

Der Schwerpunkt der Untersuchung liegt beim Weg zu einer Entscheidung des Conseil constitutionnel über eine QPC, denn die Konzeption dieses Weges ist entscheidend für den Erfolg des Systems. So schreibt HANS KELSEN bereits 1928 in einem in Frankreich erschienenen Aufsatz:

> „*La question du mode d'introduction de la procédure devant le tribunal constitutionnel, a une importance primordiale: c'est de sa solution que dépend principalement la mesure dans laquelle le Tribunal constitutionnel pourra remplir sa mission de garant de la Constitution*"[9]

Die Ausgestaltung der Entscheidung, die Grundrechtsprüfung und Reichweite und Inhalt der Grundrechte bleiben demgegenüber weitgehend unberücksichtigt. Denn hier ist ein wesentlicher Unterschied zum bisherigen und weiterhin existenten Verfahren der *contrôle à priori*, also der Kontrolle vor Inkrafttreten des Gesetzes, nicht vorhanden, wo sich ein solcher doch niederschlägt, wird er gesondert hervorgehoben.

Daneben wurde ein besonderes Augenmerk auf das Verhältnis des neuen Verfahrens zum Europarecht gelegt, auch vor dem Hintergrund, dass der EuGH wegen der QPC bereits in die Lage versetzt wurde, sein Verhältnis zu nationalen Verfahren der Verfassungsmäßigkeitskontrolle zu präzisieren.

---

8 Es erscheint möglich, davon zu sprechen, dass dieses Verfahren dazu geführt habe, das Verfassungsrecht zu einem genauso alltäglichen Gegenstand zu machen, wie sonst das Zivil-, Handels- oder Strafrecht, CARCASSONNE/DUHAMEL, QPC, S. 45; jeder Franzose habe nun ein Interesse und die Berufung, selbst verfassungsrechtliche Erwägungen anzustellen.

9 KELSEN, RDP 1928, S. 197, 245. (Die Frage der Einleitung des Verfahrens vor dem Verfassungsgericht ist von entscheidender Bedeutung: Von ihrer Lösung hängt hauptsächlich ab, in welchem Umfang das Verfassungsgericht seine Aufgabe als Garant der Verfassung wahrnehmen kann. [eig. Übersetzung]).

Abschließend soll dann auf der Basis dieser Betrachtungen versucht werden, eine Gesamtwürdigung der QPC vorzunehmen.

B. Anmerkungen zum Gang der Untersuchung und zu deren Zielsetzung

Jede wissenschaftliche Untersuchung, mit der versucht werden soll, sich einem so umfangreichen Thema wie der QPC zu nähern, bedarf einer klaren Eingrenzung des Untersuchungsgegenstandes und einer Strukturierung der Untersuchung, um nicht unübersichtlich zu werden und die Stringenz der Argumentation zu Gunsten einer bloßen Aneinanderreihung von Fakten aufzugeben.

Die Eingrenzung des Untersuchungsgegenstandes lässt sich jedoch nur bedingt ohne vertiefte Auseinandersetzung mit der Thematik mit letzter Sicherheit vornehmen. Ziel dieser Untersuchung war immer, die Eignung des neuen französischen Systems dahingehend zu beurteilen, ob sich so die von politischer Seite gewollte „Wiederinbesitznahme der Verfassung" durch die Bürger und damit letztlich ein wirksamer Rechtsschutz gewährleisten lassen. Allerdings kollidiert eine solche allgemeine Frage mit der Realität eines vielschichtigen, in viele einzelne Schritte gegliederten Verfahrens. Die Frage der Eignung des Systems hängt nicht von einem einzelnen Faktor ab, es ist von vornherein offensichtlich, dass es nicht einen Prüfungspunkt geben kann, an dem alleine die Effektivität des Verfahrens festgemacht werden könnte.

Auch eine Gliederung, die nur die Besonderheiten und ggf. Schwächen des Systems in den Blick nimmt, ist nicht sinnvoll. Denn damit wäre es erforderlich, bereits vor Beginn der Untersuchung eine klare Aussage über deren Ergebnis und die einzelnen Resultate zu treffen, um danach gliedern zu können. Tatsächlich konnte das Verständnis des Systems jedoch erst im Zuge der Beschäftigung mit diesem und der Erschließung weiterer und neuer Quellen wachsen. Es handelt es sich nach allem um die Dokumentation eines über einen längeren Zeitraum durchgeführten Forschungsprojektes.

Diese Arbeit ist daher einen anderen Weg gegangen. Sie hat das Ziel der kritischen Würdigung und Beurteilung des Gesamtsystems nicht aus dem Blick verloren, aber zugleich jeden einzelnen Problempunkt in seinem Umfeld und mit seinen Besonderheiten selbstständig und unabhängig vom Gesamtbild analysiert. Damit stellte sich jedoch zwangsläufig die Frage der Identifikation der zu untersuchenden Problemkomplexe und damit schlussendlich der Reihenfolge der Prüfung.

Das System der QPC beruht nach der gesetzlichen Konzeption darauf, dass eine Frage der Verfassungsmäßigkeit durch einen Bürger vor einem Gericht[10] im Zuge

10 Im Folgenden wird stets von „normalen Gerichten" gesprochen, wenn Bezug auf die Gesamtheit aller Gerichte außer dem Verfassungsgericht genommen werden soll. Damit soll weder die Trennung zwischen ordentlicher Gerichtsbarkeit und Verwaltungsgerichtsbarkeit in Frage gestellt werden, noch ist damit eine Aussage

eines laufenden Verfahrens gestellt wird, um dann von diesem Gericht an die jeweils höchsten Instanzen von ordentlicher Gerichtsbarkeit und Verwaltungsgerichtsbarkeit, Cour de cassation[11] und Conseil d'État[12], weitergeleitet zu werden.

über die jeweils handelnde Instanz verbunden. Entsprechend wird ansonsten zwischen den einfachen Gerichten auf der einen und den obersten Gerichten, Conseil d'État und Cour de cassation, auf der anderen Seite unterschieden, da sich diese Trennung so auch im Prozessrecht wiederfindet. Eine solche Einteilung schlägt auch Savonitto, RFDC N° 93 (2013), S. 107 Fn. 3, vor, er unterscheidet zwischen den *cours suprêmes* Conseil d'État und Cour de cassation und den *juges du fond*, allen anderen Gerichten. Dabei gehören zu den einfachen Gerichten durchaus auch die Appellationsgerichte, *Cours d'appel*, die erst in zweiter Instanz befasst werden.

11 Die Cour de cassation fungiert in Frankreich als höchstes Gericht der ordentlichen Gerichtsbarkeit (Art. L411–2 Code de l'organisation judiciaire), sie verfügt über drei allgemeine Zivilkammern, eine Kammer für Wirtschaftssachen (Chambre commerciale), eine für den Bereich des Arbeitsrechts (Chambre sociale) und die höchste Instanz in Strafsachen, die Chambre criminelle (dieses ergibt sich aus den Artt. L421–1 ff. COJ, i.V.m. dem Ausführungsdekret, Art. R421–3 COJ). Über die genaue Kompetenzverteilung zwischen den einzelnen Kammern entscheidet nach Art. R431–2 COJ der Präsident des Gerichts (Premier Président) per Erlass. Besonders wichtige Rechtsstreitigkeiten werden entweder von mehreren Kammern gemeinsam (Chambres mixtes nach Art. L431–5 COJ, wenn die Kompetenzen mehrere Kammern betroffen sind oder um abweichende Ergebnisse zu vermeiden) oder im Ausnahmefall von der einem Großen Senat vergleichbaren Assemblée plénière (nach Art. L431-COJ zur Vermeidung abweichender Ergebnisse, bei Differenzen zwischen Cour de cassation und Instanzgerichten oder bei einem erneuten Kassationsantrag mit gleicher Begründung) entschieden. Die Cour de cassation beschäftigt sich nur mit Rechtsfragen, sie ist nie in erster Instanz tätig.

12 Der Conseil d'État ist das höchste französische Verwaltungsgericht (Art. L111–1 Code de justice administrative). Als moderne Institution wurde er 1799 unter Napoleon als Beratungsinstanz für Herrscher bzw. Regierung gegründet, sein Name und seine Ursprünge lassen sich allerdings bis in die Zeit der Monarchie zurückverfolgen. Auch in Verwaltungsrechtsstreitigkeiten blieb es lange Zeit bei der Beratung, da die Entscheidung dem Herrscher vorbehalten war (*justice rétenue*). Die weiterhin bestehende Staatsnähe zeigt sich sowohl daran, dass der eigentliche Präsident der Institution der Premierminister ist, dieser wird jedoch im Alltag stets nach Art. L121–1 CJA durch den Vizepräsidenten vertreten, als auch daran, dass die dort tätigen Juristen nicht an der Richterhochschule ENM, sondern an der Verwaltungshochschule ENA ausgebildet werden. Heute ist nur eine der sechs Sektionen des Conseil d'État Gericht im eigentlichen Sinne und mit der Entscheidung über Streitfälle beauftragt, die anderen Sektionen sind von dieser unabhängig und beraten die Regierung, zu Teilen obligatorisch, bei Gesetzes- und Verordnungsvorhaben. Innerhalb der Section de contentieux entscheiden in der Regel eine oder zumeist mehrere Untersektionen (sous-sections) den Streitfall, in Ausnahmefällen tritt die gesamte section de contentieux zusammen oder es kommt zu einer Entscheidung der Assemblée, an der auch die beratenden Sektionen beteiligt sind (Siehe zu möglichen Spruchkörpern Art. L122–1 CJA, zu deren Zusammensetzung

Diesen beiden obersten Gerichten obliegt es dann, die Frage an das Verfassungsgericht, den Conseil constitutionnel, weiterzuleiten.

Die Weiterleitung innerhalb der jeweiligen Gerichtsbarkeit und schließlich zum Conseil constitutionnel ist davon abhängig, dass die Rechtsnorm, die mit der Frage angegriffen wird, auf den Streitfall anwendbar ist, noch nicht für verfassungskonform erklärt wurde und schließlich die Frage vor den Instanzgerichten nicht bar jeder Ernsthaftigkeit ist (*non dépourvue de caractère sérieux*) bzw. vor den obersten Gerichten entweder neu ist (*question nouvelle*) oder einen ernsthaften Charakter (*caractère sérieux*) aufweist.

Die Überlegung ist damit naheliegend, die Untersuchung an diesen drei, im Prozessrecht ausdrücklich genannten Kriterien festzumachen und diese separat für die Instanzgerichte und die obersten Gerichte zu untersuchen. Diese Herangehensweise führt jedoch nur unter Schwierigkeiten zu einem zufriedenstellenden Ergebnis. Denn dabei bleiben viele Fragen und Problemstellungen unberücksichtigt, die zur Beurteilung des Gesamtsystems aber zwingend erforderlich erscheinen. So sagen jene drei Kriterien beispielsweise nichts darüber aus, welche Normen in dem zu untersuchenden Verfahren angegriffen werden können, vor welchen Gerichten die Frage gestellt werden kann, wer zur Stellung der Frage berechtigt ist und was überhaupt der Maßstab der Prüfung sein soll. Die entscheidenden Gerichte tragen ebenfalls nicht zwingend zur Strukturierung bei, da sie versuchen, die drei ausdrücklichen Kriterien des Prozessrechts für alle Fragestellungen nutzbar zu machen.

Der Weg, der hier beschritten wurde, nachdem das Problem der unzureichenden gesetzlichen Strukturierung offenbar geworden war, orientiert sich stattdessen an Oberpunkten, die auch dem deutschen Verfassungsprozessrecht nicht fremd sind, ohne dabei allerdings die spezifischen Kriterien der QPC außer Acht zu lassen. Betrachtet man die französische Fachliteratur zum Thema, zeigt sich teilweise ein ähnliches Bild, wobei allerdings einige Darstellungen dem wenig erfolgversprechenden Ansatz folgen, die Problemstellungen unter sehr allgemeine und sehr

---

und Organisation Art. R122-1 CJA). Der Conseil d'État ist in der Regel Kassationsinstanz, ihm kommen aber auch bedeutende Aufgaben als Gericht erster oder zweiter Instanz zu. Dieses ist historisch dadurch bedingt, dass bis in die 50er Jahre des 20. Jahrhunderts keine untergeordnete Verwaltungsgerichtsbarkeit bestand. Hinsichtlich der Urteile des Conseil d'État besteht die Besonderheit, dass diesen die Schlussfolgerungen (*Conclusions*) des öffentlichen Berichterstatters (Rapporteur public, früher Commissaire du gouvernement) vorausgehen, in denen dieser wie der Generalanwalt beim EuGH die juristische Problematik zusammenfasst und einen Entscheidungsvorschlag liefert. Die große Kürze der französischen Urteile macht diese *Conclusions*, in denen auch auf die Rechtsprechung und teilweise auch auf die Lehre eingegangen wird, zu wertvollen Quellen. Siehe zur Geschichte des Conseil d'État und zu seiner Funktionsweise auch die instruktive Darstellung bei SCHLETTE, Ermessenskontrolle, S. 23 ff., allerdings auf dem Stand von 1990.

weitläufige Fragestellungen zu subsumieren, was der Übersichtlichkeit nicht förderlich ist.

Die Untersuchung erfolgt damit in Einzelschritte gegliedert in zwei Kapiteln. Im zweiten Kapitel, dem Hauptteil der Arbeit, wird der Weg zu einem Urteil über die Verfassungsmäßigkeit detailliert untersucht. Das dritte Kapitel befasst sich dann mit der Reichweite der verfassungsgerichtlichen Entscheidungen und weiterhin mit dem Verhältnis des neuen Verfahrens zum Europarecht. Im vierten Kapitel folgt sodann die abschließende Bewertung des Komplexes QPC.

C. Überlegungen zur Methodik

Bei der Betrachtung und Analyse eines ausländischen Rechtssystems ist nicht allein die fremde Sprache von entscheidender Bedeutung. Auch die Besonderheiten des dortigen Verständnisses von Rechtswissenschaft müssen mit berücksichtigt werden, um sich der wissenschaftlichen Diskussion zu nähern.

Dieses Problem stellte sich deutlich bei der Untersuchung der QPC. Die deutsche Literatur zu diesem Thema beschränkt sich bisher auf einige wenige Beiträge, die jeweils sehr kleine, zumeist europarechtliche Aspekte des Themas beleuchten. Hingegen ist die Anzahl der in Frankreich erschienenen Publikationen zu diesem Thema unüberschaubar groß und weiterhin ständig im Wachsen begriffen. Allerdings bedeutet dieses nicht, dass eine direkte Übertragung der dortigen Literatur ausreichen würde. Denn die französische Rechtswissenschaft unterscheidet sich hinsichtlich ihrer Argumentations- und Untersuchungstechnik fundamental von der deutschen. Hier geht es nicht darum, dieses zu kritisieren, denn jede Wissenschaft muss mit Blick auf ihre Historie, ihre Traditionen und die gesellschaftlichen Strukturen in ihrem Land betrachtet werden. Um jedoch ein französisches Thema dem deutschen wissenschaftlichen Leser zugänglich zu machen, muss gleichwohl ein Transfer erfolgen. Dieser Transfer betrifft zum einen die Vermittlung der notwendigen Hintergründe und Zusammenhänge, die sich einem französischen Juristen sofort offenbaren, dem nicht-französischen Leser aber verschlossen bleiben. Zum anderen ist auch dem unterschiedlichen Verständnis von wissenschaftlicher Argumentation Rechnung zu tragen. Dabei kann für Frankreich angemerkt werden, und dieses ist erneut nur im Sinne einer Feststellung, nicht jedoch eines Vorwurfs zu verstehen, dass der wissenschaftliche Diskurs bedeutend unterschwelliger, nuancierter und deutlich weniger formalistisch abläuft als in Deutschland. So verzichten viele Autoren darauf, eine konträre Position überhaupt darzustellen. Die vorgebrachten Argumente sollen für sich überzeugend sein und weniger als Ablehnung einer anderen Ansicht. Diese Argumentationstechnik mag mit der Struktur französischer Urteile zusammenhängen, die ausgesprochen kurz gefasst sind und keinerlei Auseinandersetzung mit der zum jeweiligen Thema verfügbaren Literatur enthalten, sowie mit der großen Bedeutung der Urteilsanalyse für die juristische Ausbildung[13]. Es ist nicht so, dass die Wissenschaft durch die Gerichte in Frankreich nicht rezipiert würde, dieses geschieht aber nicht in offizieller Form. Auch die in Deutschland einen Schwerpunkt der wissenschaftlichen Argumentation darstellende Literaturgattung des Kommentars ist in Frankreich weithin unbekannt.[14] Die annotierten Gesetzestexte, wie sie unter anderem im Dalloz-Verlag jährlich aktualisiert erscheinen, enthalten – wenn überhaupt – nur einen kurzen Verweis auf einzelne Artikel, ohne sich mit deren Inhalt konkret inhaltlich auseinanderzusetzen, und sind ansonsten Sammlungen von Entscheidungen, die mit ihrem wesentlichen Inhalt wiedergegeben werden. Wo in Deutschland bei einem Thema wie der QPC der erste Blick des Wissenschaftlers wie des Praktikers in einen, je nach gewünschter wissenschaftlicher Vertiefung mehr oder weniger umfangreichen Kommentar führen würde, ist ein solcher Einstieg in Frankreich nicht möglich.

Viel gebräuchlicher sind die Sammlungen großer Entscheidungen der obersten Gerichte[15] mit entsprechenden Anmerkungen und sehr viele stark praxisorientierte kompakte Darstellungen einzelner Problemkomplexe, die ihrerseits mehr auf der Basis der Rechtsprechung zusammenfassen als kommentieren. Dieses heißt allerdings nicht, dass in Frankreich eine wissenschaftliche Debatte nicht stattfindet. Deren Distanz zur juristischen Praxis erscheint jedoch insgesamt größer, auch wenn die Zahl der Praktiker, insbesondere von richterlicher Seite, die sich an Diskussionen beteiligen, groß ist. Die Diskussion ist entschieden stärker an Urteilen orientiert.

Das hat Einfluss auf die vorliegende Darstellung. Zum Thema der QPC ist in Frankreich sehr viel publiziert worden, das Thema hat in zahlreichen Aufsätzen und Büchern „viel Tinte fließen lassen" (*a fait couler beaucoup d'encre*). Dabei existieren durchaus einige Darstellungen, die versuchen, den Gesamtkomplex QPC

---

13 Die Urteilskommentierung (*Commentaire d'arrêt*) ist eine Standardaufgabe in juristischen Klausuren. Die in den Klausuren zugelassenen Gesetzestexte enthalten nicht lediglich den Normtext, sondern verweisen auf zahlreiche zur entsprechenden Norm gefällte Entscheidungen insbesondere der Obergerichte deren Zitierung von den Studenten erwartet wird. Entsprechend erreicht die bei *Dalloz* jährlich erscheinende Ausgabe des Code civil nur für dieses Gesetz und einige Nebentexte ein Volumen von über 2500 Seiten. Die in rot gebundenen Bücher sind in Frankreich mit dem Bild des Jurastudenten ähnlich eng verbunden, wie in Deutschland die Textsammlungen *Schönfelder* und *Sartorius*.

14 Wenn in Frankreich der Begriff Kommentar verwendet wird, bezieht sich dieser eher auf eine grundlegende, nicht unbedingt mit wissenschaftlichem Ziel erfolgende Stellungnahme. So widmet der sehr lesenswerte kommentierte Verfassungstext des 2013 verstorbenen Prof. Guy Carcassonne dem Art. 61-1 Const., der die Regelungen zur QPC enthält, gerade einmal 3 Seiten ohne Belege, richtet sich jedoch insgesamt eher an den nicht zwingend juristisch versierten Leser; Carcassonne, *La Constitution*, S. 298 ff.

15 Siehe hierzu nur beispielhaft die Sammlung der großen Entscheidungen des Conseil constitutionnel, hier zitiert als Gaïa et al., GD Cons.

umfassend zu beleuchten. Sie richten sich jedoch hauptsächlich an Praktiker und kommen daher häufig ohne Kritik aus oder beschränken sich auf die Feststellung einer bestimmten Situation, ohne diese zu bewerten. Eine Auseinandersetzung mit dem Streitstand in der Wissenschaft fehlt zumeist völlig. Denn der Anwalt, der eine QPC stellen will, ist für theoretische Überlegungen zur Überzeugungskraft einer Entscheidung weniger empfänglich als für Informationen, wie ein bestimmtes Problem vom entscheidenden Gericht gesehen wird. Umgekehrt sind zahlreiche auch theoretische Aufsätze erschienen, die aber in der Regel nur Teilaspekte des Themas beleuchten und dabei durchaus eine kritische Position einnehmen. Jedoch fällt auch hier auf, dass eine Auseinandersetzung mit der wissenschaftlichen Debatte mehr im Gesamtzusammenhang als spezifisch mit einzelnen Meinungen erfolgt.[16]

Der Versuch, den diese Arbeit unternimmt, liegt mithin an der Schnittstelle beider Bereiche. Die Untersuchung orientiert sich strukturell an den wesentlichen verfassungsprozessualen Fragestellungen, versucht aber zu diesen nicht nur die Leitentscheidungen, sondern auch die geäußerte Kritik, die weitergehenden Betrachtungen und Hintergründe und damit letztlich den wissenschaftlichen Diskurs einzubeziehen. Diese Herangehensweise soll ermöglichen, Kritik zu äußern, die sich aus der Diskussion speist und nicht pauschal vom deutschen Standpunkt erfolgt.

Die Darstellung eines so umfangreichen Themas wie der QPC muss notwendig selektiv sein. Dabei wurde hier der Ansatz gewählt, den Gesetzgebungsverfahren von 2008 zur Verfassungsänderung und von 2009 zum Ausführungsgesetz zu folgen. Die Selektivität der Untersuchung betrifft daher nicht deren argumentative Tiefe, sondern deren Breite, jedoch so, dass der Gesamtüberblick über das System nicht verloren geht. Daher wurde auch darauf verzichtet, den Grundrechtekatalog einer vertieften Betrachtung zu unterziehen, denn dieser ist weder durch die QPC neu geschaffen worden noch für die Beurteilung des Systems selbst von großer Bedeutung, ist aber durchaus geeignet, Gegenstand einer eigenen Untersuchung zu sein.

Die Untersuchung soll Grundlage für logisch begründete Kritik sein, die auch Zweifel am System, vor allem jedoch auch an der Rechtsprechung des Conseil constitutionnel aufwerfen darf. Der externe Standpunkt ist hier sehr sinnvoll, da er mit der Möglichkeit verbunden ist, Schlussfolgerungen und Ergebnisse insgesamt neutral zu prüfen. In Frankreich kann, und dieses ist eine Feststellung, die von dortigen Wissenschaftlern selbst getroffen wird[17], in einigen Fällen das Bedürfnis,

---

16 Dieses zeigt sich schon daran, dass andere Aufsätze, so sie überhaupt in Bezug genommen werden, in der Regel nur mit ihrer Überschrift oder der Anfangsseite zitiert werden. Das genaue Belegen einzelner Äußerungen ist unüblich.

17 Eine kritische Analyse des Verhältnisses zwischen der Wissenschaft und vor allem dem Conseil constitutionnel nimmt MAGNON, RDP 2013, S. 135 vor. Er bemerkt dabei die teilweise unzureichende Distanz zwischen Wissenschaft und Gericht, die sich unter anderem darin äußere, dass das Gericht als einziges europäisches

Kritik zu üben, mit einem großen Respekt vor den zu kritisierenden Institutionen kollidieren.

D. Grundlegende Vorbemerkungen zum System der QPC und seiner historischen Entwicklung

Das System der QPC kann nur vor dem Hintergrund der französischen Verfassung und der Entwicklung des französischen Verhältnisses zur Verfassungsgerichtsbarkeit erfasst werden. Die Darstellung beschränkt sich auf einen knappen historischen Abriss, denn über die Geschichte und Entwicklung der Verfassungsgerichtsbarkeit in Frankreich ist in der deutschen Literatur bereits umfänglich berichtet worden.

Daran schließt sich eine Vorstellung des Systems und seiner grundlegender Funktionsweise sowie einiger Grundsatzentscheidungen des Gesetzgebers an.

I. Entwicklung der Verfassungsgerichtsbarkeit bis zur QPC

1. Situation vor der Fünften Republik

Die QPC bildet den Abschluss einer mehrschrittigen Entwicklung der Verfassungsgerichtsbarkeit in der Fünften Republik, beginnend mit der Verfassung von 1958. Frankreich verfügte bis zu diesem Zeitpunkt, von einigen vorsichtigen Ansätzen abgesehen, nicht über die Möglichkeit einer Kontrolle von Gesetzen am Maßstab der Verfassung. Zur Zeit der Revolution war es zwar zur Einführung eines modernen Grundrechtskatalogs gekommen, der *déclaration des droits de l'homme et du citoyen*, DDHC, von 1789, Versuche, zusätzlich auch eine Art der Verfassungsgerichtsbarkeit einzurichten, scheiterten jedoch.[18] Denn es wurde angenommen, dass

Verfassungsgericht eine eigene Zeitschrift, die Nouveaux Cahiers du Conseil constitutionnel, herausgebe und so durch die Wahl der Themen, der zu kommentierenden Entscheidungen und auch der Kommentatoren über eine Möglichkeit der Einflussnahme auf die wissenschaftliche Debatte verfüge (S. 144), auch sei gerade in einer solchen Zeitschrift die Tendenz, eine kritische Haltung einzunehmen, möglicherweise weniger ausgeprägt. Magnon (S. 143) verweist treffend auf einen Satz von Denquin, Jus Politicum N° 7 (2012), S. 5; die Mehrheit der Doktrin erwarte die Wahrheit vom Verfassungsgericht, anstatt diese diesem zu bringen (*la majorité de la doctrine attend la vérité du Conseil au lieu de la lui apporter*). Es erscheint nicht zwingend erforderlich, sich der auch ansonsten sehr harschen Kritik Denquins anzuschließen, die Vermutung aber, dass die Doktrin zum Teil annehme, der Richter besitze Kraft einer besonderen, gleichwohl säkularen Gnade (*par une grâce laïque mais spécial*) die Wahrheit, erscheint ebenso wenig vollkommen abwegig, wie der gegenüber dem Verfassungsgericht erhobene Vorwurf, dieses entscheide unter Kosten- und Opportunitätsgesichtspunkten, Denquin, ebd.

18 Hierbei sei vor allem auf den (erfolglosen) Vorschlag des Abbé de Sieyès verwiesen, der die Einrichtung einer *jury constitutionnaire* vorschlug. Siehe zur

alleine die Proklamation der Freiheiten in der Verfassung zu ihrer Garantie bereits ausreiche.[19]

Diese Einschätzung bestand auch in der Folgezeit weiter und fand ihre Ergänzung im sehr weitgehenden Verständnis der parlamentarischen Souveränität und des Gesetzes, nicht der Verfassung, als Ausdruck der *volonté générale*.[20] Alle Überlegungen, eine Verfassungsgerichtsbarkeit einzuführen, scheiterten in der seit 1870 bestehenden Dritten Republik schließlich an der wirkmächtigen Schrift von LAMBERT, *Le gouvernement des juges et la lutte contre la législation sociale aux États-Unis*, die 1921 in Paris erschien.[21] Die Formulierung *gouvernement des juges* stellt seit diesem Zeitpunkt einen Kampfbegriff dar, der in jeder Debatte um richterliche Kompetenzen und die mögliche Einmischung der Gerichte in die parlamentarische Arbeit verwendet wird.[22] Dabei fällt allerdings auf, wie dieses bei schlagwortartig gebrauchten Formulierungen häufig der Fall ist, dass damit eher ein allgemeiner Vorbehalt, ein Nichtwollen verbunden ist, als dass die Ablehnung oder Kritik auf strukturierten, nachvollziehbaren Erwägungen basiert.

2. Die Entwicklung des Conseil constitutionnel

Erst die Verfassung der Fünften Republik von 1958 verfügt mit dem Conseil constitutionnel über eine Form der Verfassungsgerichtsbarkeit. In der Verfassung der Vierten Republik von 1946 war zwar in Form des Comité constitutionnel eine Institution vorhanden, die die Verfassungskonformität von Gesetzen vor ihrem Inkrafttreten prüfen konnte. Diese Institution konnte jedoch bei Zweifeln nur eine Verfassungsänderung empfehlen und unterlag einem schwerfälligen und komplizierten Verfahren, sodass kaum von Verfassungsgerichtsbarkeit gesprochen werden kann.[23]

Auch der Einrichtung des Conseil constitutionnel lag nicht die Überlegung zu Grunde, den Schutz der Grundrechte gegenüber dem Gesetzgeber sicherzustellen, vielmehr sollte dieses Gericht die Beachtung der Kompetenzverteilung zwischen

---

jury constitutionnaire ausführlich die Darstellung bei FIORAVANTI, AHRF N° 349 (2007), S. 87.

19 BAUER, Grundrechtsschutz, S. 33 f.

20 BAUER, Grundrechtsschutz, S. 36 ff.

21 Dazu und zur Auswirkung auf die französische Debatte um eine Verfassungsgerichtsbarkeit eingehend BAUER, Grundrechtsschutz, S. 40.

22 Siehe hierzu nur zuletzt, in der Debatte um die Einführung der QPC 2008, den Zwischenruf des Abgeordneten MYARD, „*Le gouvernement des juges*", zur Bekundung seiner Ablehnung des neuen Verfahrens, ähnlich, wenig später, DERS.; „*Supériorité de la loi! Point final!*" Wiedergegeben im Plenarprotokoll (*Compte rendu intégral*), Assemblée Nationale, 29. Mai 2008, J.O. Débats, N° 41 A.N. (C.R.) (2008), S. 2684 bzw. S. 2687.

23 BAUER, Grundrechtsschutz, S. 43 ff., zum Verfahren vor dem Comité constitutionnel auch DUPIC/BRIAND, QPC, S. 12 f.

Regierung und Parlament überwachen.[24] Die Kontrolle ist auch aus diesem Grund auf eine Prüfung vor Inkrafttreten des Gesetzes beschränkt (*contrôle à priori*), sobald der Präsident es verkündet hat, ist es in diesem System von jeder Überprüfung am Maßstab der Verfassung frei.

Darüber hinaus enthält die Verfassung der Fünften Republik selbst keine Grundrechte oder grundrechtsähnliche Gewährleistungen. Solange nur diese den Entscheidungen des Conseil constitutionnel zu Grunde lag, konnten damit vor dem Verfassungsgericht nur Fragen von Form, Zuständigkeit und Verfahren erörtert werden. Die ohnehin beschränkte Prüfung wurde weiterhin dadurch limitiert, dass entsprechend der Aufgabe des Gerichts als Regulator der Staatsgewalten nur diese in Gestalt von Präsident, Premierminister und den Vorsitzenden der beiden Parlamentskammern das Verfahren einleiten konnten. Dennoch sind seit 1958 einige bedeutende Entscheidungen gefällt worden.

Die Tätigkeit des Conseil constitutionnel ist jedoch nicht auf diese rein formale Prüfung beschränkt geblieben. Mit eigener Entscheidung, dem Urteil „*Liberté d'association*" von 1971[25], ist die Weiterentwicklung zu einem „vollwertigen" Verfassungsgericht erfolgt. Im Zuge der Unruhen und gesellschaftlichen Umwälzungen der 68er Zeit hatte die Regierung per Gesetz den Versuch unternommen, die Gründung von Vereinigungen einer gerichtlichen Vorabkontrolle zu unterwerfen, nachdem sie vorher mit dem Versuch, eine solche Kontrolle durch Verwaltungshandeln zu etablieren, vor den Verwaltungsgerichten gescheitert war.[26] In diesem Fall, bei dem das Gesetz formell keine Fragen aufwarf[27], wurde offenbar, dass der bisherige Prüfungsmaßstab zu Ergebnissen führen konnte, die mit Grundwerten der Gesellschaft nicht vereinbar waren. Der Conseil constitutionnel hätte das Gesetz validieren müssen, auch wenn die massiven Eingriffe in die Vereinigungsfreiheit offensichtlich waren.

Das Verfassungsgericht entschied sich gegen ein solches Vorgehen, sondern legte erstmals die gesamte Verfassung und damit auch deren Präambel seiner Entscheidung zu Grunde.[28] Damit erkannte es den Verfassungsrang all jener Regeln

---

24 Fromont, DÖV 2003, S. 542; als Mittel der höchsten Autoritäten des Staates gegen die „Hybris" des Gesetzgebers, der zu seinem Vorteil die Kompetenzverteilung modifiziere, beschreibt das Gericht Badinter, Mélanges Genevois, S. 39, 40.

25 Conseil constitutionnel, 16. Juli 1971, N° 71–44 DC, *Liberté d'association.*

26 Siehe zum Entscheidungsgang und dem vorangegangenen Verwaltungsrechtsstreit Gaïa et al., GD Cons., S. 332, Rn. 2.

27 Auf die Feststellung des Conseil constitutionnel im ersten Considérant, das Gesetz sei entsprechend den hierzu bestehenden Vorschriften der Abstimmung durch beide Parlamentskammern unterworfen worden, verweisen Gaïa et al., GD Cons., S. 332, Rn. 3.

28 In der Entscheidung Conseil constitutionnel, 16. Juli 1971, N° 71–44 DC heißt es entsprechend zu Anfang „*Vu la Constitution, et notamment son Préambule*" (Unter Berücksichtigung der Verfassung und insbesondere ihrer Präambel). Diese vorangestellte Aufzählung der Dokumente, die für die Entscheidung relevant geworden

an, auf die diese Präambel Bezug nahm, darunter die Erklärung der Menschen- und Bürgerrechte von 1789 und die sog. *Principes fondamentaux reconnus par les lois de la République*, vorkonstitutionnelle einfachgesetzliche Gewährleistungen, denen auf Grund ihrer Bedeutung ebenfalls Verfassungsrang zukommt. Darunter befand sich die schließlich streitentscheidende Vereinigungsfreiheit nach einem Gesetz von 1901 über den Gesellschaftsvertrag.[29]

Dieses Urteil wird nicht ohne Berechtigung als wichtigste Entscheidung angesehen, die das Gericht jemals gefällt hat[30], und hat dazu geführt, dass 1974 durch eine Verfassungsänderung[31] die Möglichkeit der Antragstellung auch 60 Abgeordneten oder 60 Senatoren zugestanden wurde. Folge der Änderung ist, dass der Conseil constitutionnel nun in vielen Fällen mit Gesetzen befasst wird[32], sei es auf Antrag der Opposition als letztes Mittel gegen die parlamentarische Mehrheit, sei es durch diese Mehrheit selbst oder den Premierminister aus politischen Erwägungen, um Vorwürfe der Verfassungswidrigkeit zu vermeiden. Dazu kommen die Entscheidungen über die *lois organiques*, spezifisch in der Verfassung vorgesehene Ausführungsgesetze, sowie die Geschäftsordnungen beider Kammern, die jeweils zwingend dem Gericht vorgelegt werden müssen.

Unabhängig von der Entwicklung dieses Verfahrens und der Erweiterung von Prüfungsmaßstab und Kreis der Antragsteller handelt es sich jedoch weiterhin um eine Kontrolle, die nur vor Inkrafttreten des Gesetzes möglich ist. Art. 61 Const., der die Modalitäten des Verfahrens regelt, schreibt ausdrücklich vor, dass die Untersuchung durch den Conseil constitutionnel vor der Verkündung des Gesetzes zu erfolgen habe und wird durch Art. 62 Abs. 1 Const. darin insoweit ergänzt, dass für verfassungswidrig befundene Gesetze weder verkündet noch zur Anwendung gebracht werden dürfen. Die Kontrolle des Conseil constitutionnel war damit nach der Verfassung von 1958 immer eine Vorabkontrolle.

Diese Konzeption der Verfassungsgerichtsbarkeit ist in Europa einzigartig und hat unter anderem zu einer breiten Diskussion darüber geführt, ob der Conseil constitutionnel tatsächlich als „Gericht" anzusehen ist. Ohne diese Debatte hier aufgreifen zu wollen, wird zumindest in dieser Bearbeitung der Conseil constitutionnel stets als Gericht bzw. Verfassungsgericht angesehen. Diese Sicht entspricht

---

sind, ist für französische Urteile und Verwaltungsakte typisch, die Auflistungen werden als „Visa" bezeichnet.

29 Siehe für eine sehr umfangreiche Analyse der Entscheidung und ihrer Beweggründe die Untersuchung von Boudou, RFDC N° 97 (2014), S. 5.

30 So die Formulierung von Ardant/Mathieu, Droit constitutionnel, S. 141, Rn. 193.

31 Siehe hierzu das Loi constitutionnelle N° 74–904 vom 29. Oktober 1974, *portant révision de l'article 61 de la Constitution*, JORF vom 30. Oktober 1974, S. 11035.

32 Ein Hinweis darauf lässt sich den Entscheidungszahlen entnehmen. Wo die Entscheidung über die „Liberté d'association" nach dem Aktenzeichen erst die 44. Entscheidung in dieser Verfahrensart in immerhin 13 Jahren war, lag diese Zahl zehn Jahre später schon bei 136 und hat inzwischen die Grenze von 700 überschritten.

auch, wie noch zu behandeln sein wird, der Sichtweise des Europäischen Gerichtshofs, der auch von dieser Institution Vorabentscheidungsersuchen annimmt.

3. Der Weg zur Kontrolle bereits verkündeter Gesetze

Die Beschränkung auf die *contrôle à priori* mag Vorteile für die Rechtssicherheit bringen und führt auf Grund der knappen Entscheidungsfristen (nach Art. 61 Abs. 3 Const. ein Monat und im Eilfall nur 8 Tage) dazu, dass Fragen der Verfassungsmäßigkeit zügig und endgültig beantwortet werden. Unumstritten war diese Beschränkung jedoch spätestens seit der Erweiterung des Kreises der Antragssteller 1974 nicht mehr. Denn einerseits erschien es zweifelhaft, warum ein Gesetz, dessen Verfassungswidrigkeit sich auch erst in seiner konkreten Anwendung nach dem Inkrafttreten ergeben kann, zu diesem Zeitpunkt von einer Immunität gegenüber den Postulaten der Verfassung profitieren sollte. Andererseits stand mit der Europäischen Menschenrechtskonvention ein „Konkurrenzregelwerk" zur Verfügung, das durch die normalen Gerichte zur Anwendung gebracht werden konnte, worauf noch einzugehen sein wird.

1989 gelang es daher ROBERT BADINTER, früherer Justizminister und seit 1986 Präsident des Conseil constitutionnel, den damaligen Präsidenten MITTERAND anlässlich des zweihundertjährigen Jubiläums der DDHC davon zu überzeugen, auf die Möglichkeit einer Kontrolle von Gesetzen durch den Verfassungsrat nach deren Inkrafttreten hinzuwirken.[33] Das Projekt, das bereits in eine ähnliche Richtung wies wie die nunmehr eingeführte QPC, scheiterte allerdings am Widerstand der zweiten Parlamentskammer, des Sénat, und blieb damit ohne Auswirkungen. Nicht anders erging es einem ähnlichen Reformvorschlag, der wenige Jahre später, 1993, in der Folge der Vorschläge eines Komitees zur Verfassungsreform, dem der Staatsrechtler GEORGES VEDEL vorgesessen hatte, unterbreitet wurde.[34]

Damit war einstweilen die Diskussion um die Einführung einer Kontrolle von Gesetzen nach Inkrafttreten beendet. Neuen Schwung erhielt die Debatte erst mit der am 06. Mai 2007 erfolgten Wahl von NICOLAS SARKOZY zum Staatspräsidenten. Dieser hielt kurz nach der Wahl, am 12. Juli 2007, in Épinal eine Rede, in der er die von ihm für nötig gehaltenen Reformen der französischen Verfassung skizzierte. Er stellte sich damit bewusst in die Tradition CHARLES DE GAULLES, der am gleichen Ort am 29. September 1946 seine Konzeption der französischen Verfassung erläutert und den Entwurf der Verfassung der Vierten Republik kritisiert hatte.

In dieser Ansprache kündigte SARKOZY die Einrichtung eines beratenden Komitees unter dem Vorsitz des ehemaligen Premierministers BALLADUR an, um

33 Die Überlegungen, die zu dieser Entscheidung geführt haben, und die Schwierigkeiten bei der Überzeugung von Präsident Mitterand sind dargelegt bei BADINTER, in: Institut FAVOREU (Hrsg.), Contrôle constitutionnelle, S. 11, 13 ff.

34 Zum Scheitern beider Vorschläge siehe BADINTER, in: Institut FAVOREU (Hrsg.), Contrôle constitutionnelle, S. 11, 17 ff. sowie insbesondere zum Reformvorschlag von 1990 BAUER, Grundrechtsschutz, S. 243 ff.

Reformvorschläge für eine Verfassungsreform auszuarbeiten. Unter den zu diskutierenden Punkten findet sich auch die Frage, ob eine Reform des Conseil constitutionnel hin zu einem obersten Gerichtshof, einem Cour Suprême, anzustreben war, insbesondere, um der Tatsache zu begegnen, dass den Franzosen die Möglichkeit offensteht, Gesetze vor europäischen Gerichten, nicht jedoch in Frankreich anzugreifen.[35] Diese Fragestellung findet sich sodann auch im eigentlichen Auftrag an das Comité Balladur.[36]

Dessen insgesamt 77 Änderungsvorschläge betrafen sehr unterschiedliche Bereiche der Staatsorganisation, vom Gnadenrecht des Präsidenten bis zur Tagesordnung des Parlaments. Dabei findet sich allerdings auch der Vorschlag N° 74, die Einrichtung einer Gesetzeskontrolle auf Verfassungsmäßigkeit nach dem Inkrafttreten.[37] Auf diesen Vorschlag und die Beweggründe wird bei den einzelnen Fragestellungen zurückzukommen sein.

Dem Abschlussbericht des Comité Balladur folgte am 23. April 2008 ein Gesetzesentwurf zur Verfassungsänderung[38], in dessen Artikel 26 die konkrete Normenkontrolle vorgesehen wurde. Nachdem die Verfassungsänderung am 21. Juli 2008 beschlossen worden war, trat diese am 23. Juli 2008 in Kraft.[39] Damit enthielt die Verfassung in ihrem neuen Art. 61–1 Const. nunmehr die grundsätzliche Möglichkeit der Überprüfung von Gesetzen nach ihrem Inkrafttreten. Dort heißt es:

> *Lorsque, à l'occasion d'une instance en cours devant une juridiction, il est soutenu qu'une disposition législative porte atteinte aux droits et libertés que la Constitution garantit, le Conseil constitutionnel peut être saisi de cette question sur renvoi du Conseil d'État ou de la Cour de cassation qui se prononce dans un délai déterminé.*
>
> *Une loi organique détermine les conditions d'application du présent article.*[40]

Das zugehörige Ausführungsgesetz wurde 2009 in beiden Parlamentskammern diskutiert und schließlich am 24. September 2009 beschlossen. Der Conseil constitutionnel stellte mit wenigen Einschränkungen durch Entscheidung vom

35 Die Rede von Sarkozy kann heruntergeladen werden unter http://discours.vie-publique.fr/notices/077002273.html, zuletzt eingesehen am 18.09.2014.

36 Der Auftrag (*Lettre de mission*) vom 18. Juli 2007 ist wiedergegeben im Rapport Balladur, S. 206 ff., hier insbes. S. 211.

37 Siehe hierzu den Abschlussbericht, Rapport Balladur, für die Frage der Normenkontrolle insbes. S. 168 ff.

38 Projet de loi constitutionnelle *de modernisation des institutions de la Ve République* vom 23. April 2008, Ass. Nationale, 13ème législature, N° 820.

39 Loi constitutionnelle n° 2008–724 du 23 juillet 2008 *de modernisation des institutions de la Ve République*, JORF n° 0171 vom 24. Juli 2008, S. 11890.

40 „Wenn im Verlauf eines Prozesses vor einem Gericht vorgebracht wird, dass eine Bestimmung Rechte oder Freiheiten verletzt, die die Verfassung garantiert, kann der Verfassungsrat durch Vorlage durch den Staatsrat oder den Kassationshof mit der Frage befasst werden. Dieser entscheidet innerhalb einer vorgegebenen Frist. Ein Organisationsgesetz regelt die Anwendung dieses Artikels." [eig. Übersetzung].

03. Dezember 2009 dessen Verfassungskonformität fest, sodass das Gesetz am 10. Dezember 2009 verkündet werden konnte.[41] Das Gesetz trat nach seinem Art. 5 zum 01. März 2010 in Kraft. In dieser Untersuchung wird in der Regel nur im Bereich des Gesetzgebungsverfahrens vom *loi organique* gesprochen. Die bedeutendsten Regeln betreffend die QPC befinden sich nunmehr, durch das *loi organique* eingeführt, in der *ordonnance n° 58–1067 du 7 novembre 1958 portant loi organique sur le Conseil constitutionnel*, deren Rolle in etwa jener des Bundesverfassungsgerichtsgesetzes entspricht. Für diese Untersuchung wird daher die Formulierung „*ordonnance* über den Conseil constitutionnel" als Bezeichnung verwendet.

II. Besonderheiten der QPC

Die grundlegende Funktionsweise des Systems der QPC ist einzigartig in Europa. Es handelt sich um ein hybrides System, das die Anbindung an konkrete Verfahren mit einer abstrakten Kontrolle der Norm verbindet.

Das Verfahren wird durch die Frage eines Bürgers in einem laufenden Prozess in Gang gesetzt, der die Verfassungswidrigkeit einer auf den Fall anwendbaren Rechtsnorm behauptet. Nach der entsprechenden, noch näher zu untersuchenden Kriterien unterliegenden Weiterleitung dieser Frage an die obersten Gerichte und sodann an den Conseil constitutionnel entscheidet dieser über die ihm vorgelegte Rechtsfrage, nicht jedoch über den zu Grunde liegenden Streitfall. Die Kontrolle ist damit zugleich inzident, da sie während des laufenden Verfahrens erfolgt, und objektiv, da sie sich nur auf die Verfassungsmäßigkeit der Norm, von vornherein jedoch nicht auf deren Anwendung bezieht. Diese beiden grundlegenden Weichenstellungen des Gesetzgebers werden der hiesigen Untersuchung zu Grunde gelegt und grundsätzlich so hingenommen. Denn es ist zunächst nicht Ziel dieser Arbeit, zu überlegen, wie ein anderes System aussehen könnte, sondern das in Frankreich vorhandene System zu analysieren. Diese Eingrenzung erfolgt auch vor dem Hintergrund, dass die Objektivität der Prüfung zu keinem Zeitpunkt des Gesetzgebungsverfahrens und auch nicht bei den gescheiterten Vorprojekten je in Frage gestellt wurde.

Zur Entscheidung über die Frage der Verfassungsmäßigkeit berufen ist schlussendlich der Conseil constitutionnel. Noch immer zeugt die Bezeichnung als Rat, *Conseil*, und nicht als Gericht, *Cour*, von der ursprünglich begrenzten Kompetenz und Aufgabe des Gerichts. Bestrebungen, den Conseil mit Einführung der QPC umzubenennen, wie vor allem von Badinter angestrebt, scheiterten[42]. Der Conseil

41 Loi organique n° 2009–1523 du 10 décembre 2009 *relative à l'application de l'article 61–1 de la Constitution*, JORF n° 0287 vom 11. Dezember 2009, S. 21379.

42 Siehe dazu den Änderungsantrag (Amendement) N° 321 rect. vom 16. Juni 2008 zum Projet de loi n° 365, Sénat 2007–2008, gestellt von Senator Badinter und der Fraktion der Sozialisten, geladen von http://www.senat.fr/amendements/2007-2008/365/Amdt_321.html am 24.09.2014, begründet damit, dass die Institution im Kern eine rechtsprechende Kompetenz wahrnehme. Die Änderung wurde im Sénat zwar

constitutionnel besteht nach Art. 56 Const. aus neun Mitgliedern, die jeweils zu einem Drittel durch den Präsidenten der Republik und die Präsidenten der beiden Parlamentskammern ernannt werden, ohne dass sie allerdings zwingend über eine juristische Ausbildung verfügen müssten.[43] Dazu kommen auf Lebenszeit die ehemaligen Präsidenten der Republik, woran trotz erheblicher Kritik auch bei der Verfassungsänderung 2008 festgehalten wurde.[44] Solange allerdings, wie die Zahl der auf diesem Weg hinzukommenden Präsidenten im Verhältnis zur Zahl der normalen Mitglieder nicht zu sehr ansteigt, erscheint diese mehr auf Tradition denn auf Überzeugung beruhende Besonderheit insgesamt unproblematisch.

Das System der QPC wird durch sehr knappe Entscheidungsfristen gekennzeichnet. Die beiden obersten Gerichte verfügen nach Art. 23–4 der *ordonnance* über den Conseil constitutionnel nur über drei Monate, um über die Frage der Weiterleitung an den Conseil constitutionnel zu entscheiden, sonst erfolgt nach Art. 23–7 Abs. 1 eine automatische Weiterleitung. Das Verfassungsgericht wiederum ist nach Art. 23–10 ebenfalls an eine dreimonatige Frist zur Entscheidung gebunden, in deren Verlauf nach dieser Vorschrift eine mündliche Verhandlung stattzufinden hat. Der Verstoß gegen diese Frist bleibt allerdings ohne Folgen, wobei dieser Fall bisher noch nicht eingetreten ist. Die Objektivität des Verfahrens zeigt sich auch darin, dass es, sobald die Frage den Conseil constitutionnel erreicht hat, nach Art. 23–9 der *ordonnance* nicht mehr darauf ankommt, ob das Ausgangsverfahren noch anhängig ist oder bereits beendet ist, auch der ursprüngliche Antragssteller hat keine Möglichkeit, die Entscheidung des Verfassungsgerichts zu verhindern.

---

angenommen, durch die Assemblée Nationale in der zweiten Beratung des Gesetzesentwurfs jedoch wieder rückgängig gemacht, da der bisherige Name weithin etabliert sei. Siehe hierzu den Bericht des Berichterstatters zur zweiten Beratung, Warsmann, Rapport N° 1009 vom 02. Juli 2008, Ass. Nationale, 13ème législature, S. 162 f.

43 Siehe hierzu eingehend die Kritik von Rousseau, JCP-G 2011, Supp. au N° 26, S. 23, insbes. 24 f., kritisch zum Verfahren der Ernennung auch ders., S. 26. Colliard, ehemaliger Verfassungsrichter und Präsident der Universität Paris 1, Pouvoirs N° 137 (2011), S. 155, 158, bedauert vor allem, dass die Anzahl der Rechtslehrer unter den Richtern sehr gering bleibe, steht aber der Vielfalt der vertretenen Disziplinen insgesamt positiv gegenüber.

44 Für die Abschaffung dieser Besonderheit sprach sich bereits das Comité Balladur aus (Proposition N° 75), da es einen Konflikt zwischen der weiteren politischen Tätigkeit des ehemaligen Präsidenten und seiner als Mitglied des Gerichts notwendigen Diskretion und Zurückhaltung sah; siehe hierzu Rapport Balladur, S. 174. Kritisch dazu, dass dieser Vorschlag weder im Gesetzesentwurf übernommen noch durch parlamentarische Änderungsanträge umgesetzt wurde, Carcassonne/Duhamel, QPC, S. 31; ebenso deutlich Colliard, Pouvoirs N° 137 (2011), S. 155, 157 f.

Kapitel 2 – Der Weg zu einem Urteil über die Verfassungsmäßigkeit

Damit der Conseil constitutionnel ein Urteil über die Verfassungsmäßigkeit einer Rechtsnorm fällen kann, bedarf es der Erfüllung aller hier zusammenfassend als Zulassungskriterien bezeichneten Punkte. Es ist dabei allerdings zu beachten, dass das französische Verfassungsprozessrecht der aus Deutschland bekannten Trennung in Zulässigkeit und Begründetheit nur begrenzt folgt, es gehen beide Teile ineinander über. Aus diesem Grund kann sich die Untersuchung hier auch nicht allein auf die Entscheidungen der weiterleitenden Gerichte beschränken, da der Conseil constitutionnel zu den meisten Punkten auch selbst Stellung bezieht und die Kriterien mitformt. Die Überschrift des „Weges zu einem Urteil über die Verfassungsmäßigkeit" ist entsprechend so zu verstehen, das hierunter all jene Bedingungen gefasst werden, die erforderlich sind, damit sich das Verfassungsgericht materiell über die Verfassungsmäßigkeit der Norm äußert.

A. Tauglicher Prüfungsgegenstand

Die erste Frage, die sich hinsichtlich der Bedingungen für eine QPC stellt, ist diejenige nach dem tauglichen Prüfungsgegenstand. Die an diesen zu richtenden Anforderungen ergeben sich nur teilweise aus den drei ausdrücklich genannten Kriterien für die Weiterleitung. So heißt es zwar in Art. 23–2 Abs. 1 Nr. 1 der *ordonnance*, die angegriffene Regel müsse auf den Streifall oder das Verfahren anwendbar sein oder Grundlage der (strafrechtlichen) Verfolgung sein, damit ist aber eine Aussage, welche Norm eigentlich angegriffen werden kann, noch nicht verbunden. Die Anforderung, dass es sich um eine gesetzliche Regel (*disposition législative*) handeln muss, ergibt sich vielmehr „nebenbei" aus Art. 23–1 Abs. 1 der *ordonnance*, wo von einem „Rechtsmittel, dass sich darauf gründet, dass eine disposition législative gegen Rechte und Freiheiten verstößt, die durch die Verfassung garantiert werden" gesprochen wird, und verweist damit direkt zurück auf Art. 61–1 Const., der ebenfalls von einer *disposition législative* spricht. Dennoch erscheint es sinnvoll, die Anwendbarkeit auf den Streitfall bereits hier zu betrachten. Bei der deutschen Verfassungsbeschwerde stellt sich diese Frage bei der Beschwerdebefugnis, weil der Beschwerdeführer seine Betroffenheit durch die Norm darzulegen hat. Für den Erfolg einer QPC ist jedoch die Beschwer eines spezifischen Beschwerdeführers in seiner konkreten Lebenssituation nicht relevant, sodass das Kriterium der Anwendbarkeit schon aus diesem Grund bedeutend weiter gefasst ist.

I. Geeignete Rechtsnorm

Das Comité Balladur, auf dessen Abschlussbericht die Verfassungsänderung von 2008 zurückgeht, hatte in seinem Vorschlag den Ausdruck *disposition législative* noch vermieden und stattdessen unmittelbar *loi* verwendet[45]. Der Detailfrage, welchen Einschränkungen der Begriff des *loi* unterliegen sollte, widmete sich der Bericht nicht. Lediglich in der Stellungnahme des Komiteemitglieds Mazeaud trat die Sorge zu Tage, eine große Anzahl von Gesetzestexten könnte vom Verdikt der Verfassungswidrigkeit betroffen sein, auch wenn diese bereits alt und ständig angewendet würden.[46] Die naheliegende Konsequenz, zumindest in zeitlicher Hinsicht eine Einschränkung vorzunehmen, wird aber nicht gezogen.

Der Gesetzentwurf zur Verfassungsänderung vom 23. April 2008 weicht vom Vorschlag des Comité Balladur ab. Zum einen wird hier bereits von *disposition législative* gesprochen, zum anderen enthält die Vorschrift die Einschränkung, dass die Überprüfbarkeit auf Gesetze beschränkt sein soll, die nach dem Inkrafttreten der Verfassung der 5. Republik verkündet wurden.[47] Diese Einschränkung bleibt im Gesetzesentwurf ohne Begründung. Sie wurde entsprechend Gegenstand mehrerer Änderungsanträge[48]. Der zuständige Rechtsausschuss sprach sich einstimmig für die Beseitigung dieser Einschränkung aus und wurde darin von der Assemblée Nationale bestätigt.[49] Im Sénat wurde der entsprechend abgeänderte Artikel angenommen. Der dortige Berichterstatter begrüßte den Wegfall der Einschränkung, diese hätte nach seiner Auffassung die Kontrollmöglichkeit zu stark eingeschränkt.[50] Die Formulierung *disposition législative*, die auch klarstellt, dass auch nur Teile eines Gesetzes angegriffen werden können[51], bedingt eine deutliche Eingrenzung des Prüfungsgegenstandes.

Es wird mit ihr zunächst klargestellt, dass eine Überprüfung von gerichtlichen Entscheidungen auf diesem Wege nicht ermöglicht wird, denn diese sind ohne

45 Rapport Balladur, S. 173 und 175, dort unter Art. 61–1. Aus stilistischen Gründen aber anders: Ebd., S. 169, 2. Absatz.

46 Mazeaud, in: Rapport Balladur, S. 193, 2. Absatz.

47 Projet de loi constitutionnelle de modernisation des institutions de la Ve République vom 23. April 2008, Ass. Nationale, 13ème législature, N° 820, Art. 26.

48 Änderungsanträge (Amendements) N° 483, 484, 503 zum vorgenannten Gesetz, einzusehen unter http://www.assemblee-nationale.fr/13/pdf/amendements/0820/082000483.pdf bzw. http://www.assemblee-nationale.fr/13/pdf/amendements/0820/082000484.pdf bzw. http://www.assemblee-nationale.fr/13/pdf/amendements/0820/082000503.pdf, zuletzt geladen am 30.03.2014.

49 Angenommener Änderungsantrag N° 89 rect., geladen von http://www.assemblee-nationale.fr/13/pdf/amendements/0820/082000089.pdf am 30.03.2014, in dessen Begründung die Einschränkung als „excessive" bezeichnet wird; dazu auch Warsmann, Rapport N° 892 vom 15. Mai 2008, Ass. Nationale, 13ème législature, S. 423 ff., insb. S. 436; für die Beschlussfassung siehe Plenarprotokoll (*Compte rendu intégral*), Assemblée Nationale, 29. Mai 2008, J.O. Débats, N° 41 A.N. (C.R.) (2008), S. 2684 ff., insbes. S. 2691.

50 Hyest, Rapport N° 387 (Sénat 2007–2008) vom 14. August 2008, S. 176.

51 Mathieu, JCP-G 2009, N° 52, S. 55, 65.

Zweifel keine *disposition législative.*[52] Ebenso werden davon auch Verwaltungsakte, selbst wenn sie abstrakt-generelle Regelungen treffen, nicht erfasst.[53] Diese zweite Einschränkung ist jedoch nicht so selbstverständlich, wie die erste. Denn die französische Verfassung ermöglicht es der Exekutive im Gegensatz zum Grundgesetz ausdrücklich, unmittelbar auf dem Verordnungswege Rechtsnormen zu setzen, ohne dass es einer weiteren Ermächtigung durch ein einfaches Gesetz bedürfte. Die Kompetenz des parlamentarischen Gesetzgebers gegenüber der Exekutive ist limitiert. So bestimmt die Verfassung in ihrem Artikel 34 die Regelungsbereiche, die dem Gesetz, *loi*, vorbehalten sind, und regelt in Artikel 37, dass alles, was nicht ausdrücklich dem Bereich des Gesetzes zugewiesen ist, Verordnungscharakter hat.[54] Eine Beschränkung der QPC auf Parlamentsgesetze hat damit zur Folge, das es Sachmaterien gibt, die der Conseil constitutionnel überhaupt nicht prüfen kann. Nichtsdestoweniger ist der Begriff *disposition législative* auch hier eindeutig[55], denn die Staatsorganisation der 5. Republik trennt streng zwischen der *domaine législative* und der *domaine règlementaire.*[56] Ein anderes Ergebnis erscheint nur möglich, wenn man letztlich das abstrakt-generelle Element genügen lässt und die Frage der Herkunft der Rechtsnorm unbeachtet lässt.[57]

---

52 DISANT, QPC, S. 38, Rn. 42.

53 PERRIER, RFDA 2011, S. 711, 712, mit umfangreichen Beispielen aus der Rechtsprechung der Cour de cassation, für den Conseil d'État siehe ROBLOT-TROIZIER, RFDA 2011, S. 691, 698.

54 Nicht ganz fernliegend erscheint der Vergleich mit der Regel des Art. 70 Abs. 1 GG, wonach den Ländern die Gesetzgebungsbefugnis zusteht, so diese nicht ausdrücklich dem Bund zugewiesen ist, hierbei geht es aber um die Verteilung zwischen mehreren parlamentarischen Gesetzgebern ohne Beteiligung der Exekutive. Siehe zur Ausgestaltung der Kompetenzverteilung durch Art. 70 GG auch im Überblick die Kommentierung bei DEGENHART, in: SACHS, GG, Art. 70, Rn. 7 ff. m.w.N. In Frankreich enthält Art. 37 Abs. 2 Const. die Möglichkeit, auf Änderungen der Kompetenzzuweisung zu reagieren, auf Antrag stellt der Conseil constitutionnel fest, das seit 1958 erlassene Parlamentsgesetze inzwischen, nach einer Änderung der Kompetenzzuweisungen, nur noch Verordnungscharakter haben.

55 CARCASSONNE/DUHAMEL, QPC, S. 74.

56 Für eine zusammenfassende Darstellung der diesbezüglichen Entwicklung und die Abgrenzung von *règlement* und *loi* siehe HAMON/TROPER, Droit constitutionnel, S. 610, Rn. 706 ff.

57 Dieses ist der Ansatz bei KELSEN, The Journal of Politics 1942, S. 183, 184 f., der bei seinen grundsätzlichen Betrachtungen zur Verfassungsgerichtsbarkeit aus Vereinfachungsgründen von dem Begriff „*legislation*" auch Verordnungen der Exekutive erfasst sehen will. Die französische Übersetzung dieses Textes durch FAVOREU, RFDC N° 1 (1990), S. 17, 18 f. geht noch weiter und spricht von „*loi*", wo KELSEN das Wort „*statute*" verwendet.

Zu überprüfende Norm im Regelfall kann damit nur ein durch den parlamentarischen Gesetzgeber erlassenes Gesetz sein. Eine Klarstellung enthält diesbezüglich Art. 107 Abs. 2 des *loi organique relative à la Nouvelle-Calédonie*[58], wonach auch ein sog. *loi du pays de la Nouvelle-Calédonie* im Rahmen der QPC auf seine Verfassungsmäßigkeit überprüft werden kann. Dabei handelt es sich um gesetzliche Regelungen, die durch den Kongress der teilautonomen Inselgruppe Neukaledonien im Südpazifik innerhalb begrenzter Kompetenzbereiche erlassen werden dürfen. Diese Einfügung wurde in der parlamentarischen Debatte über das *loi organique* zur Klarstellung für sinnvoll erachtet, um jede Unsicherheit zu vermeiden, auch wenn die Möglichkeit der Überprüfung dieser Normen nicht ernstlich in Zweifel gezogen wurde.[59] Der Conseil constitutionnel erklärte diese Erweiterung in seiner Entscheidung über das *loi organique* mit Blick auf die Gesetzeskraft dieser Regeln für kompatibel mit der Forderung des Art. 61–1 Abs. 1 Const. nach einer *disposition législative.*[60]

II. Anwendbar auf den Streitfall

Die erste gesondert im Katalog des Art. 23–2 der *ordonnance* über den Conseil constitutionnel aufgeführt Bedingung ist die Anwendbarkeit der Norm auf den Streitfall. Diese Bedingung sorgt dafür, dass die im Grundsatz objektive Prüfung[61] der Verfassungsmäßigkeit nicht ohne jede Beziehung zu einem realen Lebenssachverhalt vorgenommen werden kann und damit nicht verzögernde oder vollkommen vom Fall losgelöste Fragen gestellt werden können.[62] Diese Bedingung ist die logische Konsequenz aus der Formulierung von Art. 61–1 Abs. 1 Const, der zwar die bloße Behauptung einer Beeinträchtigung von Rechten und Freiheiten genügen lässt[63], aber zugleich durch die Bedingung, dass die Frage bei Gelegenheit eines

---

58 Loi organique n° 99–209 du 19 mars 1999 *relative à la Nouvelle-Calédonie* i.d.F. des loi organique n° 2009–1523 du 10 décembre 2009, *relative à l'application de l'article 61–1 de la Constitution.*

59 Siehe hierzu nur den Bericht des Berichterstatters in der Assemblée Nationale, Warsmann, Rapport N° 1898 vom 3. September 2009, Ass. Nationale, 13ème législature, S. 45 f. und 88 f.

60 Conseil constitutionnel, 03. Dezember 2009, N° 2009–595, Considérants 33, 34.

61 Prägnant Gahdoun, in: Rousseau (Hrsg.), QPC, S. 124, 125, Rn. 134; es werde dem Gesetz und nicht einer tatsächlichen Situation der Prozess gemacht (*Il s'agit donc d'un procès fait à la loi et non un procès fait à une situation factuelle*).

62 Gahdoun, in: Rousseau (Hrsg.), QPC, S. 124, 125, Rn. 134; diese Bedingung stellt damit letztlich eine Begrenzung des objektiven Verfahrens dar, ohne jedoch zu einer subjektiven Prüfung zu führen.

63 *„Lorsque [...] il est soutenu qu'une disposition législative porte atteinte aux droits et libertés que la Constitution garantit, [...]".*

Streitfalls gestellt werden muss[64], eine Beziehung zu einem real existierenden Verfahren herstellt.[65]

Bei der QPC handelt sich nach allem um ein Rechtsmittel, nicht jedoch um eine vollständig abstrakte Kontrollmöglichkeit.[66] Wenn der Beschwerdeführer jedoch eine eigene Betroffenheit nicht darzulegen verpflichtet ist, kann nur über das Kriterium der Anwendbarkeit die Überprüfung beliebiger Normen vermieden werden.

Im Entwurf des Comité Balladur war für die neue Prüfungsmöglichkeit noch der Weg der „*voie d'exception*"[67] genannt[68], womit allerdings auch die Anwendbarkeit der angegriffenen Norm auf den konkreten Streitfall zwingend einhergeht. Denn nur wenn die Norm auf den Fall Anwendung findet, ist überhaupt Raum für eine Inzidentkontrolle ihrer Verfassungsmäßigkeit.

Das Kriterium der Anwendbarkeit auf den Streitfall wird erst durch Art. 23–2 Abs. 1 Nr. 1 der *ordonnance* präzise gefasst. Es bestehen die beiden Möglichkeiten der Anwendbarkeit auf den Streifall oder das Verfahren (*être applicable au litige ou à la procédure*) und der Grundlage der rechtlichen Verfolgung (*constituer le fondement des poursuites*).

Diese Formulierung ist sehr weit gefasst. Dieses wird vor allem deutlich, wenn man sie mit der ursprünglich im Gesetzentwurf[69] zum *loi organique* enthaltenen Konstruktion vergleicht. Nach dem Willen der Regierung, durch die der Entwurf im Parlament eingebracht wurde, sollte eine Weiterleitung nur unter der Bedingung erfolgen, dass die entsprechende Norm entscheidend für den Ausgang des Streites ist oder die Gültigkeit des Verfahrens betrifft (*commande l'issue du litige ou*

64 „[...] *à l'occasion d'une instance en cours devant une juridiction* [...]".

65 Disant, QPC, S. 184.

66 Plastisch hierzu Carcassonne/Duhamel, QPC, S. 39 f.: Es handele sich nicht unmittelbar um eine Klage wegen Verfassungswidrigkeit (*recours en inconstitutionnalité*), losgelöst von den praktischen Auswirkungen des Gesetzes, vielmehr sei das Ziel, zu verhindern, dass auf irgendjemanden ein verfassungswidriges Gesetz angewandt werde.

67 Unter *voie d'exception* wird die inzidente Kontrolle der Konformität einer Norm mit höherrangigem Recht verstanden. Bei Gelegenheit eines Streits über die Anwendung einer Norm (z.B. Verurteilung zu einer Strafe nach einem Strafgesetz) wird vorgebracht, dass die Norm selbst mit höherrangigem Recht, wie z.B. der Verfassung, nicht in Einklang steht. Das Gegenteil dazu stellt die *voie d'action* dar, bei der primärer Gegenstand des Verfahrens die Norm selbst ist. In Frankreich kann die *exception d'inconstitutionnalité* (≈ Einrede der Verfassungswidrigkeit) gegen Verwaltungsakte, die auf einem Gesetz basieren, nicht erhoben werden, denn dieses würde bedeuten, mit dem Akt auch das ihm zu Grunde liegende Gesetz an der Verfassung zu messen. Das Gesetz bildet insoweit eine Barriere (*la loi fait écran*) gegenüber der Verfassung. Vgl. zum Ganzen Frier/Petit, Droit administratif, S. 45, Rn. 60 und S. 57, Rn. 78 ff.

68 Rapport Balladur, S. 173.

69 Projet de loi organique relatif à l'application de l'article 61–1 de la Constitution, 8. April 2009, Ass. Nationale, 13ème législature, N° 1599.

la validité de la procédure), die weitere Möglichkeit der Grundlage einer rechtlichen Verfolgung fand sich wortgleich in diesem Entwurf.

Die Begründung des Gesetzentwurfes schwieg zur Bedeutung der gewählten Formulierung, es wurde lediglich allgemein festgehalten, es sei Aufgabe des *loi organique*, einen möglichst guten Zugang zu dem neuen Kontrollmechanismus zu gewährleisten, dabei müsse jedoch verhindert werden, dass dieser mit dem Ziel der Verzögerung des Prozesses (*à des fins dilatoires*) eingesetzt werde.[70]

Aufschlussreicher ist insoweit der Bericht des Berichterstatters Warsmann. Seinen Ausführungen zu Folge zeigte die im Entwurf gewählte Formulierung klar, dass die QPC nicht allein wegen des Gesetzes gestellt werde, sondern dass es vielmehr auf die Betroffenheit des Antragstellers ankomme und es deswegen erforderlich sei, einen klaren Bezug zum konkreten Streitfall herzustellen. Die Aufnahme des Alternativkriteriums der Regelmäßigkeit des Verfahrens soll nach dieser Auffassung dazu dienen, auch bereits im gerichtlichen Vorverfahren oder bei einem möglichen Wiederaufnahmeverfahren entsprechende prozedurale Regeln angreifen zu können.[71]

Bereits aus den diesem Bericht vorangegangenen Sachverständigenanhörungen durch den zuständigen Parlamentsausschuss[72] ist jedoch deutlich zu entnehmen, dass die vorgenommene Ausgestaltung der Vorschrift als problematisch angesehen wurde. So äußerte sich Prof. Colliard dahingehend, dass die gewählte Formulierung die Gefahr mit sich bringe, dem Bürger die Möglichkeit zu nehmen, eine offensichtliche verfassungswidrige Vorschrift anzugreifen, nur weil diese nicht streitentscheidend sei.[73] Auch der Generalsekretär des Conseil constitutionnel, Guillaume, sah die Gefahr, den Erfolg der Reform durch diese Bedingung zu gefährden und auch einen Widerspruch dazu, dass die QPC unmittelbar und somit vor dem Ende des Prozesses zu beantworten sei.[74]

Entsprechend schlug bereits Warsmann der Kommission eine Änderung der Formulierung vor und prägte die nunmehr im Gesetz befindliche Formulierung, nach der, wie ausgeführt, die Anwendbarkeit auf Streitfall oder Verfahren

70 Projet de loi organique relatif à l'application de l'article 61–1 de la Constitution, 8. April 2009, Ass. Nationale, 13ème législature, N° 1599, dort in der Gesetzesbegründung, 3. Absatz.

71 Warsmann, Rapport N° 1898 vom 3. September 2009, Ass. Nationale, 13ème législature, S. 50.

72 Kommission für Verfassungsgesetze, Rechtssetzung und allgemeine Verwaltung, *Commision des lois constitutionnelles, de la législation et de l'administration générale de la République.*

73 Colliard, wiedergegeben bei Warsmann, Rapport N° 1898 vom 3. September 2009, Ass. Nationale, 13ème législature, S. 116, 118 f.

74 Guillaume, wiedergegeben bei Warsmann, Rapport N° 1898 vom 3. September 2009, Ass. Nationale, 13ème législature, S. 158, 162.

ausreicht. Diese wurde von der Kommission einstimmig angenommen.[75] Sie erfuhr daraufhin weder in der Plenarberatung der Assemblée nationale, noch im Sénat eine weitere Modifikation und wurde somit in das endgültige Gesetz übernommen. Der Berichterstatter im Sénat, PORTELLI, verwies nur kurz auf die durch die Assemblée nationale vorgenommene Änderung und führte aus, die neue Formulierung entspreche eher dem Verfassungstext, der nur von der Möglichkeit spreche, bei Gelegenheit eines Prozesses (*à l'occasion d'un litige*) eine QPC zu stellen.[76]

Aus dem Gesetzgebungsverfahren ergab sich damit der Wille des Gesetzgebers, das Kriterium der Anwendbarkeit auf den Streitfall möglichst weit zu verstehen. Mit Blick auf die abgelehnte ursprüngliche Formulierung war es vor allem nicht möglich, das „*applicable au litige ou à la procédure*" mit „streitentscheidend" gleichzusetzen, denn dieses ginge nicht über die Formulierung im Gesetzentwurf hinaus.

Die weite Formulierung *applicable au litige* hat dazu geführt, dass dieses Kriterium insgesamt nicht zu bedeutenden Problemen bei der Anwendung geführt hat und so kaum umstritten erscheint. Es handelt sich, mit den Worten von MAUGÜÉ/STAHL, um jene Frage, die im Kontext der QPC am einfachsten zu beantworten sei.[77] Vor allem dadurch, dass es durch die gewählte Formulierung nicht darauf ankommt, ob die angegriffene Norm schlussendlich streitentscheidend ist, werden einige Schwierigkeiten vermieden, da diese Frage kaum im laufenden Verfahren beantwortet werden kann.[78] Nach der nunmehr gewählten Formulierung hat der Rechtssuchende die Möglichkeit, jede Norm vorzulegen, deren Anwendbarkeit auf den konkreten Fall zumindest nicht von vornherein ausgeschlossen ist, unbeachtlich der Frage, ob diese tatsächlich im Ende der Entscheidung des Gerichts zur Sache zu Grunde liegt.[79]

Die Prüfung, ob eine bestimmte Norm tatsächlich auf den Streitfall anwendbar ist, kann nur am konkreten Streitfall erfolgen und erfordert entsprechend die Auseinandersetzung mit dem Vorbringen und der juristischen wie tatsächlichen Situation der Parteien. Der Conseil constitutionnel enthält sich aus diesem Grund einer Stellungnahme.[80] Bereits in der ersten Entscheidung über eine QPC vom

---

75 WARSMANN, Rapport N° 1898 vom 3. September 2009, Ass. Nationale, 13ème législature, S. 61.

76 PORTELLI, Rapport n° 637 (Sénat 2008–2009) vom 29. September 2009, S. 41.

77 MAUGÜÉ/STAHL, QPC, S. 58.

78 CARCASSONE/DUHAMEL, QPC, S. 47; ebenso LIÉBER ET AL., CCC N° 29 (2010), S. 101, 107 ff.

79 Allerdings geht ROUX, RDP 2010, S. 233, 248, davon aus, dass der Erweiterung eine besondere Bedeutung nicht zukomme, er nimmt an, der Bürger werde ohnehin nur solche Normen vorlegen, deren Aufhebung auch günstige Auswirkungen auf seinen Prozess habe. Dieser Position steht allerdings entgegen, dass die Frage, ob die Norm schließlich streitentscheidend sein wird, kaum während des noch laufenden Verfahrens bereits beantwortet werden kann.

80 DISANT, QPC, S. 186, Rn. 245, allerdings mit Hinweis darauf, dass der Zuständigkeit der normalen Gerichte für Fragen des Einzelfalls die grundsätzliche Kompetenz

28. Mai 2010[81] stellte das Gericht fest, dass es nicht berechtigt sei, die Entscheidung der weiterleitenden Gerichte hinsichtlich der Anwendbarkeit der Norm auf den Streifall in Frage zu stellen. Dieser Ausschluss der Prüfung ist umfassend. Das Gericht weigert sich nicht nur auf der einen Seite, Normen zu prüfen, die die obersten Gerichte nicht für anwendbar gehalten hatten, sondern prüft auch auf der anderen Seite jede ihm vorgelegte Norm, selbst wenn an deren Anwendbarkeit erhebliche Zweifel bestehen.[82]

Dieses Kriterium ist mithin jenes, dessen Anwendung einzig und allein in der Verantwortung der weiterleitenden Gerichte steht. Die Betrachtung der Rechtsprechung von Conseil d'État und Cour de cassation zeigt, dass der Conseil d'État eine insgesamt weniger strenge Haltung gegenüber diesem Kriterium einnimmt, als die Cour de cassation.[83] Denn das Zivilgericht trennt die Frage der Anwendbarkeit auf den Streitfall nicht völlig von der Frage der möglichen Auswirkungen einer Erklärung der Verfassungswidrigkeit auf den Streitfall, sondern lehnt auch teilweise eine Weiterleitung ab, wenn die Entscheidung des Conseil constitutionnel ohne Auswirkung auf seine spätere Entscheidung bliebe.[84] Gegen diese striktere Sicht ist solange nichts einzuwenden, wie diese sich nicht faktisch zu einer Beurteilung des klägerischen Interesses an der QPC entwickelt[85] und sich damit dem im Gesetzgebungsverfahren nicht übernommenen Kriterium der Streitentscheidung annähert. Strenger ist die Cour de cassation teilweise auch dahingehend, dass sie die Feststellung des Kriteriums der Anwendbarkeit dann verweigert, wenn gerade die Nichtanwendbarkeit auf den Streitfall gerügt wird.[86] Der Conseil d'État

---

des Conseil constitutionnel gegenüberstehe, seinen Prüfungsgegenstand zu bestimmen, die Lösung sei daher nicht zwingend.

81 Conseil constitutionnel, 28. Mai 2010, N° 2010–1 QPC, *Cristallisation des pensions*, Considérant 6.

82 Beide Fälle finden sich, worauf Magnon et al., QPC, S. 192, Rn. 224 hinweisen, bereits in der Entscheidung N° 2010–1 QPC, Considérant 7. Das Gericht verweigert die Untersuchung weiterer Normen, hinsichtlich derer die QPC mangels Anwendbarkeit durch den Conseil d'État nicht vorgelegt wurde, bei den vorgelegten Normen wird die Entscheidung des Conseil d'État trotz eines Einwands des Premierministers nicht in Frage gestellt und die materielle Prüfung vorgenommen.

83 Magnon et al., QPC, S. 194, Rn. 229, unter Bezugnahme auf die Stellungnahme auf der Internetseite des Conseil constitutionnel, „À la une" von Oktober 2012, geladen von http://www.conseil-constitutionnel.fr/conseil-constitutionnel/francais/a-la-une/octobre-2012-qpc-la-notion-de-disposition-applicable-au-litige.115625.html am 25.09.2014.

84 Maugüé/Stahl, QPC, S. 59 sprechen hier treffend davon, das Gericht suche nach einem *effet utile* der späteren Entscheidung des Conseil constitutionnel.

85 Diese Gefahr sehen Magnon et al., QPC. S. 194, Rn. 229.

86 Diesen Fall rügte der Generalsekretär des Conseil constitutionnel, Guillaume, in seinem Bericht anlässlich der Evaluierung des Systems der QPC durch die Assemblée Nationale 2013, siehe dazu Guillaume, wiedergegeben bei Urvoas, Rapport N° 842 vom 27. März 2013, Ass. Nationale, 14ème législature, S. 109, 113, unter

ist hier erneut offener, bereits in seiner ersten Weiterleitungsentscheidung vom 14. April 2010[87] gelangte er zu der Feststellung, dass sich die Anwendbarkeit gerade daraus ergibt, dass die angegriffene Norm den Streitfall nicht regelt bzw. auslässt, jedenfalls dann, wenn genau diese Nichtanwendbarkeit mit der QPC angegriffen werden soll.[88]

Insgesamt erweist sich das Kriterium der Anwendbarkeit auf den Streitfall jedoch vor keinem der beiden Gerichte bisher als besonderes Hemmnis für den Erfolg der QPC, wenn auch die Rechtsprechung der Cour de cassation hier der besonderen Aufmerksamkeit und ggf. einer späteren gesetzlichen Korrektur bedarf. Die Feststellung der Anwendbarkeit auf den Streitfall geht auch nicht mit einer Aussage über den weiteren Verlauf des Verfahrens einher, so ist es durchaus möglich, dass die durch den Conseil constitutionnel untersuchte Norm sich später doch als nicht streitentscheidend erweist.[89] Entsprechend wiederholt der Conseil d'État in ständiger Rechtsprechung, dass das Kriterium der Anwendbarkeit nur im Sinne und für den Fall der QPC zu verstehen ist.[90]

Eine direkte Folge der Bedingung der Anwendbarkeit auf den Streitfall liegt neben der Herstellung eines Bezugs des Verfahrens zu einem real existierenden Streitfall und damit einer zumindest angedeuteten Subjektivierung des Verfahrens darin, dass auch grundsätzlich nur solche gesetzlichen Normen angreifbar sind, die überhaupt eine normative Wirkung entfalten. Diese Problematik war im Zusammenhang mit den sog. *lois de programmation* von Bedeutung[91], wobei die hier gefundene Lösung im System der QPC zu überzeugen vermag.

Bezugnahme auf die Entscheidung Cour de cassation, Chambre commerciale, 26. Juni 2012, N° 11-27515, Attendu 3.

87 Conseil d'État, 1ère et 6ème sous-sections réunies, 14. April 2010, N° 336753, Considérant 4; dabei handelt es sich um die Vorlageentscheidung zur ersten Entscheidung über eine QPC durch den Conseil constitutionnel, Conseil constitutionnel, 28. Mai 2010, N° 2010-1 QPC, *Cristallisation des pensions.*

88 Liéber/Botteghi, AJDA 2010, S. 1355, 1360; die Kritik am Anwendungsbereich könne zur Anwendbarkeit im Rahmen der QPC führen.

89 Liéber et al., CCC N° 29 (2010), S. 101, 107.

90 Dieses ist bereits seit Inkrafttreten der QPC üblich, siehe hierzu erneut Conseil d'État, 1ère et 6ème sous-sections réunies, 14. April 2010, N° 336753, mit für zwei verschiedene Normen identischer Formulierung in den Considérants 3 und 4, es handele sich um eine Feststellung „au sens et pour l'application de l'article 23-5".

91 Daneben besteht ein Typus von Gesetzen, denen es insgesamt an Normativität fehlt, die sog. *lois mémorielles*, mit denen der Gesetzgeber versucht, historische Sachverhalte gesetzlich anzuerkennen. Der Conseil constitutionnel hat diesen mit Entscheidung vom 28. Februar 2012, N° 2012-647 DC, *Loi visant à réprimer la contestation de l'existence des génocides reconnus par la loi*, Considérant 6, jede normative Wirkung abgesprochen. Damit ist es insbesondere nicht möglich, die Leugnung einer durch ein solches Gesetz anerkannten Tatsache, insbesondere eines Völkermords, strafrechtlich zu sanktionieren, so Cour de cassation, Chambre criminelle, 05. Februar 2013, N° 11-85909; siehe hierzu auch die Besprechung von

Art. 34 Abs. 6 Const. eröffnet die Möglichkeit, Programmgesetze zu erlassen, die die Ziele der Tätigkeit des Staates bestimmen.[92] Im Grundsatz handelt es sich damit um Gesetze, in denen politische Leitlinien und Grundlagen festgelegt werden. Diese Gesetze befinden sich an der Schnittstelle zwischen Regierungs- und parlamentarischer Tätigkeit. Denn wo die Regierung die Politik der Nation bestimmt und leitet, ist es die Aufgabe des Parlaments, diese zu evaluieren.[93] Die ursprüngliche Beschränkung auf den Bereich der *action économique et social de l'État* wurde mit der Verfassungsänderung von 2008 entsprechend dem Vorschlag des Comité Balladur aufgehoben.[94] Damit blieb aber die entscheidende Frage, welche Wirkung von solchen Gesetzen ausgeht. Wenn das Gesetz nur eine politische Absicht niederlegt, so fehlt es ihm an normativer Wirkung, es regelt nicht. Entsprechend kann ein solches Gesetz auch nicht in der Verfassung niedergelegte Rechte und Freiheiten einschränken.[95] Selbst wenn ein solches Programmgesetz eine spätere einschränkende Gesetzgebung vorsehen würde, wäre ein unmittelbarer Zusammenhang zwischen *loi de programmation* und Grundrechtsverletzung kaum gegeben.[96]

Wie allerdings angemerkt wird, hält sich der Gesetzgeber nicht zwingend an die durch die Bezeichnung des Gesetzes als *loi de programmation*[97] implizierte Beschränkung. Er fügt auch in reine Programmgesetze durchaus bindende Regeln ein[98], umgekehrt ist auch der Fall möglich, dass es einem normalen Gesetz an

---

Egéa, D. 2013, S. 805 m.w.N. Für die QPC bleiben diese Gesetze mangels Normativität insgesamt außer Betracht.

92 *„Des lois de programmation déterminent les objectifs de l'action de l'État."*

93 Art. 20 al. 1 Const: *„Le Gouvernement détermine et conduit la politique de la Nation."*; Art. 24 al 1. Const: *„Le Parlement vote la loi. Il contrôle l'action du Gouvernement. Il évalue les politiques publiques."*

94 Siehe hierzu nur Rapport Balladur, S. 84 f.

95 Zweifelnd allerdings Liéber et al., CCC N° 29 (2010), S. 101, 106; es sei problematisch davon auszugehen, ein solches Gesetz werde nie Rechte oder Freiheiten beeinträchtigen. Ob sich diese Sorge jedoch aus der fehlenden normativen Wirkung speist, bleibt unklar.

96 Abgesehen davon, dass nach der Rechtsprechung des Conseil constitutionnel weder Regierung (17. Januar 1979, N° 78–102 DC) noch Parlament (27. Juli 1982, N° 82–142 DC) verpflichtet sind, eine solche Norm dann auch zu erlassen, dazu Mathieu, La loi, S. 103 f.

97 Beispielhaft hier das Loi n° 2009–967 du 3 août 2009 *de programmation* relative à la mise en œuvre du Grenelle de l'environnement, JORF N° 0179 vom 5. August 2009, S. 13031. [eig. Hervorhebung].

98 Auf die entsprechende Kritik im Jahresbericht des Conseil d'État, Rapport public 2009, S. 69 verweisen zustimmend Mathieu/Rousseau, GD QPC, S. 120. Für ein praktisches Beispiel siehe die Anmerkung zum *loi de programmation militaire pour les années 2009–2014*, ebenfalls in Conseil d'État, Rapport public 2009, S. 71 f.

normativer Wirkung fehlt.[99] Die gesamte Kategorie der Programmgesetze kann kritisch hinterfragt werden.[100] Sinnvoll erscheint daher das Vorgehen des Conseil d'État, der, als er im Rahmen einer QPC mit dieser besonderen Kategorie konfrontiert wurde, zwar Bezug auf Art. 34 Abs. 6 Const. nahm[101], jedoch im Einzelnen prüfte, ob die angegriffenen Artikel normative Wirkung entfalteten, und dieses dann auch für eine Teilvorschrift feststellte.[102]

Das Kriterium der Anwendbarkeit auf den Streitfall beschränkt sich damit nicht allein auf die Gewährleistung einer Verbindung zu einem realen Lebenssachverhalt, sondern hat auch einen Anteil daran, dass die QPC nur zur Durchsetzung der verfassungsrechtlichen Rechte und Freiheiten beiträgt, nicht jedoch zu einer allgemeinen Sicherstellung der Einhaltung der Normenhierarchie.

Auch innerhalb der Gruppe der gesetzlichen Regeln mit normativer Wirkung kann jedoch die Prüfungsmöglichkeit ausgeschlossen sein oder Limitierungen unterliegen.

III. Einschränkungen des tauglichen Beschwerdegegenstands

Tauglicher Beschwerdegegenstand der QPC ist nach der vorgestellten Konzeption eine auf den Streitfall anwendbare *disposition législative*. Abgesehen von der sich bereits aus der Beschränkung auf die „*disposition législative*" ergebenden Unmöglichkeit, gerichtliche Entscheidungen oder Verwaltungsakte anzugreifen, die auch im Gesetzgebungsverfahren nie in Frage gestellt wurde, existieren einige Sonderfälle innerhalb der „*disposition législative*", die schon während der Gesetzgebung diskutiert wurden, ohne dass es jeweils zu einer eindeutigen Entscheidung bezüglich der Möglichkeit ihrer Überprüfbarkeit durch eine QPC gekommen wäre.

---

99 Groulier, AJDA 2012, S. 1047, 1049; ebenso auch Mathieu/Rousseau, GD QPC, S. 120.

100 Zur Kritik an reinen Programmgesetzen eingehend Mathieu, La Loi, S. 61 und 102 ff.; zur Rechtslage vor 2008 (Verfassungswidrigkeit von Gesetzen ohne normative Wirkung) siehe Conseil constitutionnel, 21. April 2005, N° 2005–512 DC, *Loi d'orientation et de programme pour l'avenir de l'école*; 07. Juli 2005, N° 2005–516 DC, *Loi de programme fixant les orientations de la politique énergétique*, dort insbes. Considérant 4, siehe hierzu auch die Anmerkungen von Rousseau, RDP 2006, S. 245, 250 ff. Der Ausschluss der normativen Wirkung von Programmgesetzen wird allerdings von Groulier, AJDA 2012, S. 1047, 1050 ff., grundlegend in Frage gestellt, der für eine weite Auslegung des Begriffs der Normativität plädiert und diese auch für gegeben hält, wenn sich Regierung oder Parlament auf die in diesen Gesetzen niedergelegten Ziele oder Absichten stützen.

101 Conseil d'État, 6ème et 1ère sous-sections réunis, 18. Juli 2011, N° 340512, *Fédération Nationale des Chasseurs*, Considérant 5.

102 Conseil d'État, 6ème et 1ère sous-sections réunis, 18. Juli 2011, N° 340512, Considérant 6; siehe dazu auch die Anmerkung bei Domino/Bretonneau, AJDA 2012, S. 422, insbes. S. 423 oben.

1. *Gesetze, die nicht durch das Parlament beschlossen wurden – Problematik der Volksgesetzgebung*

Im Gesetzgebungsverfahren in der Assemblée nationale zum *loi organique* wurde durch den Berichterstatter die Frage aufgeworfen, inwieweit durch ein Referendum beschlossene Gesetz auch tauglicher Beschwerdegegenstand der QPC sein können. Diese Frage erscheint vor dem Hintergrund wenig überraschend, dass der Conseil constitutionnel diesbezüglich seit jeher eine zurückhaltende Position eingenommen hat. Die Frage, die WARSMANN stellte, war entsprechend, ob die bisherige Rechtsprechung des Conseil constitutionnel auf das neue Verfahren zu übertragen sei.[103]

Obwohl die französische Verfassung dem Referendum insgesamt deutlich offener gegenübersteht als das deutsche Grundgesetz, ist die Zahl dieser Referenden bisher gering geblieben. Entsprechend war nicht abzusehen, ob die Frage der Überprüfbarkeit solcher Gesetze im Wege der QPC überhaupt in absehbarer Zeit entschieden werden würde. Die große Dynamik des neuen Verfahrens zeigt sich aber daran, dass eine solche Entscheidung bereits vier Jahre nach Inkrafttreten, im Frühjahr 2014, doch gefällt wurde[104], und zwar nicht anlässlich eines neuen Referendums, sondern gerichtet gegen eine schon lange bestehende gesetzliche Regelung. Diese Entscheidung kann nicht ohne Bezug zur früheren Rechtsprechung verstanden werden, die gesamte Einstellung des Conseil constitutionnel zur Volksgesetzgebung gibt wertvolle Hinweise auf das Selbstverständnis des Gerichts.

a) Das Referendum im französischen Verfassungsrecht

Nach Art. 3 Abs.1 der Verfassung der 5. Republik von 1958 steht die nationale Souveränität dem Volk zu, das diese durch seine Repräsentanten und auf dem Weg des Referendums ausübt.[105] Diese Regelung schafft grundsätzlich die Möglichkeit, ein Referendum durchzuführen, kann für dieses selbst aber Grundlage nicht sein. Es bedarf vielmehr einer weiteren Verfassungsnorm, die für einen bestimmten Bereich das Referendum ausdrücklich einführt, genauso wie auch der Fall der Ausübung durch Repräsentanten des Volkes der näheren Ausgestaltung bedarf. Eine Parallele besteht damit zum deutschen Art. 20 Abs. 2 Satz 2 GG, der von Wahlen und Abstimmungen spricht. Nach ganz herrschender Meinung[106] kann auf diese Vorschrift alleine eine Volksabstimmung auf Bundesebene nicht gestützt werden, es bedarf, jenseits der bereits dafür vorgesehenen Fälle, die sich sämtlich auf die

---

103 Siehe hierzu WARSMANN, Rapport N° 1898 vom 3. September 2009, Ass. Nationale, 13ème législature, S. 44.

104 Conseil constitutionnel, 25. April 2014, N° 2014-392 QPC, *Droit du travail en Nouvelle-Calédonie*, dazu sogleich.

105 *La souveraineté nationale appartient au peuple qui l'exerce par ses représentants et par la voie du référendum.*

106 Siehe dazu für viele SACHS, in: DERS., GG, Art. 20, Rn. 31 ff. mit umfangreichen weiteren Nachweisen.

territoriale Gliederung der Bundesrepublik beziehen[107], der Einführung einer gesonderten Regelung in das Grundgesetz.

Anders als in Deutschland enthält die französische Verfassung jedoch solche Regelungen und ermöglicht grundsätzlich auch Referenden über einfache Gesetze.

aa) Verfassungsänderndes Referendum

Art. 89 Abs. 2 Const. sieht vor, dass zu einer Verfassungsänderung ein gleichlautender Beschluss beider Parlamentskammern erforderlich ist, dem ein Referendum folgt. Damit steht es nach dieser Vorschrift nicht in der Macht des Präsidenten, ohne Zustimmung des Parlaments eine Verfassungsänderung per Referendum herbeizuführen. Nach der Formulierung des Art. 89 Abs. 2 Const. ist auch davon auszugehen, dass der Präsident nach dem gleichlautenden Beschluss beider Kammern gezwungen ist, das Verfahren weiter zu betreiben, und ihm nur ein Ermessen hinsichtlich der Wahl der Alternative *Congrès*, siehe sogleich, zukommt.[108] Ausgeschlossen ist die Verfassungsänderung solange, wie das Territorium der Republik gefährdet ist, also in Kriegszeiten (Art. 89 Abs. 4). Ebenso verbietet Art. 89 Abs. 5 ähnlich Art. 79 Abs. 3 GG i.V.m. Art. 20 Abs. 1 GG[109] die Abschaffung der republikanischen Staatsform.

Die in Art. 89 Abs. 2 Const. vorgesehene Verfassungsänderung per Referendum spielte in Frankreich bisher nur eine untergeordnete Rolle.[110] Der überwiegende Teil der Verfassungsänderungen ist ohne unmittelbare Beteiligung des Volkes zu Stande gekommen. Dazu sieht Art. 89 Abs. 3 Const. die Möglichkeit vor, nach der Entscheidung beider Kammern das gesamte Parlament gemeinsam abstimmen zu lassen. In dieser als *Congrès* bezeichneten Formation, die in Versailles tagt, bedarf es zur Annahme der Verfassungsänderung dann einer Mehrheit von drei Fünfteln. Diese Ausnahmeregelung gilt allerdings nach dem Wortlaut des Art. 89 Abs. 3 Const. nur für den Fall, dass die Initiative zur Verfassungsänderung von der Regierung ausgeht (*projet de révision constitutionnelle*). Für Initiativen des Parlaments (*proposition de révision constitutionnelle*) ist das Referendum zwingend vorgeschrieben.[111] Dass der Verfassungsänderung unter Umgehung des Referendums der Vorzug gegeben wird, wird daran deutlich, dass das erste auf Art. 89 Abs. 2 Const. beruhende Referendum 2000 stattfand, mit dem Ziel der Reduzierung der Dauer des Präsidentenmandats von 7 auf 5 Jahre, das erreicht wurde.[112]

107 Auf Artt. 29, 118 und 118a GG verweist Sachs, in: ders., GG, Art. 20, Rn. 32.

108 Blachèr, Droit constitutionnel, S. 22 f.

109 Zum „Monarchieverbot" siehe nur die Kommentierung bei Sachs, in: ders., GG, Art. 79, Rn. 61 sowie Art. 20, Rn. 9, unter besonderem Hinweis darauf, dass sich aus dem republikanischen Prinzip keine über die Negation der Monarchie hinausgehenden Bedeutungsgehalte entnehmen lassen.

110 Portelli, Droit constitutionnel, S. 246, Rn. 265.

111 Portelli, Droit constitutionnel, S. 246, Rn. 265.

112 Referendum vom 24. September 2000, angeordnet durch Dekret N° 2000–655 vom 12. Juli 2000, JORF vom 13. Juli 2000, S. 10641.

bb) Allgemeines Gesetzesreferendum

Neben der Möglichkeit der Verfassungsänderung nach Art. 89 Abs. 2 Const. ist für den Bereich des Referendums insbesondere Art. 11 Const. von Interesse. Dieser enthält die Regelungen zum Referendum über einfache Gesetze. Nach Art. 11 Abs. 1 in seiner aktuellen Fassung kann der Präsident auf Vorschlag der Regierung oder auf gemeinsamen Vorschlag beider Parlamentskammern jedes Gesetzesvorhaben einem Referendum unterwerfen, das die Organisation der öffentlichen Gewalt, die Wirtschafts-, Sozial- oder Umweltpolitik und die zugehörige öffentliche Verwaltung oder die Ratifikation eines völkerrechtlichen Vertrags betrifft, der seinerseits Auswirkungen auf die Arbeit der Institutionen hat.[113]

Die Vorschrift hat seit dem Inkrafttreten der Verfassung bereits einige Änderungen erfahren. In der ursprünglichen Version war der Anwendungsbereich auf Gesetze beschränkt, die die Organisation der öffentlichen Gewalt betrafen, sowie auf die bereits genannten völkerrechtlichen Verträge. Darüber hinaus hätte auch ein Vertrag die Kolonialgebiete in Afrika betreffend dem Referendum unterworfen werden können.[114] Jener Verweis auf die Kolonialgebiete entfiel mit der Verfassungsänderung von 1995, dafür wurde der Bereich der Wirtschafts- und Sozialpolitik hinzugefügt, der 2008 um den Bereich der Umweltpolitik ergänzt wurde.[115]

Das Referendum nach Art. 11 Const. umfasst mithin nur einen relativ kleinen Bereich. Im Gegensatz zum verfassungsändernden Referendum nach Art. 89 Abs. 2 Const. kann es jedoch durchgeführt werden, ohne dass das Parlament zustimmt. Der Präsident kann damit, so er von der Regierung darin unterstützt wird, auf dem Wege der Volksgesetzgebung das Parlament in seine Schranken weisen.[116]

Die starke Ausrichtung auf die Person des Präsidenten wird auch daran deutlich, dass zwar nach der gesetzlichen Regelung Regierung oder Parlament einen Antrag an den Präsidenten richten müssten, faktisch jedoch dieser selbst verkündet, ein Gesetz dem Referendum unterwerfen zu wollen, und die Regierung anweist, ihn dabei zu unterstützen.[117] Die Entscheidung, das Gesetz dem Referendum zu unterwerfen, steht im freien Ermessen des Präsidenten. Er ist entsprechend bei dieser Entscheidung auch nach Art. 19 Const. von der Pflicht zur Gegenzeichnung durch

---

113 Bezüglich des völkerrechtlichen Vertrages ist das zusätzliche Kriterium gegeben, dass dieser nicht verfassungswidrig sein darf. Es besteht daher nach Art. 54 Const. die Möglichkeit, diesen wie ein Gesetz vor seiner Ratifikation dem Conseil constitutionnel vorzulegen, der ggf. eine Verfassungsänderung für nötig erklärt, siehe hierzu nur Conseil constitutionnel, 09. April 1992, N° 92–308 DC zum Vertrag von Maastricht; zu Art. 54 weiterhin Blachèr, Droit constitutionnel, S. 45 f.

114 Dieses geschah bezüglich der Unabhängigkeit Algeriens, Referendum vom 8. Januar 1961, angeordnet durch Dekret N° 60–1299 vom 8. Dezember 1960, JORF vom 9. Dezember 1960, S. 11043.

115 Zur Entwicklung der Reichweite von Art. 11 Portelli, Droit constitutionnel, S. 247, Rn. 267.

116 J. Debré, de Gaulle, S. 96.

117 Mathieu, La loi, S. 53.

die Regierung befreit. Lediglich dann, wenn Regierung und Parlament gleichermaßen nicht auf der Seite des Präsidenten stehen, scheidet das Referendum aus.[118] Gegen eine Oppositionsmehrheit im Parlament und eine von dieser getragene Regierung, wie sie für die Zeit der *Cohabitation*[119] typisch ist, kann das Referendum nicht zum Einsatz gebracht werden.

Der Präsident kann das Referendum auch benutzen, um sich bei besonders umstrittenen oder weitreichenden Entscheidungen der Unterstützung der Bevölkerung zu versichern. Entsprechend wurden in Frankreich die Zustimmungsgesetze zum Erweiterungsvertrag von 1972 und zum Vertrag von Maastricht 1992 per Referendum beschlossen, das Referendum über den Vertrag über eine Verfassung für Europa scheiterte 2005. Dadurch, dass der Präsident ein Gesetz dem Referendum unterwirft, dass er dem Volk das Projekt vorstellt, entsteht eine starke Verknüpfung zwischen dem Vorhaben und seiner Person, die Abstimmung über das Gesetz wird auch zu einer Entscheidung über ihn.[120] Präsident Charles de Gaulle verband entsprechend die Referenden von 1962 und 1969 jeweils mit der Vertrauensfrage an die Bevölkerung und trat entsprechend, ohne dazu juristisch gezwungen zu sein, nach dem Misserfolg des Referendums von 1969 zurück. Diese Verknüpfung birgt also die Gefahr, dass dadurch, dass das Referendum zu einer Abstimmung über die Person und die Politik des Präsidenten insgesamt gemacht wird, das eigentliche Sachthema in den Hintergrund tritt.[121]

cc) Référendum d'initiative partagée

Mit der Verfassungsänderung von 2008 wurde Art. 11 Const. umgestaltet. In den neugefassten Absätzen 3 und 4 findet sich nun die Möglichkeit eines Referendums auf gemeinsame Initiative von einem Fünftel der Parlamentsabgeordneten, unterstützt durch ein Zehntel der eingetragenen Wähler. Dieses Referendum darf sich allerdings auch nur auf die Themengebiete erstrecken, die für das normale Gesetzesreferendum durch Art. 11 Abs. 1 Const. freigegeben sind. Art. 11 Const. enthält darüber hinaus dieses Referendum betreffend weitere Regeln. So kann kein Gesetz abgeschafft werden, das seit weniger als einem Jahr in Kraft ist. Gleichermaßen

---

118 Hierzu eingehend Laillé, CRDF N° 1 (2002), S. 105, 108.

119 Eine *Cohabitation* tritt ein, wenn in der Assemblée Nationale nicht die Partei des Präsidenten die Mehrheit erringt und er damit gezwungen wird, eine Oppositionsregierung zu ernennen. Mit der Verkürzung des präsidialen Mandats auf 5 Jahre und der Anpassung der Wahlzeitpunkte an jene der Parlamentswahlen ist diese Situation allerdings unwahrscheinlich geworden. Zuletzt war Präsident Chirac (Konservative) von 1997 bis 2002 davon betroffen, Premierminister war Jospin (Sozialisten). Zur *Cohabitation* eingehend Saint-James, Droit constitutionnel, S. 210.

120 Siehe hierzu, insbesondere mit Blick auf Charles de Gaulle, J. Debré, de Gaulle, S. 282.

121 Blachèr, Droit constitutionnel, S. 24.

darf ein Gesetzesvorschlag kein Thema behandeln, über das ein Referendum bereits vor weniger als 2 Jahren gescheitert ist.

Die Auswirkungen der neu eingeführten Regelung sind zum gegenwärtigen Zeitpunkt noch nicht abzusehen, da zwar inzwischen das zugehörige Ausführungsgesetz[122] erlassen wurde, jedoch erst Anfang 2015 in Kraft tritt.[123] Auch ist die Schwelle für ein solches Referendum sehr hoch angesetzt, das Kriterium von 10% der eingeschriebenen Wähler entspricht auf dem Stand von 2011 einer Zahl von 4,3 Millionen Franzosen[124]. Eine solche Zustimmung zu erreichen, dürfte in der Praxis schwer werden, ist jedoch nicht vollständig ausgeschlossen. So wurde diese Möglichkeit im Zuge der in Frankreich sehr intensiv geführten Debatte um die Öffnung der Ehe für gleichgeschlechtliche Paare verschiedentlich in Erwägung gezogen, ob die Gegner des Gesetzes diesen Schritt nach Inkrafttreten des *loi organique* gehen werden, bleibt abzuwarten.[125]

dd) Weitere Referenden

Neben den genannten Formen des Referendums, deren Ziel jeweils im Beschluss eines Gesetzes liegt, kennt die französische Verfassung noch weitere Möglichkeiten der direkten Beteiligung des Volkes, die aber im Kontext dieser Arbeit als von untergeordneter Bedeutung betrachtet werden können.

Art. 88–5 Const. machte von 2005–2008 jede zukünftige Erweiterung der Europäischen Union von einem Referendum abhängig.[126]

---

122 Loi organique n° 2013–1114 du 6 décembre 2013, *portant application de l'article 11 de la Constitution*, JORF n° 0284 vom 7. Dezember 2013, S. 19937.

123 Zum Ausführungsgesetz und zu seiner Beurteilung durch den Conseil constitutionnel eingehend Tukov, JCP-G 2013, S. 2366.

124 Bei einer Zahl von 43 Millionen eingeschriebenen Wählern, Rieg, 43 millions d'électeurs en France, geladen von http://www.insee.fr/fr/themes/document.asp?reg_id=0&ref_id=ip1369 am 26.09.2013.

125 Zusammenfassend zur Möglichkeit eines *référendum d'initiative partagée* über die Öffnung der Ehe für Homosexuelle Daugeron, D. 2012, S. 2613, siehe auch ders., D. 2013, S. 320, zu der Frage, ob ein allgemeines Referendum nach Art. 11 Abs. 1 Const über diese Angelegenheit möglich wäre.

126 Diese Vorschrift wurde im Zusammenhang mit der Diskussion um den EU-Beitritt der Türkei 2005 eingeführt, jedoch bereits 2008 wieder entschärft. Das sonst obligatorische Referendum kann nunmehr dadurch umgangen werden, dass beide Parlamentskammern einen Antrag mit drei-Fünftel-Mehrheit beschließen und dieser dann im Congrès mit derselben Mehrheit verabschiedet wird. Durch diese Umgehungsmöglichkeit soll das Referendum für stark umstrittene Beitritte reserviert bleiben, Portelli, Droit constitutionnel, S. 249, Rn. 271. Zu einer Anwendung von Art. 88–5 Const. ist es bisher noch nicht gekommen, der Beitritt Kroatiens zur EU 2013 fiel noch nicht unter die Regelung, da ein entsprechender Ausnahmetatbestand im verfassungsändernden Gesetz von 2005 vorhanden war (Art. 4, Loi constitutionnelle N° 2005–204 vom 01. März 2005; fortgeführt von Art. 47 III, Loi constitutionnelle N° 2008–724 vom 23. Juli 2008), und konnte

Art. 72–4 Const. unterwirft Änderungen der politischen Organisation und des Status der französischen Überseegebiete dem (lokalen) Referendum.[127] Das Referendum nach Art. 72–4 Const. ist bereits verschiedentlich angewendet worden[128], bleibt jedoch für diese Arbeit mangels einer aus ihm resultierenden gesetzlichen Regelung und wegen seiner lokal begrenzten Wirkung ohne Bedeutung. Gleichermaßen ohne Bedeutung bleibt die Möglichkeit nach Art. 72–1 Const., auf lokaler Ebene Bürgerbegehren und -entscheide durchzuführen und die Bürger über die Veränderung der Grenzen oder die Organisation ihrer Gebietskörperschaft zu befragen.

b) Die gerichtliche Überprüfbarkeit der Volksgesetzgebung vor 2008

Die Frage, ob im Wege des Referendums beschlossene Gesetze durch den Conseil constitutionnel auf ihre Verfassungsmäßigkeit überprüft werden können, stellt sich nicht erst seit Einführung der QPC 2008. Vielmehr existiert sie bereits seit Einführung der *contrôle à priori* mit der Verfassung von 1958. Allerdings erscheint es fraglich, ob die hinsichtlich der *contrôle à priori* durch die Rechtsprechung hierzu gegebenen Antworten auf die QPC übertragbar sind.

Nach der ursprünglichen Formulierung des Art. 61 Abs. 2 Const. konnten Gesetze vor ihrer Verkündung durch Präsident, Premierminister oder die Präsidenten von Sénat oder Assemblée Nationale dem Conseil constitutionnel zur Überprüfung vorgelegt werden.[129] Der Kreis der Antragsteller wurde 1974 um 60 Abgeordnete von Assemblée Nationale oder Sénat erweitert.[130] Der Wortlaut dieser Vorschrift steht einer Überprüfung von Gesetzen, die im Wege des Referendums beschlossen wurden, nicht entgegen. Diese wäre allerdings vor der Entscheidung *Liberté d'association* von 1971, auf Fragen der Kompetenz und des Zustandekommens

---

entsprechend durch beide Parlamentskammern mit einfacher Mehrheit ratifiziert werden.

127 Gegenstand können die rechtlichen Rahmenbedingungen, die Kompetenzen und die innere Organisation der Gebietskörperschaft sein, die Durchführung bedarf ähnlich dem Referendum nach Art. 11 Const. eines Vorschlags der Regierung oder des Parlaments.

128 Betreffend Guadeloupe und Martinique 2003, betreffend Mayotte 2009, betreffend Guyana und Martinique 2010 und zuletzt betreffend Guyana 2010. Vgl. zum Ganzen Portelli, Droit constitutionnel, S. 249, Rn. 272.

129 So die ursprüngliche Fassung von Art. 61 Abs. 2 Const. (Abs. 1 bezieht sich auf jene Normen, die obligatorisch zu überprüfen sind): „*Aux mêmes fins, les lois peuvent être déférées au Conseil constitutionnel, avant leur promulgation, par le Président de la République, le Premier Ministre ou le président de l'une ou l'autre assemblée.*“

130 Dieses geschah durch das *loi constitutionnelle* n° 74–904 du 29 octobre 1974, *portant révision de l'article 61 de la Constitution*, JORF vom 30. Oktober 1974, S. 11035.

beschränkt geblieben.[131] Der anfänglich stark begrenzte Kreis der Antragsteller weist ebenfalls darauf hin, dass das Verfahren ursprünglich zur Verhinderung von Kompetenzüberschreitungen der einen oder anderen Seite (Parlament oder Regierung) vorgesehen war, in der Annahme, es werde ungeachtet der Mehrheitsverhältnisse schon im Eigeninteresse des jeweiligen Organs zu einer Vorlage kommen. Außerdem sollte die Regierung ein Instrument an die Hand bekommen, um sich eventueller Kompetenzüberschreitungen des Parlaments zu erwehren.[132] Die Tatsache wiederum, dass Präsident und Regierung, um gegen den Willen des Parlaments ein Gesetz zu erlassen, nur das Referendum nach Art. 11 Const. zur Verfügung stand, ließ einen Verfassungsstreit an dieser Stelle erwarten.

Der konkrete Fall war schließlich die von de Gaulle 1962 angestrebte Direktwahl des Staatspräsidenten. In der Verfassung von 1958 war diese nicht vorgesehen. Vielmehr wurde der Präsident nach dem damaligen Art. 6 Const. durch ein Kollegium gewählt, das sich aus den Abgeordneten des Parlaments und darüber hinaus Vertretern der Gebietskörperschaften ihrer Größe entsprechend zusammensetzte.[133] Eine Direktwahl kam 1958 noch nicht in Frage. Grund dürfte weniger die Befürchtung gewesen sein, das Volk könne für eine solche Verantwortung noch nicht reif sein.[134] Vielmehr liegt die Zurückhaltung in der Existenz der französischen Kolonien begründet. Denn der Präsident der Republik war nach der damaligen Konstruktion nicht nur Frankreichs Staatsoberhaupt, sondern stand auch der sog. *Communauté française* vor, die auch die französischen Kolonien in Afrika umfasste. Deren Bevölkerung an der Wahl des Präsidenten zu beteiligen, wäre bereits auf große praktische Schwierigkeiten gestoßen.[135] Außerdem wäre die Bevölkerung des französischen Kernlandes (*France métropolitaine*) bei einer solchen Wahl

---

131 Siehe zur Entwicklung des Prüfungsmaßstabs des Conseil constitutionnel Kapitel 1, D.I.2.

132 Rousseau, RDP 2009, S. 631, 636 nennt den Conseil constitutionnel aus diesem Grund „einfachen Grenzwächter der Kompetenzen, aber nicht Hüter der Grundrechte". Ähnlich äußern sich zur Motivation für die Einrichtung des Conseil constitutionnel Mathieu/Ardant, Droit constitutionnel, S. 108, Rn. 84.

133 So wurde in Art. 6 Abs. 2 Const. idF von 1958 genau aufgeschlüsselt, wie viele Vertreter der Kommunen zusätzlich zu den Mitgliedern der Generalräte der Departements und der Überseeterritorien wahlberechtigt waren. Portelli merkt diesbezüglich an, dass die Tatsache, dass jede einzelne Kommune mit zumindest dem Bürgermeister vertreten war, dazu führte, dass sich das Wahlkollegium überwiegend aus Vertretern der Landbevölkerung zusammensetzte, Portelli, Droit constitutionnel, S. 220, Rn. 222.

134 So die Einschätzung des engen Beraters de Gaulles und späteren Justizministers Michel Debré, M. Debré, Note sur l'élection du Président de la République à l'intention du Général de Gaulle, 10. Juli 1948, zitiert nach J. Debré, de Gaulle, S. 427.

135 J. Debré, de Gaulle, S. 160.

in der Minderheit gewesen.[136] Damit war eine Wahl durch ein Kollegium die naheliegende Alternative. Eine Wahl allein durch das Parlament wiederum hätte den Präsidenten in eine zu starke Abhängigkeit von diesem gebracht, was DE GAULLE nach den Erfahrungen der 4. Republik gerade zu vermeiden suchte.[137]

Der Weg hin zu einer Direktwahl konnte damit erst nach der Unabhängigkeit der meisten Kolonien, insbesondere Algeriens, beschritten werden. Spätestens[138] mit dem Attentat von *Petit-Clamart*[139] wurde sich DE GAULLE bewusst, dass die Frage seiner Nachfolge ungeklärt war. Ein anderer Präsident wäre zwar durch das nach der Verfassung vorgesehene Kollegium gewählt worden, eine Legitimation unmittelbar durch das Volk wäre jedoch unterblieben. DE GAULLE konnte sich für seine Person der Unterstützung der Bevölkerung sicher sein, galt er doch nach seiner Rolle in der Zeit der Besetzung Frankreichs gleichsam als Übervater der Nation. Damit verfügte er über eine Autorität, die nicht von der Entscheidung der Wahlversammlung abhängig war[140], und konnte so die Rolle des Staatspräsidenten als Schiedsrichter (*arbitre*), Vermittler und letztlich Garant der nationalen Stabilität ausüben.[141] Es war fraglich, ob sein Nachfolger über eine solche Autorität

---

136 PORTELLI, Droit constitutionnel, S. 220, Rn. 221; zum Problem der Doppelrolle des Präsidenten auch J. DEBRÉ, de Gaulle, S. 273.

137 J. DEBRÉ, de Gaulle, S. 163; in diesem Sinne auch M. DEBRÉ, Note sur l'élection du Président de la République à l'intention du Général de Gaulle, 10. Juli 1948, zitiert nach J. DEBRÉ, de Gaulle, S. 427.

138 Nach LAILLÉ, CRDF N° 1 (2002), S. 105, 106 habe DE GAULLE den Entschluss, die Direktwahl anzustreben, bereits vor dem Attentat gefasst, dieses ändert aber nichts daran, dass diesem Ereignis eine einschneidende Wirkung zukommt, SAINT-JAMES, Droit constitutionnel, S. 155.

139 In Petit-Clamart bei Paris versuchten Angehörige der Terrororganisation OAS unter dem Kommando von Oberstleutnant BASTIEN-THIRY am 22. August 1962 erfolglos, den Präsidenten und seine mit ihm reisende Ehefrau in deren Fahrzeug zu erschießen, der Grund lag in der Unzufriedenheit mit der Algerien-Politik DE GAULLES. Siehe hierzu die damalige Fernsehberichterstattung, einzusehen auf der Internetseite des öffentlichen französischen *Institut national de l'audiovisuel*, INA; http://www.ina.fr/video/AFE85009640, zuletzt eingesehen am 24.09.2014.

140 SAINT-JAMES, Droit constitutionnel, S. 155.

141 Dazu DE GAULLE, Pressekonferenz vom 31. Januar 1964: „*[...] Mais même en dehors de ces brutales démonstrations, personne, en vérité, ne doutait qu'un pouvoir qui était à la discrétion des partis, qui se paralysait dans les compromis, et qui s'absorbait dans ses propres crises, personne ne doutait qu'il fut incapable de mener les affaires de notre pays. Et c'est pourquoi l'esprit de notre constitution procède de l'idée que le pouvoir n'est pas la chose des partisans mais qu'il doit procéder du peuple, ce qui implique que le Chef de l'Etat élu par la nation en soit la source et le détenteur.*" (Doch auch jenseits dieser brutalen Demonstrationen hat niemand daran gezweifelt, dass eine Macht, die der Entscheidung der Parteien unterlag, sich durch Kompromisse paralysierte, sich in ihren eigenen Krisen aufrieb, dass eine solche Macht nicht fähig war, die Angelegenheiten unseres Landes zu regeln. Und dieses ist der Grund, warum der Geist unserer Verfassung aus der

verfügen könnte. Damit ergab sich der naheliegende Schluss, die Position des Staatspräsidenten gegenüber allen anderen staatlichen Organen, insbesondere auch gegenüber dem Parlament, durch die Direktwahl zu untermauern.

Für eine Verfassungsänderung nach Art. 89 Const. war die Zustimmung beider Kammern des Parlaments erforderlich, unabhängig davon, ob die Änderung schließlich durch Referendum oder durch den *Congrès* beschlossen würde. De Gaulle konnte zwar einen Gesetzesvorschlag zur Verfassungsänderung durch die ihm ergebene Regierung unter Premierminister Georges Pompidou unterbreiten lassen, eine entsprechende Mehrheit jedoch in beiden Kammern des Parlamentes zu erhalten, erschien ausgeschlossen. Denn dieses hätte bedeutet, dass sich das Parlament freiwillig seiner Möglichkeit beraubt hätte, den Staatspräsidenten zu wählen, und es diesem freiwillig eine größere Unabhängigkeit zugestanden hätte. Der Weg über Art. 89 Const. konnte damit von vornherein als aussichtslos gelten.

De Gaulle wählte stattdessen den Weg über Art. 11 Const., indem er auf Vorschlag der Regierung der Bevölkerung ein Gesetz zur Abstimmung vorlegte, das eine Verfassungsänderung zur Direktwahl des Präsidenten vorsah. Dafür bedurfte es keiner Mitwirkung des Parlaments. Das Referendum wurde durch Dekret vom 02. Oktober 1962 für den 28. Oktober 1962 anberaumt.[142] An diesem Tag wurde der Gesetzentwurf mit einer Mehrheit von 62,25% bei einer Wahlbeteiligung von knapp 75% angenommen.[143]

Die Entscheidung, das Parlament auf dem Wege des Art. 11 Const. zu umgehen, mag zwar durch die Annahme des Referendums eine gewisse Rechtfertigung durch die Bevölkerung erfahren haben, stieß jedoch nichtsdestoweniger auf erhebliche Kritik. Die Assemblée Nationale, ohne direkte Möglichkeit, den Präsidenten verantwortlich zu machen, entzog der Regierung unter Pompidou am 05. Oktober 1962 das Vertrauen und zwang diese so zum Rücktritt. Der Wortlaut jener Entscheidung benennt die verfassungsrechtlichen Bedenken:

> „[...]
> *Considérant que la Constitution, dont le général de Gaulle est l'auteur et qu'il a fait approuver, en 1958, par le peuple français, prescrit formellement dans un titre spécial qu'une proposition de révision devra être: 1° Votée par les deux chambres du Parlement; 2° Approuvée par un référendum, le peuple français ayant été éclairé par les débats parlementaires;*

Idee hervorgeht, dass die Macht keine Angelegenheit von Parteiangehörigen ist, sondern aus dem Volk hervorgehen muss, was impliziert, dass der Staatschef, gewählt durch die Nation, deren Quelle und Inhaber sein muss [eig. Übersetzung]), geladen von http://fresques.ina.fr/de-gaulle/fiche-media/Gaulle00382 am 10.10.2013; siehe zu den Beweggründen de Gaulles auch J. Debré, de Gaulle, S. 273 f.

142 Décret N° 62.1127 vom 02. Oktober 1962, JORF vom 03. Oktober 1962, S. 9522.

143 Conseil constitutionnel, 06. November 1962, N° 62–9 REF (Feststellung des Ergebnisses).

Considérant qu'en écartant le vote par les deux chambres, le président de la République viole la Constitution dont il est le gardien;
[...]"[144]

Wenn eine besondere Prozedur für die Änderung der Verfassung vorgesehen ist, kann an deren Stelle nicht ein anderes Verfahren, das nach seinem Wortlaut nicht dafür eingerichtet ist, genutzt werden. Die Erklärung, es handele sich um zwei von vornherein so vorgesehene unterschiedliche Verfahren, die sich lediglich darin unterscheiden, dass entweder der gemeinsame Wille von Präsident und Volk oder von Parlament und Volk erforderlich ist, erscheint demgegenüber konstruiert.[145]

Angesichts der erheblichen verfassungsrechtlichen Bedenken gegen DE GAULLES Vorgehen war die Vorlage durch den Präsidenten des Sénat an den Conseil constitutionnel die logische Folge. Der Conseil constitutionnel weigerte sich jedoch mit Entscheidung vom 06. November 1962[146], sich mit der Verfassungsmäßigkeit des Gesetzes zu beschäftigen. Das Gericht führte zur Begründung seiner Entscheidung an, aus Art. 61 Const. ergebe sich zwar nicht zwingend, dass durch ein Referendum beschlossene Gesetze der Kontrolle entzogen seien, dieses ergebe sich jedoch aus dem Geist der Verfassung, die den Conseil constitutionnel zu einem Regulator zwischen den Staatsgewalten habe machen wollen. Das Referendum als direkter Ausdruck der nationalen Souveränität entziehe sich damit der Kontrolle.[147] Weiterhin sei die Rolle des Conseil constitutionnel im Falle eines Referendums durch Art. 60 Const. abschließend geregelt und auf die Überwachung des ordnungsgemäßen Verlaufs sowie die Verkündung der Ergebnisse beschränkt.[148] Etwas anderes ergebe sich auch nicht aus der *ordonnance* über den Conseil constitutionnel, die in ihren Artikeln 17 und 23 erkennbar nur Parlamentsgesetze erfasse.[149]

Das wichtigste dieser drei Argumente ist sichtbar das materielle Argument der Rolle des Gerichts in der Staatsorganisation. Die Einschätzung, Art. 60 Const. regele abschließend das Verhältnis des Conseil constitutionnel zum Referendum, darf in Frage gestellt werden, die Norm kann auch so verstanden werden, dass

---

144 Assemblée Nationale, Motion de Censure vom 5. Oktober 1962. ([...] Berücksichtigend, dass die Verfassung, deren Autor General de Gaulle ist und die er 1958 vom französischen Volk hat annehmen lassen, in einem eigenen Abschnitt vorschreibt, dass eine Verfassungsänderung 1. durch beide Parlamentskammern abgestimmt werden muss; 2. durch ein Referendum angenommen werden muss, vor dem das Volk sich durch die parlamentarische Debatte kundig machen konnte; berücksichtigend weiterhin, dass der Präsident, indem er die Abstimmung durch die Parlamentskammern umgeht, die Verfassung verletzt, deren Hüter er ist; [...][eig. Übersetzung]).

145 So aber J. DEBRÉ, de Gaulle, S. 203, allerdings aus der Sicht 12 Jahre nach dem Referendum von 1962.

146 Conseil constitutionnel, 06. November 1962, N° 62–20 DC, Considérant 5.

147 Conseil constitutionnel, 06. November 1962, N° 62–20 DC, Considérant 2.

148 Conseil constitutionnel, 06. November 1962, N° 62–20 DC, Considérant 3.

149 Conseil constitutionnel, 06. November 1962, N° 62–20 DC, Considérant 4.

sie nur die Kontrolle hinsichtlich des Verfahrens regeln will. Ähnlich ist auch der Verweis auf Art. 17 und 23 der *ordonnance* nicht vollständig überzeugend. Zwar ist es zutreffend, dass in Art. 17 von den *loi organiques adoptées par le Parlement* gesprochen wird, damit ist aber eine Äußerung zu den sonstigen Gesetzen nicht verbunden.[150] Auch die in Art. 23 für den Präsidenten der Republik vorgesehene Möglichkeit, im Falle einer Erklärung der Verfassungswidrigkeit das Parlament erneut mit dem Gesetz zu befassen, passt zwar nur bedingt auf den Fall des Referendums, dass dieses aber einen vollständigen Ausschluss nach sich zieht, lässt sich dem Gesetz nicht entnehmen.

Hingegen erscheint die Einschätzung des Gerichts, dass eine Kontrolle von Volksgesetzgebung seiner Rolle in der Staatsorganisation nicht entspreche, nachvollziehbar. Denn der Conseil constitutionnel wurde wie ausgeführt ursprünglich nicht eingerichtet, um die Gesetze an materiellen Bestimmungen zu messen, sondern um Kompetenzüberschreitungen der einen oder anderen Seite zu vermeiden und damit dem „rationalisierten" Parlamentarismus der 5. Republik zum Erfolg zu verhelfen.[151] Wenn jedoch ein Gesetz durch den ursprünglichen Inhaber der Staatsgewalt, das Volk, erlassen wird, gibt es keinen Raum für einen Ausgleich zwischen den verschiedenen Institutionen.[152]

Die Entscheidung des Conseil constitutionnel hat damit für die *contrôle à priori* und die Rechtslage und politische Situation von 1962 ihre Berechtigung. Das Gericht erhielt allerdings unter anderen Vorzeichen erneut die Gelegenheit, zur Überprüfbarkeit der Volksgesetzgebung Stellung zu nehmen. 1992 wurde ihm das per

150 Dieses zeigt sich am später eingefügten Art. 18, der sich auf den Antrag durch Abgeordnete oder Senatoren bezieht. Dort ist nur von einem „Gesetz" die Rede, ohne das eine Aussage über sein Zustandekommen getroffen würde. Der Verweis des *adoptées par le Parlement* kann auch zeitlich verstanden werden, im Sinne eines „sobald diese vom Parlament beschlossen sind".

151 Der *parlamentarisme rationalisé* der 5. Republik wird der absoluten Souveränität des Parlaments in der 3. und 4. Republik gegenübergestellt, das Gesamtsystem bedarf der Stabilität, die durch eine Beschränkung der Abhängigkeit der Regierung vom Parlament (Hamon/Troper, Droit constitutionnel, S. 97, Rn. 99) erfolgen kann, in der 5. Republik äußert sich dieser durch die stark in die Verfassung verlagerte Kompetenzverteilung sowie durch die ebenfalls durch die Verfassung begrenzte Hoheit des Parlaments über seine eigene Organisation (dies., S. 544, Rn. 637.).

152 Gaïa et al., GD Cons, S. 149, Rn. 7: Entstehung und Existenz des Conseil constitutionnel seien eng mit der Rationalisierung des Parlamentarismus verbunden, das Gericht sei ausschließlich zur Regulierung der öffentlichen Gewalten, namentlich Parlament und Exekutive, berufen. Ähnlich auch Rousseau, Droit du contentieux constitutionnel, S. 218, Rn. 222. Van Tuong, D. 1996, chron. 17, verweist darauf, das Volk sei gerade keine öffentliche Gewalt (*pouvoir public*), die der Regulation bedürfe, sondern die höchste Instanz, deren Entscheidung für alle anderen Instanzen verbindlich sei.

Referendum[153] beschlossene Zustimmungsgesetz zum Vertrag von Maastricht[154] durch 60 Abgeordnete vorgelegt. Diesen war vollumfänglich bewusst, dass unter Anwendung der Rechtsprechung von 1962 eine Überprüfung erneut würde ausscheiden müssen. Sie gingen allerdings davon aus, dass inzwischen eine ausreichende Änderung der Umstände eingetreten sei, um eine Neubefassung zu rechtfertigen.[155] Insbesondere sei der Conseil constitutionnel seit der Reform von 1974 nicht mehr nur ein Regulator zwischen den öffentlichen Gewalten, sondern ein Garant der ganzen Rechtsordnung. Der verfassungsändernde Gesetzgeber habe es auch unterlassen, bei eben dieser Reform das Referendum ausdrücklich von der Prüfung auszunehmen.

Der Conseil constitutionnel schloss sich den vorgebrachten Argumenten nicht an, sondern bestätigte seine Rechtsprechung von 1962.[156] Die Begründung unterscheidet sich allerdings teilweise. So wurden zwar erneut Art. 60 Const. sowie die Art. 17 und 23 der *ordonnance* herangezogen[157], hinsichtlich der materiellen Begründung für seine Unzuständigkeit wich das Gericht allerdings ab. Das Gericht begründete seine Unzuständigkeit nicht mehr mit seiner Rolle als *organe regulateur*, sondern stellte darauf ab, die Beschränkung seiner Prüfungskompetenz auf vom Parlament beschlossene Gesetze ergebe sich aus dem durch die Verfassung eingerichteten Kräftegleichgewicht (*équilibre des pouvoirs*).[158] Diese Änderung der Begründung überrascht nicht. Denn nachdem das Gericht 1971 selbst seine Prüfungskompetenz auf die materiellen Bestimmungen der Verfassung ausgedehnt hatte, wäre die doch sichtbar mit der Kompetenzverteilung zwischen den Staatsorganen verknüpfte Begründung von 1962 kaum allein überzeugend gewesen.[159]

Die Entscheidung von 1992 bezieht sich nichtsdestoweniger auf ein Problem der Organisation der Gewalten. Wenn der Conseil constitutionnel das Gleichgewicht der Gewalten in Zusammenhang mit dem „direkten Ausdruck der nationalen Souveränität" anführt, so kann dieses als Gegenüberstellung verstanden werden. Die Verfassung kann nur ein Gleichgewicht zwischen verfassten und ihr

153 Referendum vom 20. September 1992, anberaumt durch Dekret vom 1. Juli 1992, JORF n° 152 vom 2. Juli 1992, S. 8682. Das Gesetz wurde mit 51,04% Zustimmung angenommen, siehe dazu die Entscheidung Conseil constitutionnel, 23. September 1992, N° 92–19 REF (Feststellung der Ergebnisse).

154 Loi n° 92–1017 du 24 septembre 1992, *autorisant la ratification du Traité sur l'Union européenne*, JORF n° 223 vom 25. September 1992, S. 13294.

155 Siehe hierzu die aus den Reihen der Assemblée nationale gestellten Anträge, dort unter I. B., (Herunterzuladen auf der zugehörigen Entscheidungsseite des Conseil constitutionnel, siehe hierzu die Entscheidungsübersicht im Anhang) sowie die Zusammenfassung von Rousseau, Droit du contentieux constitutionnel, S. 217, Rn. 221.

156 Conseil constitutionnel, 23. September 1992, N° 92–313 DC, Considérant 5.

157 Conseil constitutionnel, 23. September 1992, N° 92–313 DC, Considérant 3 bzw. 4.

158 Conseil constitutionnel, 23. September 1992, N° 92–313 DC, Considérant 2.

159 Bauer, Grundrechtsschutz, S. 92.

damit unterworfenen Gewalten herstellen. Die ursprüngliche, beim Volk liegende Staatsgewalt[160], wie sie sich im Referendum äußert, muss demgegenüber nicht ins Gleichgewicht gesetzt werden. Das Gleichgewicht geriete aber aus den Fugen, wenn eine verfasste Gewalt, in diesem Fall das Parlament, in der Lage wäre, mittels der Überprüfung durch den Conseil constitutionnel Einfluss auf die Volksgesetzgebung zu nehmen. Die Zurückhaltung des Gerichts erscheint vor diesem Hintergrund nachvollziehbar[161], ist aber nicht unproblematisch.[162] Denn die fehlende Überprüfungsmöglichkeit bedeutet auch, dass die Möglichkeit anerkannt wird, dass der Volksgesetzgeber gegen die Verfassung verstoßen kann, dass es durch seine Gesetze zu einer Verfassungsdurchbrechung kommen kann.[163] Dieses Ergebnis ist zwar mit Blick darauf, dass auch die Verfassung ihre Legitimation nur aus der Entscheidung des Volkes herleiten kann, konsequent[164], dennoch nicht ungefährlich, denn so kann die Volksgesetzgebung von den Akteuren, die sie einleiten können, ganz bewusst zur Verfassungsdurchbrechung eingesetzt werden, wie es strenggenommen bereits 1962 durch DE GAULLE geschehen ist.

Der Entscheidung von 1992 lässt sich nicht zuverlässig entnehmen, ob der Conseil constitutionnel lediglich die Überprüfbarkeit in einem Verfahren, das durch Parlament, Präsident oder Regierung eingeleitet wurde, ausschließen wollte oder ob er insgesamt jede Überprüfung eines Volksgesetzes für ausgeschlossen hielt. Im Verfahren der *contrôle à priori* ist es bisher bei den beiden Entscheidungen von 1962 und 1992 geblieben.

Auch der verfassungsändernde Gesetzgeber hat bisher nur bedingt Abhilfe geschaffen. Er hätte im Falle des Referendums eine Kontrolle nicht vor Verkündung des Gesetzes, sondern vor Durchführung der Volksabstimmung einführen können. In diesem Fall ist das Volk nicht unmittelbar der Kontrolle unterworfen, sondern kann über ein verfassungswidriges Gesetz bereits nicht entscheiden. Dieser Schritt wurde jedoch 2008 lediglich für das gleichzeitig eingeführte *référendum d'initiative partagée* gegangen. Wenn das Referendum auf Initiative der

---

160 Siehe hierzu und zum Verhältnis von Gesetz und Verfassung MATHIEU, La loi, S. 30.

161 Siehe eingehend zur Entscheidung von 1992 auch die Anmerkungen bei LUCHAIRE, RDP 1992, S. 1587, zur Übertragbarkeit der Begründung von 1962 insbesondere S. 1606 ff.

162 So GAÏA ET AL., GD Cons., S. 153, Rn. 16; die Verantwortung dafür liege aber beim verfassungsändernden Gesetzgeber.

163 Die Entscheidung von 1992 betraf auch, anders als 1962, keine Verfassungsänderung, es kommt für die Prüfung mithin nicht auf den Gegenstand des Referendums an, GAÏA ET AL., GD Cons., S. 151, Rn. 10.

164 In diesem Fall wird das Gesetz, analog zum klassischen französischen Verständnis, zum unmittelbaren Ausdruck der *volonté générale*, die Verfassung verliert zumindest teilweise an Wert. Vgl. zum Ganzen MATHIEU, La loi, S. 3 f., mit dem Hinweis, in einem solchen Fall bleibe die Untersuchung der Verfassung den Politologen überlassen.

Regierung vorgenommen wird, ist eine solche Prüfung nicht beabsichtigt.[165] Die Einfügung dieser Möglichkeit wurde ausdrücklich abgelehnt, um nicht, mit den Worten des Berichterstatters im Sénat, Hyest, die Debatte über die Zulässigkeit der Verwendung von Art. 11 Const. für Verfassungsänderungen erneut zu eröffnen.[166] Anscheinend wurde trotz der ohnehin nur schwer zu erreichenden Quoten eine größere Missbrauchsgefahr bei dem neuen Verfahren, als bei dem durch die Regierung bestimmten Verfahren des Art. 11 Abs. 1 Const. gesehen.

c) Die Übertragbarkeit dieser Rechtsprechung auf die *contrôle postérieure*

Fraglich war allerdings, ob sich die bei der *contrôle à priori* aufgestellten Grundsätze auch auf die QPC übertragen ließen. Wo der Berichterstatter in der Assemblée nationale diesbezüglich noch Zweifel geäußert hatte, ging die Literatur weit einhellig von dieser Möglichkeit aus.[167] Eine über die bloße Vermutung der Übernahme hinausgehende Begründung findet sich nur selten.

Gaïa et al. führen als Grund dafür, dass durch ein Referendum entstandene Gesetze nicht überprüft werden können, eine Parallelwertung zwischen der *contrôle à priori* und der QPC an.[168] Es könne nicht sein, dass der Prüfungsumfang der QPC über den der Überprüfung vor Inkrafttreten des Gesetzes hinausgehe. Ebenso äußert sich Guillaume.[169] Maugüé/Stahl heben zwar hervor, dass der Verfassungstext einen Ausschluss der Überprüfbarkeit nicht gebiete, halten es jedoch für paradox, wenn die Kontrolle im Rahmen der QPC weiterginge als bei der *contrôle à priori*. Sie gehen mithin davon aus, dass der Conseil constitutionnel seine gesamte Rechtsprechung ändern müsse, um eine Überprüfbarkeit im Rahmen der QPC zu ermöglichen.[170]

Jene Autoren, die eine Parallelwertung zwischen der *contrôle à priori* und der QPC befürworten, ignorieren allerdings zumindest teilweise die erheblichen

---

165 Die Verfassung unterscheidet zwischen *projet de loi* auf Initiative der Regierung und *proposition de loi* auf Initiative des Parlaments oder des Volkes, Art. 61 Abs. 1 Const. bezieht sich aber nur auf die *proposition de loi* und damit im Kontext von Art. 11 Const. lediglich auf die Volksgesetzgebung.

166 Hyest, Rapport N° 387 (Sénat 2007–2008) vom 14. August 2008, S. 170 f.

167 Carcassonne/Duhamel, QPC, S. 74, mit der Einschränkung, dass diese Lösung nur für „wahrscheinlich" gehalten wird; ähnlich äußert sich auch Rousseau, Droit du contentieux constitutionnel, S. 248, Rn. 253; Mathieu, JCP-G 2009, N° 52, S. 55, 65; Mathieu/Rousseau, GD QPC, S. 113, Rn. 26 und Dupic/Briand, QPC, S. 35 verweisen auf die Ausschlussgründe bei der *contrôle à priori*; Blachèr, Droit constitutionnel, S. 44, hält die Überprüfung ohne weitere Begründung für ausgeschlossen; ebenso Gicquel/Gicquel, Droit constitutionnel, S. 761, Rn. 1555; Reghi, JCP-G 2011, Supp. au N° 26, S. 27, 28.

168 Gaïa et al., GD Cons, S. 154, Rn. 17.

169 Guillaume, CCC N° 29 (2010), S. 21, 26.

170 Maugüé/Stahl, QPC, S. 34.

Unterschiede beider Systeme. Bei der QPC wird das System nicht durch Parlamentarier oder ein anderes Staatsorgan eingeleitet, sondern durch den Bürger selbst. Damit erscheint die Gefahr, das Gleichgewicht der Staatsgewalten durch eine Erklärung der Verfassungswidrigkeit aus dem Lot zu bringen, hier nicht gegeben. Außerdem beschäftigt sich die QPC zwingend mit der bereits in Kraft getretenen und damit angewendeten Norm. Es ist nicht von vornherein auszuschließen, dass die Verfassungswidrigkeit erst durch die Anwendung der Norm zu Tage tritt, dann jedoch jede Überprüfung zu verweigern, ist kaum zu rechtfertigen.

Es bleibt damit die Erklärung, dass eine direkte Äußerung des Souveräns nicht überprüft werden kann. Gegen eine solche Überhöhung der Volksgesetzgebung spricht jedoch, dass diese ansonsten nicht besonders geschützt wird. Wenn das per Referendum beschlossene Gesetz so deutlich hervorgehoben ist, ist nicht einzusehen, dass das Parlament dieses überhaupt ändern kann, selbst dann nicht, wenn die Änderung einer qualifizierten Mehrheit bedarf.[171] Strenggenommen müsste es dem Volk vorbehalten bleiben, zu ändern, was des Volkes ist. Die Rechtsprechung des Conseil constitutionnel kam jedoch 1990 zum genau gegenteiligen Ergebnis[172]. Nach längeren Unruhen wurde 1988 per Referendum[173] ein neuer Status für das französische Überseegebiet Neukaledonien beschlossen. In dem beschlossenen Gesetz war eine Amnestieregelung für Verbrechen enthalten, die im Zuge der dortigen Unruhen vor dem 20. August 1988 begangen worden waren, allerdings unter Ausschluss des Tatbestandes Mord, *Assassinat*, nach Art. 296 Code Pénal (heutiger Art. 221–3).[174] Die parlamentarische Mehrheit erließ dann wenig später ein neues Amnestiegesetz, das auf die Regelungen von 1988 verwies, ohne jedoch die dortige Einschränkung mit zu übernehmen.[175]

Diese Neuregelung stand damit im offensichtlichen Widerspruch zum Resultat des Referendums. Sie wurde durch 60 Abgeordnete der Opposition unter anderem mit der Begründung angegriffen, es liege ein Verstoß gegen Art. 3 Const., wonach die nationale Souveränität dem Volk zustehe und ein Verstoß gegen Art. 3 DDHC,

---

171 So führen Gaïa et al., GD Cons., S. 152, Rn. 15 hier die Möglichkeit an, dass das per Referendum beschlossene Gesetz, weil es direkter Ausdruck der nationalen Souveränität sei, als mit Verfassungsrang versehen gelten könne und den Regeln für Verfassungsänderungen unterliege.

172 Conseil constitutionnel, 09. Januar 1990, N° 89–265 DC, *Loi portant amnistie d'infractions commises à l'occasion d'évènements survenus en Nouvelle-Calédonie.*

173 Referendum vom 06. November 1988 *sur l'autodétermination en Nouvelle-Calédonie*, anberaumt durch Dekret vom 05. Oktober 1988, JORF vom 06. Oktober 1988, S. 12569.

174 Dieser ergab sich aus Art. 80 des loi n° 88–1028 du 9 novembre 1988 *portant dispositions statutaires et préparatoires a l'autodétermination de la Nouvelle-Calédonie en 1998*, JORF vom 10. November 1988, S. 14087.

175 Siehe hierzu Art. 1 des loi n° 90–33 du 10 janvier 1990 *portant amnistie d'infractions commises à l'occasion d'évènements survenus en Nouvelle-Calédonie*, JORF vom 12. Januar 1990, S. 489.

wonach die vollständige Souveränität nur dem Volk gehöre, vor, diese Argumentation werde durch die Weigerung des Conseil constitutionnel, Volksgesetzgebung auf ihre Verfassungsmäßigkeit zu überprüfen, gestützt.[176]

Der Conseil constitutionnel schloss sich dieser Argumentation nicht an. Das Prinzip der nationalen Souveränität hindere den Gesetzgeber keinesfalls daran, im Bereich seiner durch Art. 34 Const. gegebenen Kompetenz, frühere Regelungen zu ändern, zu vervollständigen oder abzuschaffen, es komme nicht darauf an, ob diese Regelungen auf einem Parlamentsgesetz oder einem Referendum basieren würden; der Gesetzgeber müsse lediglich darauf achten, bei der Abschaffung von Gesetzen nicht verfassungsmäßig garantierte Rechte ihrer gesetzlichen Garantien zu berauben.[177] In ähnlicher Weise hatte der Conseil Constitutionnel bereits 1976 eine Änderung des durch das Referendum von 1962 beschlossenen verfassungsausführenden Gesetzes über die Wahl des Präsidenten der Republik zugelassen, ohne allerdings gesondert auf die Problematik der Herkunft des Textes einzugehen.[178] Im Ergebnis ist damit das durch ein Referendum beschlossene Gesetz nach seiner Verkündung nicht gegenüber dem normalen Gesetz hervorgehoben oder besonders geschützt. Warum es dann, im Gegensatz zu diesem, einer Überprüfung entzogen bleiben soll, lässt sich nur schwer begründen.[179]

---

176 Siehe hierzu die aus den Reihen der Assemblée nationale gestellten Anträge, die ausdrücklich auf die Entscheidung des Conseil constitutionnel von 1962 Bezug nehmen und daher zu dem Ergebnis kommen, man könne, nachdem man das Volk befragt habe, nicht zu einem anderen Ergebnis kommen, ohne dieses erneut zu befragen. (Herunterzuladen auf der zugehörigen Entscheidungsseite des Conseil constitutionnel, siehe hierzu die Entscheidungsübersicht im Anhang).

177 Conseil constitutionnel, 09. Januar 1990, N° 89–265 DC: [...] *8. Considérant que le principe de la souveraineté nationale ne fait nullement obstacle à ce que le législateur, statuant dans le domaine de compétence qui lui est réservé par l'article 34 de la Constitution, modifie, complète ou abroge des dispositions législatives antérieures ; qu'il importe peu, à cet égard, que les dispositions modifiées, complétées ou abrogées résultent d'une loi votée par le Parlement ou d'une loi adoptée par voie de référendum ; qu'il incombe simplement au législateur, lorsqu'il exerce son pouvoir d'abrogation de la loi, de ne pas priver de garanties légales des principes constitutionnels;* [...].

178 Auf die Entscheidung Conseil constitutionnel, 14. Juni 1976, N° 76–65 DC verweisen hier Gaïa et al., GD Cons., S. 153, Rn. 15, die die Frage allerdings erst mit der Entscheidung von 1990 für beantwortet halten, da die Änderung 1976 durch ein *loi organique* erfolgte.

179 Zweifelnd daher Chauvaux, RDP 2009, S. 566, 568 Fn. 4; auch Roux, in: Rousseau (Hrsg.), QPC, S. 42, 55, Rn. 59 bringt diese Zweifel zum Ausdruck, die Gesetze seien „wahrscheinlich" (*vraisemblablement*) der Kontrolle entzogen, „obwohl jedoch" (*alors pourtant*) eine Änderung durch einfache Parlamentsgesetze möglich sei, die ihrerseits kontrollierbar seien. Roblot-Troizier, RFDA 2011, S. 691, 698 geht zwar wohl von einer fehlenden Überprüfungsmöglichkeit aus,

Der Conseil constitutionnel sah dennoch keine Veranlassung, seine Haltung gegenüber der Volksgesetzgebung mit Inkrafttreten der QPC zu ändern. Das Gericht entschied sich 2014, die Rechtsprechung von 1962 und insbesondere 1992 auf die Kontrolle nach Inkrafttreten zu übertragen, und erklärte die Prüfung damit für ausgeschlossen.[180] Dabei wurde angeführt, weder Art. 61–1 Const. noch das *loi organique* könnten, erneut wegen des durch die Verfassung vorgesehenen Kräftegleichgewichts, so verstanden werden, dass eine Prüfung von Volksgesetzgebung möglich sei, diese seien der direkte Ausdruck der nationalen Souveränität.[181] Aus dem Entscheidungskommentar lässt sich entnehmen, dass der wesentliche Grund für die Entscheidung des Gericht der Respekt vor dem „direkten Ausdruck der nationalen Souveränität" war, eine Auseinandersetzung mit dem sichtbaren Unterschied der Systeme ist nicht erfolgt.[182]

Die Entscheidung des Conseil constitutionnel ist in ihrer Absolutheit wenig zufriedenstellend. Bei der *contrôle à priori* erscheint die Position des Gerichts, das sich nicht zum Spielball der politischen Debatte machen wollte, noch nachvollziehbar, bezüglich der QPC ist sie dieses nur bedingt. Es besteht die – wenn auch vor dem Hintergrund der bisher geringen Bedeutung des Referendums eher theoretische[183] – Möglichkeit, dass dieses bewusst eingesetzt werden kann, um der Verfassungsmäßigkeitskontrolle zu entgehen. Außerdem ist nicht klar, ob diese Gesetze auch der Kontrolle ihrer Völkerrechtskonformität (*contrôle de conventionnalité*) durch die einfachen Gerichte entzogen sind.[184] So hätte sich der Conseil constitutionnel gegenüber diesen ohne zwingenden Grund eines Teiles seiner Kompetenz beraubt.

---

würde aber gerade wegen der Rechtsprechung von 1990 eine Vorlage dennoch begrüßen.

180 Conseil constitutionnel, 25. April 2014, N° 2014–392 QPC, *Droit du travail en Nouvelle-Calédonie*. Considérant 8. Interessanterweise war erneut das zur Beendigung der bürgerkriegsähnlichen Zustände in Neukaledonien beschlossene und damit bereits lange in Kraft befindliche Gesetz streitgegenständlich.

181 Conseil constitutionnel, 25. April 2014, N° 2014–392 QPC, Considérant 7.

182 Commentaire de la décision n° 2014–392 QPC, S. 5 ff., insbes. S. 8. Die Entscheidungskommentare können sämtliche über die Internetseite des Conseil constitutionnel, conseil-constitutionnel.fr, abgerufen werden. Hierzu sei auf die Erläuterungen im Entscheidungsverzeichnis im Anhang verwiesen.

183 In diesem Sinne bereits 1992 van Tuong, JCP-G 1992, Jurisprudence 21956, der die Situation in Frankreich wegen der geringen Zahl der Referenden für unproblematisch hielt und als Gegenbeispiel den Fall der Schweiz bemühte.

184 Die Überprüfbarkeit im Rahmen der *contrôle de conventionnalité* vermuten Blachèr et al., Droits constitutionnels, S. 27 f. Dieses ist für sie auch der entscheidende Grund, eine Überprüfbarkeit von Referendumsentscheidungen im Rahmen der QPC zu fordern, da sonst die Verfassung ihrer Rolle als höchste Norm hinsichtlich der Kontrolle von Rechten und Freiheiten nicht gerecht werden könne. Die Befürwortung dieser Prüfungsmöglichkeit erfolgt damit fern von allen Erwägungen zum direkten Ausdruck der Souveränität, setzt sich mit dieser Problematik jedoch entsprechend auch nicht auseinander.

2. *Verfassungsändernde Gesetze*

Die Frage, ob verfassungsändernde Gesetze im Wege der QPC angegriffen werden können, wurde anders als die Problematik des Referendums im Gesetzgebungsverfahren nicht diskutiert. Dabei gibt es auch in diesem Fall eine bestehende (ablehnende) Rechtsprechung des Conseil constitutionnel, deren Übertragung auf die QPC aus inhaltlichen Gründen nicht zwingend, aus logischen Gründen jedoch unausweichlich erscheint. Die generelle Möglichkeit der Überprüfung von Verfassungsänderungen ist eng verbunden mit der Frage, ob der verfassungsändernde Gesetzgeber überhaupt in seinem Handeln Beschränkungen unterliege Damit einher geht die Unterscheidung zwischen dem originären Verfassungsgeber, der in seinem Handeln per Definition nicht limitierbar ist, und dem abgeleiteten, verfassten Verfassungsgeber (*constituant dérivé*), dem durch die Verfassung selbst Grenzen gesetzt sind.[185] Von Belang ist diese Unterscheidung jedoch nur insoweit, als die Verfassung tatsächlich limitierende Regelungen enthält. Enthält die Verfassung selbst keine Regeln diese Art, bleibt zu überlegen, ob sich aus dem Geiste der Verfassung weitere Grenzen ableiten lassen. In Frankreich wird die Frage der Limitierungen des verfassungsändernden Gesetzgebers unter dem Stichwort der „*supra-constitutionnalité*"[186] diskutiert, auch wenn der Begriff mit Blick darauf, dass die Regeln doch in der Verfassung niedergelegt bleiben, Zweifeln begegnet.[187] Im Gegensatz zum deutschen Artikel 79 Abs. 3 GG[188] sind direkte Limitierungen in der französischen Verfassung nur in geringem Maße vorhanden. Im Verfassungstext niedergelegt sind lediglich drei Einschränkungen, die sich auf den Zeitpunkt und die Art der Änderung beziehen[189], und nur eine inhaltliche Einschränkung, dass

---

185 Hamon/Troper, Droit constitutionnel, S. 45, Rn. 32; siehe allerdings auch dies., S. 46, die, anders als in Deutschland bezüglich Art. 79 Abs. 3 GG allgemein angenommen (worauf Fromont, RDP 2007, S. 89, 95 aus französischer Perspektive hinweist), eine Revision der materiell limitierenden Normen der Verfassung durch den *constituant dérivé* für möglich halten, um so gerade die Limitierung zu entfernen.

186 Zu diesem Begriff Rousseau, Droit du contentieux constitutionnel, S. 221, Rn. 227; ebenso Hamon/Troper, Droit constitutionnel, S. 45, Rn. 32; im Kontext der Verfassungsänderung auch S. 406, Rn. 500.

187 Kritisch daher Fromont, RDP 2007, S. 89, 93.

188 Eine zusammenfassende Darstellung zu Art. 79 Abs. 3 GG aus französischer Sicht findet sich bei Fromont, RDP 2007, S. 89, 99 ff. Im Übrigen sei hier auf die umfangreiche deutsche Kommentierung zu diesem Thema verwiesen, siehe nur für viele Sachs, in: ders., GG, Art. 79, Rn. 26 ff. mit zahlreichen weiteren Nachweisen.

189 Eine Verfassungsänderung ist nach Art. 7 Abs. 11 Const. ausgeschlossen während der Vakanz des Präsidentenamtes, implizit nach Art. 16 Abs. 3 Const. als Notstandsmaßnahme des Präsidenten, denn der Notstand soll gerade dazu dienen, die verfassungsmäßige Ordnung aufrechtzuerhalten, Gicquel/Gicquel, Droit constitutionnel, S. 603, Rn. 1212; mit anderer Begründung auch Rousseau,

nämlich die republikanische Form der Regierung nicht abgeschafft werden kann (Art. 89 Abs. 5 Const.). Ob sich aus dem Geist der Verfassung weitere, ungeschriebene Prinzipien ableiten lassen, erscheint fraglich.[190]

Der grundsätzlichen Anerkennung von Einschränkungen für den verfassungsändernden Gesetzgeber durch den Conseil constitutionnel steht jedoch keine Bereitschaft gegenüber, die Einhaltung dieser Limitierungen auch zu prüfen. In seiner Entscheidung über den Vertrag von Maastricht 1992 hatte das Gericht mit der Formulierung, der *pouvoir constituant* sei souverän, habe jedoch einerseits die zeitlichen Grenzen für eine Verfassungsänderung und andererseits die in Art. 89 Abs. 5 Const festgelegte materielle Grenze der republikanischen Regierungsform zu beachten[191], eine Prüfung nicht ausgeschlossen oder vielmehr sogar wahrscheinlich erscheinen lassen.[192] Die Unklarheit bestand bis 2003 fort, als das Gericht aus rein formalen Gründen eine solche Prüfung ablehnte, da die Verfassung keine Regelungen bezüglich eines solchen Prüfungsverfahrens enthalte und es somit eine solche Kompetenz nicht für sich beanspruchen könne.[193] Gerügt hatten die Antragsteller die Dezentralisierung, die ihrer Auffassung nach gegen die republikanische Form der Regierung im Sinne des Art. 89 Abs. 5 Const. gerichtet war.

Für die Frage der QPC ist das durchschlagende Argument jedoch nicht die Zurückhaltung des Conseil constitutionnel bei der *contrôle à priori*. Wenn auch einige Autoren bei der Stellungnahme zum tauglichen Prüfungsgegenstand der QPC verfassungsändernde Gesetze lediglich deshalb ausnehmen wollen, weil sie von

---

Droit du contentieux constitutionnel, S. 223, Rn. 229, der eine Verbindung zwischen der Beeinträchtigung des Territoriums, siehe sogleich, und den Notstandsmaßnahmen nach Art. 16 Const. herstellt, im Ergebnis ohne nähere Begründung auch Conseil constitutionnel, 2. September 1992, N° 92–312 DC, *Traité sur l'Union européenne*, Considérant 19; nach Art. 89 Abs. 4 Const., solange, wie die Integrität des Territoriums der Republik nicht gewährleistet ist.

190 Die Ableitung weiterer Prinzipien aus dem Geiste der Verfassung wird schnell zu einer Suche nach überpositiven, naturrechtlichen Maßstäben. Kritisch hierzu Beaud, CCC N°27 (2010), S. 43, 44, ähnlich auch Carcassonne, CCC N°27 (2010), S. 46, 47; allgemein auch Kelsen, RDP 1928, S. 197, 241, der die Überprüfung am Maßstab unbestimmter überpositiver Prinzipien gar als sehr gefährlich bezeichnet. Disant, QPC, S. 46, Rn. 53 sieht die Frage als eine der komplexesten der modernen Verfassungstheorie an.

191 Conseil constitutionnel, 2. September 1992, N° 92–312 DC, Considérant 19.

192 Rousseau, Droit du contentieux constitutionnel, S. 222, Rn. 228 ff. Ebenso schon ders., RDP 1993, S. 5, 19.

193 Conseil constitutionnel, 26. März 2003, N° 2003–469 DC, Considérant 2. Kritisch zu dieser etwas „abrupten“ Begründung und mit der nicht unberechtigten Vermutung rein politischer Erwägungen des Gerichts zusammenfassend Gaïa et al., GD Cons., S. 161, Rn. 16 ff. Ähnlich auch Rousseau, Droit du contentieux constitutionnel, S. 224, Rn. 230.

einer Übertragung der Rechtsprechung des Conseil constitutionnel ausgehen[194], so scheint das deutlich bedeutendere Argument gegen eine solche Überprüfung zu sein, dass das verfassungsändernde Gesetz selbst keine direkte Anwendung auf Einzelfälle erfährt und dort Rechte verletzen kann.[195] Denn die Verfassungsänderung hat nur die Veränderung des Prüfungsmaßstabes zur Folge, nicht jedoch die Beeinträchtigung individueller Rechtspositionen.

Der Ausschluss der Überprüfungsmöglichkeit von Verfassungsänderungen auf dem Wege der QPC erscheint somit insgesamt gerechtfertigt, auch wenn die Frage der generellen Bedeutung der Beschränkung des Art. 89 Abs. 5 Const. durch die Zurückhaltung des Conseil constitutionnel bei der *contrôle à priori* nur unbefriedigend beantwortet wird.

3. Zustimmungsgesetze zu völkerrechtlichen Verträgen

Auch für Zustimmungsgesetze zu völkerrechtlichen Verträgen kann im Ergebnis nichts anderes gelten, als für verfassungsändernde Gesetze. Das Zustimmungsgesetz enthält selbst keine rechtsbeschränkenden Regelungen, sondern ermöglicht es dem Staat, sich einem Vertrag mit anderen Staaten zu unterwerfen. Damit resultiert die mögliche Beeinträchtigung der Rechte des Bürgers nicht aus dem Ratifizierungsgesetz, sondern aus dem völkerrechtlichen Vertrag selbst.[196] Bei diesem handelt es sich aber zweifelsohne nicht um eine *disposition législative* im Sinne des Art. 61-1 Const.[197]

Der Conseil d'État behandelte diese Problematik in einer Entscheidung vom 14. Mai 2010.[198] Das französische Büro zum Schutz von Flüchtlingen und Staatenlosen[199] hatte es abgelehnt, dem Beschwerdeführer den Status eines Flüchtlings zuzuerkennen, seine Entscheidung war jedoch im verwaltungsinternen

194 Mathieu JCP-G 2009, N° 52, S. 55, 65; ohne nähere Begründung auch Gicquel/Gicquel, Droit constitutionnel, S. 761, Rn. 1555; ebenso Magnon et al., QPC, S. 89, Rn. 110.

195 Interessant in diesem Zusammenhang Maugüé/Stahl, QPC, S. 34f., die zwar darauf abstellen, dass verfassungsändernde Gesetze wegen ihrer Natur und ihres Gegenstandes nicht geprüft werden können, dann aber dennoch auf die Entscheidung des Conseil constitutionnel von 2003 Bezug nehmen.

196 So die Schlussanträge von Rapporteur publique Burguburu, RFDA 2010, S. 709, 711, zur sogleich zu behandelnden Entscheidung „Rujovic" des Conseil d'État vom 14. Mai 2010; nachdem der völkerrechtliche Vertrag einmal ratifiziert sei, entfalte er unmittelbar Wirkung.

197 Diesen Vorbehalt formulierte Burguburu, RFDA 2010, S. 709; die QPC habe die Überprüfung völkerrechtlicher Verträge sicherlich nicht zum Gegenstand. Es seien nur solche Regeln erfasst, denen ein legislativer Wert oder Charakter zukomme.

198 Conseil d'État, 10ème et 9ème sous-sections réunies, 14. Mai 2010, N° 312305, *Rujovic.*

199 Office français de protection des réfugiés et apatrides, OFPRA.

Beschwerdeverfahren aufgehoben worden. Im Zuge der Verhandlung über das gegen diese Aufhebung gerichtete Rechtsmittel stellte der Beschwerdeführer eine QPC, um die der ursprünglichen Verweigerung zu Grunde liegende Rechtsnorm anzugreifen und somit dem Rechtsmittel des OFPRA die Grundlage zu entziehen.

Die Verweigerung war unter Berufung auf Art. 1 F der Genfer Flüchtlingskonvention[200] erfolgt, wonach Personen, die aus schwerwiegenden Gründen eines Kriegsverbrechens oder eines sonstigen schweren nichtpolitischen Verbrechens verdächtigt werden, nicht unter den Anwendungsbereich der Konvention fallen.

Der Beschwerdeführer wandte sich gegen drei Normen. Er griff unmittelbar Art. 1 F der Konvention an, weiterhin das Gesetz N° 54–290 vom 17. März 1954, mit dem der Präsident der Republik zur Ratifizierung eben jener Konvention ermächtigt wurde, weiterhin Artt. L.711–1 und L.721–2 des französischen Asyl- und Ausländergesetzbuches[201], die jeweils auf die Konvention verweisen. Dabei rügte er die Verletzung der Unschuldsvermutung sowie seines Asylrechts, insbesondere durch Art. 1 F der Konvention.

Der Conseil d'État hatte anlässlich dieser QPC die Möglichkeit, sich über zwei bedeutende Fragen zugleich zu äußern, über die Angreifbarkeit eines völkerrechtlichen Vertrages wie auch des Zustimmungsgesetzes. Das Gericht verweigerte die Weiterleitung an den Conseil constitutionnel mit überzeugender Begründung. Die Konvention selbst könne nicht Gegenstand einer QPC sein, da sie unzweifelhaft nicht *disposition législative* im Sinne des Art. 61–1 Const. sei[202]. Das Zustimmungsgesetz von 1954 wiederum habe keinen eigenen Regelungsgehalt, sondern ermögliche lediglich die Ratifizierung und könne deshalb nicht als anwendbar auf den konkreten Streitfall betrachtet werden[203]. Auch der in den angegriffenen Vorschriften des französischen Asylrechts enthaltene Verweis auf die Konvention habe keinen eigenen Regelungsgehalt, sodass es auch insoweit an einer Anwendbarkeit auf den Fall fehle.[204]

Der Haltung des Gerichts wird allgemein zugestimmt. Eine Aufhebung durch ein nationales Gericht zu einem Zeitpunkt, zu dem der Vertrag bereits ratifiziert worden ist, wäre völkerrechtlich kaum praktikabel und würde zumindest ein Spannungsverhältnis zwischen dem völkerrechtlichen Grundsatz „*pacta sunt servanda*“ auf der einen und der Verpflichtung gegenüber der nationalen Verfassung auf der

---

200 Convention relating to the Status of Refugees vom 28. Juli 1951, UN Treaty Series, Bd. 189, S. 137.

201 Code de l'entrée et du séjour des étrangers et du droit d'asile, ordonnance n° 2004–1248 vom 24. November 2004, Ratifizierung durch Gesetz n° 2006–911 vom 24. Juli 2006.

202 Conseil d'État, 10ème et 9ème sous-sections réunies, 14. Mai 2010, N° 312305, Considérant 2.

203 Conseil d'État, 10ème et 9ème sous-sections réunies, 14. Mai 2010, N° 312305, Considérant 3.

204 Conseil d'État, 10ème et 9ème sous-sections réunies, 14. Mai 2010, N° 312305, Considérant 4.

anderen Seite hervorrufen.[205] Anders als bei der Problematik der verfassungsändernden Gesetze sind die völkerrechtlichen Verträge auch nicht jeder Kontrolle durch den Conseil constitutionnel entzogen. Nach Art. 54 Const. kann ein völkerrechtlicher Vertrag vor seiner Ratifizierung unter den gleichen Bedingungen wie ein Gesetzesentwurf dem Conseil constitutionnel zur Überprüfung auf seine Verfassungsmäßigkeit vorgelegt werden, das Gericht hat im Zweifel eine Verfassungsänderung zu empfehlen.[206] Ebenso prüft der Conseil constitutionnel, wenn er das Ratifizierungsgesetz im Wege der contrôle à priori vorgelegt bekommt, auch den dahinterstehenden Vertrag.[207]

4. *Umsetzungsgesetze zu europäischem Recht*

Das wesentliche Argument gegen die Überprüfung von Ratifizierungsgesetzen im Rahmen der QPC liegt darin, dass diese Gesetze keinen selbstständigen Regelungsgehalt gegenüber dem zu ratifizierenden völkerrechtlichen Vertrag besitzen und somit nicht auf den Streitfall anwendbar sind. An einem selbstständigen Regelungsgehalt fehlt es jedoch jenen Gesetzen nicht, die nicht nur eine Ratifizierung einer supranationalen Rechtsnorm ermöglichen, sondern nach deren Vorgabe Regelungen im nationalen Recht schaffen.

Im Rahmen der QPC musste sich entsprechend zwangsweise die Frage nach der Überprüfbarkeit von solchen Gesetzen stellen, die in Ausführung verbindlicher Richtlinien der Europäischen Union erlassen wurden, jedoch inhaltlich nicht über deren Regelungen hinausgehen. Im Gesetzgebungsverfahren wurde die Problematik der Kompatibilität der QPC mit dem Europarecht ausführlich diskutiert, jedoch weniger unter dem Blickwinkel der Überprüfungsmöglichkeit, als vielmehr mit Blick auf das Verhältnis des neuen Verfahrens zum Vorabentscheidungsverfahren nach Art. 267 AEUV. Denn der Gesetzentwurf zum *loi organique* hatte ursprünglich vorgesehen, den Vorrang der Frage der Verfassungsmäßigkeit vor der Prüfung der Kompatibilität mit völkerrechtlichen Verpflichtungen unter den Vorbehalt der „Anforderungen des Art. 88-1 Const." zu stellen. Auf das Verhältnis der QPC zu

---

205 Auf dieses Problem weist bereits Kelsen, RDP 1928, S. 197, 232 hin, das Problem der Verletzung völkerrechtlicher Verträge sei allerdings nur politisch zu lösen und damit von der juristischen Konzeption der Verfassungsgerichtsbarkeit unabhängig; Liéber et al., CCC N° 29 (2010), S. 101, 106 sehen die Zurückhaltung des Conseil d'État gerade im Respekt vor dem Prinzip „pacta sunt servanda" begründet. Allgemein auf den „pacta sunt servanda"-Grundsatz verweisen auch Disant, QPC, S. 47, Rn. 53 sowie Magnon et al., QPC, S. 91, Rn. 117 f.

206 Siehe zu diesem Verfahren zusammenfassend Hamon/Troper, Droit constitutionnel, S. 678, Rn. 769; Portelli, Droit constitutionnel, S. 358, Rn. 402. Fromont, RDP 2007, S. 89, 98, Fn. 13 merkt dazu an, dieses Verfahren der Vorabkontrolle sei, bei allem „Verfassungsnationalismus", das einzige Verfahren, das den Besonderheiten der internationalen Beziehungen angepasst sei.

207 Burguburu, RFDA 2010, S. 709, 710.

supranationalem Recht wird noch gesondert eingegangen, bei der Diskussion um diese – später entfallene – Ausnahme wurde vor allem hinterfragt, welcher Regelungsgehalt ihr außer der direkten Unmöglichkeit, die Verfassungswidrigkeit eines Umsetzungsgesetzes anzugreifen, zukomme[208]

Tatsächlich ist die Frage der Umsetzung von Unionsrecht und deren Überprüfbarkeit bereits Gegenstand umfangreicher Diskussionen und einiger Rechtsprechung des Conseil constitutionnel geworden. Es war dabei klar, dass hinsichtlich des Umsetzungsrechts nicht die gleichen Maßstäbe angelegt werden können, wie hinsichtlich der normalen Gesetze, die an der Verfassung geprüft werden, da es ansonsten zu einer Kollision mit der unions- und früher gemeinschaftsrechtlichen Verpflichtung gekommen wäre, dem Recht der Union bzw. der Gemeinschaften umfangreich Geltung zu verschaffen. Umgekehrt jedoch jede Möglichkeit der Berufung auf die nationale Verfassung entfallen zu lassen, wirft die Frage auf, welche Position die Verfassung dann in der Normenhierarchie überhaupt noch einnehmen kann.

Erneut stellte sich mithin die Frage, ob die zur Überprüfbarkeit umgesetzten Europarechts gefundenen Lösungen auf die QPC übertragen werden konnten.

a) Überprüfbarkeit umgesetzten Europarechts vor Inkrafttreten der QPC

Der Prozess der Europäischen Integration hat begonnen, bevor der Conseil constitutionnel überhaupt eingerichtet wurde. Denn das Gericht besteht erst seit der Verfassung von 1958 und ist damit jünger als die Römischen Verträge. Dieses bleibt jedoch ohne Auswirkung auf die Rechtsprechung des Gerichts. Denn die wesentlichen Entwicklungen des Europarechts sind erst deutlich später eingetreten.[209]

Bis zur Verfassungsänderung von 1992 anlässlich des Maastricht-Vertrages war das einzige „Einfallstor" für das Europarecht in die französische Rechtsetzung die Vorschrift des Art. 55 Const., die grundsätzlich die Wirkungen völkerrechtlicher Verträge in Frankreich regelt. Danach nehmen die Verträge, die ordentlich geschlossen und ratifiziert sind, eine dem einfachen Gesetz übergeordnete Position ein, jedoch nur unter der Voraussetzung der Reziprozität. Erst mit der Verfassungsänderung[210] anlässlich des Vertrags von Maastricht 1992 wurde in die Verfassung ein Bezug zum Europarecht in Form eines eigenen Abschnittes „Über die europäische Union", eingefügt.

In Art. 88–1 hieß es entsprechend: *La République participe aux Communautés européennes et à l'Union européenne, constituées d'Etats qui ont choisi librement, en*

---

208 Siehe zum Verhältnis der QPC zum Europarecht und zu dem im Gesetzgebungsverfahren vorgesehenen, jedoch später entfallenen Vorbehalt eingehend Kapitel 3, B. II.

209 Hierauf weist Dutheillet de Lamothe, Mélanges Puissochet 2008, S. 85, hin.

210 Loi constitutionnelle n° 92–554 du 25 juin 1992, *ajoutant à la Constitution un titre „Des Communautés européennes et de l'Union européenne"*.

vertu des traités qui les ont instituées, d'exercer en commun certaines de leurs compétences.[211] Art. 88–1 hat seitdem einige Änderungen erfahren, zunächst wegen des gescheiterten Verfassungsvertrags, nunmehr entsprechend dem Vertrag von Lissabon.[212] Diese haben aber an der Kernaussage des Artikels nichts geändert. Auch mit Einführung dieses ausdrücklichen Bezugs zum Europarecht in die Verfassung blieb zunächst unklar, welche Prüfungsmöglichkeiten der Conseil constitutionnel hinsichtlich desjenigen nationalen Rechts noch hatte, dass zur Umsetzung von Unionsrecht erlassen worden war.[213]

Eine erste Gelegenheit zur Stellungnahme erhielt der Conseil constitutionnel erst 2004, da bei früheren Fällen der Vorwurf der Verfassungswidrigkeit entweder das nationale Gesetzgebungsverfahren oder die Kompetenz des Parlaments getroffen hatte oder der strittige Normteil das Ergebnis einer überschießenden Umsetzung gewesen war und sich somit die direkte Frage der Überprüfungsmöglichkeit von umgesetztem Europarecht nicht gestellt hatte.[214]

2004 jedoch legten 83 Senatoren und 129 Abgeordnete[215] das Gesetz für das Vertrauen in die digitale Wirtschaft[216] nach Art. 61 Const. zur Überprüfung vor und bemängelten insbesondere die Ausgestaltung der Haftung von Anbietern digitaler Inhalte. Das Gesetz sah nach Ansicht der Antragsteller eine zivil- und strafrechtliche Haftung für den Fall vor, dass ein Anbieter von Inhalten im Internet, sofern er über einen möglichen Urheberrechtsverstoß durch den Rechteinhaber informiert wurde, diese nicht unverzüglich unzugänglich macht.[217] Diese Regelung verstieß nach ihrer Ansicht gegen das sich aus Art. 8 und 9 DDHC ergebende Prinzip, dass

211 „Die Republik beteiligt sich an den europäischen Gemeinschaften und der europäischen Union, konstituiert aus Staaten, die sich frei, entsprechend der Gründungsverträge, entschlossen haben, gemeinsam einige ihrer Kompetenzen auszuüben." [eig. Übersetzung].

212 So wurde der Bezug auf die Gemeinschaften entfernt, die in Bezug genommenem Verträge sind nunmehr EUV und AEUV.

213 Siehe zu der zweifelhaften Bedeutung des Art. 88–1 Const. vor 2004 nur Gaïa et al., GD Cons., S. 214, Rn. 3.

214 Siehe hierzu die Auflistung relevanter Streitfälle bei Roux, RDP 2004, S. 912, 914; ähnlich auch Levade, RDP 2004, S. 889, 891 f.

215 Levade, RDP 2004, S. 889, 890.

216 Loi N° 2004–575 *pour la confiance dans l'économie numérique* vom 21. Juni 2004.

217 Diese Haftung ist allerdings für beide Fälle negativ formuliert, so heißt es jeweils, der Inhaltsanbieter könne dann nicht zivil- bzw. strafrechtlich verfolgt werden, wenn er nach Kenntnis von einem möglichen Urheberrechtsverstoß den Zugang unverzüglich verhindere. Aus diesem Grund kann in Zweifel gezogen werden, ob durch die Vorschrift insoweit eine verschärfte Haftung eingeführt wird oder ob nicht im Gegenteil die bereits bestehende straf- und zivilrechtliche Haftung einer weiteren Bedingung unterworfen wird. Diese Frage bleibt für die hier diskutierte Problematik allerdings ohne Belang, siehe für eine detaillierte Auseinandersetzung den Entscheidungskommentar, Commentaire de la décision n° 2004–496 DC, S. 4 f.

jede Definition einer Straftat eines subjektiven Elements bedürfe. Dadurch, dass bereits die bloße Behauptung einer Rechtsverletzung genügen solle, könne der Anbieter bestraft werden, auch wenn er bezüglich der behaupteten Rechtsverletzung anderer Ansicht sei und daher nicht schuldhaft handele.[218]

Die Besonderheit dieser Beschwerde lag darin, dass weite Teile des angegriffenen Gesetzes in Umsetzung der Richtlinie 2000/31/EG des Europäischen Parlaments und des Rates vom 8. Juni 2000 erlassen wurden, insbesondere auch jene Vorschriften über die Haftung von Hostinganbietern.[219] Entsprechend war jedes Urteil des Conseil constitutionnel über die Verfassungsmäßigkeit der nationalen Regelung auch gleichzeitig ein Urteil über die Verfassungsmäßigkeit der Richtlinie. Den Beschwerdeführern war dieses bewusst, sie gingen allerdings davon aus, dass eine Richtlinie die Mitgliedsstaaten nur zur Erreichung des Ziels unter Beachtung des nationalen Verfassungsrechts verpflichte.[220]

Der Conseil constitutionnel musste auf diese Problematik eingehen. In seiner Entscheidung vom 10. Juni 2004 führte das Gericht aus, dass vor dem Hintergrund von Art. 88–1 Const. die Übertragung von Richtlinien in das nationale Recht eine verfassungsrechtliche Pflicht darstelle, von der nur bei einer entgegenstehenden, eindeutigen Vorschrift (*disposition expresse contraire*) der Verfassung abgewichen werden könne.[221] Jenseits einer solchen Vorschrift bleibe es den Gerichten der Gemeinschaft vorbehalten, über die Kompatibilität der Richtlinie mit dem Primärrecht und die Beachtung der in Art. 6 EUV niedergelegten Grundrechte[222] zu entscheiden. Im Anschluss daran stellte das Gericht dann fest, dass die angegriffenen Regelungen in Umsetzung unbedingter und präziser Festlegungen der Richtlinie erlassen worden seien und es dementsprechend nicht zu einer diesbezüglichen Entscheidung berufen sei.[223]

---

218 Siehe hierzu die aus den Reihen von Senat und Assemblée nationale gestellten Anträge. (herunterzuladen auf der zugehörigen Entscheidungsseite des Conseil constitutionnel, siehe hierzu die Entscheidungsübersicht im Anhang), dort unter II. 1. 1.

219 Richtlinie 2000/31/EG des Europäischen Parlaments und des Rates vom 8. Juni 2000 über bestimmte rechtliche Aspekte der Dienste der Informationsgesellschaft, insbesondere des elektronischen Geschäftsverkehrs, im Binnenmarkt („Richtlinie über den elektronischen Binnenmarkt"), ABl. L 178/1 vom 17.7.2000, dort insbesondere Art. 14.

220 Es handele sich um ein *objectif à atteindre dans le respect du droit constitutionnel de chaque État membre*, siehe hierzu die vorzitierten Anträge unter II. 1.1. (ii).

221 Conseil constitutionnel, 10. Juni 2004, N° 2004–496 DC, *Loi pour la confiance dans l'économie numérique*, Considérant 7.

222 Hier bezogen auf die Fassung des EUV vor dem Inkrafttreten des Vertrags von Lissabon.

223 Conseil constitutionnel, 10. Juni 2004, N° 2004–496 DC, Considérants 8, 9; insoweit inhaltsgleich auch Conseil constitutionnel, 01. Juli 2004, N° 2004–497 DC, Considérants 18, 19.

Das Gericht ging mithin von einer grundsätzlichen fehlenden Zuständigkeit für die Überprüfung von abgeleitetem Europarecht am Maßstab der Verfassung aus. Die vorgenommene Einschränkung bedurfte jedoch der Präzisierung. Wenn die Grenze der Unzuständigkeit des Conseil constitutionnel ein Verstoß gegen eine eindeutige Vorschrift der Verfassung sein sollte, dann spräche viel dafür, doch das Umsetzungsrecht am Maßstab der Regeln der Verfassung zu überprüfen[224], gegebenenfalls mit der Einschränkung, dass nur eindeutige Widersprüche zur Inkompatibilität führen können. Eine solche Auslegung wird durch den offiziellen Entscheidungskommentar gestützt. Dort wird für das Vorliegen einer *disposition expresse* verlangt, dass es sich um eine eindeutige Regel der Verfassung, nicht jedoch um eine *construction jurisprudentielle* handeln müsse.[225] Einem solchen Maßstab konnte es kaum genügen, sich ohne weitere Bezugnahme auf die möglicherweise verletzten Grundrechte für unzuständig zu erklären, wie es das Gericht im vorliegenden Urteil getan hat.

Allerdings hat diese Rechtsprechung eine bedeutende Weiterentwicklung erfahren. In seiner Entscheidung vom 29. Juli 2004 sah sich das Gericht gezwungen, eine Präzisierung vorzunehmen. Erneut kam es hier auf die Überprüfbarkeit von umgesetztem Richtlinienrecht durch die nationale Verfassungsgerichtsbarkeit an. Das Gericht übernahm wörtlich seine Begründung aus der Entscheidung vom 10. Juni 2004[226], stellte dann jedoch fest, dass die Meinungsfreiheit, deren Verletzung hier gerügt wurde, ebenfalls als allgemeines Rechtsprinzip des Gemeinschaftsrechts geschützt werde. Es erklärte sich sodann, mit der gleichen Begründung wie am 10. Juni 2004, für unzuständig.[227] Daraus ergab sich, dass unter *disposition expresse* nur eine solche Regel zu verstehen ist, die im französischen Verfassungsrecht, nicht jedoch im Gemeinschaftsrecht geschützt wird.[228]

Diese Interpretation, die das besonders zu schützen sucht, was nur in Frankreich vorhanden ist, fand sich auch beim damaligen Präsidenten des Conseil constitutionnel, Pierre Mazeaud, der Anfang 2005 in einer an den Präsidenten der Republik gerichteten Rede[229] den Vorbehalt des Gerichts gegenüber dem Europarecht näher

---

224 Donnarumma, RFDC N° 84 (2010), S. 719, 738, weist darauf hin, dass mit dieser weiten Definition nicht sichergestellt werde, dass die Bezugsnorm überhaupt eine Wertentscheidung enthalte.

225 Commentaire de la décision n° 2004–496 DC, S. 6; kritisch hierzu jedoch Roux, RDP 2004, S. 912, 928, der anführt, dass der Verfassungstext erst durch die Interpretation des Richters seinen Sinn erhalte.

226 Conseil constitutionnel, 29. Juli 2004, N° 2004–498 DC, *Loi relative à la bioéthique*, Considérant 4.

227 Conseil constitutionnel, 29. Juli 2004, N° 2004–498 DC, Considérants 6,7.

228 So die offiziellen Anmerkungen zu dieser Entscheidung, Commentaire de la décision n° 2004–498 DC, S. 5; so auch Dutheillet de Lamothe, Mélanges Puissochet 2008, S. 85, 89, der selbst an der Entscheidung beteiligt war.

229 Mazeaud, *Vœux du président du Conseil constitutionnel, M. Pierre Mazeaud, au Président de la République*, CCC N° 18 (2005), S. 2, hier insbes. S. 8; der Austausch

umschrieb: Es könne nicht in Frage gestellt werden, was explizit in der Verfassung verbrieft und den Franzosen eigen sei. Es handele sich um jene Grundsätze, die der französischen Verfassung inhärent seien, wobei inhärent gleichzeitig „maßgeblich" und „unterscheidend" bedeute.[230] Diese Definition geht über die bloß formale Feststellung, dass ein Prinzip dem Europarecht unbekannt sei bzw. durch dieses nicht geschützt werde, hinaus, es wird das materielle Element hinzugefügt, dass die Bestimmung weiterhin auch „maßgeblich" sein muss. Damit erscheint beispielsweise eine Bezugnahme auf das Prinzip des Laizismus möglich, diese Einschätzung ist jedoch mit Blick darauf, dass nach der Rechtsprechung des Conseil constitutionnel zum Entwurf des Verfassungsvertrages dieses Prinzip auch durch das Europarecht nicht in Frage gestellt, sondern ausdrücklich anerkannt wird[231], zumindest diskutabel[232].

Die Rechtsprechung des Conseil constitutionnel von 2004 ist zwar umfangreich diskutiert worden, in der Praxis fehlt es jedoch an konkreten Folgen. Denn ohne die Existenz einer *contrôle a posteriori* bedurfte es der Vorlage weiterer Umsetzungsgesetze an das Gericht aus den Reihen des Parlaments. Erst zwei Jahre später kam es erneut zu einer solchen Vorlage, die den Conseil constitutionnel nochmals gezwungen sah, zum Verhältnis zwischen Verfassung und Europarecht Stellung zu nehmen.

In seiner Entscheidung vom 27. Juli 2006[233] musste sich das Gericht mit der Verfassungsmäßigkeit des Gesetzes über das Urheberrecht und die verwandten Schutzrechte in der Informationsgesellschaft[234] auseinandersetzen. Das Gesetz hatte die Aufgabe, in Umsetzung der Urheberrechtsrichtlinie[235] einen Ausgleich

von „Wünschen" für das kommende Jahr dient der Nennung von Forderungen oder Ankündigung zukünftiger Projekte und hat in der französischen Politik Tradition. Beim Conseil constitutionnel wird diese Gelegenheit jedoch eher zur Erklärung der vorangegangenen Rechtsprechung genutzt (Dubout, RFDC N° 83 – 2010, S. 451, 456).

230 „[...] *tout ce qui est inhérent à notre identité constitutionnelle, au double sens du terme „inhérent": crucial et distinctif.*", Mazeaud, ebd., S. 8.

231 Conseil constitutionnel, 19. November 2004, N° 2004–505 DC, *Traité établissant une constitution pour l'Europe,* Considérant 18. Siehe zu dieser Entscheidung allgemein und insbesondere zur Frage des Laiszismus auch die Anmerkungen von Levade, RDP 2005, S. 19, 38 f. sowie Luchaire, RDP 2005, S. 51, 54; grundlegend zum Verhältnis von Laizismus und Religionsfreiheit nach dieser Entscheidung Camby, RDP 2005, S. 3 ff.

232 Zu diesem Ergebnis kam Rousseau, RDP 2005, S. 267, 274, der daher den Vorbehalt insgesamt in der Gefahr sah, ohne Bedeutung zu bleiben.

233 Conseil constitutionnel, 27. Juli 2006, N° 2006–540 DC, *Loi relative au droit d'auteur et aux droits voisins dans la société de l'information.*

234 Loi n° 2006–961 du 1er août 2006, *relative au droit d'auteur et aux droits voisins dans la société de l'information,* JORF n° 178 vom 3. August 2006, S. 11529.

235 Richtlinie 2001/29/EG des Europäischen Parlaments und des Rates vom 22. Mai 2001 zur Harmonisierung bestimmter Aspekte des Urheberrechts und der verwandten Schutzrechte in der Informationsgesellschaft, ABl. L 167/10 vom 22.6.2001, S. 10.

zwischen den Rechten von Autoren und Urhebern auf der einen und der Kommunikationsfreiheit auf der anderen Seite herzustellen.

Der Conseil constitutionnel ging in seinem Urteil zunächst nicht auf die einzelnen angegriffenen Vorschriften ein, sondern stellte einige grundsätzliche Erwägungen voran. Dabei finden sich die für die Frage des Verhältnisses zum Europarecht bedeutendsten Anmerkungen in den Considérants 17 bis 20.

Das Gericht stellte wie bereits 2004 fest, dass die Umsetzung europäischer Richtlinien in nationales Recht eine verfassungsrechtliche, aus Art. 88–1 Const. sich ergebende Pflicht darstelle[236] und er über die Erfüllung dieser Pflicht zu wachen habe.[237] Diese Überwachungspflicht habe jedoch zwei Grenzen: Zum einen dürfe die Umsetzung der Richtlinie nicht einer der Verfassungsidentität Frankreichs inhärenten Regel oder einem solchen Prinzip zuwiderlaufen.[238] Zum anderen könne der Conseil constitutionnel, da er wegen der kurzen Fristen kein Vorabentscheidungsersuchen an den Europäischen Gerichtshof richten könne, nur bei manifesten Umsetzungsmängeln das Gesetz für inkompatibel mit Art. 88–1 Const. erklären. Es bleibe den einfachen Gerichten überlassen, eine genauere Überprüfung durch den Europäischen Gerichtshof auf dem Wege des Vorabentscheidungsverfahrens herbeizuführen.[239]

Die Struktur dieser Entscheidung unterschied sich von dem Aufbau der Entscheidungen aus dem Jahre 2004. Der Conseil constitutionnel argumentierte gewissermaßen über einen Umweg. Seine Verpflichtung, die Umsetzung des europäischen Rechts zu gewährleisten, erlösche nur dann, wenn das Umsetzungsgesetz selbst der Verfassung zuwiderlaufe, indem es entweder eindeutig falsch umsetze oder eben die Verfassungsidentität beeinträchtige. Faktisch geht es aber, sobald die Verfassungsmäßigkeit eines Umsetzungsgesetzes jenseits der Verpflichtungen des Art. 88–1 Const. angegriffen wird, nicht mehr um den Inhalt der Umsetzungsverpflichtung, sondern nur noch um die Kompatibilität des Gesetzes mit den materiellen Bestimmungen der Verfassung.

Der Conseil constitutionnel ging auch im weiteren Entscheidungstext nicht anders vor. In seinem Considérant 35 stellte er bezüglich einer spezifischen Norm des Gesetzes fest, diese beschränke sich darauf, die notwendigen Konsequenzen aus unbedingten und präzisen Regelungen der Richtlinie zu ziehen, und sei damit seiner Kontrolle entzogen. Eine Bezugnahme auf die *identité constitutionnelle* erfolgt hier zwar nicht, ergibt sich jedoch mit Blick auf die bereits dargestellten Einschränkungen aus dem Kontext.[240]

---

236 Conseil constitutionnel, 27. Juli 2006, N° 2006–540 DC, Considérant 17.
237 Conseil constitutionnel, 27. Juli 2006, N° 2006–540 DC, Considérant 18.
238 Conseil constitutionnel, 27. Juli 2006, N° 2006–540 DC, Considérant 19.
239 Conseil constitutionnel, 27. Juli 2006, N° 2006–540 DC, Considérant 20.
240 Der offizielle Entscheidungkommentar stellt dazu nur kurz fest, die „konstitutionelle Identität Frankreichs“ sei nicht beeinträchtigt, Commentaire de la décision n° 2006–540 DC, S. 4, 6.

Nach der Entscheidung von 2006 wird damit die bereits in der Rede von Mazeaud zumindest teilweise angekündigte[241] Verfassungsidentität Frankreichs zur Grenze der Zuständigkeit des Conseil constitutionnel hinsichtlich der Überprüfung von Umsetzungsrecht. Wie dieser Begriff jedoch mit Inhalt zu füllen ist, erscheint fraglich.

aa) Der Begriff der Identité constitutionnelle in der Rechtsprechung

Die Anzahl der Entscheidungen, in denen der Conseil constitutionnel den Begriff der *Identité constitutionnelle* bzw. der *règles et principes inhérents à l'identité constitutionnelle* anführt, ist bisher begrenzt geblieben. Die Entscheidung N° 2006–540 DC, die diesen Begriff überhaupt prägt, führte nicht weiter aus, was genau zu dieser *identité constitutionnelle* gehören soll. Einen Anhaltspunkt für eine Übertragung der Konzeption aus der Entscheidung vom 29. Juli 2004 kann der offizielle Entscheidungskommentar bieten. Dort wird eine direkte Verbindung zwischen dieser Entscheidung und der Rechtsprechung von 2004 hergestellt. *Identité constitutionnelle* sei gleichzusetzen mit *inhérentes à notre ordre constitutionnel*, dieses entspreche wiederum der Bezeichnung *dispositions expresses* bzw. *dispositions spécifiques de la Constitution.*[242] Als Begründung für diese Lesart wird auf Art. I-5 des Verfassungsvertrags verwiesen, wonach die nationale Identität der Mitgliedsstaaten, so wie sie deren fundamentalen politischen und konstitutionellen Strukturen inhärent sei, durch die Union respektiert werde.[243] Der Wechsel des Begriffs zwischen 2004 und 2006 wird damit schlussendlich mit der Anpassung an den Verfassungsvertrag begründet.

Erneut angeführt wurde der Terminus in der Entscheidung N° 2006–543 DC[244] Ende 2006. Gegenstand dieser Entscheidung war das Gesetz zur Privatisierung von *Gaz de France*[245]. Nach dessen Artikel 39 sollte GDF in eine Aktiengesellschaft umgewandelt werden, von deren Kapital der Staat mindestens ein Drittel zu halten verpflichtet war. Dieses wurde insbesondere mit Blick auf seine Vereinbarkeit mit Absatz 9 der Präambel der Verfassung von 1946 angegriffen, der über den Verweis in der Präambel der Verfassung von 1958 Verfassungsrang besitzt. Danach besteht eine Verpflichtung zur Verstaatlichung jener Unternehmen, die den Charakter eines *service public national* oder eines *monopole de fait* erreicht haben.[246]

---

241 Troper, in: Mathieu (Hrsg.), *1958–2008: cinquantième anniversaire de la Constitution française*, S. 123, 124 merkt dazu an, in diesem Fall sei der Entscheidungskommentar (= die Rede von Mazeaud, s.o.) so der Entscheidung vorangegangen.

242 Commentaire de la décision n° 2006–540 DC, S. 3 a.E.

243 Commentaire de la décision n° 2006–540 DC, S. 4 oben.

244 Conseil constitutionnel, 30. November 2006, N° 2006–543 DC, *Secteur de l'énergie.*

245 Loi n° 2006–1537 du 7 décembre 2006 *relative au secteur de l'énergie*, JORF N° 284 vom 08. Dezember 2006, S. 18531.

246 *„Tout bien, toute entreprise, dont l'exploitation a ou acquiert les caractères d'un service public national ou d'un monopole de fait, doit devenir la propriété de la collectivité."*

Die Beschwerdeführer argumentierten ausführlich[247], *Gaz de France* sei als *service public national* zu qualifizieren und könne daher nicht privatisiert werden, ohne gegen den Verstaatlichungszwang zu verstoßen. Der Conseil constitutionnel wies diese Argumentation zurück, indem er, zumindest ab dem Zeitpunkt der Liberalisierung des Gasmarktes GDF den Charakter eines *service public national* bzw. eines *monopole de fait* absprach.[248]

Das Gericht nutzte allerdings die Gelegenheit, ohne dazu durch die Anträge der Beschwerdeführer gezwungen zu sein, eine weitere Bestimmung des Gesetzes wegen manifester Inkompatibilität mit der umgesetzten Richtlinie[249] für verfassungswidrig zu erklären.[250] Es zog damals erstmals die Konsequenzen aus der Entscheidung N° 2006–540 DC und erklärt eine Norm wegen Verstoßes gegen Art. 88–1 Const. für verfassungswidrig.[251] Bei gleicher Gelegenheit wurde auch erneut der Begriff der *identité constitutionnelle* angeführt, unter wörtlicher Übernahme der früheren Formulierung.[252]

Eine Aussage über den Inhalt der *identité constitutionnelle* wurde damit nicht getroffen. Man könnte vermuten, dass das Gericht, dadurch dass es GDF den Charakter eines *service public national* abgesprochen hat, vermieden hat, zu der Frage Stellung zu nehmen, ob ein solcher *service public „à la française“*[253] Teil der Verfassungsidentität Frankreichs sei.[254] Dabei ist allerdings zu beachten, dass die kritisierte Privatisierung von GDF nicht unmittelbar in Umsetzung der Richtlinie erfolgte[255], sondern nötig wurde, um eine Fusion des Unternehmens mit *Suez* zu

247 Siehe hierzu die aus den Reihen von Senat und Assemblée nationale gestellten Anträge. (Herunterzuladen auf der zugehörigen Entscheidungsseite des Conseil constitutionnel, siehe hierzu die Entscheidungsübersicht im Anhang), dort unter I. b) 1. a.E.

248 Conseil constitutionnel, 30. November 2006, N° 2006–543 DC, Considérant 20 bzw. 25.

249 Richtlinien 2003/54/EG und 2003/55/EG des Europäischen Parlaments und des Rates vom 26. Juni 2003 über gemeinsame Vorschriften für den Elektrizitäts- (54) bzw. Erdgasbinnenmarkt (55) und zur Aufhebung der Richtlinien 96/92/EG (54) bzw. 98/30/EG (55), ABl. L 176/03 vom 15.07.2003, S. 37 bzw. 57.

250 Namentlich Artikel 17, der sich auf die Verpflichtung der bisherigen Elektrizitäts- und Gaslieferanten, EDF und GDF, bezog, Endverbrauchern einen reglementierten Tarif für den Strom- bzw. Gasbezug anzubieten.

251 Conseil constitutionnel, 30. November 2006, N° 2006–543 DC, Considérant 9.

252 Conseil constitutionnel, 30. November 2006, N° 2006–543 DC, Considérant 6.

253 Rousseau, Droit du contentieux constitutionnel, S. 207, Rn. 212.

254 Dieses hält Rousseau, ebd., zumindest für möglich.

255 Siehe hierzu nur den Abschlussbericht des Berichterstatters in der Assemblée Nationale, der bei den in Umsetzung der Richtlinie erlassenen Vorschriften den damaligen Art. 10, in Endfassung Art. 39, gerade nicht aufführt; Lenoir, Rapport N° 3278 vom 31. August 2006, Ass. Nationale, 12ème législature, S. 8.

GDF Suez zu ermöglichen[256]. Damit ist das Gericht hier einer klaren Stellungnahme nicht ausgewichen, diese war vielmehr überhaupt nicht erforderlich.[257]

Ähnlich unklar blieb der Inhalt des Begriffs der identité constitutionnelle nach der Entscheidung N° 2008–564 DC vom 19. Juni 2008[258]. Dieses mag sich schon damit erklären lassen, dass in diesem Fall zwar eine Fehlumsetzung einer europäischen Richtlinie durch die Beschwerdeführer vorgebracht wurde[259], jedoch ohne zugleich die Verletzung von Rechten und Freiheiten zu rügen. Entsprechend wurde lediglich die Formulierung aus der Entscheidung N° 2006–540 DC aufgegriffen[260], ohne dass der Inhalt der *identité constitutionnelle* näher benannt wurde.

Ein Hinweis auf deren Inhalt kann jedoch dem offiziellen Entscheidungskommentar entnommen werden. Dort wird zwar darauf verwiesen, der Conseil constitutionnel habe angesichts der fehlenden Rüge von Grundrechtsverletzungen die selbst gezogene Grenze seiner Inkompetenz nicht näher betrachten müssen[261]. Dennoch wird, nur einen Absatz vorher, erklärt, als Beispiel für das *principe inhérent à l'identité constitutionnelle de la France* könne das Prinzip des Laizismus dienen. Bei der Feststellung dieser Reserve habe sich der Conseil constitutionnel direkt durch eine Entscheidung des italienischen Verfassungsgerichtes von 1989 inspirieren lassen.[262]

Auch wenn den offiziellen Entscheidungskommentaren eine Rechtswirkung nicht zukommt, so kann doch davon ausgegangen werden, dass aus ihnen die der Entscheidung des Conseil constitutionnel zu Grunde liegenden Erwägungen entnommen werden können, insbesondere, weil der Juristische Dienst des Gerichtes eng mit dem Berichterstatter des jeweiligen Falles zusammenarbeitet.[263]

---

256 Lenoir, ebd., S. 11 ff.

257 Rousseau, Droit du contentieux constitutionnel, S. 207, Rn. 212 scheint diesen Vorwurf allerdings zu erheben, da er einen Zusammenhang zwischen der *identité constitutionnelle* und der Entscheidung über die Eigenschaft als *service public* national herstellt. Dem steht jedoch auch entgegen, dass der Conseil constitutionnel bezüglich der weiteren gegen die Privatisierung erhobenen Rügen (Verstoß gegen die kommunale Selbstverwaltung, Conseil constitutionnel, 30. November 2006, N° 2006–543 DC, Considérants 28 ff., Verstoß gegen die Verpflichtung der Kontinuität des *service public*, ebd., Considérants 32 ff.) jeweils zur Sache argumentiert und nicht etwa Bezug auf das Europarecht nimmt.

258 Conseil constitutionnel, 16. Juni 2008, N° 2008–564 DC, *Loi relative aux organismes génétiquement modifiés.*

259 Conseil constitutionnel, 16. Juni 2008, N° 2008–564 DC, Considérant 41.

260 Conseil constitutionnel, 16. Juni 2008, N° 2008–564 DC, Considérant 44.

261 Commentaire de la décision n° 2008–564 DC, S. 6 unter *c) – Les limites au contrôle.*

262 Commentaire de la décision n° 2008–564 DC, ebd., dritter Absatz.

263 Zur Rolle des *Service juridique* bei der Entscheidungsfindung des Gerichts eingehend Fraisse, *La contribution des services juridiques à la prise de décision des cours constitutionnelles*, geladen von http://www.conseil-constitutionnel.fr/conseil-constitutionnel/root/bank_mm/pdf/Conseil/20050930.pdf am 16.12.2013.

Damit konnte nach dieser Entscheidung davon ausgegangen werden, dass zumindest der Laizismus zur konstitutionellen Identität Frankreichs zu rechnen ist, diese Einschätzung überrascht vor dem Hintergrund der Diskussion über die Entscheidungen von 2004 kaum.[264]

In der Entscheidung N° 2010–605 DC vom 12. Mai 2010[265] wurde erneut nur kurz auf die Limitierung der Kompetenz des Conseil constitutionnel eingegangen, ohne dass diese für die weitere Entscheidung von Bedeutung gewesen wäre.[266] Die Bedeutung dieser Entscheidung lag vielmehr in den Feststellungen des Conseil constitutionnel zur Vereinbarkeit der QPC mit dem Europarecht, insbesondere mit dem Vorabentscheidungsverfahren nach Art. 267 AEUV. Auf diesen Aspekt wird später einzugehen sein.[267] Auch in der Entscheidung N° 2011–631 DC vom 9. Juni 2011 wurde der Begriff lediglich formelhaft wiederholt, ohne mit Inhalt gefüllt zu werden.[268]

Nach allem ist damit der Rechtsprechung der genaue Inhalt des Begriffs der *identité constitutionnelle* nicht zu entnehmen. Es darf, insbesondere nach dem Kommentar zur Entscheidung N° 2008–564 DC, davon ausgegangen werden, dass zumindest der Laizismus dazu zu rechnen ist.

bb) Der Begriff in der Literatur

Das Verhältnis zwischen nationalem französischen Recht und Europarecht ist durch die Wissenschaft umfänglich untersucht worden. Die Rechtsprechung des Conseil constitutionnel seit 2004 stößt allgemein auf Zustimmung, zumindest insoweit, als das Gericht einen wie auch immer gearteten Identitätsvorbehalt vorsehen möchte. Über den Inhalt dieses Identitätsvorbehaltes jedoch herrscht keine Einigkeit.

Zum Teil wird davon ausgegangen, der durch den Conseil constitutionnel 2006 eingeführte Begriff der *identité constitutionnelle* sei lediglich eine andere Bezeichnung für die bereits 2004 vorgestellte Grenze der *disposition expresse*.[269] Damit könnten nur solche Regeln der *identité constitutionnelle* zugerechnet werden, die lediglich in Frankreich, nicht jedoch auf europäischer Ebene geschützt werden.

Dem steht die andere Ansicht gegenüber, wonach die *identité constitutionnelle* im Sinne eines Verfassungskerns materiell zu bestimmen sei, ohne dass es darauf ankomme, ob ein bestimmtes Prinzip sich auch im europäischen Recht wiederfinde.

---

264 Siehe dazu bereits oben, Kapitel 2, A.III.4.a).

265 Conseil constitutionnel, 12. Mai 2010, N° 2010–605 DC, *Loi relative à l'ouverture à la concurrence et à la régulation du secteur des jeux d'argent et de hasard en ligne.*

266 Conseil constitutionnel, 12. Mai 2010, N° 2010–605 DC, Considérant 18.

267 Siehe dazu unten, Kapitel 3, B.

268 Conseil constitutionnel, 9. Juni 2011, N° 2011–631 DC, *Loi relative à l'immigration, à l'intégration et à la nationalité,* Considérant 45.

269 Dutheillet de Lamothe, Mélanges Puissochet 2008, S. 85, 93; für zumindest wahrscheinlich hält diese Ausfüllung des Identitätsbegriffs Roux, D. 2010, S. 2524, 2525.

(1) Identité constitutionnelle im Sinne einer spezifisch französischen Regel

In Fortsetzung der Entscheidung 2004–498 DC erscheint es möglich, davon auszugehen, dass einem Vorbehalt gegenüber dem Europarecht nur solche Regeln von Verfassungsrang unterliegen, die im europäischen Recht nicht geschützt werden.[270] Diese Regeln werden damit als Alleinstellungsmerkmal der französischen Verfassung verstanden. Als Beispiel hierfür wird, wie bereits ausgeführt, zumeist der Laizismus genannt[271], ein Prinzip jedoch, dessen spezifisch französischer Charakter vor dem Hintergrund institutionalisierter Trennung von Kirche und Staat auch in anderen europäischen Verfassungen zumindest angezweifelt werden kann.

Diese Interpretation erinnert an die Solange-Rechtsprechung des Bundesverfassungsgerichts. Denn aus der Kompetenz der Conseil constitutionnel würden Regeln fallen, die ein Äquivalent im europäischen Recht finden, ähnlich der Situation vor dem Bundesverfassungsgericht, dass den Maßstab der Grundrechte nicht mehr heranziehen will, solange diese auf europäischer Ebene in ähnlicher[272] Weise geschützt werden.[273] Zu beachten ist allerdings, dass der Conseil constitutionnel, unabhängig vom genauen Inhalt des Identitätsvorbehaltes, bei einer Einzelfallprüfung bleibt und nicht etwa von einer einmalig festzustellenden, generellen Unzuständigkeit ausgeht.[274]

Weiterhin kann damit argumentiert werden, dass die französische Verfassung im Gegensatz zum deutschen Grundgesetz einen vor dem verfassungsändernden Gesetzgeber geschützten Kern nicht enthält, bedingt dadurch, dass der Conseil constitutionnel, wie ausgeführt, die Überprüfung von Verfassungsänderungen verweigert.[275] Wenn damit die republikanische Form der Regierung, wie von Art. 89 Abs. 5 Const. genannt, vor dem verfassungsändernden Gesetzgeber nicht

---

270 Siehe hierzu Gaïa et al., GD Cons., S. 222, Rn. 10, die allerdings kritisieren, dieser nur in Frankreich vorhandene Kern sei weiterhin kaum klar zu bestimmen.

271 Hamon/Troper, Droit constitutionnel, S. 605, Rn. 702.

272 Es genügt die „im Wesentlichen" gleiche Achtung, ein „deckungsgleicher" Schutz ist nicht gefordert, BVerfGE 102, S. 147, 163 f. (Bananenmarkt).

273 Grundlegend dazu BVerfGE 73, S. 339, 387 (Solange II), wonach eine dennoch erfolgende Vorlage nicht nur unbegründet, sondern bereits unzulässig ist.

274 Malhière, RDP 2013, S. 1523, 1536; die Übereinstimmung der französischen Regeln mit dem Unionsrecht werde nur von Fall zu Fall festgestellt, dies., S. 1539, merkt allerdings an, dass die Einzelfallprüfung bereits nah an einen generellen Ausschluss herankomme, solange der Conseil constitutionnel kein zum Identitätskern gehörendes Prinzip identifiziere.

275 So geht Gundel, FS Spellenberg, S. 573, 581, insbes. Fn. 52, davon aus, der Conseil constitutionnel habe durch seine Weigerung, Verfassungsänderungen zu kontrollieren, zugleich auch die Vorstellung eines der Integration entgegenstehenden Verfassungskerns verworfen.

geschützt ist, soll sie auch keinen sicheren Hinweis auf den Inhalt des Identitätskerns der Verfassung zulassen.[276]

(2) Identité constitutionnelle als materieller Verfassungskern

Die Gegenposition hält es für erforderlich, den Begriff der Verfassungsidentität unabhängig davon zu definieren, ob entsprechende Prinzipien auch auf europäischer Ebene existieren. Dabei gibt es jedoch verschiedene Argumentationsrichtungen.

Bereits die Einschätzung, durch die fehlende Kontrolle von Verfassungsänderungen verbiete es sich, Art. 89 Abs. 5 Const. heranzuziehen, um die Verfassungsidentität zu definieren, kann in Zweifel gezogen werden. Denn die Zurückhaltung des Conseil constitutionnel bei der Überprüfung von Verfassungsänderungen kann jenseits formalistischer Erwägungen mit dem Respekt vor dem Konstituanten begründet werden, der durch die konstitutierte richterliche Gewalt nicht kontrollierbar ist.[277] Dieser Respekt erscheint jedoch gegenüber dem europäischen Recht nicht begründbar. Denn durch das Europarecht spricht gerade nicht der verfassungsändernde Gesetzgeber, der nach der Auffassung des Conseil constitutionnel der Rechtsprechung des Gerichtes nicht unterliegt. Das Gesetz, das es zu begutachten gilt, ist kein verfassungsänderndes Gesetz.[278]

Zieht man Art. 89 Abs. 5 Const. zur Bestimmung des integrationsfesten Verfassungskerns heran, ergibt sich das Problem, dass dieser nur den nicht näher bestimmten Begriff der *forme républicaine du gouvernement* enthält. Damit bedürfte dieser Begriff einer weiten Auslegung, will man den Identitätskern nicht lediglich auf eine bestimmte Form der Regierung reduzieren.[279] Ohnehin kann Art. 89 Abs. 5 Const. nur einen Anhaltspunkt bieten. Denn die in den Ewigkeitsklauseln (so man Art. 89 Abs. 5 Const. verkürzt so bezeichnen möchte) niedergelegten Grenzen

---

276 Walter, ZaöRV 72 (2012), S. 177, 188, führt entsprechend die fehlende Kontrolle durch den Conseil constitutionnel im Kontext des Versuchs der Konturierung des Identitätskerns an. Die Bedeutung von Art. 89 Abs. 5 Const. stellt sie auch deswegen in Frage, weil der Conseil constitutionnel diese Norm selbst nicht als Grenze der Integration angeführt habe, unter Verweis auf Wendel, EuConst 7 (2011), 96, 124. Auch Wendel, ebd., stellt die Verknüpfung zwischen der Nichtüberprüfbarkeit von Verfassungsänderungen und der Bedeutung von Art. 89 Abs. 5 Const. her.

277 Blachèr/Protière, RFDC N° 69 (2007), S. 123, 138. Zu dieser Zurückhaltung auch der Hinweis von Donnarumma, RFDC N° 84 (2010), S. 719, 740, die Frage der Überprüfbarkeit abgeleiteten Europarechts könne die Gelegenheit geben, die Frage der Grenzen der Verfassungsänderung zu überdenken.

278 Dubout, RFDC N° 83 (2010), S. 451, 479.

279 Siehe hierzu Volmerange, in: David Capitant et al. (Hrsg.): *Actualité du droit public comparé en France et en Allemagne*, S. 27, 34: Auch eine „Bananenrepublik" würde bei enger Auslegung den Kriterien noch genügen. Für ein weites Verständnis der *forme républicaine* tritt Vonsy, RDP 2007, S. 793, 809 ff. ein.

binden nur und ausschließlich den verfassungsändernden Gesetzgeber[280], dem Europarecht gegenüber können sie sich nur insoweit als taugliche Grenze ergeben, als die in ihnen niedergelegten Prinzipien als elementar verstanden werden. An dieser Stelle bietet Art. 79 Abs. 3 GG im Vergleich den Vorteil, im Gegensatz zu Art. 89 Abs. 5 Const. klar fassbare Regeln zu enthalten.

Dass Art. 89 Abs. 5 Const. alleine zur Ausgestaltung des Vorbehalts gegenüber dem Europarecht nicht ausreicht, wird auch bereits aus der Entscheidung des Conseil constitutionnel selbst deutlich. In seiner Entscheidung 2006–540 DC stellt das Gericht nicht nur die Grenze der Regel oder des Prinzips *inhérent à l'identité constitutionnelle de la France* auf, sondern schafft auch eine eigene Gegenausnahme: *sauf à ce que le constituant y ait consenti*. Die Verfassungsidentität darf also durch das Europarecht nicht in Frage gestellt werden, es sei denn, der verfassungsändernde Gesetzgeber stimmt diesem zu. Wenn man unabhängig von der Überprüfbarkeit den verfassungsändernden Gesetzgeber selbst durch Art. 89 Abs. 5 Const. limitiert sieht, muss es einen Bereich geben, der über die bloße *forme républicaine du gouvernement* hinausgeht, der zur Disposition des Konstituanten, nicht jedoch des Europarechts steht.[281]

Insofern ist es nicht erforderlich, in Art. 89 Abs. 5 Const. eine beliebige Anzahl von Prinzipien hineinzulesen, die Debatte um den integrationsfesten Kern der Verfassung ist scharf von der Frage der Veränderbarkeit der Verfassung selbst zu trennen.[282] Das häufig angeführte Prinzip des Laizismus kann als gutes Beispiel dienen. Es herrscht eine weitgehende Einigkeit darüber, dass dieses durch das Europarecht keinesfalls in Frage gestellt werden darf, so weit gehend, dass dessen Beibehaltung die Debatte um den Entwurf des Verfassungsvertrages zu einem nicht geringen Teil mitbestimmt hat. Jedoch steht der Laizismus selbst wohl zur Disposition des verfassungsändernden Gesetzgebers. Ursprünglich durch das Gesetz von 1905 zur Trennung von Kirche und Staat eingeführt und nunmehr in der Präambel der Verfassung von 1958 aufgeführt, ist doch nicht erkennbar, warum der verfassungsändernde Gesetzgeber gehindert sein sollte, sich von diesem

280 Im Ergebnis so auch Troper, in: Mathieu (Hrsg.), *1958–2008: cinquantième anniversaire de la Constitution française*, S. 123, 128.

281 Siehe hierzu Levade, CCC hors série 2009, S. 63, 74 f., die allerdings wegen der fehlenden Kontrollmöglichkeit überhaupt keinen änderungsfesten Kern der Verfassung annehmen will. Dieses Ergebnis findet sich auch bei Troper, in: Mathieu (Hrsg.), *1958–2008: cinquantième anniversaire de la Constitution française*, S. 123, 128; dieser weist ausdrücklich darauf hin, dass die *identité constitutionnelle* den Konstituanten selbst nicht binde, sieht diesen allerdings durch Art. 89 Abs. 5 Const. gebunden.

282 Dubout, RFDC N° 83 (2010), S. 451, 471, zieht deswegen hinsichtlich der Zugehörigkeit der republikanischen Regierungsform zum Identitätskern nur eine Parallele zu Art. 89 Abs. 5 Const., führt diesen selbst jedoch nicht als Argument an.

Prinzip zu lösen.[283] Denn ob man den Laizismus als Teil der *forme républicaine du gouvernement* begreifen und damit als von Art. 89 Abs. 5 Const. erfasst ansehen kann, darf angezweifelt werden.

Die Bezugnahme auf Art. 89 Abs. 5 Const. erscheint bei der Diskussion um den Identitätskern der Verfassung damit nur insoweit zielführend, als jedenfalls auch die republikanische Regierungsform zu diesem Identitätskern zu rechnen ist.

Nicht weniger diskutabel erscheint es, den integrationsfesten Kern der Verfassung auf jene Regeln beschränken zu wollen, die nur in Frankreich existieren, und damit Identität im Sinne von Alleinstellungsmerkmal zu begreifen.[284] Es kommt dann nicht darauf an, ob das in Rede stehende Prinzip von besonderer Wichtigkeit[285] ist, sondern nur darauf, ob dieses mehr oder weniger zufällig ein Äquivalent auf europäischer Ebene findet.[286] Weiterhin bleibt unklar, ob es für die Feststellung der Parallele zwischen französischem Recht und Europarecht nur erforderlich ist, dass das Prinzip auf europäischer Ebene vorhanden ist oder ob nicht vielmehr eine detaillierte Prüfung der Ausgestaltung und ggf. des Schutzniveaus erfolgen muss.[287]

---

283 Gerade dieses Beispiel wählte Rousseau, RDP 1993, S. 5, 18, daher bei der Besprechung der Entscheidung zum Vertrag von Maastricht, um die Problematik der „*supra-constitutionnalité*" zu demonstrieren und diese letztlich abzulehnen; der verfassungsändernde Gesetzgeber könne ohne Schwierigkeiten einen Artikel einfügen, der den Katholizismus zur Staatsreligion erkläre.

284 Troper, in: Mathieu (Hrsg.), *1958–2008: cinquantième anniversaire de la Constitution française*, S. 123, 130, erkennt allerdings an, dass diese Interpretation aus der Blickrichtung des Europarechts, das nur den Schutz der *identité nationale* kenne, zustimmungswürdig erscheine, diese Sicht aber berücksichtige die Bedeutung der nationalen Verfassungstradition nur unzureichend.

285 Diese Wichtigkeit gehe vielmehr verloren, wenn das auf europäischer Ebene geschützte Prinzip nicht mehr als zur Identität des jeweiligen Landes gehörend angesehen wird, Dubout, RFDC N° 83 (2010), S. 451, 471.

286 So Dubout, RFDC N° 83 (2010), S. 451, 471, der von einer Identität spricht, die bewegt, fließend, von Änderungen des Standards auf europäischer Ebene oder Änderungen der Rechtsprechung abhängig sei. Kritisch auch Rideau, RDP 2009, S. 601, 621. Grundlegend in Zweifel gezogen wird die damit einhergehende unterschiedliche Gewichtung verschiedener Rechte von Gaïa et al., GD Cons., S. 222, Rn. 10, die Art. 88-1 Const. kaum als taugliche Rechtfertigung für eine Abstufung ansehen.

287 J. Bonnet, Études Autin, S. 1231, 1234 unterscheidet treffend zwischen der „Proklamation" eines Rechts und dem konkreten Umfang der Garantie. Siehe zur Gesamtproblematik der Feststellung der Äquivalenz des Schutzes die instruktive Darstellung bei Malhière, RDP 2013, S. 1523 ff., zum nationalen Verfassungsrecht insbes. 1535 ff., mit detaillierter, über den hier betrachteten Fall hinausgehender Analyse der auch völkerrechtlichen Implikationen einer solchen Prüfung.

Lässt man die bloß formelhafte Übereinstimmung genügen, ist das Ergebnis ein nur sehr beschränkter Bereich von Regeln, die noch vom Vorbehalt umfasst sind.[288]

Wenn man somit zum Ergebnis gelangt, dass weder aus Art. 89 Abs. 5 Const. noch aus einem Vergleich mit dem Europarecht mit letzter Sicherheit der Inhalt des integrationsfesten Verfassungskerns zu bestimmen ist, bleibt nur die Möglichkeit, aus der Gesamtheit des französischen Verfassungsrechts jene Regeln zu ermitteln, die als identitätsstiftend angesehen werden können.[289]

Einen Hinweis kann insoweit Art. 1 Const. geben, die die französische *Republik* als *indivisible, laïque, démocratique et sociale* bezeichnet. Weiterhin ist dort auch die Gleichheit aller Bürger vor dem Gesetz unabhängig von Herkunft, Rasse oder Religion garantiert.[290] Aber auch die Grundrechte im Sinne der DDHC von 1789, das Streikrecht und die Ausgestaltung des *service public* sind von entsprechender Bedeutung. Teilweise wird sogar gefordert, schlechthin den gesamten *bloc de constitutionnalité* als Verfassungsidentität zu begreifen[291].

Umgekehrt darf auch nicht übersehen werden, dass das Europarecht seinerseits Geltungsvorrang beansprucht und nach der Rechtsprechung des Europäischen Gerichtshofs die Berufung auf nationales Verfassungsrecht nur in sehr begrenztem Maße als Rechtfertigung zur Abweichung von jenem herangezogen werden kann. Eine zu weite Ausdehnung des integrationsfesten Verfassungskerns mag zwar von einem eher der einzelstaatlichen Unabhängigkeit zugeneigten Standpunkt zu begrüßen sein, zieht aber zugleich entsprechende Vertragsverletzungsverfahren nach sich und verstößt gegen den ebenfalls in der Verfassung verankerten Integrationsauftrag.

---

288 Dubout, RFDC N° 83 (2010), S. 451, 472 geht hier noch weiter, die Äquivalenz des Schutzniveaus könne stets nur vermutet, nicht jedoch mit Sicherheit festgestellt werden. Letztlich hält er die Identitätsprüfung damit insgesamt für ungeeignet.

289 Dubout, RFDC N° 83 (2010), S. 451, 473 spricht diesbezüglich davon, mit der Annahme der Verfassung seien bestimmte Fragen endgültig beantwortet worden, die man nicht mehr anders beantworten könne, ohne das ganze Gebäude zum Einsturz zu bringen; Turpin, in: Mathieu (Hrsg.), *1958–2008: cinquantième anniversaire de la Constitution française*, S. 329, 342 spricht von einem harten Kern (*noyau dur*), der dem Europarecht übergeordnet sei.

290 Auf diesen Katalog verweist Chaltiel, RFDC N° 68 (2006), S. 837, 844. Martin, RFDC N° 91 (2012), S. 13, 23 nennt die Grundrechte, die institutionelle Organisation sowie die offiziellen Sprachen. Mathieu/Rousseau, GD QPC, S. 116, Rn. 26 wollen den Laizismus sowie die Unteilbarkeit von Gesellschaft und Republik hierunter fassen. Einen leicht anderen Weg geht Derosier, dessen Argumentation hinsichtlich der Souveränität deutliche Parallelen zur *Lissabon-Entscheidung* des BVerfG aufweist, Derosier, Beitrag zum VIIIème Congrès de l'AFDC, geladen von http://www.droitconstitutionnel.org/congresNancy/comN2/derosierT2.pdf am 16.01.2014, S. 15.

291 Drago, in: Mathieu (Hrsg.), *1958–2008: cinquantième anniversaire de la Constitution française*, S. 315, 322.

(3) Fazit

Den Begriff von Regel oder Prinzip *inhérent à l'identité constitutionnelle de la France* vollumfänglich mit Inhalt zu füllen, ist nur schwer möglich.[292] Will man das Europarecht möglichst weitläufig von jeder Kontrolle durch den Conseil constitutionnel freistellen, erscheint eine Übertragung der Entscheidung N° 2004–498 DC nicht ausgeschlossen. Andererseits bleibt dann der Identitätsvorbehalt nahezu inhaltsleer und gerät zu einer zwar regelmäßig wiederholten, aber letztlich entbehrlichen Formel. Auch wäre dann die Reichweite dieser Grenze vollkommen von der jeweiligen Reichweite des Europarechts abhängig.

Umgekehrt stellt der durch das Verfassungsgericht eingeführte Vorbehalt keine Einladung dar, den Geltungsbereich des Europarechts beliebig einzuschränken. Dagegen spricht, neben der ständigen Rechtsprechung des Europäischen Gerichtshofs, vor allem der Integrationsauftrag der Art. 88 ff. Const.

In Ermangelung einer präzisen Begrenzung des integrationsfesten Verfassungskerns kann die Prüfung nur von Fall zu Fall vorgenommen werden.[293] Insoweit ist es logisch, dass der Conseil constitutionnel auf eine Feststellung ähnlich der Solange-II-Rechtsprechung des Bundesverfassungsgerichts verzichtet hat.

b) Der Umgang mit dem Europarecht durch die QPC

Mit der Einführung der QPC war von vorneherein klar, dass sich die Frage der Überprüfbarkeit von Umsetzungsrecht erneut stellen würde. Damit verbunden stellte sich auch die Frage, welche Bedeutung der vom Conseil constitutionnel eingeführte Vorbehalt der *identité constitutionnelle* im Rahmen des Filtersystems durch die einfachen Gerichte und die Obergerichte hat.

aa) Die Behandlung von Umsetzungsrecht durch den Conseil constitutionnel

Der Conseil constitutionnel musste 2010, bereits kurz nach Inkrafttreten der QPC, erstmals Stellung zur Überprüfbarkeit von umgesetztem Europarecht nehmen. Mit Entscheidung vom 08. Oktober 2010 legte der Conseil d'État dem Conseil constitutionnel eine von M. Kamel D. gestellte QPC zur Entscheidung vor.[294] Wie bereits bei der Entscheidung *Rujovic* vom 14. Mai 2010[295] war Gegenstand des Verfahrens eine Entscheidung des OFPRA. Dem Beschwerdeführer war unter Verweis auf Art. L. 712–2 des Asyl- und Ausländergesetzbuches[296] die *protection subsidiaire* nach

---

292 Sehr kritisch Gaïa et al., GD Cons., S. 222, Rn. 10, der Begriff sei „so weich, dass er alles und sein Gegenteil erreichen könne." (*La notion est si floue qu'elle peut produire tout et son contraire.*) Ähnlich, jedoch etwas milder, Mathieu/Rousseau, GD QPC, S. 116, Rn. 26, die Bestimmung „sei nicht immer einfach".

293 Der Conseil constitutionnel muss jeweils aufs Neue den Ausgleich zwischen Verfassungsrecht und Europarecht herstellen, Levade, CCC hors série 2009, S. 63, 74 f.

294 Conseil d'État, 10ème et 9ème sous-section réunies, 08. Oktober 2010, N°338505.

295 Siehe hierzu oben, Kapitel 2, A.III.3.

296 Code de l'entrée et du séjour des étrangers et du droit d'asile, CESEDA.

Art. L. 712–1 CESEDA verweigert worden. Bei dieser *protection subsidiaire* handelt es sich nach dem Gesetz um ein Minus zum vollen Flüchtlingsstatus im Sinne des Art. L. 711–1 CESEDA, das bei drohender Todesstrafe, Folter, drohenden unmenschlichen Strafen oder der Gefahr durch einen Kriegszustand im jeweiligen Heimatland zuerkannt werden kann. Der Art. L. 712–2 CESEDA sieht die Möglichkeit der Verweigerung dieses Status für den Fall vor, dass der Betreffende im dringenden Verdacht steht, Kriegsverbrechen oder schwere Verbrechen begangen zu haben, gegen die Ziele der Vereinten Nationen zu agitieren oder sein Verbleiben auf dem Territorium der Republik eine erhebliche Gefahr für die öffentliche Sicherheit und Ordnung mit sich bringt. M. Kamel D. argumentierte nunmehr, dadurch, dass selbst bei drohender Todesstrafe Art. L.712–2 CESEDA weiterhin eine Verweigerung des Sonderstatus zulasse, werde er in seinen Rechten aus der Verfassung beeinträchtigt.

Der Conseil d'État stellte fest, dass zwar die angegriffene Norm durch Entscheidung des Conseil constitutionnel vom 04. Dezember 2003[297] für verfassungsmäßig erklärt worden sei, dass jedoch mit der Einführung von Art. 66–1 Const. 2007, der die Todesstrafe nunmehr mit Verfassungsrang verbietet, eine Änderung der Umstände eingetreten sei, die eine Neubewertung durch den Conseil constitutionnel erforderlich mache.[298] Gleichzeitig lehnte das Gericht es ab, die Frage im Wege des Vorabentscheidungsverfahrens dem Europäischen Gerichtshof vorzulegen, um zu überprüfen, ob die den angegriffenen Regelungen des CESEDA zu Grunde liegende Richtlinie 2004/83/EG[299] mit dem Primärrecht vereinbar sei. Nach Auffassung des Gerichts ergebe sich weder aus der Richtlinie selbst noch aus dem nationalen Recht unmittelbar eine Auslieferung des Beschwerdeführers in ein Land mit der Gefahr der Todesstrafe.[300] Der Conseil constitutionnel[301] musste sich mit der Frage daher lediglich beschäftigen, weil das Kriterium der *question nouvelle*, bedingt durch die

---

297 Conseil constitutionnel, 04. Dezember 2003, N° 2003–485 DC, *Loi modifiant la loi n° 52–893 du 25 juillet 1952 relative au droit d'asile*, Considérants 19 ff.

298 Conseil d'État, 10ème et 9ème sous-section réunies, 08. Oktober 2010, N° 338505, Considérant 2.

299 Richtlinie 2004/83/EG des Rates vom 29. April 2004 über Mindestnormen für die Anerkennung und den Status von Drittstaatsangehörigen oder Staatenlosen als Flüchtlinge oder als Personen, die anderweitig internationalen Schutz benötigen, und über den Inhalt des zu gewährenden Schutzes, ABl. L 304 vom 30.09.2004, S. 12.

300 Conseil d'État, 10ème et 9ème sous-section réunies, 08. Oktober 2010, N° 338505, Considérant 4. Simon, Europe 3/2011, S. 12 spricht hier von einer berechtigten Anwendung der *acte clair*-Doktrin bzw. der *Cilfit-Kriterien*. Deutlich zurüchaltender hingegen Mouron, RFDC N° 87 (2011), S. 588, 594 f., wobei hier nicht klar wird, ob die Stellung der Frage aus juristischen Gründen für nötig oder nur aus politischen Gründen für sinnvoll gehalten wird. Für eine vertiefte Auseinandersetzung mit „*Cilfit*" siehe auch unten, Kapitel 2, G.II.2.b),ee).

301 Conseil constitutionnel, 17. Dezember 2010, N° 2010–79 QPC, *M. Kamel D.*

Änderung der Verfassung, erfüllt war, von einer tatsächlichen Beeinträchtigung der Rechte des Beschwerdeführers ging der Conseil d'État offensichtlich nicht aus.[302] Das Gericht rekapitulierte zunächst die in seiner Entscheidung 2006–540 DC aufgestellten Regeln[303], um dann festzustellen, dass die angegriffenen Normen in Umsetzung klarer und unbedingter Regeln der Richtlinie erlassen worden seien und es mangels Verletzung des Identitätskerns dem Conseil constitutionnel nicht möglich sei zu entscheiden.[304]

In ihrer Kürze enthält die Entscheidung doch einige Problempunkte, die eine nähere Betrachtung verdienen. Zunächst darf hinterfragt werden, ob aus dieser Entscheidung nunmehr ein Rückschluss auf den Inhalt der Verfassungsidentität Frankreichs gezogen werden kann. Weiterhin bedarf die hier im Kontext des Europarechts erstmalig erfolgte Feststellung, es sei über den Streitfall nicht zu entscheiden (*non lieu à statuer*), der näheren Erläuterung.

bb) Die Identité constitutionnelle *in der Entscheidung 2010–79 QPC*

In der mündlichen Verhandlung über die vorgelegte QPC bestand zwischen den Parteien eine Einigkeit zumindest darüber, dass die Rechtsprechung 2006–540 DC, insoweit sie *principe ou règle inhérent à l'identité constitutionnelle* zur Grenze der Überprüfbarkeit durch den Conseil constitutionnel gemacht hat, auf den Fall der QPC übertragbar ist.

Der Anwalt des Klägers hob dann hervor, dass der genaue Inhalt jenes Begriffes bisher jedoch unbestimmt geblieben sei. Er sah für den Conseil constitutionnel entsprechend zwei Möglichkeiten eröffnet: Entweder festzustellen, dass das Verbot der Todesstrafe zum Identitätskern der französischen Verfassung gehöre und entsprechend die Norm, ungeachtet des Europarechts, für verfassungswidrig zu erklären oder eine solche Einstufung zu verweigern. Dann müsse das Gericht jedoch anerkennen, dass das Verbot der Todesstrafe auch in der Grundrechtecharta enthalten und damit seit Inkrafttreten des Vertrags von Lissabon auf europäischer Ebene verankert sei. Entsprechend habe es in diesem Fall ein Vorabentscheidungsersuchen nach Art. 267 AEUV an den Europäischen Gerichtshof zu richten.[305]

Der Vertreter der Regierung ging davon aus, dass eine Beeinträchtigung des Identitätskerns der Verfassung nicht vorliege und damit der Conseil constitutionnel die Norm nur für verfassungsmäßig halten könne. Seine Argumentation ist aber zumindest insoweit überraschend, als die fehlende Beeinträchtigung der Verfassungsidentität nicht allein damit begründet wird, dass das Todesstrafenverbot

302 Simon, Europe 3/2011, S. 12.
303 Conseil constitutionnel, 17. Dezember 2010, N° 2010–79 QPC, Considérant 3.
304 Conseil constitutionnel, 17. Dezember 2010, N° 2010–79 QPC, Considérant 4.
305 Zum Ganzen die Ausführungen von Me Spinosi in der mündlichen Verhandlung vom 07. Dezember 2010, Video abrufbar auf http://www.conseil-constitutionnel.fr/conseil-constitutionnel/francais/acces-videos/decisions/2010/affaire-n-2010-79-QPC.138378.html, zuletzt eingesehen am 13.01.2014.

auch auf europäischer Ebene vorhanden sei (was auf eine enge Auslegung des Identitätsbegriffs hinauslaufen würde), sondern auch damit, dass das Verbot der Todesstrafe in Frankreich noch neu sei und damit nicht als wichtiges Verfassungsprinzip gelten könne. Eine materielle Ausgestaltung des Identitätsbegriffs wird entsprechend für zumindest möglich gehalten.[306]

Das Gericht machte sich in seiner Entscheidung keine der vorgenannten Ansichten ausdrücklich zu eigen. Wie der offizielle Entscheidungskommentar ausführt, habe der Conseil constitutionnel überprüft, dass die in Rede stehende Norm dem Identitätskerns nicht zuwiderlaufe, und entsprechend die Entscheidung verweigert.[307] Leider bleibt, und dieses mag hier der üblichen Kürze französischer Urteil geschuldet sein, unklar, ob diese Weigerung darauf zurückzuführen ist, dass das Verbot der Todesstrafe nicht zum Identitätskern gerechnet wird, was mit unterschiedlichen Begründungen, siehe hierzu die Ausführungen des Vertreters der Regierung, möglich erscheint, oder ob nicht vielmehr das Gericht der Auffassung ist, das das Verbot der Todesstrafe durch die angegriffenen Normen überhaupt nicht beeinträchtigt sei.[308] Der zweiten Auffassung scheint zumindest die Regierung zuzuneigen, geht sie doch davon aus, dass erst die Ausweisung der potentiell von der Todesstrafe betroffenen Person einen Verstoß gegen Art. 66–1 Const. darstellen könne, nicht jedoch die bloße Verweigerung eines Sonderstatus.[309]

Insgesamt kann die Entscheidung zur Feststellung des Inhalts der Verfassungsidentität mithin wenig beitragen.

cc) Die Problematik des non lieu à statuer

Umso bedeutender erscheint hingegen der Entscheidungstenor. So hat der Conseil constitutionnel nicht etwa die Norm für verfassungskonform erklärt, sondern vielmehr die Formulierung des *non lieu à statuer* gewählt. Damit geht die im Zuge der Wiederholung der Grenzen für die Kompetenz des Gerichtes getroffene Feststellung, dem Gericht fehle es an der Kompetenz, Umsetzungsrecht zu überprüfen, einher.

Dieser Entscheidungstenor unterscheidet sich von dem jener Urteil im Verfahren der *contrôle à priori.* Denn dort verweigert das Gericht zwar die Prüfung der entsprechenden Norm am Maßstab des Europarechts, erklärt jedoch im Anschluss daran diese für insgesamt verfassungsmäßig. Nach Aussage des offiziellen

306 Siehe hierzu die Ausführungen von T.-X. Girardot als Vertreter des Premierministers, Video abrufbar auf http://www.conseil-constitutionnel.fr/conseil-constitutionnel/francais/acces-videos/decisions/2010/affaire-n-2010-79-QPC.138378.html ab 13:45, zuletzt eingesehen am 13.01.2014.

307 Commentaire de la décision n° 2010–79 QPC, S. 7.

308 Lallet/Domino, AJDA 2011, S. 375, 379.

309 Womit die Regierung insoweit die Position des Conseil d'État in der Vorlageentscheidung, dort Considérant 4, übernimmt.

Entscheidungskommentars[310] sowie des Gerichtsmitglieds Haenel[311] hat der Conseil constitutionnel hier den Antrag zurückgewiesen, ohne materiell zur Verfassungsmäßigkeit der angegriffenen Norm Stellung zu nehmen, um eine erneute Befassung zu ermöglichen, wenn der Europäische Gerichtshof die entsprechende Richtlinie für nichtig erklären sollte.

Diese Argumentation überrascht, zumal insbesondere bei Haenel die Begründung eigentlich in eine andere Richtung geht. Dort heißt es, das Gericht müsse sich darauf beschränken, festzustellen (*se borner à constater*), dass die entsprechende Norm nicht gegen die Verfassungsidentität verstößt.[312] Wenn das Gericht jedoch etwas konstatiert, bedeutet dieses faktisch, dass auch eine Prüfung stattgefunden hat.[313]

Es wäre damit durchaus möglich, die Norm für verfassungsmäßig zu erklären. Dann würde man davon ausgehen, dass in diesem Fall lediglich der Prüfungsmaßstab ein anderer ist, das also nur noch die *principes ou règles inhérent à l'identité constitutionnelle* als Maßstab herangezogen werden.[314] Dass die Norm gegen diese nicht verstößt, bestätigt der Conseil constitutionnel durch seine Entscheidung.

Auch das Argument, ein *non lieu* ermögliche es, bei einer Änderung der europäischen Rechtslage die Norm dann an der ganzen Verfassung zu messen, ist nicht vollständig überzeugend. Denn bei einer Änderung im europäischen Recht, insbesondere bei Feststellung der Inkompatibilität einer Richtlinie mit dem Primärrecht, liegt auch ein *changement des circonstances*, in diesem Fall *de droit*, vor, sodass eine

---

310 Commentaire de la décision n° 2010–79 QPC, S. 7.

311 Haenel, Contrôle de constitutionnalité et droit de l'Union Européenne, 07. Februar 2011, geladen von http://www.conseil-constitutionnel.fr/conseil-constitutionnel/root/bank_mm/discours_interventions/2011/haenel-07022011.pdf am 14.01.2014, S. 4.

312 Haenel, Contrôle de constitutionnalité et droit de l'Union Européenne, 07. Februar 2011, geladen von http://www.conseil-constitutionnel.fr/conseil-constitutionnel/root/bank_mm/discours_interventions/2011/haenel-07022011.pdf am 14.01.2014, S. 4.

313 Hierauf weisen Lallet/Domino, AJDA 2011, S. 375, 379 hin; auch bei Roux, in: Rousseau (Hrsg.), QPC, S. 47, 57, klingt an, dass es sich um eine Prüfung mit verändertem Maßstab handelt; a.A. jedoch Mouron, RFDC N° 87 (2011), S. 588, 593, der das „non lieu“ als logische Konsequenz sieht, jedoch andererseits eine Vorlage an den Europäischen Gerichtshof begrüßen würde.

314 In diese Richtung geht die Argumentation von Troper, in: Mathieu (Hrsg.), *1958–2008: cinquantième anniversaire de la Constitution française*, S. 123, 129; die Verfassung gestehe dem Europarecht in gewisser Weise eine Befreiung von ansonsten zwingenden Regeln zu, wie sie auch sonst von der Pflicht zur Befolgung einzelner ihrer Regeln, zum Beispiel in Notstandssituationen, dispensieren könne. In der Konsequenz dieser Argumentation werde die Prüfung mithin auf jene Regeln, entsprechend der *identité constitutionnelle*, beschränkt, von denen eine Befreiung nicht erteilt wurde, eine vollständige Befreiung hält Troper, ebd., für absurd.

Neubefassung des Conseil constitutionnel von vornherein nicht ausgeschlossen ist.[315]

Vor dem Conseil constitutionnel bleibt es letztlich ohne Auswirkung, ob die Norm für verfassungsmäßig erklärt oder lediglich der Antrag zurückgewiesen wird.[316] Denn der Beschwerdeführer erhält im einem wie im anderen Fall kein Recht. Ein anderes Ergebnis mag sich jedoch für die Obergerichte ergeben, deren Aufgabe die Weiterleitung an den Conseil constitutionnel ist.

dd) Die Behandlung von Umsetzungsrecht durch die Obergerichte

Im Fall *Kamel D.* hat der Conseil d'État dem Conseil constitutionnel die QPC vorgelegt, auch wenn er selbst nicht überzeugt von deren Verfassungswidrigkeit war und insbesondere auch keinen Grund sah, ein Vorabentscheidungsersuchen an den Europäischen Gerichtshof zu richten. Das Gericht konstatierte, dass wegen der Einfügung von Art. 66–1 in die Verfassung eine Änderung der Rechtsumstände eingetreten sei und damit die frühere Entscheidung des Conseil constitutionnel über die Norm einer Neubefassung nicht entgegenstehe. Nach diese Vorlage hat der Conseil constitutionnel keine Gelegenheit mehr erhalten, im Rahmen einer QPC erneut zum Europarecht Stellung zu nehmen.

Dadurch, dass der Conseil constitutionnel eine Behandlung der Frage abgelehnt hat, hat er letztendlich aus der Frage der möglichen Verletzung des Identitätskerns eine reine Zulässigkeitsvoraussetzung der QPC gemacht. Für die Beurteilung der Zulässigkeit der Fragen sind im System der QPC die Obergerichte zuständig. Diesen fehlt jedoch, in Ermangelung einer klaren Eingrenzung des Kriteriums der *identité constitutionnelle de la France*, der Maßstab für ihre Entscheidung. Bei dem Kriterium des *caractère sérieux*, das noch ausführlich zu behandeln sein wird, besteht zumindest die Möglichkeit, sich an der Rechtsprechung des Conseil constitutionnel zum jeweiligen Problem zu orientieren. Daran fehlt es hier. Wenn aber den obersten Gerichten keine Kriterien durch das Verfassungsgericht angeboten werden, formulieren sie diese selbst.[317] Konsequent wäre es, im Falle einer gegen Umsetzungsrecht gestellten QPC jedenfalls eine Weiterleitung an den Conseil constitutionnel vorzunehmen, um diesem die Gelegenheit zu geben, verantwortlich den integrationsfesten Verfassungskern zu umreißen.

Diese Überlegungen sind allerdings bis jetzt vor allem theoretischer Natur. Denn die Zahl der QPC über Umsetzungsrecht ist nach der Weiterleitungsentscheidung

---

315 Lallet/Domino, AJDA 2011, S. 375, 379; siehe zum *changement des circonstances* ausführlich unten Kapitel 2, B.

316 Insoweit a.A. Benetti, RDP 2012, S. 593, 605; mit der *non-lieu* Entscheidung mache sich der Conseil constitutionnel selbst zum obersten Richter über die Filterung durch die normalen Gerichte.

317 Disant, QPC, S. 48, Rn. 56 spricht von einer problematischen Beurteilung (*appréciation délicate*) durch die beiden obersten Gerichte, solange sich das entsprechende Prinzip nicht aus Rechtsprechung des Verfassungsgerichts ergebe, einen Versuch der Definition unternimmt er nicht.

Kamel D. sehr begrenzt geblieben. Neben zwei Entscheidungen von 15. Juni 2011, die eine mögliche Verletzung des Rechts auf kommunale Selbstverwaltung aus Art. 72 Abs. 2 und 3 Const. betrafen[318], wurde 2012 eine QPC zurückgewiesen, die das Prinzip der Notwendigkeit und Individualisierung von Strafen aus Art. 8 DDHC betraf.[319] Die entscheidenden Kammern der Cour de cassation verzichten darauf, eingehend zur *identité constitutionnelle* Stellung zu nehmen, sondern stellen nur kurz fest, dass diese nicht verletzt sei.

In keiner der drei vorgenannten Entscheidungen gibt es es eine Entscheidung des Conseil constitutionnel, auf die sich diese Einschätzung der Cour de cassation stützen könnte. Die beiden Kammern der Cour de cassation haben diese Einschätzung vielmehr selbst vorgenommen. Sie sind damit, wie zu erwarten war, über eine reine Anwendung der Verfassungsrechtsprechung hinausgegangen.

Hier zeigt sich bereits bei der Frage des tauglichen Beschwerdegegenstandes, wie bedeutend eine umfängliche und präzise Rechtsprechung des Conseil constitutionnel für ein gutes Funktionieren des Filters ist. Der Conseil constitutionnel hat damit, dass er bisher, vermutlich auch aus politischen Gründen, eine Definition des integrationsfesten Verfassungskerns unterlassen hat, den obersten Gerichten eine Kompetenz übertragen, die bei diesem Kernproblem des Verfassungsrechts eigentlich nur dem Verfassungsgericht selbst zustehen kann. Dieses stellt allerdings die grundsätzliche Notwendigkeit, gegenüber dem Umsetzungsrecht anders zu verfahren als hinsichtlich der normalen Gesetze, nicht in Frage.

IV. Sonderproblem: Die Interpretation von Gesetzen

Bei Einführung der QPC war, wie ausgeführt, nicht beabsichtigt, eine Überprüfung richterlicher Entscheidungen durch den Conseil constitutionnel zu ermöglichen. Es war nicht vorgesehen, dieses Gericht mit ähnlichen Kompetenzen wie das Bundesverfassungsgericht oder der Supreme Court of the United States auszustatten. Die Beschränkung auf *dispositions législatives* als tauglichen Beschwerdegegenstand hat an dieser Limitierung der Kompetenzen des Gerichts großen Anteil, da so gerichtliche Entscheidungen schon begrifflich der Überprüfung entzogen wurden. Der Ausschluss der Überprüfung gerichtlicher Entscheidungen durch das Verfassungsgericht kann grundsätzlich kritisiert werden, ist jedoch im Falle der QPC das Ergebnis einer bewussten Entscheidung des (verfassungsändernden) Gesetzgebers und nicht etwa einer Selbstlimitierung der Rechtsprechung. Eine Kritik daran ist mithin zugleich eine Kritik an der Gesamtkonzeption der Verfassungsgerichtsbarkeit, die nur unter Berücksichtigung des gesamten staatsorganisatorischen Systems erfolgen kann.

---

318 Cour de cassation, chambre sociale, 15. Juni 2011, N° 10–27130 und N° 10–27131, jeweils Attendu 5.

319 Cour de cassation, Chambre criminelle, 22. Februar 2012, N° 11–90122, Attendu 2.

Die Problematik der fehlenden Überprüfungsmöglichkeit von Gerichtsentscheidungen lässt sich allerdings nicht auf zwei Extreme, den völligen Ausschluss einerseits und die Möglichkeit einer „Superrevision" andererseits, beschränken. Denn dieses übersieht, dass bei einem nachgelagerten Kontrollverfahren wie der QPC ein Gesetz ohne Anwendung durch Verwaltung, Bürger und schließlich auch Gerichte nicht mehr existiert und damit ein starres Beharren auf der Überprüfung des reinen Gesetzestextes zwar ein Urteil über dessen abstrakte Verfassungsmäßigkeit ermöglicht, dieses Ergebnis jedoch an der rechtlichen Realität vorbeigeht.[320] Im Gesetzgebungsverfahren zur QPC wurde diese Problematik nur bedingt gesehen. Bei der Beratung über das *loi organique* wurde ein Änderungsantrag im Sénat, der darauf gerichtet war, in die Formulierung *„[...] le moyen tiré de ce qu'une disposition législative porte atteinte aux droits et libertés garantis par la Constitution[...]"* die Präzisierung *„le cas échéant interprétée par la jurisprudence,"* hinter *„disposition législative"* einzufügen[321], zurückgewiesen. Nach dem Willen der Antragssteller sollte diese Einfügung dazu dienen, der Tatsache zu begegnen, dass eine Norm auch erst durch ihre Anwendung durch die Gerichte verfassungswidrig geworden sein kann. Ausdrücklich sollte damit auch die Rechtsprechung, die auf eine bestimmte *disposition législative* gefolgt sei, von der Kontrolle erfasst werden.[322]

Der Änderungsantrag scheiterte jedoch nicht zuletzt am Widerstand des Berichterstatters, Portelli, der seine Ablehnung damit begründete, ein Gesetz könne nur verfassungskonform sein oder nicht. Die Verfassungsmäßigkeitsprüfung der Rechtsprechung sei nicht Gegenstand der Debatte und könne höchstens im Rahmen des *changement des circonstances* Berücksichtigung finden.[323] Nach dieser einzigen in diesem Zusammenhang getätigten Äußerung im Gesetzgebungsverfahren erscheint es möglich, die Rechtsprechung als insgesamt nicht von der QPC erfasst

---

320 Deumier, RTD Civ. 2011, S. 90, 91 spricht treffend vom Mythos, dass alleine die Lektüre des Normtextes genügen könne, ein Mythos, der sich hartnäckig gehalten habe, auch nach dem man aufgehört habe, daran zu glauben.

321 „[...] das Rechtsmittel, daraus gezogen, dass eine Rechtsnorm [Einfügung: gegebenenfalls interpretiert durch die Rechtsprechung] durch die Verfassung garantierte Rechte und Freiheiten verletzt,[...]" [Eig. Übersetzung]. Vgl. zum Ganzen Änderungsantrag (Amendement) N°1 rect. vom 13. Oktober 2009, gestellt von den Senatoren Collin, Mézard, Charasse, Escoffier und Laborde, geladen von http://www.senat.fr/amendements/2008-2009/638/Amdt_1.html am 17.01.2014.

322 Siehe hierzu die Debatte über diesen Antrag im Plenarprotokoll (*Compte rendu intégral*), Sénat, 13. Oktober 2009, J.O. Débats, N° 101 S. (2009), S. 8581.

323 Siehe hierzu erneut Plenarprotokoll vom 13. Oktober, a.a.O., S. 8581.

zu betrachten[324], zumal auch der Conseil constitutionnel bei seiner Beurteilung des *loi organique* hierzu nicht Stellung bezog.[325]

Die Rechtsprechungspraxis hat jedoch schnell gezeigt, dass ein absoluter Ausschluss in der Praxis nur sehr begrenzt eine gangbare Lösung darstellt, die genaue Eingrenzung des möglichen Prüfungsumfangs aber dennoch Probleme bereitet.

1. Die ersten Entscheidungen der Cour de cassation zur Weiterleitung

Die Problematik wurde offenbar, als die Cour de cassation der Stellungnahme von PORTELLI folgend bei ihren ersten Entscheidungen zur Weiterleitung von QPC eine sehr enge, wörtliche[326] Auslegung des Art. 61–1 Const. vornahm und sich dazu entschloss, die Untersuchung ihrer Auslegung einer Norm dem Conseil constitutionnel vorzuenthalten.

Das Besondere bei der Weiterleitung durch die Cour de cassation war zunächst, dass die Überprüfung jeder QPC im Gegensatz zum Conseil d'État einer speziellen Formation des Gerichtes vorbehalten war, sodass Divergenzen zwischen einzelnen Kammern ausgeschlossen wurden.[327] Vorsitzender dieser speziellen Formation und auch Adressat jeder an das Gericht weitergeleiteten Frage war der Präsident des Gerichts (*Premier président*).

Die Cour de cassation fällte am 19. Mai 2010 fünf Entscheidungen, in denen sie die Weiterleitung mehrerer QPC an den Conseil constitutionnel verweigerte und die Debatte um die Interpretation von Gesetzen erst in Gang setzte. Die erste diese Entscheidungen betraf die Frage der Gültigkeit bestimmter Eigentumstitel in den Départements Guadeloupe und Martinique.[328] Dieses Urteil zeigte deutlich die Argumentation der Cour de cassation. So wurde zunächst ausgeführt, dass die von den Beschwerdeführern gerügte Rechtsverletzung nicht aus der Norm selber, sondern nur aus der richterlichen Interpretation dieser Norm resultieren konnte[329].

---

324 Auf diese mögliche Interpretation verweist, ohne ihr zuzustimmen, ROUX, in: ROUSSEAU (Hrsg.), QPC, S. 42, 44, Rn. 49; auf das Gesetzgebungsverfahren und die Einschätzung PORTELLIS verweisen auch DUPIC/BRIAND, QPC, S. 63 f.

325 In der Entscheidung Conseil constitutionnel, 03. Dezember 2009, N° 2009–595 DC, wird auf dieses Problem nicht eingegangen, ebensowenig in ihrer Besprechung bei ROUX, RDP 2010, S. 233 ff. MATHIEU, JCP-G 2009, N° 52, S. 55, 64 merkte lediglich an, dass abzuwarten sei, ob der Conseil constitutionnel eine bestimmte, verfassungskonforme Interpretation einer Norm vorgebe.

326 So DEUMIER, RTD Civ. 2010, S. 508, 510; es handele sich um eine *„lecture litterale"*, diese sei *„artificiellement formelle"*.

327 Dieses ergab sich aus dem damaligen Art. 23–6 der *ordonnance*, in der Fassung des loi organique n° 2009–1523 vom 10. Dezember 2009; auf die spätere Änderung dieser Vorschrift wird noch einzugehen sein.

328 Cour de cassation, Assemblée plénière (Formation spéciale), 19. Mai 2010, N° 09–70161, Arrêt 12009.

329 Cour de cassation, Assemblée plénière (Formation spéciale), 19. Mai 2010, N° 09–70161, Arrêt 12009, Attendu 1.

Dann stellte das Gericht fest, dass damit der Gegenstand der Beschwerde nicht der Text der Norm (*texte même d'une disposition législative*) sei, sondern nur die Interpretation, und diese somit den Ansprüchen an eine solche Beschwerde nicht genüge.[330]

In drei weiteren dieser Entscheidungen[331] ging es jeweils um die Motivation von Urteilen des Schwurgerichtes, Cour d'Assises, die nach der Rechtsprechung der Cour de cassation nicht erforderlich bzw. sogar verboten war. Diese Regelung wurde durch die jeweiligen Beschwerdeführer mit Blick auf die Unschuldsvermutung, das Recht auf einen fairen Prozess und damit die aus den Artt. 7,8,9 und 16 DDHC sich ergebenden Rechte angegriffen. Die Cour de cassation argumentierte wiederum, die angegriffene Regel ergebe sich nicht aus dem Gesetz, sondern sei lediglich ein Produkt der ständigen Rechtsprechung. Damit habe die QPC auch nicht das Gesetz selbst zum Ziel, sondern sei darauf gerichtet, diese Interpretation anzugreifen. Der Frage fehle es, in Anbetracht des Wortlautes von Art. 61–1 Const., mithin am *caractère sérieux.*

Der letzte am selben Tag entschiedene Fall[332] betraf die Theorie der sog. *peine justifié*, nach der es möglich ist, bei Fehlern der Qualifikation eines bestimmten strafbaren Sachverhaltes die Verurteilung bestehen zu lassen, wenn unter Annahme der richtigen Qualifikation die verhängte Strafe ebenfalls als gerechtfertigt gelten kann.[333] Die Cour de cassation setzte diese Rechtsprechung mit mehreren Entscheidungen vom 31. Mai 2010[334] und vom 11. Juni 2010[335] fort, wobei zu bemerken ist, dass die zur Ablehnung der Weiterleitung gebrauchten Formulierungen an Schärfe zunahmen.[336]

---

330 Cour de cassation, Assemblée plénière (Formation spéciale), 19. Mai 2010, N° 09–70161, Arrêt 12009, Attendu 4.

331 Cour de cassation, Chambre criminelle (Formation spéciale), 19. Mai 2010, N° 09–83328, Arrêt 12019; 09–87307, Arrêt 12020; 09–82582, Arrêt 12023.

332 Cour de cassation, Chambre criminelle (Formation spéciale), 19. Mai 2010, N° 09–87651, Arrêt 12024.

333 Zur „peine justifié" siehe Desportes/Le Gunehec, Droit Pénal Général, S. 253, Rn. 300, S. 532, Rn. 568; siehe hierzu auch weitergehend die Ausführungen unter Kapitel 2, A.IV.4.c).

334 Cour de cassation, Chambre criminelle (Formation spéciale), 31. Mai 2010, N° 09–87578, Arrêt 12029.

335 Cour de cassation, Chambre criminelle (Formation spéciale), 11. Juni 2010, N° 09–87884, Arrêt 12074, siehe hierzu auch die Anmerkungen von Robert, JCP-G 2010, S. 1946 und Matsopoulou, JCP-G 2010 S. 1947, mit deutlicher Kritik an der durch die Cour de cassation vorgenommenen erweiternden Auslegung einer Strafnorm.

336 Siehe hierzu nur die letzte zitierte Entscheidung vom 11. Juni 2010, wo nicht mehr nur die Formulierung gebraucht wird, die Beschwerde „ziele in Wirklichkeit" (*tend en réalité*) auf die Interpretation ab, sondern davon gesprochen wird, die Interpretation solle „unter dem Deckmantel der vorgeblichen Ungenauigkeit

Damit kann festgehalten werden, dass die Cour de cassation zumindest in den ersten Monaten nach Inkrafttreten der QPC davon ausging, die richterliche Interpretation von Gesetzen nicht überprüfen zu können. Der Premier président der Cour de cassation rechtfertigte diese strenge Haltung anlässlich einer Anhörung im Rechtsausschuss der Assemblée nationale anlässlich der Evaluation des *loi organique* sechs Monate nach seinem Inkrafttreten[337] insbesondere mit dem Verweis auf die Ablehnung des Amendements N° 1 rect. im Sénat, siehe hierzu oben, und dem sich seiner Meinung nach daraus deutlich erkennbaren Willen des Gesetzgebers, die Interpretation von Normen nicht zum Gegenstand der QPC zu machen.[338]

2. *Die Positionierung des Conseil d'État*

Im Gegensatz zur Cour de cassation stellte der Conseil d'État sich nicht grundsätzlich gegen eine Überprüfbarkeit der Interpretation von Gesetzen. Allerdings darf doch hinterfragt werden, inwieweit sich die Rechtsprechung beider Gerichte tatsächlich manifest unterschied.[339] Die ersten fünf Entscheidungen vom 14. bzw. 16. April 2010 zeugen von einer sorgfältigen Analyse des Systems der QPC. Das Gericht entschied sich in drei Fällen für eine Weiterleitung[340], in den beiden anderen Fällen wurde diese mit einer detaillierten Begründung verweigert.

Das Gericht verweigerte die Weiterleitung einer Frage, die nicht die Feststellung einer eventuellen Verfassungswidrigkeit zum Inhalt hatte, sondern vielmehr darauf zielte, eine bestimmte Verfassungsnorm durch den Conseil constitutionnel verbindlich auslegen zu lassen.[341] Denn es handelt sich bei der QPC nicht um ein auf die Interpretation der Bezugsnorm, namentlich der Verfassung, ausgerichtetes Vorabentscheidungsverfahren (analog Art. 267 AEUV), sondern um eine Möglichkeit der Aufhebung der verfassungswidrigen Norm, unabhängig davon, ob es im Streifall auch auf die Interpretation der Verfassung ankommt.[342]

---

der angegriffenen Normen" (*sous le couvert de la prétendue imprécision des dispositions critiquées*) in Frage gestellt werden.

337 Siehe hierzu auch den Abschlussbericht der Evaluation, Warsmann, Rapport d'information N° 2830 vom 05. Oktober 2010, Ass. nationale, 13ème législature; dazu auch eingehend die Besprechung bei Mathieu, JCP-G 2010, S. 2152.

338 Lamanda, Premier président de la Cour de cassation, wiedergegeben bei Warsmann, Rapport d'information N° 2830 vom 05. Oktober 2010, Ass. nationale, 13ème législature, S. 75, 79f.

339 Diese Frage wirft insbesondere Rousseau, Droit du contentieux constitutionnel, S. 254, Rn. 267 auf; nahezu wortgleich auch die Kritik bei Mathieu/Rousseau, GD QPC, S. 132, Rn. 32.

340 Conseil d'État, 14. April 2010: 1ère et 6ème sous-sections réunies, N° 336753 und N° 323830; 5ème et 4ème sous-sections réunies, N° 329290.

341 Conseil d'État, 2ème sous-section, 16. April 2010, N° 336270.

342 Liéber et al., CCC N° 29 (2010), S. 101, 105; unter Hinweis darauf, dass die Beschwerdeführer gerade versucht hätten, eine Frage „*à titre préjudiciel*" durch den Conseil constitutionnel beantworten zu lassen.

Ebenso wurde auch die Weiterleitung einer Frage verweigert, die sich auf die Beteiligung der beratenden Sektionen des Conseil d'État an der Entstehung bestimmter Verwaltungsakte im Bereich von Enteignungen bezog.[343] Die Beschwerdeführer sahen ihre Rechte auf einen fairen Prozess dadurch beeinträchtigt, dass der Conseil d'État im gerichtlichen Verfahren über eben diese dann zur Entscheidung berufen sein kann. Das Gericht lehnte die Weiterleitung der Frage unter Verweis darauf ab, dass diese keinen *caractère sérieux* habe. Angesichts der Tatsache, dass aus den angegriffenen Vorschriften wie auch aus der Organisation des Conseil d'État nicht resultiert, dass die Stellungnahmen der beratenden Sektionen den entscheidenden Sektionen überhaupt zur Kenntnis gelangen[344], von personellen Überschneidungen gar nicht zu reden, erscheint diese Entscheidung gut nachvollziehbar.

Eine Entscheidung wie jene der Cour de cassation vom 19. Mai 2010 findet sich beim Conseil d'État nicht. Vielmehr akzeptierte dieser zunächst seine Rolle im System der QPC. Auch die drei Weiterleitungsentscheidungen vom 14. April 2010 zeugten von einer großen Bereitschaft des Gerichtes, sich auf dieses System einzulassen und nicht durch eine strenge Auslegung der Kriterien nach der *ordonnance* über den Conseil constitutionnel hier ein Hindernis für die Effektivität der QPC zu errichten.[345] Entsprechend war damit zu rechnen, dass der Conseil d'État auch die Überprüfung einer durch ihn vorgenommenen Interpretation einer Rechtsnorm zulassen würde. Am 18. Juni 2010 verweigerte der Conseil d'État die Weiterleitung einer Frage an den Conseil constitutionnel mit Verweis darauf, dass es dieser am *caractère sérieux* fehle.[346] Dabei äußerte das Gericht jedoch gleichzeitig, dass es der Frage des *caractère sérieux* nicht an Hand der Norm selbst nachgegangen sei, sondern dass es vielmehr deren Interpretation durch die Rechtsprechung untersucht habe. Eine ähnliche Formulierung findet sich auch in einer Entscheidung vom 16. Juli 2010.[347]

Dieses deutet zunächst darauf hin, dass der Conseil d'État auch seine Interpretation des Gesetzes der QPC zu unterwerfen bereit ist, hier allerdings eine Vorlage berechtigt verweigerte, weil diese Interpretation offensichtlich nicht verfassungswidrig war. Man kann das Vorgehen des Conseil d'État allerdings auch gegenteilig verstehen. Denn in beiden vorstehenden Fällen war es möglicherweise erst die Interpretation des Conseil d'État, die die Norm verfassungskonform werden ließ. Das Vorgehen des Gerichtes könnte also so beschrieben werden, dass dieses zunächst die angegriffene Norm analysierte, deren Verfassungswidrigkeit diagnostizierte und diese sodann so interpretierte, möglicherweise auch gegen den Wortlaut, dass diese wieder verfassungskonform wurde und eine Vorlage an den

343 Conseil d'État, 1ère et 6ème sous-sections réunies, 16. April 2010, N° 320667.

344 Conseil d'État, 1ère et 6ème sous-sections réunies, 16. April 2010, N° 320667, Considérant 5.

345 Levade, D. 2010, S. 1061, 1063; ähnlich auch Mathieu, JCP-G 2010, S. 868, 869.

346 Conseil d'État, 9ème et 10ème sous-section réunies, 18. Juni 2010, N° 338638.

347 Conseil d'État, 10ème et 9ème sous-section réunies, 16. Juli 2010, N° 334665, *SCI La Saulaie.*

Conseil constitutionnel unterbleiben konnte.[348] Der Conseil d'État verteidigte nach dieser Ansicht damit also nicht seine Interpretation selbst, sondern vielmehr sein Vorrecht, die Norm zu interpretieren.

Die Frage, ob das Gericht zur verfassungskonformen Interpretation der vorgelegten Norm berechtigt sei, um diese nicht dem Conseil constitutionnel vorlegen zu müssen, hat allerdings mit der Interpretation als tauglichem Beschwerdegegenstand der QPC zunächst nichts zu tun. Sie betrifft vielmehr das Verhältnis zwischen den Obergerichten und dem Conseil constitutionnel und deren Aufgaben nach der Verfassung und wird noch einmal eingehend zu untersuchen sein, wenn auf die genaue Ausgestaltung des *caractère sérieux* bei der QPC eingegangen wird.[349]

Zumindest war der Conseil d'État bereit, seine eigene Interpretation der Norm auf deren Verfassungskonformität zu überprüfen. Wenn er sodann feststellte, dass die Norm in seiner Interpretation bezüglich ihrer Verfassungskonformität Zweifeln begegnet, sperrte er sich auch nicht gegen deren Vorlage.[350] Vor dem Hintergrund vor allem dieser Entscheidung bleibt mithin festzuhalten, dass der Conseil d'État im Gegensatz zur Cour de cassation grundsätzlich von Anfang bereit war, seine Interpretation auf deren Verfassungskonformität zu untersuchen und auch dem Conseil constitutionnel vorzulegen. Die Rechtsprechungen beider Gerichte einander als zwei Extreme gegenüberzustellen, wird jedoch der Vielschichtigkeit vor allem der Rechtsprechung des Conseil d'État 2010 kaum gerecht.

3. Reaktionen auf die Weigerung der Cour de cassation

a) Kritik in der Literatur

Die Entscheidung der Cour de cassation, die eigene Interpretation von Gesetzen der Überprüfung im Rahmen der QPC entziehen zu wollen, ist in der Literatur deutlich kritisiert worden. Der Cour de cassation wurde vorgeworfen, dass sie die Realität der Rechtsanwendung und insbesondere die Wirkung ihrer eigenen Rechtsprechung verkenne. Denn es sei nicht möglich, eine Norm, die einmal in Kraft getreten sei, so zu betrachten, als ob diese keine Anwendung oder Interpretation erfahren habe.[351] Auch wenn das französische Rechtssystem kein solches des

---

348 Diese Kritik findet sich bei Rousseau, Droit du contentieux constitutionnel, S. 254, Rn. 267 bezüglich der Entscheidung Conseil d'État, 6ème et 1ère sous-sections réunies, 19. Mai 2010, N° 331025, *Théron*; ebenso ders., Gaz. Pal. 2010, S. 2863, 2865. Zur Problematik der *Théron*-Entscheidung und der insoweit zumindest problematischen Einschätzung in der Literatur siehe die detaillierte Untersuchung bei der Frage des *caractère sérieux*, unten Kapitel 2, G.II.2.b), ff), (2), (aa).

349 Siehe hierzu unten, Kapitel 2, G.

350 Conseil d'État, 3ème et 8ème sous-sections réunies, 15. Juli 2010, N° 322419, *Compagnie agricole de la Crau*.

351 Carcassonne/Duhamel, QPC, S. 82, ähnlich auch Mathieu, JCP-G 2010, S. 2038. Molfessis, JCP-G 2010, S. 1955, 1959, weist darauf hin, dass es ein trockenes, ein nacktes Gesetz nach dem Inkrafttreten nicht mehr geben könne – *La loi „sèche",*

Common Law ist und damit eine Verpflichtung für die Instanzgerichte, sich der Rechtsprechung der Obergerichte unterzuordnen, nicht besteht, so ändert dieses doch nichts daran, dass diese Rechtsprechung rezipiert wird und in erheblichem Maße die Entscheidungen der Instanzgerichte beeinflusst. Denn ein Instanzgericht wird in der Regel versuchen, eine rechtsmittelfeste Entscheidung zu fällen.[352] Die eigene ständige Rechtsprechung einer Kontrolle im Rahmen der Normenkontrolle zu entziehen, liefe auch darauf hinaus, dieser eine eigenständige Existenz zuzugestehen und sie letztlich über die Verfassung zu erheben.[353] Schlussendlich stand der Haltung der Cour de cassation der erklärte Wille des verfassungsändernden Gesetzgebers entgegen, der ausdrücklich die Möglichkeit schaffen wollte, bereits in Anwendung befindliche Gesetze zu überprüfen, um damit einem wesentlichen Nachteil der *contrôle à priori* zu begegnen.[354] Dass die Cour de cassation ihr Vorrecht der Interpretation der Gesetze zu schützen versucht, ist verständlich, ein Recht, vor dem Hintergrund der mangelnden Überprüfbarkeit dann bewusst verfassungswidrig zu interpretieren, kann daraus jedoch nicht gefolgert werden.[355]

b) Reaktion des Gesetzgebers

Die Weigerung der Cour de cassation, auch ihre Interpretation der Überprüfung durch die QPC zu unterwerfen, blieb für das Gericht nicht ohne Folgen. Im Rahmen des Gesetzgebungsverfahrens über das den Nationalen Rat der Richterschaft (*Conseil national de la magistrature*) betreffende *loi organique* 2010[356] wurde im

---

la loi „nue", une fois qu'elle est en vigueur, n'existe pas. Es sei auch nicht erforderlich, davon auszugehen, dass die Norm erst durch die Interpretation selbst entstehe, um die Behauptung abzulehnen, der verfassungsändernde Gesetzgeber habe nur die nackte Norm der Kontrolle unterwerfen wollen. A.A. insoweit Viala, RDP 2011, S. 965, 986, der dem Gesetzestext ohne Interpretation die Normativität absprechen möchte.

352 Zu dieser Problematik Thery, RTD Civ. 2010, S. 810, 812, der allerdings zugleich hervorhebt, die Cour de cassation könne sich auf das Gesetzgebungsverfahren, insbesondere den im Sénat zurückgewiesenen Änderungsantrag, stützen und folge damit eher dem Willen des Gesetzgebers als die zahlreichen Kritiker.

353 Dieser Vorwurf findet sich insbesondere bei Molfessis, JCP-G 2010, S. 1955, 1959, der davon spricht, dass damit, dass die Interpretation der Überprüfung entzogen werde, für diese das Privileg verbunden sei, insgesamt den Regeln der Verfassung nicht unterworfen zu sein.

354 Deumier, RTD Civ. 2010, S. 508, 510.

355 De Bechillon, JCP-G 2010, S. 1264, dieser sieht ansonsten den praktischen Nutzen der QPC erheblich vermindert; siehe hierzu auch erneut Rousseau, Gaz. Pal. 2010, S. 2863, bezüglich des Unterschiedes zwischen *contrôle à priori* und *à posteriori*. Rousseau, ebd., S. 2864, spricht sogar davon, die Verweigerung der Überprüfung der Interpretation liefe darauf hinaus, die QPC zu töten (*revenait à tuer la QPC*).

356 Loi organique n° 2010–830 vom 22. Juli 2010, *relative à l'application de l'article 65 de la Constitution.*

Sénat in dessen zweiter Befassung ein Artikel eingefügt[357], der den Art. 23-6 der *ordonnance* n° 58-1067 du 7 novembre 1958 *portant loi organique sur le Conseil constitutionnel* ersatzlos strich.[358] Damit wurde die bisher bei der Cour de cassation zuständige Sonderformation für die Entscheidungen über die QPC aufgelöst, seit diesem Zeitpunkt sind, wie auch beim Conseil d'État, diejenigen Kammern für die Weiterleitung zuständig, vor denen die QPC erhoben wird oder die im Fall eines Rechtsmittels zur Cour de cassation zuständig sind.

Die Begründung für diese Streichung ließ einen Zusammenhang mit dem Widerstand des Gerichtes gegen die QPC nicht erkennen[359], dass die Entscheidung der Senatoren und später auch der Abgeordneten in der Assemblée Nationale dadurch jedoch motiviert war, wird in der Literatur kaum angezweifelt.[360] Allerdings dürfte zur Abschaffung auch die sonstige Positionierung der Cour de cassation in ihren ersten Entscheidungen beigetragen haben, namentlich deren Vorlage des gesamten Komplexes QPC zum Europäischen Gerichtshof[361].

c) Beurteilung der Problematik durch den Conseil constitutionnel

Eine Reaktion des Conseil constitutionnel auf die Weigerung des Cour de cassation, seine Interpretation der Prüfung der Verfassungsmäßigkeit zu unterwerfen, war zu erwarten. Das Gericht konnte jedoch zu den genannten Fällen nicht urteilen, da ein Rechtsmittel gegen die Verweigerung der Weiterleitung nicht gegeben ist.

---

357 Siehe hierzu Änderungsantrag (Amendement) N°8 rect. vom 26. April 2010, gestellt von den Senatoren PORTELLI ET AL., geladen von http://www.senat.fr/amendements/2009-2010/393/Amdt_8.html am 31.01.2014.

358 Zur Problematik dieser Einfügung in ein Gesetz mit einem anderen Gegenstand und der möglichen Verfassungswidrigkeit des Vorgehens eingehend BENETTI, Constitutions 2010, S. 505; kritisch auch DRAGO, RFDC N° 84 (2010), S. 751, 755.

359 DRAGO, RFDC N° 84 (2010), S. 751, 754 merkt an, man könne einen Zusammenhang wegen der zeitlichen Nähe zwar vermuten, aber nicht beweisen. CARCASSONNE, Pouvoirs N° 137 (2011), S. 73, 78 spricht von einer „delikaten Verlogenheit" (*délicieuse fausseté*), mit der man die Vielzahl der Aufgaben des Premier Président ins Feld geführt habe. Nicht vollständig ausgeschlossen erscheint es weiterhin, dass die sonstigen in diesem Gesetz getroffenen Regeln, die sowohl den Premier Président als auch den Procureur Général bei der Cour de cassation von Aufgaben im Bereich der internen Organisation der Richterschaft entbanden, gleichermaßen zumindest teilweise als Sanktion für den Widerstand des Gerichtes gegen die QPC gedacht waren, MOLFESSIS, Pouvoirs N° 137 (2011), S. 83, 95 f.

360 Siehe hierzu nur CASSIA/SAULNIER-CASSIA, D. 2010, S. 1234, 1235; ebenso DUPIC/BRIAND, QPC, S. 62; MATHIEU/ROUSSEAU, GD QPC, S. 73, Rn. 14. CROZE, JCP-G 2010, S. 1741, 1742 spricht davon, die Entscheidung sei „sicherlich nicht frei von Hintergedanken" erfolgt.

361 Siehe zur Vorlage an den EuGH und den folgenden Entscheidungen C-188/10 und C-189/10 unten Kapitel 3, B.III.

Am 06. Oktober 2010 nutzte der Conseil constitutionnel daher eine Entscheidung über eine durch die Cour de cassation weitergeleitete QPC, um endgültig zu diesem Problem Stellung zu nehmen.[362] Das Gericht entschied, dass die QPC grundsätzlich das Recht einräume, jede Rechtsnorm in der Form anzugreifen, die diese durch die konstante Interpretation der Rechtsprechung erhalten habe. Damit verweigerte der Conseil constitutionnel der Cour de cassation nachdrücklich die Gefolgschaft.[363] Das Vorgehen des Verfassungsgerichtes verdient eine genauere Betrachtung. Denn die Frage der Interpretation wurde erst durch den Conseil constitutionnel gestellt, weder hatten die Beschwerdeführer eine bestimmte, durch die Cour de cassation vorgenommene Interpretation gerügt, noch hatte sich diese mit diesem Problem beschäftigt.

Die Beschwerdeführer rügten die Verfassungswidrigkeit der Art. 365 Code civil. Nach dieser Vorschrift geht bei einer sog. einfachen Adoption (*adoption simple*[364]) die gesamte elterliche Sorge auf den Adoptierenden über, die natürlichen Eltern verlieren diese entsprechend. Lediglich dann, wenn der Adoptierende mit dem biologischen Vater oder der biologischen Mutter verheiratet ist, erhalten beide zusammen die elterliche Sorge, deren Ausübung dann jedoch dem biologischen Elternteil vorbehalten bleibt, so die Partner nicht eine Erklärung zur gemeinsamen Sorge abgeben. Diese Regelung wäre an und für sich nicht problematisch. Aus der ständigen Rechtsprechung der Cour de cassation ergab sich jedoch eine bedeutende Einschränkung. Indem das Gericht urteilte, der Verlust der elterlichen Sorge der biologischen Mutter laufe dann stets dem Kindeswohl zuwider, wenn diese das Kind weiter erziehen wolle, beschränkte es die Möglichkeit der *adoption simple* bei weiterer Erziehung durch ein biologisches Elternteil auf die Ehe[365], da nur in dieser ein gemeinsames Sorgerecht möglich ist.[366]

Die Beschwerdeführer rügten, dass dadurch, dass eine Stiefkindadoption ohne Verlust der elterlichen Sorge der biologischen Eltern nur in einer Ehe möglich sei, das Recht auf ein normales Familienleben verletzt und der Schutz der Kinderrechte

---

362 Conseil constitutionnel, 06. Oktober 2010, N° 2010–39 QPC, *Mmes Isabelle D. et Isabelle B.*

363 Mathieu/Rousseau, GD QPC, S. 130, Rn. 30 sprechen von einem *contre-pied* zur Entscheidung der Cour de cassation.

364 Die in den Artt. 360 ff. C.Civ. geregelte *adoption simple* unterscheidet sich von der vollen oder vollumfänglichen Adoption (*adoption plénière*, Artt. 343 ff. C.Civ.) dadurch, dass die Beziehung zu den biologischen Eltern und der biologischen Familie durch sie nicht unterbrochen wird. Bei der *adoption plénière* gilt das Kind als von Anfang an den neuen Eltern geboren, sie ist grundsätzlich unumkehrbar. Die *adoption simple* lässt hingegen nur eine neue Verwandtschaftsbeziehung hinzutreten, sie kann unter bestimmten Umständen widerrufen werden. Zum Unterschied beider Typen vgl. Commentaire de la décision n° 2010–39 QPC, S. 2.

365 Disant, QPC, S. 51, Rn. 59.

366 Für die konfliktauslösende Rechtsprechung der Cour de cassation zu Art. 365 C.Civ. vgl. Cour de cassation, 1ère chambre civile, 20. Februar 2007, N° 06–15647.

außerhalb der Ehe missachtet werde, außerdem komme es zu einer Ungleichbehandlung zwischen Kindern in einer Ehe und Kindern in einer sonstigen Beziehung[367] wie insbesondere einem *pacte civil de solidarité*[368]. Darüber hinaus werde damit die Stiefkindadoption für homosexuelle Paare nur unter Verlust der elterlichen Sorge des biologischen Vaters oder der biologischen Mutter ermöglicht, da diesen die Ehe nicht offenstehe, wodurch eine Diskriminierung wegen der sexuellen Identität vorliege.[369] Auf das eigentlich Problem, dass nämlich die Stiefkindadoption durch die Rechtsprechung der Cour de cassation faktisch ausgeschlossen wurde, gingen sie nicht ein, vermutlich, um eine Zurückweisung ihrer Frage als gegen eine Interpretation gerichtet zu vermeiden. Die Cour de cassation bejahte unter dem Gesichtspunkt der möglichen Verletzung des Gleichheitsgrundsatzes den *caractère sérieux* der Frage und leitete diese entsprechend an den Conseil constitutionnel weiter.

Der Conseil constitutionnel hätte damit im Grundsatz feststellen müssen, ob die von den Beschwerdeführern hier gegen die Norm selbst erhobenen Vorwürfe zutreffen. Das Gericht entschied jedoch anders. Es begann sein Urteil mit einer grundsätzlichen Anmerkung zum System der QPC und schloss diese mit der Formulierung, jeder Rechtssuchende habe durch die Stellung einer QPC das Recht, die Verfassungsmäßigkeit des effektiven Inhaltes einer Rechtsnorm, wie er sich aus der ständigen gerichtlichen Interpretation dieser Norm ergebe, in Frage zu stellen.[370] Es stellte dann fest, dass der Untersuchungsgegenstand an dieser Stelle nicht Art. 365 C.Civ. alleine sein könne.[371] Vielmehr sei auch die ständige Rechtsprechung der Cour de cassation zu dieser Vorschrift zu berücksichtigen[372]. Die

---

367 Siehe hierzu die Vorlageentscheidung, Cour de cassation, Assemblée plénière (Formation spéciale), 8. Juli 2010, N° 10–10385, Arrêt 12413, Attendu 2 N° 1–3.

368 Beim *pacte civil de solidarité* (PACS, in etwa: zivilrechtlicher Solidaritätspakt) nach Artt. 515–1 ff. C. Civ. handelt es sich um eine institutionalisierte Form des Zusammenlebens im Sinne eines zivilrechtlichen Vertrages zwischen den Partnern, mit weniger strengen Voraussetzungen und Formvorschriften als bei der Eheschließung. Der PACS wurde ursprünglich ähnlich der deutschen Lebenspartnerschaft für gleichgeschlechtliche Paare eingeführt, stand aber von Anfang an auch heterosexuellen Partnern offen und ist als Minus, nicht als Äquivalent zur Vollehe konzipiert. Der weit überwiegende Teil der PACS wird heute von heterosexuellen Paaren, teilweise als Vorstufe zur späteren Ehe, geschlossen.

369 Cour de cassation, Assemblée plénière, a.a.O., Attendu 2 N° 4.

370 Conseil constitutionnel, 06. Oktober 2010, N° 2010–39 QPC, Considérant 2.

371 Mathieu/Rousseau, GD QPC, S. 130, Rn. 30 sprechen davon, der Conseil constitutionnel habe die Gelegenheit genutzt, die ihm gestellte Frage zunächst umzuformulieren. Bei Disant, QPC, S. 51, Rn. 59 findet sich der Hinweis, eine Untersuchung des Artikels ohne Betrachtung der ständigen Auslegung hätte hier keinen Sinn ergeben.

372 Conseil constitutionnel, 06. Oktober 2010, N° 2010–39 QPC, Considérant 3; die oben genannte Entscheidung der Cour de cassation von 2007 wird entsprechend auch in den *Visa* der Entscheidung in Bezug genommen.

Frage, die der Conseil constitutionnel zu beantworten hatte, war somit nunmehr, ob die Verweigerung jeglicher Stiefkindadoption bei unverheirateten Paaren verfassungsrechtlich unbedenklich sei. Die darauf vom Gericht gegebene Antwort, die Unmöglichkeit der Adoption habe keine Auswirkung auf das Recht, ein normales Familienleben zu führen, weiterhin sei der Gesetzgeber nicht daran gehindert, innerhalb seines weiten Ermessens die Ehe anders zu behandeln als andere Formen des Zusammenlebens[373], trägt zur Diskussion hier nur insoweit bei, als das Gericht dann die Rechtsprechung der Cour de cassation wie die Norm selbst in Bezug nimmt und beurteilt. Auf die häufig anzutreffende Argumentation, der Conseil constitutionnel dürfe seine Beurteilung nicht an die Stelle jener des Gesetzgebers setzen, hier die Situation gleichgeschlechtlicher Paare betreffend, wird bei der Untersuchung der Entscheidungen des Conseil constitutionnel noch einzugehen sein.[374] Die Rechtsprechung des Conseil constitutionnel erscheint logisch begründet, da sie die Ursache der potentiellen Verfassungswidrigkeit nicht in der Norm, sondern in ihrer nicht zwingenden Anwendung durch die Cour de cassation sieht. Deutlich wird dieser Unterschied, wenn man die Bestätigung der Verfassungskonformität unbeachtet lässt. Denn es wäre durchaus möglich gewesen, zwar das generelle Verbot der Stiefkindadoption für homosexuelle Paare für verfassungswidrig zu halten, im automatischen Verlust des Sorgerechts für Vater oder Mutter des Kindes jedoch keinen Verstoß zu sehen. Dann wäre an der reinen Norm nichts auszusetzen gewesen.

Die Rechtsprechung des Conseil constitutionnel, der mit der Feststellung, dass die Norm „in ihrer ständigen Anwendung durch die Rechtsprechung" angegriffen werden könne, das sich aus der Festlegung auf *dispositions législatives* ergebende Problem der grundsätzlichen Nichtüberprüfbarkeit von Rechtsprechung zu lösen suchte, stieß allgemein auf Zustimmung, auch weil das Gericht seine eigene Prüfungskompetenz ausdrücklich nicht *contra legem* erweitern musste.

Das Gericht folgte, wie es sich auch aus dem Entscheidungskommentar ergibt[375], der seit 1956 in der Rechtsprechung des italienischen Verfassungsgerichtshofs entwickelten *doctrine du droit vivant.*[376] Auch das italienische Verfassungsgericht hatte sich mit dem Problem konfrontiert gesehen, dass die untersuchte Norm durchaus in einer verfassungskonformen Art und Weise hätte verstanden werden können, dass jedoch ihre ständige Auslegung durch die obersten Gerichte, insbesondere den Kassationshof, verfassungswidrig war.[377] Da das italienische System der deutschen konkreten Normenkontrolle nach Art. 100 GG ähnelt, kam es also vor, dass eine Norm durch ein Instanzgericht deswegen direkt dem Verfassungsgericht vorgelegt

373 Conseil constitutionnel, 06. Oktober 2010, N° 2010–39 QPC, Considérants 5–9.

374 Siehe hierzu unten, Kapitel 3, A.

375 Commentaire de la décision n° 2010–39 QPC, S. 6.

376 Zur *doctrine du droit vivant* siehe grundlegend die Anmerkungen des ehemaligen Präsidenten des italienischen Verfassungsgerichtshofs, Zagrebelsky, Constitutions 2010, S. 9.

377 Maziau, D. 2011, S. 529, 530.

wurde, weil sie durch das zuständige oberste Gericht konstant verfassungswidrig ausgelegt wurde. Die Doktrin war damit in Italien eng mit dem Problem der Verteilung der Kompetenzen zwischen den Gerichtsbarkeiten verbunden. Das Verfassungsgericht nutzte diese Doktrin, um Widerstände des Kassationshofs zu überwinden[378] und letztlich eine Befriedung herbeizuführen.[379] Dabei wich jedoch die Verwerfung der Norm wegen einer verfassungswidrigen Auslegung schnell der Zurückweisung unter Vorbehalt, dann, wenn der Kassationshof bereit war, einen solchen Vorbehalt anzuerkennen.[380]

Die italienische Entwicklung hat damit eine Vorlage für den Umgang des Conseil constitutionnel mit einer ähnlichen Problemsituation geliefert. Gleichwohl wird angemerkt, dass die Übertragung der italienischen Lösung teilweise unvollständig erscheint, da sie spätere Entwicklungen teilweise ignoriert.[381] Dieses zeigt sich insbesondere an der Problematik der verfassungskonformen Interpretation durch die weiterleitenden Gerichte, die auf einige Kritik gestoßen ist, sich jedoch genau innerhalb des durch die Doktrin des *droit vivant* vorgegebenen Rahmens bewegt.[382]

d) Anpassung der Cour de cassation an die Rechtsprechung des Conseil constitutionnel

Mit der Entscheidung vom 06. Oktober 2010 wurde klargestellt, dass tauglicher Prüfungsgegenstand vor dem Conseil constitutionnel die Norm in ihrer konkreten Interpretation durch die Rechtsprechung sein sollte. Vor dem Hintergrund des Art. 62 Abs. 3 Const., wonach die Entscheidungen des Conseil constitutionnel für alle Teile der öffentlichen Gewalt und für Verwaltung und Rechtsprechung verbindlich sind, konnte insbesondere die Cour de cassation ihren Widerstand gegen die Weiterleitung von Fragen, die gegen die Interpretation gerichtet waren, nicht fortsetzen.

378 Maziau, D. 2011, S. 529, 530; eine ständige, etablierte Rechtsprechung der ordentlichen Gerichtsbarkeit könne sonst einen gewissen Widerstand gegen eine auslegende Entscheidung [des Verfassungsgerichts] rechtfertigen. In Frankreich sieht Deumier, RTD Civ. 2010, S. 508, 512 jedoch eine andere Ausgangslage, da die normalen Gerichte gezwungen sind, sich einer durch den Conseil constitutionnel vorgenommenen Interpretation zu beugen.

379 Maziau, D. 2011, S. 529, 533.

380 Maziau, D. 2011, S. 529, 530 a.E., 531.

381 Maziau, D. 2011, S. 529, 531.

382 Auf die Problematik der verfassungskonformen Interpretation wird bei der Untersuchung des *caractère sérieux* noch einzugehen sein, die grundsätzliche Möglichkeit, auch die ständige Interpretation einer Norm verfassungsgerichtlich überprüfen zu lassen, wird durch sie nicht ausgeschlossen.

Angedeutet fand sich der notwendige Wandel der Rechtsprechung zunächst in einer Entscheidung der Cour de Cassation vom 30. November 2010[383]. Das Gericht leitete eine QPC weiter, die die Bestätigung von Eigentumstiteln in den Überseedepartements Guadeloupe und Martinique betraf und in identischer Form durch Sonderformation noch am 19. Mai 2010 zurückgewiesen worden war.[384] Mit Gesetz vom 30. Dezember 1996 waren Kommissionen eingerichtet worden, deren Aufgabe in der Bestätigung von Eigentumstiteln bezüglich des Streifens von 81, 20 Metern entlang der Küste[385] der genannten Départements betraf. Die Kommission konnte das Eigentum einer Privatperson an Grundstücken in diesem Bereich nur bestätigen, wenn diese einen entsprechenden Titel vorlegen konnte.[386] Aus der ständigen Rechtsprechung der Cour de cassation ergab sich jedoch, dass es für eine Anerkennung jeweils erforderlich war, nachzuweisen, dass das Eigentum am fraglichen Grundstück ursprünglich vom Staat erworben worden war. Gegen diese Auslegung wehrte sich der Beschwerdeführer mit dem Argument, er werde, weil er nur den privaten Eigentumserwerb nachweisen könne, so faktisch enteignet. Die Entscheidung vermied es jedoch, anders als noch bei der Zurückweisung im Mai geschehen, auf das Problem der Interpretation einzugehen und leitete die Frage unter Bestätigung des *caractère sérieux* weiter.[387] Die angegriffene Enteignung war jedoch nur vor dem Hintergrund der einschränkenden Rechtsprechung überhaupt möglich.

---

383 Cour de cassation, 3ème chambre civile, 30. November 2010, N° 10–16828, Arrêt 1522. Demgegenüber wollen MAGNON ET AL., QPC, S. 70, Rn. 87 bereits früher ein Einlenken des Gerichts bemerken, als dieses, ähnlich wie der Conseil d'État, die Weiterleitung mit der Feststellung verweigerte, seine Interpretation sei verfassungskonform (Cour de cassation, Chambre criminelle, 05. Oktober 2010, N° 10–83090). Darin kann sicherlich eine Andeutung gesehen werden, da die Interpretation überhaupt betrachtet wurde, deren Unterwerfung unter die Entscheidungskompetenz des Conseil constitutionnel ist damit jedoch nicht zwingend verbunden.

384 Cour de cassation, Assemblée plénière (Formation spéciale), 19. Mai 2010, N° 09–70161, Arrêt 12009.

385 Hierbei handelt es sich um die sog. „Zone der 50 Schritte" (*zone de 50 pas géométriques*), die durch königliches Edikt von 1674 dem Eigentum der Krone und später des Staates zugeschlagen wurde und seit diesem Zeitpunkt als unveräußerlich gilt. Ursprünglich sollte dieser Bereich freigehalten werden, um jederzeit dort Küstenbefestigungen errichten und insbesondere Handwerksbetriebe ansiedeln zu können. Siehe hierzu auch die Erläuterungen auf der Internetseite der auf Martinique zuständigen *Agence de 50 pas géométriques Martinique*, http://www.agence50pas972.org/index.php?page=historique, zuletzt eingesehen am 31.07.2014.

386 Siehe zur Grundlage der Beschwerde und zur historischen Entwicklung der *50 pas géométriques* ausführlich Commentaire de la décision n° 2010–96 QPC, S. 2 ff.

387 Cour de cassation, 3ème chambre civile, 30. November 2010, N° 10–16828, Attendu 3.

Der Wandel der Rechtsprechung vollzog sich mithin relativ unauffällig, ohne dass die Überprüfbarkeit der Interpretation einer Norm ausdrücklich festgestellt würde.[388] Die Änderung der Rechtsprechung ist jedoch offensichtlich, wie auch der offizielle Entscheidungskommentar zur in der Folge ergangenen Entscheidung[389] des Conseil constitutionnel ausführt.[390]

Auch die Frage der Nichtbegründung von Urteilen der Schwurgerichte wurde erneut gestellt und in diesem Fall durch die nunmehr zuständige Chambre criminelle weitergeleitet.[391] Dabei ist wiederum auffällig, dass beide Entscheidungen das Problem der Interpretation nur am Rande erwähnen. So heißt es in beiden Entscheidungen, aus den in Bezug genommenen Normen „ergebe sich das angegriffene Prinzip" (*dispositions* [...] *dont il se déduit*). Weiterhin vermied es die Chambre criminelle, ausdrücklich der diesbezüglichen Entscheidung vom 19. Mai 2010 zu widersprechen. Wo am 19. Mai 2010 die Weiterleitung unter Verweis darauf verweigert wurde, der Frage mangele es (eben weil nur die Interpretation angegriffen war) am *caractère sérieux*, wählte die entscheidende Kammer jetzt das alternative Kriterium der *question nouvelle* und leitete entsprechend weiter.[392]

Erst in vier Entscheidungen der Assemblée plénière vom 20. Mai 2011[393], also genau ein Jahr nach der ursprünglichen Verweigerung der Überprüfung einer Interpretation, wurde eine Frage, die ausdrücklich die Interpretation einer Norm zum Gegenstand hatte[394], ausführlich untersucht.[395] Die Weiterleitung wurde allerdings

388 Hierzu Roux, LPA 2011, N° 135, S. 8, 11: Die erkennende Kammer habe sich bewusst zurückgehalten, das Wort Interpretation zu benutzen, an ihrem Willen bestehe jedoch kein Zweifel.

389 Conseil constitutionnel, 04. Februar 2011, N° 2010–96 QPC, *M. Jean-Louis de L.*, unter Zurückweisung der gestellten QPC.

390 Commentaire de la décision n° 2010–96 QPC, S. 1.

391 Cour de cassation, Chambre criminelle, 19. Januar 2011, N° 10–85159, Arrêt 515; N° 10–85305, Arrêt 516.

392 Auf diesen Unterschied weist Maziau, D. 2011, S. 529, 533 hin, der dieses Vorgehen vor dem Hintergrund der zwischenzeitlichen Weiterentwicklung der Rechtsprechung des EGMR (Urteil der Großen Kammer vom 16. November 2010, N° 926/05, *Taxquet geg. Belgien*) für gerechtfertigt hält. Zu den Auswirkungen der *Taxquet*-Entscheidung und zur Problematik der Motivation auch eingehend Huyette, D. 2011, S. 1158. Perrier, RFDA 2011, S. 711, 714 sieht das Zurückgreifen auf die *question nouvelle* hier als Mittel, die eigene Rechtsprechung nicht ausdrücklich dem Conseil constitutionnel vorzulegen.

393 Cour de cassation, Assemblée plénière, 20. Mai 2011, N° 11–90025, Arrêt 595; N° 11–90032, Arrêt 596; N° 11–90033, Arrêt 597; N° 11–90042, Arrêt 598.

394 So heißt es z. B. im Urteil N° 11–90042, Attendu 2: *„telles qu'elles sont interprétées de façon constante par la jurisprudence de la Cour de cassation"*, „[...] so wie sie konstant durch die Rechtsprechung der Cour de cassation interpretiert werden. [...]" [eig. Übersetzung].

395 Siehe hierzu auch die Darstellung der Entwicklung bei Roux, in: Rousseau (Hrsg.), QPC, S. 42, 45.

unter Verweis darauf, dass die angegriffene Interpretation offensichtlich keine Grundrechte verletze[396], verweigert.[397]

Die Cour de cassation beugte sich vollumfänglich der vom Conseil constitutionnel vorgegebenen Linie. Das Problem des *droit vivant* erscheint jedoch nicht gelöst, auch wenn ein solcher Konflikt wie Anfang 2010 nicht mehr zu bemerken ist. Denn das Problem der Überprüfbarkeit der ständigen richterlichen Interpretation ist eng mit der Frage der Konzeption der Filterung durch die obersten Gerichte verbunden. Gleichzeitig wird bei genauerer Betrachtung offenbar, dass der durch den Conseil constitutionnel beschrittene Weg in Randbereichen kaum innerhalb der gesetzlichen Grenzen bleiben kann, sich die Frage der verfassungsrechtlichen Verantwortlichkeit der Gerichte weiterhin stellt und damit für eine insgesamt zufriedenstellende Lösung ein Tätigwerden des Gesetzgebers erforderlich ist.

---

396 Diese Einschätzung sieht sich jedoch zu Recht erheblicher Kritik ausgesetzt, da die Assemblée sich selbst an die Stelle des Verfassungsgerichtes setzen musste, um dem geltend gemachten Prinzip seinen Verfassungsrang abzusprechen. Siehe hierzu zusammenfassend Rousseau, RDP 2011, S. 1464, insbes. 1467 ff., sowie die Anmerkungen von Mathieu, JCP-G 2011, S. 1134, 1135 und Mathieu/Rousseau, GD QPC, S. 153, Rn. 40; dem Ergebnis jedoch zustimmend Mayaud, RDP 2011, S. 1446, 1453 ff. Weniger problematisch erscheint hingegen die Zurückweisung des Arguments, die Cour de cassation könne nicht als unparteiisch gelten, da sie mit der Weiterleitung ihrer Interpretation zum Richter in eigener Sache werde, und müsse daher ohne Untersuchung sofort weiterleiten. Da es jedoch nach Art. L. 411–1 Code de l'organisation judiciaire nur eine Cour de cassation für die ganze Republik gibt (vgl. Urteil N° 11–90025, Attendu 2), würde diese Argumentation die Arbeit des Gerichts unmöglich machen, weiterhin hat der Gesetzgeber mit Einrichtung des Filters eben gerade keine unbedingte Weiterleitung gefordert. Es handelt sich mit Drago, RDP 2011, S. 1438, 1441 bei den weiterleitenden Gerichten nicht nur um „verfassungsrechtliche Briefkästen“. Zustimmend auch Mayaud, RDP 2011, S. 1446, 1451.

397 Dieser Verweigerung der Weiterleitung ändert jedoch nichts an der grundsätzlichen Möglichkeit der Kontrolle der Interpretation, es bleibt aber zu vermuten, dass die Assemblée Plénière wie auch der Conseil d'État, darauf bedacht ist das eigene Recht zur Interpretation von Normen zu verteidigen, Roux, LPA 2011, N° 135, S. 8, 12 f. Darauf deutet auch der Bericht des gerichtlichen Berichterstatters hin, der die Überprüfungsmöglichkeit einer konstanten Interpretation zwar anerkennt, aber gleichzeitig betont, dass die Interpretation des Gesetzes weiterhin, auch nach der Rechtsprechung des Conseil constitutionnel, einzig den normalen Gerichten und insbesondere verbindlich den jeweils höchsten Gerichten des Rechtszugs zugewiesen sei, Prétot, RDP 2011, S. 1380, 1411 mit umfangreichen weiteren Nachweisen zu den Gründen der Zurückweisung der QPC.

4. Die Anwendung des droit vivant

a) Die Rechtsprechung der obersten Gerichte

Der Conseil constitutionnel erkennt die Möglichkeit der Überprüfung einer ständigen Auslegung nur für die obersten Gerichte, Conseil d'État und Cour de cassation, an.[398] Dieser Beschränkung liegt die Überlegung zu Grunde, dass ein Instanzgericht keine eigenständige ständige Rechtsprechung errichten kann, da jede Entscheidung der Kontrolle durch die obersten Gerichte unterliegt und die Achtung der Grundrechte damit durch das zuständige oberste Gericht und nicht durch den Conseil constitutionnel zu gewährleisten ist.[399] Hiergegen lässt sich lediglich[400] einwenden, dass diese Möglichkeit der Überprüfung dann eine theoretische bleibt, wenn aus rein praktischen Gründen die Einlegung eines Rechtsmittels kaum möglich ist. Im Falle der oben genannten Entscheidung des Conseil constitutionnel erscheint dieses nicht ausgeschlossen, da es um einen asylrechtlichen Streit und die Frage ging, ob eine neue Interpretation durch den nationalen Asylgerichtshof ein *changement des circonstances* darstellen kann. Die Entscheidung fiel deswegen negativ aus, weil diese neue Rechtsprechung noch keine Bestätigung durch den Conseil d'État als oberstem Gericht des Rechtszuges erfahren hatte. Dabei erscheint allerdings fraglich, ob ein Asylbewerber, der möglicherweise wegen der Entscheidung des Asylgerichtshofs ausgewiesen wird oder bereits wurde, überhaupt in der (auch finanziellen) Lage ist, ein Urteil der Kassationsinstanz je zu erwirken.[401] Dieses Problem hat jedoch kaum eine generelle Relevanz, da die erwähnten Schwierigkeiten den Besonderheiten des Asylrechts geschuldet erscheinen und andere Fälle nur schwer denkbar sind.[402]

---

398 Conseil constitutionnel, 08. April 2011, N° 2011–120 QPC, *M. Ismaël A.*, Considérant 9. Dabei geht das Gericht auf diese Problematik allerdings nur indirekt ein, eine Veränderung der Rechtsprechung des Asylgerichtshofes könne nicht als *changement des circonstances* betrachtet werden und eine Neubefassung des Conseil constitutionnel rechtfertigen, solange diese keine Bestätigung durch den Conseil d'État erfahren habe.

399 Siehe hierzu auch den offiziellen Entscheidungskommentar, Commentaire de la décision n° 2011–120 QPC, S. 4.

400 A.A. wohl Deumier, RTD Civ. 2011, S. 495, 497, die den pauschalen Ausschluss aller Instanzgerichte für unangemessen vor dem Hintergrund des nicht starren Prozesses des Entstehens einer ständigen Rechtsprechung hält, ihre Ansicht erscheint allerdings mit Blick auf die eng umrissenen Bedingungen des *droit vivant* recht weitgehend.

401 Siehe zu dieser Problematik eingehend Severino, Constitutions 2012, S. 43, 45.

402 Auch der Entscheidung Cour de cassation, 1ère Chambre civile, 27. September 2011, N° 11–13488, Attendu 2, in der das Gericht wörtlich die Entscheidung vom 06. Oktober 2010 in Bezug nimmt, lässt sich kein weiterer Beispielfall entnehmen, der Schwerpunkt dieser Entscheidung lag nicht auf der entscheidenden Instanz, sondern stellt die ausdrückliche Bestätigung der Akzeptanz des *droit vivant* unter Beschränkung auf solche Interpretationen, die überhaupt eine gesetzliche

b) Die konstante Rechtsprechung

Auch die Bedingung, dass nur eine *konstante* Auslegung einer Norm (*interprétation constante*) im Wege des *droit vivant* dem Conseil constitutionnel vorgelegt werden kann, versteht sich von selbst. Denn die Fülle der Streitfälle vor den obersten Gerichten bedingt die Möglichkeit, dass immer wieder nahezu unbeabsichtigt einzelne Entscheidungen gefällt werden, die sich in den Kontext der sonstigen Rechtsprechung nicht einfügen und auch nicht wiederholt werden. Für eine konstante Rechtsprechung jedoch eine bestimmte Anzahl von Entscheidungen zu verlangen[403], erscheint wenig praktikabel und zu einem gewissen Grad willkürlich, schon allein, weil nicht in jedem Rechtsgebiet vergleichbar viele Kassationsentscheidungen anfallen.[404] Die „Konstanz" jedoch rein hierarchisch zu verstehen und auf die Notwendigkeit einer Entscheidung durch das höchste Gericht zu beschränken, ist ebenso problematisch[405], da die Entscheidung des Conseil constitutionnel für diese Annahme keine Stütze bietet.

Sinnvoller ist es hier, mit Blick auf die Konzeption des *droit vivant* einen eigenen Beständigkeitsbegriff zu wählen. So muss die Auslegung einer Norm dann zusammen mit der Norm vom Verfassungsgericht untersucht werden, wenn an dieser Auslegung „kein Weg vorbeiführt".[406] Dieses bedeutet aber vor allem, dass das oberste Gericht, dessen Interpretation in Frage steht, an dieser auch festhalten will. Wenn das Gericht, und sei es auch erst anlässlich der Weiterleitung einer QPC, erklärt, eine bestimmte Interpretation nicht mehr weiterzuverfolgen, gibt es keinen Grund mehr, diese dem Conseil constitutionnel vorzulegen.

Das Problem der *interprétation constante* kann also nicht gelöst werden, ohne das zugleich die Frage des Verhältnisses von Obergerichten und Conseil constitutionnel

---

Grundlage haben, dar; so Levade, D. 2011, S. 2707, 2710; ähnlich auch Magnon et al., QPC, S. 70, Rn. 87.

403 In diesem Sinne jedoch Hamon, LPA 2013, N° 144, S. 3, 5, Fn. 8. Zirkulär die Analyse von Magnon et al., QPC, S. 68, Rn. 85, die aus der Rechtsprechung des Conseil constitutionnel die Notwendigkeit einer gewissen Anzahl von Urteilen ableiten wollen, dieses jedoch mit der Zitierung einiger Entscheidungen des Gerichts begründen, in denen jeweils wiederum nur von *jurisprudence constante* die Rede ist. Deumier, RTD Civ. 2011, S. 90, 92 hebt gerade hervor, der Conseil constitutionnel belaste sich mit Präzisierungen an dieser Stelle bisher nicht (*ne s'embarasse pas*).

404 Die Schwierigkeiten des Begriffs *constante* benennt Rousseau, in: Perrier (Hrsg.), QPC, S. 97, 100, insbes. Fn. 6.

405 So jedoch die Ansicht von Disant, QPC, S. 53, Rn. 61, allerdings ohne nähere Begründung, warum sich bereits aus der reinen Entscheidung des höchsten Gerichts die Konstanz ergeben soll.

406 Siehe hierzu die grundsätzliche Anmerkung zur *jurisprudence constante* von Coq, RFDA 2014, S. 223, insbes. 226, die eine Unterscheidung zwischen *constante* im Sinne eines Festhaltenwollens und *établie* für den Fall der durch Wiederholung gekennzeichneten ständigen Rechtsprechung vorschlägt. Für die QPC will sie entsprechend bereits eine Entscheidung genügen lassen.

in Bezug auf die Interpretation der Norm beleuchtet wird. Wie bereits ausgeführt, ist dieses aber eine Frage, die weniger den tauglichen Beschwerdegegenstand, als vielmehr das Kriterium des *caractère sérieux* betrifft und entsprechend erst bei der Untersuchung dieses Kriteriums zu behandeln ist.[407] Überprüfbar ist damit jene Interpretation, an der das oberste Gericht festhalten will oder die, und dieses dürfte der häufigere Fall sein, so eigenständig gegenüber dem Gesetzestext ist, dass sie beinahe die Grenze zum reinen Richterrecht überschreitet.

c) Die Problematik der Nähe zum Gesetz

Die Doktrin des *droit vivant* erlaubt es, eine Norm so zu untersuchen, wie diese von der Rechtsprechung konstant angewandt wird. Dieses erscheint sinnvoll, da die Vorstellung einer Norm ohne Auslegung nur ein theoretisches Konstrukt darstellt, nicht jedoch die Realität abbildet. Die Doktrin hat aber nicht zum Ziel, eine bewusste Entscheidung des Gesetzgebers gegen die Überprüfbarkeit von Gerichtsentscheidungen durch das Verfassungsgericht zu kompensieren oder zu umgehen. Bei ihrer Anwendung der Doktrin ignorieren die Gerichte bisher die gesetzgeberische Entscheidung nicht vollkommen, dennoch stellt im Ergebnis die Notwendigkeit der Berufung auf das *droit vivant* die Beschränkung auf die reine *disposition législative* nachhaltig in Frage. Dieses zeigt sich an der sehr unterschiedlich großen Distanz zwischen der angegriffenen Interpretation und der zu Grunde liegenden Norm.

aa) Weiterleitung naheliegender Interpretationen

Das eine Extrem bildet hierbei die Auslegung, die sich beinahe zwingend aus dem Gesetz ergibt. Als Beispiel kann hier die Frage der Nichtbegründung von Urteilen der Schwurgerichte betrachtet werden. Der Weiterleitung dieser Frage hatte die Sonderformation entgegengehalten, sie richte sich nicht gegen die Artt. 349, 350, 353 und 357 Code de procédure pénale, sondern nur gegen deren gerichtliche Interpretation.[408] Es ist zutreffend, dass das Verbot der Begründung der Entscheidungen nicht wörtlich im Gesetz verankert ist. Die gesetzliche Konstruktion, dass nämlich die Geschworenen und die beteiligten Berufsrichter hinter verschlossenen Türen auch unter sich geheim darüber abzustimmen haben, ob sie bestimmte Fragen, wie die generelle Strafbarkeit oder das Vorliegen mildernder oder strafschärfender Umstände, bejahen oder verneinen, lässt jedoch eine andere Schlussfolgerung kaum zu.[409] Damit ist fraglich, ob hier überhaupt von *droit vivant* gesprochen

---

407 Zur Problematik der verfassungskonformen Auslegung siehe im Detail unten unter Kapitel 2, G.II.2.b),ff),(2).

408 Beispielhaft hier Cour de cassation, Chambre criminelle (Formation spéciale), 19. Mai 2010, N° 09-83328, Arrêt n° 12019, Attendu 4.

409 Daher wird bei Nico, D. 2010, S. 2236, 2237 und Rousseau, Gaz. Pal. 2010, S. 2863, 2864, das Problem direkt bei der Norm und eben nicht bei deren richterlicher Interpretation gesehen. Deutlich auch Mathieu/Rousseau, GD QPC, S. 129, Rn. 30,

werden kann[410] oder ob nicht die Norm aus sich heraus schon möglicherweise verfassungswidrig[411] ist.

bb) Weiterleitung richterrechtlicher Konstruktionen

Das genaue Gegenteil scheint im Fall der *peine justifié* gegeben. Die Theorie der *peine justifié* wird durch die Rechtsprechung an Art. 598 CPP festgemacht, wonach, sollte im Urteil eine falsche Norm zitiert sein, auf Grund dieser Fehlzitierung eine Aufhebung des Urteils nicht möglich ist, wenn sich die von der zitierten und der tatsächlich anwendbaren Norm vorgesehene Strafe nicht unterscheiden. Art. 598 CPP betrifft im engeren Sinne damit nur den Fall einer Fehl*zitierung*, nicht jedoch einer Fehl*qualifikation*.[412] Es ist nicht Gegenstand dieser Untersuchung, zum Für und Wider dieser Theorie Stellung zu nehmen, feststellen lässt sich jedoch, dass diese von der Rechtsprechung über einen langen Zeitraum aus der genannten Norm entwickelt wurde[413], ohne sich eindeutig aus dieser zu ergeben.[414]

---

diese Logik ergebe sich unmittelbar aus den Buchstaben des Gesetzes (*resulte de la lettre même*).

410 Dieses zeigt sich auch daran, dass für die Einführung der Begründungspflicht ein neuer Art. 365–1 CPP geschaffen werden musste, siehe hierzu Art. 12 des Gesetzes N° 2011–939 vom 10. August 2011, *Loi sur la participation des citoyens au fonctionnement de la justice pénale et le jugement des mineurs*. Trotz dieser Vorschrift unterscheidet sich die Begründung jedoch weiterhin von derjenigen eines normalen Urteils, da die Richter zwar die wesentlichen Elemente zusammenfassen können, die den Geschworenen vorgelegen haben, diese jedoch über ihre Antwort auf die an sie gestellten Fragen weiterhin keine Rechenschaft schuldig sind. Auch bleiben freisprechende Urteile nach Art. 365–1 Abs. 2 Satz 1 CPP nach wie vor von jeder Begründung frei.

411 Siehe zur Frage der Verfassungsmäßigkeit der Nichtmotivation auch die Entscheidung des Conseil constitutionnel vom 01. April 2011, N° 2011–113/115 QPC, *M. Xavier P.*, nach dann erfolgter Weiterleitung durch die Chambre criminelle, kritisch zum Ergebnis des Gerichts Mastor/Lamy, D. 2011, S. 1154 sowie Perrier, D. 2011, S. 1156.

412 Boré, D. 2011, S. 251.

413 Ein kurzer historischer Abriss findet sich bei Piwnica, in: Cour de cassation, Rapport annuel 2003, S. 50, 62 ff.; unter Bezugnahme auf die Leitentscheidung Cour de cassation, Chambres réunies, 30. März 1847, *Bacon*, D. 1847 I, S. 168. Siehe hierzu auch die Anmerkungen des Berichterstatters Troplong, abgedruckt ebd.

414 So spricht Molfessis, JCP-G 2010, S. 1955, 1958 ausdrücklich von einer *création prétorienne*, der er die *simple interprétation* gegenüberstellt; bei Piwnica, a.a.O., findet sich die Formulierung, Art. 598 CPP sei das *fondament légal improbable*; ähnlich äußert sich auch das Gericht selbst, es handele sich um die von der Rechtsprechung „von dieser Norm ausgehend entwickelte" Theorie; Cour de cassation, Chambre criminelle (Formation spéciale), 19. Mai 2010, N°09–87.651, Arrêt 12024, Attendu 3.

Die Anwendung der Doktrin des *droit vivant* auf diesen Fall erscheint damit mehr als fraglich. Denn die Norm befindet sich genau an der Grenze zwischen Auslegung einer Norm und richterlicher Rechtsschöpfung[415], die zumindest im Bereich des Strafrechts als problematisch erscheinen muss. Damit ist zweifelhaft, ob diese noch Gegenstand einer Überprüfung im Rahmen der QPC sein kann. Denn die Überprüfung reinen Richterrechts lässt die Cour de cassation weiterhin, entsprechend der im Gesetzgebungsverfahren gefallenen Entscheidung[416], nicht zu. Dieses ergibt sich aus der bereits erwähnten Entscheidung der 1ère Chambre civile vom 27. September 2011.[417] Der Ausschluss des reinen Richterrechts kann kritisiert werden, innerhalb des aktuellen Systems der QPC verbietet die Gesetzeslage aber eine andere Sicht.[418] Konsequent wäre es allerdings, auch bei solchen Fällen auf eine Prüfung zu verzichten, bei denen das Richterrecht nur lose an einer Norm aufgehängt ist[419], zumal die Grenzziehung Schwierigkeiten bereitet.[420] Bezüglich

---

415 Siehe hierzu Boudon, CCC N° 31 (2011), S. 246, 249, der vor allem auf die unterschiedliche Formulierung hinweist; das Gericht spreche bewusst nicht von Interpretation, sondern von entwickelter Theorie (s. hierzu die vorige Fußnote). Entsprechend sieht er die Rechtsprechung des Gerichts Anfang 2010 von dem Willen motiviert, insbesondere diese „gewagteste Rechtsprechung" (*la jurisprudence la plus osée*) der Überprüfung auf Verfassungsmäßigkeit zu entziehen.

416 Insoweit sei erneut auf die Ablehnung des Amendements N°1 rect. zum *loi organique* durch Portelli verwiesen: *„Nous ne nous intéressons pas ici au contrôle de constitutionnalité de la jurisprudence, qui est indépendante du texte de la loi."* („Wir interessieren und hier nicht für die Kontrolle der Verfassungsmäßigkeit der Rechtsprechung, die vom Text des Gesetzes unabhängig ist" [eig. Übersetzung]), Portelli, Plenarprotokoll (*Compte rendu intégral*), Sénat, 13. Oktober 2009, J.O. Débats, N° 101 S. (2009), S. 8581.

417 Cour de cassation, 1ère Chambre civile, 27. September 2011, N° 11–13488, Attendu 2.

418 Entsprechend sieht Levade, D. 2011, S. 2707, 2710, die diskutierte Entscheidung als Beleg, dass die Cour de cassation nunmehr vollständig das System der QPC akzeptiere. Deutlich kritischer äußert sich Chénedé, JCP-G 2011, S. 1975, 1977, der es für zumindest diskutabel hält, dass die Cour de cassation sich einer naheliegenden Umformulierung der gestellten Frage verweigere, die diese in Bezug zu einer Rechtsnorm setzen würde. Zum Ausschluss des reinen Richterrechts siehe auch die Stellungnahme auf der Internetseite des Conseil constitutionnel, „À la une" von November 2010, geladen von http://www.conseil-constitutionnel.fr/conseil-constitutionnel/francais/a-la-une/novembre-2010-QPC-et-interpretation-de-la-loi.50038.html am 11.02.2014.

419 Anders jedoch die Empfehlung von Chénedè, JCP-G 2011, S. 1975, 1977, der die Suche nach einer nahezu beliebigen normativen Anbindung für geeignet hält, im Zweifel eine Weiterleitung zu erreichen.

420 Wie unscharf die Grenze zwischen reinem Richterrecht und noch auf Basis einer Norm entwickelter Theorie verläuft, wird bei Saint-James, RDP 2012, S. 607, 613, deutlich, die lange nach der Entscheidung des Conseil constitutionnel vom 06. Oktober 2010 und der Zustimmung der Cour de cassation die *théorie de la peine justifiée* als reine *théorie jurisprudentielle* unter Bezugnahme auf die

der *peine justifié* wurde diese Problematik bisher nur oberflächlich behandelt, die Weiterleitung der erneut gestellten Frage verweigerte die nunmehr zuständige Chambre criminelle unter Verweis darauf, dass an der Verfassungskonformität der Theorie keine Zweifel bestünden.[421]

cc) Fazit zur Grenze der Interpretation

Die Anwendung der Doktrin des *droit vivant* auch auf solche Fällen, in denen die Bedeutung des eigentlichen Normtextes gegenüber der richterlichen Auslegung bzw. Rechtsschöpfung nur sehr unbedeutend erscheint, überzeugt unter dem Gesichtspunkt des möglichst weitgehenden Rechtsschutzes. Methodisch überzeugend ist dieses Vorgehen jedoch nicht. Denn das eigentliche Problem liegt in der zu engen Umgrenzung des tauglichen Beschwerdegegenstandes durch den Gesetzgeber. Dabei muss jedoch unterschieden werden. Der Conseil constitutionnel muss nicht zu einem „Cour suprême“ umgebaut werden, um eine Kontrolle des Richterrechts zu ermöglichen. Denn das Problem liegt nicht bei der Anwendung von Regeln auf einen konkreten Lebenssachverhalt, sondern bei deren Genese.[422] Das Verfahren der QPC ist als abstrakte Überprüfung konzipiert, ob Gerichte und auch Behörden bei ihren Einzelfallentscheidungen der Verfassung zuwider handeln, kann und soll auf diesem Weg nicht geprüft werden.

Für den Fall der *peine justifié* würde dieses bedeuten, dass zwar die Theorie als solche der Kontrolle durch den Conseil constitutionnel zugänglich sein muss, dass jedoch die Frage, ob im konkreten Fall eine Vergleichbarkeit zwischen der zutreffenden und der fehlerhaft gewählten Rechtsgrundlage gegeben ist, nur durch die mit dem Fall befassten Gerichte zu beantworten ist. Im Ergebnis erscheint damit ein Erweiterung des Prüfungsbereichs auf abstrakt-generelle Normen, unabhängig von ihrer jeweiligen Herkunft, sinnvoll.[423] Die Frage der Prüfung der Verfassungsmäßigkeit von Dekreten und anderen Rechtsnormen der Exekutive, die bisher dem Conseil d'État vorbehalten ist, stellt sich entsprechend in gleicher Weise, ohne dass dort jedoch ein ähnliches Problem wie bei dem hier diskutierten Fall des Richterrechts gesehen wurde.

Entscheidungen vom 19. Mai 2010 und vom 27. September 2011 als nicht überprüfungsfähig ansieht. Dabei ist diese Annahme insoweit bemerkenswert, als sie bezüglich der *peine justifiée* unbelegt bleibt, der in Bezug genommene Aufsatz von Guillaume, CCC N° 30 (2011), S. 49, 71 führt nur die tatsächlich dem reinen Richterrecht zuzurechnende *théorie du fait du prince* an.

421 Cour de cassation, Chambre criminelle, 25. Januar 2012, N° 11–87944.

422 A.A. jedoch Drago, RDP 2011, S. 1438, 1445, der eine hierarchische Unterordnung der beiden obersten Gerichte unter den Conseil constitutionnel für unvermeidbar hält, dabei aber nicht scharf zwischen der (ständig ausgelegten) Norm und ihrer Anwendung trennt.

423 Zumindest für den Bereich des reinen Richterrechts befürwortend Sagalovitsch, AJDA 2011, S. 705.

5. *Fazit zur Überprüfung richterlicher Interpretationen*

Die Doktrin des *droit vivant* hat es dem Conseil constitutionnel ermöglicht, anfängliche Widerstände der Cour de cassation gegen die QPC mit überzeugender Begründung zu umgehen. Diese Doktrin stellt jedoch nach allem nur eine Hilfskonstruktion dar, die der zu eng gefassten Umschreibung des Prüfungsgegenstandes in der Verfassung und entsprechend in der *ordonnance* geschuldet ist. Auch wenn die Logik eine Erweiterung der Prüfungsmöglichkeit auf gerichtliche Interpretationen gebietet, so bleibt doch die ursprüngliche Haltung der Cour de cassation vor dem Hintergrund der diesbezüglich unzweideutigen Ergebnisse des Gesetzgebungsverfahrens nicht vollständig unverständlich.[424] Zu kritisieren ist ferner, dass diese Doktrin nunmehr zwar allgemein akzeptiert ist, dass jedoch in Randbereichen, wie gerade bei der Frage der verfassungskonformen Interpretation, weiterhin Vorbehalte bestehen, möglicherweise auch deshalb, weil dem Willen, einen umfassenden Schutz der Grundrechte zu gewährleisten, immer noch ein recht starres Verständnis des Verhältnisses der Gerichte zueinander gegenübersteht.

B. Besonderes Kriterium bei der QPC: keine frühere Erklärung der Verfassungskonformität

Die Behandlung einer QPC durch den Conseil constitutionnel ist nicht allein davon abhängig, dass der Streitgegenstand eine *disposition législative* im Sinne des Art. 61–1 Const. ist, die auf den Fall anwendbar ist. Die angegriffene Norm darf ferner noch nicht Gegenstand einer Entscheidung des Conseil constitutionnel gewesen sein.

Art. 23–2 Abs. 1 Nr. 2 der *ordonnance* über den Conseil constitutionnel legt hierzu fest, dass die disposition législative noch nicht Gegenstand einer Konformitätserklärung durch den Conseil constitutionnel in Gründen und Tenor gewesen sein darf, so nicht eine Änderung der Umstände eingetreten ist. Art. 23–5 Abs. 3 überträgt diese vor den einfachen Gerichten geltende Regel auf die Behandlung durch Cour de cassation und Conseil d'État.

Der Norm lässt sich somit ein Regel-/Ausnahmeverhältnis entnehmen, in der Regel ist eine erneute Prüfung ausgeschlossen, wenn nicht die Ausnahme einer Änderung der Umstände (*changement des circonstances*) eingetreten ist. Diesem Verhältnis entsprechend wird die Untersuchung an dieser Stelle ebenfalls zweischrittig vorgenommen.

---

424 Deumier, RTD Civ. 2011, S. 90, lobt daher die Cour de cassation, sie habe Gelegenheit zu einer Debatte gegeben, die habe geführt werden müssen und früher hätte geführt werden sollen.

I. Die Abwesenheit einer früheren Entscheidung

1. *Theoretische Grundlagen*

Die Einschränkung, dass keine frühere Entscheidung der Verfassungsmäßigkeit vorliegen darf, erscheint zunächst logisch. Denn dort, wo der Conseil constitutionnel bereits geurteilt hat, gibt es keine zwingende Notwendigkeit, ihn erneut zu befassen. An dieser Stelle zeigt sich sehr deutlich die bereits bei der Frage der Anwendbarkeit auf den Streitfall thematisierte Besonderheit des Prüfungssystems der QPC, dass es sich um eine objektive Prüfung handelt.[425]

Die Aussage, die der Conseil constitutionnel trifft, ist stets eine Aussage über die ihm vorgelegte Norm, nicht jedoch über den der Vorlage zu Grunde liegenden tatsächlichen Sachverhalt. Auch die Weiterleitungsentscheidung durch die einfachen Gerichte und die jeweiligen obersten Gerichte hat nur sehr begrenzt Umstände des Einzelfalls zu berücksichtigen, nämlich dann, wenn sie feststellt, das die angegriffene Norm überhaupt auf den Fall anwendbar ist. Damit ist es dann im Grundsatz möglich, den Antragssteller auszutauschen, das Ergebnis hinsichtlich der angegriffenen Norm bleibt wegen der Objektivität der Prüfung hiervon unberührt.

Legt man diese Erwägungen zu Grunde, erscheint es logisch, dass der Conseil constitutionnel nicht erneut mit der bereits entschiedenen Angelegenheit befasst wird, da er kaum zu einem objektiv anderen Ergebnis kommen kann. Dieses Argument des objektiven Prüfungsverfahrens, auf dessen Überzeugungskraft noch einzugehen sein wird, war jedoch nicht der entscheidende Grund, die Bedingung schlussendlich in das *loi organique* aufzunehmen.

Art. 61–1 Const. enthält hinsichtlich einer früheren Entscheidung zur Verfassungsmäßigkeit keine Feststellungen. In der Begründung des Gesetzesentwurfs wird zwar der Hinweis gegeben, es sei Aufgabe des Filters, solche Fragen zu verwerfen, deren Beantwortung keine besondere Schwierigkeit bereite[426], der Fall der bereits behandelten Norm, auch wenn bei dieser von einem Fehlen der Schwierigkeit ausgegangen werden kann, wird nicht erfasst.[427] Der Berichterstatter zur Verfassungsänderung in der Assemblée nationale, WARSMANN, nennt das Kriterium zwar bei seiner Darstellung des vorgeschlagenen Verfahrens, er bezieht sich dabei aber sichtbar nicht auf den Entwurf zur Änderung der Verfassung, sondern greift

---

425 Dazu, mit Hinweis auf den Prüfungsumfang des Conseil constitutionnel CONNIL, RFDA 2011, S. 742, 746.

426 Projet de loi constitutionnelle de modernisation des institutions de la Ve République vom 23. April 2008, Ass. Nationale, 13ème législature, N° 820, dort in der Begründung (*Exposé des motifs*) unter Art. 26 und 27.

427 Interessant ist in diesem Zusammenhang Hinweis von MAUGÜÉ/STAHL, QPC, S. 59, wonach im Vorprojekt zum Gesetzesentwurf zur Verfassungsänderung eine Limitierung auf solche Gesetze enthalten gewesen sei, die nicht bereits Gegenstand einer Überprüfung nach Art. 61 Const. geworden seien. Dieser Hinweis auf ein *avant-projet* bleibt allerdings unbelegt, der tatsächlich diskutierte Gesetzentwurf enthält eine solche Limitierung, wie ausgeführt, nicht.

jene Kriterien auf, die bereits 1990 im damaligen Vorschlag für ein *loi organique* enthalten waren, nimmt dazu jedoch nicht dezidiert Stellung.

Das Gesetzgebungsverfahren zur Verfassungsänderung lässt nur an zwei Stellen erkennen, dass die Frage der früheren Befassung des Conseil constitutionnel bei der Einführung nicht vollständig unberücksichtigt geblieben ist. Der Abgeordnete DE RUGY ging in seiner Rede am 29. Mai 2008 im Zusammenhang mit der ursprünglich vorgesehenen Beschränkung auf nachkonstitutionelle Gesetze davon aus, dass bei Ausschluss einer Überprüfungsmöglichkeit für vorkonstitutionnelles Recht nur das zwischen 1958 und 1974 erlassene Recht als Prüfungsgegenstand verbleibe, da der überwiegende Teil der seit der Erweiterung der Antragsteller im Verfahren der *contrôle à priori* seit 1974 erlassenen Gesetze bereits durch den Conseil constitutionnel überprüft worden sei. Die Unmöglichkeit einer erneuten Prüfung wird nicht weiter thematisiert, lediglich die Überlassung weiter Teile der Ausformung des Verfahrens an den Gesetzgebers des *loi organique* wird kritisch gesehen.[428]

Im Sénat zielte ein Änderungsantrag darauf, die Formulierung *disposition législative* im Verfassungstext dahingehend zu ergänzen, dass diese noch nicht Gegenstand einer Vorlage an den Conseil constitutionnel gewesen sein darf, um zu verhindern, dass das Verfassungsgericht so zum Appellationsgericht über seine eigenen Entscheidungen wird.[429] Es ging also weniger um den Inhalt der Entscheidung als um die Autorität des Gerichtes. Der Antrag, der die grundsätzliche Zustimmung des Berichterstatters fand, wurde jedoch zu Gunsten einer späteren Regelung im *loi organique* zurückgezogen.[430]

Bei der Beschlussfassung über das *loi organique* bestand Konsens hinsichtlich der Nichtüberprüfbarkeit früherer Entscheidungen, sodass die Diskussion dort bemerkenswerterweise nur noch den Zuschnitt dessen, was als frühere Entscheidung zu gelten habe, zum Gegenstand hatte. Über die Gründe des Ausschlusses früherer Entscheidungen wurde nicht diskutiert. Es blieb letztlich bei der bereits im Gesetzesentwurf enthaltenen Formulierung, die sich so nunmehr in der *ordonnance* über den Conseil constitutionnel findet.

---

428 Siehe hierzu Plenarprotokoll (*Compte rendu intégral*), Assemblée Nationale, 29. Mai 2008, J.O. Débats, N° 41 A.N. (C.R.) (2008), S. 2685.

429 „*ne figurant pas dans un texte précédemment soumis au Conseil constitutionnel*". Vgl. zum Ganzen Änderungsantrag (Amendement) N°33 rect. vom 13. Juni 2008, gestellt von den Senatoren CHARASSE, GOULET und FORTASSIN, geladen von http://www.senat.fr/amendements/2007-2008/365/Amdt_33.html am 15.02.2014. In der Begründung des Antrags werden sowohl die automatisch dem Conseil constitutionnel vorzulegenden *lois organiques* als auch die nur auf Antrag behandelten normalen Gesetze als möglicher Gegenstand einer früheren Entscheidung genannt.

430 Siehe hierzu Plenarprotokoll (*Compte rendu intégral*), Sénat, 24. Juni 2008, J.O. Débats, N° 51 S. (2008), S. 3354 und 3355.

Schon im Bericht von Warsmann geht es nur mehr um die Reichweite des Ausschlusses. Dieser hebt hervor, dass mit der gleichzeitigen Nennung von Begründung (*motifs*) und Tenor (*dispositif*) sichergestellt werde, dass nur ausdrücklich geprüfte Normen nicht erneut behandelt werden könnten[431], lediglich kurz wird erwähnt, der Sinn der Vorschrift sei die Sicherung der sich aus Art. 62 Abs. 3 Const. ergebenden Autorität der Entscheidungen des Conseil constitutionnel.[432] Ein Änderungsantrag des Abgeordneten Urvoas und seiner Fraktion zielte sogar darauf, zusätzlich noch das Wort *expressement* zu ergänzen und damit eine weitere Einschränkung hinsichtlich der bereits für verfassungskonform erklärten Normen vorzunehmen.[433] Seine Annahme wurde lediglich deswegen verweigert, weil nach Auffassung des Berichterstatters die bisherige Regel bereits ausreichend erschien.[434] Im Sénat begründete der Berichterstatter Portelli die Unmöglichkeit der erneuten Überprüfung mit dem Respekt vor der Autorität der früheren Entscheidung (*autorité de la chose jugée*).[435]

Der Conseil constitutionnel näherte sich bei seiner Entscheidung über das *loi organique* der Bedingung ebenfalls vom Ausgangspunkt der Autorität der eigenen Entscheidung. Denn er stellte fest, dass die Bedingung vereinbar mit Art. 62 Abs. 3 Const. sei, der festlegt, dass gegen die Entscheidungen des Conseil constitutionnel ein Rechtsmittel nicht möglich ist und diese für alle öffentlichen Gewalten sowie Verwaltung und Rechtsprechung bindend sind.[436]

Es bleibt damit nach dem Gesetzgebungsverfahren dabei, dass eine bereits in Tenor und Entscheidungsgründen für verfassungskonform erklärte Norm nicht erneut Gegenstand der Untersuchung durch den Conseil constitutionnel sein kann, wenn nicht ausnahmsweise der sogleich zu untersuchende Fall des *changement des circonstances* eingetreten ist.

Diese Entscheidung begegnet in zweierlei Hinsicht Kritik. Einerseits erscheint prozessual schon die Annahme einer unbeschränkten Bindungswirkung der Entscheidungen des Conseil constitutionnel problematisch. Andererseits ist mit der Feststellung, dass die Entscheidungen nicht in Frage gestellt werden können,

---

431 Warsmann, Rapport N° 1898 vom 03. September 2009, Ass. Nationale, 13ème législature, S. 51.

432 Warsmann, Rapport N° 1898 vom 03. September 2009, Ass. Nationale, 13ème législature, S. 15.

433 Änderungsantrag (Amendement) CL 9, gestellt von dem Abgeordneten Urvoas und der Fraktion der Sozialisten, einzusehen bei Warsmann, Rapport N° 1898 vom 03. September 2009, Ass. Nationale, 13ème législature, S. 202.

434 Für die Beratung des Änderungsantrags siehe Warsmann, Rapport N° 1898 vom 03. September 2009, Ass. Nationale, 13ème législature, S. 62.

435 Portelli, Rapport n° 637 (Sénat 2008–2009) vom 29. September 2009, S. 41 f.

436 Conseil constitutionnel, 03. Dezember 2009, N° 2009–595 DC, Considérant 12. Siehe hierzu auch den offiziellen Entscheidungskommentar, Commentaire de la décision n° 2009–595 DC, S. 6., sowie die Anmerkung von Drago, JCP-G 2010, Supp. au N° 48, S. 18.

implizit die Behauptung verbunden, dass die verfassungsrichterliche Prüfung stets allumfassend erfolgt und jeden beliebigen Verfassungsverstoß antizipieren kann.

a) Problematik der Bindungswirkung der Entscheidung

Nach der Einschätzung des Conseil constitutionnel[437] und auch teilweise der Literatur[438] besteht das Ziel des in Art. 23–2 Abs. 1 Nr. 2 der *ordonnance* enthaltenen Kriteriums darin, die Autorität der Entscheidungen des Conseil constitutionnel zu sichern. Dabei stellt sich allerdings die Frage, wie sich diese Autorität der Entscheidungen umschreiben lässt.

Unzweifelhaft lassen sich Entscheidungen, die zu dem Ergebnis der Verfassungs*widrigkeit* einer Norm gelangen, nicht in Frage stellen, die Norm wird mit Wirkung *erga omnes* aus dem geltenden Recht entfernt bzw. es wird ihr Inkrafttreten verhindert.[439] Dieses entschied der Conseil constitutionnel auch für den etwas paradox anmutenden Fall, dass ihm eine bereits für verfassungswidrig erklärte Regel erneut vorgelegt wurde.[440] Zu diesem Fall konnte es nur kommen, weil sich das Gericht seit der Entscheidung *État d'urgence en Nouvelle-Calédonie* von 1985 die Möglichkeit zugesteht, anlässlich der Prüfung eines ändernden oder ergänzenden Gesetzes auch die Verfassungsmäßigkeit der bereits bestehenden Regelung zu prüfen und an dieser Stelle den Bereich der reinen *contrôle à priori* verlässt.[441] Im vorliegenden Fall hatte der Conseil d'État eine QPC vorgelegt, die eine bereits auf diesem Weg für verfassungswidrig erklärte Norm betraf, mit der Begründung, die Norm sei mangels einer gesetzlichen Grundlage trotz ihrer festgestellten Verfassungswidrigkeit nicht aufgehoben.[442] Der Conseil constitutionnel kam zu einer *non lieu*-Entscheidung, da die Autorität seiner Entscheidungen einer erneuten Befassung entgegenstehe.[443]

---

437 Conseil constitutionnel, 03. Dezember 2009, N° 2009–595 DC, Considérant 12.

438 Siehe beispielsweise Disant, QPC, S. 201, Rn. 267; Magnon et al., QPC, S. 204, Rn. 247.

439 Darauf weisen Magnon et al., QPC, S. 205, Rn. 250 m.w.N. aus der Rechtsprechung hin, sie würden entsprechend die durch Art. 23–2 Abs. 1 Nr. 2 der *ordonnance* gestellte Regel erweitern und auch den Fall ergänzen, dass die Norm noch nicht für verfassungswidrig erklärt worden sein darf.

440 Conseil constitutionnel, 18. Oktober 2013, N° 2013–349 QPC, *Sociétés Allianz IARD et autre.*

441 Conseil constitutionnel, 25. Januar 1985, N° 85–187 DC, *État d'urgence en Nouvelle Calédonie*, Considérant 10. Siehe zu dieser Entscheidung auch die ausführliche Anmerkung bei Bezzina, in: Mathieu/Verpeaux, *L'autorité des décisions du Conseil constitutionnel*, S. 13, 20.

442 Conseil d'État, 1ère sous-section, 25. Juli 2013, N° 366345, Considérant 3. Kritisch zur Argumentation des Conseil d'État Molfessis, JCP-G 2013, S. 1826, 1827.

443 Conseil constitutionnel, 18. Oktober 2013, N° 2013–349 QPC, Considérant 3; siehe zu den Gestaltungsmöglichkeiten des Conseil constitutionnel an dieser Stelle auch den Entscheidungskommentar, Commentaire de la décision n° 2013–349

Dann jedoch, wenn der Conseil constitutionnel zu einem Urteil der Verfassungskonformität kommt, darf hinterfragt werden, ob dieses tatsächlich eine universelle *autorité de la chose jugée* entfalten kann. Wie von WACHSMANN zu Recht angemerkt, ist die Auswirkung der *autorité de la chose jugée* im Normalfall relativ und nicht absolut. So schreibt Art. 1351 C.Civ. ausdrücklich vor, dass für das Vorhandensein der *autorité de la chose jugée* die Parteien, Anspruchsgrund, Anspruchsziel und prozessuale Eigenschaft identisch sein müssen, diese Voraussetzungen lassen sich dem Grunde nach auf das Verwaltungs- und auch auf das Verfassungsgerichtsverfahren übertragen.[444] Bei den Entscheidungen zur Verfassungsmäßigkeit wird jedoch in der Regel schon an einer Identität der Parteien fehlen, ebenso wie die von den Parteien geltend gemachten Gründe und letztlich die Gründe der Konformitätserklärung nicht dieselben sein müssen.[445] Daher begegnet die Übertragung der Konzeption auf die Entscheidungen des Conseil constitutionnel Bedenken.[446] Dieses auch vor dem Hintergrund, dass die „schlimmste Folge" einer geringeren Reichweite nur sein könnte, dass sich das Gericht selbst veranlasst sieht, seine frühere Entscheidung in Frage zu stellen.

Das Problem der nicht zwingend gegebenen Identität der geltend gemachten und bereits untersuchten Gründe führt zu dem zweiten, gewichtigeren Problem.

b) Problematik der Vereinbarkeit mit der gesamten Verfassung

Mit der Festlegung, dass für verfassungskonform erklärte Normen nicht erneut Gegenstand einer Entscheidung des Conseil constitutionnel werden können, ist nicht nur ein sehr weitgehendes Verständnis von der Autorität der Entscheidungen des Gerichts verbunden, sondern auch die Vorstellung, dass jenes Gericht stets alle Zweifel der Verfassungsmäßigkeit beseitigen kann.

Nach der Entscheidung des Gesetzgebers ist für die Annahme einer früheren Entscheidung zur Verfassungsmäßigkeit insbesondere erforderlich, dass die Norm in Tenor und Entscheidungsgründen für verfassungskonform erklärt wurde. Diese Bedingung bezieht sich aber sichtbar nur auf die Reichweite der Untersuchung hinsichtlich des Untersuchungsgegenstandes.

Sie ist Folge der wechselhaften Rechtsprechung des Conseil constitutionnel, in der es zumindest zeitweise zur Feststellung der Verfassungskonformität des ganzen Gesetzes gekommen ist, obwohl nur hinsichtlich einiger weniger Paragraphen eine Beurteilung stattgefunden hat.

QPC, S. 8 ff. Eine umfangreiche Darstellung zum Verhältnis der Nouvelle-Calédonie-Rechtsprechung zur QPC findet sich bei SÉNAC, RDP 2013, S. 1453, insbes. 1474 ff., allerdings auf dem Stand vor der Entscheidung vom 18. Oktober 2013.

444 WACHSMANN, Jus Politicum N° 7/2012, S. 4.

445 WACHSMANN, ebd., S. 5 ff.

446 In diesem Sinne auch MAGNON, RFDA 2013, S. 859, 861 f.

Seit jeher schloss das Gericht seine Urteile über einfache Gesetze im Verfahren der *contrôle à priori* mit der Formulierung, es gebe im konkreten Streitfall keinen Anlass, die Frage der Verfassungskonformität jener Normen aufzuwerfen, die dem Gericht nicht ausdrücklich zur Untersuchung vorgelegt worden sei.[447] Dieses stellte solange kein Problem dar, wie diesem nicht entnommen werden konnte, dass die nicht überprüften Teile des Gesetzes ebenfalls als verfassungskonform zu gelten haben. Die Rechtsprechung des Conseil constitutionnel hatte aber zumindest in den 80er Jahren des 20. Jahrhunderts dieses Ergebnis.[448]

Denn seit 1977 schloss das Gericht nach der erwähnten Formulierung sein Urteil mit der Erklärung ab, das Gesetz sei als ganzes verfassungskonform.[449] Von 1991 bis 1993 wurde darauf verzichtet, die nicht untersuchten Normen zu erwähnen[450], seit 1993 schließen die Urteile zwar erneut mit der erwähnten Formulierung, die Erklärung der Verfassungskonformität beschränkt sich aber ausdrücklich auf diejenigen Normen, die das Gericht nach dem Antrag oder nach eigener Entscheidung untersucht hat.[451]

---

447 So bereits 1960 bei der ersten (Disant, QPC, S. 202, Rn. 269, Fn. 1) Entscheidung über ein einfaches Gesetz: Conseil constitutionnel, 11. August 1960, N° 60–8 DC, *Loi de finances rectificative pour 1960, Considérant 5* mit der Formulierung „*Considérant qu'en l'espèce, il n'y a lieu pour le Conseil constitutionnel de soulever aucune question de conformité à la Constitution en ce qui concerne les autres dispositions de la loi dont il est saisi par le Premier ministre aux fins d'examen de ses articles 17 et 18;*" (Berücksichtigend, dass es im vorliegenden Fall keinen Anlass gibt, die Frage der Verfassungsmäßigkeit der restlichen Regeln dieses Gesetzes zu stellen, mit dem der Conseil constitutionnel durch den Premierminister zur Überprüfung seiner Artt. 17 und 18 befasst worden ist.) [eig. Übersetzung].

448 Zu dieser Problematik siehe die Besprechung des *loi organique* bei Mathieu, JCP-G 2009, N° 52, S. 55, 59 und die Ausführungen bei Roux, RDP 2010, S. 233, 249; ebenso ders., in: Rousseau (Hrsg.), QPC, S. 52, Rn. 57.

449 Erstmals findet sich diese Erklärung in der Entscheidung Conseil constitutionnel, 05. Juli 1977, N° 77–79 DC, *Loi portant diverses dispositions en faveur de l'emploi des jeunes et complétant la loi n° 75–574 du 4 juillet 1975 tendant à la généralisation de la sécurité sociale.* Dort heißt es im Entscheidungstenor, nach dem die Entscheidungsgründe mit der bekannten Formulierung schließen, „*Sont déclarées conformes à la Constitution les dispositions de la loi susvisée [...]*" (Es werden für verfassungskonform erklärt die Regeln des genannten Gesetze [genaue Bezeichnung des Gesetzes]) [eig. Übersetzung]. Der Conseil constitutionnel erstreckt damit die Reichweite seiner Entscheidung auf das ganze Gesetz.

450 Siehe für eine ausführliche Darstellung dieser Entwicklung Disant, QPC, S. 201, Rn. 269 sowie Fraisse, CCC N° 30 (2011), S. 77, 78 ff., dazu auch Mathieu, JCP-G 2009 N° 52, S. 55, 60. Auf die Entwicklung der Rechtsprechung geht auch der Kommentar zur Entscheidung des Conseil constitutionnel über das *loi organique* ein, Commentaire de la décision n° 2009–595 QPC, S. 6.

451 Conseil constitutionnel, 20. Juli 1993, N° 93–321 DC, *Loi réformant le code de la nationalité.*

Damit bestand die nicht unbegründete Sorge, dass wegen dieses *Considérant balai*[452] viele Normen als verfassungsmäßig gelten müssten, auch wenn sie überhaupt nicht auf ihre Verfassungsmäßigkeit hin untersucht wurden. Wo der Gesetzgeber des *loi organique* jedoch aus diesem Grund Maßnahmen ergriff, unterließ er dieses an anderer Stelle. Denn problematisch ist nicht nur die Erstreckung der Erklärung der Verfassungskonformität auf solche Normteile, die nicht untersucht wurden, sondern vor allem auch die Erklärung der Konformität mit der gesamten Verfassung.

Der Conseil constitutionnel schließt seine Entscheidungen zur QPC in der Regel mit einer unbedingten Erklärung der Verfassungskonformität.[453] Die angegriffene Norm wird nicht nur für kompatibel mit den geltend gemachten Rechten erklärt, sondern auch für kompatibel mit allen anderen Rechten und Freiheiten, die die Verfassung garantiert, es handelt sich um ein *„brevet de constitutionnalité“*.[454] Diese Erklärung enthält strenggenommen zwei Behauptungen: Das Gericht erklärt, es habe trotz des begrenzten Antrags und des entsprechend begrenzten Vorbringens in der mündlichen Verhandlung eine sorgfältige Prüfung der Norm am Maßstab der gesamten durch die Verfassung garantierten Rechte und Freiheiten vorgenommen und dieses innerhalb der drei Monate, die für diese Prüfung zur Verfügung stehen, und es habe wirksam alle möglichen Beeinträchtigungen durch das Gesetz identifiziert und entsprechend bewertet.[455]

Die Begründung für dieses Vorgehen ist jedoch nicht einfach zu finden. Denn es ist zu trennen zwischen der beabsichtigten Reichweite der Entscheidung und dem Grund für diese. So mag zwar eine solche universelle Erklärung der Verfassungskonformität mit dem Wunsch des Gerichtes zusammenhängen, das Recht von seinen Fehlern zu reinigen (*purger la législation applicable à un litige de ses vices*)[456], warum dieses jedoch „in einem Schritt“ erfolgen muss, bleibt zumindest

---

452 Dieser Begriff lässt sich kaum ins Deutsche übertragen, bei *„balai“* handelt es sich um eine Bürste oder einen Besen. Man könnte dieses so verstehen, dass damit das ganze Gesetz „abgebürstet“ wird.

453 Beispielhaft Conseil constitutionnel, 11. Juli 2014, N° 2010–409 QPC, *M. Clément B. et autres*, Considérant 7: *„Considérant que les dispositions contestées, qui ne sont contraires ni au principe d'égalité ni à aucun autre droit ou liberté que la Constitution garantit, doivent être déclarées conformes à la Constitution“*, (In Anbetracht dessen müssen die angegriffenen Normen, die weder gegen das Gleichheitsprinzip noch irgendeine andere Freiheit oder ein Recht, die oder das von der Verfassung garantiert wird, als mit der Verfassung vereinbar erklärt werden.) [eig. Übersetzung].

454 Dieses ist der weithin gebrauchte Ausdruck, für viele Magnon, RFDA 2013, S. 859, 863; ebenso Connil, RFDA, 2011, S. 742, 743.

455 So die Schlussfolgerung von Dubout, RDP 2013, S. 107, 114, der die Autorität der Entscheidungen daher als *prédictive et irréversible* bezeichnet.

456 Auf die Schlussanträge von Geffray, RFDA 2010, S. 713, 716 zu Conseil d'État, 3ème et 8ème sous-sections, 18. Mai 2010, N° 306643, *Commune de Dunkerque*, verweist für diese Formulierung Connil, RFDA, 2011, S. 742, 744; dabei sollte

unklar. Insbesondere die Objektivität des Verfahrens zwingt hierzu nicht. Denn das Verfahren verliert die Objektivität nicht dadurch, dass die von den Parteien vorgebrachten Argumente der Prüfung zu Grunde gelegt werden, sondern würde es, wenn der jeweilige im Ausgangsfall streitgegenständliche Lebenssachverhalt die Entscheidung beeinflussen könnte.[457] Auch entspricht es der Logik der *contrôle à posteriori*, dass die Prüfung im Gegensatz zur *contrôle à priori* nicht eine einmalige Gelegenheit ist.[458] Ein Argument könnte gleichwohl die Rechtssicherheit sein[459], wobei kritisch zu hinterfragen ist, ob dieses Argument allein geeignet ist, eine möglicherweise bestehende Verfassungswidrigkeit zu kompensieren, gegen die wegen der umfänglichen Erklärung des Gerichts nicht vorgegangen werden kann.

Das Vorgehen des Conseil constitutionnel führt dazu, dass den rechtssuchenden Bürgern für die Prüfung der Verfassungsmäßigkeit nur ein Versuch bleibt, wenn nicht ausnahmsweise ein *changement des circonstances* eintritt. Denn nach diesem einen Versuch gibt es eine Erklärung der Verfassungskonformität, die eine weitere materielle Prüfung grundsätzlich ausschließt. Bemerkt man ferner, dass die Erklärung, die Norm an allen in Frage kommenden Rechten geprüft zu haben, bereits hinsichtlich der praktischen Durchführbarkeit einer solchen Prüfung Bedenken begegnet[460], wird damit an dieser Stelle der Erfolg nicht nur einer QPC, sondern der gesamten Rechtsdurchsetzung von der Qualität und Überzeugungskraft jener ersten gestellten Frage abhängig.[461]

---

allerdings nicht unberücksichtigt bleiben, dass das Argument bei Geffray nicht den Kontrollumfang betraf, sondern das Interesse, auch eine Norm vorzulegen, deren Anwendbarkeit zumindest zweifelhaft erschien, auch wenn sich die Verwaltung auf sie berufen hatte. Die Vorlage des Conseil d'État mag damit auch dem Ziel des effektiven Rechtsschutzes gedient haben und weniger dem einer möglichst vollständigen Beseitigung verfassungswidriger Normen.

457 Überzeugend Connil, RFDA 2011, S. 742, 747.

458 Connil, RFDA 2011, S. 742, 747.

459 Connil, RFDA 2011, S. 742, 745.

460 Eine Parallele zum früheren *Considérant Balai* der *Contrôle à priori* stellt Connil, RFDA 2011, S. 742, 749 f. her, dieses sei gerade aufgeben worden, weil dem Conseil constitutionnel die Zeit zu einer vertieften Untersuchung gefehlt habe, er merkt weiterhin an, dass das Gericht inzwischen regelmäßig die ihm zur Verfügung stehende Entscheidungsfrist ausreize. Auch Carcassonne/Duhamel, QPC, S. 78 f. sehen die Möglichkeit, dass dem Conseil constitutionnel in der Kürze der Zeit ein entscheidendes Argument entgehe, nicht als reine Gedankenspiel an.

461 So Wachsmann, Jus Politicum N° 7/2012, S. 14, der ferner die Gefahr sieht, dass Interessengruppen sich der QPC bemächtigen könnten, um die nur einmalige Möglichkeit der Prüfung zu ihren Zwecken zu nutzen. Ähnlich auch Connil, RFDA 2011, S. 742, 750, der ferner darauf hinweist, dass ohne die Erklärung der allgemeinen Vereinbarkeit mit der Verfassung der Erfolg der QPC deutlich stärker vom Vorbringen und von der Überzeugungskraft der Parteien abhänge.

c) Fazit

Das Kriterium der fehlenden vorherigen Entscheidung zur Verfassungskonformität erweist sich damit als ausgesprochen problematisch[462], da es geeignet ist, den durch das Verfahren der QPC eigentlich beabsichtigten Schutz individueller Rechte nachhaltig zu beeinträchtigen. Selbst wenn man das Verfahren entgegen den politischen Erwägungen, die zu seiner Einführung geführt haben, als eine abstrakte Normenkontrolle, die durch den Bürger lediglich eingeleitet wird, begreifen möchte, ändert dieses doch nichts daran, dass die Überbetonung der Autorität der Entscheidungen des Conseil constitutionnel auch hier nicht zu einem überzeugenden Ergebnis führt.

Eine zumindest teilweise Kompensation für die Rigidität der gesetzlichen Regelung könnte sich nur aus der Rechtsprechung des Conseil constitutionnel und der weiterleitenden Gerichte ergeben. Bereits hinsichtlich des Kriteriums der fehlenden Erklärung der Verfassungsmäßigkeit weist diese jedoch in eine andere Richtung.

2. Der gerichtliche Umgang mit dem Kriterium

Nach der gesetzlichen Regelung bedarf es, um eine frühere Entscheidung zur Verfassungsmäßigkeit annehmen zu können, einer Erklärung in den Entscheidungsgründen und im Tenor.

Dabei besteht hinsichtlich des ersten Kriteriums ein größerer Spielraum für die gerichtliche Auslegung, vor allem auch, da dem Änderungsantrag von Urvoas und Fraktion, der sich auf die Verschärfung des Kriteriums durch die Einfügung von *expressement* richtete, kein Erfolg beschieden war.[463] Es blieb somit für die richterliche Auslegung bei der weiten Formulierung der Erklärung in den Entscheidungsgründen. Diese weite Formulierung macht sich der Conseil constitutionnel seit den ersten Entscheidungen über die QPC zu eigen und zeigt sich damit bezüglich der Möglichkeit einer Neubefassung zurückhaltend.

Der Conseil d'État hatte ihm mit Entscheidung vom 19. Mai 2010 eine QPC über Art. 706-53-21 CPP[464] vorgelegt, mit der sich die Beschwerdeführer gegen eine

---

462 Die genannten Probleme finden sich bemerkenswerterweise bereits knapp in der Stellungnahme von Prof. Levade vor dem Rechtsausschuss anlässlich der Beratung über das *loi organique*, allerdings nur in Form von Fragen, auf die die Rechtsprechung eine Antwort zu finden hat, Levade, wiedergegeben bei Warsmann, Rapport N° 1898 vom 03. September 2009, Ass. Nationale, 13ème législature, S. 121, 125.

463 Siehe hierzu erneut den Änderungsantrag (Amendement) CL 9, gestellt von dem Abgeordneten Urvoas und der Fraktion der Sozialisten, einzusehen bei Warsmann, Rapport N° 1898 vom 03. September 2009, Ass. Nationale, 13ème législature, S. 202 sowie dessen Beratung, wiedergegeben ebd., S. 62.

464 Code de procédure pénale in der Fassung des Gesetzes vom 25. Februar 2008, inzwischen bei gleichem Inhalt Art. 706-53-22 CPP.

Verordnungsermächtigung im Bereich der Ausgestaltung der Sicherungsverwahrung (*rétention de sûreté*) wandten, die nach ihrer Auffassung zu weitgehend war.[465] Der Conseil d'État leitete die Frage weiter, obwohl bereits eine Entscheidung über die fragliche Norm von 2008 existierte.[466] Dabei begründete das Gericht das Nichtvorliegen einer früheren Entscheidung in gleicher Sache damit, der Conseil constitutionnel habe zwar die fragliche Norm im Tenor der Entscheidung für verfassungskonform erklärt, es fehle jedoch an einer ausdrücklichen (*expressement*) Untersuchung in den Urteilsgründen.[467]

Der Conseil constitutionnel folgte dem Vorschlag des Conseil d'État nicht, sondern ersetzte dessen *expressement* durch die Formulierung *spécialement* und lehnte mit dieser Begründung eine erneute Befassung mit der Norm ab.[468] Dem Conseil constitutionnel kann zugestanden werden, dass er somit nicht dem gescheiterten Änderungsantrag von Urvoas und Fraktion auf dem Weg des Richterrechts zur Geltung verholfen hat und insbesondere die schwierige Feststellung der „ausdrücklich" untersuchten Norm vermieden hat[469]. Weniger überzeugend erscheint demgegenüber das Argument, die erfolgte Untersuchung der Sicherungsverwahrung könne nicht in Frage gestellt werden, denn dieses ändert nichts daran, ob die Entscheidung formal den Anforderungen an eine Entscheidung in gleicher Sache genügt.[470] Die Sicht des Conseil constitutionnel ist jedoch wegen des *spécialement* insgesamt eine strenge[471], der Sicherung der Autorität seiner Entscheidung dienende.[472] Denn in der vorhergehenden Entscheidung von 2008 hatte der Conseil

---

465 Conseil d'État, 6ème et 1ère sous-sections réunies, 19. Mai 2010, N° 323930, *Section française de l'Observatoire international des prisons.*

466 Conseil constitutionnel, 21. Februar 2008, N° 2008–562 DC, *Loi relative à la rétention de sûreté et à la déclaration d'irresponsabilité pénale pour cause de trouble mental,* dort insbesondere Considérants 1 ff.

467 Conseil d'État, 6ème et 1ère sous-sections réunies, 19. Mai 2010, N° 323930, Considérant 2.

468 Conseil constitutionnel, 02. Juli 2010, N° 2010–9 QPC, *Section française de l'Observatoire international des prisons,* Considérant 4.

469 Disant, QPC, S. 207, Rn. 276.

470 A.A. jedoch, unter Bezugnahme auf den Entscheidungskommentar, Commentaire de la décision n° 2010–9 QPC, S. 5, Disant, QPC, S. 207, Rn. 276.

471 Kritisch Wachsmann, Jus Politicum N° 7/2012, S. 8 f., der hervorhebt, die Bedingung des *expressement* erlaube eher als die bloße Suche nach der Erwähnung der Norm im Text die Feststellung, ob der Conseil constitutionnel auf diese aufmerksam geworden sei.

472 Zustimmend zum Vorgehen des Gerichts daher Disant, QPC, S. 207, Rn. 276, der diesbezüglich hervorhebt, dass bei einer entsprechenden Auslegung das Verhältnis zwischen Entscheidungsgründen und -tenor verändert würde, bedeutend an der Entscheidung könne dann nur der Teil sein, bei dem die Begründung ins Detail geht. Die Autorität einer Entscheidung des Conseil constitutionnel hinge damit nur davon ab, ob es gelingt, diesen verborgenen Entscheidungskern herauszuarbeiten. Die Verwendung von *expressement* gehe über die Anforderungen

constitutionnel zwar den angegriffenen Artikel aufgeführt und seinen Inhalt wiedergegeben, jedoch keine ausdrückliche Aussage über dessen Verfassungsmäßigkeit getroffen.[473] Nach dieser Rechtsprechung genügt es für die Annahme einer Konformitätserklärung, wenn die Norm ausdrücklich in den *Considérants* der Entscheidung benannt wird.[474] Daran allerdings, dass die Norm in den Entscheidungsgründen zumindest erwähnt sein muss, besteht trotz aller Kritik kein Zweifel, es gibt bisher keinen Fall, in dem der Conseil constitutionnel sich auf ein früheres *Considérant balai* berufen hätte.

Wie bereits erwähnt, wird aber dann, wenn die Norm im Rahmen einer QPC beurteilt wird, ihre Vereinbarkeit mit der gesamten Verfassung beurteilt, unabhängig davon, ob entsprechende Verletzungen gerügt wurden oder nicht. Dieses wird in der Literatur durchaus gesehen, begegnet jedoch nur begrenzt der Kritik, auch wird nach einer Begründung dieser Haltung nur bedingt gesucht.[475] Dabei liegt genau an dieser Stelle, wie bereits ausgeführt, ein erhebliches Problem der QPC. Denn auch die weiterleitenden Gerichte nehmen eine solche Entscheidung wahr und verweigern in der Folge bei den solcherart für insgesamt verfassungsmäßig erklärten Normen die Weiterleitung.[476] Das dieses Vorgehen nicht kritisch gesehen wird, überrascht. Möglicherweise liegt es daran, dass der Conseil constitutionnel sich diesbezüglich eindeutig positioniert hat und entsprechend die Tatsache der Bestätigung wegen aller vorgebrachten Vorwürfe in der Praxis hingenommen werden muss. Dabei fehlt es für die Entscheidung des Gerichts strenggenommen an einer verfassungsrechtlichen Notwendigkeit, das Problem stellt sich nicht anders dar, als bei dem inzwischen aufgegebenen *Considérant balai*. Dieses gilt umso mehr, als für eine andere Art von Gesetzen die vollumfängliche Prüfung durch die Verfassung vorgeschrieben wird und somit dort die Annahme, die Norm sei insgesamt für verfassungskonform erklärt worden, ihre Berechtigung hat. Art. 61 Abs. 1 Const. enthält die Verpflichtung, alle *lois organiques* vor ihrer Verkündung dem

des *loi organique* hinaus. Auf das Problem der Schwächung der Autorität der Entscheidungen des Conseil constitutionnel geht auch Mathieu, JCP-G 2009, N° 40, S. 11, 13 ein.

473 Nach Magnon et al., QPC, S. 207, Rn. 253 ergibt sich die Erklärung der Verfassungsmäßigkeit allerdings aus einer Gesamtbetrachtung der Entscheidung.

474 Disant, QPC, S. 207, Rn. 275, kommt sogar zu dem Ergebnis, die Tatsache, dass die Norm im Antrag angegriffen werde, genüge, auch wenn diese nicht ausdrücklich in den Entscheidungsgründen behandelt werde.

475 So fehlt beispielsweise bei Magnon et al., QPC, S. 210, Rn. 256; Disant, QPC, S. 208, Rn. 277, sowie Fraisse, CCC N° 30 (2011), S. 77, 83 jeder Versuch einer Begründung. Die Einschätzung findet sich bereits vor Inkrafttreten der QPC bei Roux, RDP 2010, S. 233, 249; es komme nicht darauf an, ob sich die Frage auf eine andere Verfassungsnorm stütze als jene, die zuvor als Maßstab gedient habe.

476 Conseil d'État, 2ème et 7ème sous-sections réunies, 19. Mai 2010, N° 330310, *Commune de Buc*, Considérant 3, siehe dazu auch die Anmerkung bei Fraisse, CCC N° 30 (2011), S. 77, 83.

Conseil constitutionnel vorzulegen, damit dieser sich zu deren Verfassungskonformität äußern kann.[477] Sie können nach Art. 46 Abs. 5 Const. vor dessen Erklärung der Verfassungskonformität nicht verkündet werden. Da der Conseil constitutionnel das gesamte Gesetz auf seine Verfassungskonformität zu untersuchen hat[478], ist für die Überlegung, ob er eine bestimmte Teilnorm berücksichtigt habe, ebenso wenig Raum wie für die Frage, ob eine Prüfung am Maßstab der ganzen Verfassung stattgefunden habe.[479] Ein *loi organique* kann damit stets nur dann im Rahmen der QPC untersucht werden, wenn ein *changement des circonstances* eingetreten ist.[480] Dabei bieten diese Gesetze noch den Vorteil, dass dadurch, dass ihre Überprüfung obligatorisch ist, der Conseil constitutionnel bereits von seiner späteren Befassung weiß, das Gesetzgebungsverfahren mitverfolgen kann und entsprechend trotz kurzer Frist eine umfängliche Untersuchung vorzunehmen in der Lage ist.[481]

Das Fehlen von Kritik an den weitreichenden Entscheidungen des Conseil constitutionnel erscheint auch vor dem Hintergrund unverständlich, dass an anderer Stelle, bei der sog. *saisine blanche,* befürchtet wurde[482], durch eine zu weitreichende Erklärung der Verfassungsmäßigkeit könne das Verfahren ausgehebelt werden. Der Conseil constitutionnel sah sich mehrfach mit dem Fall einer *saisine blanche* konfrontiert, bei der ihm eine Norm zwar durch Antragsberechtigte im Sinne des Art. 61 Const. vorgelegt wurde, diese jedoch auf einen spezifischen Antrag

---

477 An gleicher Stelle werden auch die Gesetzesentwürfe genannt, die entsprechend der in Art. 11 niedergelegten Prozedur auf gemeinsamen Antrag eines Teils der Bevölkerung und der Abgeordneten einem Referendum unterworfen werden sollen. Allerdings bleibt diese Möglichkeit, wie oben ausgeführt, bisher eine theoretische, weiterhin ist die Bedeutung der „früheren Entscheidung in gleicher Sache" angesichts der nach aktueller Rechtsprechung des Conseil constitutionnel wohl fehlenden Überprüfbarkeit von Volksgesetzgebung im Rahmen der QPC hier eine marginale, Relevanz kann ihr hauptsächlich bei einer späteren Änderung des Gesetzes zukommen. Siehe hierzu auch oben, Kapitel 2, A.III.1.

478 Entsprechend wird bei den *lois organiques* auch kein Antrag an den Conseil constitutionnel gestellt, vielmehr übermittelt der Premierminister das Gesetz nach Art. 17 der *ordonnance* N° 58–1067 mit einem einfachen Begleitbrief, der lediglich auf eine etwaige Eilbedürftigkeit hinweist.

479 So ausführlich Domino/Bretonneau, AJDA 2012, S. 422, 427, unter Bezugnahme auf die Entscheidung Conseil d'État, 10ème et 9ème sous-sections réunies, 29. Juni 2011, N° 347214, *Président de l'assemblée de la Polynésie française,* Considérant 4.

480 So, unter Bezugnahme auf die vorgenannte Entscheidung des Conseil d'État, Roux, in: Rousseau (Hrsg.) QPC, S. 56, Rn. 61.

481 Dabei wird das Gericht vor allem von seinem *service juridique* unterstützt, der versucht, mit der gesetzgeberischen Entwicklung Schritt zu halten, siehe dazu eingehend Fraisse, *La contribution des services juridiques à la prise de décision des cours constitutionnelles,* geladen von http://www.conseil-constitutionnel.fr/conseil-constitutionnel/root/bank_mm/pdf/Conseil/20050930.pdf am 16.12.2013.

482 Disant, QPC, S. 210, Rn. 279.

verzichteten.[483] Dieses Vorgehen kann dazu genutzt werden, dem politischen Gegner das Argument der Verfassungswidrigkeit aus der Hand zu nehmen oder bei gesellschaftlich umstrittenen Fragen eine Überprüfung durch den Conseil constitutionnel zu gewährleisten, ohne selbst Zweifel an der getroffenen Entscheidung zu äußern. Hätte der Conseil constitutionnel nun, in Abwesenheit eines Vorwurfs der Verfassungswidrigkeit, diese Norm für verfassungskonform erklärt, wäre damit die Gefahr einer Blockade jeder späteren Untersuchung verbunden gewesen.[484] Das Gericht versucht jedoch bei der Untersuchung solcher Anträge seit jeher, auf eine zu weitgehende Erklärung zu verzichten. So geschah dieses 1995, als er nach einer *saisine blanche* zwar einen Teil des vorgelegten Gesetzes für verfassungswidrig erklärte, im Tenor jedoch trotz einer umfassenden Prüfung[485] und der abschließenden Feststellung, dass keine weiteren Normteile verfassungswidrig seien[486], keine Aussagen zur Verfassungsmäßigkeit der anderen untersuchten Normteile traf.

Bei der QPC lag die Frage, wie mit solchen Erklärungen umzugehen sei, auf der Hand. An dieser Stelle zeigt sich, dass das Kriterium einer gleichzeitigen Erklärung in Gründen und Tenor sich in beide Richtungen auswirkt[487] und insbesondere die Konjunktion „und" nicht vernachlässigt werden darf.[488] 2010 wurde das Gericht im Rahmen der QPC mit einem der Artikel befasst[489], die 1995 bereits untersucht

---

483 Beispielhaft Conseil constitutionnel, 11. Januar 1995, N° 95–363 DC, Considérant 1: „*Considérant [...] que le Premier ministre ne soulève à leur encontre aucun grief particulier;*" („Unter Berücksichtigung dessen, dass der Premierminister gegen diese Vorschriften keinen spezifischen Vorwurf erhebt,") [eig. Übersetzung]. Etwas irritierend hier jedoch der Hinweis von Disant, QPC, S. 209, Rn. 279, die *saisine blanche* erfolge systematisch bei allen zwangsweise vorzulegenden Gesetzen. Dieses ist im Ergebnis zwar zutreffend, da wie ausgeführt z.B. bei den *lois organiques* nur eine Weiterleitung erfolgt, jedoch besteht ein qualitativer Unterschied, ob ein Antragssteller bewusst auf eine Frage verzichtet oder ob eine Weiterleitung durch die Verfassung angeordnet ohne Begründung erfolgt.

484 Dieses ist genau die Sorge, die Disant, QPC, S. 209, Rn. 279 zum Ausdruck bringt, hier rügt er mithin die Möglichkeit einer umfangreichen Konformitätserklärung trotz fehlender oder nicht umfangreicher Prüfung.

485 Das Gericht sah sich von Amts wegen zu einer Prüfung verpflichtet, Conseil constitutionnel, 11. Januar 1995, N° 95–363 DC, Considérant 1 a.E.

486 Conseil constitutionnel, 11. Januar 1995, N° 95–363 DC, Considérant 10.

487 Auf diese Besonderheit weist bereits Roux, RDP 2010, S. 233, 249, bei seiner Vorstellung der QPC vor deren Inkrafttreten hin.

488 Disant, QPC, S. 206, Rn. 274; jedes andere Verständnis führe zu einer „gewagten Operation *contra legem*"; dabei bleibt allerdings die Vermutung unbelegt, dass ein solches Vorgehen je zur Debatte gestanden hätte.

489 Code électoral, Artikel L7, eingefügt durch Art. 10 des Gesetzes N° 95–65 vom 19. Januar 1995, für verfassungswidrig erklärt und damit abgeschafft durch die vorgenannte Entscheidung des Conseil constitutionnel. Diese Vorschrift sah eine automatische Aufhebung des Wahlrechts für 5 Jahre bei einer Verurteilung wegen bestimmter Straftaten vor, der Antragsteller rügte erfolgreich eine Verletzung

worden waren, aber zugleich nicht in den Entscheidungstenor aufgenommen worden waren, und entschied, die Prüfung vorzunehmen[490], auch wenn das Kriterium der *disposition spécialement examinée* erfüllt war, weil es in diesem Fall eben an einer Erklärung im Tenor fehlte. Die angegriffene Entscheidung wurde entsprechend überhaupt nicht in Bezug genommen[491], lediglich das damals angegriffene Gesetz, das den *Code électoral* änderte, fand Erwähnung in den Visa der Entscheidung.[492] Auch die vorlegende Cour de cassation hatte lediglich kurz festgestellt, dass es an einer früheren Entscheidung in gleicher Sache fehle.[493] Ob es sich bei der Entscheidung von 11. Juni 2010 daher um die Leitentscheidung für die kumulative Erfüllung beider Kriterien handelt oder sie sich gegen die *saisine blanche* richtet, bleibt umstritten[494], jedoch im Ergebnis auch unerheblich.

Denn der Conseil constitutionnel hat zwischenzeitlich seine Rechtsprechung im Verfahren der *contrôle à priori* an die Besonderheiten der QPC angepasst und geht nunmehr den umgekehrten Weg. Wenn er anlässlich einer *saisine blanche* von Amts wegen keine Zweifel an der Verfassungswidrigkeit der vorgelegten Norm hat, erklärt er sie zwar im Tenor für verfassungskonform, verzichtet aber auf eine ausdrückliche Untersuchung in den Entscheidungsgründen, sodass die Norm nicht auf diesem Weg – ohne ausführliche Prüfung – eine Bescheinigung ihrer Verfassungskonformität erhält und damit nicht mehr vorgelegt werden kann.[495] Etwas anderes gilt jedoch weiterhin wohl dann, wenn sich Zweifel an der

des sich aus Art. 8 DDHC ergebenden Prinzips der Individualisierung der Strafe (*individualisation de la peine*).

490 Conseil constitutionnel, 11. Juni 2010, N° 2010-6/7 QPC, Considérants 4, 5.

491 Der Entscheidungskommentar spricht hier davon, der Conseil constitutionnel habe in der knappen Formulierung keine Erklärung der Verfassungsmäßigkeit sehen wollen, was eher auf darauf hinweisen würde, dass die Regel nicht, entsprechend den oben gemachten Ausführungen, gesondert untersucht wurde; Commentaire de la décision n° 2010-6/7 QPC, S. 2.

492 Conseil constitutionnel, 11. Juni 2010, N° 2010-6/7 QPC, am Anfang, 5. „Vu".

493 Cour de cassation, Chambre criminelle (Formation spéciale), 07. Mai 2010, N° 10-90034, Attendu 2.

494 Fraisse, CCC N° 30 (2011), S. 77, 83 f., der im Detail auf die Rechtsprechung von 1995 eingeht, sieht die Entscheidung vom 11. Juni 2010 als Leitentscheidung hinsichtlich der kumulativen Erfüllung beider Bedingungen. Demgegenüber führt Disant, QPC, sie bei der Frage der Notwendigkeit der kumulativen Erfüllung nicht an (S. 204, Rn. 272), er sieht in ihr anscheinend nur ein Beispiel für die Neutralisierung der *Saisine blanche* (S. 209, Rn. 279).

495 Conseil constitutionnel, 26. Mai 2011, N° 2011-630 QPC, *Loi relative à l'organisation du championnat d'Europe de football de l'UEFA en 2016*, Considérant 3; zustimmend auch Magnon et al., QPC, S. 212, Rn. 258; bei Disant, QPC, S. 209, Rn. 279 findet sich die passende Formulierung, der Conseil constitutionnel habe sich das Recht vorbehalten, nicht zu untersuchen.

Verfassungsmäßigkeit ergeben[496], dann kann es auch bei einer *saisine blanche* zu einer ausführlichen Prüfung und entsprechenden Feststellung kommen.[497]

Die Bedingung, die Norm müsse auch im Entscheidungstenor für verfassungskonform erklärt worden sein, bereitet teilweise dennoch Schwierigkeiten, die ebenso wie das *Considérant balai* aus der über die Jahre unterschiedlichen Tenorierung des Conseil constitutionnel herrühren. Zeitweilig erwähnte das Gericht nämlich im Tenor nur die Normteile, deren Verfassungswidrigkeit es ausdrücklich erkannt hatte. Damit ist hinsichtlich der sonstigen Normteile keine Entscheidung in Gründen und Tenor gegeben, auch wenn eine ausführliche Untersuchung stattgefunden hat.[498]

Unabhängig von der geäußerten Kritik an der Überbetonung der Autorität der Entscheidungen muss doch zugestanden werden, dass die uneinheitliche Tenorierung nicht auch zu einer uneinheitlichen Rechtsprechung führen sollte. Der

---

496 So die Einschätzung von Guerrini, RFDC N° 89 (2012), S. 109, 112 ff., unter Hinweis darauf, dass der Conseil constitutionnel explizit darauf verwiesen habe, dass sich aus dem Gesetzgebungsverfahren keine Zweifel ergeben hätten. Er stellt allerdings unter Verweis auf den Entscheidungskommentar in Frage (S. 113), ob das Verfahren die einzige Quelle eines solchen Zweifels sein kann, und hebt ferner hervor, dass der Conseil constitutionnel hinsichtlich der im Verfahren der QPC nicht angreifbaren Frage der ordnungsgemäßen Zustandekommens eine ausdrückliche Aussage (siehe dazu das Considérant 2) nicht gescheut habe.

497 So die ebenfalls schon zu Zeiten der QPC ergangene Entscheidung über das Verbot der Verhüllung des Gesichts in der Öffentlichkeit („Burkaverbot"), Conseil constitutionnel, 07. Oktober 2010, N° 2010–613 DC. Es besteht allerdings keine Einigkeit über das Verhältnis beider Entscheidungen zueinander. So sehen Bezzina/Verpeaux, JCP-G 2011, S. 1495, 1496 f., die Entscheidung von 2011 als Wandel der Rechtsprechung gegenüber der von ihnen kritisierten Entscheidung von 2010; der Entscheidungskommentar, Commentaire de la décision n° 2011–630 QPC, S. 4 erklärt allerdings, der Conseil constitutionnel habe keineswegs auf das Recht verzichtet, jede mögliche Frage der Verfassungskonformität von Amts wegen zu stellen. Eine solche tiefgehende Analyse in der Entscheidung N° 2010–613 DC bestätigt auch Levade, JCP-G 2010, S. 1978, 1980, in ihrer Besprechung. Sehr kritisch wird die Entscheidung hingegen von Wachsmann, Jus Politicum N° 7/2012, S. 14 gesehen, der sie im Rahmen seiner Gesamtkritik an der Autorität der Entscheidungen des Conseil constitutionnel als Beispiel dafür nimmt, wie aus politischen Gründen durch eine *saisine blanche* eine spätere QPC verhindert werden könne, dabei aber die vertiefte Auseinandersetzung durch den Conseil constitutionnel und die Unterschiede zur Entscheidung N° 2011–630 QPC nicht berücksichtigt. Ähnlich kritisch auch Verpeaux, AJDA 2011, S. 1235, 1236.

498 Dieses ist, worauf Disant, QPC, S. 205, Rn. 272 hinweist, auch das Verständnis des Gerichts; die auf der Internetseite des Conseil constitutionnel geführte Liste der für verfassungskonform befundenen Normen führt die Fälle nicht auf, in denen es an dem einen oder anderen Teil mangelt. Die Liste kann, ständig aktualisiert, unter http://www.conseil-constitutionnel.fr/conseil-constitutionnel/root/bank_mm/QPC/dispositions_conformes_code_loi.pdf eingesehen werden.

Conseil constitutionnel hat auf die Problematik pragmatisch reagiert, indem er zwar formell nicht von einer entgegenstehenden Entscheidung in gleicher Sache spricht, die frühere Entscheidung jedoch gleichwohl in Bezug nimmt und dann nicht die Untersuchung verweigert, sondern überprüft, ob sich hinsichtlich der Gründe der früheren Entscheidung ein *changement des circonstances* ereignet hat oder ob dieser weiterhin gültig sind. In Ermangelung einer solchen Änderung erklärt er die Norm mithin für verfassungskonform.[499] Die Inbezugnahme der früheren Entscheidung erfolgt damit zur Begründung der neuen Entscheidung, eine materielle Bindungswirkung wird ihr jedoch nicht zugesprochen. Sonst wäre ein *non lieu* die Folge gewesen.[500]

Die Frage der Inbezugnahme früherer Entscheidungen geht aber über den hier behandelten Fall in teilweise problematischer Art hinaus. Insbesondere ist es möglich, dass die angegriffene Norm ein anderes, bereits untersuchtes Gesetz in Bezug nimmt, auf dessen Verfassungskonformität es für die Beantwortung der Frage ankommt.[501] Dann ist zwar über die angegriffene Norm ein Urteil noch nicht gefällt worden, die Antwort auf die Frage der Verfassungsmäßigkeit ergibt sich jedoch nahezu zwingend aus der Rechtsprechung des Conseil constitutionnel. Dagegen ist wenig einzuwenden. Wenn jedoch eine untersuchte Norm zwischenzeitlich außer Kraft gesetzt wurde, um dann inhaltsgleich wieder eingeführt zu werden, erscheint die Inbezugnahme der früheren Entscheidung diskutabel.[502] Denn das Ergebnis ist erneut eine Erklärung der Verfassungskonformität und nicht ein *non lieu*, sodass zwischen den einzelnen Schritten der Prüfung nicht unterschieden wird und faktisch das Kriterium materiell verstanden wird.[503]

---

499 Conseil constitutionnel, 17. März 2011, N° 2010-104 QPC, *Epoux B.*, Considérant 4. Das gleiche Vorgehen findet sich auch in Entscheidung Conseil constitutionnel, 16. September 2011, N° 2011-165 QPC, *Société HEATHERBRAE LTD*, Considérant 3.

500 Siehe zur Untersuchungstechnik des Conseil constitutionnel auch den Entscheidungskommentar, Commentaire des décisions n° 2010-103, 104 et 105/106 QPC, S. 16 ff.

501 Auf die Entscheidung Conseil constitutionnel, 23. Juli 2010, N° 2010-16 QPC, *M. Philippe E.*, verweist DISANT, QPC, S. 205 Rn 272, insbes. Fn. 2, der ihr allerdings ohne nähere Begründung einige weitere Entscheidungen gegenüberstellt, bei denen das Gericht jeweils wohlbegründet zu einem *non lieu à statuer* gekommen ist.

502 Dieses war der Fall in der Entscheidung Conseil constitutionnel, 29. September 2010, N° 2010-44 QPC, Considérant 9.

503 Kritisch zum Vorgehen des Gerichts BENETTI, RDP 2012, S. 593, 601, die die mangelnde Trennung zwischen den einzelnen Teilen der Argumentation hervorhebt. Wenn das Gericht eine frühere Entscheidung materiell in Bezug nehme, könne es auf ein *changement des circonstances* nicht mehr ankommen, vielmehr sei dann eine vollständige Neuuntersuchung gefordert. Der Entscheidungskommentar, Commentaire de la décision n° 2010-44 QPC, S. 5, erklärt dazu, der neu erhobene Vorwurf sei „unwirksam" (*inopérant*), da es an einem *changement des circonstances* fehle. Insgesamt ist die durch das Gericht gewählte Formulierung recht

Insgesamt wendet der Conseil constitutionnel die in Art. 23–2 Abs. 1 Nr. 2 der *ordonnance* enthaltenen Kriterien streng an und bestätigt damit die absolute Autorität seiner Entscheidungen mit der Ausnahme des *changement des circonstances*. Sein Umgang mit den Fällen, in denen es an dem einen oder dem anderen der beiden Kriterien fehlt, zeugt von einer stringenten, geradezu formalistischen Anwendung der gesetzlichen Regel. Unabhängig von der noch zu untersuchenden Ausnahme des *changement des circonstances* stellt sich jedoch bereits hier die Frage, ob es des Kriteriums der fehlenden früheren Erklärung der Verfassungswidrigkeit überhaupt bedarf. Denn das Gericht demonstriert in den Fällen, in denen eine direkte Berufung auf die frühere Entscheidung aus formalen Gründen nicht erfolgen kann, dass eine indirekte Berufung dennoch erfolgen kann, indem die Argumentation der früheren Entscheidung in Bezug genommen wird. Dabei handelt es sich jedoch um eine, wenn auch beschränkte, materielle Prüfung. Die obersten Gerichte, die mit der Entscheidung über die Weiterleitung befasst sind, könnten genauso verfahren und die Frage einer früheren Entscheidung im Rahmen der Prüfung des *caractère sérieux* durchführen. Wenn man die materielle Prüfung hier zulässt, verstärkt dieses noch die Auswirkungen der gleichzeitig unverständlicherweise erfolgenden umfassenden Erklärung der Verfassungskonformität und führt zu einer Verkürzung des materiellen Rechtsschutzes. Die Ausnahme des *changement des circonstances* ist, wie sich zeigen wird, nur bedingt geeignet, dieses zu kompensieren.

II. Die Gegenausnahme des *changement des circonstances*

1. Theoretische Konzeption und Einschränkungen

Die absolute Autorität der Entscheidungen des Conseil constitutionnel kann nach der Systematik des Art. 23–2 Abs. 1 Nr. 2 der *ordonnance* nur durchbrochen werden, wenn eine Änderung der Umstände (*changement des circonstances*) eingetreten ist, die eine Neubefassung rechtfertigt. Die juristische Bedeutung der Veränderung von Umständen ist in Frankreich nicht unbekannt. Das Verwaltungsrecht kennt bereits seit Beginn des 20. Jahrhunderts die Möglichkeit, einen Verwaltungsvertrag aufzuheben oder seine Neuverhandlung zu verlangen, weil sich Umstände fundamental geändert haben.[504] Seit der Entscheidung „*Despujol*“ des Conseil d’État von 1930[505] wird ferner jedem Bürger das Recht zuerkannt, die Abschaffung

unglücklich, Magnon et al., QPC, S. 213, Rn. 259 nennen sie „gekünstelt“ (*alambiqué*).

504 Dieses ist das Ergebnis der Entscheidung Conseil d’État, 30 März 1916, *Compagnie général d’éclairage de Bordeaux*, Sirey 1916 III, S. 17; siehe dazu auch die ausführliche Anmerkung bei Long et al., GAJA, Nr. 30 (*Compagnie général d’éclairage de Bordeaux*).

505 Conseil d’État, Section des contentieux, 10. Januar 1930, *Despujol*, Sirey 1930 III, S. 41 mit ausführlicher Erläuterung bei Long et al., GAJA, Nr. 41 (*Despujol*).

einer Verordnung zu verlangen, die durch eine Änderung der Umstände illegal geworden ist.

Der Begriff selbst wurde durch den Conseil constitutionnel erstmals in einer Entscheidung vom 15. März 1999 verwendet.[506] Das Gericht führt eine Änderung der rechtlichen Rahmenbedingungen als Begründung dafür an, dass es bei Gelegenheit der Überprüfung eines *loi organique* im Verfahren der *contrôle à priori* auch solche Regeln erneut prüfen kann, die bereits inhalts- oder textgleich Gegenstand einer früheren Entscheidung zur Verfassungsmäßigkeit waren.[507] Zumindest bei der Änderung von *Rechts*umständen betrat der Conseil constitutionnel mit der Einführung der QPC entsprechend kein vollständiges Neuland.[508]

Der Begriff des *changement des circonstances* findet sich zusammen mit der grundlegenden Einschränkung hinsichtlich der Neubefassung erstmalig im *loi organique* und wurde entsprechend in der Debatte über die Verfassungsänderung nicht thematisiert. Übernommen wurde schließlich unverändert der Vorschlag, der bereits im Regierungsentwurf enthalten war, die einfache Formulierung *sauf changement des circonstances.* Die parlamentarische Debatte zeugt jedoch von einem großen Respekt vor den Entscheidungen des Conseil constitutionnel und war daher von Versuchen geprägt, die Ausnahme einzuschränken oder ganz aufzuheben. Warsmann verstand die Möglichkeit des *changement des circonstances* allgemein als Abmilderung (er verwendet die Formulierung *tempéré*) des Verbots der Neubefassung[509]. Von diesem *changement des circonstances* sind nach seiner Auffassung allerdings nicht nur *Rechts*änderungen, sondern auch Änderungen der tatsächlichen Umstände (*circonstances de fait*) erfasst.[510] Als Beispiel für eine solche Änderung der Umstände wird eine Entscheidung des Conseil constitutionnel vom 08. Januar 2009[511] angeführt. Darin hatte das Gericht festgestellt, dass die früher für verfassungsmäßig gehaltene Regel eines Minimums von zwei Abgeordneten pro

506 Conseil constitutionnel, 15. März 1999, N° 99–410 DC, *Loi organique relative à la Nouvelle-Calédonie.*

507 Conseil constitutionnel, 15. März 1999, N° 99–410 DC, Considérants 3, 4. Bemerkenswert ist hier weiterhin, dass das Gericht auch solche Regelungen zu überprüfen bereit ist, die nicht einem *loi organique*, sondern dem im Wege des Referendums beschlossenen Gesetz N° 88–1028 vom 9. November 1988 entstammen. Siehe zur Problematik der Überprüfung von Volksgesetzgebung durch den Conseil constitutionnel und insbesondere zum Referendum über die Unabhängigkeit der *Nouvelle-Calédonie* ausführlich oben, Kapitel 2, A.III.1.

508 Siehe für eine ausführliche Darstellung der Entwicklung Gervier, RDP 2012, S. 89, 91 m.w.N.

509 Warsmann, Rapport N° 1898 vom 03. September 2009, Ass. Nationale, 13ème législature, S. 15.

510 Warsmann, Rapport N° 1898 vom 03. September 2009, Ass. Nationale, 13ème législature, S. 51.

511 Conseil constitutionnel, 08. Januar 2009, N° 2008–573 DC, *Loi relative à la commission prévue à l'article 25 de la Constitution et à l'élection des députés.*

Département mit Blick auf die rechtlichen Entwicklungen (namentlich die Entstehung weiterer Wahlkreise durch die Erfassung der Auslandsfranzosen), aber auch auf die tatsächlichen Entwicklungen (insbesondere den demografischen Wandel) nicht mehr aufrechterhalten werden könne.[512]

Gerade die Möglichkeit, auch Änderungen der tatsächlichen Umstände für eine Neuentscheidung genügen zu lassen, war jedoch umstritten. So führte Prof. Mathieu in seiner Anhörung vor dem Rechtsausschuss an, es sei nicht Aufgabe der Richter, sondern des Parlaments, auf gesellschaftliche Veränderungen angemessen zu reagieren. Er sah weiterhin die Gefahr, dass die Tatsache, dass die Umstände des Einzelfalls nie identisch seien, so ständig zu einer Neubefassung und damit zu erheblicher Rechtsunsicherheit führe.[513] Der erste Teil der Kritik erscheint nachvollziehbar, die Vermutung jedoch, es trete bereits durch die anderen Umstände des jeweiligen Falls zwingend ein *changement des circonstances* ein, übersieht den objektiven Charakter des Verfahrens und die damit auch *erga omnes* bestehende Wirkung dieser Entscheidungen. Die Kritik an einem weiten Verständnis des *changement des circonstances* teilte auch Prof. Molfessis, der für eine Beschränkung auf rein rechtliche Änderungen oder sogar nur das Hinzutreten neuer Rechte oder Freiheiten plädierte.[514] Sowohl in den Ausschussberatungen[515] als auch im Plenum der Assemblée nationale[516] wurde in der Folge dieser Kritik versucht, eine Limitierung auf *circonstances de droit* zu erreichen. Die Unterstützer des Antrags im Ausschuss führten dabei an, ansonsten werde den normalen Gerichten, die dann auch über gesellschaftliche Veränderungen urteilen, ein zu großer Teil der Untersuchung zugewiesen. Dem trat der Berichterstatter entgegen, da zwischen tatsächlichen und rechtlichen Änderungen kaum zu trennen sei und das einzige Risiko der Regelung in einer größeren Anzahl weitergeleiteter QPC bestehe.[517] Der Antrag in der Plenarberatung nannte als Grund den Respekt vor der Autorität des

---

512 Conseil constitutionnel, 08. Januar 2009, N° 2008–573 DC, Considérant 23. Siehe zu dieser Problematik auch den Entscheidungskommentar, Commentaire des décisions n° 2008–572 et 573 DC, S. 14.

513 Mathieu, wiedergegeben bei Warsmann, Rapport N° 1898 vom 03. September 2009, Ass. Nationale, 13ème législature, S. 106. Die Kritik findet sich auch bei Mathieu, JCP-G 2009, N° 40, S. 11, 13. Noch 2013 wird die Sinnhaftigkeit des *changement des circonstances de fait* in einem objektiven, nur auf die Norm bezogenen Verfahren angezweifelt, Mathieu/Rousseau, GD QPC, S. 142, Rn. 34.

514 Molfessis, wiedergegeben bei Warsmann, Rapport N° 1898 vom 03. September 2009, Ass. Nationale, 13ème législature, 12.08.2013, S. 138.

515 Änderungsantrag (Amendement) CL 10, gestellt von dem Abgeordneten Urvoas und der Fraktion der Sozialisten, einzusehen bei Warsmann, Rapport N° 1898 vom 03. September 2009, Ass. Nationale, 13ème législature, S. 202.

516 Änderungsantrag (Amendement) N° 13 vom 10. September 2009, gestellt von dem Abgeordneten Urvoas und der Fraktion der Sozialisten, geladen von http://www.assembleenationale.fr/13/pdf/amendements/1898/189800013.pdf am 17.08.2014.

517 Für die Beratung des Antrags siehe Warsmann, Rapport N° 1898 vom 03. September 2009, Ass. Nationale, 13ème législature, S. 63.

Gesetzgebers und, ähnlich wie von Mathieu vorgebracht, die Sorge, dass der Conseil constitutionnel zu einem Richter über die Anwendung des Gesetzes werden könne.[518] Warsmann trat auch diesem Vorschlag entgegen und führte vor allem an, der Antrag des Bürgers dürfe nicht anders behandelt werden als der von 60 Abgeordneten gestellte.

Der Berichterstatter im Sénat, Portelli, stand dem *changement des circonstances* insgesamt deutlich kritischer gegenüber. Er sah die Notwendigkeit, der Gefahr der juristischen Instabilität zu begegnen, und merkte weiterhin an, die normalen Gerichte könnten sich so in die dem Conseil constitutionnel obliegende Verfassungsmäßigkeitskontrolle einmischen.[519] Daraus leitet er die Forderung ab, ein *changement des circonstances*, insbesondere *de fait*, nur bei einer sehr lange zurückliegenden Entscheidung anzuerkennen, ohne den Zeitraum allerdings näher zu substantiieren oder zu begründen.[520] Prof. Mathieu wiederholte in seiner Anhörung die bereits in der Assemblée nationale formulierten Vorbehalte und erfuhr Unterstützung von Prof. Drago.[521] Im Plenum wurde sogar versucht, die gesamte Ausnahme des *changement des circonstances* zu Fall zu bringen. Der darauf gerichtete Änderungsantrag von Sueur und der Fraktion der Sozialisten[522] wurde mit den im Bericht von Portelli genannten Vorbehalten begründet.[523] Dabei überrascht allerdings die Einschätzung, dass auch eine Änderung der Rechtsumstände nicht für eine Neubefassung genügen soll, vor dem Hintergrund, dass Sueur in der weiteren Debatte den Unterschied zwischen Rechts- und Sachumständen ausdrücklich hervorhebt. Dem Antrag war kein Erfolg beschieden[524], womit die im Gesetzentwurf vorgesehene Fassung erhalten blieb.

518 Siehe hierzu Plenarprotokoll (*Compte rendu intégral*), Assemblée Nationale, 14. September 2009, J.O. Débats, N° 98 A.N. (C.R.) (2009), S. 7051.

519 Portelli, Rapport n° 637 (Sénat 2008–2009) vom 29. September 2009, S. 41 f.

520 Ein Hinweis lässt sich allerdings seiner späteren Stellungnahme in der Plenarberatung entnehmen, wonach an ein *changement des circonstances de fait* insbesondere bei vorkonstitutionnellem Recht zu denken sein soll, siehe hierzu Plenarprotokoll (*Compte rendu intégral*), Sénat, 13. Oktober 2009, J.O. Débats, N° 101 S. (2009), S. 8583.

521 Für die Zusammenfassung der Sachverständigenanhörungen siehe das Ergebnisprotokoll http://www.senat.fr/compte-rendu-commissions/20090921/lois.html, geladen am 13.03.2014.

522 Änderungsantrag (Amendement) N° 17, gestellt von Senator Sueur und Fraktion der Sozialisten, geladen von http://www.senat.fr/amendements/2008-2009/638/Amdt_17.html am 13.03.2014.

523 Siehe hierzu Plenarprotokoll (*Compte rendu intégral*), Sénat, 13. Oktober 2009, J.O. Débats, N° 101 S. (2009), S. 8582 f.

524 Hervorzuheben ist in diesem Zusammenhang auch die Äußerung des Vorsitzenden des Rechtsausschusses, Hyest, es erscheine paradox, um jeden Preis die Rechtsmittel für die Rechtssuchenden einschränken zu wollen, wiedergegeben ebd., S. 8584.

Der Conseil constitutionnel ging bei seiner Entscheidung über das *loi organique* hinsichtlich der früheren Entscheidung in gleicher Sache, wie ausgeführt, vom Standpunkt des Art. 62 Abs. 3 Const. aus. Er nutzt die Gelegenheit, um die Ausnahme klar zu umreißen und damit die Grenzen der Autorität seiner Entscheidung festzulegen. Dabei war das Gericht an dieser Stelle jedoch weniger streng, als bei seiner auch späteren Auseinandersetzung mit der Bedingung der fehlenden Entscheidung in gleicher Sache.[525] Der Conseil constitutionnel führte aus, eine Neubefassung komme nur bei Änderungen seit der letzten Entscheidung „in den anwendbaren verfassungsrechtlichen Normen oder der rechtlichen oder tatsächlichen Umständen, die den Inhalt der angegriffenen Norm betreffen"[526] in Frage. Die Formulierung „die den Inhalt der angegriffenen Norm betreffen" begegnet den von Mathieu vorgetragenen Bedenken, ein *changement des circonstances* ergebe sich nicht allein dadurch, dass die Umstände des Einzelfalls sich ändern.[527] Insbesondere die Unterscheidung zwischen Änderungen der Verfassung und des einfachen Rechts erweitert den Beurteilungsspielraum beträchtlich, da damit auch Änderungen an eng verbundenen Normen oder sogar im Europarecht als Grund für die Annahme eines *changement des circonstances* in Frage kommen.[528]

Wo in der parlamentarischen Debatte über das *loi organique* auch bei den Verfechtern des *changement des circonstances de droit et de fait* noch eine gewisse Zurückhaltung zu bemerken war, hier sei insbesondere auf Portelli im Sénat verwiesen, ging der Conseil constitutionnel überraschend offen mit der Möglichkeit um, dass seine Entscheidungen durch spätere Entwicklungen in Frage gestellt werden. Allerdings lassen sich die Auswirkungen dieser Entscheidung erst bestimmen, wenn auch deren Umsetzung durch die weiterleitenden Gerichte und das Verfassungsgericht selbst betrachtet wird.

Erst dann zeigt sich, inwieweit das *changement des circonstances* eine geeignete Kompensation für die ansonsten rigide gehandhabte Autorität früherer Entscheidungen des Conseil constitutionnel darstellt.

---

525 Roux, RDP 2010, S. 233, 250 geht davon aus, das Gericht habe das Ziel verfolgt, das Filterkriterium soweit wie möglich abzuschwächen.

526 Conseil constitutionnel, 03. Dezember 2009, N° 2009-595 DC, Considérant 13 a.E.: „*[...]justifié par les changements intervenus, depuis la précédente décision, dans les normes de constitutionnalité applicables ou dans les circonstances, de droit ou de fait, qui affectent la portée de la disposition législative critiquée; [...]*" [eig. Übersetzung].

527 So die Erläuterung im offiziellen Entscheidungskommentar, Commentaire de la décision n° 2009-595 DC, S. 7, es müsse sich jeweils um generelle Änderungen der Umstände handeln.

528 Roux, RDP 2010, S. 233, 250 unterscheidet hier zwischen der einer Änderung hinsichtlich der Gründe der früheren Entscheidung im Falle einer Verfassungsänderung (fehlende *identité de cause*) und der Änderung des Gegenstands (fehlende *identité d'objet*), wenn die inkriminierte Norm durch Rechts- oder Tatsachenänderung selbst eine Sinnänderung erfährt.

2. Ausgestaltung durch die Rechtsprechung

a) Änderungen der Verfassung

Wenig problematisch erscheint die erste der durch den Conseil constitutionnel angeführten Möglichkeiten, die Änderung der Bezugsnorm, also der Verfassung. Denn eine Verfassungsänderung ist kein zufälliges Ereignis, sie hat bestimmten Anforderungen hinsichtlich des Verfahrens und insbesondere der erforderlichen Mehrheiten zu genügen und sie ist klar als solche identifizierbar.[529] Außerdem sind Verfassungsänderungen vergleichsweise selten und taugen so kaum als Regelbeispiel des *changement des circonstances.* Dennoch hat sich die Situation einer textlichen Änderung der Verfassung im Rahmen der QPC ergeben, bei der bereits bezüglich der Überprüfungsmöglichkeit von Europarecht diskutieren Entscheidung „*Kamel D.*“[530] Der Conseil d'État musste sich in diesem Fall mit einer früheren Entscheidung in gleicher Sache von 2003[531] auseinandersetzen und konnte zur Weiterleitung nur gelangen, weil die frühere Entscheidung vor Einführung des Verbots der Todesstrafe in Art. 66-1 Const.[532] erfolgt war. Seine Analyse zeigt darüber hinaus, wie eng das Kriterium des *changement des circonstances* mit dem später noch zu untersuchenden Kriterium der *question nouvelle* zusammenhängt. Denn das Gericht begründete nicht nur die grundsätzliche Möglichkeit der Weiterleitung trotz früherer Entscheidung mit der neuen Verfassungsnorm, sondern behandelte die Frage vor diesem Hintergrund auch als *nouvelle* im Sinne der erstmaligen Anwendung einer Verfassungsnorm durch den Conseil constitutionnel.[533]

---

529 Die rechtlichen Rahmenbedingungen für eine Verfassungsänderung finden sich in Art. 89 Const., dazu tritt noch der bereits diskutierte Fall der (missbräuchlichen) Verwendung des Art. 11 Const. im Wege eines Referendums.

530 Conseil d'État, 10ème et 9ème sous-section réunies, 08. Oktober 2010, N° 338505, Considérant 2.

531 Conseil constitutionnel, 10. Dezember 2003, N° 2003-485 DC, *Loi modifiant la loi n° 52-893 du 25 juillet 1952 relative au droit d'asile.*

532 Dieses Verbot wurde durch das loi constitutionnelle N° 2007-239 vom 23 février 2007 *relative à l'interdiction de la peine de mort,* JORF N°47 vom 24. Februar 2007, S. 3355, in die Verfassung eingeführt, um eine Ratifzierung des 2. Zusatzprotokolls zum IPbpR zu ermöglichen. Der Conseil constitutionnel hatte diese Verfassungsänderung mit Entscheidung vom 13. Oktober 2005, N° 2005-524/525 DC, *Engagements internationaux relatifs à l'abolition de la peine de mort,* nach Art. 54 Const. wegen einer ansonsten endgültigen Einschränkung der Ausübung der nationalen Souveränität für erforderlich erklärt.

533 So Conseil d'État, 10ème et 9ème sous-section réunies, 08. Oktober 2010, N° 338505, Considérant 2 a.E.; dabei wurde allerdings das *changement des circonstances* nur umschrieben, ohne ausdrücklich festgestellt zu werden. Dieses bringt MAGNON ET AL., QPC, S. 232, Rn. 290, zu der angesichts der erforderlichen kumulativen Erfüllung der Kriterien problematischen Einschätzung, der Conseil d'État habe eine Berufung auf die *question nouvelle* der Weiterleitung wegen eines *changement des circonstances* vorgezogen.

Die objektiv unproblematische Feststellung einer Änderung des Verfassungstextes entbindet nicht davon, festzustellen, ob diese auch Auswirkungen auf die Beurteilung der Verfassungskonformität der angegriffenen Norm haben kann.[534] Denn dem Gedanken des *changement des circonstances* liegt die Überlegung zu Grunde, dass wegen der Änderung der Umstände eine abweichende Entscheidung über die Verfassungsmäßigkeit zumindest nicht von vornherein ausgeschlossen ist. Dieses war die überzeugende Feststellung des Conseil d'État in zwei Entscheidungen vom 20. April 2011[535], bei denen jeweils die Aufgabenzuweisung an eine Gebietskörperschaft, die 2001 für verfassungskonform erklärt worden war, angegriffen wurde. Obwohl 2003 die Verfassung dahingehend geändert wurde, dass eine solche Aufgabenzuweisung nur zusammen mit der Bereitstellung der entsprechenden Mittel zulässig ist, war von einem *changement des circonstance*s nicht auszugehen, da die Norm nicht rückwirkend anwendbar war, eine solche Rückwirkung müsste ausdrücklich vorgesehen sein.[536]

Die Frage der Änderung der Verfassung wird allerdings dadurch verkompliziert, das die französische Verfassung keinen einheitlichen Grundrechtskatalog kennt[537] und sich damit Änderungen nicht nur auf Grund einer sichtbaren Aktivität des Gesetzgebers, sondern auch wegen einer veränderten Auslegung der Verfassung ergeben können.[538] Dieses ist an und für sich nicht problematisch, denn jede Änderung an dieser Stelle führt dazu, dass eine vorher wegen der früheren Entscheidung gesperrte Vorlage ermöglicht wird. Problematisch ist vielmehr, dass es für die Möglichkeit der Neubefassung damit auf die Interpretation einer früheren Rechtsprechung ankommt, die nicht zwingend eindeutig ausfallen muss.

Relevant geworden ist dieses bisher in einem Fall, der bereits bei der Frage der früheren Entscheidung in gleicher Sache thematisiert wurde. In seiner Entscheidung vom 17. März 2011 kam das Gericht zu einem Urteil der Verfassungskonformität, da es sich mangels eines *changement des circonstances* nicht veranlasst sah, seine frühere Entscheidung, die die angegriffenen Normen allerdings nur in ihren Gründen für verfassungskonform erklärte, in Frage zu stellen.[539] Strenggenommen betraf diese Entscheidung nicht den Fall eines *changement des circonstances* im

---

534 Oder, genauer, ob die neuen Regeln auf den streitgegenständlichen Sachverhalt überhaupt anwendbar sind, Disant, QPC, S. 214, Rn. 286.

535 Conseil d'État, 1ère et 6ème sous-sections réunies, 20. April 2011, N° 346460, Considérant 7, und N° 346205, Considérant 5, mit Bestätigung durch Conseil constitutionnel, 30. Juni 2011, N° 2011–143 QPC, Considérant 8, *Départements de la Seine-Saint-Denis et de l'Hérault.*

536 Disant, QPC, S. 214, Rn. 286.

537 Hierauf wird noch bei der Untersuchung des tauglichen Prüfungsmaßstabs sowie, in geringerem Umfang, auch bei der Frage der *question nouvelle* einzugehen sein.

538 Disant, QPC, S. 214, Rn. 286.

539 Conseil constitutionnel, 17. März 2011, N° 2010–104 QPC, *Epoux B.*, Considérant 4.

engen Sinne, sonst hätte das Gericht zum Ergebnis des *non lieu* kommen müssen.[540] Wie aber bereits festgestellt, verläuft die Grenze zwischen der materiellen Prüfung und dem Kriterium des *changement des circonstances* hier fließend.[541]

Die Vorlageentscheidung des Conseil d'État übersah, dass die angegriffene Norm in der früheren Entscheidung des Conseil constitutionnel[542] nicht im Tenor für verfassungskonform erklärt worden war und prüfte entsprechend das Kriterium vollumfänglich.[543] Dabei nahm das Gericht an, eine Weiterleitung könne erfolgen, weil der Conseil constitutionnel zwischenzeitlich[544] dem Prinzip der Individualisierung der Strafe (*individualisation de la peine*[545]) Verfassungsrang zuerkannt habe und somit eine Änderung der Verfassung eingetreten sei. Hintergrund des Streits war eine Vorschrift des französischen Steuergesetzbuches, nach der bei einer verspäteten Steuererklärung bzw. bei einer sog. *activité occulte*[546] eine automatische Erhöhung der zu zahlenden Steuern um bis zu 80% die Folge ist[547]. Diese automatische Erhöhung hielten die Beschwerdeführer für unvereinbar mit einer individualisierten Strafe.

Ob jedoch dem Prinzip der *individualisation de la peine* Verfassungsrang zukam, war zumindest bis 2005 nicht endgültig klar. So führte der Conseil constitutionnel in einer Entscheidung vom 20. Januar 1981 aus, die Frage, ob dieses Prinzip den *principes fondamentaux reconnus par les lois de la République* zuzurechnen

540 Siehe zum genauen Gegenstand der Untersuchung des Conseil constitutionnel erneut den Entscheidungskommentar, Commentaire des décisions n° 2010–103, 104 et 105/106 QPC, S. 16 ff.

541 Siehe zum Unterschied der Anwendung des Kriteriums des *changement des circonstances* die Erläuterungen bei Magnon et al., QPC, S. 220, Rn. 274. Auf dieses Problem wird noch bei der Frage der Änderung im Recht einzugehen sein, dazu sogleich.

542 Conseil constitutionnel, 29. Dezember 1999, N° 99–424 DC, *Loi de finances pour 2000.*

543 Conseil d'État, 9ème et 10ème sous-sections réunies, 17. Dezember 2010, N° 331113, Considérant 4, mit Anmerkung Mathieu, JCP-G 2011, S. 346, 347.

544 Dieses geschah mit der Entscheidung Conseil constitutionnel, 22. Juli 2005, N° 2005–520 DC, *Loi précisant le déroulement de l'audience d'homologation de la comparution sur reconnaissance préalable de culpabilité,* Considérant 3.

545 Das Prinzip der Individualisierung der Strafe stellte in Frankreich eine Abkehr von den in revolutionärer Zeit eingeführten *peines fixes* dar und trug der Tatsache Rechnung, dass das Verständnis der Gerichte als bloße Verhängungsinstitutionen durch den Gesetzgeber im Detail festgelegter Strafen mit gesundem Menschenverstand und Angemessenheit kaum in Einklang zu bringen war, siehe dazu Desportes/Le Gunehec, Droit Pénal Général, S. 882, Rn. 934 ff., insbes. Rn. 941.

546 Näher definiert in Art. L169 Abs. 3 Livre des procédures fiscales; es handelt sich dabei um eine trotz Verpflichtung nicht angemeldete Gewerbetätigkeit oder auch eine illegale Erwerbstätigkeit wie z. B. Drogenhandel.

547 Art. 1728 Abs. 1 Code général des impôts.

sei, könne letztlich dahingestellt bleiben, da selbst in diesem Fall die Möglichkeit des Gesetzgebers, mit dem Ziel der effektiven Repression von Straftaten tätig zu werden, nicht in Frage gestellt werden könne.[548] Auch die hier als frühere Entscheidung in gleicher Sache verstandene Entscheidung N° 99–424 DC führte dieses Prinzip bei der Prüfung von Art. 1728 CGI nicht ausdrücklich an, sondern erklärte die Norm mit Blick auf das über Art. 8 DDHC mit Verfassungsrang versehene Prinzip der strikten Notwendigkeit und der Verhältnismäßigkeit der Strafe sowie das Prinzip *nulla poena sine lege* für verfassungsmäßig.[549] Erst 2005 kam es dann zu der Feststellung, dass das Prinzip der *individualisation de la peine* ebenfalls aus Art. 8 DDHC resultiert.[550] Der Conseil constitutionnel entschied nun 2011, bei der Entscheidung N° 2005–520 DC habe es sich lediglich um eine Präzisierung gehandelt, das Prinzip habe auch schon vorher Verfassungsrang gehabt, sodass ein *changement des circonstances* nicht vorliege.

Diese Entscheidung, der zumindest der Kommentar zur Entscheidung N° 2005–520 DC mit seiner ausdrücklichen Feststellung, dass dem Prinzip vorher nie Verfassungsrang zugesprochen worden sei, entgegensteht[551], zeugt von der großen Schwierigkeit, zuverlässig alle mit Verfassungsrang ausgestatteten Prinzipien zu identifizieren und dementsprechend eine Änderung festzustellen. Ihr lässt sich gleichwohl keine vollständige Weigerung entnehmen, eine veränderte oder auch präzisierte Rechtsprechung des Conseil constitutionnel zu einzelnen Prinzipien als *changement des circonstances* zu begreifen.[552]

Die Situation wird zusätzlich dadurch verkompliziert, dass der Conseil d'État sich bereits das Recht genommen hat, ebenfalls Prinzipien mit Verfassungsrang zu identifizieren. Dieses ist bisher erst einmal, 1996, mit der Entscheidung *Koné*[553] erfolgt, die weitere Entwicklung an dieser Stelle lässt sich jedoch nicht absehen. Hintergrund dieser Möglichkeit ist erneut die Vielschichtigkeit des französischen Grundrechtskatalogs, zu dem auch die über den Verweis der Präambel der Verfassung von 1958 auf die Präambel der Verfassung von 1946 in Bezug genommenen *principes fondamentaux reconnus par les lois de la République* gehören. Bei den auch als PFRLR bezeichneten Regeln handelt sich um Gewährleistungen, die sich aus vorkonstitutionellem einfachem Gesetzesrecht ergeben, wobei sich die Angabe

548 Conseil constitutionnel, 20. Januar 1981, N° 80–127 DC, *Loi renforçant la sécurité et protégeant la liberté des personnes,* Considérants 14–16.

549 Conseil constitutionnel, 29. Dezember 1999, N° 99–424 DC, Considérants 52 ff.

550 Conseil constitutionnel, 22. Juli 2005, N° 2005–520 DC, Considérant 3.

551 Commentaire de la décision n° 2009–520 DC, S. 4.

552 So unter Verweis auf den Entscheidungskommentar überzeugend MAGNON ET AL., QPC, S. 224, Rn. 279. Deutlich kritischer wird dieses von DISANT, QPC, S. 214, Rn. 286 gesehen, der die Argumentation des Conseil d'État zwar als „bestechend" (*séduisant*) bezeichnet, aber hinsichtlich der Rechtsprechung des Conseil constitutionnel zwischen der bloßen Präzisierung und der inhaltlichen Veränderung oder Neuschöpfung eines Prinzips unterscheiden will.

553 Conseil d'État, Assemblée, 03. Juli 1996, N° 169219, *Koné*.

„vorkonstitutionell" auf den Zeitraum vor 1946 und präziser vor der Zeit des Vichy-Regimes zu beziehen ist.[554] Die Präambel von 1946 erhebt damit Gewährleistungen, die sich nur in einfachen Gesetzen finden, aber durch ihre besondere Bedeutung und ihre ständige Gewährleistung hervorgehoben sind, auf die Rangstufe der Verfassung.[555] Gerade das in der Leitentscheidung des Conseil constitutionnel von 1971 bedeutsam gewordene Prinzip der Vereinigungsfreiheit, *liberté d'association*, ist hierfür ein gutes Beispiel, ergibt es sich doch aus dem Gesetz vom 1. Juli 1901 über den Gesellschaftsvertrag.[556]

In der Entscheidung *Koné* vom 03. Juli 1996 entschied die Assemblée des Conseil d'État über die Auslieferung eine malischen Staatsbürgers und erklärte bei dieser Gelegenheit, über den Zulässigkeit ausgehend von dem PFRLR der Nichtauslieferung aus politischen Gründen urteilen zu müssen.[557] Dieses PFRLR war vorher noch nicht durch den Conseil constitutionnel anerkannt worden. Gleichwohl machte sich der Conseil d'État nicht zum Schöpfer neuen Verfassungsrechts, sondern identifizierte lediglich ein schon bestehendes[558] Prinzip, das seinen Verfassungsrang durch seine Bedeutung und Beständigkeit erhalten hatte.[559]

Die *Koné*-Entscheidung ist bisher ein Einzelfall geblieben, da angesichts des großen Alters des vorkonstitutionnellen Rechts kaum mit weiteren bisher unentdeckten PFRLR zu rechnen ist.[560] Auch ist fraglich, ob der Conseil d'État nach

554 Zu dieser zeitlichen Bedingung siehe Conseil constitutionnel, 20. Juli 1988, N° 88–244 DC, *Loi portant amnistie*, Considérant 12; zweifelnd jedoch Rousseau, Droit du contentieux constitutionnel, S. 101, Rn. 94.

555 Zu den PFRLR siehe Gicquel/Gicquel, Droit constitutionnel, S. 109, Rn. 203; Hamon/Troper, Droit constitutionnel, S. 696, Rn. 782.

556 So verwendete der Conseil constitutionnel in seiner Entscheidung vom 16. Juli 1971, N° 71–44 DC, *Liberté d'association*, im 2. Considérant die Formulierung *„Considérant qu'au nombre des principes fondamentaux reconnus par les lois de la République et solennellement réaffirmés par le préambule de la Constitution il y a lieu de ranger le principe de la liberté d'association ; que ce principe est à la base des dispositions générales de la loi du 1er juillet 1901 relative au contrat d'association;"* (Unter Berücksichtigung dessen, dass zu den durch die Gesetze der Republik anerkannten und durch die Präambel der Verfassung feierlich bestätigten Prinzipien das Prinzip der Vereinigungsfreiheit zu zählen ist; dass dieses Prinzip die Grundlage der generellen Regeln des Gesetzes vom 01. Juli 1901 über den Gesellschaftsvertrag darstellt) [eig. Übersetzung] und verwies so ausdrücklich auf die gesetzliche Verankerung.

557 Conseil d'État, Assemblée, 03. Juli 1996, N° 169219, Considérant 6.

558 Mathieu/Verpeaux, D. 1997, Chron., S. 219, 220 f., führen diese Lesart zur Unterstützung der „*Koné*"-Rechtsprechung an, auch die einfachen Gerichte seien gehalten, die Verfassung vollumfänglich zur Anwendung zu bringen.

559 Zustimmend zum Vorgehen des Conseil d'État daher Long et al., GAJA, Nr. 96 (*Koné*), Rn. 2.

560 A.A. Rousseau, Droit du contentieux constitutionnel, S. 101, Rn. 94 ff., der bereits die Beschränkung auf Gesetze vor 1946 anzweifelt und darauf verweist, dass das

Inkrafttreten der QPC weiterhin dieses Recht für sich in Anspruch nehmen wird.[561] Würde es allerdings zu weiteren Feststellungen dieser Art durch den Conseil d'État kommen, könnte man darin durchaus eine Änderung der Verfassungsumstände sehen. Der Conseil constitutionnel würde somit nicht nur die Gelegenheit erhalten, zu dem konkreten Prinzip Stellung zu nehmen[562], sondern könnte auch insgesamt das Vorgehen des Conseil d'État in *Koné* bewerten.[563] Zuletzt ist es auch möglich, dass ein solches Prinzip überhaupt nicht durch das Gericht identifiziert wird, sondern dass ein Rechtssuchender seine QPC mit dem Argument begründet, eine bestimmte Regel stelle ein PFRLR dar. Dieser Fall ist im Rahmen der *question nouvelle* bereits eingetreten[564], auf den hier diskutierten Fall übertragen wäre dann zu überlegen, ob darin auch eine Änderung der Verfassungsumstände liegen könnte.

Die erste Kategorie des *changement des circonstances* bereitet somit zumindest dann keine Probleme, wenn eine textliche Änderung des Verfassungstexts vorliegt. In den Fällen jedoch, in denen das in Frage kommende Recht sich nicht unmittelbar aus dem Verfassungstext ergibt, sondern Ergebnis einer rechtsschöpfenden Tätigkeit des Verfassungsgerichts oder auch der Obergerichte ist, erscheint die Feststellung schwieriger.

Hervorzuheben ist erneut, dass der Conseil constitutionnel die Frage der früheren Entscheidung in gleicher Sache in einem materiellen Sinn versteht und das Kriterium des *changement des circonstances* auch im Zuge der eigentlichen Verfassungsmäßigkeitsprüfung heranzieht. Dieses Vorgehen mag vor dem Hintergrund eines gewissen Respekts vor der eigenen, früheren Entscheidung verständlich sein, es führt jedoch zu einer insoweit uneinheitlichen Rechtsprechung und erweitert noch das bereits oben diskutierte Problem, dass mit einer einmaligen QPC möglicherweise selbst bei einer Änderung der Rechtsnorm bestimmte Fragen „auf ewig" nicht erneut gestellt werden können. Denn die Vermutung, der Conseil constitutionnel werde sich einer erneuten QPC nur auf Grund einer veränderten

---

letzte PFRLR, die Beständigkeit des spezifischen Ortsrechts im Elsass, erst 2011 anerkannt wurde. Zu diesem neu anerkannten PFRLR und dessen Entstehung siehe auch die Anmerkung von Verpeaux, JCP-G 2011, S. 2297, insbes. 2299, der beispielhaft das Vorgehen des Conseil constitutionnel nachzeichnet, sowie die grundsätzliche Untersuchung zum Verhältnis des Ortsrechts zur Verfassung von Gueydan, RFDC N° 96 (2013), S. 857, insbes. S. 867 ff.

561 Zweifelnd Denoix de Saint Marc, AJDA 2014, S. 107, 108, der selbst als Richter an der *Koné*-Entscheidung beteiligt war.

562 Mathieu/Verpeaux, D. 1997, Chron., S. 219, 221, erachteten eine Vorlage an den Conseil constitutionnel *de lege ferenda* bereits 1997 für sinnvoll, um einer Beeinträchtigung der Rechtssicherheit durch eine uneinheitliche Rechtsprechung zu begegnen.

563 Domino/Bretonneau, AJDA 2012, S. 422, 430; diese nehmen weiterhin an, der Conseil d'État werde vor dem Hintergrund der QPC die Feststellung von PFRLR stärker dem Conseil constitutionnel überlassen.

564 Siehe dazu ausführlich unten Kapitel 2, G.II.a),bb).

Argumentation öffnen[565], steht im Widerspruch zum Beharren des Conseil constitutionnel auf der Annahme, die Norm bei der ersten Untersuchung hinsichtlich jedes in Frage kommenden Vorwurfs der Verfassungswidrigkeit geprüft zu haben.

Diese Problematik zeigt sich erneut bei der zweiten Kategorie des *changement des circonstances*, der Änderung im sonstigen Recht.

b) Änderungen im Recht

Die zweite Möglichkeit eines *changement des circonstances* nach der Rechtsprechung des Conseil constitutionnel betrifft den Fall, dass eine Änderung im sonstigen Recht eingetreten ist und aus diesem Grund eine erneute Befassung des Verfassungsgerichts gerechtfertigt erscheint. Zunächst zu denken ist an den Fall, dass eine Änderung der zu untersuchenden Norm selbst seit der früheren Erklärung der Verfassungsmäßigkeit eingetreten ist. Unzweifelhaft liegt in einem solchen Fall eine Änderung der Rechtsumstände vor. Allerdings erscheint es mehr als zweifelhaft, ob sich die Frage des *changement des circonstances* dann überhaupt stellt. Denn es bedarf, wie oben dargestellt, damit das *changement des circonstances* in Betracht kommt, einer früheren Konformitätserklärung in Gründen und Tenor. Nach der Konzeption des Art. 23–2 Abs. 1 Nr. 2 der *ordonnance* über den Conseil constitutionnel ist zunächst jede Norm überprüfbar, so nicht eine frühere Erklärung der Konformität in Gründen und Tenor vorliegt, also eine Ausnahme von der grundsätzlichen Überprüfbarkeit. Das *changement des circonstances* stellt dann wiederum die Gegenausnahme dar, die in diesen Fällen doch eine Prüfung ermöglicht.

Im Grundsatz würde dieses bedeuten, dass die Frage des *changement des circonstances* zumindest vor den vorlegenden Gerichten überhaupt nicht gestellt werden kann. Die Literatur allerdings verhält sich an dieser Stelle insgesamt recht indifferent und vermeidet es, den Übergang zwischen formeller und materieller Prüfung klar zu benennen. Dabei zeigt die Rechtsprechung des Conseil constitutionnel deutlich, dass sein Verständnis des *changement des circonstances* nur ganz ausnahmsweise ein rein formelles ist, dass er dieses Kriterium vielmehr zur Unterstützung seiner sonstigen Argumentation, in nachvollziehbarer, aber nichtsdestoweniger problematischer Art und Weise heranzieht. Bei MAGNON ET AL. wird ausgeführt, der Conseil constitutionnel verwende die Untersuchung des *changement des circonstances* auch, um einen Wandel gegenüber seiner früheren Rechtsprechung zu begründen, und zwar auch dann, wenn sich das Problem einer

565 Dieses ist bemerkenswerterweise die Annahme von GAHDOUN, in: ROUSSEAU (Hrsg.), QPC, S. 124, 129, der davon ausgeht, eine mit der Verletzung eines anderen Verfassungsprinzips begründete QPC könne geprüft werden, da eine Änderung im Recht vorliege. Dieser bereits in der Vorauflage vertretenen Ansicht, die ohne Beleg bleibt, schließt sich DRAGO, JPC-G 2010, Supp. au N° 48, S. 18, 19 an; zum tatsächlichen Entscheidungsumfang siehe demgegenüber jedoch die Anmerkungen oben, Kapitel 2, B.I.1.b).

früheren Entscheidung mangels Erklärung in Gründen und Tenor nicht stelle.[566] Dieser Einschätzung kann insgesamt zugestimmt werden, wie sich bei einer präzisen Analyse der Rechtsprechung zeigt.

Dass damit jedoch das Kriterium des *changement des circonstances* und letztlich die Frage der früheren Entscheidung in gleicher Sache einen bedeutend weiteren Anwendungsbereich erhält, als der Gesetzgeber vorgesehen hat, wird kaum gesehen. Zur Verdeutlichung dieser Problematik kann die bisherige Rechtsprechung des Conseil constitutionnel herangezogen werden.

Ausgegangen wird dabei von der bereits oben zitierten Entscheidung des Conseil constitutionnel N° 2010–9 QPC, in der das Gericht feststellte, dann, wenn eine frühere Entscheidung über die Norm existiere und kein *changement des circonstances* vorliege, nicht zu einer Entscheidung berufen zu sein, und damit zu dem Ergebnis eines *non lieu* kam.[567] Hinsichtlich dieser Entscheidung wird allerdings darauf aufmerksam gemacht, dass das vorlegende Gericht, da es bereits die Existenz einer Entscheidung in gleicher Sache verneinte, keine Prüfung des *changement des circonstances* vorgenommen hatte.[568] Der Entscheidung des Conseil constitutionnel kann damit – streng ausgelegt – nur entnommen werden, dass das Gericht sich dann, wenn gar keine Auseinandersetzung mit der Möglichkeit eines *changement des circonstances* erfolgt ist, für unzuständig erklärt.

Aber auch für den Fall, dass das vorlegende Gericht ein *changement des circonstances* feststellt, das der Conseil constitutionnel nicht zu bestätigen vermag, ist es bereits zu einer, zumindest teilweisen, *non lieu*-Entscheidung gekommen. Dieses war der Fall in der Entscheidung N° 2011–142/145 QPC. Im Streitfall ging es um die Problematik einer Aufgabenübertragung an eine Gebietskörperschaft, die nach Art. 72–2 Const. nur unter gleichzeitiger Bereitstellung der zur Erfüllung dieser Aufgabe erforderlichen Mittel erfolgen kann.[569] Der Conseil d'État hatte die Weiterleitung in diesem Fall unter Annahme eines *changement des circonstances*, allerdings *de fait*, vorgenommen[570], obwohl eine frühere Entscheidung des Conseil constitutionnel in gleicher Sache bestand. Der Conseil constitutionnel folgte nunmehr der Logik der Entscheidung N° 2010–9 QPC. Da nach seiner Auffassung

566 Magnon et al., QPC, S. 221, Rn. 274. Einer Bewertung dieses Vorgehens enthalten sich die Autoren jedoch.

567 Conseil constitutionnel, 02. Juli 2010, N° 2010–9 QPC, *Section française de l'Observatoire international des prisons,* Considérant 4.

568 Dieser Hinweis findet sich bei Magnon et al., QPC, S. 223, Rn. 276, unter Bezugnahme auf Türk, RFDA 2011, S. 723, 729.

569 Ein ähnlicher Streitfall hat den Conseil d'État bereits dazu gebracht, die Weiterleitung zu verweigern, weil Art. 72–2 Const. nicht retroaktiv gilt und daher nicht auf zeitlich vor 2002 liegende Aufgabenzuweisungen bezogen werden kann, siehe hierzu bereits ausführlich oben, Kapitel 2, B.II.2.a).

570 Conseil d'État, 1ère et 6ème sous-sections réunies, 20. April 2011, N° 346204, Considérant 8.

das *changement des circonstances* nicht gegeben war[571], kam er zu einer teilweisen *non lieu*-Erklärung, die sich so auch ausdrücklich im Entscheidungstenor wiederfindet.[572] In ähnlicher Weise nahm der Conseil constitutionnel eine sorgfältig in Zulässigkeit und Begründetheit unterteilte Prüfung in einer Entscheidung vom 21. Februar 2012 vor, bei der er allerdings das vom Conseil d'État angenommene[573] *changement des circonstances* bestätigte[574] und sodann in die materielle Prüfung überging.[575]

Mit diesen beiden Urteilen erschöpft sich jedoch nahezu die Anzahl der Entscheidungen, bei denen der Conseil constitutionnel das *changement des circonstances* tatsächlich in der vom Gesetzgeber vorgesehenen Weise zur Anwendung gebracht hat. Vor diesem Hintergrund müsste das Problem des *changement des circonstances* als unbedeutend gelten und hätte kaum Anlass zu umfangreicher Bearbeitung in der Literatur gegeben.

Das Gegenteil ist jedoch der Fall, und dafür ist bis zu einem gewissen Grad auch die Möglichkeit des *changement des circonstances de droit* verantwortlich. Denn der Conseil constitutionnel wendet die bereits oben vorgestellte materielle Prüfung nicht nur an, um die aus der unterschiedlichen Redaktion seiner Urteile resultierenden Probleme hinsichtlich der „früheren Entscheidung zur Verfassungsmäßigkeit" zu kompensieren. Sondern er sieht sich auch berechtigt, auf eine Prüfung der Verfassungsmäßigkeit zu verzichten, obwohl strenggenommen eine Identität der untersuchten Objekte nicht besteht.

Bei vielen Fällen, bei denen an den Conseil constitutionnel eine Frage unter der Annahme eines *changement des circonstances* weitergeleitet wird, kann festgestellt

571 Conseil constitutionnel, 30. Juni 2011, N° 2011–142/145 QPC, *Départements de la Seine-Saint-Denis et autres*, Considérant 17.

572 Conseil constitutionnel, 30. Juni 2011, N° 2011–142/145 QPC, erster Punkt des Entscheidungstenors.

573 Conseil d'État, 2ème et 7ème sous-sections réunies, 02. Februar 2012, N° 355137, Considérant 3, wobei jedoch hervorzuheben ist, dass der Conseil d'État für ein *changement des circonstances* hier ohne nähere Präzisierung die „das politischen Leben und die institutionnelle Organisation des Landes betreffenden Änderungen" für eine erneute Vorlage genügen ließ.

574 Conseil constitutionnel, 21. Februar 2012, N° 2012–233 QPC, *Mme. Marine Le Pen*, Considérant 4. Dabei fällt auf, dass der Conseil constitutionnel sogar mit Unterüberschriften (*-sur la recevabilité / -sur le fond*) eine unmissverständliche Gliederung seiner Entscheidung vornimmt. Zum Vorgehen des Conseil constitutionnel in diesem Fall auch Rousseau et al., RDP 2013, S. 197, 209, die allerdings wohl bereits die Tatsache für bemerkenswert halten, dass der Conseil constitutionnel die Einschätzung des Conseil d'État überhaupt prüft.

575 Conseil constitutionnel, 21. Februar 2012, N° 2012–233 QPC, Considérants 5–10. Die QPC blieb im Ergebnis ohne Erfolg, sie zeugt aber, wie Magnon et al., QPC, S. 223, Rn. 277, anmerken, davon, dass jedenfalls bei Änderung der auf den Fall anwendbaren Verfassungsnormen eine erneute Befassung des Conseil constitutionnel möglich ist.

werden, dass die vorgelegte Norm seit der früheren Entscheidung des Conseil constitutionnel geändert wurde oder sogar, im Extremfall, zeitweilig außer Kraft gesetzt worden war. Dann dürfte eigentlich die frühere Entscheidung des Gerichts einer Neubefassung nicht entgegenstehen. Der Conseil constitutionnel nimmt nunmehr unter Anwendung der Kriterien des *changement des circonstances* hierzu Stellung. Wenn er jedoch zu einer anderen Auffassung als das vorlegende Gericht kommt, ist das Ergebnis kein *non lieu*, auch wenn in den Entscheidungsgründen von einer Unmöglichkeit der erneuten Untersuchung gesprochen wird, sondern die Erklärung der Verfassungsmäßigkeit der berücksichtigten Norm. Das *changement de circonstances de droit* äußert sich nun nicht allein bezüglich der Gesamtheit der nicht untersuchten Normen, die potentiell einen Einfluss auf die angegriffene Vorschrift haben können, sondern auch bezüglich dieser Vorschrift selbst. Denn nur dann, wenn dieses *changement* bejaht werden kann, kommt eine vollständig neue Prüfung in Frage.

Dieses hat eine doppelte Konsequenz: Zum einen vermeidet das Gericht damit jede über das Kriterium der Änderung der Umstände hinausgehende Prüfung und zementiert damit auch die bereits oben diskutierte Problematik, dass das Gesetz als konform zu allen in Frage kommenden Rechten und Freiheiten zu gelten hat, ob diese vorgebracht wurden oder nicht. Zum anderen liegt mit der dann gefällten Entscheidung des Conseil constitutionnel unzweifelhaft eine in Gründen und Tenor erfolgte Erklärung der Verfassungsmäßigkeit der veränderten Norm vor, die einer erneuten Vorlage hohe Hürden bereitet.

Der Fall kann plastisch an einem auch politisch hochbrisanten Verfahren aus dem Jahr 2011 erläutert werden. Dabei ging es um eine Vorschrift des französischen Wahlgesetzes, die im Falle einer fehlerhaften Erklärung über die Finanzierung des Wahlkampfes die Möglichkeit eröffnete, die gesamte Erstattung der Wahlkampfkosten zu verweigern und darüber hinaus die Wählbarkeit für einen Zeitraum von einem Jahr aufzuheben.[576]

Die mit der QPC angegriffenen Bestimmungen des Wahlgesetzes waren, zumindest in weiten Teilen, bereits Gegenstand einer Entscheidung des Conseil constitutionnel 1990[577] gewesen und damals für verfassungskonform erklärt worden. In

576 Genauer die Art. L. 52–11–1, 52–15 und L. 118–3 des *Code électoral* in der damals gültigen Fassung. Hintergrund des Prozesses war eine Klage gegen den Präsidenten der Region *Île-de-France*, der kurz vor den Regionalwahlen 2010 mit öffentlichen Geldern Wahlwerbung zu seinen Gunsten finanziert hatte. Siehe für die Details der „Affaire Huchon" und zu den juristischen Implikationen Deprieck, *Comprendre l'affaire Huchon*, lexpress.fr, 24. Januar 2011, geladen von http://www.lexpress.fr/actualite/politique/huchon-peut-il-devenir-ineligible_954784.html am 24.03.2014.

577 Conseil constitutionnel, 11. Januar 1990, N° 89–271 DC, *Loi relative à la limitation des dépenses électorales et à la clarification du financement des activités politiques.*

der Vorlageentscheidung des Conseil d'État vom 28. Januar 2011[578] musste sich das Gericht entsprechend detailliert mit der Problematik der früheren Entscheidung in gleicher Sache auseinandersetzen. Dazu zeichnete es detailliert die Entwicklung nach, die die genannten Normen seit diesem Zeitpunkt genommen hatten und kam zu dem Ergebnis, das wegen dieser Entwicklung von einem *changement des circonstances de droit* gesprochen werden könne und damit eine Neubefassung des Conseil constitutionnel gerechtfertigt sei[579], auch, weil der Conseil constitutionnel selbst 2003 und 2008 Zweifel an der Verhältnismäßigkeit des Entzugs der Wählbarkeit für bereits gewählte Kandidaten geäußert hatte, allerdings nicht in seiner Funktion als Verfassungsrichter, sondern als oberstes Wahlgericht.[580]

Dabei ist allerdings hervorzuheben, dass alle angegriffenen Normen seit der Entscheidung von 1990 verändert wurden. Würde man das Kriterium der früheren Entscheidung in gleicher Sache strikt anwenden, läge damit in keinem der Fälle ein Hindernis für die Weiterleitung an den Conseil constitutionnel vor. Dieses wird vom Gericht jedoch nur hinsichtlich des Art. L. 118–3 Const. so vollzogen.[581] Bei den beiden anderen angegriffenen Vorschriften hielt der Conseil d'État die Änderungen für so marginal[582], dass die frühere Entscheidung weiter als Entscheidungshindernis zu gelten hatte, und rechtfertigte die Weiterleitung entsprechend mit der Annahme eines *changement des circonstances*.[583]

In seiner Entscheidung über die QPC behandelte der Conseil constitutionnel nunmehr das vom Conseil d'État festgestellte *changement des circonstances* nicht im Rahmen einer gesonderten Zulässigkeitsprüfung, sondern wandte sich den vorgebrachten Argumenten im Rahmen der materiellen Prüfung zu und stellte jeweils fest, dass die vorgenommenen Änderungen ihrerseits verfassungskonform

578 Conseil d'État, 3ème et 8ème sous-sections réunies, 28. Januar 2011, N° 338199, siehe hierzu auch die Anmerkung von Mathieu, JCP-G 2011, S. 346, 347.

579 Conseil d'État, 3ème et 8ème sous-sections réunies, 28. Januar 2011, N° 338199, Considérants 10–12.

580 Conseil d'État, 3ème et 8ème sous-sections réunies, 28. Januar 2011, N° 338199, Considérant 12, unter Bezugnahme auf die Entscheidung des Conseil constitutionnel vom 15. Mai 2003, N° 2003–3377 AN, und dessen Stellungnahme N° 2008–24 ELEC vom 29. Mai 2008.

581 Conseil d'État, 3ème et 8ème sous-sections réunies, 28. Januar 2011, N° 338199, Considérant 10.

582 Dieses ergibt sich aus der gemeinsamen Lesart der Considérants 10 und 11, da in Considérant 10 für Art. L. 118–3 von einer „substantiellen“ Modifikation gesprochen wird.

583 Sowohl in der Entscheidung selbst als auch in der Kommentierung durch Türk, RFDA 2011, S. 723, 727 und 729, wird allerdings nicht ganz klar, ob sich das *changement des circonstances* nur auf die beiden letztgenannten Artikel oder auch auf Art. L. 118–3 bezieht. Denn trotz der Feststellung einer „substantiellen“ Modifikation dieses Artikels bestätigt der Conseil d'État auch für diesen in Considérant 12 das Vorliegen eines *changement des circonstances de droit*. Ohne Differenzierung bleibt auch die knappe Feststellung bei Ghevontian, RFDC N° 88 (2011), S. 875, 877.

gewesen seien und daher kein Raum vorhanden sei, die frühere Entscheidung in Frage zu stellen.[584] Bemerkenswert ist hier, dass der Conseil constitutionnel sogar darauf verzichtete, den Begriff des *changement des circonstances* überhaupt anzuführen, sondern lediglich davon sprach, die Änderungen hätten nicht zur Auswirkung, dass die frühere Entscheidung in Frage zu stellen sei.[585] Das Gericht gestand damit zu, dass das Ziel seiner Untersuchung nicht die Feststellung eines *changement des circonstances* gewesen sei, sondern dass es darauf ankomme, ob die Modifikation geeignet erscheine, die allumfassende Erklärung der Verfassungskonformität der früheren Entscheidung in Frage zu stellen. Damit handelte es sich bereits um eine materielle Prüfung.[586]

Dieses Eingeständnis ändert nichts daran, dass das Vorgehen des Conseil constitutionnel insgesamt kritisch gesehen werden kann. Verkompliziert wird die Lage noch dadurch, dass das Gericht sich nicht in allen Entscheidungen so klar positioniert, sondern teilweise sogar ausdrücklich auf die Kriterien des Art. 23–2 Abs. 1 Nr. 2 der *ordonnance* Bezug nimmt. Dieses geschah bei der bereits oben erwähnten Entscheidung N° 2010–44 QPC, hinsichtlich der zwischenzeitlich außer Kraft getretenen Regeln zur Vermögenssteuer, bei der der Conseil constitutionnel seinen Verzicht auf eine erneute Untersuchung mit dem fehlenden *changement des circonstances im Sinne des Art. 23–5* der *ordonnance* begründet.[587]

Der Conseil d'État hat sich zwischenzeitlich an die Argumentation des Conseil constitutionnel angenähert. So lehnte das Gericht in einer Entscheidung vom 23. September 2011 die Weiterleitung einer Frage an den Conseil constitutionnel ab, weil die an der untersuchten Norm seit der letzten Entscheidung des Conseil constitutionnel vorgenommenen Änderungen ihrerseits hinsichtlich ihrer Verfassungsmäßigkeit nicht in Zweifel gezogen werden können.[588] Dabei stellte der Conseil d'État fest, die vorgenommenen Änderungen seien selbst nicht geeignet, durch die Verfassung garantierte Rechte zu beeinträchtigen, und würden somit nicht ausreichen, um ein *changement des circonstances de droit* anzunehmen. Die Zurückweisung erfolgte dann jedoch, weil der Frage insgesamt ihr *caractère sérieux* abgesprochen wurde. Erstmalig hat das Gericht damit anerkannt, dass mit der Änderung der Norm eine direkte Inbezugnahme der früheren Entscheidung im Sinne

---

584 Conseil constitutionnel, 08. April 2011, N° 2011–117 QPC, *Huchon*, Considérants 7, 8.

585 [...]*elles n'ont pas pour effet de remettre en cause* [...].

586 So die überzeugende Formulierung von Türk, RFDA 2011, S. 723, 730; ihr schließen sich Magnon et al., QPC, S. 225, Rn. 280 an.

587 Conseil constitutionnel, 29. September 2010, N° 2010–44 QPC, Considérant 9. Siehe hierzu auch die Anmerkung bei Gervier, RDP 2012, S. 89, 97. Die zumindest undeutliche Positionierung des Gerichtes führt auch dazu, dass Disant, QPC, S. 211, Rn. 280, ohne weitere Präzisierung gerade in diesem Fall davon spricht, das Gericht habe eine *non-lieu* Entscheidung gefällt.

588 Conseil d'État, 6ème et 1ère sous-sections réunies, 23. September 2011, N° 336839, Considérant 3.

des Art. 23–5 der *ordonnance* ausscheiden muss.[589] Das hier geprüfte *changement des circonstances* entspricht dann dem materiellen Prüfungskriterium des Conseil constitutionnel und stellt keine Prüfung im Sinne des zweiten Weiterleitungskriteriums dar.[590] Dieses Vorgehen des Conseil d'État verweist auf die grundsätzliche Frage, ob das Kriterium der fehlenden Entscheidung in gleicher Sache erforderlich ist, dazu sogleich.

Der Anwendungsbereich des *changement des circonstances de droit* ist nicht auf den Fall beschränkt, dass die untersuchte Norm eine Änderung erfährt. Vielmehr erscheint es auch möglich, dass andere Normen, die zu dieser in Bezug stehen, verändert wurden und sich daher, da der Untersuchungsgegenstand kaum als vom restlichen Recht abgekoppelt gesehen werden kann, die Frage ihrer Verfassungsmäßigkeit neu stellt. Dabei ist auch eine Überschneidung zur dritten Möglichkeit, dem *changement des circonstances de fait*, möglich, wie bereits von Warsmann im Gesetzgebungsverfahren angemerkt wurde.[591]

c) Änderungen der Umstände

Zuletzt ist eine Neubefassung[592] dann möglich, wenn sich eine Änderung der tatsächlichen Umstände ergeben hat. Dieses war, wie ausgeführt, im Gesetzgebungsverfahren der mit Abstand umstrittenste Fall. Der Conseil constitutionnel trat in seiner Entscheidung zum *loi organique* bereits der Möglichkeit entgegen, dass auf diesem Weg jede beliebige QPC hätte untersucht werden können, da sich jeweils die Umstände des Einzelfalls anders darstellen. Denn das Gericht entschied, ein *changement des circonstances* nur insoweit anzuerkennen, als dadurch der normative Kern der angegriffenen Vorschrift in Frage gestellt wird. Entsprechend war

589 Mathieu, JCP-G 2011, S. 2439, 2441, bestätigt, dass bezüglich der Änderungen der Norm tatsächlich eine materielle Prüfung stattgefunden habe. Hingegen nehmen Magnon et al., QPC, S. 219, Rn. 270, diese Entscheidung als Beleg dafür, dass das Gericht nunmehr ebenfalls eine substantielle Änderung der Norm verlange, erwähnen allerdings die Besonderheit der Argumentationsstruktur nicht.

590 Hier sei erneut auf die von Benetti, RDP 2012, S. 593, 601 vorgebrachte Kritik verwiesen, der Conseil constitutionnel dürfe eigentlich den Begriff des *changement des circonstances* im Sinne des *loi organique* nicht gebrauchen, wenn er gleichzeitig feststelle, dass die zu prüfende Norm nicht mit der bereits früher geprüften identisch sei.

591 Dazu erneut der Verweis auf dessen Stellungnahme zur Ablehnung eines auf Beschränkung auf Rechtsumstände gerichteten Änderungsantrags, wiedergegeben bei Warsmann, Rapport N° 1898 vom 03. September 2009, Ass. Nationale, 13ème législature, S. 63. Von einer „durchlässigen Grenze" spricht Gervier, RDP 2012, S. 89, 109.

592 Im Sinne der soeben vorgestellten Problematik wird der Ausdruck Neubefassung nicht nur für den eigentlich erfassten Fall der vollumfänglich entgegenstehenden Entscheidung in gleicher Sache, sondern auch für den Fall benutzt, dass der Conseil constitutionnel das *changement des circonstances* lediglich dahingehend untersucht, ob er seine frühere Entscheidung in Frage zu stellen hat.

zweifelhaft, welchen Anwendungsbereich das *changement des circonstances de fait* so überhaupt noch erhalten konnte. Das *changement des circonstances de fait* stellt auch, nach der oben vorgestellten Argumentation, den einzigen Fall dar, in dem eine Durchbrechung der absoluten Verfassungsmäßigkeitserklärung ohne eine Rechts- oder Verfassungsänderung möglich erscheint. Denn nur hier kann argumentiert werden, dass eine Beeinträchtigung der Antragsteller eingetreten ist, die der Conseil constitutionnel bei seiner ursprünglichen Entscheidung über die Verfassungskonformität nicht sinnvoll vorhersehen konnte.

Für die Feststellung des *changement des circonstances de fait* erscheint es kaum möglich, feste Kriterien zu ermitteln. Vielmehr hat die Feststellung mittels einer Betrachtung der Gesamtumstände zu erfolgen. Der Conseil constitutionnel hat dieses Vorgehen bei seiner Entscheidung über die Frage der Verfassungsmäßigkeit der *Garde à vue*[593] vom 30. Juli 2010 angewandt. Das Gericht kam dort zu dem Ergebnis, dass sowohl die Entwicklung der rechtlichen Rahmenbedingungen als auch die schiere Zahl der Ingewahrsamnahmen und der hierzu berechtigten Polizeibeamten und Gendarmen insgesamt ausreichten, um ein *changement des circonstances de droit et de fait* zu begründen.[594] Dabei fällt auf, dass das Gericht in seinen Erläuterungen detailliert die Entwicklung sowohl in rechtlicher als auch in tatsächlicher Sicht nachzeichnete, um seine Entscheidung zu untermauern.[595]

III. Fazit zum Kriterium der fehlenden früheren Entscheidung zur Verfassungsmäßigkeit

Das Kriterium für die Weiterleitung, dass die angegriffene Norm nicht in Gründen und Tenor einer früheren Entscheidung des Conseil constitutionnel für verfassungskonform erklärt worden sein darf, geht über den einfachen prozessualen Fall weit hinaus.

---

593 *Garde à vue* bezeichnet in Frankreich die Ingewahrsamnahme durch die Polizei, anders als in Deutschland handelt es sich jedoch um eine grundsätzlich nur repressive Maßnahme, die in ihren in Art. 62–2 CPP aufgelisteten Bedingungen den deutschen Haftgründen des § 112 StPO vergleichbar ist. Sie wird allerdings deutlich häufiger als eine Inhaftierung vorgenommen, auch die polizeiliche Vernehmung nach einem Verkehrsdelikt kann bereits hierunter fallen. Für die Anordnung ist nach Art. 62–2 CPP ein *officier de police judiciaire* nach Art. 16 CPP zuständig, dabei handelt es sich um einen gesondert zum Ermittlungsbeamten ernannten Polizisten oder Gendarmen.

594 Conseil constitutionnel, 30. Juli 2010, N° 2010–14/22 QPC, *M. Daniel W. et autre*, Considérant 18.

595 Siehe dazu sowohl die vorgenannte Entscheidung, dort Considérants 14–17, als auch den Entscheidungskommentar, Commentaire de la décision n° 2010–14/22, S. 12 ff. Zur Entscheidung des Conseil constitutionnel auch eingehend Puig, RTD Civ. 2010, S. 513 ff.

Nach dem Gesetzgebungsverfahren und der Diskussion vor Inkrafttreten der QPC war damit nicht zu rechnen. Dieses Kriterium stellte sich insbesondere nicht als problematisch hinsichtlich der Effektivität des Verfahrens dar. Denn die Überlegung, eine erneute Befassung des Verfassungsgerichts unter Verweis auf eine schon erfolgte Entscheidung über den Streitfall vermeiden zu können, erscheint mit Blick auf das Ziel einer Entlastung des Verfassungsgerichts grundsätzlich naheliegend.[596] Dieses gilt vor allem dann, wenn innerhalb eines kurzen Zeitraums beispielsweise auf Drängen bestimmter Interessengruppen eine große Anzahl von Fragen der Verfassungsmäßigkeit ähnlichen oder identischen Inhaltes gestellt wird.

Aus der Rechtsprechung des Conseil constitutionnel und in der Folge der obersten Gerichte ergibt sich jedoch, dass dieses Kriterium stärker als ein Schutzinstrument für die Autorität der Entscheidungen des Verfassungsgerichts verstanden wird. Dies war nach dem Gesetzgebungsverfahren nicht zwingende Konsequenz.[597] Dabei scheint die Autorität des Gerichtes auch als bedeutender angesehen zu werden, als die Gewährleistung eines effektiven Rechtsschutzes durch eben jenes Gericht. Dieses mag damit zusammenhängen, dass der Conseil constitutionnel im Gegensatz zum Bundesverfassungsgericht nicht eingerichtet wurde, um einen wirksamen Grundrechtsschutz zu gewährleisten.[598] Es mag auch damit zusammenhängen, dass der Frage der Autorität seiner Entscheidungen mangels einer Sanktionsmöglichkeit gegenüber den anderen Gerichten eine herausragende Rolle zukam. Von der Bedeutung der Rolle des Gerichtes in der Staatsorganisation zeugt auch das von Mathieu im Gesetzgebungsverfahren vorgebrachte Argument gegen die Anerkennung eines *changement des circonstances de fait*, es sei nicht Aufgabe des Gerichts, sondern des parlamentarischen Gesetzgebers, auf gesellschaftliche Veränderungen zu reagieren.[599] Damit wird allerdings den Entscheidungen des Conseil constitutionnel ein quasi-normativer Charakter zugestanden, was mit Blick auf das in Frankreich traditionell stark ausgeprägte Misstrauen gegenüber der richterlichen Gewalt zumindest verwunderlich erscheint.[600] Ein gleichermaßen

---

596 Hier sei erneut auf die Anmerkung von Warsmann verwiesen, das größte Risiko einer zu weitgehenden Ausgestaltung des *changement des circonstances* sei die größere Anzahl weitergeleiteter Entscheidungen, Warsmann, Rapport N° 1898 vom 03. September 2009, Ass. Nationale, 13ème législature, S. 63.

597 Siehe hierzu nur den Kommentar von Bezzina, in: Mathieu/Verpeaux, *L'autorité des décision du Conseil constitutionnel*, S. 13, 26, die vor Inkrafttreten die Möglichkeit einer Schwächung der Autorität der Entscheidungen des Gerichts ausdrücklich für gegeben hielt.

598 Siehe hierzu bereits oben, Kapitel 1, D.I.2.

599 Mathieu, wiedergegeben bei Warsmann, Rapport N° 1898 vom 03. September 2009, Ass. Nationale, 13ème législature, S. 106. Die Kritik findet sich auch bei Mathieu, JCP-G 2009, N° 40, S. 11, 13.

600 Zu dieser Problematik ausführlich Ponsard, in: Mathieu/Verpeaux, *L'autorité des décisions du Conseil constitutionnel*, S. 29, 39, mit umfangreichen weiteren Nachweisen.

starkes Argument für eine möglichst weitgehende Autorität der Entscheidungen des Conseil constitutionnel liegt in der Gewährleistung von Rechtssicherheit, ob diese jedoch auf Kosten des Fortbestehens einer möglicherweise verfassungswidrigen Norm zu gewährleisten ist, erscheint fraglich.

Dass den Entscheidungen des Verfassungsgerichts eine gewisse Beständigkeit zukommen muss, steht außer Frage. Ob dieses jedoch nur erreicht werden kann, indem eine neue Befassung mit einer Rechtsnorm von den vorgenannten drei Kriterien abhängig gemacht wird und diese dann darüber hinaus eine strenge Auslegung erfahren, darf angezweifelt werden. Denn zumindest die reine Neubefassung des Gerichts mit einem Streitfall, der in identischer oder zumindest ähnlicher Weise bereits entschieden wurde, stellt dessen Autorität nicht in Frage. Vielmehr könnte diese Autorität sogar verstärkt werden, wenn das Gericht nicht auf Grund eines fehlenden *changement des circonstances* die Untersuchung der Norm insgesamt verweigern würde, sondern nach einer erneuten Prüfung der Verfassungsmäßigkeit zu dem Ergebnis käme, auch mit Blick auf die neuen vorgebrachten Argumente an der bisherigen Rechtsprechung festhalten zu wollen.

Eine in diesem Kontext nahezu paradox anmutende Konsequenz der Rechtsprechung des Conseil constitutionnel, der das *changement des circonstances* auch gegenüber solchen Normen zur Anwendung bringt, bei denen die Autorität der früheren Entscheidung mit Blick auf die fehlende Erklärung in den Entscheidungsgründen und im Tenor oder darauf, dass die Norm zwischenzeitlich außer Kraft gesetzt wurde, fraglich erscheint, ist, dass damit eigentlich die Prüfung durch die weiterleitenden Gerichte, ob eine frühere Entscheidung in gleicher Sache vorliege, außer in dem Fall einer tatsächlich in identischer Form bereits behandelten Frage entfallen könnte. Denn wenn das Kriterium materiell zu verstehen ist, kann es auch als weiterer Aspekt bei der Prüfung des *caractère sérieux* der Frage betrachtet werden. Der Conseil d'État ist, wie ausgeführt, diesen Weg bereits gegangen. Wenn man darüber hinaus auch den strengen Kriterienkatalog des *changement des circonstances* entfallen ließe, wäre eine sinnvolle Arbeitsteilung zwischen den Gerichten möglich. Die weiterleitenden Gerichte könnten auf sämtliche Entscheidungen des Conseil constitutionnel bei der Beantwortung der Frage, ob der QPC ein *caractère sérieux* zukomme, zurückgreifen, darunter selbstverständlich auch die bereits in gleicher Sache ergangene Entscheidung. Dabei könnten sie allerdings auch solche Argumente einbeziehen, die im ursprünglichen Verfahren nicht vorgebracht und damit lediglich am Rande durch den Conseil constitutionnel berücksichtigt wurden.[601] Selbst wenn so an der Verfassungsmäßigkeit der Norm kaum

601 Hier seit erneut auf die Kritik von Dubout, RDP 2013, S. 107, 114, verwiesen, der anmerkt, gegenwärtig sei es erforderlich, in einem anderen Verfahren eine Rechtsprechungsänderung des Conseil constitutionnel zu erwirken, um diese dann im eigentlichen Verfahren einzuführen, womit die Effektivität des Grundrechtsschutzes bedeutend eingeschränkt werde.

ein Zweifel bestände, bliebe immer noch die Feststellung des Vorliegens einer *question nouvelle.*

Solange allerdings ein solcher Schritt nicht gegangen wurde, der, da es um den Inhalt der Entscheidung des Conseil constitutionnel geht, nur von diesem Gericht vorgenommen werden könnte, bleibt nach hier vertretener Ansicht ein Rechtsschutzdefizit an dieser Stelle bestehen, das allerdings in der französischen Auseinandersetzung mit diesem Thema nur bedingt als bedeutend empfunden wird.

C. Tauglicher Antragsteller

Die QPC befindet sich systematisch in einer recht komplizierten Position. Wie bereits ausgeführt, handelt es sich bei der Prüfung vor dem Conseil constitutionnel um eine abstrakte Prüfung, die sich mit dem zu Grunde liegenden praktischen Lebenssachverhalt nicht beschäftigt. Nichtsdestoweniger handelt es sich um eine Frage, die nur anlässlich eines Prozesses vor einem Gericht und nur mit dem Ziel der Überprüfung einer Norm, die auf einen konkreten Lebenssachverhalt anwendbar ist, gestellt werden kann. Angesichts dieser Doppelstellung, mit objektiver Prüfung auf der einen und Bezug zu einem konkreten Verfahren auf der anderen Seite, kommt der Frage des tauglichen Antragstellers eine nicht unerhebliche Bedeutung zu, insbesondere, da ihre Beantwortung wertvolle Hinweise für die Gesamteinordnung des Systems der QPC bieten kann.

Aus dem Wortlaut des Art. 23–1 der *ordonnance* über den Conseil constitutionnel ergibt sich eine sichtbare Einschränkung: Die Frage kann nicht von Amts wegen gestellt werden.

Da sich weitere Limitierungen aus dem Gesetzestext nicht ergeben, ist der Kreis der möglichen Antragsteller sehr weit, wodurch in Randbereichen die Frage der Gefährdung der Rechtssicherheit zu stellen ist.

I. Das Verbot der Befassung vom Amts wegen

Art. 23–1 Abs. 1 Satz 3 der *ordonnance* über den Conseil constitutionnel legt eindeutig fest, dass die QPC nicht vom Amts wegen, d. h. durch das mit dem Ausgangsverfahren befasste Gericht, erhoben werden kann.[602] An dieser Stelle unterscheidet sich das französische System fundamental vom deutschen System der konkreten Normenkontrolle nach Art. 100 GG, aber auch vom Vorabentscheidungsverfahren nach Art. 267 AEUV.

Die genannte Einschränkung fand sich bereits im Vorschlag des Comité Balladur, ausführlich diskutiert wurde sie aber erst im Rahmen des Gesetzgebungsverfahrens zum *loi organique.* Der Vorschlag des Comité Balladur sprach davon, dass der Conseil constitutionnel nur nach Antrag eines der Gerichtsbarkeit

602 *„Il [le moyen] ne peut être relevé d'office."*

Unterworfenen (*justiciable*[603]) mit der Sache befasst werden solle. Wie bereits ausgeführt, verwendete der Vorschlag des Comité BALLADUR weiterhin den Begriff der *voie d'exception.* Mit der Einordnung des vorgeschlagenen Verfahrens als Rechtsmittel wird ebenfalls klargestellt, dass eine Einleitung durch das Gericht selbst ausgeschlossen ist.

In der parlamentarischen Beratung über die Verfassungsänderung wurde die Möglichkeit der Kontrolle von Amts wegen nur am Rande diskutiert. Der Berichterstatter in der Assemblée Nationale ging auf diese Frage nicht ein, vielmehr sprach er durchgängig nur von dem neuen Recht, das den Bürgern zustehe und von diesen ausgeübt werden könne.[604] Auch in der Debatte in der Assemblée Nationale wurde eine Möglichkeit der Stellung einer QPC von Amts wegen nicht thematisiert.[605] Im Sénat gab es lediglich einen Vorschlag, der sich auf den Kreis der Antragsteller bezog, allerdings darauf zielte, in diesen auch, wie bei der *contrôle à priori*, 60 Abgeordnete oder Senatoren aufzunehmen.[606] Der Antrag wurde zurückgezogen.

Aus dem Gesetzgebungsverfahren zur Verfassungsänderung lässt sich damit entnehmen, dass die Unmöglichkeit für die Gerichte, entsprechende Anträge selbst zu stellen, nicht als problematisch wahrgenommen wurde. Dass diese Unmöglichkeit, die sich zwangsweise aus der gewählten Formulierung „*lorsque [...] il est soutenu*"[607] ergibt, Abgeordneten nicht bewusst gewesen ist, erscheint angesichts

---

603 Die Übersetzung des Begriffs *justiciable* ins Deutsche bereitet Schwierigkeiten. Das Adjektiv *justiciable* bedeutet „aburteilbar", auf eine Person bezogen müsste dieses entsprechend „derjenige, in dessen Fall ein Urteil gesprochen werden kann" bedeuten. Der Conseil constitutionnel wählt bei der offiziellen deutschen Übersetzung der Entscheidung N° 2009–595 DC die Entsprechung „Rechtssuchender", die aber nur unzureichend abbildet, dass bereits ein Verfahren im Gange sein muss.

604 WARSMANN, Rapport N° 892 vom 15. Mai 2008, Ass. Nationale, 13ème législature, S. 433 ff.

605 Siehe dazu Plenarprotokoll (*Compte rendu intégral*), Assemblée Nationale, 29. Mai 2008, J.O. Débats, N° 41 A.N. (C.R.) (2008), S. 2685 ff. sowie N° 41 [2] A.N. (C.R.) (2008), S. 2691 ff.

606 Änderungsantrag (Amendement) N° 75 vom 11. Juni 2008, gestellt von den Senatoren PORTELLI, GÉLARD und LECERF, geladen von http://www.senat.fr/amendements/2007-2008/365/Amdt_75.html am 07.04.2014.

607 Plastisch hierzu WARSMANN, Rapport N° 1898 vom 3. September 2009, Ass. Nationale, 13ème législature, S. 9; er sieht den Richter in der Unmöglichkeit der Fragestellung („*or le juge ne saurait « soutenir » une question*"). Das Argument wird nur deutlich, wenn man berücksichtigt, dass das Wort „soutenir" in der Rechtssprache für gerichtliche Handlungen nicht verwendet wird, sondern stets das Aufstellen einer Behauptung oder die Vorstellung einer entsprechenden Meinung beinhaltet, bezüglich Tatsachen wie auch bezüglich Rechtsfragen. Diese Einschränkung im Gesetzestext stellt für DRAGO, in: INSTITUT FAVOREU (Hrsg.) *Contrôle constitutionnelle*, S. 25, 54, jedoch keinen ausreichenden Grund dar, auf eine aus Gründen der „Wiederinbesitznahme der Verfassung" sinnvolle

der ausführlichen Beschäftigung mit der Rolle des *justiciable* im Verfahren kaum vertretbar.

Im Gesetzgebungsverfahren zum *loi organique* jedoch wurde die fehlende Möglichkeit der Stellung einer QPC von Amts wegen dann plötzlich thematisiert. Der Verdacht liegt nahe, dass dieses an dem im Gesetzentwurf unzweideutig formulierten Verbot lag. Der Berichterstatter in der Assemblée Nationale begründete die Entscheidung bereits des verfassungsändernden Gesetzgebers damit, die Möglichkeit für ein Gericht, die Verfassungsmäßigkeit einer Norm in Frage zu stellen, laufe dem Interpretationsmonopol des Conseil constitutionnel hinsichtlich der Verfassung zuwider.[608] Diese Analyse sieht als Ursache der Zurückhaltung des Gesetzgebers mithin die Sorge um die Aufgabenverteilung zwischen den Gerichten. Nichtsdestoweniger wurde nunmehr verschiedentlich, insbesondere in den Sachverständigenanhörungen[609], die Möglichkeit einer Stellung der Frage von Amts wegen befürwortet, wenn auch nie ernstlich in Zweifel gezogen wurde, dass die Formulierung des Art. 61–1 Const. dem Gesetzgeber des *loi organique* eine solche Freiheit nicht zugesteht.[610]

Im Sénat blieb es bei diesem Ergebnis, wenn auch die Begründung des Berichterstatters überrascht. So ging Portelli in seinem Bericht davon aus, dass aus der Formulierung „*lorsque [...] il est soutenu*" nicht zwangsweise der Ausschluss einer Untersuchung vom Amts wegen folge.[611] Allerdings kommt er doch zu keinem anderen Ergebnis, da er eine solche Möglichkeit für unvereinbar mit Sinn und Zweck des Verfahrens hält, dessen Einführung dazu dienen solle, den Bürgern ein neues subjektives Recht zu verleihen, auf dessen Nutzung sie auch verzichten können.[612]

Richtervorlage zu verzichten, eine Begründung aus dem Text für diese Vermutung fehlt allerdings.

608 Warsmann, Rapport N° 1898 vom 3. September 2009, Ass. Nationale, 13ème législature, S. 42.

609 So äußerten sich Prof. Levade (S. 121, 128), der Vorsitzende der Anwaltskammer bei den obersten Gerichten, Le Prado (S. 130, 133) und der Generalstaatsanwalt bei der Cour de cassation, Nadal (S. 167, 172), jeweils wiedergegeben bei Warsmann, Rapport N° 1898 vom 3. September 2009, Ass. Nationale, 13ème législature.

610 Dazu insbesondere Prof. Cassia (S. 149, 150), und der Premier Président der Cour de cassation, Lamanda (S. 178, 185). Kritisch zur Rolle der Gerichte im Rahmen der QPC auch Prof. Molfessis (S. 136, 141), jeweils wiedergegeben bei Warsmann, Rapport N° 1898 vom 3. September 2009, Ass. Nationale, 13ème législature.

611 Portelli, Rapport n° 637 (Sénat 2008–2009) vom 29. September 2009, S. 25. Anders aber ders., S. 37 sowie S. 61, wonach der Ausschluss im *loi organique* durch die Formulierung des Art. 61–1 Const. bestimmt sei.

612 Der Betroffene könne es, im Rahmen einer spezifischen Prozessstrategie und anwaltlich beraten, vorziehen, einen anderen Antrag zu stellen, Portelli, ebd.; beispielsweise könnte er sich auf die Unvereinbarkeit mit Völkervertragsrecht berufen (= *moyen d'inconventionnalité*), Portelli, S. 63. Dieser Analyse schloss sich nach Inkrafttreten der QPC de Béchillon, JCP-G 2010, S. 1042 anlässlich der noch zu diskutierenden Debatte um die Europarechtskonformität an.

In den Ausschussberatungen wurde verschiedentlich Kritik an der getroffenen Regelung geäußert[613]. In der Plenarberatung schließlich folgten zwei Änderungsanträge, die jeweils auf die Streichung des Verbotes gerichtet waren. Der erste dieser Anträge[614] wurde vor allem damit begründet, es könne nicht sein, dass ein offensichtlicher Verstoß gegen die Normenhierarchie, vor allem im Bereich der Grundrechte, kein *moyen d'ordre public* darstelle, während der Antragsteller im zweiten Fall[615] das Verbot für nicht vereinbar mit der Kompetenz der Richter hielt.[616] Beide Anträge erhielten keine Unterstützung durch den Berichterstatter oder den Vertreter der Regierung und wurden nicht angenommen.

Das Verbot, von Amts wegen eine QPC zu stellen, wurde durch den Conseil constitutionnel in seiner Entscheidung über das *loi organique* bestätigt, das Gericht führt dazu aus, dass sich die Begrenzung des Kreises der tauglichen Antragsteller zwingend aus Art. 61–1 Const. ergebe.[617]

Die Rechtslage zu dieser Frage scheint mithin zumindest grundlegend geklärt. Dieses ändert aber nichts daran, dass das Verbot, von Amts wegen eine QPC zu stellen, die betroffenen Gerichte in eine schwierige Situation bringen kann. Wie bereits bei den Sachverständigenanhörungen ausgeführt wurde, hat das betroffene Gericht keine Möglichkeit, die Anwendung einer offensichtlich verfassungswidrigen Norm zu verweigern, so diese nicht gleichzeitig auch mit Völkervertragsrecht oder europäischem Recht unvereinbar ist.[618] Diese Limitierung entspricht durchaus dem Geist der Reform, die eine Erweiterung der richterlichen Kompetenzen vermeiden wollte[619], obwohl ein Missbrauch eines solchen Rechts durch die Gerichte eher unwahrscheinlich erscheint.[620]

---

613 Beispielsweise durch Senator Frimat (S. 61) und Senator Mézard (S. 63).

614 Änderungsantrag (Amendement) N° 12 rect. vom 13. Oktober 2009, gestellt von den Senatoren Collin et al., geladen von http://www.senat.fr/amendements/2008-2009/638/Amdt_12.html am 26.04.2014.

615 Änderungsantrag (Amendement) N° 16 vom 09. Oktober 2009, gestellt von den Senatoren Sueur et al., geladen von http://www.senat.fr/amendements/2008-2009/638/Amdt_16.html am 26.04.2014.

616 Siehe für die Beratung Plenarprotokoll (*Compte rendu intégral*), Sénat, 13. Oktober 2009, J.O. Débats, N° 101 S. (2009), S. 8581.

617 Conseil constitutionnel, 03. Dezember 2009, N° 2009–595 DC, Considérant 9.

618 So der Generalstaatsanwalt bei der Cour de cassation, Nadal, wiedergegeben bei Warsmann, Rapport N° 1898 vom 3. September 2009, Ass. Nationale, 13ème législature, S. 167, 172; ähnlich auch Jan, LPA 2009, N° 252, S. 6, 9.

619 Philippe, RFDC N° 82 (2010), S. 273, 277; auch Verpeaux, AJDA 2009, S. 1474, 1476 sieht die QPC primär als Angelegenheit der Parteien, in die sich der Richter nicht einzumischen habe.

620 So Philippe, RFDC N° 82 (2010), S. 273, 278, der gleichzeitig seiner Hoffnung Ausdruck verleiht, die Aufmerksamkeit der Parteien werde die Lücke füllen.

Es verbleibt jedoch eine von richterlicher Seite zu Recht angemerkte Inkohärenz mit Blick auf das Vorabentscheidungsverfahren nach Art. 267 AEUV[621], ebenso wird das Problem verfassungswidriger Urteile damit nicht gelöst, auch wenn es teilweise nicht als bedeutend eingeschätzt wird[622].

Die Rechtsprechungspraxis zeigt außerdem, dass das Verbot der Befassung von Amts wegen auch über die reine Verfahrenseinleitung hinaus Wirkung entfaltet. Bereits im Gesetzgebungsverfahren wurde die Vermutung geäußert, dass es den Gerichten auch verboten sei, gestellte Anträge umzuformulieren oder auf eine sachdienliche Antragstellung hinzuweisen.

Sowohl Conseil d'État als auch Cour de cassation haben sich dieser Einschätzung angeschlossen. So ist es seit einer Entscheidung vom 15. April 2011 Praxis des Conseil d'État, eine ihm durch ein Instanzgericht vorgelegte QPC nur in der Form weiterzuleiten, die diese im ursprünglichen Antrag der Partei hatte, und die durch das vorlegende Gericht vorgenommenen Änderungen und Erweiterungen zu ignorieren.[623] Speziell dann, wenn die Weiterleitung nur an kleinen formalen Details scheitert, die das Gericht ohne größere Schwierigkeiten korrigieren könnte, kann ein solch absolutes Verbot kaum gerechtfertigt werden.

Sehr umfassend wurde das Verbot teilweise von der Cour de cassation verstanden. In einer Entscheidung vom 08. Juni 2011 untersuchte diese nicht nur den ihr vorliegenden Antrag, sondern versuchte auch, dessen geistige Urheberschaft zu erfassen. Die QPC wurde für unzulässig erklärt, da das Gericht die Parteien auf die mögliche Verfassungswidrigkeit und die Möglichkeit der Antragstellung hingewiesen hatte.[624] Bei diesem weiten Verständnis wendet sich die Einschränkung, die dem Betroffenen die freie Wahl lassen wollte, gegen ihn. Denn auch wenn das Gericht auf die Möglichkeit hingewiesen hat, so bleibt es doch der Betroffene, der die Frage schließlich gestellt hat. Allerdings scheint es bisher bei dieser einen Entscheidung geblieben zu sein, möglicherweise auch, weil das Vorgehen des vorlegenden Gerichtes nicht den Regelfall darstellte.[625]

Das Verbot der Befassung vom Amts wegen erfasst nach weit überwiegender Ansicht nur die Gerichte, nicht jedoch die sonstigen Beteiligten auf staatlicher

---

621 Charruault (Président der 1ère chambre civile de la Cour de cassation), JCP-G 2010, Supp. au N° 48, S. 48, 53.

622 Disant, QPC, S. 135, Rn. 164 zweifelt an, dass eine Einleitungsmöglichkeit von Amts wegen jenseits einer „Beruhigung des Geistes" einen erheblichen Mehrwert gebracht hätte. Er führt weiterhin aus, das Fehlen dieser Möglichkeit habe dem Erfolg des Verfahrens nicht geschadet.

623 Conseil d'État, 6ème et 1ère sous-section réunies, 15. April 2011, N° 346459.

624 Cour de cassation, 2ème chambre civile, 08. Juni 2011, N° 11–40011.

625 Das vorlegende Gericht hatte nach seinen Beratungen die Debatte erneut eröffnet und die Parteien auf seine Zweifel an der Verfassungsmäßigkeit entscheidungserheblicher Regeln hingewiesen, es handelte sich nicht um einen bloßen Hinweis im laufenden Verfahren.

Seite. So wird dem Vertreter des öffentlichen Interesses[626] das Recht zugesprochen, eine QPC zu erheben.[627]

Von der Unmöglichkeit der Stellung einer QPC von Amts wegen durch die weiterleitenden Gerichte ist hingegen das Verhalten des Conseil constitutionnel selbst zu trennen. Wie bereits bei der Frage der früheren Entscheidung in gleicher Sache dargestellt, beurteilt das Gericht nach eigener Aussage die angegriffene Norm nicht nur mit Blick auf die geltend gemachten Normen der Verfassung, sondern allumfassend. Es darf jedoch angezweifelt werden, ob die bloße Möglichkeit, auch andere Verfassungsnormen in die Prüfung einzubeziehen, ein ausreichendes Korrektiv darstellt, denn diese Möglichkeit ändert weder an den zeitlichen Zwängen, unter denen die Prüfung zu erfolgen hat, noch an der weithin endgültigen Entscheidung etwas. Zwar kann das Gericht ausdrücklich eigene Zweifel zum Ausdruck bringen und gibt dann auch den Parteien die Möglichkeit zur Stellungnahme[628], eine umfassende Prüfung wird damit aber nicht zwingend erreicht.

II. Ein weiter Kreis der Antragsteller

Außer der Beschränkung, dass die QPC nicht von Amts wegen erhoben werden darf, existieren keine weiteren Limitierungen. Berechtigt, eine QPC zu erheben, ist damit grundsätzlich jeder, der auch im Sinne des normalen Prozessrechts dem Verfahren unterworfen ist.

Dabei wird hier keine Unterscheidung nach der Rechtsnatur der betreffenden Person vorgenommen, es kann sich sowohl um natürliche als auch um juristische Personen handeln. Außerdem können auch öffentlich-rechtliche Personen die Verletzung ihrer Rechte geltend machen. Relevant ist dieses bisher vor allem beim Prinzip der freien Verwaltung der Gebietskörperschaften nach Art. 72 Abs. 3 Const. geworden[629], dessen Verletzung regelmäßig im Rahmen der QPC gerügt

---

626 Der Begriff *Ministère public* bezeichnet die Gesamtheit jeder staatlichen Bediensteten, deren Aufgabe es ist, die Durchsetzung der Gesetze zu erreichen und das öffentliche, gesamtgesellschaftliche Interesse zu verteidigen. Die Tätigkeit beschränkt sich nicht auf die klassische Rolle des Staatsanwaltes im Strafprozess, sondern erfasst auch das Zivilverfahren, z. B. bei Beteiligung Minderjähriger oder bei Angelegenheiten des Personenstands. Diese Aufgaben werden von Richtern (= Magistrats) wahrgenommen, die in dieser Funktion allerdings hierarchischen Weisungen unterliegen und versetzt werden können.(*Magistrats du parquet* oder kurz *Le Parquet* gegenüber *Magistrats du siège* auf der Richterbank).

627 Lamanda, Premier Président der Cour de cassation, wiedergegeben bei Warsmann, Rapport N° 1898 vom 3. September 2009, Ass. Nationale, 13ème législature, S. 178, 185; zustimmend auch Verpeaux, AJDA 2009, S. 1474, 1476.

628 Magnon et al., QPC, S. 181, Rn. 203.

629 In Art. 72 Abs. 3 Const heißt es, die Gebietskörperschaften (die in Art. 72 Abs. 1 Const. legaldefiniert sind) verwalten sich innerhalb des Rahmens der Gesetze durch gewählte Räte und verfügen zur Ausübung ihrer Kompetenzen über die Möglichkeiten, Verordnungen zu erlassen. („*Dans les conditions prévues par la*

wird.[630] Damit zusammenhängend ist die Rüge der unzureichenden Finanzausstattung nach einer Aufgabenübertragung im Sinne des Art. 72 Abs. 4 Const.[631] Die QPC übernimmt mithin in Frankreich die Rolle, die in Deutschland der gesondert geregelten Kommunalverfassungsbeschwerde nach Art. 93 Abs. 1 Nr. 4 b GG zukommt.

Der weite Kreis der Antragssteller bringt für sich genommen keine Probleme mit sich, im Gegenteil, mit Blick auf den Rechtsschutz erscheint hier eine offene Sicht sogar erstrebenswert. Allerdings fällt doch eine Besonderheit auf, die in Frankreich nicht zu Diskussionen geführt hat, weil sie eng mit verwaltungsprozessrechtlichen Grundentscheidungen zusammenhängt. Denn in Frankreich ist jeder Bürger grundsätzlich berechtigt, die Entscheidung einer Behörde in Frage zu stellen, auch dann, wenn er selbst zwar nicht von dieser Entscheidung betroffen wird, aber ein Interesse (*intérêt à agir*) geltend machen kann. Dabei handelt es sich um den sog. *recours pour excès de pouvoir.*[632] Die nur geringen Anforderungen an dieses Interesse führen dazu, dass dieses Rechtsmittel inzwischen nahezu einem verwaltungsrechtlichen Popularklageverfahren[633] gleichkommt, da vor allem auch

loi, ces collectivités s'administrent librement par des conseils élus et disposent d'un pouvoir réglementaire pour l'exercice de leurs compétences.").

630 Als Beispiel kann hier die erste Entscheidung über dieses Recht dienen, Conseil constitutionnel, 02. Juli 2010, N° 2010–12 QPC, *Commune de Dunkerque*, Considérant 4. Siehe dazu auch die Anmerkung von Verpeaux, AJDA 2010, S. 1594. Bereits bei der Behandlung der Vorlageentscheidung, Conseil d'État, 18. Mai 2010, N° 306643, hatte der Rapporteur Public ebenso wie das Gericht keine Zweifel daran, dass dieses Prinzip zu den Rechten und Freiheiten im Sinne der Verfassung zu zählen war, Geffray, RFDA 2010, S. 713 ff. Siehe in der Folge auch Duffy-Meunier et al., CCC N° 32 (2011), S. 213 ff., insbes. 219 ff. Bon, RFDA 2009, S. 1107, 1112 hatte hingegen bei der Besprechung des *loi organique* noch Zweifel, ob dieses Prinzip ein Recht oder nicht vielmehr eine institutionelle Garantie darstelle, die nicht geltend gemacht werden könne.

631 Dieser Fall wurde bereits oben bei der Frage des „*changement de droit*" in Form der Verfassungsänderung thematisiert, bedingt durch die Problematik, dass das Gebot der Koppelung von Aufgabenzuweisung und Finanzausstattung nicht retroaktiv anzuwenden war. Siehe hierzu erneut die Anmerkung zur Entscheidung Conseil d'État, 10ème et 9ème sous-section réunies, 08. Oktober 2010, N° 338505, Considérant 2 a.E. durch Disant, QPC, S. 214, Rn. 286. Detailliert auf die Frage der ausreichenden Finanzausstattung gehen Mathieu/Rousseau, GD QPC, S. 339 ff., bei der Besprechung der Entscheidung Conseil constitutionnel, 30. Juni 2011, N° 2011–142/145 QPC, *Départements de la Seine-Saint-Denis et autres*, ein.

632 Siehe zum *recours pour excès de pouvoir* die instruktive Darstellung bei Schlette, Ermessenskontrolle, S. 73 ff. m.w.N.

633 Ausdrücklich den Begriff „*action populaire*" verwenden Long et al., GAJA, Nr. 8 (*Casanova*), Rn. 2, gehen aber davon aus, dass die Schwelle zu dieser trotz unklarer Abgrenzung bisher nicht überschritten sei.

Personenvereinigungen Kollektivinteressen geltend machen können.[634] Besonders weit wird das *intérêt à agir* seit einer Entscheidung des Conseil d'État von 1901[635] dann verstanden, wenn Ausgaben einer Kommune oder sonstigen Gebietskörperschaft im Raum stehen. Hier reicht bereits die Tatsache, in dieser Kommune steuerpflichtig zu sein[636], um einen Klagegrund zu haben.[637]

In Zusammenhang mit der QPC entsteht somit ein mächtiges Instrument der Interessensdurchsetzung. Denn auch die QPC verlangt keine eigene Betroffenheit des Antragsstellers. Es ist damit möglich, einen *recours pour excès de pouvoir* zu erheben, dessen eigentliches Ziel darin besteht, Grundlage einer QPC zu sein, um so ein Gesetz zu Fall zu bringen. Diese Möglichkeit kann unterschiedlich bewertet werden. Auf der einen Seite bleibt es dabei, dass bei einer entsprechenden Entscheidung des Conseil constitutionnel eine tatsächlich verfassungswidrige Norm aus dem Recht entfernt wird. Für diese Sicht spricht der objektive Charakter des Verfahrens, das auf Individualinteressen nur sehr begrenzt Rücksicht nimmt. Auf der anderen Seite sollte jedoch nicht unberücksichtigt bleiben, dass damit auch eine Entscheidung der Verfassungswidrigkeit möglich wird, die niemandem nützt (denn der Antragssteller war und ist nicht beschwert), aber gleichzeitig zu Ungunsten jener Personen ausfällt, die sich berechtigt auf die Gültigkeit des Rechts verlassen hatten.

Diese Erwägungen werden in Frankreich jedoch nicht angestellt, eben weil schon im Verwaltungsrecht die Möglichkeit anerkannt ist, dass die Aufhebung eines Verwaltungsaktes dem Antragssteller nicht zwingend zum Vorteil gereichen muss. Bisher scheint sich allerdings auch die Anzahl solcher Fälle in Grenzen zu halten, es ist nicht erkennbar, vom Bereich des Umweltrechtes abgesehen, dass die QPC massiv zur Durchsetzung von Eigeninteressen, die nicht zwingend fiskalischer Art sein müssen, genutzt würde. Die weitere Entwicklung an dieser Stelle bleibt abzuwarten.

Ein Beispiel für die geschilderte Problematik, bei dem es jedoch nicht zu einer Verwerfung gekommen ist, findet sich in einer Entscheidung des Conseil constitutionnel vom 21. Februar 2013 bezüglich der Besoldung der evangelischen Pfarrer

---

634 Schlette, Ermessenskontrolle, S. 86.

635 Conseil d'État, 29. März 1901, *Casanova*, Sirey 1901 III, S. 73.

636 Als Beispiel für die sehr weitgehenden Möglichkeiten kann die Entscheidung Conseil d'État, Assemblée, 19. Juli 2011, N° 308544, *Commune de Trélazé*, dienen, in der es um die Frage ging, ob eine Gemeinde eine Kirchenorgel finanzieren durfte, wogegen ein Einwohner wegen des Verstoßes gegen das Prinzip des Laizismus Klage erhoben hatte. Wie Boualili, RDP 2012, S. 1523, 1524, Fn. 2 anmerkt, interessierten in der Folge der „Casanova"-Entscheidung hierbei die wohl antiklerikalen Beweggründe des Antragsstellers den Richter nicht.

637 Siehe hierzu auch die Anmerkung bei Long et al., GAJA, Nr. 8 (*Casanova*), zum Entscheidungsgang Rn. 1, zu den Grenzen und Sonderfällen Rn. 3 ff.

im Elsass.[638] In diesem Fall hatte eine Vereinigung zur Förderung des Laizismus, die sich anscheinend nur zu diesem Zweck gegründet hatte und ansonsten nicht in Erscheinung getreten war[639], eine QPC gegen die staatliche Bezahlung der evangelischen Pfarrer im Elsass angestrengt, indem sie vorher einen Antrag auf Aufhebung zweier Dekrete in diesem Bereich an den Premierminister gestellt hatte und gegen dessen ablehnendes Schweigen (*décision implicite de rejet*) sodann einen *recours pour excès de pouvoir* zum Conseil d'État erhoben hatte. Die Vereinigung trug dabei vor, die gesetzlichen Regeln, auf denen die Pastorenbesoldung beruhe, würden gegen das durch Art. 1 der Verfassung garantierte Prinzip der Laizität verstoßen, da durch dieses jede Finanzierung einer Religionsgemeinschaft verboten werde.

Der Conseil constitutionnel schloss sich der Argumentation der Beschwerdeführer nicht an, weil zum Zeitpunkt des Erlasses des Gesetzes von 1905 über die Trennung von Kirche und Staat die fraglichen Regionen nicht zum Geltungsbereich gehört hätten, bei der Wiedervereinigung mit Frankreich das Fortbestehen des Ortsrechts angeordnet worden sei und bei Einfügung der Klauseln in die Verfassungen von 1946 und 1958 ausdrücklich nicht vorgesehen gewesen sei, die im Elsass bestehenden Sonderregeln in Frage zu stellen.[640]

In diesem Fall wird deutlich, dass die Antragsteller im Falle des Obsiegens keinen Vorteil von der Entscheidung des Conseil constitutionnel gehabt hätten außer dem der Durchsetzung ihrer persönlichen Überzeugung. Die Gründung einer Vereinigung allein zu dem Zweck, ein Gesetz zu Fall zu bringen, verstärkt diesen Eindruck. Umgekehrt wären die Pastoren im Elsass bei einer gegenteiligen Entscheidung arbeitslos geworden, ohne selbst irgendeine Verantwortung dafür zu tragen.

Die QPC kann mithin, wenn sie an der richtigen Stelle und auf die richtige Weise eingesetzt wird, zu Ergebnissen führen, die zwar noch mit einer „Wiederinbesitznahme der Verfassung" durch die Bürger in Verbindung stehen, aber doch bedenklich erscheinen. Allerdings fehlt es bisher, wie ausgeführt, an entsprechenden Beispielen für ein systematisches Vorgehen dieser Art.

---

638 Conseil constitutionnel, 21. Februar 2013, N° 2012–297 QPC, *Association pour la promotion et l'expansion de la laïcité.*

639 Siehe zu dieser Vereinigung und ihren Beweggründen Le Bars, *Laïcité: l'exception d'Alsace et Moselle attaquée, lemonde.fr* vom 20.02.2013, geladen von http://www.lemonde.fr/societe/article/2013/02/20/laicite-l-exception-d-alsace-et-moselle-attaquee_1835480_3224.html am 11.09.2014.

640 Conseil constitutionnel, 21. Februar 2013, N° 2012–297 QPC, Considérants 3–6. Siehe zur Konzeption des Laizismus und zu den Sonderregeln im Elsass (genauer in den *départements* Bas-Rhin, Haut-Rhin und Moselle) ausführlich den Entscheidungskommentar, Commentaire de la décision n° 2012–297 QPC, insbes. S. 20 ff. Eine vertiefte Auseinandersetzung mit dem Verhältnis zwischen den lokalen Rechtsnormen und der Verfassung sowie der historischen Abfolge findet sich bei Guyedan, RFDC N° 96 (2013), S. 857, spezifisch zum Fall der Pastorenbesoldung S. 864 f., zu dem neu eingeführten PFRLR der Beständigkeit des Ortsrechts auch S. 866 ff. mit umfangreichen weiteren Nachweisen.

D. Taugliches Gericht

Nach Art. 61–1 Const. kann die Befassung des Conseil constitutionnel mit einer QPC nur nach Weiterleitung durch Conseil d'État oder Cour de cassation erfolgen. Mit dieser Bedingung geht die Frage einher, vor welchen Gerichten eine QPC gestellt werden kann, damit eine entsprechende Weiterleitung erfolgt.

Der verfassungsändernde Gesetzgeber hat hier eine Entscheidung getroffen, die enger als die vom Comité Balladur vorgesehene Regelung ist. Denn das Comité hatte jedem einzelnen Gericht die direkte Anrufung des Conseil constitutionnel ohne Einschaltung der beiden Obergerichte ermöglichen wollen und außerdem den Fall erfasst, dass ein Gericht weder dem einen noch dem anderen obersten Gericht unterliegt. So hieß es dort: *„Le Conseil constitutionnel, à la demande d'un justiciable, est saisi, dans les conditions prévues par une loi organique, sur renvoi du Conseil d'État, de la Cour de cassation, des juridictions qui leur sont subordonnées ou de toute autre juridiction ne relevant ni de l'un ni de l'autre"*.[641]

Der Gesetzgeber traf jedoch einerseits die Entscheidung für den doppelten Filter und damit gegen einer Weiterleitung durch die Instanzgerichte. Zum anderen wurde keine Sonderregel für nicht den beiden Rechtszweigen unterliegende Gerichte getroffen. Diese Entscheidung bleibt weitgehend ohne Konsequenzen und traf daher, mit Ausnahme eines bedeutenden, sogleich zu behandelnden Sonderfalls, nicht auf bedeutende Kritik in der Literatur. Denn die Anzahl der von dieser Ausnahme erfassten Gerichte ist gering. Warsmann führte in seinem Bericht zur Verfassungsänderung nur die Cour de justice de la République und das Tribunal des conflits an.[642] In seinem Bericht zum *loi organique* präzisierte er diese Ausführungen und verwies weiterhin auf die Haute Cour und die Cour supérieure d'arbitrage.[643] Ihm folgte der Berichterstatter im Senat.[644]

Die Einschätzung, vor der Cour de justice de la République[645] sei keine QPC möglich, erwies sich ohnehin als unzutreffend, da ihre Urteile vor der Cour de

641 Rapport Balladur, S. 173 = Proposition n° 74: „Der Conseil constitutionnel wird auf Antrag eines Rechtssuchenden, nach den Bedingungen eines *loi organique*, nach Weiterleitung durch Conseil d'État, Cour de cassation, durch die ihnen untergeordneten Gerichte (bzw. Jurisdiktionen) oder durch jedes andere Gericht, das weder von dem einen noch von dem anderen abhängig ist, mit der Sache befasst." [eig. Übersetzung].

642 Warsmann, Rapport N° 892 vom 15. Mai 2008, Ass. Nationale, 13ème législature, S. 440.

643 Warsmann, Rapport N° 1898 vom 3. September 2009, Ass. Nationale, 13ème législature, S. 42.

644 Portelli, Rapport n° 637 (Sénat 2008–2009) vom 29. September 2009, S. 36 f.

645 Die Cour de justice de la République ist ein durch die Verfassung, Art. 68–1 bis 68–3, vorgesehenes Sondergericht, dessen Aufgabe in der Aburteilung von Straftaten besteht, die von Regierungsmitgliedern in der jeweiligen Amtszeit in Ausübung ihres Amtes begangen wurden. Dabei hat das Gericht nach Art. 68–1

cassation angegriffen werden können[646] und damit nach ganz überwiegender[647], von Warsmann später auch selbst geäußerter Ansicht[648], vor ihr eine QPC gestellt werden kann.[649]

Die Haute Cour kann wohl nur dem Namen nach als Gericht angesehen werden. Denn hierbei handelt es sich um das Amtsenthebungsverfahren des Präsidenten nach Art. 68 Const., bei dem das Parlament mit beiden Kammern vereint unter diesem Namen[650] mit Zwei-Drittel-Mehrheit feststellen kann, dass der Präsident in einer nicht mit der Ausübung seines Amtes zu vereinbarenden Weise seine Pflichten versäume und somit seines Amtes verlustig geht. Die Entscheidung ist damit im Ergebnis keine juristische, sondern eine politische[651] und betrifft das Verhältnis der Staatsorgane zueinander, in das sich der Conseil constitutionnel nicht einmischen soll.

Die erwähnte Cour supérieure d'arbitrage ist ein oberstes Schiedsgericht, das bei Streitigkeiten über eine im kollektiven Arbeitsrecht geschlossene Vereinbarung einen diesbezüglichen, durch die Vereinbarung ausdrücklich vorgesehenen Spruch eines Schiedsgerichtes annullieren kann.[652] Ausnahmsweise, wenn ein erneuter Schiedsspruch ebenso annulliert wird, kann die Cour nach Art. L. 2524–9

Abs. 3 Const. die geltenden Gesetze hinsichtlich der Tatbestände und der Strafzumessung zu befolgen.

646 Dieses ergibt sich aus Art. 33 des Loi organique n° 93–1252 du 23 novembre 1993 sur la Cour de justice de la République.

647 A.A. ohne nähere Begründung Disant, QPC, S. 140, Rn. 173, der die QPC nur im Rechtsmittelfall vor der Cour de cassation, nicht aber vor der Cour de justice selbst zulassen will.

648 Warsmann, Rapport N° 1898 vom 3. September 2009, Ass. Nationale, 13ème législature, ausdrücklich auf S. 69 zur Ablehnung eines auf die Hinzufügung weiterer Gerichte geänderten Änderungsantrags von Urvoas und Fraktion, CL 24, der allen nicht den beiden Gerichtsbarkeiten unterliegenden Gerichten den Zugang zu Conseil d'État oder Cour de cassation ermöglichen wollte (siehe dazu die Begründung auf S. 204 f.), nach den Ausführungen von Urvoas (S. 69) aber eigentlich nur auf die Cour de justice zielte.

649 Lévy, in: Rousseau (Hrsg.), QPC, S. 21, 33, Rn. 36; Bon, RFDA 2009, S. 1107, 1114, Fn. 47. Ebenso im Ergebnis auch Mathieu, JCP-G 2009, N° 52, S. 55, 57, allerdings wohl mit der Begründung, dass das Gericht über Rechte und Freiheiten entscheide und damit eine QPC möglich sein müsse.

650 *Haute Cour* ist die überkommene Bezeichnung für das für die Aburteilung des Präsidenten der Republik zuständige Gericht. Bis 2007 bestand dieses Gericht nach der damaligen Fassung von Art. 67 Const. aus je 12 Mitgliedern von Assemblée Nationale und Sénat und konnte den Präsidenten wegen Taten in Ausübung seines Amtes nur im Falle von Hochverrat verurteilen.

651 Disant, QPC, S. 140, Rn. 173; Magnon et al., QPC, S. 49, Rn. 67; Verpeaux, QPC, S. 43; auch Roux, RDP 2010, S. 233, 239 stellt in Frage, dass es sich um ein Gericht handelt.

652 Siehe hierzu Art. L. 2524–1 ff. Code du travail.

Abs. 3 Code du travail auch selbst entscheiden und einen Schiedsspruch fällen. Die Anzahl der hier behandelten Fälle bleibt sehr gering.[653] Letztlich betrifft dieser Fall aber vor allem die Frage der Möglichkeit der Stellung eine QPC vor Schiedsgerichten allgemein. Die Cour de cassation hat diese mit Entscheidung vom 28. Juni 2011 zu Recht verneint[654], da Schiedsgerichte lediglich vom Parteiwillen abhängig sind und keine staatliche Rechtsprechungsgewalt ausüben.[655] Diesen eine Vorlagemöglichkeit an die obersten Gerichte und über diese an den Conseil constitutionnel einzuräumen, ist kaum zu rechtfertigen.[656] Gleichwohl ist eine QPC vor einem staatlichen Gericht, das ggf. als Rechtsmittelinstanz gegen das Schiedsurteil vorgesehen ist, nicht ausgeschlossen[657], ebenso ist darauf zu achten, dass sich nicht hinter der Bezeichnung als Schiedsgericht in Wirklichkeit ein normales Gericht verbirgt.[658] Diese Ausnahmen sind hinsichtlich der Cour supérieure d'arbitrage jedoch nicht einschlägig, da sie, wenn auch gesetzlich vorgesehen, doch dem Parteiwillen unterliegt.[659]

Gleichermaßen kann auch dann keine QPC gestellt werden, wenn die Institution zwar wie ein Gericht tätig wird, dabei jedoch direkt der Verwaltung zugeordnet bleibt. Dieses ist der Fall bei den sog. *Autorités administratives indépendantes, AAI*, Verwaltungsgremien, die mit staatlicher Macht Entscheidungen treffen, ohne hierarchisch eingebunden zu sein oder Weisungen zu unterliegen.[660] Hier existiert zwar teilweise ein kontradiktorisches Verfahren mit der Möglichkeit der Verhängung von Sanktionen, das Ergebnis ist jedoch kein Urteil, sondern bleibt ein

---

653 Dieses ist für Disant, QPC, S. 140, Rn. 173, der Grund, einen Ausschluss der QPC insoweit für unproblematisch zu halten.

654 Cour de cassation, Chambre commerciale, 28. Juni 2011, N° 11–40030.

655 Dieses war auch die Einschätzung des *Procureur Général* bei der Cour de cassation, Nadal, in seiner Anhörung vor dem Rechtsausschuss, betreffend das *loi organique*; Warsmann, Rapport N° 1898 vom 3. September 2009, Ass. Nationale, 13ème législature, S. 167, 170; ebenso äußert sich auch der *Premier Président* der Cour de cassation, Lamanda, ebd., S. 178, 179.

656 Zustimmend daher Lévy, in: Rousseau (Hrsg.), QPC, S. 21, 35, Rn. 41; ebenso Roux, RDP 2010, S. 233, 239. Für zu rigoros hält dieses Vorgehen hingegen Disant, QPC, S. 137, Rn. 168.

657 Bon, RFDA 2009, S. 1107, 1114.

658 Magnon et al., QPC, S. 43, Rn. 60, unter Verweis auf die Commission *arbitrale* de journalistes, der durch die Entscheidungen Cour de cassation, Chambre sociale, 09. März 2012, N° 11–40109 und in der Folge Conseil constitutionnel, 14. Mai 2012, N° 2012–243/244/245/246 QPC, *Société Yvonne Républicaine et autre,* der Charakter eines Gerichts zugesprochen wurde.

659 Lévy, in: Rousseau (Hrsg.), QPC, S. 21, 36, Rn. 42; ebenso Roux, RDP 2010, S. 233, 239.

660 Siehe hierzu ausführlich Frier/Petit, Droit administratif, S. 125, Rn. 207 ff. Beispiele für AAI sind z. B. die Kommission für Computerdatenschutz CNIL, die Regulierungsbehörde für Rundfunk und Fernsehen CSA oder die für Urheberrechte im Internet zuständige HADOPI.

Verwaltungsakt, sodass von einer *juridiction* im Sinne des Art. 61–1 Const. nicht gesprochen werden kann.[661] Es verbleibt hingegen die Möglichkeit der Stellung einer QPC im Zuge des gerichtlichen Vorgehens gegen die Entscheidung, zumindest vor dem jeweils zuständigen obersten Gericht.[662]

Problematisch bleibt damit nur der Ausschluss der QPC vor dem Tribunal des conflits. Dieses Gericht hat zur Aufgabe, Zuständigkeitskonflikte zwischen der ordentlichen Gerichtsbarkeit und der Verwaltungsgerichtsbarkeit zu lösen. Anders als in Deutschland wird die Trennung zwischen beiden Ordnungen in Frankreich sehr streng gehandhabt, sodass eine Verweisung von einem Gericht an das andere nicht in Frage kommt.[663] Das Tribunal des conflits entscheidet im Normalfall nur über die prozessuale Zuständigkeit, wenn entweder beide Gerichte sich für unzuständig erklärten (*conflit négatif*) oder die Verwaltung der Zuständigkeit der ordentlichen Gerichtsbarkeit widerspricht (*conflit positif*).[664] In diesen Fällen folgt dann die Entscheidung des für zuständig erklärten Gerichts, bei dem eine QPC gestellt werden kann. Wenn also die QPC sich nicht auf die Entscheidung zur Zuständigkeit selbst bezieht, was nur schwer vorstellbar ist[665], bleibt deren Unzulässigkeit vor dem Tribunal des conflits ohne Belang.

Etwas anderes könnte sich für den Fall ergeben, dass das Tribunal zur Sache entscheidet. Diese Möglichkeit wird durch das Gesetz vom 20. April 1932[666] vorgesehen für den Fall, dass zu einem Sachverhalt sich widersprechende letztinstanzliche

661 Hierauf verweist in der Anhörung vor dem Rechtsausschuss Prof. Molfessis, siehe dazu Warsmann, Rapport N° 1898 vom 3. September 2009, Ass. Nationale, 13ème législature, S. 136, 144; daran ändere auch die Rechtsprechung des EGMR, die das Recht auf ein faires Verfahren nach Art. 6 EMRK auch vor solchen Institutionen für anwendbar erkläre, nichts.

662 Warsmann, ebd., S. 13, spricht hier von einer „Kompensation" durch die Möglichkeit, die QPC anlässlich eines gerichtlichen Vorgehens gegen die Entscheidung zu stellen. Zustimmend auch Magnon et al., QPC, S. 44, Rn. 61 mit zahlreichen Nachweisen aus der Rechtsprechung.

663 Siehe für die Trennung zwischen ordentlicher Gerichtsbarkeit und Verwaltungsgerichtsbarkeit eingehend Frier/Petit, Droit administratif, S. 398, Rn. 654 ff.

664 Die Aufgaben des Tribunal des conflits werden bei Frier/Petit, Droit administratif, S. 424, Rn. 706 ff. eingehend beschrieben.

665 Der letztlich einzig vorstellbare Fall betrifft die Beteiligung des Justizministers als Vorsitzendem des Tribunal des conflits und den daraus ggf. resultierenden Konflikt mit dem Prinzip der Gewaltenteilung. Das Tribunal des conflits hat bei einer diesbezüglich gestellten QPC die Weiterleitung unter Bezugnahme auf Art. 61–1 Const. verweigert, Tribunal des conflits, 04. Juli 2011, N° 11–03803, Considérant 1. Kritisch zur Beteiligung des Justizministers an der Entscheidung des Gerichts Labetoulle/Stahl, D. 2013, S. 98.

666 Loi du 20 avril 1932 *ouvrant un recours devant le tribunal des conflits contre les décisions définitives rendues par les tribunaux judiciaires et les tribunaux administratifs lorsqu'elles présentent contrariété aboutissant à un déni de justice* i.d.F. des Loi N° 60–728 vom 27. Juli 1960.

Urteile der ordentlichen Gerichtsbarkeit wie auch der Verwaltungsgerichtsbarkeit vorliegen, was faktisch zu einer Verweigerung des Rechtsschutzes (*déni de justice*) führt. Hier ist das Tribunal des conflits berufen, eine endgültige Entscheidung zur Sache zu fällen.[667] Entsprechend steigt die Wahrscheinlichkeit, dass die angewendeten Normen grundrechtsrelevant sind.[668] Auch wenn dieser Fall bisher weitestgehend theoretischer Natur geblieben ist[669], kann eine geeignete Kompensation für die Unmöglichkeit der Stellung einer QPC hier nur darin gesehen werden, dass bereits in den Verfahren vor den vorlageberechtigten Gerichten die Möglichkeit der Stellung einer QPC bestand.[670]

Außerhalb der sich aus der Beschränkung auf von den beiden obersten Gerichten abhängige Gerichte ergebenden Ausschlüsse hat der Gesetzgeber des *loi organique* auch die Entscheidung gefällt, die QPC nicht vor dem Schwurgericht, der Cour d'assises, zu erlauben. Dieses ergibt sich aus Art. 23–1 Abs. 4 der *ordonnance*, findet aber keine Stütze in Art. 61–1 Const. Auch wenn kritisiert werden kann, dass gerade vor diesen Gerichten die Implikation von Grundrechten besonders zu erwarten ist[671], so überzeugt doch das Argument, dass die besondere Zusammensetzung und Arbeitsweise der Gerichte die Stellung einer QPC problematisch werden lasse. Denn es handelt sich um Geschworenengerichte, bei denen die Geschworenen am Ende des Prozesses über spezifische, an sie durch den Richter gestellte Fragen zu den Tatsachen und deren Bewertung nach ihrer Überzeugung zu antworten haben. Eine Unterbrechung der Verfahrens ist nach Art. 307 CPP nur für notwendige Ruhepausen der Beteiligten vorgesehen, um die Wahrnehmung des Falles nicht zu beeinträchtigen. Die QPC würde damit dieses austarierte System in Frage stellen.[672] Außerdem bleibt die Möglichkeit der Stellung einer QPC bei Gelegenheit eines Rechtsmittels, zur Cour d'appel[673] oder zur Cour de cassation, sowie im Ermittlungsverfahren bestehen. Der Conseil constitutionnel

---

667 Dieses wird allerdings von Disant, QPC, S. 140, Rn. 173 ohne nähere Begründung in Zweifel gezogen, das Gericht entscheide nie zur Sache.

668 Bon, RFDA 2009, S. 1107, 1114.

669 Roux, RDP 2010, S. 233, 239.

670 Darauf verweist der Entscheidungskommentar zur Entscheidung des Conseil constitutionnel über das *loi organique*, Commentaire de la décision n° 2009–595 QPC, S. 4; ebenso auch Maugüé/Stahl, QPC, S. 33. Kritisch hingegen Magnon et al., QPC, S. 47, Rn. 64 ff., die allerdings bemerkenswerterweise nicht auf die Möglichkeit einer Entscheidung zur Sache verweisen, sondern die Kompetenzentscheidung als eigentlich grundrechtsrelevantes Verfahren verstehen wollen.

671 Dahingehend äußerte sich der *Procureur Général* bei der Cour de cassation, Nadal, in seiner Anhörung vor dem Rechtsausschuss, betreffend das *loi organique*; Warsmann, Rapport N° 1898 vom 3. September 2009, Ass. Nationale, 13ème législature, S. 167, 171. Diese Kritik findet sich auch bei der Beurteilung des Systems durch Mathieu, JCP-G 2009, N° 52, S. 55, 58.

672 Überzeugend Disant, QPC, S. 139, Rn. 172.

673 Da es sich bei der Cour d'appel in solchen Fällen auch um ein Geschworenengericht handelt, wird die QPC dann sogar nach Art. 23–1 Abs. 4 der *ordonnance*

hat daher diese Einschränkung ausdrücklich anerkannt und eine Einschränkung der Effektivität der QPC zu Gunsten des ebenfalls mit Verfassungsrang ausgestatteten Prinzips der *bonne administration de justice* akzeptiert.[674]

Nach dem Gesetzgebungsverfahren blieb nach allem lediglich eine Unklarheit zurück, die zu erheblicher Diskussion in der Literatur und zu deutlicher Kritik am Conseil constitutionnel geführt hat. Denn mit der Beschränkung auf Conseil d'État und Cour de cassation zugeordnete Gerichte hat der Gesetzgeber implizit die Stellung einer QPC vor dem Verfassungsgericht selbst ausgeschlossen. Dieses betrifft nicht den Fall der eigentlichen Verfassungsmäßigkeitsprüfung, sondern dessen Rolle als Wahlgericht, die sich aus den Artt. 58 bis 60 ergibt. Der Conseil constitutionnel überwacht von Amts wegen die Wahl des Präsidenten der Republik (Art. 58) und, wie bereits ausgeführt, die Durchführung eines Referendums (Art. 60). Als Wahlrichter wird er nach Art. 59 Const. aktiv, wonach er im Falle einer diesbezüglichen Anfechtung zur Entscheidung über die ordnungsgemäße Wahl von Abgeordneten und Senatoren zuständig ist. Die Entscheidung im Fall von Art. 59 Const stellt sich wie eine normale Entscheidung zur Sache dar[675], die weitreichende Folgen wie den Mandatsverlust oder teilweise Neuwahlen zur Folge haben kann.[676]

Der Conseil constitutionnel war allerdings bis zum Inkrafttreten der QPC allen verfassungsrechtlichen Fragen in diesem Kontext mit dem Argument ausgewichen, zu einer Überprüfung bereits in Kraft getretener Gesetze am Maßstab der Verfassung nicht befugt zu sein[677], erlaubte aber in der Funktion als *juge électoral* die *contrôle de conventionnalité*[678], der er sich im normalen Verfahren in ständiger Rechtsprechung verschließt.[679]

---

ohne Untersuchung direkt der Cour de cassation zugeleitet, siehe hierzu auch die Anmerkung bei Magnon et al., QPC, S. 42, Rn. 57.

674 Conseil constitutionnel, 03. Dezember 2009, N° 2009–595 DC, Considérant 10. Siehe dazu auch den Entscheidungskommentar, Commentaire de la décision n° 2009–595 QPC, S. 5.

675 Dord, AJDA 2012, S. 961, 963.

676 Dieses ergibt sich aus Art. 41 der *ordonnance* über den Conseil constitutionnel. Art. 41–1 berechtigt den Conseil constitutionnel weiterhin, zusammen mit Art. LO 136–1 Code électoral, die Unwählbarkeit eines Kandidaten bei Verstößen gegen die Regeln zur Wahlkampffinanzierung festzustellen.

677 Siehe hierzu nur die Entscheidung Conseil constitutionnel, 21. Oktober 1988, N° 88–1082/1117 AN, Considérant 3.

678 Ebenfalls in Conseil constitutionnel, 21. Oktober 1988, N° 88–1082/1117 AN, Considérant 4.

679 Dieses ist seit der Entscheidung „IVG", Conseil constitutionnel, 15. Januar 1975, N° 74–54 DC, ständige Rechtsprechung, auf die Auswirkungen dieser Entscheidung im Rahmen der QPC wird noch einzugehen sein, siehe dazu unten Kapitel 3, B.

Die Berufung auf die beschränkte Prüfungskompetenz musste mit Einführung der QPC entfallen, wodurch aber die praktischen Schwierigkeiten der Durchführung einer solchen Prüfung nicht beseitigt wurden.

Vom Wortlaut des Art. 61–1 Const. wird das Wahlgericht nicht erfasst, denn es befindet sich nicht in Abhängigkeit zu den obersten Gerichten, eine Filterung durch diese muss ausscheiden.[680] Der Gesetzgeber verzichtete jedoch unverständlicherweise darauf, sich dieses Problems anzunehmen. Vielmehr kam sowohl in den Äußerungen von Warsmann[681] als auch von Portelli[682] im Gesetzgebungsverfahren zum *loi organique* die Überzeugung zum Ausdruck, die Lösung des Problems bleibe dem Conseil constitutionnel überlassen. Diese Äußerungen sind kritisch zu sehen, da nach klassischem Verständnis die Verfassungsgerichtsbarkeit nur innerhalb der exakten, durch die Verfassung bestimmten Grenzen ihrer Kompetenz agieren darf und es fraglich erscheint, ob so empfundene Defizite des Verfassungstextes kompensiert werden können.[683] Es ist dann ohnehin zu fragen, ob nicht eine Verfassungsmäßigkeitsprüfung außerhalb der Regeln der QPC zu bevorzugen sei, um jede Unklarheit zu vermeiden.[684]

Der Conseil constitutionnel entschied sich für die Zulässigkeit einer QPC im Wahlprüfungsverfahren. In seinen Entscheidungen N° 2011–4538 SEN[685] für den

680 Jan, LPA 2009, N° 252, S. 6, 9. Disant, QPC, S. 140, Rn. 174 stimmt zwar zu, dass eine Filterung durch die obersten Gerichte ausscheiden muss, sieht darin jedoch kein Argument gegen die Anwendung von Art. 61–1 Const.

681 Warsmann, Rapport N° 1898 vom 3. September 2009, Ass. Nationale, 13ème législature, S. 42.

682 Portelli, Rapport n° 637 (Sénat 2008–2009) vom 29. September 2009, S. 37.

683 So im Ergebnis Lévy, in: Rousseau (Hrsg.), QPC, S. 21, 39, Rn. 45. Auch Mathieu/Rousseau, GD QPC, S. 33, Rn. 3, sprechen sich für eine Umgestaltung des *loi organique* aus, um jede Unsicherheit zu beseitigen. Bei Gaïa et al., GD Cons., S. 637, Rn. 6, wird ebenfalls ein Tätigwerden des Gesetzgebers befürwortet, damit nicht das Gericht, „wie hoch und weise es auch sein möge", seine eigene Kompetenz bestimme. A.A. Mathieu, JCP-G 2009, N° 52, S. 55, 57, der vor dem Hintergrund der durch die Einführung der QPC nicht mehr unbedingten Geltung der *théorie de la loi écran* eine richterliche Weiterentwicklung für möglich und ausreichend hält.

684 Darauf zielte die Stellungnahme von Prof. Cassia in seiner Anhörung vor dem Rechtsausschuss der Assemblée Nationale, Warsmann, Rapport N° 1898 vom 3. September 2009, Ass. Nationale, 13ème législature, S. 149, 150; die nicht durch das *loi organique* erfassten Gerichte könnten sich die Ermächtigung zur Verfassungsmäßigkeitskontrolle selbst zuerkennen und damit eine eigene, vom System des Art. 61–1 Const. verschiedene Überprüfungsmöglichkeit schaffen, ausführlich dazu erneut Cassia, D. 2012, S. 327, 331 f.

685 Conseil constitutionnel, 12. Januar 2012, N° 2011–4538 SEN, *Sénat Loiret*, mit ausführlicher Anmerkung Dord, AJDA 2012, S. 961 ff.

Sénat und N° 2012–4565 AN[686] für die Assemblée Nationale untersuchte das Gericht jeweils die gestellte Frage und urteilte zur Sache, unter analoger Anwendung der für die „normale“ QPC geltenden Verfahrensregeln.[687] So war im Verfahren N° 2012–4565 AN das Ergebnis hinsichtlich der gestellten QPC ein *non-lieu à statuer*, da die angegriffene Norm bereits für verfassungsmäßig erklärt worden war und kein *changement des circonstances* vorlag. Im Rahmen der Entscheidung über die Wahlprüfungsbeschwerde, bei der auch eine QPC mitbeantwortet wird, ändern sich auch die Visa der Entscheidung. Im Normalfall heißt es dort „*Vu la Constitution, notamment son article 59*“. Sobald eine QPC beteiligt ist, entfällt jedoch der Verweis auf Art. 59 Const.[688] Die letzte Weiterentwicklung findet sich in einer Entscheidung 15. Februar 2013[689]: Der Verweis entfällt nur noch dann, wenn der Conseil constitutionnel zur Sache entscheidet. Wenn er jedoch wegen eines fehlenden *changement des circonstances* zu einem *non-lieu* kommt, wird auf Art. 59 Bezug genommen, so, als ob das Gericht in diesem Fall als reiner Wahlrichter die Vorlage an sich selbst geprüft und verneint hätte.[690]

Das Gericht hat mithin eine mit Blick auf den Rechtsschutz überzeugende Lösung getroffen, da es kaum nachvollziehbar wäre, dass in der letzten Instanz, vor dem Verfassungsgericht, weniger juristische Argumente vorgebracht werden können, als auf niedrigerer Ebene.[691] Die Lösung jedoch, sich *contra legem* für eine solches Ergebnis zu entscheiden, mag zwar nach den Äußerungen im Gesetzgebungsverfahren vorhersehbar gewesen sein[692], sie bleibt gleichwohl, auch vor dem Hintergrund der sonstigen Rechtsprechung[693], systemwidrig.

---

686 Conseil constitutionnel, 12. Oktober 2012, N° 2011–4565/4567/4568/4574/4575/4576/4577 AN, *A.N. Val de Marne.*

687 Generell zur Problematik der auf diesen Sonderfall anwendbaren und angewendeten Verfahrensregeln Mathieu/Rousseau, GD QPC, S. 32, Rn.3.

688 Auf dieses Detail weist Lévy, in: Rousseau (Hrsg.), QPC, S. 40, Rn. 45, hin.

689 Conseil constitutionnel, 15. Februar 2013, N° 2012–4580/4624 AN, *A.N., Français établis hors de France (6ème circ.),* Considérants 3–5.

690 Cassard-Valembois, Constitutions 2013, S. 277, 279.

691 So ausführlich Dord, AJDA 2012, S. 961, 962 f.

692 Mathieu/Rousseau, GD QPC, S. 31, Rn. 3; der Conseil constitutionnel habe sich bei seiner Entscheidungsfindung von den vorzitierten Stellungnahmen von Warsmann und Portelli ermutigen lassen. Ob diesen jedoch der „Wille des Gesetzgebers“ entnommen werden kann, wird von Magnon et al., QPC, S. 52, Rn. 70 nicht ganz abwegig mit dem Argument bezweifelt, dass die Berichterstatter nur für sich selbst sprechen, Levy, in: Rousseau, QPC, S. 21, 39, Rn. 45 entnimmt demgegenüber der parlamentarischen Debatte die Aufforderung, richterrechtlich die eigene Kompetenz zu erweitern.

693 A.A., recht weitgehend, hingegen Savonitto, RFDC N° 93 (2013), S. 107, 116 f., der aus diesem einen Fall der Abweichung von der Filterung durch die obersten Gerichte herleiten möchte, dass auf die Filterung ganz verzichtet werden könne. Es erscheint jedoch fraglich, ob die eine Sonderfallentscheidung des Conseil

Zusammenfassend bleibt festzuhalten, dass die Frage der für die Stellung einer QPC zuständigen Gerichtsbarkeit keine besonderen Probleme mit sich bringt. Die Ausnahme der Schwurgerichte erscheint wohlbegründet und führt nicht zu einem Rechtsschutzdefizit, dem Fall des Tribunal des conflits fehlt es insgesamt an praktischer Relevanz. Demgegenüber erscheint die eigenmächtige Kompetenzerweiterung des Conseil constitutionnel aus systematischen Gründen problematisch, es ist zu bedauern, dass, nachdem das Gericht vollendete Tatsachen geschaffen hat, der Wille, eine gesetzliche Lösung des Konflikts herbeizuführen, nicht mehr erkennbar ist. Das Gericht hat damit auch argumentativ das sonst vielfach gebrauchte Argument der beschränkten eigenen Kompetenz, dazu sei auf die fehlende Möglichkeit der Prüfung von Verfassungsänderungen verwiesen[694], nachhaltig entwertet.

E. Tauglicher Prüfungsmaßstab

Nach dem Wortlaut von Art. 61–1 Const. soll mit Hilfe der QPC eine Verletzung von Rechten und Freiheiten, wie sie durch die Verfassung garantiert werden (*droits et libertés que la Constitution garantit*), geltend gemacht werden können. Bei dieser Formulierung handelt es sich um einen Terminus, der nur im Kontext der QPC verwendet wird. Entsprechend unbestimmt ist zunächst sein Inhalt[695], entsprechend ist es vor allem Aufgabe des Conseil constitutionnel, zu einer exakten Definition zu gelangen.[696]

Wie bereits bei der Behandlung des *changement des circonstances* durch Verfassungsänderung ausgeführt wurde[697], unterscheidet sich die Konzeption der französischen Verfassung hinsichtlich des Grundrechtekatalogs erheblich vom deutschen Grundgesetz. So enthält der Text der Verfassung von 1958 keinen Grundrechtekatalog und kaum subjektive Gewährleistungen[698].

---

constitutionnel zum durch den Autor angenommenen Präzedenzfall für ein fundamental anderes Systemverständnis taugt.

694 Siehe hierzu oben Kapitel 2, A.III.3., die Entscheidung zur QPC bestätigt hier die Vermutung, dass die Entscheidung von 2003, mit der der Conseil constitutionnel aus rein formalen Gründen die Prüfung von Verfassungsänderungen verweigert, in Wirklichkeit auf politischen Überlegungen basierte.

695 Mathieu/Rousseau, GD QPC, S. 193, Rn. 54. sprechen von einer neuen Kategorie verfassungsrechtlicher Prinzipien. Dies., S. 188, Rn. 50 merken sogar an, die besondere Qualität dieses Begriffs äußere sich darin, dass er nichts sage.

696 Levade, in: Perrier (Hrsg.), QPC, S. 111, 115.

697 Siehe hierzu oben Kapitel 2, B.II.2.a).

698 Zur Inhomogenität des französische Grundrechtekatalogs kritisch Pfersmann, LPA 2008, N° 254, S. 103, 105. Allgemein kritisch zur „abnehmenden Qualität“ und fehlenden Übersichtlichkeit der Verfassung de Montalivet, RDP 2012, S. 925.

Daher kennt das französische Staatsrecht neben dem eigentlichen Verfassungstext ein Bündel von Regeln, die ebenfalls mit Verfassungsrang versehen sind, sich jedoch aus anderen Texten ergeben. Seit der Entscheidung *Liberté d'association* von 1971 berücksichtigt der Conseil constitutionnel im Rahmen der *contrôle à priori* die Verweise, die sich aus der Präambel der Verfassung von 1958 ergeben. Dort wird auf die *Déclaration des droits de l'Homme et du Citoyen* von 1789, auf die Präambel der Verfassung von 1946 sowie auf die *Charte de l'environnement* von 2004 verwiesen.[699] Der Verweis auf die Präambel der Verfassung von 1946 wiederum erweitert den Bereich noch einmal erheblich. Denn neben den dort verzeichneten sozialen Grundrechten, die wegen der einleitenden Formulierung als *principes particulièrement nécessaires à notre temps (PPNT)* bezeichnet werden, verweist die Präambel auch auf die bereits anlässlich der Frage der früheren Entscheidung zur Verfassungsmäßigkeit näher behandelten *principes fondamentaux reconnus par les lois de la République (PFRLR).*[700]

Ergänzt man diese Gesamtheit von geschriebenen Regeln noch um die ungeschriebenen *principes à valeur constitutionnelle* und die *objectifs de valeur constitutionnelle,* wird offenbar, wie unübersichtlich die Verfassungslandschaft in Frankreich ist. Aus dieser Gesamtheit von Regeln, bezeichnet als *bloc de constitutionnalité,* dann trennscharf alle subjektiven Gewährleistungen zu entnehmen, ist sehr komplex.

In Anbetracht des Untersuchungsgegenstandes dieser Arbeit kann darauf allerdings verzichtet werden. Denn es geht nicht darum, den französischen Grundrechtekatalog darzustellen[701], sondern zu zeigen, in welchen Fällen es hier im Rahmen der QPC zu Problemen kommt. Zu diesem Komplex gehört auch die in Frankreich klassische Diskussion um die Bedeutung völkerrechtlicher Regeln.

I. Verfassungsrechtliche Regeln als Prüfungsmaßstab

Die Frage, welche verfassungsrechtlichen Regeln im Rahmen der QPC als Prüfungsmaßstab herangezogen werden können, wird vom überwiegenden Teil der Literatur[702] dahingehend beantwortet, dass zumindest hinsichtlich der allgemein

---

699 Zusammenfassend Ardant/Mathieu, Droit constitutionnel, S. 141, Rn. 193.

700 Für eine Übersicht zu den beiden letztgenannten Kategorien siehe Portelli, Droit constitutionnel, S. 362.

701 Für eine ausführliche Darstellung aus deutscher Sicht siehe beispielhaft die Darstellung bei Bauer, Grundrechtsschutz, S. 147 ff.,

702 Beispielhaft Belloir, QPC, S. 21 ff.; Blachèr et al., Droits constitutionnels, S. 32 ff.; Disant, QPC, S. 58 ff., Rn. 64 ff., mit Rechtsprechungsübersicht S. 373 ff.; Gicquel/Gicquel, Droit constitutionnel, S. 761, Rn. 1556; Hamon/Troper, Droit constitutionnel, S. 682, Rn. 773.; Lascombe, Dalloz, Art. 61–1 Const., S. 986; Roux, in: Rousseau (Hrsg.), QPC, S. 67, 74 ff.; Rousseau, Droit du contentieux constitutionnel, S. 249, Rn. 259 f.; Verpeaux, QPC, S. 144 ff.

als Freiheitsrechte verstandenen Regeln kein Zweifel besteht.[703] Die bisherige Rechtsprechung des Conseil constitutionnel ist geeignet, diese Annahme zu unterstützen.[704]

Zwei große Problemgruppen lassen sich ausmachen, ohne das in diesen Fällen eine allgemein akzeptierte Lösung existierte. Es handelt sich dabei auf der einen Seite um die Regeln zur Kompetenz und auf der anderen Seite um die *objectifs de valeur constitutionnelle.*

1. Gesetzgebungsverfahren

Bereits aus dem Gesetzgebungsverfahren lässt sich entnehmen, dass mit der Verwendung des Begriffs der *droits et libertés que la Constitution garantit* klargestellt werden sollte, dass nicht die ganze Verfassung als tauglicher Prüfungsmaßstab im Rahmen der QPC dienen kann.[705]

Der Entwurf des Comité Balladur ging in diese Richtung. Die dortige Formulierung unterschied sich von der endgültigen Fassung nur unwesentlich. So war von den *libertés et droits fondamentaux reconnus par la Constitution* die Rede.[706] Aus der Begründung geht hervor, dass es nicht beabsichtigt war, andere als die materiellen Regeln der Verfassung in die Prüfung einzubeziehen. Der von einem Rechtsstreit Betroffene sei nicht dazu berufen, sich zum Hüter des Gesetzgebungsverfahrens oder der Kompetenz von Gesetz- oder Verordnungsgeber aufzuschwingen.[707] Diese Zurückhaltung mag auch bezwecken, dass die nach französischer Tradition als bedeutend eingeschätzte Souveränität des Gesetzes nur in wirklich bedeutenden Fällen nachträglich in Frage gestellt wird.[708]

Die Beschränkung auf materielle Regeln wurde auch im Gesetzgebungsverfahren zur Verfassungsänderung nicht wesentlich in Frage gestellt. So hielt der Berichterstatter in der Assemblée nationale, Warsmann, fest, die Frage einer Überprüfung des Gesetzes hinsichtlich des Verfahrens oder der Kompetenz seines

---

703 Guerrini, RDP 2012, S. 1639, 1641 f., schlägt die Unterscheidung zwischen einem Kern von Rechten, deren Überprüfbarkeit keine Schwierigkeiten bereite, und einer „Peripherie", die der Conseil constitutionnel abzugrenzen habe, vor.

704 Siehe hierzu nur die Darstellung bei Maugüé/Stahl, QPC, S. 151 bis 167 mit ausführlicher Rechtsprechungsübersicht sowie die ausführlichen Analysen bei Mathieu/Rousseau, GD QPC, S. 227 bis 358.

705 Verpeaux, AJDA 2009, S. 1474, 1478, verweist in diesem Zusammenhang auf Art. 16 DDHC, der als wesentlichen Inhalt der Verfassung „Schutz der Rechte" und „Trennung der Gewalten" gegenüberstellt, die QPC erfasse entsprechend nur den „Schutz der Rechte".

706 Rapport Balladur, S. 173.

707 *„Ne seraient naturellement invocables que les normes constitutionnelles de fond, le justiciable n'ayant pas vocation à s'ériger en gardien de la procédure législative ou du respect des compétences respectives du législateur et du pouvoir réglementaire."* Rapport Balladur, S. 169.

708 Bernaud/Fatin-Rouge Stefanini, RFDC 2008 hors-série n° 2, S. 169, 183.

Urhebers stelle sich nicht. Warsmann führte bei dieser Gelegenheit allerdings weiter aus, ansonsten sei der gesamte *bloc de constitutionnalité* tauglicher Prüfungsmaßstab.[709] Die Änderung der Formulierung gegenüber dem Entwurf des Comité Balladur sah er darin begründet, dass die Hinzufügung des Attributes *fondamentaux* die Frage einer Hervorhebung besonders fundamentaler Rechte unter den Grundrechten nach sich gezogen hätte.[710] Auch die parlamentarische Debatte und die Beratung im Sénat[711] brachten hier keine Änderungen.

Der vollständige Ausschluss formeller Regeln wie Kompetenz und Verfahren ist bemerkenswert, da die Abgrenzung zwischen beiden Bereichen nicht immer einfach ist.[712] Bei den Beratungen zum *loi organique* wurde dieses offenbar. Zwar sah der Berichterstatter, erneut Warsmann, den Ausschluss einer Prüfung von Kompetenz und Verfahren als logische (und einzige) Folge der Beschränkung auf die *droits et libertés*[713], da Ziel nur sei, die angegriffene Norm von jener Verfassungswidrigkeit zu „säubern", durch die ein Betroffener beeinträchtigt werde. Er selber räumte jedoch bei gleicher Gelegenheit ein, dass die Prüfung von Verletzungen der *légalité externe*[714] nicht vollständig ausgeschlossen werden könne. Denn einige der angehörten Sachverständigen hielten zumindest für den Fall der sog. *incompétence négative* eine Prüfung für möglich.[715]

Der Begriff *incompétence négative* bezeichnet den Verzicht des parlamentarischen Gesetzgebers auf die vollständige Ausübung seine Gesetzgebungsrechts

709 Warsmann, Rapport N° 892 vom 15. Mai 2008, Ass. Nationale, 13ème législature, S. 423, 437.

710 Warsmann, Rapport N° 892 vom 15. Mai 2008, Ass. Nationale, 13ème législature, S. 423, 437; so auch der Vizepräsident des Conseil d'État, Sauvé, in seiner Anhörung vor dem Rechtsausschuss, wiedergegeben bei Warsmann, a.a.O., S. 439; ebenso Bon, RFDA 2009, S. 1107, 1111.

711 So findet sich bei Hyest, Rapport N° 387 (Sénat 2007–2008) vom 14. August 2008, S. 171, 177 nur die kurze Erwähnung des Verbotes, die Umstände des Zustandekommens eines Gesetzes nach dessen Verkündung in Frage zu stellen. Dieses Verbot betonte auch Justizministerin Dati anlässlich der Beratung im Plenum, siehe hierzu Plenarprotokoll (*Compte rendu intégral*), Sénat, 24. Juni 2008, J.O. Débats, N° 51 S. (2008), S. 3356.

712 Gaudemet, RDP 2009, S. 581, 584.

713 Warsmann, Rapport N° 1898 vom 3. September 2009, Ass. Nationale, 13ème législature, S. 9.

714 In der französischen Rechtssprache wird zwischen der *légalité externe*, die Kompetenz und Verfahren umfasst, und der *légalité interne*, die die inhaltliche Rechtmäßigkeit betrifft, unterschieden. Die Unterscheidung entspricht in etwa jener zwischen formeller und materieller Rechtmäßigkeit, Schlette, Ermessenskontrolle, S. 88.

715 Guillaume, Sécretaire général des Conseil constitutionnel, wiedergegeben bei Warsmann, Rapport N° 1898 vom 3. September 2009, Ass. Nationale, 13ème législature, S. 158; zustimmend Warsmann, a.a.O., S. 46; ähnlich auch Prof. Carcassone, wiedergegeben bei Warsmann, a.a.O., S. 144, 145.

zugunsten des Verordnungsgebers.[716] Diese Nichtausübung stellt grundsätzlich einen Verstoß gegen Art. 34 Const., der den Kompetenzbereich des Gesetzes abgrenzt, dar.[717] Es kann auch nicht ernsthaft in Frage gestellt werden, dass der Vorbehalt des Gesetzes einer der elementaren Bestandteile eines demokratischen Systems darstellt.[718] Diese Interpretation geht über den Begriff der *droits et libertés* nicht hinaus, sondern nimmt an, dass auch durch die unzureichende Wahrnehmung der Kompetenz (und damit einen formellen Fehler) in bestimmten Fällen subjektive Rechte verletzt werden können[719], wenn man nicht die Kompetenzfestschreibung des Art. 34 Const. selbst als subjektives Recht begreifen will.[720]

Die Schwierigkeit der Trennung zwischen materiellen und formellen Regeln deutet sich erneut im Bericht des Berichterstatters im Sénat an. Portelli führt dort aus, Kompetenzregeln des Art. 34 Const. könnten durchaus im Rahmen der QPC relevant werden, wenn sie beispielsweise das Recht der kommunalen Selbstverwaltung betreffen.[721] Worauf Portelli hier genau zielt, bleibt vor dem Hintergrund, dass die *incompétence négative* erst später thematisiert wird, etwas undeutlich, die Formulierung kann ggf. auch als Hinweis darauf verstanden werden, dass der Kompetenztitel aus sich heraus ein subjektives Recht begründen können soll.

Das Gesetzgebungsverfahren sowohl zur Verfassungsänderung als auch zum *loi organique* ließ außerdem erkennen, dass auch innerhalb der materiellen Regeln der Verfassung nicht bei jeder Regel deren Anwendbarkeit im Rahmen der QPC von vornherein feststeht.[722] So äußerte sich der Berichterstatter im Sénat anlässlich der Verfassungsänderung dahingehend, dass die *objectifs de valeur constitutionnelle* nicht geltend gemacht werden könnten.[723] Der Inhalt der *objectifs de valeur constitutionnelle* kann nicht klar umrissen werden.[724] Es handelt sich dabei um eine Konstruktion des Conseil constitutionnel, die keine unmittelbare Stütze in der Verfassung findet. Ursprünglich diente sie nicht dazu, Rechte zu gewährleisten, sondern

---

716 Gicquel/Gicquel, Droit constitutionnel, S. 719, Rn. 1495.

717 Eingehend zur diesbezüglichen Rechtsprechung des Conseil constitutionnel Gaïa et al., GD Cons, S. 352, Rn. 9.

718 Boucher, RFDA 2010, S. 704, 705.

719 Guillaume, Sécretaire général des Conseil constitutionnel, wiedergegeben bei Warsmann, Rapport N° 1898 vom 3. September 2009, Ass. Nationale, 13ème législature, S. 158.

720 Dieses „Recht auf Kompetenzausübung durch den Gesetzgeber“ nimmt Carcassone, wiedergegeben bei Warsmann, a.a.O., S. 144, 145, an.

721 Portelli, Rapport n° 637 (Sénat 2008–2009) vom 29. September 2009, S. 40.

722 Bon, RFDA 2009, 1107, 1112, mit dem Hinweis darauf, dass bei der contrôle à priori noch die bloße Feststellung ausreicht, dass die angeführte Regel Verfassungsrang aufweist.

723 Hyest, Rapport N° 387 (Sénat 2007–2008) vom 14. August 2008, S. 171, 177.

724 Dieses führt de Montalivet zu der Aussage, die „Ambivalenz, Inkohärenz und Unsicherheit“ springe dem Betrachter als erstes ins Auge, CCC N° 20 (2006), S. 169.

im Gegenteil eine Rechtfertigung für die Einschränkung von Rechten zu liefern, der Gestalt, dass der Gesetzgeber verpflichtet ist, die Grundrechte gegenüber diesen Prinzipien abzuwägen.[725] Der Vergleich mit einer ungeschriebenen, verfassungsimmanenten Schranke ist nicht ganz fernliegend.[726] Durch die umfangreiche Weiterentwicklung dieser Kategorie ist diese Einordnung aber inzwischen kaum noch umfassend gültig, auch deshalb, weil der Conseil constitutionnel sie nicht einheitlich zur Anwendung bringt und teilweise ihre Missachtung sanktioniert.[727]

Entsprechend widersprachen in den Beratungen zum *loi organique* einige der vor dem Rechtsausschuss angehörten Sachverständigen dem absoluten Ausschluss der Überprüfbarkeit. Sowohl der Vizepräsident des Conseil d'État, Sauvé,[728], als auch der Generalstaatsanwalt bei der Cour de cassation, Nadal[729], und Prof. Carcassonne[730] hielten jeweils eine Berufung auf die Verletzung dieser Prinzipien für möglich, insoweit diese subjektive Rechte garantieren. Prof. Carcassone verwies ferner darauf, der Conseil constitutionnel müsse letztlich die Grenzen bestimmen, ohne jedoch dabei zu vernachlässigen, dass den genannten Prinzipien Verfassungsrang zukomme.[731]

In der parlamentarischen Beratung wurde ein Änderungsantrag gestellt, dessen Ziel darin bestand, die *objectifs de valeur constitutionnelle* ausdrücklich im Text

---

725 Siehe dazu nur die Entscheidung Conseil constitutionnel, 27. Juli 1982, N° 82–141 DC, *Loi sur la communication audiovisuelle*, Considérants 5 und 6: Der Gesetzgeber ist verpflichtet, die Kommunikationsfreiheit mit den *objectifs de valeur constitutionnelle* der Sicherung des *ordre public* (*sauvegarde de l'ordre public*), dem Respekt vor der Freiheit des anderen (*respect de la liberté d'autrui*) und der Vielfalt der Meinungen (*caractère pluraliste des courants d'expression socioculturels*) in Einklang zu bringen, weil er diesen Zielen folgt, verletzt er die in Rede stehende Freiheit nicht.

726 Verpeaux, QPC, S. 137, sieht sich als Schlichtungs- oder Kompromissnormen, die es dem Gesetzgeber ermöglichen, den absoluten Charakter einiger Grundrechte einzuschränken. Ähnlich auch die detaillierte Analyse bei Luchaire, RFDC N° 64 (2005), S. 675, 678 ff.

727 So wird in der Entscheidung Conseil constitutionnel, 21. April 2005, N° 2005–512 DC, *Avénir de l'école*, das Prinzip der Verständlichkeit und Zugänglichkeit des Gesetzes (*objectif de valeur constitutionnelle d'intelligibilité et d'accessibilité de la loi*) als Verpflichtung des Gesetzgebers aufgefasst (Considérant 9), der Verstoß gegen diese Pflicht wird durch einen Interpretationsvorbehalt (Considérant 19) sanktioniert. Siehe zu dieser Entscheidung auch die Kommentierung bei Gaïa et al., GD Cons., S. 275 ff.

728 Sauvé, wiedergegeben bei Warsmann, Rapport N° 1898 vom 3. September 2009, Ass. Nationale, 13ème législature, S. 91.

729 Wiedergegeben bei Warsmann, a.a.O., S. 167, 169.

730 Wiedergegeben bei Warsmann, a.a.O., S. 144, 149.

731 Siehe dazu auch die Zusammenfassung von Warsmann, a.a.O., S. 22.

des *loi organique* zu verankern.[732] Der Antrag wurde nicht angenommen, seine Ablehnung begründete der Berichterstatter insbesondere damit, der einfache Gesetzgeber sei nicht dazu berufen, sich an die Stelle des Conseil constitutionnel zu setzen und die Reichweite des *bloc de constitutionnalité* zu definieren[733], die Ziele der Autoren seien außerdem durch die gewählte Formulierung bereits ausreichend berücksichtigt.[734] Auch der Berichterstatter im Sénat sah den Conseil constitutionnel in der Pflicht festzustellen, welche der *objectifs* subjektive Rechte garantieren und somit im Rahmen einer QPC geltend gemacht werden können.[735]

Dem Gesetzgebungsverfahren lässt sich mithin entnehmen, dass die Beschränkung auf *droit et libertés* im Sinne subjektiver Rechte sehr bewusst erfolgt ist und eine Abgrenzung zum Prüfungsmaßstab der *contrôle à priori* beabsichtigt war[736], dass jedoch die genaue Abgrenzung dieses Bereiches dem Conseil constitutionnel überlassen blieb. Entsprechend verdient dessen Rechtsprechung eine genauere Betrachtung.

2. *Problemfall der incompétence négative*

Wie Mathieu bei der Betrachtung des *loi organique* anmerkt, ist die zu stellende Frage weniger, ob auch prozessuale Regeln und Kompetenzzuweisungen dem Schutz von Rechten dienen können, sondern vielmehr, welche Art von Schutz oder welches Schutzniveau die QPC erreichen will. Er unterscheidet hier zwischen dem direkten Schutz der Grundrechte, also dem Verhältnis zwischen dem Staat und seinen Bürgern, und dem indirekten Schutz, der durch die Beachtung der demokratischen Regeln bezüglich der Entstehung des Gesetzes gewährleistet wird.[737] Nur wenn sich beide Bereiche überlappen und die Missachtung des mittelbaren Schutzes auch das Recht unmittelbar betrifft, erscheint nach seiner Auffassung eine QPC gerechtfertigt. Der Bürger habe bereits kein schützenswertes Interesse, ohne eine

---

732 Änderungsantrag (Amendement) N° 14 vom 10. September 2009 der Abgeordneten Marc et al., geladen von http://www.assemblee-nationale.fr/13/pdf/amendements/1898/189800014.pdf am 26.04.2014.

733 Siehe hierzu die Wiedergabe der Stellungnahme von Warsmann in Plenarprotokoll (*Compte rendu intégral*), Assemblée Nationale, 14. September 2009, J.O. Débats, N° 98 A.N. (C.R.) (2009), S. 7050.

734 So Warsmann in der Beratung vor dem Rechtsausschuss, wiedergegeben im Protokoll, Commission des lois, Compte rendu n° 76, 13ème législature, 14. September 2009, Séance de 14h45, S. 2.

735 Portelli, Rapport n° 637 (Sénat 2008–2009) vom 29. September 2009, S. 40.

736 Dieses wird schon aus den verwendeten Begriffen deutlich. So heißt es bei der contrôle à priori in Art. 61 Const. „conformité à la Constitution", ohne dass der Bereich der Verfassung weiter eingeschränkt wird.

737 Mathieu, LPA 2009, N° 126, S. 18, 22, mit der Unterscheidung von *protection directe* und *protection médiate*; zustimmend auch Bon, RFDA 2009, S. 1107, 1112; Boucher, RFDA 2010, S. 704, 705.

Verletzung seiner Rechte Kompetenz- oder Verfahrensverstöße geltend zu machen, außerdem wäre eine erhebliche Rechtsunsicherheit die Folge.[738]

a) Einschätzung des *Conseil constitutionnel*

Die Beantwortung der Frage, wie mit dem Vorwurf der *incompétence négative* im Rahmen der QPC umzugehen ist, konnte nur durch den Conseil constitutionnel, nicht jedoch durch die weiterleitenden Gerichte erfolgen.[739] Dieser musste sich bereits in einer seiner frühen Entscheidungen zur QPC damit befassen. Mit Entscheidung vom 23. April 2010 leitete der Conseil d'État[740] ihm eine Frage weiter, die Probleme der Mehrwertsteuer betraf. Die Beschwerdeführer wandten sich im Ausgangsverfahren gegen Steuerbescheide und rügten mit ihrer QPC, dass Art. 273 Code général des impôts die Ausgestaltung bestimmter Regeln im Bereich des Vorsteuerabzugs dem Verordnungsgeber überlasse, obwohl Art. 14 DDHC den Bürgern das Recht einräume, selbst oder durch ihre Repräsentanten an der Entscheidung über Steuern teilzunehmen und Art. 34 Const. die Regelung des Steuerrechts dem Gesetz zuweise. Weiterhin liege auch ein Verstoß gegen das Eigentumsrecht vor. Der Vorwurf war damit jener der *incompétence négative*, in dem Sinne, dass die Ausgestaltung des Vorsteuerabzugs nicht dem Verordnungsgeber überlassen werden dürfe.[741]

Mit Entscheidung vom 18. Juni 2010 wies der Conseil constitutionnel die Beschwerde zurück und erklärte Art. 273 Code général des impôts für verfassungskonform.[742] Dabei stellte das Gericht zunächst grundsätzlich fest, inwieweit die *incompétence négative* überhaupt im Rahmen der QPC geltend gemacht werden kann, um anschließend die Erfüllung der Kriterien im konkreten Fall zu überprüfen.

Die zentrale Aussage der Entscheidung findet sich im dritten Considérant: Die Missachtung der eigenen Kompetenz durch den Gesetzgeber kann zur Unterstützung einer QPC nur insoweit geltend gemacht werden, als durch sie ein durch die Verfassung garantiertes Recht oder eine Freiheit betroffen ist.[743] Damit erklärte das Gericht, dass die Kompetenzzuweisungen der Verfassung für sich genommen keine im Rahmen der QPC anwendbaren subjektiven Rechte darstellen. Diese Formulierung, die inzwischen verschiedentlich weiterentwickelt wurde, kann

---

738 Mathieu, LPA 2009, N° 126, S. 18, 21.

739 Entsprechend empfahl der *Rapporteur Public* dem Conseil d'État die Weiterleitung einer diesbezüglichen QPC, dazu sogleich, da nur der Conseil constitutionnel selbst endgültig die Grenzen des Anwendungsbereichs der QPC bestimmen könne; siehe dazu seine *conclusions*, Boucher, RFDA 2010, S. 704, 706.

740 Conseil d'État, 10ème et 9ème sous-sections réunies, 23. April 2010, N° 327166.

741 So die *Conclusions* des *Rapporteur Public*, Boucher, RFDA 2010, S. 704, 705.

742 Conseil constitutionnel, 18. Juni 2010, N° 2010-5 QPC, *SNC Kimberly Clark*.

743 „*3. Considérant [...] que la méconnaissance par le législateur de sa propre compétence ne peut être invoquée à l'appui d'une question prioritaire de constitutionnalité que dans le cas où est affecté un droit ou une liberté que la Constitution garantit ;*".

entsprechend der Partei im Ausgangsverfahren auch als „*Kimberly-Clark-Formel*" bezeichnet werden.

Die Übertragung der Kompetenz auf den Verordnungsgeber hätte also ein weiteres Recht verletzen müssen.[744] Der Conseil constitutionnel entschied sich dagegen, Art. 14 DDHC diesen Charakter zuzugestehen, sondern sah eine enge Verbindung zwischen diesem Artikel und Art. 34 Const., sodass sich das ursprüngliche Recht jedes einzelnen Bürgers[745] nunmehr als Vorrecht des Parlaments darstellt, das der einzelne Bürger nicht gesondert geltend machen kann.[746]

Die Entscheidung des Conseil constitutionnel hinsichtlich der Unmöglichkeit der Berufung auf einen reinen Kompetenzverstoß kam nach den Diskussionen im Gesetzgebungsverfahren wenig überraschend. Denn das Gericht hätte, um ohne die Betroffenheit eines weiteren Grundrechts zur Verfassungswidrigkeit der Norm zu kommen, nur die Möglichkeit gehabt, entweder *contra legem* die Norm an Teilen der Verfassung zu prüfen, die nicht zu den Rechten und Freiheiten gehören, oder den Kompetenztiteln des Art. 34 Const. den Rang eines Grundrechtes zuzusprechen müssen.

Die zweite Lösung, in den Kompetenztiteln der Verfassung subjektive Rechte des einzelnen Bürgers zu sehen, ist zumindest nicht völlig undenkbar.[747] Sie steht mit dem Verständnis des *loi* als Ausdruck der *volonté générale* in Zusammenhang und damit letztendlich mit der Vorstellung, dass alle Staatsgewalt vom Volke ausgehe.[748] Der Begriff der Rechte und Freiheiten läuft dann jedoch Gefahr, wegen seiner Uferlosigkeit erheblich an Strahlkraft zu verlieren.

Der Conseil constitutionnel entschied sich für eine Kompromisslösung und schließt eine auf die Verletzung von Kompetenzen gerichtete Beschwerde zumindest nicht vollständig aus, auch wenn das pauschale Urteil, Art. 14 DDHC garantiere kein subjektives Recht, in Zweifel gezogen werden kann.[749] Allerdings

744 A.A. ohne nähere Begründung wohl GUNDEL, EuR 2012, S. 213, 215, Fn. 17, wonach die unzureichende Ausübung der Kompetenz auch dann nicht geprüft werde, wenn sich die Beschwerde auf die Verletzung anderer Rechte stütze.

745 Siehe nur den Wortlaut von Art. 14 DDHC: „*Tous les Citoyens ont le droit...*".

746 Siehe hierzu eingehend den Entscheidungskommentar, Commentaire de la décision n° 2010–5 QPC du 18 juin 2010, S. 4; kritisch zu dieser Einordnung CARCASSONE/DUHAMEL, QPC, S. 93; LEVADE, JCP-G 2010, Supp. au N° 48, S. 22, 24.

747 Sie wurde insbesondere von Prof. CARCASSONE bei seiner Anhörung vor dem Rechtsausschuss vertreten, siehe hierzu bereits oben Kapitel 2, E.I.1.; dazu auch ROUX, in: ROUSSEAU (Hrsg.), QPC, S. 67, 72.

748 Auf diesen Zusammenhang verweisen MATHIEU, LPA 2009, N° 126, S. 18, 21 und MATHIEU/ROUSSEAU, GD QPC, S. 191, Rn. 53.

749 Es ist kein Zufall, dass die erste QPC hinsichtlich einer solchen Problematik im Steuerrecht gestellt wurde. ROUX, in: ROUSSEAU (Hrsg.), QPC, S. 67, 72, spricht von einer „Hoffnung der Steueranwälte", die der Conseil constitutionnel zerstört habe; kritisch äußern sich auch GUICHARD/GRAU, DF N° 48/2010, S. 16, 18, die aber auch die fiskalischen Konsequenzen einer eventuellen Verfassungswidrigkeit

verdient die weitere Entwicklung der Entscheidungen zur *incompétence négative* eine genauere Betrachtung.

Die *Kimberly-Clark-Formel* wurde seit der ersten Entscheidung in zahlreichen Fällen, bei denen die *incompétence négative* gerügt wurde, zur Anwendung gebracht und hat in diesem Zusammenhang einige Präzisierungen erfahren. So entschied der Conseil constitutionnel am 17. September 2010[750], dass sich der Vorwurf der *incompétence négative* nur gegen Rechtsnormen richten könne, die nach Inkrafttreten der Verfassung der Fünften Republik erlassen wurden. Der Conseil constitutionnel hat bei dieser Entscheidung zum ersten Mal im Rahmen einer QPC von Amts wegen eine Frage untersucht, die in der ursprünglichen QPC nicht enthalten war.

Der Ausschluss der Anwendung des Vorwurfs der *incompétence négative* auf vorkonstitutionnelles Recht erscheint auf den ersten Blick wohlbegründet. Denn damit dieser Vorwurf der Verfassungswidrigkeit durchschlagen kann, bedarf es zunächst einer Kompetenzzuweisung durch die Verfassung, wie sie vor 1958 kaum ausdrücklich gegeben war.[751] Andererseits liegt dieser Lösung die Annahme zu Grunde, dass es auf die vollständige Nutzung der Kompetenz nur im Moment ihrer Ausübung ankomme[752], was Fragen bezüglich der genauen Zielrichtung des Vorwurfs der *incompétence negative* aufwirft, dazu sogleich.

Der Conseil d'État erweiterte die Rechtsprechung des Conseil constitutionnel, indem er nicht lediglich vorkonstitutionnelles Recht ausschloss, sondern jeweils prüft, ob die Kompetenzzuweisung an den parlamentarischen Gesetzgeber durch Verfassungsänderung zeitlich vor der angegriffenen Norm erfolgt ist, ansonsten leitet er die QPC nicht weiter.[753] Unabhängig von der Frage, ob ein solcher Ausschluss überhaupt gerechtfertigt ist, muss dabei zusätzlich sichergestellt werden, dass die Kompetenz tatsächlich erstmalig dem parlamentarischen Gesetzgeber zugewiesen wird und sie sich unter keiner Lesart aus dem früheren Verfassungstext ergibt.[754]

---

anmerken, sowie Carcassone/Duhamel, QPC, S. 94 und Levade, JCP-G 2010, Supp. au N° 48, S. 22, 25.

750 Conseil constitutionnel, 17. September 2010, N° 2010–28 QPC, *Association Sportive Football Club de Metz.*

751 Xavier/Bretonneau, AJDA 2012, S. 422, 426; auch Magnon et al., QPC, S. 106, Rn. 141 verweisen darauf, dass das Parlament bis 1958 auch frei gewesen sei, seine eigene Kompetenz zu beschränken. Zumindest beim Grundsatz „nulla poena sine lege“ nach Art. 7 DDHC und bei der Meinungsfreiheit nach Art. 11 DDHC erscheint dieses auf Grund des ausdrücklich formulierten Gesetzesvorbehaltes fraglich.

752 Disant, QPC, S. 323, Rn. 441.

753 Conseil d'État, 6ème et 1ère sous-section réunies, 20. Dezember 2011, N° 346960, Considérant 5.

754 Xavier/Bretonneau, AJDA 2012, S. 422, 426 mit der Kritik, dass sich der Entscheidung des Conseil d'État die Durchführung dieser Prüfung nicht unmittelbar entnehmen lasse.

Am 22. September 2010 erklärte der Conseil constitutionnel erstmals eine gesetzliche Regelung für verfassungswidrig, weil der Gesetzgeber seine Kompetenz nicht ausreichend ausgeübt habe.[755] Die Cour de cassation hatte ihm mit Entscheidung vom 25. Juni 2010 eine QPC hinsichtlich einer Regel des Stadtplanungsrechtes vorgelegt[756], die es ermöglichte, anlässlich der Erteilung einer Baugenehmigung die kostenlose Überlassung von bis zu 10% des Grundstücks zu verlangen, um dieses einem gewissen öffentlichen Nutzen zuzuführen. Eine nähere Bezeichnung des öffentlichen Nutzens enthielt die Vorschrift nicht.[757]

Die Beschwerdeführer rügten nicht unmittelbar eine unzureichende Kompetenzausübung des Gesetzgebers, sondern grundsätzlich die Verletzungen ihres durch die Art. 2 und 17 DDHC geschützten Eigentumsrechts und der Gleichheit im Hinblick auf öffentliche Lasten nach Art. 13 DDHC.[758] Der Conseil constitutionnel jedoch erklärte die Norm unter vorheriger Wiederholung der *Kimberly-Clark-Formel* für verfassungswidrig, da durch sie der Gebietskörperschaft ein größtmöglicher Ermessensspielraum eingeräumt werde und es an einer klaren Definition der öffentlichen Zwecke fehle, für die das Gelände vorgesehen werden könne.[759]

In einer weiteren Entscheidung vom 06. Oktober 2010[760] wiederholte das Gericht diese Argumentation und verwarf Regeln des Post- und Telekommunikationsgesetzes bezüglich der Verwaltung französischer Internetdomains[761], da das

755 Conseil constitutionnel, 22. September 2010, N° 2010–33 QPC, *Société Esso SAF.*

756 Cour de cassation, Assemblée plénière (Formation spéciale), 25. Juni 2010, N° 10–40008, Arrêt N° 12112.

757 Art. L. 332–6–1 Abs. 2 e) Code de l'urbanisme i.d.F. des Gesetzes N° 2009–526 vom 12. Mai 2009; für verfassungswidrig erklärt und damit aufgehoben durch die vorgenannte Entscheidung. Dort hieß es bei der Aufzählung der möglichen Lasten: „*[Les contributions [...] sont les suivantes:] Les cessions gratuites de terrains destinés à être affectés à certains usages publics qui, dans la limite de 10 % de la superficie du terrain auquel s'applique la demande, peuvent être exigées des bénéficiaires d'autorisations portant sur la création de nouveaux bâtiments ou de nouvelles surfaces construites;*" ([Zu den Beiträgen gehören] Kostenlose Übertragungen von Flächen, die dazu bestimmt sind, bestimmten öffentlichen Zwecken zugewiesen zu werden, unter Beschränkung auf 10% der Antragsfläche, die von den Begünstigten der Baugenehmigung verlangt werden können.) [eig. Übersetzung].

758 Cour de cassation, Assemblée plénière (Formation spéciale), 25. Juni 2010, N° 10–40008, Attendu 1.

759 Conseil constitutionnel, 22. September 2010, N° 2010–33 QPC, Considérants 2 bzw. 4.

760 Conseil constitutionnel, 06. Oktober 2010, N° 2010–45 QPC, *M. Mathieu P.*

761 Art. L. 45 Code des postes et des communications électroniques, i.d.F. des Gesetzes N° 2004–669 vom 09. Juli 2004. In dieser Fassung zum 01. Juli 2011 durch die vorgenannte Entscheidung für verfassungswidrig erklärt, unter Beachtung der Entscheidung neugefasst durch Gesetz N° 2011–302 vom 22. März 2011.

Gesetz eine weitgehende Delegation der diesbezüglichen Verwaltungsaufgaben enthielt, als einzige Regeln jedoch die Diskriminierungsfreiheit und die Beachtung immaterieller Schutzrechte vorgegeben hatte.[762]

Die Argumentation des Conseil constitutionnel erfolgt in mehreren Schritten. Zunächst stellt das Gericht fest, dass eine Kompetenzzuweisung an den parlamentarischen Gesetzgeber in der Verfassung besteht. Dann wird überprüft, inwieweit die betroffene Regelungsmaterie eine Grundrechtsrelevanz aufweist. Nach Klärung dieser beiden Vorbedingungen wird dann in einem dritten Schritt überprüft, ob die durch den Gesetzgeber vorgenommene Ausübung der Kompetenz ausreiche, um eine Verletzung der betroffenen Grundrechte zu verhindern.

Im konkreten Fall wurde zunächst festgehalten, dass der Gesetzgeber im Bereich des Schuldrechts zumindest für jene Regeln verantwortlich sei, die die grundsätzliche Existenz von Obligationen betreffen.[763] Weiterhin betreffe die Ausgestaltung und Begrenzung der Wahl von Domainnamen im Internet das Recht des Geistigen Eigentums, die Kommunikationsfreiheit und die Unternehmensfreiheit.[764] Das Urteil der Verfassungswidrigkeit gründet sich dann darauf, dass der Gesetzgeber die Befugnis zur Ausgestaltung der Bedingungen, unter denen Domainnamen übertragen, erneuert, verweigert oder entzogen werden können, vollständig aus der Hand gegeben habe, abgesehen vom grundsätzlichen Schutz des Geistigen Eigentums.[765]

Zwischen der unvollständigen Ausübung der Kompetenz und der potentiellen Beeinträchtigung eines Grundrechtes ist nach der Rechtsprechung des Conseil constitutionnel scharf zu trennen. Beide Kriterien müssen erfüllt sein, um nach der *Kimberly-Clark-Formel* zu einer Verfassungswidrigkeit zu gelangen.

Die *Kimberly-Clark-Formel* ist seit 2010 nur einmal verändert worden. Seit einer Entscheidung vom 18. Juni 2012[766] verweist das Gericht noch deutlicher darauf, dass sich die Rechtsverletzung unmittelbar aus dem Verkennen der eigenen

---

762 *„L'attribution [...] est assurée [...] dans l'intérêt général, selon des règles non discriminatoires [...] qui veillent au respect, par le demandeur, des droits de la propriété intellectuelle.*" (Die Zuteilung wird im allgemeinen Interesse nach diskriminierungsfreien Regeln sichergestellt, die über die Beachtung des Geistigen Eigentums durch den Antragsteller wachen.) [eig. Übersetzung].

763 Conseil constitutionnel, 06. Oktober 2010, N° 2010–45 QPC, Considérant 4.

764 Conseil constitutionnel, 06. Oktober 2010, N° 2010–45 QPC, Considérant 5.

765 Conseil constitutionnel, 06. Oktober 2010, N° 2010–45 QPC, Considérant 6, siehe hierzu auch den offiziellen Entscheidungskommentar, Commentaire de la décision n° 2010–45 QPC du 6 octobre 2010, S. 7 f.

766 Conseil constitutionnel, 18. Juni 2012, N° 2012–254 QPC, *Fédération de l'énergie et des mines – Force ouvrière FNEM FO*, Considérant 3.

Kompetenz durch den Gesetzgeber ergeben müsse[767], ohne dass daraus jedoch für die Praxis ein anderes Ergebnis resultierte.[768]

Auch wenn die *Kimberly-Clark-Formel* inzwischen zur ständigen Rechtsprechung des Conseil constitutionnel gehört, so bleibt doch nach allem die Frage des genauen Gehaltes des Vorwurfs der *incompétence négative* bestehen. Wie ausgeführt, wird dieses Problem besonders im Falle der Weigerung des Conseil constitutionnel, auch vorkonstitutionnelles Recht in die Prüfung mit einzubeziehen, deutlich. Wenn, wie Disant es vertritt, die Frage der Beachtung der Kompetenzverteilung nur bezogen auf den Zeitpunkt des Erlasses des Gesetzes beurteilt werden kann[769], dann bedeutet dieses im Ergebnis, dass die *incompétence négative* nicht einen Zustand (unzureichende gesetzliche Regelung), sondern eine Handlung des Gesetzgebers (unzureichende Vornahme der gesetzlichen Regelung) betrifft. Gegen diese Sicht spricht jedoch gerade die durch den Conseil constitutionnel gestellte Bedingung, dass jeweils auch eine Freiheit oder ein Recht betroffen sein müssen, womit die Frage über eine rein staatsorganisatorische Problematik hinausgeht.

b) Kritik der unklaren Zielsetzung der Rechtsprechung

Fraglich ist sogar, ob die staatsorganisatorische Frage der Kompetenzverteilung überhaupt eine Rolle spielt, womit es möglich wird, die *Kimberly-Clark-Formel* in Frage zu stellen.

Nach der *Kimberly-Clark-Formel* verlangt das Gericht die unzureichende Ausfüllung eines Kompetenztitels, durch die ein Grundrecht betroffen wird. Dabei ist es aber nicht erforderlich, dass der Schutzbereich des Grundrechtes im konkreten Fall wahrnehmbar verkürzt wird.[770] Dieses wird deutlich, wenn der unzureichenden gesetzlichen Regelung eine Verordnung zur Seite steht, die entsprechende Gewährleistungen enthält.[771] Bei einer direkten Beeinträchtigung des Rechtes wäre

767 „*3. Considérant [...] que la méconnaissance par le législateur de sa propre compétence ne peut être invoquée à l'appui d'une question prioritaire de constitutionnalité* que dans le cas où cette méconnaissance affecte par elle-même *un droit ou une liberté que la Constitution garantit ;*" ([...] es sei denn in dem Fall, dass dieses Verkennen selbst ein durch die Verfassung garantiertes Recht oder eine Freiheit beeinträchtigt;) [eig. Übersetzung/ Hervorhebung].

768 Anders Magnon et al., QPC, S. 105, Rn. 140, die als Ziel der neuen Formulierung eine Reduzierung der auf Verletzung der *incompétence négative* gestützten QPC annehmen, diese Vermutung bleibt jedoch unbelegt.

769 Siehe dazu erneut Disant, QPC, S. 321, Rn. 441, der allerdings anerkennt, dass vor allem vorkonstitutionnelle Texte vom Vorwurf der *incompétence négative* betroffen sein dürften.

770 Allgemein hierzu Gaïa et al., GD Cons., S. 232, Rn. 11; mit der Regelung eines bestimmten Gegenstandes durch ein Règlement anstelle eines Gesetzes gehe nicht zwingend eine Beeinträchtigung verfassungsmäßiger Rechte einher.

771 In diesem Sinne bereits Boucher, RFDA 2010, S. 704, 706 in seinen Schlussanträgen zu „Kimberly Clark". Siehe für den Fall „Esso" beispielhaft mit Verweis auf

die Argumentation mit der *incompétence négative* nicht erforderlich, da die Verletzung des Rechts unmittelbar gerügt werden könnte.

Es genügt vielmehr die Möglichkeit einer willkürlichen Behandlung durch den Gesetzesanwender. Mit den Worten von Rrapi: „Die Kompetenz verwandelt sich, wenn sie durch den Gesetzgeber *nicht ausgefüllt* oder *verfassungswidrig delegiert* wurde, in den Händen der zur Gesetzesanwendung berufenen Stellen in eine Kompetenz, die Quelle der Willkür sein kann."[772] Das entscheidende Kriterium ist damit, ob das Gesetz ausreichende Sicherungen gegen Willkürentscheidungen der Exekutive enthält.[773] Der Vorbehalt des Gesetzes ist kein Selbstzweck, sondern soll gewährleisten, dass die wesentlichen Entscheidungen über den Umfang und die Ausübung von Freiheiten demjenigen überlassen bleiben, der dazu demokratisch legitimiert wurde.[774] Das Verhältnis der Kompetenzen von Gesetz- und Verordnungsgeber mag für deren Beziehung zueinander bedeutend sein, diese Frage gehört aber wie jene des ordentlichen Ablaufs des parlamentarischen Verfahrens[775] nicht in das Verfahren der QPC, sondern in jenes der *contrôle à priori.*[776]

Bei der QPC kann es nur darauf ankommen, ob die Rechte durch das Gesetz hinreichend geschützt sind, was immer dann anzunehmen ist, wenn die gesetzliche Regelung das Handeln des ausführenden Organs so umgrenzt, dass willkürlichen Entscheidungen vorgebeugt wird[777].

Die bisherige Rechtsprechung des Conseil constitutionnel vertritt diese Sichtweise nur unterschwellig, da sie nicht scharf zwischen Fragen der Kompetenz und

---

die Rechtsprechung des Conseil d'État den Entscheidungskommentar, Commentaire de la décision n° 2010–33 QPC, S. 3 f. Carpentier, D. 2011, S. 136, 138 will auch die Ausfüllung durch eine entsprechende Rechtsprechung genügen lassen und wirft dem Conseil constitutionnel vor, er habe bei der Feststellung der Verfassungswidrigkeit die Weiterentwicklung der Norm durch die Rechtsprechung und somit das *droit vivant* zu Gunsten einer formalistischen Auslegung des Gesetzesvorbehaltes verkannt. Auch Maugüé/Stahl, QPC, S. 174, bezeichnen das Argument, dass in irgendeiner Form schützende Regeln vorhanden seien, zumindest als nicht ganz fernliegend.

772 Im Original: „*[...] la compétence,* non épuisée *ou* inconstituionnellement déléguée *par le législateur, se transforme dans les mains des autorités chargées d'appliquer la loi en compétence susceptible d'être source d'arbitraire.*" [eig. Übersetzung/Hervorhebung im Original] Rrapi, CCC N° 34 (2012), S. 163, 167.

773 Rrapi, CCC N° 34 (2012), S. 163, 170.

774 Hier schließt sich der Kreis zum Verständnis des *loi* als Ausdruck der *volonté générale,* siehe zu diesem klassischen französischen Verständnis eingehend Mathieu, La loi, S. 8 ff.

775 Mathieu, LPA 2009, N° 126, S. 18, 22, mit Hinweis darauf, dass auch Abgeordnete Verletzungen ihrer parlamentarischen Rechte nicht im Rahmen der QPC geltend machen können.

776 Dort ist entsprechend das Argument der *incompétence négative* auch ohne die Verletzung weiterer Rechte zugelassen, Disant, QPC, S. 323, Rn. 442.

777 Rrapi, CCC N° 34 (2012), S. 163, 168 f.

damit letztlich des Staatsorganisationsrechts und solchen des (grundrechtlichen) Gesetzesvorbehaltes trennt. Besonders deutlich wird dieses erneut am Fall des vorkonstitutionnellen Rechts. Wenn das vorkonstitutionnelle Gesetz keine ausreichenden Sicherungen gegen ein willkürliches Handeln der Exekutive enthält, genügt es den Anforderungen des aus dem jeweiligen Grundrecht resultierenden Gesetzesvorbehalts nicht, unabhängig davon, ob die Kompetenzzuweisungen einer früheren Verfassung eingehalten wurden.[778]

Auch die durch das Gericht vorgenommene zweischrittige Prüfung erscheint vor diesem Hintergrund nur bedingt überzeugend. Denn es ist bereits fraglich, wie das Gericht den ersten Schritt vornehmen will, ohne den zweiten Schritt einzubeziehen. Nach der Rechtsprechung begründet die unzureichende Ausübung der Kompetenz für sich noch keine Betroffenheit von Grundrechten. Dass die Ausübung der Kompetenz jedoch unzureichend ist, ergibt sich nach der vorgestellten Argumentation gerade daraus, dass der Verordnungsgeber bei seiner Tätigkeit nicht ausreichend limitiert wird.

In einer Entscheidung vom 28. Januar 2011[779] wird dieses Problem deutlich. Dort stellte der Conseil constitutionnel bezüglich einer Regel des Bauplanungsrechts fest, eine *incompétence négative* liege nicht vor, sodass der Antrag zurückzuweisen sei. Konkret ging es um Vorschriften, nach denen in bestimmten Fällen Bauvorhaben von überörtlicher Bedeutung bei bestehendem öffentlichen Interesse trotz entgegenstehender örtlicher Regeln durchgesetzt werden können. Die Beschwerdeführer rügten, dass dadurch, dass der betreffende Art. L. 121–9 des Code de l'urbanisme die Definition der Projekte in allgemeinem Interesse einem Dekret überlasse, dieser gegen Art. 34 Const. verstoße und somit das Recht der freien Verwaltung der Gebietskörperschaften nach Art. 72 Const. sowie das Eigentumsrecht nach Art. 2 und 17 DDHC verletze.[780]

Der Conseil constitutionnel folgte dieser Argumentation nicht, sondern stellte fest, dass Art. 34 Const. nur gebiete, dass der Gesetzgeber die grundsätzlichen Fragen der kommunalen Selbstverwaltung selbst regeln müsse, ebenso wie die grundsätzliche Verpflichtung der Kommunen, auf Projekte von überörtlicher Bedeutung Rücksicht zu nehmen.[781] Die nähere Definition dieser *projets d'intérêt général* falle dann jedoch in den Bereich der Kompetenz des Verordnungsgebers. Da das Gesetz im vorliegenden Fall die grundsätzliche Verpflichtung selbst regelte, lag nach Auffassung des Conseil constitutionnel schon keine unzureichende

---

778 Rrapi, CCC N° 34 (2012), S. 163, 171, unter Verweis darauf, dass im Falle der Entscheidung „*Association sportive Football Club de Metz*“ spezifisch die *imprécision* des Gesetzes gerügt wurde, die der Conseil constitutionnel unabhängig von jeder Frage der Kompetenz hätte untersuchen müssen.

779 Conseil constitutionnel, 28. Januar 2011, N° 2010–95 QPC, *SARL du Parc d'activités de Blotzheim et autres.*

780 Siehe für den Inhalt der Beschwerde die Vorlageentscheidung, Conseil d'État, 2ème sous-section, 26. November 2010, N° 340213, Considérant 3.

781 Conseil constitutionnel, 28. Januar 2011, N° 2010–95 QPC, Considérant 5.

Kompetenzausübung vor, sodass es auf die Prüfung der Beeinträchtigung der in Rede stehenden Rechte nicht mehr ankam.[782]

Vergleich man allerdings diese Entscheidung mit der nur wenig älteren Entscheidung *Société Esso SAF*, bei der erstmals wegen fehlerhafter Kompetenzausübung das Gesetz für verfassungswidrig erklärt wurde, wird offenbar, dass in beiden Fällen doch nicht nur die Kompetenz geprüft wurde.[783] Bei der Entscheidung *Esso* warf der Conseil constitutionnel dem Gesetzgeber vor, dieser habe durch die Formulierung *affectés à certains usages publics* dem Verordnungsgeber einen zu großen Spielraum eingeräumt, wodurch das Eigentumsrecht nicht ausreichend geschützt werde.[784] Im Fall *Parc d'activités de Blotzheim* war die Formulierung deutlich enger, dort hieß es bezüglich der in Rede stehen Projekte von allgemeinem Interesse (*intérêt général*), diese müssten von öffentlichem Nutzen (*présenter un caractère d'utilité publique*) sein. Die Begriffe sowohl des *intérêt général* als auch der *utilité publique* sind weiterhin durch die Verwaltungsrechtsprechung kontrollierbar und umfangreich ausgeformt.[785] Entsprechend hätte es im Fall *Esso* genügt, wenn anstelle von *certains usages* eine Formulierung wie „für eine Verwendung, deren öffentlicher Nutzen anerkannt ist" gewählt worden wäre.[786]

Damit liegt letztlich im zweiten Fall ein Kompetenzverstoß nicht vor, weil der Verordnungsgeber so limitiert wird, dass Willkür verhindert wird.[787] Dieses zeigt aber deutlich, dass es bei der Frage der *incompétence négative* im Rahmen der QPC primär darum geht, ob grundrechtliche Gesetzesvorbehalte ausreichend umgesetzt werden.

Der Fall, dass nur der Kompetenztitel verletzt wird, nicht jedoch gleichzeitig auch grundrechtliche Gewährleistungen, ist damit letztlich nur für den Fall denkbar, dass durch die betreffende Regelung keine Grundrechte betroffen sind oder

---

782 Siehe dazu den Entscheidungskommentar, Commentaire de la décision n° 2010–95 QPC du 28 janvier 2011, S. 4, wonach der Conseil constitutionnel nicht überprüft habe, ob Grundrechte betroffen seien.

783 Rrapi, CCC N° 34 (2012), S. 163, 170 a.E.

784 Conseil constitutionnel, 22. September 2010, N° 2010–33 QPC, Considérant 4.„*Considérant [...] qu'il [l'article] attribue à la collectivité publique le plus large pouvoir d'appréciation sur l'application de cette disposition et ne définit pas les usages publics [...]; qu'aucune autre disposition législative n'institue les garanties permettant qu'il ne soit pas porté atteinte à l'article 17 de la Déclaration de 1789;*" (In Anbetracht der Tatsache, dass die angegriffene Vorschrift der Gebietskörperschaft das größtmögliche Ermessen hinsichtlich der Anwendung dieser Vorschrift zugesteht und dass keine andere Vorschrift die Garantien dafür bietet, das Artikel 17 DDHC nicht verletzt wird;) [eig. Übersetzung].

785 Dazu und zum Vorgehen des Conseil d'État bei der Prüfung sei erneut auf den Entscheidungskommentar, Commentaire de la décision n° 2010–95 QPC, S. 2 f. verwiesen.

786 Dies ist der Vorschlag von Rrapi, CCC N° 34 (2012), S. 163, 168, die so die Nähe zwischen beiden Entscheidungen herausstellt.

787 Rrapi, CCC N° 34 (2012), S. 163, 170.

dass die Betroffenheit nur eine sehr mittelbare ist. Da jedoch gerade eine der wesentlichen Aufgaben des parlamentarischen Gesetzgebers darin liegt, über die Garantie der öffentlichen Rechte und Freiheiten zu wachen[788], hat ein großer Teil der Kompetenztitel des Art. 34 Const. eine Grundrechtsrelevanz.[789]

c) Fazit zur *incompétence négative*

Es bleibt festzuhalten, dass das Argument der nicht ausreichenden Wahrnehmung der Kompetenz durch den Gesetzgeber im Rahmen der QPC eine deutlich größere Bedeutung erlangt hat, als nach den Diskussionen des Gesetzgebungsverfahrens zu erwarten war. Der Conseil constitutionnel sanktioniert im Ergebnis bereitwillig unzureichende gesetzliche Regeln und versucht insbesondere, potentiell willkürlichen Entscheidungen des Verordnungsgebers einen Riegel vorzuschieben. Nichtsdestoweniger bietet seine Rechtsprechung Raum für Verbesserungen dahingehend, dass das Gericht klar erkennen lässt, worauf sich letztlich die Erklärung der Verfassungswidrigkeit oder -konformität an dieser Stelle stützt.[790] Damit könnte das Gericht auch deutlich stärker feststellen, wie weit der Vorbehalt des Gesetzes bei den einzelnen Grundrechten reicht. Wie Maugüé/Stahl anmerken, bleibt die Rechtsprechung insgesamt undurchsichtig, was weder die sinnvolle Antragstellung erleichtert noch eine kohärente Filterung durch Conseil d'État und Cour de cassation ermöglicht.[791]

3. Der Problemfall der objectifs de valeur constitutionnelle

Neben der Problematik der *incompétence négative* sah sich der Conseil constitutionnel auch mit der Frage konfrontiert, inwieweit die *objectifs de valeur constitutionnelle* im Rahmen der QPC als tauglicher Prüfungsmaßstab herangezogen werden können. Wie dargestellt, herrschte in dieser Hinsicht im Gesetzgebungsverfahren keine Einigkeit, vielmehr wurde erwartet, dass der Conseil constitutionnel die Antwort auf diese Frage selbst geben werde.

Auf Grund der großen Bandbreite der Prinzipien[792], die das Gericht in seiner bisherigen Rechtsprechung unter diesen Begriff gefasst hat, war allerdings bereits fraglich, ob eine eindeutige, für die gesamte Kategorie gültige Antwort an dieser Stelle möglich ist. Der Conseil constitutionnel hat bisher keine allgemeingültige

788 In Fortsetzung der traditionellen Überzeugung von der Unfehlbarkeit des Gesetzes werden nur durch dieses die Freiheiten tatsächlich geschützt und verwirklicht (*protégées et réalisées*), Verpeaux, QPC, S. 133.

789 Maugüé/Stahl, QPC, S. 177.

790 Verpeaux, QPC, S. 136 kritisiert entsprechend weniger die *Kimberly-Clark-Formel*, sondern vielmehr deren Anwendung durch die Rechtsprechung. Ähnlich kritisch äußern sich auch Mathieu/Rousseau, GD QPC, S. 192, Rn. 53.

791 Maugüé/Stahl, QPC, S. 178.

792 Siehe hierzu nur die umfangreiche Auflistung bei Luchaire, RFDC N° 64 (2005), S. 675, 676.

Aussage, ähnlich der *Kimberly-Clark-Formel*, zu dieser Kategorie getroffen. Vielmehr hat er einzelne Prinzipien, die der Kategorie der *objectifs de valeur constitutionnelle* zuzuordnen sind, behandelt, ist aber bisher stets zu einem negativen Ergebnis gelangt. Auch die Beurteilungen in der Literatur beschränken sich auf Feststellungen zur Haltung des Gerichts zu spezifischen Prinzipien, der Versuch der Systematisierung, falls er überhaupt unternommen wird, scheitert.

a) Fall der Prinzipien mit Nähe zu subjektiven Gewährleistungen

Dieses liegt daran, dass viele der Prinzipien durchaus die Möglichkeit bieten, im Sinne eines subjektiven Rechts verstanden zu werden, umgekehrt aber auch schon der Rechtsprechung zur Rechtfertigung von Eingriffen gedient haben. Deutlich gemacht werden kann dieses am „*objectif que constitue la possibilité pour toute personne de disposer d'un logement décent*"[793]. Anders als noch vor Inkrafttreten der QPC erwartet[794], vermeidet es der Conseil constitutionnel, dieses im Sinne eines subjektiven Rechts zu verstehen, wie in einer Entscheidung vom 30. September 2011 deutlich wurde[795], wenn er auch die Existenz dieses Prinzips nicht in Frage stellt. Dieses erscheint verständlich, wenn man betrachtet, dass die Verwendung dieses *objectifs* bisher eine wechselhafte gewesen ist. In der ersten Entscheidung (1995), in der es angeführt wird, erscheint es als Ausgestaltung der Menschenwürde, die ihrerseits den Prüfungsmaßstab für das angegriffene Gesetz bildet.[796] 1998 hingegen wird dieses Prinzip als Rechtfertigung für eine Einschränkung des Eigentumsrechts verwendet und erscheint so als Grundrechtsschranke.[797] Dieses Verständnis setzt sich im überwiegenden Teil[798] der seit diesem Zeitpunkt ergangenen Entscheidungen[799] fort, wobei das Ergebnis der Verfassungsmäßigkeitsprüfung

793 „Zielsetzung, die darin besteht, dass jeder die Möglichkeit erhält, über eine angemessene Wohnung zu verfügen".

794 So Mathieu, JCP-G 2009, N° 52, S. 55, 68, der spezifisch von „Prinzipien, die auf soziale Rechte gerichtet sind" (*objectifs qui s'incarnent dans des droits sociaux*), spricht.

795 Conseil constitutionnel, 30. September 2011, N° 2011-169 QPC, *Consorts M. et autre*, Considérants 8, 9.

796 Conseil constitutionnel, 29. Dezember 1995, N° 95-371 DC, *Loi de finances rectificative pour 1995*, Considérant 6.

797 Conseil constitutionnel, 29. Juli 1998, N° 98-403 DC, *Loi d'orientation relative à la lutte contre les exclusions*, Considérant 7.

798 Anders wohl Conseil constitutionnel, 12. August 2004, N° 2004-503 DC, *Loi relative aux libertés et responsabilités locales*, Considérant 27. In der Entscheidung 10. März 2011, N° 2011-625 DC, *Loi d'orientation et de programmation pour la performance de la sécurité intérieure*, Considérant 55, werden unmittelbar Menschenwürde und Freizügigkeit angeführt.

799 Conseil constitutionnel, 7. Dezember 2000, N° 2000-436 DC, *Loi relative à la solidarité et au renouvellement urbains*, Considérant 52 zur Einschränkung der Vertragsfreiheit; 12. Januar 2002, N° 2001-455 DC, *Loi de modernisation sociale*, Considérant 94, zur Einschränkung von Gleichheitsgrundsatz und

zumeist vom Ergebnis der Abwägung zwischen diesem Prinzip und dem als verletzt gerügten Recht abhängt.

Auch hinsichtlich des *objectifs d'accessibilité et d'intelligibilité du droit*[800] erscheint die Ableitung eines subjektiven Rechts möglich. Dieses ist aber mit dem Problem verbunden, dass so die Qualität der Gesetzgebung der Prüfung durch die QPC unterworfen wird, was abgesehen von den praktischen Schwierigkeiten der Benennung eines einheitlichen Maßstabs eine uferlose Zahl von Beschwerden nach sich ziehen würde. Der Conseil constitutionnel entschied entsprechend anders, der Grundsatz verpflichte zwar den Gesetzgeber, ausreichend präzise Regeln und unzweideutige Formulierungen zu erlassen, seine Missachtung könne jedoch für sich nicht zur Unterstützung einer QPC herangezogen werden.[801] In der Literatur wird aus der Formulierung „für sich" (*en elle-même*) der Schluss gezogen, dass die Geltendmachung dann möglich sei, wenn zusätzlich ein anderes Recht beeinträchtigt werde.[802] Damit begibt sich diese Lösung auf denselben problematischen Weg wie die *incompétence négative*.

Der Grundgedanke überzeugt, denn der Weg ist nicht weit, dass aus einem unverständlichen Gesetz ein solches wird, das den Anforderungen eines grundrechtlichen Gesetzesvorbehaltes nicht genügt oder durch seine Unbestimmtheit willkürlichen Entscheidungen den Weg ebnet.[803] Dann stellt sich jedoch die Frage, inwieweit überhaupt noch von einer Geltendmachung des fraglichen *objectifs* gesprochen werden kann. Bei der Frage der Zugänglichkeit des Gesetzes ist die bisherige Antwort des Conseil constitutionnel zumindest missverständlich. In einer Entscheidung vom 30. November 2012 musste sich das Gericht mit der Problematik von Rechtsnormen auseinandersetzen, die im Elsass nur in deutscher Sprache bestanden. Die schlussendliche Erklärung der Verfassungswidrigkeit gründete sich

---

Vertragsfreiheit; 18. März 2009, N° 2009–578 DC, *Loi de mobilisation pour le logement et la lutte contre l'exclusion,* Considérant 14 (Eigentumsfreiheit) und zuletzt 20. März 2014, N° 2014–691 DC, *Loi pour l'accès au logement et un urbanisme rénové,* Considérant 72 (Eigentumsfreiheit).

800 „Grundsatz der Verständlichkeit und Zugänglichkeit des Gesetzes".

801 Conseil constitutionnel, 22. Juli 2010, N° 2010–4/17 QPC, *M. Alain C. et autre,* Considérants 8, 9.

802 Magnon et al., QPC, S. 118 sprechen von einer „*invocabilité conditionelle*".

803 Siehe dazu mit Verweis auf die frühere Rechtsprechung des Conseil constitutionnel, namentlich N° 2001–455 DC, *Loi de modernisation sociale,* vom 12. Januar 2002, Roux, in: Rousseau (Hrsg.), QPC, S. 67, 84. In der Entscheidung heißt es in Considérant 9 wörtlich, das Prinzip gebiete eine hinreichend präzise Formulierung, „[...] *afin de prémunir les sujets de droits contre une interprétation contraire à la Constitution ou contre le risque d'arbitraire,*" (um die Rechtssubjekte vor einer verfassungswidrigen Interpretation oder vor dem Risiko der Willkür zu schützen) [eig. Übersetzung]. Ähnlich auch Rousseau, *Droit du contentieux constitutionnel,* S. 250, Rn. 260.

auf eine Verletzung der Unternehmerfreiheit[804] und somit nicht ausdrücklich auf das ebenfalls als verletzt gerügte Prinzip der Verständlichkeit, verstärkt durch die Vorschrift des Art. 2 Const., nach der die Sprache der französischen Republik das Französische ist. Dennoch enthält das Urteil in seinem Considérant 12 die Formulierung, die Verletzung des *objectif* könne zwar nicht für sich geltend gemacht werden, zur Unterstützung (*à l'appui*) einer QPC sei gleichwohl die Berufung auf die Beeinträchtigung dieses Rechts durch die Abwesenheit einer französischen Sprachfassung möglich.[805] Der Entscheidungskommentar spricht an dieser Stelle zwar von einer „*réponse de principe*"[806], worin diese genau liegt, bleibt aber ungewiss. Magnon et al. möchten hier einen Fall der *invocabilité conditionnelle* annehmen.[807] Dieses wirft die von ihnen selbst gestellte Frage auf, welche Rechtsverletzung der eigentliche Gegenstand der Beschwerde ist. Die Entscheidung stützt sich im Ergebnis nur auf die Verletzung der den subjektiven Rechten zuzuordnenden Freiheit des Unternehmers.[808] Damit lässt sich dieser kein sicherer Hinweis auf die Möglichkeit der Geltendmachung des *objectif* entnehmen. Denn als *invocabilité conditionnelle* kann auch die bloße Möglichkeit verstanden werden, ein solches Argument überhaupt vorzubringen. Gleiches dürfte hinsichtlich des Grundsatzes der *bonne administration de justice* gelten, bei dem der Conseil constitutionnel ebenfalls die Geltendmachung „für sich" verweigert hat[809], dort könnte man sich eine Verletzung des Rechts auf ein gerichtliches Verfahren vorstellen.[810] Dann jedoch bleibt die Frage, warum es überhaupt nötig sein sollte, zusätzlich das *objectif* anzuführen.[811]

Die konsequente Lösung bestände damit, wie bereits vergleichbar bei der Frage der *incompétence négative* festgestellt, darin, diese Kategorie im Rahmen der QPC zumindest zugunsten des Antragsstellers auszublenden. Denn entweder ist die Verletzung eines Rechts gerügt, dann kann ohnehin jedes Argument zum Beleg dieser Verletzung vorgebracht werden, oder es ist auch bei großzügiger Auslegung

---

804 So heißt es am Ende von Considérant 12, es bleibe mit Blick auf die bereits vorher erfolgte Erklärung der Verfassungswidrigkeit kein Raum (*il n'y a pas lieu*), zur der vorgebrachten Verfassungsverletzung Stellung zu nehmen.

805 Conseil constitutionnel, 30. November 2012, N° 2012-285 QPC, *M. Christian S.*, Considérant 12.

806 Commentaire de la décision n° 2012-285 QPC, S. 13.

807 Magnon et al., QPC, S. 118, Rn. 152.

808 So eben auch Magnon et al., QPC, S. 118, Rn. 152; zum gleichen Ergebnis gelangt auch Hoffmann, Droit administratif 2/2013, Comm. 12, der im Ergebnis das gerügte *objectif* für entscheidungsunerheblich erachtet.

809 Conseil constitutionnel, 10. Dezember 2010, N° 2010-77 QPC, *Mme Barta Z.*, Considérant 3; das Gericht verwendet erneut die Formulierung „*en elle-même*".

810 Dieses ist die Überlegung von Roux, in: Rousseau (Hrsg.), QPC, S. 67, 84, Fn. 155.

811 Roux, in: Rousseau (Hrsg.), QPC, S. 67, 84; mit der passenden Formulierung, man möge doch besser direkt die verletzten Rechte in Anspruch nehmen (*Mais alors, autant se prévaloir directement de ces droits et libertés*).

der Rechtsprechung des Conseil constitutionnel keine Möglichkeit der Geltendmachung vorhanden.

b) Fall der Prinzipien, die nur zur Einschränkung von Rechten dienen

Eine andere Lösung ergibt sich auch nicht daraus, dass der Conseil constitutionnel in verschiedenen Entscheidungen andere *objectifs* bereits angeführt hat. Denn dabei muss deren hauptsächliche Funktion als Begründung und Rechtfertigung für die Beschränkung anderer Rechte im Blick behalten werden. Nur mit großer Anstrengung kann in solchen Fällen argumentativ eine subjektive Gewährleistung in das Prinzip hinein gelesen werden. Wenig hilfreich erscheint dabei die an einigen Stellen herrschende Zweideutigkeit hinsichtlich der Frage der *invocabilité*. Denn wenn das Prinzip zur Beschränkung eines Rechts durch den Conseil constitutionnel angeführt wird, kann von einer „Geltendmachung" kaum die Rede sein. Es obliegt auch nicht dem Beschwerdeführer, die Argumente vorzubringen, die von staatlicher Seite zur Begründung der Einschränkung seiner Freiheit verwendet werden.

Dieses betrifft beispielsweise den Fall der Erhaltung des *ordre public* (*sauvegarde de l'ordre public*), der bereits früh in der Rechtsprechung des Conseil constitutionnel auftrat.[812] Dort hieß es treffend, der Gesetzgeber müsse bei der Festlegung der notwendigen Garantien für die Ausübung der öffentlichen Freiheiten einen Ausgleich zwischen dem Respekt vor diesen Freiheiten und der Erhaltung des *ordre public* schaffen, ohne den die Ausübung von Freiheiten nicht garantiert werden könne.[813] Es ist mithin in der Regel nicht möglich, sich auf diesen *ordre public* unmittelbar zu berufen[814]. Nur dann, wenn der Staat durch die konstante Nichtgewährleistung der öffentlichen Ordnung seinerseits Rechte verletzten würde, wäre noch daran zu denken. Dieses wird übersehen, wenn wegen dieser Entscheidung von einer Möglichkeit der Geltendmachung des *ordre public* gesprochen wird.[815]

---

812 Conseil constitutionnel, 09. Juli 2010, N° 2010–13 QPC, *M. Orient O. et autre,* Considérant 7.

813 „ *[...] il appartient au législateur d'opérer la conciliation nécessaire entre le respect des libertés et la sauvegarde de l'ordre public sans lequel l'exercice des libertés ne saurait être assuré;*" hierauf verweisen Magnon et al., QPC, S. 120, Rn. 156, bei denen der *ordre public* insgesamt zutreffend nicht auf Seite der Antragsteller gesehen wird.

814 Noch deutlicher ergibt sich die Verwendung des *ordre public* als Schranke der individuellen Freiheit aus dem Entscheidungskommentar, Commentaire de la décision n° 2010–13 QPC, S. 2, wo dem *ordre public* als notwendiger Bedingung zum Schutz der Rechte die im konkreten Fall als verletzt gerügte Freizügigkeit (*liberté d'aller et venir*) gegenübergestellt wird.

815 Dieses ist aber die Argumentation von Roux, in: Rousseau (Hrsg.), QPC, S. 67, 84 f. Dort wird der Unterschied weitgehend vernachlässigt, von der Feststellung, dass sich der *ordre public* „weniger als eine Ursache der Beschränkung als vielmehr als Bedingung der Effektivität der Rechte und Freiheiten" darstellt, wird der

Auch für das Prinzip der Verfolgung von Straftätern (*objectif de la recherche des auteurs d'infractions*) gilt nichts anderes[816], obwohl in einer fraglichen Entscheidung sich dieses ausnahmsweise auf der Seite der Beschwerdeführer befand. Denn bei der Frage von Staatsgeheimnissen und deren Offenbarung in einem Strafprozess sowie der entsprechenden Rüge der Beeinträchtigung der Rechte auf ein faires Verfahren durch die Geheimhaltung bestimmter Informationen spricht das Prinzip der effektiven Verfolgung zunächst eher gegen eine Geheimhaltung. Entsprechend sah die vorlegende Cour de cassation[817] eine mögliche Beeinträchtigung dieses Prinzips als Argument für die Weiterleitung an. Der Conseil constitutionnel nannte es in der Folge als eines der Prinzipien, das mit dem Schutz fundamentaler Interessen der Nation abzuwägen sei, ohne jedoch dieses ausdrücklich als subjektives Recht verstehen zu wollen.[818] Insgesamt aber bleibt dieses Prinzip, wie auch die Sicherung des *ordre public*, eine taugliche Rechtfertigung für Eingriffe und nicht das Gegenteil.[819]

c) Folgen des Ausschlusses der Geltendmachung und Entwicklungsmöglichkeit

Wenn man die *objectifs de valeur constitutionnelle* insgesamt aus dem Bereich der Rechte und Freiheiten im Rahmen der QPC ausklammert, ist dieses auch nicht mit einem Rechtsschutzdefizit verbunden. Denn in der Regel korrespondieren mit jedem dieser Prinzipien entsprechende Grundrechte, wie beispielsweise bei der Frage der angemessenen Wohnung die Menschenwürde sowie die sozialen Grundrechte der Art. 10 und 11 der Präambel von 1946. Es sollte darauf geachtet werden, die unterschiedliche Zielrichtung nicht zu vernachlässigen, die *objectifs de valeur constitutionnelle* dienen grundsätzlich dem allgemeinen Interesse (*intérêt général*), das zwar mit dem Schutz der individuellen Rechte verbunden ist (*imbriqué avec la protection des droits et libertés*), jedoch ein anderes Konzept darstellt (*constitue un concept distinct*).[820]

---

entscheidende argumentative Schritt, wie es dann zu einer Berufung auf dieses Prinzip kommen solle, nicht gegangen. Noch deutlicher tritt die Problematik bei Blachèr et al., Droits constitutionnels, S. 31, zu Tage, wo ausdrücklich davon gesprochen wird, die Beschwerdeführer könnten das Prinzip geltend machen, da es einen Maßstab für die Verhältnismäßigkeitsprüfung darstelle.

816 Siehe hierzu beispielsweise die Entscheidung Conseil constitutionnel, 17. Dezember 2010, N° 2010–80 QPC, *M. Michel F.*, Considérant 4, wo dieses Prinzip den als verletzt gerügten Rechten gegenübergestellt wird.

817 Cour de cassation, Chambre criminelle, 31. August 2011, N° 11–90065, Attendu 4.

818 Conseil constitutionnel, 10. November 2011, N° 2011–192 QPC, *Mme Ekaterina B., épouse D., et autres*, Considérant 22.

819 Mathieu, JCP-G 2011, S. 2439, 2444.

820 Mathieu, JCP-G 2009, N° 52, S. 55, 68. Auf den unterschiedlichen Adressaten wiesen auch bereits Liéber/Botteghi, AJDA 2010, S. 1355, 1357 hin, die entsprechend ihrer Hoffnung Ausdruck verliehen, der Conseil constitutionnel werde das

Die Möglichkeit, die Schwelle zu einer subjektiven Gewährleistung zu überschreiten, wird davon nicht beeinflusst, die Möglichkeit der Weiterentwicklung zu einem subjektiven Recht scheint gegeben.[821] Davon würde auch die Rechtssicherheit erheblich profitieren, da somit eine klare Trennung zwischen subjektiven Rechten einerseits und Zielen des Gesetzgebers andererseits vorgenommen wird.[822]

4. *Fazit zum tauglichen Prüfungsmaßstab*

Im Rahmen der QPC ist die Berufung auf die Grundrechte der französischen Verfassung weitestgehend problemlos möglich. Auch durch den bisher vollständigen Ausschluss der Kategorie der sog. *objectifs de valeur constitutionnelle* ergibt sich keine wahrnehmbare Lücke hinsichtlich des Schutzes individueller Freiheiten.

Problematisch bleibt allerdings, dass die Rechtsprechung in diesem Bereich unübersichtlich ist und somit auch die Beurteilung durch die Literatur kein eindeutiges Ergebnis hervorbringt. Dieses wird bei der Problematik der Geltendmachung von Kompetenzverstößen deutlich, denn der dortige Formalismus und das Festhalten an einer zweistufigen Prüfung versetzen den Rechtssuchenden kaum in die Lage, die Entscheidung des Gerichtes zu antizipieren. Nicht anders ist die Lage bei den *objectifs de valeur constitutionnelle*, deren Ausschluss zwar sinnvoll erscheint, bei denen jedoch auch darauf verzichtet werden sollte, eine scheinbare *„invocabilité conditionelle“* zu ermöglichen. Dabei muss jedoch beachtet werden, dass dieses Problem hauptsächlich eine Folge der Uneinheitlichkeit der Kategorie als solcher ist. Mit dem Inkrafttreten der QPC muss sich der Conseil constitutionnel auch darüber klar werden, dass jede unklare Entscheidung[823], vor allem im Verfahren der *contrôle à priori*, eine große Auswirkung haben kann, woraus die Konsequenz der Vermeidung solcher Undeutlichkeiten gezogen werden sollte, um eine saubere Filterung der Anträge durch die weiterleitenden Gerichte zu gewährleisten.

Prinzip der Klarheit und Verständlichkeit des Gesetzes nicht zu den Rechten und Freiheiten zählen, da es sich an den Gesetzgeber und nicht die *justiciables* richte.

821 Eine Andeutung dahingehend findet sich in der Entscheidung Conseil constitutionnel, 12. Januar 2012, N° 2011–4538 SEN, *Sénat, Loiret*, Considérant 5. Dort erklärt der Conseil constitutionnel das Prinzip der Meinungsvielfalt (*principe de pluralisme des courants d'idées et d'opinions*) unmittelbar zu einem Recht, das als Ausgestaltung der allgemeinen Freiheit nach Art. 4 DDHC geprüft werden kann, ohne überhaupt noch von *objectifs* zu sprechen. Dieses bringt Magnon et al., QPC, S. 119 dazu, diese Fälle als *„faux OVC“* zu bezeichnen. Dabei erscheint die Verwendung des Wortes „falsch“ vor dem Hintergrund, dass der Conseil constitutionnel eine klar sichtbare Weiterentwicklung und Aufteilung des Prinzips vorgenommen hat, etwas unglücklich.

822 Auf diese ursprüngliche Konzeption und auf die Möglichkeit der Weiterentwicklung zu einem subjektiven Recht verweist Verpeaux, QPC, S. 137 f.

823 Hier sei erneut auf die durchaus vielfältige Verwendung des Grundsatzes der angemessenen Wohnung verwiesen.

II. Regeln außerhalb der Verfassung – die Problematik der *contrôle de conventionnalité*

Bei der Einführung der QPC stellte sich die Frage, ob deren Prüfungsrahmen auf die Verfassung bzw. den *bloc de constitutionnalité* beschränkt sein würde oder ob Regeln des Völker- und Europarechts ebenfalls vor dem Conseil constitutionnel geltend gemacht werden könnten. Eng mit dieser Problematik verbunden ist die Frage des Verhältnisses zwischen der Verfassungsmäßigkeitskontrolle und der Kontrolle der Einhaltung von Völkervertrags- und Europarecht.

1. Die Stellung des Völkerrechts in Frankreich und dessen gerichtliche Überprüfbarkeit

Dass sich die Frage der Anwendbarkeit von Völker- und Europarecht überhaupt stellt, ist durch eine Besonderheit der französischen Verfassung und die Reaktion des Conseil constitutionnel und der Obergerichte auf diese bedingt.

Die französische Verfassung von 1958 weist durch ihren Art. 55 Const. den ordentlich ratifizierten Verträgen nach ihrer Veröffentlichung eine dem Gesetz übergeordnete Position zu, unter der zusätzlichen Bedingung der entsprechenden Anwendung durch die andere Vertragspartei.[824] Das Völkervertragsrecht ist den Gesetzen übergeordnet, bleibt aber der Verfassung unterworfen.[825] Diesem Prinzip lässt sich jedoch nicht unmittelbar entnehmen, ob und inwieweit das Völkervertragsrecht auch vor dem Conseil constitutionnel geltend gemacht werden kann.

Der Conseil constitutionnel hatte kurz nach der Einführung der Antragsstellung durch 60 Abgeordnete oder Senatoren bei der *contrôle à priori* 1974 die Gelegenheit, auf diese Frage einzugehen, und fällte eine seiner bedeutendsten[826] Entscheidungen. Das Gericht stellte bei der Überprüfung des Gesetzes über den Schwangerschaftsabbruch 1975 fest, dass es nicht berechtigt sei, im Rahmen des Verfahrens nach Art. 61 Const. die Kompatibilität eines Gesetzes mit einem völkerrechtlichen

---

824 Art. 55 Const.: „*Les traités ou accords régulièrement ratifiés ou approuvés ont, dès leur publication, une autorité supérieure à celle des lois, sous réserve, pour chaque accord ou traité, de son application par l'autre partie.*"

825 So Conseil d'État, Assemblée, 30. Oktober 1998, N° 200286/287, *Sarran*, Considérant 11; siehe hierzu auch die Anmerkungen bei Long et al., GAJA, Nr. 99 (*Sarran*), insbes. Rn. 6 ff; Maugüé, CCC N° 7 (1999), S. 87; sowie mit Analyse der europarechtlichen Konsequenzen Flauss, RDP 1999, S. 919, 927 f. Die Cour de cassation hat diese Rechtsprechung übernommen, Cour de cassation, Assemblée plénière, 02. Juni 2000, N° 99–60274, *Mlle. Fraisse* mit Anmerkung von Mathieu/Verpeaux, D. 2000 (Jurisprudence), S. 865, insbes. 867 f. Siehe zu der vergleichbaren Situation der „Allgemeinen Regeln des Völkerrechts" nach Art. 25 GG und deren umstrittenem Verhältnis zum Grundgesetz die instruktive Darstellung bei Koenig, in: vMKS, GG, Art. 25, Rn. 50 m.w.N.

826 So die Einleitung zur Besprechung dieser Entscheidung bei Gaïa et al., GD Cons., S. 169, Rn. 1.

Vertrag zu prüfen.[827] Der Conseil constitutionnel begründete dieses Ergebnis mit der unterschiedlichen Zielrichtung der Kontrolle und damit, dass der völkerrechtliche Vertrag, unter dem Vorbehalt der Gegenseitigkeit stehend und mit begrenztem Anwendungsbereich, nicht die gleichen absoluten Wirkungen wie die Verfassung haben könne.[828]

Das Urteil enthält zusätzlich zur Frage des Prüfungsmaßstabs eine weitere bedeutende Aussage. Der Conseil constitutionnel stellte fest, dass ein Verstoß gegen die Regeln eines völkerrechtlichen Vertrags nicht zugleich eine Verfassungswidrigkeit des betroffenen Gesetzes bedinge.[829] Die gegenteilige Lösung erscheint denkbar. Sie liefe auf eine konsequente Hierarchisierung der Normen hinaus. Die einfachen Gesetze haben sich den völkerrechtlichen Verträgen unterzuordnen, die ihrerseits wiederum der Verfassung untergeordnet sind. Verstößt dann ein Gesetz gegen den völkerrechtlichen Vertrag, wird damit gleichzeitig auch gegen Art. 55 Const. verstoßen. Aus der Vertragswidrigkeit (*inconventionnalité*) wird Verfassungswidrigkeit (*inconstitutionnalité*).[830] Im Verfahren der *contrôle à priori* würde dieses bedeuten, dass ein solches Gesetz von vornherein nicht in Kraft treten könnte.

Der Conseil constitutionnel entschied sich jedoch gegen diese Lösung. Die Feststellung der Vertragswidrigkeit bedinge die Nichtanwendbarkeit des Gesetzes im entsprechenden Fall, treffe jedoch keine allgemeine Aussage, die die Erklärung der Verfassungswidrigkeit zulasse. Diese Interpretation ist kritisiert worden[831], insbesondere, weil die Einhaltung des Kriteriums der Reziprozität, auf das sich die Annahme der nur teilweisen, relativen Geltung völkerrechtlicher Verträge stützt, durch das Gericht selbst nicht durchgängig zur Bedingung gemacht wird.[832] Auf die Reziprozität wird vor allem dann verzichtet, wenn der Vertrag universelle Menschenrechte berührt.[833]

---

827 Conseil constitutionnel, 15. Januar 1975, N° 74–54 DC, *Interruption volontaire de la grossesse* (IVG), Considérants 6, 7.

828 So stellt das Gericht fest, seine Entscheidungen nach Art. 61 Const. hätten einen *caractère absolut et définitif*, während die Überordnung der völkerrechtlichen Verträge über die Gesetze zugleich relativ und beschränkt (*relatif et contingent*) sei, Conseil constitutionnel, ebd., Considérant 4.

829 Conseil constitutionnel, ebd., Considérant 5.

830 Gaïa et al., GD Cons., S. 172, Rn. 4. Diesen Zusammenhang sah bereits Kelsen, RDP 1928, S. 197, 237.

831 Ausführlich hierzu Carcassonne, CCC N° 7 (1999), S. 93 ff. Deutlich nuancierter hinsichtlich einer zumindest teilweisen Aufgabe der „IVG“ Rechtsprechung Roux, RDP 2009, S. 645, 659.

832 Rousseau, Droit du contentieux constitutionnel, S. 110, Rn. 106.

833 So anlässlich des französischen Beitritts zum internationalen Strafgerichtshof Conseil constitutionnel, 22. Januar 1999, N° 98–408 DC, *Traité portant statut de la Cour pénale internationale*, Considérant 12.

Im Ergebnis jedoch bleibt die Lösung des Conseil constitutionnel gut nachvollziehbar. Bereits die schiere Anzahl der völkerrechtlichen Verträge mit französischer Beteiligung lässt eine umfassende Kontrolle nahezu unmöglich werden, vom Umfang des ebenfalls betroffenen europäischen Sekundärrechts nicht zu reden.[834] Auch erscheint eine andere Lesart des Art. 55 Const. möglich. Dieser muss nicht zwingend so verstanden werden, dass er das gesamte Völkervertragsrecht auf die Ebene der Verfassung hebt. Vielmehr erscheint es auch möglich anzunehmen, dass nur die Konfliktregel selbst Verfassungsrang genießt, dass der Conseil constitutionnel also darüber zu wachen hat, dass kein Gesetz den Vorrang des Völkerrechts ausdrücklich in Frage stellt.[835] Der Conseil constitutionnel beschränkt sich so auf die Durchsetzung dessen, was sich unmittelbar aus dem Verfassungstext ergibt.

Vor dem Hintergrund dieser pauschalen Weigerung des Conseil constitutionnel, völkerrechtliche Verträge bei seiner Prüfung zu berücksichtigen, musste sich die Frage stellen, welche Bedeutung dann deren supralegislativer Charakter aus Art. 55 Const. überhaupt erlangen konnte.[836] Diese Problematik gewinnt sehr an praktischer Bedeutung, wenn man berücksichtigt, dass bis zum Vertrag von Maastricht das Europarecht, Primär- wie auch Sekundärrecht, nur vermöge des Art. 55 Const. in Frankreich durchsetzbar war.

Die normalen Gerichte verweigern sich in Frankreich traditionell der Prüfung der Verfassungsmäßigkeit eines Gesetzes[837], insbesondere dann, wenn diese anlässlich eines auf seiner Grundlage erlassenen Verwaltungsaktes zur Diskussion steht. Das Gesetz schirmt gewissermaßen die Verfassung gegenüber allen untergesetzlichen Rechtsakten ab (sog. *théorie de la loi écran*). Überträgt man dieses Prinzip auf die völkerrechtlichen Verträge, die wie die Verfassung dem Gesetz übergeordnet sind, so kann auch eine Völkerrechtswidrigkeit nicht geltend gemacht werden.[838]

---

834 Genevois, CCC N° 7 (1999), S. 101, 104, ebenso Gaïa et al., GD Cons., S. 174, Rn. 6. Selbst Carcassonne, CCC N° 7 (1999), S. 93, 95 f., schlägt eine Begrenzung auf besonders bedeutende Normen vor, ohne jedoch ein klares Unterscheidungskriterium anzugeben.

835 Genevois, CCC N° 7 (1999), S. 101, 103.

836 Gaïa et al., GD Cons., S. 177, Rn. 11 sprechen davon, der Conseil constitutionnel sei das Risiko eingegangen, Art. 55 Const. in Abwesenheit eines Richters und entsprechender Sanktionen faktisch zu neutralisieren.

837 Der Conseil d'État stellte dieses mit einer Entscheidung vom 06. November 1936, *Arrighi*, Sirey 1937 III, S. 33, Considérant 1, endgültig fest, siehe dazu auch die Anmerkung von Mestre, abgedruckt ebd. Die diesbezügliche Leitentscheidung der Cour de cassation wurde bereits 1833 gefällt, Cour de cassation, Chambre criminelle, 11. Mai 1833, *Sieur Paulin*, Sirey 1833 I, S. 357, Attendu 3. Zur Verweigerung der Verfassungsmäßigkeitsprüfung auch zusammenfassend Dutheillet de Lamothe, Mélanges Labetoulle, S. 315, 316; speziell zum Conseil d'État ausführlich Genevois, RFDA 2000, S. 715 ff.

838 Dieses war das zumindest implizite Ergebnis der Entscheidung des Conseil d'État vom 01. März 1968, N° 62814, *Syndicat général des fabricants de semoules de France*. Dort weigerte sich der Conseil d'État, festzustellen, dass einer Erklärung

Der *écran* wird bei der behaupteten Verfassungswidrigkeit zumindest teilweise dadurch kompensiert, dass mit dem Conseil constitutionnel eine Institution zur Verfügung steht, die, bis 2010 nur *à priori*, sicherstellen kann, dass die Gesetze dem übergeordneten Verfassungsrecht entsprechen.[839]

Mit der Weigerung des Conseil constitutionnel, auch das Völkerrecht in die Kontrolle einzubeziehen, entsteht ein Kontrollvakuum. Denn die normalen Gerichte sehen sich durch den *écran* gehindert, supralegislatives Recht in ihre Erwägungen einzustellen, der Conseil constitutionnel füllt diese Lücke aber nicht. Damit, und dieses ist die bedeutendste Konsequenz der Entscheidung „IVG", sind die normalen Gerichte geradezu aufgefordert, den *écran* zu durchbrechen.[840] An der Theorie des *loi écran* auch im Bereich der *contrôle de conventionnalité* festzuhalten, hätte nämlich in der Konsequenz auch bedeutet, nicht nur die Bedeutung des Völkerrechts, sondern vor allem auch des Europarechts zu vermindern.

Die Cour de cassation prüfte aus diesem Grund bereits seit 1975 die Völker- und Europarechtskonformität der entscheidungserheblichen Normen.[841] Es dauerte jedoch bis 1989, bis sich der Conseil d'État dieser Rechtsprechung anschloss.[842] Seit diesem Zeitpunkt existiert in Frankreich eine klare Aufgabenteilung. Die *contrôle de constitutionnalité* wird durch den Conseil constitutionnel wahrgenommen, wohingegen die *contrôle de conventionnalité* bei den normalen Gerichten, also Cour de cassation, Conseil d'État und den jeweils zugeordneten Instanzgerichten liegt.[843]

---

der Zollfreiheit von bestimmten Importen aus Algerien, die auf der Basis einer *ordonnance* mit Gesetzeskraft von 1962 ergangen war, eine zeitlich vor dieser *ordonnance* liegende Verordnung der EWG, die die Verzollung verlangt, entgegenstand. Etwas anderes gilt, unter Anwendung der *lex posterior*-Regel, dann, wenn der entsprechende Vertrag erst nach dem strittigen Gesetz in Kraft getreten ist, Conseil d'État, 2ème et 6ème sous-sections réunies, 15. März 1972, N° 80242, *Dame Veuve Sadok Ali*. Siehe zur Bedeutung der Entscheidung *Semoules* und zur Argumentation des Gerichts die Schilderung von LABETOULLE, RFDA 2014, S. 585, insbes. 586, der als Richter an der Entscheidung beteiligt war.

839 Kritisch zu dieser nur unvollständigen Kontrolle SCHLETTE, Ermessenskontrolle, S. 82 f.

840 GAÏA ET AL., GD Cons., S. 177, Rn. 11.

841 Cour de cassation, Chambre mixte, 24. Mai 1975, N° 73–13556, *Société des cafés Jacques Vabre*, insbes. Attendu 5. Dazu merkt DUTHEILLET DE LAMOTHE, Mélanges LABETOULLE, S. 315, 318, an, diese Rechtsprechung sei für den Conseil constitutionnel bereits 1975 vorherzusehen gewesen, da schon 1973 die Vorinstanz, die Cour d'appel von Paris, in diesem Sinne geurteilt habe.

842 Conseil d'État, Assemblée, 20. Oktober 1989, N° 108243, *Nicolo*, Considérant 3. Die Rechtsprechungsänderung deutet sich bereits in den Visa an, dort wird die Verfassung, *insbesondere ihr Art. 55*, in Bezug genommen. Siehe zu dieser Entscheidung auch die ausführliche Anmerkung bei LONG ET AL., GAJA, Nr. 90 (*Nicolo*).

843 Eine Ausnahme besteht gleichwohl dann, wenn der Conseil constitutionnel als Wahlrichter tätig wird, wie bereits oben, Kapitel 2, D., ausgeführt, nimmt er in

Die Bedeutung der *contrôle de conventionnalité* kann angesichts der großen Anzahl von Anträgen nicht verleugnet werden, eine Berufung auf Völkerrechtswidrigkeit gehört nunmehr zum Standardinstrumentarium des anwaltlichen Vorgehens[844], zumal die Parallele zwischen den durch die Verfassung und vor allem den durch die Europäische Menschenrechtskonvention garantierten Rechten offensichtlich ist.[845]

Bis 2010 unterschieden sich die beiden Kontrollverfahren neben dem unterschiedlichen Prüfungsmaßstab auch im Untersuchungszeitpunkt. Denn auf Vertragsmäßigkeit geprüft werden konnte das Gesetz erst bei seiner praktischen Anwendung, also nach seinem Inkrafttreten, die Kontrolle auf Verfassungsmäßigkeit war nur vor Inkrafttreten möglich.

2. Die Diskussion um eine Geltendmachung des Völkerrechts bei der QPC

Mit Einführung der QPC stellte sich damit die Frage, ob die Trennung zwischen beiden Kontrollen beizubehalten sei.

Das Comité Balladur nahm zu diesem Problem ausführlich Stellung. Es wäre durchaus möglich gewesen, eine andere Formulierung für den neuen Art. 61–1 Const. vorzuschlagen und dem Conseil constitutionnel die Überprüfung ebenfalls am Maßstab des Völkerrechts zu ermöglichen.[846] In seinem Abschlussbericht führt das Comité aus, warum es diesen Weg nicht gegangen ist. Für eine solche Erweiterung der Kompetenz hätte vor allem das schwierige Nebeneinander beider Kontrollmöglichkeiten durch unterschiedliche Gerichte gesprochen. Selbst wenn man nicht soweit gehen will, die Vereinigung beider Kontrollen bei einem Gericht als *conditio sine qua non* der Funktionsfähigkeit des neuen Verfahrens der Verfassungsmäßigkeitsprüfung zu sehen, so wäre doch zumindest eine größere Kohärenz zwischen den Verfahren erstrebenswert gewesen.[847]

Nach Ansicht des Comité überwiegen jedoch die Nachteile die Vorteile deutlich. Es sei nicht absehbar, dass aus der Vereinigung beider Kontrollen in einer Hand ein besserer Rechtsschutz für die Bürger resultiere, obwohl dadurch der Charakter des Conseil constitutionnel erheblich verändert werde. Vielmehr befinde sich das Gericht dann in einer problematischen Position zwischen Cour de cassation und Conseil d'État auf der einen und den supranationalen Gerichten wie dem Europäischen Gerichtshof und dem Europäischen Gerichtshof für Menschenrechte

---

diesem Fall wie ein normales Gericht auch die Contrôle de conventionnalité vor.

844 So beziffert Dutheillet de Lamothe, Mélanges Labetoulle, S. 315, 320 f. die Anzahl solcher Anträge im Jahr 2005 auf mehr als 1800, was über 40% der gesamten beim Conseil d'État anhängigen Rechtsstreitigkeiten entspricht, siehe hierzu auch die Auswertung der Jahre von 2000 bis 2005 ebd., S. 321.

845 Auf dieses Problem wird bei der Frage des Vorrangs der QPC und damit der Europarechtskonformität noch einzugehen sein, siehe dazu unten, Kapitel 3, B.

846 Rapport Balladur, S. 170.

847 Rapport Balladur, S. 170.

auf der anderen Seite, wodurch die Rechtsunsicherheit erhöht werde.[848] Bei einer Verfassungswidrigkeitserklärung sei das Parlament stets in der Lage, die Verfassung zu ändern, um diesem Problem zu begegnen, eine Möglichkeit, die bei völkerrechtlichen Verträgen im Regelfall ausscheide. Im umgekehrten Fall entfalte eine Erklärung der Vertragskonformität Bindungswirkung nach Art. 62 Const., selbst wenn ein supranationales Gericht später zu einem anderen Ergebnis komme.[849] Entsprechend beschränkte sich der Vorschlag des Comité auf eine Erweiterung der Verfassungsmäßigkeitsprüfung und ließ die *contrôle de conventionnalité* unberücksichtigt.

Im Gesetzgebungsverfahren zur Verfassungsänderung wurde die Frage der *contrôle de conventionnalité* erneut thematisiert, ohne dass es jedoch zu einer Abweichung vom Vorschlag des Comité Balladur gekommen ist. Warsmann zitiert dessen Bericht wörtlich und macht sich die Argumente zu eigen.[850] Auch der Berichterstatter im Sénat folgte dieser Auffassung.[851] In beiden Kammern wurde die Frage in der Plenarberatung nicht thematisiert.

Mit der klaren Entscheidung des verfassungsändernden Gesetzgebers für die *droits et libertés que la Constitution garantit* erscheint die Frage der Anwendbarkeit völker- und europarechtlicher Normen hinlänglich beantwortet, da diese zwar Rechte garantieren können, jedoch keine mit Verfassungsrang, so dass die Formulierung „von der Verfassung garantiert" auf sie nicht passt. Im Gesetzgebungsverfahren zum *loi organique* wurde diese Problematik entsprechend nur am Rande gestreift, bereits bedingt durch die Tatsache, dass ein *loi organique* zwar eigenständige Regeln treffen darf, dabei jedoch nicht ausdrückliche Festlegungen der Verfassung, hier die Begrenzung auf reines Verfassungsrecht, ignorieren kann.

Auch die Einführung der QPC hat damit nicht dazu geführt, dass die *contrôle de conventionnalité* ausdrücklich dem Conseil constitutionnel übertragen worden ist. Der Conseil constitutionnel hat seine Rechtsprechung „IVG" entsprechend auf das neue Verfahren übertragen und weigert sich, Fragen der Vertragswidrigkeit in diesem Verfahren zu berücksichtigen.[852] Nach Einführung der QPC besteht damit

---

848 Rapport Balladur, S. 171.

849 Rapport Balladur, S. 172.

850 Warsmann, Rapport N° 892 vom 15. Mai 2008, Ass. Nationale, 13ème législature, S. 441.

851 Hyest, Rapport N° 387 (Sénat 2007–2008) vom 14. August 2008, S. 177 f.

852 Grundlegend hierzu die bereits bei der Frage der *Objectifs de valeur constitutionnelle* relevant gewordene Entscheidung Conseil constitutionnel, 22. Juli 2010, N° 2010–4/17 QPC, *M. Alain C.*, Considérant 11: „*Considérant qu'un grief tiré du défaut de compatibilité d'une disposition législative aux engagements internationaux de la France ne saurait être regardé comme un grief d'inconstitutionnalité ; [...] que l'examen d'un tel grief relève de la compétence des juridictions administratives et judiciaires ;*" (In Anbetracht der Tatsache, dass der Vorwurf einer Inkompatibilität der gesetzlichen Regelung mit den völkerrechtlichen Verpflichtungen Frankreichs nicht als Vorwurf der Verfassungswidrigkeit betrachtet werden kann; [...]

weiterhin ein Nebeneinander von *contrôle de conventionnalité* und *contrôle de constitutionnalité*, die allerdings nunmehr auch zeitlich zusammenfallen können. Auf die daraus resultierende Problematik, dass so die *contrôle de conventionnalité* Gefahr lief, die Effektivität der QPC massiv zu beeinträchtigen, und die Reaktion des Gesetzgebers wird noch einzugehen sein[853], dieses ist aber keine Frage des Kontrollmaßstabs.

F. Formale Zulässigkeit

Art. 23–1 Abs. 1 Satz 1 der *ordonnance* über den Conseil constitutionnel enthält für die QPC ein besonderes Formerfordernis. Die Frage hat, um nicht als unzulässig zurückgewiesen zu werden (*à peine d'irrecevabilité*), in einem gesonderten und begründeten Schriftstück (*écrit distinct et motivé*) gestellt zu werden. Diese Bedingung gilt nach Art. 23–5 Abs. 1 Satz 2 gleichermaßen, wenn der Antrag erstmalig vor den beiden obersten Gerichten Conseil d'État und Cour de cassation gestellt wird.

Die Erfüllung dieser Bedingung zu überprüfen, bereitet auf den ersten Blick keine besonderen Probleme, da im Grundsatz nur zwei Möglichkeiten gegeben sind.[854] Dennoch musste sowohl die Bedingung des gesonderten als auch die des motivierten Schriftstücks durch die Rechtsprechung noch präzisiert werden.

I. Entstehungsgeschichte

Das Kriterium des *écrit distinct et motivé* findet sich erstmals im Gesetzentwurf zum *loi organique*, bleibt dort jedoch zunächst ohne Begründung. In seinem Bericht sah Warsmann dieses Kriterium mit dem besonderen Charakter des Verfahrens und mit der Möglichkeit begründet, den Antrag zu jeder Zeit zu stellen.[855] Damit geht aber auch die Problematik einher, dass ein ansonsten zulässiger Antrag allein zurückgewiesen wird, weil er nicht in einem gesonderten Dokument niedergelegt wurde. Auf dieses Problem machte auch Prof. Cassia bei seiner Anhörung vor dem Rechtsausschuss aufmerksam.[856] Allerdings wurde anscheinend die Notwendigkeit, die QPC klar von anderen Anträgen zu trennen und ihre schnelle Bearbeitung, auch mit Blick auf die kurzen Fristen, zu gewährleisten, als so bedeutend eingeschätzt, dass diese Bedingung in der Assemblée nationale nicht ernstlich in Zweifel gezogen wurde und so erhalten blieb. Der Berichterstatter im Sénat,

---

dass die Untersuchung eines solchen Vorwurfs der ordentlichen Gerichtsbarkeit und den Verwaltungsgerichten obliegt;) [eig. Übersetzung].

853 Siehe hierzu unten, Kapitel 3, B.

854 Saint James, RDP 2012, S. 607, 611 spricht von einer *réponse binaire*.

855 Warsmann, Rapport N° 1898 vom 3. September 2009, Ass. Nationale, 13ème législature, S. 47.

856 Cassia, wiedergegeben bei Warsmann, Rapport N° 1898 vom 3. September 2009, Ass. Nationale, 13ème législature, S. 149, 150.

Portelli, sah das genannte Erfordernis zwar ebenfalls als gerechtfertigt an, jedoch aus etwas anderen Gründen. Für ihn dient das Erfordernis der gesonderten Begründung insbesondere dazu, die Stellung von lediglich auf Verzögerung gerichteten Fragen zu verhindern und dem Kläger die Konsequenzen seiner Frage, darunter eben auch die Verzögerung des Verfahrens, klar vor Augen zu führen.[857] Das gesonderte Schriftstück erleichtere darüber hinaus die Beurteilung durch die zur Entscheidung berufenen Gerichte.[858] Auch im Sénat wurde die gewählte Formulierung beibehalten.

Der Conseil constitutionnel führt in seiner Entscheidung über die Verfassungsmäßigkeit des *loi organique* aus, die Bedingung eines *écrit distinct et motivé* diene dazu, eine vereinfachte Behandlung der Frage durch die Gerichte zu ermöglichen und insbesondere auch die Weiterleitung innerhalb kürzester Frist (*dans le plus bref délai*) zu ermöglichen.[859] Die Vorschrift des Art. 23–1 wurde insgesamt für verfassungsmäßig erklärt, ohne dass eine nähere Qualifizierung der Kriterien erfolgte.

II. Behandlung durch die weiterleitenden Gerichte

Das Kriterium des *écrit distinct et motivé* gehört nicht zu den drei in Art. 23–2 der *ordonnance* aufgezählten Kriterien. Entsprechend wird bei der Behandlung einer QPC durch die einfachen oder die Obergerichte auf diesen Punkt nur eingegangen, wenn sich Probleme ergeben, genauer, wenn eine Weiterleitung durch den Mangel an dem einen oder anderen Teil der Bedingung verhindert wird. Sonst wird die Erfüllung dieses Kriteriums überhaupt nicht behandelt oder nur am Rande bestätigt[860].

Dann, wenn es an dem einen oder anderen Teil fehlt, nehmen die Gerichte ausführlicher Stellung.

1. Écrit distinct

Der Antrag muss in einem gesonderten Schriftstück gestellt werden. Hiermit wird sichergestellt, dass die QPC klar als solche identifiziert wird und innerhalb der kurzen, durch das Gesetz vorgegebenen Entscheidungsfristen behandelt werden kann. Außerdem erfüllt dieses gesonderte Schriftstück die Funktion, die Frage der Verfassungsmäßigkeit weitestgehend von dem konkret zu Grunde liegenden Streitfall

---

857 Portelli, Rapport n° 637 (Sénat 2008–2009) vom 29. September 2009, S. 40.

858 Portelli, Rapport n° 637 (Sénat 2008–2009) vom 29. September 2009, S. 41.

859 Conseil constitutionnel, 03. Dezember 2009, N° 2009–595 DC, Considérant 8.; für evident wird die Verfassungsmäßigkeit von Roux, RDP 2010, S. 233, 240 gehalten.

860 Levade, D. 2010, S. 1061, unter Verweis auf die ersten Weiterleitungsentscheidungen des Conseil d'État, wo jeweils in den Visa das Vorliegen eines Schriftstücks erwähnt wurde.

zu trennen[861] und damit eine objektive Prüfung zu ermöglichen.[862] Aus diesem Grund wird auch nur das gesonderte Schriftstück, aus dem sich der Vorwurf der Verfassungswidrigkeit einer anwendbaren Norm ergibt, durch die Instanzgerichte im Rahmen der QPC beurteilt und an das zuständige oberste Gericht weitergeleitet.[863] Eine Beiziehung beispielsweise des Verwaltungsvorgangs erfolgt nicht[864], denn es geht um die Verfassungswidrigkeit der Norm, nicht aber um die Verfassungswidrigkeit des konkreten Umgangs mit dieser. Dieses ergibt sich bereits aus der Entscheidung des Conseil constitutionnel zum *loi organique*, wonach mit der Weiterleitungsentscheidung der obersten Gerichte nur diejenigen Schriftstücke der Parteien an den Conseil constitutionnel zu übermitteln sind, die das Verfahren der QPC betreffen, das Verfassungsgericht verfüge nicht über die Kompetenz, den zu Grunde liegenden Streitfall zu untersuchen.[865]

Die Bedingung des *écrit distinct* kann nicht dadurch erfüllt werden, dass der Antragsteller seinen im normalen Verfahren gestellten Schlussantrag vor dem Instanzgericht mit „QPC" überschreibt und auf Fragen der Verfassungsmäßigkeit beschränkt.[866] Denn dann kann zwischen dem Antrag im Ausgangsverfahren und der Frage der Verfassungsmäßigkeit nicht getrennt werden. Entsprechend ist es möglich, den normalen Antrag, z.B. gerichtet auf die Annullierung eines Dekrets *pour excès de pouvoir*, auf die behauptete Verfassungswidrigkeit der zu Grunde liegenden Rechtsnorm zu stützen und zur Feststellung dieser Verfassungswidrigkeit gleichzeitig eine QPC zu stellen.[867] Disant nennt daher zwei Bedingungen: Der Antrag muss vom Ausgangsverfahren trennbar sein und eine Argumentation enthalten, die sich ausdrücklich auf eine behauptete Verfassungswidrigkeit stützt.[868] Nach dem Wortlaut des Art. R. 49–31 CPP hat der Antrag vor den Strafgerichten weiterhin ausdrücklich mit *„question prioritaire de constitutionnalité"*

---

861 Verpeaux, QPC, S. 54, verweist darauf, dass es sich um eine inzidente Frage der Verfassungsmäßigkeit handele, die vom Rest des Prozesses getrennt zu betrachten sei.

862 Disant, QPC, S. 143, Rn. 178 f.

863 Le Prado, AJDA 2010, S. 94, 95, aus anwaltlicher Sicht und unter Hinweis darauf, dass bezüglich des weiterzuleitenden Dokuments dieselben Regeln hinsichtlich der Vertretung vor Gericht anwendbar seien, wie im Ausgangsverfahren, sodass insbesondere eine anwaltliche Unterschrift erforderlich sein könne.

864 So, aus der Sicht des Conseil d'État, Stirn, JCP-G 2010, Supp. au N° 48, S. 48; diese Beschränkung ermögliche die effektive Durchführung des Verfahrens. Auf die Objektivität des Verfahrens verweisen mit Blick auf den Umfang der zu übermittelnden Dokumente auch Mathieu/Rousseau, GD QPC, S. 75, Rn. 14.

865 Conseil constitutionnel, 03. Dezember 2009, N° 2009–595 DC, Considérant 27.

866 Dieses war allerdings die Situation in der Entscheidung Conseil d'État, 9ème sous-section, 02. Juni 2010, N° 338965, *Ponsart*, insbes. Considérant 2; siehe dazu auch die Anmerkung bei Vidard, AJDA 2011, S. 1242.

867 So Conseil d'État, 8ème et 3ème sous-sections réunies, 09. Juli 2010, N° 339081, Considérant 2.

868 Disant, QPC, S. 144, Rn 179.

überschrieben zu werden, wenn er zusammen mit einem Kassationsantrag zur Cour de cassation gestellt wird. Die Nichterfüllung dieser Bedingung wurde durch die Chambre criminelle bei bisher einer Gelegenheit[869] als Begründung für die Nichtweiterleitung angeführt. Unabhängig davon, dass es sich vermutlich um einen Einzelfall handelt, führt dieses Vorgehen auch mit Blick darauf, dass die Regel des Art. R. 49–41 CPP nur Verordnungscharakter hat, keine Parallelen im Zivil- und Verwaltungsgerichtsverfahren findet und selbst keine solche Konsequenz vorsieht, zu Bedenken.[870]

2. *Écrit motivé*

Nicht jedes gesonderte Schriftstück, von dem behauptet wird, es enthalte eine QPC, genügt den Anforderungen. Es ist vielmehr erforderlich, dass der Vorwurf der Verfassungswidrigkeit so substantiiert dargelegt wird, dass eine Prüfung an Hand der in den Artt. 23–2 und 23–5 der *ordonnance* aufgeführten Kriterien ermöglicht wird. Sonst müsste das weiterleitenden Gericht die Frage umformulieren oder überhaupt erst die möglicherweise verfassungswidrigen Normen identifizieren und käme somit in Konflikt mit dem Verbot, von Amts wegen eine QPC zu stellen.[871]

Die Nichtweiterleitung wird in diesen Fällen nicht damit begründet, der Frage mangele es am *caractère sérieux*, vielmehr stellt das befasste Gericht fest, auf Grund der unpräzise formulierten Frage nicht in der Lage zu sein, die Kriterien überhaupt zu prüfen. Dieses kann daran liegen, dass die Fragen so unverständlich formuliert sind, dass eine Prüfung der Verfassungsmäßigkeit durch den Conseil constitutionnel ausgeschlossen ist[872], dass nicht deutlich wird, ob eine gerichtliche Entscheidung oder deren Rechtsgrundlage angegriffen werden soll[873], oder dass

869 Cour de cassation, Chambre criminelle, 25. Mai 2011, N° 11–81244, Attendu 2.

870 So spricht Disant, QPC, S. 144, Rn 179 davon, die Chambre criminelle habe aus dem Fehlen dieser Überschrift wohl die Unzulässigkeit entnehmen wollen, wenn auch dieses eigentlich ohne jede Auswirkung bleibe. Lediglich angeführt wird die vorgenannte Entscheidung bei Magnon et al., QPC, S. 170, Rn.185.

871 Roblot-Troizier, RFDA 2011, S. 691, 696; die Bedingung des begründeten Antrags sei daher auch eine materielle Voraussetzung.

872 Cour de cassation, Chambre criminelle, 10. Mai 2011, N° 11–80993, mit für ein französisches Urteil ungewöhnlicher wörtlicher Wiedergabe der gestellten Fragen; ähnlich auch Cour de cassation, Chambre criminelle, 21. Juni 2011, N° 11–82866. Die wiederkehrende Formel lautet: „*[...] rédigée d'une manière insuffisament intelligible pour permettre l'exercice, par le Conseil constitutionnel, du contrôle de constitutionnalité*". (so unverständlich abgefasst, dass die Ausübung der Verfassungsmäßigkeitskontrolle durch den Conseil constitutionnel ausgeschlossen ist) [eig. Übersetzung].

873 Cour de cassation, Chambre criminelle, 23. November 2011, N°11–83254.

eine Verfassungsnorm genannt wird, ohne dass dezidiert zu den Verfassungsverstößen Stellung genommen wird.[874]

Damit kommt es nicht zu einer materiellen Entscheidung, der Beschwerdeführer wird nicht daran gehindert, zu einem späteren Zeitpunkt eine QPC gegen dieselbe Norm zu richten, die besser oder anders begründet wird.

Die Unzulässigkeit der Frage ist von Amts wegen festzustellen.[875] Eines Antrages der jeweiligen Gegenseite bedarf es nicht. Fraglich erscheint allerdings, ob nicht das Gericht darauf hinzuwirken hat, dass die Partei ihren Antrag „regularisiert". Im Bereich des Verwaltungsprozessrechtes enthält die Vorschrift des R. 771-4 CJA einen Dispens von den Vorschriften der R. 611-7 und R. 612-1 CJA, die normalerweise das Gericht dazu anhalten, die Parteien über von Amts wegen zu treffende Entscheidungen zu informieren bzw. eine Gelegenheit zur Richtigstellung zu geben.[876] Im Bereich der Strafgerichtsbarkeit existiert ohnehin keine Vorschrift, die das Gericht zwingen würde, auf die Unzulässigkeit eines Antrags hinzuweisen. Einzig vor der Zivilgerichtsbarkeit ergibt sich aus Art. 16 CPC die Verpflichtung, vor der Zurückweisung die Parteien zu informieren, die auch durch den Sonderfall der QPC nicht in Frage gestellt wird.[877]

Die Frage der Information durch das Gericht bleibt jedoch von untergeordneter Bedeutung. Denn ein direkter Verstoß gegen das Erfordernis des begründeten

---

874 Cour de cassation, Chambre criminelle, 28. Juni 2011, N° 11-90054. In Abwandlung der oben genannten Formel: *„[...] la question, dans les termes très généraux où elle est posée, ne permet pas à la Cour de cassation de contrôler son caractère nouveau et sérieux."* (die Frage ermöglicht, so allgemein, wie sie abgefasst ist, der Cour de cassation die Kontrolle des *caractère nouveau et sérieux* nicht) [eig. Übersetzung]. Ähnlich auch Cour de cassation, Chambre criminelle, 21. September 2011, N° 11-81559; 6. Dezember 2011, N° 11-86721; 14. Februar 2012, N° 11-90121; 12. Juni 2012, N° 12-90023; 25. Juli 2012, N° 12-90035; Conseil d'État, 3ème sous-section, 4. Juli 2012, N° 359735.

875 Dieses ergibt sich jeweils aus Art. 126-2 Abs. 2 Code de procédure civile; Art. R. 49-21 Code de procédure pénale und Art. R. 771-4 Code de justice administrative.

876 Art. R. 612-1 Abs.1 CJA: *„[...] la juridiction ne peut les rejeter en relevant d'office cette irrecevabilité qu'après avoir invité leur auteur à les régulariser."* (Die betroffene Gerichtsbarkeit kann sie (die abschließenden Anträge der Partei) nicht von Amts wegen als unzulässig zurückweisen, ohne den Autor vorher aufgefordert zu haben, diese zu regularisieren.) [eig. Übersetzung].

877 GUILLAUME, CCC N° 29 (2010), S. 21, 30; ebenso MATHIEU/ROUSSEAU, GD QPC, S. 55, Rn. 9. A.A. jedoch BELLOIR, QPC, S. 31 f., der ohne nähere Begründung einheitlich keine Pflicht sieht, die Parteien auf einen Fehler hinzuweisen. Die ebenfalls abweichende Ansicht von MAUGÜÉ/STAHL, QPC, S. 48 f., die auch vor dem Strafrichter eine Pflicht zur Information aus den allgemeinen, in Art. Préliminaire CPP niedergelegten Grundsätzen des Strafprozesses herleiten wollen, überzeugt zwar mit Blick auf den Rechtsschutz, findet jedoch weder eine konkrete Bestätigung im Gesetz noch Zustimmung in der übrigen Literatur.

Schriftstücks bewirkt eben keine Zurückweisung der QPC im Verfahren. Der Fragesteller kann also jederzeit eine neue Frage, auch gleichen Inhaltes, stellen, so er nunmehr die Formalien einhält. Es bleibt ihm auch unbenommen, die bereits gestellte Frage noch entsprechend zu ergänzen, zumindest solange das Gericht sie nicht als unzulässig zurückgewiesen hat.[878]

3. Sonderfall der Cristallisation

Der Conseil d'État hat bereits in einer seiner frühen Entscheidungen zur QPC eine weitere Folge des *écrit distinct et motivé* statuiert.[879] Das Gericht kam zu dem Ergebnis, dass durch dieses Schriftstück der Antrag bzw. die Beschwerde in dieser Form fixiert wird. Dieses bedeutet, dass das Gericht seiner Weiterleitungsentscheidung an den Conseil constitutionnel nur diejenige Frage zu Grunde legt, die ihm durch das Instanzgericht übermittelt wurde. Es ist nicht möglich, vor dem Conseil d'État die gestellte Frage um weitere Beschwerden zu ergänzen und beispielsweise nunmehr eine andere Verfassungsnorm anzuführen. Dieses Vorgehen, die *„cristallisation"* der QPC, gründet sich vermutlich auf die kurze Frist, innerhalb derer das oberste Gericht seine Entscheidung fällen muss[880], sodass das Hinzukommen neuer Argumente hier praktischen Problemen begegnen würde. Es hat auch zunächst kein Rechtsschutzdefizit zur Folge, da jederzeit eine weitere QPC mit den neuen Argumenten gestellt werden kann.[881] Kritisiert wird allerdings, dass die Möglichkeit, jederzeit eine QPC zu stellen, grundsätzlich den Schluss zulasse, dass die Erweiterung einer bereits gestellten QPC möglich sei, so dass die durch den Conseil d'État getroffene Entscheidung nicht zwingend sei. Ebenso sei eine gewisse Inkohärenz zwischen der objektiven, umfassenden Prüfung des Conseil constitutionnel und der gleichzeitigen Beschränkung auf die ausdrücklich zur Weiterleitung vorgebrachten Argumente zu bemerken.[882]

Die Ergänzung der QPC um weitere Argumente im laufenden Verfahren ist somit ausgeschlossen. Ebenso wird durch die Gerichte zu Recht aus Art. 23–2 der *ordonnance*, wonach die Nichtweiterleitungsentscheidung der einfachen Gerichte nur angegriffen werden kann, indem insgesamt gegen die erstinstanzliche Entscheidung vorgegangen wird, geschlossen, dass für diese Anfechtung auch die allgemeinen Rechtsmittelfristen gelten und diese Fristen nicht umgangen werden

878 Vidard, AJDA 2011, 1242.
879 Conseil d'État, 9ème et 10ème sous-sections réunies, 16. Juli 2010, N° 339292, *Sociéte de brasseries et casinoes „Les flots bleus"*, Considérant 3.
880 Mathieu/Rousseau, GD QPC, S. 60, Rn. 11.
881 Mathieu/Rousseau, GD QPC, S. 60, Rn. 11.
882 In diesem Sinne Roblot/Troizier, RFDA 2011, S. 691, 697, die allerdings weniger mit der umfassenden Prüfung durch den Conseil constitutionnel, sondern eher mit dem Ziel der umfänglichen „Säuberung" der Norm von jeder Verfassungswidrigkeit argumentiert.

dürfen.[883] Zu einer solchen Umgehung käme es aber, wenn derjenige, der sich nicht gegen die Nichtweiterleitungsentscheidung gewehrt hat, vor den obersten Gerichten eine neue QPC gleichen Inhaltes stellen könnte.[884] Dabei ist noch darauf hinzuweisen, dass auch für die Anfechtung der Nichtweiterleitung das Erfordernis eines *„écrit distinct et motivé"* weiterhin gilt[885], den Anforderungen genügt die bloße Ergänzung eines normalen prozessualen Antrags nicht.[886]

Die fehlende oder unvollständige Rüge der Nichtweiterleitung einer QPC entfaltet damit eine materielle Präklusionswirkung hinsichtlich des Inhaltes dieser Frage. Neben der sich aus dem allgemeinen Prozessrecht ergebenden Frist zur Anfechtung einer Nichtweiterleitungsentscheidung existieren für die QPC keine weiteren Fristenregelungen. Diese würden auch nicht zu einem im Kern objektiven Prüfungsverfahren passen, da die zu erreichende Prüfung der Verfassungskonformität der Norm unabhängig vom konkreten Lebenssachverhalt ist und damit auch nicht davon abhängen kann, ob ein spezifischer Antragsteller zeitliche Limitierungen beachtet hat.

G. Besonderheit der Beteiligung der normalen Gerichte an der Verfassungsgerichtsbarkeit

Bei der QPC kann eine Befassung des Conseil constitutionnel nur nach der Weiterleitung durch die Instanzgerichte und im Anschluss daran durch die obersten Gerichte des jeweiligen Rechtszugs, also Conseil d'État und Cour de cassation erfolgen. Bei den bisher vorgestellen Bedingungen für die Weiterleitung handelt es sich nicht zwingend um solche, die es den weiterleitenden Gerichten ermöglichen würden, eine Aussage über die Verfassungsmäßigkeit oder Verfassungswidrigkeit der vorgelegten Norm zu treffen.

Die Frage, ob es sich um die richtige Art Norm handelt, ob diese auf den Fall anwendbar ist oder ob sie bereits für verfassungsmäßig erklärt wurde, hat nur bedingt etwas damit zu tun, ob die Norm selbst mit der Verfassung kompatibel ist.[887]

Das bedeutendste Kriterium bezüglich der Weiterleitung ist jedoch das dritte in der *ordonnance* genannte. Nach Art. 23–2 Abs. 1 Nr. 3 der *ordonnance* über den Conseil constitutionnel darf es der Frage, damit sie durch die einfachen Gerichte an die jeweils obersten Gerichte des Rechtszugs weitergeleitet werden kann, nicht

---

883 Dieses ist das Ergebnis der Entscheidung Conseil d'État, 8ème et 3ème sous-sections réunies, 01. Februar 2011, N° 342536, *Prototech*, Considérants 1 und 5.

884 Caille, AJDA 2011, S. 1209, 1211, zu der Problematik des inhaltsgleichen Antrags eingehend auch S. 1213 f.

885 Dieses ergibt sich aus Art. R 771–12 CJA; dazu Magnon et al., QPC, S. 174, Rn. 195.

886 Caille, AJDA 2011, S. 1209, 1212.

887 So die überzeugende Gegenüberstellung der Kriterien bei Derosier et al., in: Mathieu/Verpeaux (Hrsg.), *Examen de constitutionnalité*, S. 33, 37.

am seriösen oder ernsthaften Charakter fehlen (*n'est pas dépourvue de caractère sérieux*).

Für die Weiterleitung durch Conseil d'État und Cour de cassation an den Conseil constitutionnel wird dieses Kriterium abgewandelt. Nach Art. 23–5 Abs. 2 Satz 2 ist es für eine Weiterleitung erforderlich, dass die Frage neu ist oder einen ernsthaften Charakter hat (*la question est nouvelle ou présente un caractère sérieux*).

Die Untersuchung dieses Kriteriums ist zwingend mit einer Aussage über die Verfassungsmäßigkeit oder Verfassungswidrigkeit der vorgelegten Norm verbunden.[888] Denn unabhängig davon, wie der *caractère sérieux* genau zu verstehen ist, bleibt es doch dabei, dass es sich hierbei bei enger Lesart um das einzige materielle Kriterium für eine Weiterleitung an den Conseil constitutionnel handelt. Der *caractère sérieux* kann nicht festgestellt werden, ohne dass, wenn auch nur in begrenzter Weise, die mögliche Verfassungswidrigkeit angenommen wird. Den weiterleitenden Gerichten wird so eine zumindest begrenzte Aussage über die Verfassungsmäßigkeit überantwortet.

Das Kriterium des *caractère sérieux* ist neben der Anwendbarkeit auf den Streitfall außerdem eines von zwei Kriterien, zu dem der Conseil constitutionnel keine Stellung nimmt. Wo allerdings bei der Anwendbarkeit dieses Unterlassen der Prüfung eine bewusste Entscheidung des Gerichts hinsichtlich der Aufgabenverteilung zwischen den weiterleitenden Gerichten und dem Verfassungsgericht darstellt, handelt sich bei der diskutierten Problematik um eine zwingende logische Folge. Denn was bei den vorlegenden Gerichten die Prüfung des *caractère sérieux* ist, ist vor dem Conseil constitutionnel die materielle Prüfung der Verfassungsmäßigkeit und damit der Kern seiner Entscheidung. Ein anderes gilt auch nicht hinsichtlich des Alternativkriteriums der *question nouvelle*, auch dort ist die Folge der Weiterleitung eine materielle Prüfung der Verfassungswidrigkeit.

Diese Beteiligung der vorlegenden Gerichte an der Verfassungsgerichtsbarkeit ist bemerkenswert[889], da die französische Konzeption sich eigentlich stärker am kelsenianischen Modell einer zentralen Gerichtsbarkeit als am amerikanischen Modell der verteilten Verfassungsmäßigkeitsprüfung im Geiste der *Marbury vs. Madison*-Entscheidung orientiert.

Die Untersuchung gliedert sich hier in zwei Schritte. Zunächst ist allgemein die Beteiligung der Gerichte an der Prüfung zu untersuchen, bevor im Folgenden die angewandten Kriterien der *question nouvelle* und des *caractère sérieux* betrachtet

---

888 So schon Rousseau, RDP 2009, S. 631, 638 bei seiner Gesamtbeurteilung des Systems vor Inkrafttreten des *loi organique*, so auch überzeugend ders., Regards sur l'actualité N° 368 (2/2011) S. 36, 39, die Verfassungsmäßigkeitsprüfung sei „in den Genen des caractère sérieux" niedergelegt.

889 Sie trifft entsprechend auf Kritik, so ging Gaudemet, RDP 2009, S. 581, 586, davon aus, die Beteiligung der normalen Gerichte laufe geradezu darauf hinaus, dem Conseil constitutionnel die Verfassungsgerichtsbarkeit, die man eigentlich habe erweitern wollen, zu deren Gunsten wegzunehmen. Ähnlich auch schon ders., D. 2008, 1703 f.

werden. Die Untersuchung der Beteiligung der Gerichte erfolgt gebündelt, wenn sich auch ihr erster Teil auf die Filterung als ganze bezieht. Denn nach hier vertretener Ansicht stellt die Analyse durch die Gerichte hinsichtlich des *caractère sérieux* und der *question nouvelle* den Kulminationspunkt der gesamten Problematik dar. Es erscheint deutlich weniger problematisch, dass die normalen Gerichte auch die Anwendbarkeit auf den Streitfall, die Überprüfbarkeit der Norm und sogar die frühere Entscheidung in gleicher Sache prüfen, da damit eine Aussage zu deren Verfassungskonformität nicht verbunden ist.

I. Die grundlegende Frage der Beteiligung der ordentlichen und Verwaltungsgerichte an der Prüfung der Verfassungsmäßigkeit

1. Gesetzgebungsverfahren

Dass die ordentlichen Gerichte und die Verwaltungsgerichte über die Weiterleitung von Fragen der Verfassungsmäßigkeit zu entscheiden haben, war bereits ein wesentliches Element nicht nur des Entwurfs des Comité Balladur, sondern auch der Vorprojekte.

So war bereits in den Vorprojekten Anfang der 90er Jahre des 20. Jahrhunderts eine unmittelbare Befassung des Conseil constitutionnel nicht vorgesehen.[890]

Das Comité Balladur übernahm dieses Konzept, sein Vorschlag unterschied sich jedoch in einem Punkt erheblich von der schließlich durch die Verfassungsänderung umgesetzten Regel. So war dort noch die direkte Weiterleitung der Frage an den Conseil constitutionnel durch das mit dem Fall befasste Gericht vorgesehen, ohne dass es zunächst einer Weiterleitung an den Conseil d'État oder die Cour de cassation bedurft hätte. Der Bericht schweigt zu den Beweggründen für die Einrichtung dieses Filters und nennt darüber hinaus keine Anforderungen an seine Ausgestaltung.[891]

Deutlich stärker ins Detail geht an dieser Stelle der Bericht von Warsmann zur Verfassungsänderung.[892] Nachdem Warsmann die anderen Möglichkeiten der Verfassungsmäßigkeitskontrolle, insbesondere das amerikanische Modell der verteilten Kontrolle[893], untersucht hat, kommt er zunächst zu dem Ergebnis, dass bei Beibehaltung des Systems der *contrôle à priori* als zusätzliche Möglichkeit eine Form der q*uestion préjudicielle* am sinnvollsten erscheint.[894]

Diese *question préjudicielle* ist nach seiner Auffassung zwingend mit der Einführung eines Filters verbunden, da ansonsten eine Überlastung des Conseil

---

890 Siehe hierzu insbesondere den Abschlussbericht des Comité Vedel von 1993, JORF vom 16. Februar 1993, S. 2537, 2548 f.

891 Rapport Balladur, S. 172 f.

892 Warsmann, Rapport N° 892 vom 15. Mai 2008, Ass. Nationale, 13ème législature, S. 423 ff.

893 Siehe hierzu seine ausführliche Darstellung, Warsmann, ebd., S. 431 f.

894 Warsmann, ebd., S. 433.

constitutionnel und, sofern die Frage eine Aussetzung der Entscheidung in der Hauptsache zur Folge hat, eine Paralyse des gesamten Justizsystems die Folge sei, vor allem, wenn viele Anträge lediglich mit dem Ziel einer Verzögerung gestellt würden.[895] Dabei sei neben der letztlich gewählten Methode, die Weiterleitung an den Conseil constitutionnel den obersten Gerichten vorzubehalten, auch das Konzept denkbar gewesen, wie vom Comité Balladur vorgeschlagen jedem Gericht die Weiterleitung zu ermöglichen. Warsmann hält auch eine der deutschen Verfassungsbeschwerde ähnliche Lösung für möglich, bei der das Verfassungsgericht selbst über die Zulässigkeit des Rechtsmittels befindet.[896]

Die Zulässigkeitsprüfung durch das Verfassungsgericht selbst wird allerdings abgelehnt, da dieses Gefahr laufe, einen großen Teil seiner Tätigkeit mit dem Verwerfen offensichtlich unbegründeter Anträge zu verbringen, anstatt sich mit tatsächlichen Fragen der Verfassungsmäßigkeit zu beschäftigen.[897] Warsmann geht damit davon aus, dass der Filter hauptsächlich die Fälle betreffen soll, in denen die Verfassungsmäßigkeit der Norm nicht ernsthaft in Zweifel gezogen werden könne. Nach dieser Konzeption ist die Filterung nicht selbst auf eine Kontrolle der Verfassungsmäßigkeit gerichtet, sondern auf das „Aussortieren" jener Anträge, bei denen schon keine begründete Frage der Verfassungsmäßigkeit gestellt wurde. Die Frage der Überantwortung eines Teiles der Verfassungsgerichtsbarkeit an die normalen Gerichte stellt sich hier nur sehr begrenzt. Das entscheidende Argument, nicht alle Fragen zum Conseil constitutionnel durchzulassen, ist dessen befürchtete Überlastung.

Warsmann begründet seine Ablehnung der Weiterleitung unmittelbar durch das Fallgericht damit, dass dann eine Einheitlichkeit der Rechtsprechung in diesen Fällen nicht sinnvoll gewährleistet werden könne. Die Existenz eines Filters rechtfertige sich nur, wenn dieser einzigartig sei.[898] Diese Einschränkung deutet allerdings darauf hin, dass auch Warsmann eine Beantwortung substantieller Fragen durch die vorlegenden Gerichte nicht für von vornherein ausgeschlossen hielt, sonst hätte es dieser Einschränkung kaum bedurft. Einen Vergleich zum Vorabentscheidungsverfahren nach Art. 267 AEUV stellte bei seiner Anhörung vor dem Rechtsausschuss der Vizepräsident des Conseil d'État, Sauvé, an. Er ging davon aus, dass die beiden obersten Gerichte sich gegenüber dem Conseil constitutionnel ähnlich loyal verhalten würden wie gegenüber dem Europäischen Gerichtshof. Der Filter biete neben der Verhinderung einer Überlastung des Conseil constitutionnel auch den Vorteil, dass dadurch die beiden obersten Gerichte großen Anteil an der Entwicklung der Verfassungsrechtsprechung gewinnen würden.[899] Gleichzeitig

895 Warsmann, ebd., S. 434.
896 Die drei möglichen Lösungen sind auf den S. 434 und 435 dargestellt.
897 Warsmann, ebd., S. 434 a.E.
898 *„L'existence d'un filtre ne se justifie que s'il est unique."* Warsmann, ebd., S. 435.
899 Sauvé, Vice-président du Conseil d'État, wiedergegeben bei Warsmann, a.a.O., S. 438 ff.

betonte er, dass nach seiner Auffassung die Regelung eine Einschränkung des Entscheidungsmonopols des Conseil constitutionnel hinsichtlich der Erklärung der Verfassungswidrigkeit zuverlässig vermeide.[900]

Bereits in den Beratungen im Rechtsausschuss wurde der Versuch unternommen, anstelle einer Filterung durch die obersten Gerichte eine Zulässigkeitsprüfung durch den Conseil constitutionnel selbst einzurichten. So schlug der Abgeordnete MONTEBOURG zusammen mit der Fraktion der Sozialisten vor, die Filterung durch Conseil d'État und Cour de cassation aufzuheben und stattdessen eine *commission des requêtes* beim Conseil constitutionnel einzurichten, um die Frage der Zulässigkeit zu untersuchen.[901] Begründet wurde dieses damit, dass die Filterung durch die Obergerichte die Gefahr mit sich bringe, den ordentlichen Ablauf des Verfahrens zu stören. Das Argument ist damit eher eine eventuelle Verzögerung des Verfahrens als die grundsätzliche Frage der Beteiligung der obersten Gerichte an der Verfassungsgerichtsbarkeit. Dem Änderungsantrag war kein Erfolg beschieden.

Auch zwei weitere Anträge, die darauf gerichtet waren, die Filterung der obersten Gerichte durch eine mit drei Richtern besetzte Kommission beim Conseil constitutionnel zu ersetzen, scheiterten. Hier wurde das Problem ebenfalls weniger in der grundsätzlichen Beteiligung der normalen Gerichte an der Verfassungsgerichtsbarkeit gesehen, sondern eher in der eintretenden Verzögerung durch das mehrstufige Filterverfahren. Die grundsätzliche Notwendigkeit einer Filterung wurde mit Blick auf das Risiko der sonst drohenden Überschwemmung des Conseil constitutionnel anerkannt.[902] In der parlamentarischen Beratung wurde diesbezüglich kein erneuter Antrag gestellt, es wurde lediglich erfolglos versucht, das gesamte Verfahren der nachträglichen Verfassungsmäßigkeitskontrolle zum Scheitern zu bringen.[903]

---

900 SAUVÉ, wiedergegeben bei WARSMANN, a.a.O., S. 440.

901 Siehe hierzu den Änderungsantrag (Amendement) N° 504 vom 19. Mai 2008 zum Projet de loi N° 820, geladen von http://www.assemblee-nationale.fr/13/pdf/amendements/0820/082000504.pdf am 13.06.2014, und dessen knappe Erwähnung bei WARSMANN, a.a.O., S. 442.

902 Siehe hierzu den Änderungsantrag (Amendement) N° 485 der Abgeordneten SAUVADET ET AL. vom 19. Mai 2008 zum Projet de loi N° 820, geladen von http://www.assemblee-nationale.fr/13/pdf/amendements/0820/082000485.pdf am 13.06.2014 zur Aufhebung des Filters durch die obersten Gerichte und N° 486 der selben Abgeordneten vom gleichen Tag zur Einrichtung einer Untersuchungskommission beim Conseil constitutionnel, geladen von http://www.assemblee-nationale.fr/13/pdf/amendements/0820/082000486.pdf am 13.06.2014.

903 Darauf zielten die Änderungsanträge zum Projet de loi N° 820 (Amendements) N° 168 (MYARD) vom 19. Mai 2008, geladen von http://www.assemblee-nationale.fr/13/pdf/amendements/0820/082000168.pdf am 13.06.2014 sowie N° 458 (SANDRIER ET AL.) vom 19. Mai 2008, geladen von http://www.assemblee-nationale.fr/13/pdf/amendements/0820/082000458.pdf am 13.06.2014.

Auffällig ist damit, dass in der Assemblée nationale zwar hinterfragt wurde, inwieweit die Filterung durch die obersten Gerichte geeignet ist, die Effektivität des Verfahrens zu beeinträchtigen, dass aber nicht grundsätzlich deren Beteiligung an der Verfassungsgerichtsbarkeit in Frage gestellt oder auch nur diskutiert wurde. Zumindest problematisiert wurde dieses im Sénat. So stellt der dortige Berichterstatter, Hyest, fest, die beiden obersten Gerichte seien zwar nicht berufen, die Verfassungswidrigkeit einer Norm festzustellen, dadurch, dass ihnen erlaubt werde, auf die Weiterleitung zu verzichten, werde es ihnen aber zumindest implizit auch erlaubt, die Verfassungskonformität einer Norm zu bestätigen.[904] Hyest zieht daraus keine weiteren Konsequenzen, den Filter erachtet er wegen der sonst drohenden Überlastung des Conseil constitutionnel für erforderlich. Anders äußerte sich Prof. Colliard bei seiner Anhörung vor dem Rechtsausschuss des Sénat. Er hatte zwar volles Verständnis für die Einrichtung des Filters, zweifelte jedoch an dessen Ausübung durch den Conseil d'État, da dieses Gericht eine Tendenz habe, sich zum „natürlichen Hüter" der Gesetze zu machen, zumal es in seiner beratenden Funktion bereits eine bedeutende Anzahl dieser Gesetze im Entwurfsstadium überprüft habe.[905] Insgesamt äußerte er sich kritisch über die Möglichkeit, aus Conseil d'État und Cour de cassation so tatsächliche Verfassungsgerichte zu machen. Er schlug vor, dem Conseil constitutionnel die Möglichkeit zu geben, bei besonders bedeutenden Fällen die Entscheidung an sich zu ziehen und den Filter zu übergehen.[906]

Colliard bleibt damit der einzige, der gegen die Filterung Bedenken nicht wegen einer eventuellen Verzögerung, sondern wegen der Beteiligung der obersten Gerichte an der Verfassungsgerichtsbarkeit und deren Möglichkeit der Blockade der Weiterleitung äußert. Im Sénat wurden, anders als in der Assemblée nationale, keine Anträge gestellt, die auf eine Abschaffung des Filters gerichtet waren. In der zweiten Lesung in der Assemblée nationale wiederholte Montebourg seinen Vorschlag der Einrichtung einer „Commision des requêtes" anstelle des Filters, erneut mit der Begründung einer sonst drohenden Verzögerung des Verfahrens.[907] Auch diesem Antrag war ein Erfolg nicht beschieden.

Trotz der vorgetragenen Bedenken blieb es bei der doppelten Filterung, durch die einfachen Gerichte und anschließend durch die beiden obersten Gerichte Conseil d'État und Cour de cassation.

---

904 Hyest, Rapport N° 387 (Sénat 2007–2008) vom 14. August 2008, S. 178.

905 Colliard, wiedergegeben bei Hyest, Rapport N° 387 (Sénat 2007–2008) vom 14. August 2008, S. 242.

906 Colliard, wiedergegeben bei Hyest, Rapport N° 387 (Sénat 2007–2008) vom 14. August 2008, S. 240.

907 Siehe hierzu die Änderungsanträge (Amendements) N° 292 Rect. zum Projet de loi N° 993 vom 07. Juli 2008 von Montebourg und Fraktion, geladen von http://www.assemblee-nationale.fr/13/pdf/amendements/0993/099300292.pdf am 14.06.2014 zur Aufhebung des Filters und N° 293, geladen von http://www.assemblee-nationale.fr/13/pdf/amendements/0993/099300293.pdf am 14.06.2014 zur Einrichtung einer „commission des requêtes".

Es erscheint sinnvoll, einen genaueren Blick auf die Konsequenzen dieser Entscheidung zu werfen. Denn die bloße Einrichtung des Filters durch den unzweideutigen Wortlaut des Art. 61-1 Const. gibt keine weiteren Hinweise zu dessen Ausgestaltung.

2. Das Problem der verteilten Verfassungsgerichtsbarkeit in der Theorie

Den meisten kontinentaleuropäischen Systemen der Verfassungsgerichtsbarkeit ist es gemein, dass die Entscheidung über die Verfassungswidrigkeit einer Norm einer zentralen Instanz, in der Regel einem zu diesem Zweck eingerichteten Verfassungsgericht, vorbehalten ist. Die entgegengesetzte Möglichkeit bestände darin, jedem in einem konkreten Streitfall zuständigen Gericht die Möglichkeit zu geben, die Verfassungswidrigkeit eines Gesetzes festzustellen und dieses daher unangewendet zu lassen. Zu dem Unterschied dieser beiden Systeme sind umfangreiche Untersuchungen angestellt worden.

Eine besonders bedeutende Stellungnahme findet sich bei Hans Kelsen, der als Vater der zentralisierten Verfassungsgerichtsbarkeit in Österreich gilt. Er veröffentlichte 1928, noch als Professor in Wien, einen Aufsatz in französischer Sprache in der Zeitschrift *Revue du droit public et de la science politique en France et à l'étranger* (RDP), der sich mit den theoretischen Grundlagen der Verfassungsgerichtsbarkeit beschäftigt.[908] Diesen Artikel der Analyse zu Grunde zu legen, erscheint sinnvoll. Kelsen ist, auch dank seines französischen Schülers Charles Eisenmann[909], in Frankreich umfangreich rezipiert worden, gerade der genannte Artikel wird bezüglich der theoretischen Grundlagen der Verfassungsgerichtsbarkeit noch immer zitiert.[910] Der große Vorzug von Kelsens Analyse liegt darin, dass er es vermeidet, zu einem spezifischen nationalen System Stellung zu nehmen, sondern vielmehr grundsätzliche Überlegungen anstellt.[911]

Kelsen begründet die Notwendigkeit für die Einrichtung einer Verfassungsgerichtsbarkeit mit der Normenhierarchie. Nur dann, wenn eine Hierarchie der Normen überhaupt akzeptiert wird, ist es möglich, sich dem Begriff der Verfassung zu nähern.[912] Dabei kommt es auf den genauen Inhalt der Verfassung nur

908 Kelsen, *La garantie juridictionnelle de la Constitution (La Justice constitutionnelle)*, RDP 1928, S. 197.

909 Siehe hierzu nur die ebenfalls 1928 erschienene Dissertation von Eisenmann, *La justice constitutionnelle et la Haute Cour constitutionnelle d'Autriche*, in der sich dieser einer eingehenden Analyse des nicht zuletzt auf Kelsen zurückgehenden österreichischen Systems widmet.

910 Siehe hierzu nur beispielhaft den Bericht von Warsmann über die Verfassungsänderung 2008, der bei der Analyse des neuen Art. 61-1 Const. Kelsen wörtlich zitiert; Warsmann, Rapport N° 892 vom 15. Mai 2008, Ass. Nationale, 13ème législature, S. 423.

911 Kelsen, RDP 1928, S. 197, 226.

912 Kelsen, a.a.O., S. 204.

bedingt an, solange wie diese an der Spitze der staatlichen Ordnung steht, sich in ihr ein Gleichgewicht der politischen Kräfte zum Zeitpunkt ihrer Festlegung manifestiert.[913] Entsprechend sieht KELSEN den Hauptzweck der Verfassung in der Festlegung staatsorganisatorischer Regeln, z. B. zum Verhältnis der Staatsgewalten zueinander und zum Gesetzgebungsverfahren. Sobald jedoch eine solche herausgehobene Form der Gesetzgebung existiert, spricht nichts dagegen, in dieser auch materielle Regeln festzuhalten.[914] Die Verfassung ist damit nicht nur Verfahrensregel, sondern trifft auch Festlegungen zur Sache selbst.[915] Die Einrichtung einer gesonderten, über die normalen Gesetze gehobenen Form der Gesetzgebung ist zwingend erforderlich, da ansonsten alle Limitierungen hinsichtlich des Gesetzesinhaltes ohne juristischen Wert bleiben.[916] Die gesondert hervorgehobene Form der Gesetzgebung bleibt aber solange wirkungslos, wie die Beachtung der durch sie gesetzten Grenzen nicht kontrolliert wird.

Möglich erscheint es, dem Gesetzgeber selbst die Aufgabe zu übertragen, bei einem Verstoß gegen die Verfassung sein eigenes Gesetz zu annullieren. Diese Möglichkeit hält KELSEN für nicht praktikabel. Denn selbst wenn man einem anderen Organ die Feststellung der Verfassungswidrigkeit überantwortete, so bliebe es doch dabei, dass der Gesetzgeber, namentlich das Parlament, kaum gezwungen werden könnte, in der Folge sein eigenes Gesetz aufzuheben.[917]

Gleichermaßen ist es nicht ausgeschlossen, die Überwachung der Verfassungsmäßigkeit des Gesetzes einem Kontrollorgan in der Form des Monarchen zu überlassen. Dieser bestätigt dadurch, dass er das Gesetz ausfertigt und verkündet, zumindest, dass dieses entsprechend den Regeln der Verfassung zu Stande gekommen ist.[918] Die Frage der Bestätigung der materiellen Verfassungskonformität stellt sich für KELSEN an dieser Stelle weniger, da es ihm zunächst um die

913 KELSEN, a.a.O., S. 204: „*Ce qu'on entend avant tout et joujours par Constitution [...], c'est un principe où s'exprime juridiquement l'équilibre des forces politiques au moment considéré,*"

914 KELSEN, a.a.O., S. 205 a.E., mit den Beispielen Meinungsfreiheit, Gewissensfreiheit, Eigentumsschutz und Gleichheitsgrundsatz.

915 KELSEN, a.a.O., S. 206: „*La Constitution n'est pas alors uniquement une règle de procédure, mais aussi une règle de fond;*" Dabei geht KELSEN, ebd., Abs. 2 allerdings davon aus, dass sich auch eine materielle Verfassungswidrigkeit in letzter Konsequenz als formelle Verfassungswidrigkeit darstelle, denn die Verfassungswidrigkeit könne dadurch behoben werden, dass das entsprechende Gesetz seinerseits mit Verfassungsrang versehen werde.

916 KELSEN, a.a.O., S. 206, Abs. 2. KELSEN zweifelt aus diesem Grund auch an der Wirksamkeit verfassungsrechtlicher Freiheitsgarantien, insoweit die Freiheiten wiederum durch einfaches Gesetzesrecht eingeschränkt werden können.

917 KELSEN, a.a.O., S. 223 bezeichnet es als „politische Naivität", die Annullierung deshalb zu erwarten, weil ein anderes Organ die Verfassungswidrigkeit erkannt habe, der Gesetzgeber betrachte sich als freier Urheber von Recht und nicht als Anwender der Verfassung.

918 KELSEN, a.a.O., S. 203.

formelle Verfassungsmäßigkeit geht. In diesem System beschränkt sich die Kontrollmöglichkeit der einfachen Gerichte darauf, die ordnungsgemäße Ausfertigung und Verkündung durch das Staatsoberhaupt festzustellen, eine weitere Prüfung findet nicht statt.[919] KELSEN sieht diese Kontrollform auch in den Republiken, die sich ihrer bedienen[920], als logische Folge der Entwicklung der Regierungsform der konstitutionellen Monarchie.[921] Dieser Kontrollform ist es zu eigen, dass ihr Gegenstand stets nur das Gesetz im Moment seines Entstehens sein kann. Wenn das Staatsoberhaupt durch seine Unterschrift das Gesetz in Kraft gesetzt hat, hat es nach diesem System als verfassungskonform zu gelten. Dem Staatsoberhaupt eine grundsätzliche Prüfungsmöglichkeit zuzugestehen, ist damit nicht ausgeschlossen, aber im Ergebnis nur bedingt effektiv.[922]

KELSEN präferiert entsprechend die Einrichtung einer Verfassungsgerichtsbarkeit, die unabhängig von jener Instanz, die das Gesetz erlassen hat, dieses wegen Verfassungswidrigkeit annullieren kann.[923] Darin liegt kein unzulässiger Eingriff in die Souveränität des Parlaments. Denn dessen Souveränität[924] ist durch die Verfassung limitiert, die Gesetzgebung ist der Verfassung untergeordnet.[925] Nur dann, wenn man aus rein politischen Gründen eine Bindung an die Verfassung ablehnt, kann sich etwas anderes ergeben. Auch das Argument der Gewaltenteilung lässt KELSEN nicht gelten.[926] Nach seiner Auffassung nimmt das Verfassungsgericht selbst eine Gesetzgebungsfunktion, wenn auch negativer Art, wahr, indem es die Normen annulliert. Damit stellt sich seine Einrichtung als Aufgabenverteilung innerhalb der legislativen Kompetenz dar.[927]

KELSEN geht allerdings noch weiter. Er schlägt nicht nur die Einrichtung einer unabhängigen Verfassungsgerichtsbarkeit vor, sondern erachtet es für notwendig, dass diese sich in an einer zentralen Stelle bei einer einzigen Autorität konzentriert

---

919 KELSEN, a.a.O., S. 204.

920 Siehe für die Auseinandersetzung mit der Person des Reichspräsidenten der Weimarer Republik als „Hüter der Verfassung" eingehend die Streitschrift KELSENS „Wer soll der Hüter der Verfassung sein?", insbes. S. 40 ff., in Erwiderung auf CARL SCHMITTS „Der Hüter der Verfassung", in der KELSEN dezidiert die Probleme eines solchen Ersatzkaisertums schildert und dieses daher ablehnt.

921 KELSEN, a.a.O., S. 204.

922 KELSEN, a.a.O., S. 223 oben: Auch eine persönliche Haftung von Amtsträgern oder eine Entschädigungsmöglichkeit sind nur bedingt effizient, von einer tatsächlichen Garantie der Verfassung kann nur gesprochen werden, wenn die Annullierung verfassungswidriger Rechtsakte möglich ist.

923 KELSEN, a.a.O., S. 223.

924 Wobei KELSEN hier schon in Zweifel zieht, ob es eine von der staatlichen Souveränität losgelöste Souveränität des Parlaments überhaupt geben kann, KELSEN, a.a.O., S. 223 a.E.

925 KELSEN, a.a.O., S. 224.

926 KELSEN, a.a.O., S. 224 f.

927 KELSEN, a.a.O., S. 225.

findet.[928] Denn andernfalls bleibt die Feststellung der Verfassungswidrigkeit auf den Einzelfall beschränkt. Die Autorität, die zur Anwendung der Regel berufen ist, kann ihr für den konkreten Fall die Wirksamkeit absprechen.[929] Ein allgemeingültiges Urteil geht damit nicht einher, es besteht die Gefahr erheblicher Rechtsunsicherheit, wenn unterschiedliche Gerichte zu unterschiedlichen Ergebnissen gelangen.

Für Kelsen resultiert daraus die Aufgabe einer dezentralisierten, auf den Einzelfall beschränkten Verfassungsmäßigkeitskontrolle zu Gunsten einer zentralen Kontrolle, die eine Annullierung des entsprechenden Gesetztes mit *erga omnes*-Wirkung erreichen kann. Dabei ist eines besonders hervorzuheben: Die Kontrolle der Verfassungsmäßigkeit wird bei Kelsen einem einzelnen Organ deshalb übertragen, weil dadurch Rechtssicherheit die Folge ist. Es geht nicht darum, dass die einzelnen einfachen Gerichte nicht über die nötige Autorität oder Legitimation verfügen, Gesetze am Maßstab der Verfassung zu überprüfen, sondern darum, dass ihre Entscheidung immer eine solche des Einzelfalls bleibt.

Damit erscheint es möglich, die Ausführungen Kelsens hier als Plädoyer für eine zentralisierte *Kontroll*instanz und nicht nur als Plädoyer für eine zentralisierte *Aufhebungs*instanz zu verstehen.[930] Sowohl die Normbestätigung als auch die Normverwerfung sind damit sinnvollerweise bei einem Organ zu konzentrieren.

Für diese Konzentration bei einem zentralen Organ und damit gegen die Möglichkeit der normalen Gerichte, die Verfassungsmäßigkeit einer Norm zu bestätigen, kann noch ein weiteres Argument angeführt werden. Kelsen beschäftigt sich in seinem Aufsatz nur am Rande mit grundrechtlichen Gewährleistungen, da sich seine Argumentation auf die Betrachtung der Normenhierarchie ohne spezifische Berücksichtigung des Inhaltes der jeweiligen Norm stützt. Die Berücksichtigung individueller Rechte erscheint Kelsen sogar nicht ungefährlich, da die Unterscheidung zwischen diesen auf der einen und konturlosen, überpositiven Rechtsprinzipien auf der anderen Seite Schwierigkeiten bereitet.[931] Die Folge könnte sein, dass den Entscheidungen des Gerichtes, die Parlamentsgesetze in Frage stellen, ein großes Maß an Willkür innewohnt.[932]

Sieht man jedoch die Verfassungsgerichtsbarkeit als wesentlichen Garanten nicht nur der Verfassung insgesamt, sondern vor allem der in ihr garantierten

---

928 Kelsen, a.a.O., S. 218.

929 Kelsen, a.a.O., S. 217.

930 Kelsen, a.a.O., S. 218, spricht selbst davon, dass die Zentralisierung der Möglichkeit, die Regularität von Normen zu untersuchen, in jeder Hinsicht gerechtfertigt erscheine: „*La centralisation du pouvoir d'examiner la régularité des normes générales se justifie certainement à tous égards.*"

931 Kelsen, a.a.O., S. 240 f.

932 Kelsen, a.a.O., S. 241: Die Verfassung habe es nicht beabsichtigt, das Schicksal jedes Parlamentsgesetzes vom *bon plaisir* eines vom politischen Standpunkt mehr oder weniger willkürlich zusammengesetzten Kollegiums abhängig zu machen, wie es das Verfassungsgericht ist.

Grundrechte an, so kann man daraus auch ein Recht auf Zugang zu dieser Verfassungsgerichtsbarkeit herleiten. Die Grundrechte und -freiheiten können ihre Schutzwirkung nur dann entfalten, wenn der einzelne Bürger sich auch gegenüber den Gesetzen auf sie berufen kann. Er muss die Annullierung eines Gesetzes erreichen können, dass seinen Rechten zuwiderläuft. In dem Moment, indem er nicht unmittelbar Zugang zu der Institution erhält, die über diese Möglichkeit verfügt, erweist sich sein Recht als weniger wirksam.[933]

Aus dieser Sicht stellt sich eine Regelung wie die deutsche Verfassungsbeschwerde als Idealfall dar.[934] Selbst wenn die Beschwerde durch Kammerbeschluss als offensichtlich unbegründet abgewiesen wird, bleibt es doch dabei, dass das Verfassungsgericht selbst diese Entscheidung gefällt hat und nicht eine andere, vorgeschaltete Institution.

Nimmt man die Beurteilung jeder Rüge durch das Verfassungsgericht als Idealfall an, so ist eine Abweichung von dieser Norm rechtfertigungsbedürftig. Es bedarf eines nachvollziehbaren Grundes, anstelle des Verfassungsgerichtes andere Gerichte mit der Fähigkeit der Normbestätigung zu versehen.

3. Die grundsätzliche Beteiligung der normalen Gerichte an der Verfassungsmäßigkeitsprüfung in Frankreich

Vor diesem Hintergrund erscheint es sinnvoll, sich zunächst allgemein mit der Ausgestaltung des französischen Systems zu beschäftigen. Die Problematik der Filterung und damit die Verhinderung eines direkten Zugangs zum Conseil constitutionnel ist nicht unbeachtet geblieben. Es stehen sich zwei Begriffe einander gegenüber: Auf der einen Seite galt es zu verhindern, dass sich der Filter als „Korken"

933 An dieser Stelle kann erneut auf die bereits in der Einleitung wiedergegebene Feststellung von Carlo Schmid verwiesen werden, der anlässlich der Beratungen über das Grundgesetz im Parlamentarischen Rat darauf verwies, die Grundrechte müssten so ausgestaltet sein, dass auf ihrer Basis jeder Bürger vor Gericht Klage erheben können. Wenn die Verletzung der Grundrechte sich unmittelbar aus dem Gesetz ergibt, ist mit dieser Feststellung nahezu zwangsläufig die Forderung nach einer unmittelbaren Klagemöglichkeit vor einem Gericht verbunden, dass auch die Kompetenz hat, das Gesetz in die Schranken der Verfassung zu weisen. Eine ähnliche Argumentation findet sich bei Lévy, AJDA 2011, S. 1251, 1253, jede nicht zum Verfassungsgericht gelangende Frage sei unbefriedigend, weil sie dem Rechtssuchenden die Möglichkeit nehme, seinen Fall demjenigen Gericht vorzustellen, das als einziges auch über die Kompetenz zur Normverwerfung verfüge.

934 In diesem Sinne argumentiert Pfersmann, LPA 2008, N° 254, S. 103, 104, der allerdings weniger eine eventuelle Filterung in den Blick nimmt, als vielmehr die Tatsache, dass in Deutschland jeder beliebige Akt öffentlicher Gewalt der Verfassungsmäßigkeitskontrolle zugänglich ist. Diese umfassende Kontrolle sieht er wiederum mit einem hohen Anteil von Zurückweisungen wegen Unzulässigkeit erkauft.

(*bouchon*) erweist und somit die Effektivität des neuen Systems erheblich beeinträchtigt.[935] Auf der anderen steht die Sorge um eine andere Beeinträchtigung der Effektivität, nämlich diejenige der Überlastung des Verfassungsgerichtes[936], *encombrement.* Die Einhaltung der vorgesehenen kurzen Entscheidungsfristen erschien nur bei gleichzeitiger Verhinderung einer Überschwemmung des Gerichtes mit einer Vielzahl von Anträgen möglich. Als Negativbeispiel lassen sich hierfür sowohl das Bundesverfassungsgericht als auch der Europäische Gerichtshof heranziehen.

Nach der vorgestellten Argumentation stellt damit die Sicherung der Effektivität und Schnelligkeit des gerichtlichen Verfahrens die Rechtfertigung für eine Einschränkung des Zugangs zum Verfassungsgericht und damit letztlich für die Beteiligung der normalen Gerichte an der Verfassungsgerichtsbarkeit dar.[937]

Einen vollständig anderen Ansatz hinsichtlich der Beweggründe für die Einrichtung des Filters vertritt allerdings Disant.[938] Er qualifiziert zunächst das Argument der Überlastung des Verfassungsgerichts als „Schreckgespenst" (*épouvantail*) und unternimmt anschließend einige argumentative Anstrengungen, dieses Argument zu widerlegen. Dabei erkennt er an, dass die außerfranzösischen Erfahrungen die Problematik einer Verlängerung des Verfahrens klar verdeutlichen[939], in Frankreich sei die unverändert hohe Anzahl von Beschwerden geeignet, die anfängliche Sorge zu bestätigen. Er hält das Argument dennoch nicht für zwingend. Denn gerade die hohe, über die optimistischsten Erwartungen hinausgehende Anzahl von Beschwerden zeige doch den Erfolg des Systems. Außerdem habe der Gesetzgeber zwar die Überlastung des Conseil constitutionnel, nicht jedoch diejenige der weiterleitenden Gerichte in den Blick genommen. Und schließlich könne die Filterung

---

935 Der Begriff des „bouchon" ist an dieser Stelle weithin akzeptiert, siehe für viele Carcassonne/Duhamel, QPC, S. 29.

936 Carcassonne/Duhamel, QPC, S. 28 sprechen plastisch von dem „fühlbaren Risiko einer überbordenden Flut tausender Anträge an das Verfassunsgericht, einige mit Verzögerungsabsicht, einige inkonsistent" („[...] *le risque serait tangible d'un afflux envahissant qui ferait converger vers le pavillon Montpensier* [Sitz des Conseil constitutionnel] *des milliers des demandes, dont certaines dilatoires ou d'autres inconsistantes.*").

937 Mathieu, JCP-G 2009, N° 52, S. 55, 56 formuliert dieses etwas anders, kommt jedoch zum gleichen Ergebnis: Das neue Recht für den Bürger müsse vereinbar mit dem Prinzip der *bonne administration de justice* gemacht werden. Daraus resultiere, dass das Recht, eine Frage der Verfassungsmäßigkeit zu stellen, normativ eingefasst, aber nicht gehemmt werden dürfe („*Cette construction justifie que le droit de poser une question de constitutionnalité puisse être aménagé, mais non qu'il puisse être entravé.*").

938 Disant, QPC, S. 118, Rn. 148 ff.

939 Dieser Hinweis findet sich bereits an anderer Stelle, Disant, QPC, S. 113, Rn. 137, die meisten europäischen Länder, die ein System der Filterung gekannt hätten, hätten dieses wegen des Widerstandes der weiterleitenden Gerichte wieder abschaffen müssen, sähen sich jetzt aber mit einer Vielzahl von Fragen vor den Verfassungsgerichten konfrontiert.

ohnehin nur die Weiterleitung jener Fragen vermeiden, deren Untersuchung am schnellsten geschehen sei, da sie am deutlichsten und einfachsten seien.[940]

Vor diesem Hintergrund kommt DISANT zu der Ansicht, die wahren Beweggründe für die Einrichtung des Filters seien an anderer Stelle zu suchen.[941] Er sieht in der Folge die Einrichtung[942] des doppelten Filters als Ergebnis des institutionellen Verhältnisses sowohl der Instanzgerichte zu ihrem jeweiligen obersten Gericht als auch der beiden obersten Gerichte zum Conseil constitutionnel. Es habe zunächst vermieden werden sollen, dass auf diesem Wege die Instanzgerichte eine ständige Rechtsprechung der obersten Gerichte vor dem Conseil constitutionnel prüfen lassen können (daher die Logik des doppelten Filters). Auch die Rechtsprechung der obersten Gerichte habe dem Conseil constitutionnel entzogen werden sollen, damit dieser nicht sich selbst in ein oberstes Gerichte (*cour suprême*) verwandele. Schließlich hätten die Gerichte in die Frage der Menschenrechte involviert bleiben wollen.[943]

Der Ansatz von DISANT kann jedoch in Frage gestellt werden, da ihm eine in mehrfacher Hinsicht zirkuläre Argumentation zu Grunde liegt. Bereits die Feststellung, die mögliche Überlastung des Conseil constitutionnel stelle sich nicht als so wesentlicher Faktor dar, dass sie eine Filterung durch die normalen Gerichte begründen könne, erscheint vor dem Hintergrund der durch den Autor selbst zugestandenen negativen Erfahrungen im Ausland nur schwer nachvollziehbar. Dass außerdem die Filterung sich insbesondere hinsichtlich jener verfassungsrechtlichen Fragen auswirkt, deren Beantwortung keine besonderen Probleme aufwirft, ist kein Argument gegen den Filter, sondern zeugt vielmehr von einer sinnvollen und verfassungsrechtlich gebotenen Aufgabenverteilung zwischen den normalen Gerichten und dem Verfassungsgericht. Denn das letztere soll sich auf die Beantwortung problematischer Fragen konzentrieren können, um damit eine Blaupause für die folgenden Entscheidungen der filternden Gerichte zu liefern, und nicht seine Zeit mit Serienantworten auf bekannte und bereits hinlänglich untersuchte oder vollkommen unbegründete Fragen verbringen müssen. Dass zuletzt eine Entlastung der weiterleitenden Gerichte nicht energisch verfolgt wurde, kann auch der rein praktischen Überlegung geschuldet sein, dass irgendwo im System ein Filter vorhanden sein muss und dazu die zahlreichen Instanzgerichte und die mit mehreren Spruchkörpern und umfangreichen Ressourcen ausgestatteten obersten Gerichte besser geeignet erscheinen als der Conseil constitutionnel selbst. Die Argumentation erscheint damit insoweit zirkulär, als sie dem Filter hier die Gründe seiner Einrichtung entgegenhält.

---

940 DISANT, QPC, S. 119, Rn. 149 ohne weitere Untergliederung.

941 DISANT, QPC, S. 119, Rn. 150 am Anfang.

942 Dabei verwendet er auf S. 120 oben ausdrücklich die Formulierung *institué* hinsichtlich des Filters, die sich nur auf den Gesetzgeber, nicht jedoch auf die zur Anwendung der Norm berufenen Gerichte beziehen kann.

943 DISANT, QPC, S. 120, Rn. 119 a.E.

Als gleichermaßen problematisch erweist sich die Darstellung der nach Ansicht des Autors tatsächlich der Einrichtung des Filters zu Grunde liegenden Erwägungen. Denn dem Gesetzgebungsverfahren lässt sich ein Bemühen um die Sicherung der Autorität der Entscheidungen der obersten Gerichte gegenüber dem Conseil constitutionnel nicht entnehmen, der Filter ist klar auf eine Entlastung des Conseil constitutionnel ausgerichtet. Es mag Hinweise auf Vorbehalte in der Rechtsprechung, hier vor allem bei der Cour de cassation, und Fehlentwicklungen in den Urteilen aller Gerichte geben, diese Ergebnisse jedoch als Produkt eines ausdrücklichen Willens des Gesetzgebers zu verstehen, erscheint schon mit Blick auf die Reihenfolge der Untersuchungsgegenstände und in Ermangelung fassbarer Belege für eine solche Intention kaum haltbar. Nicht zuletzt läuft diese Sichtweise darauf hinaus, dem Gesetzgeber eventuelle Fehlentscheidungen der Gerichte vorzuwerfen. Im Kontext dieser Untersuchung erscheint eine nuanciertere Betrachtung sinnvoller, die DISANT überraschenderweise in weiten Teilen seiner übrigen Darstellung auch vornimmt.

Bleibt man entgegen der gerade untersuchten Ansicht bei der grundsätzlichen Feststellung, dass die Filterung vor allem der Sicherung der Effektivität und Schnelligkeit des Verfahrens dienen soll, muss damit die Herstellung eines Gleichgewichts zwischen diesem Postulat und dem Postulat des möglichst unbeschränkten Zugangs zur Verfassungsgerichtsbarkeit hergestellt zu werden, wobei auch zu beachten ist, dass der Zugang zu einer in eigener Überlastung erstarrten Gerichtsbarkeit keinen besonderen Gewinn mit sich bringt. Zu der Abwägung treten weitere Faktoren hinzu, die sich bereits bei KELSEN finden. Auch wenn eine grundsätzliche Entscheidung für die Beteiligung der normalen Gerichte erfolgt ist, so darf diese doch insbesondere nicht zu Lasten der Rechtssicherheit gehen. Der Verfahrensbeteiligte, der eine QPC stellt, muss innerhalb vernünftiger Grenzen vorhersehen können, ob seine Frage auch das Verfassungsgericht erreichen wird. Bei den hart fassbaren Kriterien, wie beispielsweise bei der Bedingung eines *écrit distinct et motivé* und letztlich auch bei der Frage der Anwendbarkeit auf den Streitfall bereitet dieses weniger Probleme als bei jenen Kriterien, die eine eigene Abwägungsentscheidung des weiterleitenden Gerichts enthalten. Dazu gehört die Feststellung eines *changement des circonstances*, insbesondere *de fait*, dazu gehört aber vor allem die Beurteilung der Erfolgsaussichten und der Relevanz der Frage.

An dieser Stelle geht es nicht darum, das französische System bzw. die Entscheidung für den Filter grundlegend in Frage zu stellen. Denn dem Ziel der Einrichtung einer effektiven und schnellen Verfassungsgerichtsbarkeit ist uneingeschränkt zuzustimmen und das deutsche, filterlose System zeugt von der großen Gefahr für die Effektivität der Verfassungsjudikatur durch Überlastung.

Die Frage, die sich vielmehr stellt, ist jene, ob der eingerichtete materielle Filter, wie er in den beiden Kriterien *question nouvelle* und *caractère sérieux* zum Ausdruck kommt, auch dem Postulat der Rechtssicherheit, verstanden als begrenzte Vorhersehbarkeit, in ausreichendem Maße Rechnung trägt.

II. Die Ausgestaltung der Verfassungsmäßigkeitskontrolle durch die normalen Gerichte

Die Verfassungsänderung von 2008 sah die Beteiligung der normalen Gerichte an der Verfassungsmäßigkeitsprüfung bereits grundsätzlich vor, indem sie eine Behandlung der gestellten Frage durch den Conseil constitutionnel von einer Weiterleitung an diesen durch die beiden obersten Gerichte Conseil d'État und Cour de cassation abhängig machte. Die genaue Ausgestaltung dieses Filters blieb jedoch dem *loi organique* überlassen.

Dieses enthält neben der Bedingung der Anwendbarkeit auf den Streitfall und der fehlenden früheren Entscheidung zur Verfassungsmäßigkeit als drittes Filterkriterium die Bedingung, dass die Frage nicht des „ernsthaften" Charakters entbehren dürfe (vor den Instanzgerichten) bzw. neu sein oder einen „ernsthaften" Charakter besitzen müsse (vor den beiden obersten Gerichten). Dieses Kriterium bedingt die eigentliche Verlagerung von Verfassungsgerichtsbarkeit auf die normalen Gerichte.

1. Gesetzgebungsverfahren

Der Gesetzgeber des *loi organique* verfügte hinsichtlich des Filters über einen großen Entscheidungsspielraum. Denn nach dem Verfassungstext war es auch möglich, die Kontrolle durch die weiterleitenden Gerichte beispielsweise auf rein objektiv festzustellenden Kriterien der Zulässigkeit oder nur formale Aspekte zu beschränken.

Vor dem Hintergrund dieses großen Ermessensspielraumes wird deutlich, dass ein *loi organique* mehr ist als ein bloßes Ausführungsgesetz zum Verfassungstext. Das zeigt sich schon daran, dass diese Gesetze als eigene Kategorie in Art. 46 Const. erwähnt werden und vor dem Hintergrund ihrer besonderen Bedeutung nach Art. 46 Abs. 5 Const. einer obligatorischen Verfassungsmäßigkeitsprüfung vor ihrer Verkündung unterliegen. Die Übersetzungen auf der Internetseite des Conseil constitutionnel verwenden den Begriff „verfassungsausführendes Gesetz", der aber kaum die gesamte Bedeutung dieses Normtyps erfasst.

Auch wenn die Möglichkeit einer materiellen Verfassungsmäßigkeitsprüfung durch die normalen Gerichte im Zuge der Verfassungsänderung diskutiert wurde, so handelt es sich doch, wenn man streng nach den Buchstaben der Gesetze argumentiert, um eine Entscheidung, die erst der Gesetzgeber des *loi organique* in dieser Form getroffen hat.

Im Gesetzesentwurf zum *loi organique* war der Filter bei den Instanzgerichten bereits so ausgestaltet, wie er sich in der Endfassung des Gesetzes findet. Der Frage durfte es, um weitergeleitet werden zu können, nicht am „ernsthaften" Charakter mangeln.

Eine andere Konstruktion war hingegen bezüglich der obersten Gerichte vorgesehen. Dort hieß es im Gesetzesentwurf, dass für eine Weiterleitung die angegriffene Norm eine neue Frage aufwerfen oder eine „ernsthafte" Schwierigkeit bereiten müsse.[944] Bedeutsam erscheint hier vor allem, dass sich die *difficulté sérieuse* nicht auf die gestellte Frage, sondern ausdrücklich auf die untersuchte Rechtsnorm bezieht.[945]

Die Begründung des Gesetzentwurfes enthält neben der bloßen Auflistung der Kriterien lediglich eine Anmerkung zum *caractère sérieux*. So heißt es dort bezüglich der Filterung durch die einfachen Gerichte, diesen würde eine summarische Prüfung vornehmen, um sich zu versichern, dass es an diesem „ernsthaften Charakter" nicht fehle.[946] Hieraus lässt sich entnehmen, dass eine vollumfängliche Verfassungsmäßigkeitsprüfung durch die einfachen Gerichte nicht beabsichtigt war. Zur Weiterleitung durch den Conseil d'État und die Cour de cassation schweigt die Begründung.

Kritisch hierzu äußerte sich hingegen Warsmann in seinem Bericht vor dem Rechtsausschuss. Seiner Auffassung nach bringe die strengere Ausgestaltung des Filters die Gefahr mit sich, dass die obersten Gerichte eine detailliertere Untersuchung und damit letztlich eine Prüfung der Verfassungsmäßigkeit vornähmen. Sie maßten sich damit eine Kompetenz an, die die Verfassung ausdrücklich dem Conseil constitutionnel vorbehalten habe.[947] Warsmanns Schlussfolgerungen hinsichtlich der verfassungsrechtlichen Regelung sind damit recht weitgehend. Wie dargestellt, sieht Art. 61–1 Const. zwar im Grundsatz einen Filter vor, überlässt dessen Ausgestaltung aber weitgehend dem Gesetzgeber des *loi organique*. Nach der durch Warsmann vertretenen Position soll diese Ausgestaltung nicht soweit gehen dürfen, dass damit den normalen Gerichten ein Teil der Verfassungsgerichtsbarkeit zugewiesen werde, selbst wenn es nur um die Bestätigung der Norm, nicht jedoch um deren Annullierung gehe. Die Stellungnahme von Warsmann ist vor dem Hintergrund, dass im Gesetzgebungsverfahren zur Verfassungsänderung die Einbeziehung der normalen Gerichte weitgehend unproblematisch gesehen wurde, überraschend.

Die Sorge um die Übertragung der Verfassungsmäßigkeitsprüfung auf die normalen Gerichte wurde auch in den Sachverständigenanhörungen deutlich.[948] Vor

---

944 Projet de loi organique relatif à l'application de l'article 61–1 de la Constitution vom 08. April 2009, Assemblée nationale, 13ème législature, N° 1599, Randziffer 23: „*[...] que la disposition contestée soulève une question nouvelle ou présente une difficulté sérieuse.*"

945 Auf diesen Unterschied und die damit größere Strenge des Kriteriums weist Warsmann in seinem Bericht vor dem Rechtsausschuss hin, Warsmann, Rapport N° 1898 vom 3. September 2009, Ass. Nationale, 13ème législature, S. 71.

946 Projet de loi organique relatif à l'application de l'article 61–1 de la Constitution vom 08. April 2009, Assemblée nationale, 13ème législature, N° 1599, dort in der Gesetzesbegründung unter Art. 1 N° 1 lit. b).

947 Warsmann, Rapport N° 1898 vom 3. September 2009, Ass. Nationale, 13ème législature, S. 71.

948 Siehe beispielsweise Prof. Colliard, der ausdrücklich bestätigt, dass der Filter, wenn er gut funktioniere, die Bestätigung der Verfassungsmäßigkeit regelmäßig

allem das Kriterium der *difficulté sérieuse* wurde hierbei als ungeeignet empfunden.[949] Es begegnete bereits aus sprachlichen Gründen Bedenken, es sei nicht klar, wie die Norm selbst eine *difficulté sérieuse* verursachen könne, eine solche passe eher zu einer Frage oder zu einem Problem.[950] Der Aufwand, der betrieben werden muss, um die Norm zu untersuchen, sagt nichts über deren Verfassungskonformität aus. So würde eine offensichtlich verfassungswidrige Norm paradoxerweise gerade keine *difficulté sérieuse* mit sich bringen und hätte somit nicht weitergeleitet werden können.[951] Auch kann Ziel der Regelung nicht sein, die Weiterleitung davon abhängig zu machen, ob sich die normalen Gerichte für qualifiziert halten, die Frage selbst zu beantworten.[952] Hier bestünde das Risiko einer im Ergebnis nicht nachvollziehbaren Aufgabenverteilung.[953]

---

den obersten Gerichte überlasse, womit jedoch eine verteilte und nicht zentralisierte Kontrolle das – unerwünschte – Ergebnis der Reform sei; wiedergegeben bei Warsmann, ebd., S. 116, 117. Auch der *Sécretaire Général* des Conseil constitutionnel, Guillaume, sah Vorentscheidungen zur Verfassungsmäßigkeit durch Conseil constitutionnel und Cour de cassation für das gute Funktionieren des Systems als problematisch an, weswegen diese in Deutschland und in Österreich abgeschafft worden seien. Den normalen Gerichten stehe eine eigenständige Interpretation der Verfassung nicht zu. Guillaume, wiedergegeben bei Warsmann, ebd., S. 158, 159. A.A. jedoch der *Procureur général* bei der Cour de cassation, Nadal, der kritisiert, dass die Kriterien vor den obersten Gerichten nicht kumulativ erfüllt sein müssen; dieses lasse die Stellung zahlreicher *questions fantaisistes* (auf Deutsch in etwa: offensichlich unbegründet, sehr weit hergeholt) befürchten, wiedergegeben bei Warsmann, ebd., S. 167, 175.

949 So beispielsweise Prof. Levade, die die Ausdifferenzierung zwischen *question nouvelle* und *difficulté sérieuse* für zu komplex hält, wiedergegeben bei Warsmann, ebd., S. 121, 124.

950 Auf diese Problematik weist Prof. Molfessis, wiedergegeben bei Warsmann, ebd., S. 136, 137, hin.

951 So Prof. Molfessis, wiedergegeben bei Warsmann, ebd., S. 136, 137; ebenso auch Prof. Carcassone, der stattdessen das Kriterium der *question sérieuse* insgesamt vorzieht, S. 144, 145.

952 Bemerkenswert jedoch in diesem Zusammenhang die Stellungnahme des *Premier Président* der Cour de cassation, Lamanda, der sich dagegen ausspricht, Nichtweiterleitungsentscheidungen dem Conseil constitutionnel zur Kenntnis zu geben, da dadurch der Eindruck entstehen könnte, dieser sei der Cour de cassation übergeordnet, wiedergegeben bei Warsmann, ebd., S. 178, 187.

953 Diese Gefahr sah vor allem Prof. Mathieu; es sei zu befürchten, dass die obersten Gerichte nie eine Frage für so ernst oder problematisch halten würden, dass sie sie nicht selbst beantworten könnten; wiedergegeben bei Warsmann, ebd., S. 104, 106. Bemerkenswert ist hier die Stellungnahme von Prof. Molfessis, S. 136, 139, der empfahl, auf eine Begründungspflicht der Entscheidungen zur (Nicht-)Weiterleitung zu verzichten, um zu verhindern, dass die Entscheidungen der oberste Gerichte mit einem Schein der Autorität versehen werden, eine Kontrolle, die halbamtlich (*officieux*), implizit und illegitim sei.

Entsprechend wurde vorgeschlagen, eine Angleichung der Kriterien vor den Instanzgerichten und den beiden obersten Gerichten herbeizuführen und damit zu verhindern, dass eine entsprechende Frage nicht weitergeleitet wird. Entsprechend diesem Vorschlag verabschiedete der Rechtsausschuss auf Vorschlag von Warsmann zwei Änderungsanträge, die eine Angleichung der Kriterien vor beiden Instanzen zum Inhalt hatten. Allerdings wurde nicht das vor den Instanzgerichten geltende *non dépourvue de caractère sérieux* übernommen. Vielmehr ersetzte der Rechtsausschuss dieses Kriterium durch eine abgewandelte Form[954] des für die obersten Gerichte vorgesehenen Textes[955] und fügte dann in Art. 23–5 anstelle einer Wiederholung des Kriteriums einen Verweis auf alle drei vor den Instanzgerichten geltenden Kriterien ein.[956]

Diesem Vorgehen dürfte allerdings keine besondere Bedeutung hinsichtlich der beabsichtigten Strenge des Filters zukommen. Denn nach den Äußerungen der Sachverständigen und insbesondere nach dem Bericht von Warsmann hat das Ziel dieser Änderung darin gelegen, die Wahrnehmung von (angemaßter) Verfassungsgerichtsbarkeit durch die obersten Gerichte effektiv zu verhindern und eine Nichtweiterleitung auf offensichtlich unbegründete Fälle zu beschränken.[957]

Gegen die durch den Rechtsausschuss vorgenommene Änderung richtete sich die Regierung mit zwei eigenen Änderungsanträgen in der Plenarberatung.[958] Auch wenn die Umgestaltung des Filters und der Wechsel von der *difficulté sérieuse* zum *caractère sérieux* grundsätzlich akzeptiert wurden, wurde vorgebracht, eine unterschiedliche Strenge des Filters sei erforderlich, um dem Prinzip der doppelten Filterung zum Erfolg zu verhelfen und den obersten Gerichten eine vertiefte Analyse zu ermöglichen.[959] Dieser erneute Änderungsantrag wurde im Rechtsausschuss

954 „*[...] est nouvelle ou présente un caractère sérieux.*"

955 Siehe hierzu den Änderungsantrag (Amendement) CL 29 von Warsmann, wiedergegeben in dessen Bericht, S. 205.

956 Siehe hierzu den Änderungsantrag (Amendement) CL 39 von Warsmann, wiedergegeben in dessen Bericht, S. 206.

957 Dazu erneut Warsmann, Rapport N° 1898 vom 3. September 2009, Ass. Nationale, 13ème législature, S. 71.

958 Siehe hierzu die Änderungsanträge (Amendements) N° 20 zur Wiederherstellung der ursprünglichen Formulierung in Art. 23–2 und N° 22 zur Einfügung von „*[...] la question est nouvelle ou présente un caractère sérieux*" in Art. 23–4, beide vom 14. September 2009, einzusehen unter http://www.assemblee-nationale.fr/13/pdf/amendements/1898/189800020.pdf bzw. http://www.assemblee-nationale.fr/13/pdf/amendements/1898/189800022.pdf, zuletzt geladen am 01.07.2014.

959 Siehe hierzu die im Amendement N° 20 enthaltene Begründung sowie die Stellungnahme von Justizministerin Alliot-Marie in der Plenarberatung, Plenarprotokoll (*Compte rendu intégral*), Assemblée Nationale, 14. September 2009, J.O. Débats, N° 98 A.N. (C.R.) (2009), S. 7038, die eine Unterscheidung zwischen der Frage vor den Instanzgerichten, ob das Rechtsmittel wirksam (*opérant*) sei, und jener vor den obersten Gerichten, ob es tatsächlich ein Problem der Verfassungsmäßigkeit gebe, vorsieht.

noch zurückgewiesen[960], in der Plenarberatung dann jedoch mit Zustimmung von WARSMANN mehrheitlich beschlossen.[961] Als Ergebnis wurde mithin für die einfachen Gerichte das Kriterium der „fehlenden Abwesenheit des ernsthaften Charakters“ (*la question n'est pas dépourvue de caractère sérieux*) festgehalten, wohingegen die Frage vor den obersten Gerichten „neu sein muss oder über einen ernsthaften Charakter verfügt“ (*la question est nouvelle ou présente un caractère sérieux*).

Aus dem Gesetzgebungsverfahren in der Assemblée nationale lassen sich damit zwei bedeutende Rückschlüsse für das Verständnis der Filterkriterien ziehen: Zum einen war es nicht beabsichtigt, den normalen Gerichten, insbesondere Conseil d'État und Cour de cassation, mehr als unbedingt erforderlich die Möglichkeit zu geben, Verfassungsgerichtsbarkeit auszuüben, diese sollte auch hinsichtlich der Normbestätigung dem Conseil constitutionnel vorbehalten bleiben.[962] Zum anderen ist die unterschiedliche Formulierung hinsichtlich der Filterung durch die Instanzgerichte und die obersten Gerichte nicht nur aus sprachlichen Gründen erfolgt, sondern soll einen strengeren Filter an der Spitze der gerichtlichen Hierarchie zum Ausdruck bringen.[963]

Im Sénat wurde das Thema der Filterung nur am Rande aufgegriffen. Der Berichterstatter PORTELLI erwähnt in seinem Bericht die durch die Assemblée nationale vorgenommenen Änderungen, ohne jedoch ins Detail zu gehen.[964] Der Senat veränderte das dritte Filterkriterium entsprechend nicht.

In seiner Entscheidung zum *loi organique* 2009 machte der Conseil constitutionnel einige Anmerkungen zu dem dritten Filterkriterium. Das Gericht stellte zunächst fest, dass die die Instanzgerichte betreffenden Bestimmungen des Art. 23–2 mit Art. 61–1 Const. in Einklang ständen, etwas detaillierter wurde dabei nur auf die Problematik des *changement des circonstances* eingegangen.[965]

---

960 Siehe hierzu das Beratungsprotokoll, Compte rendu N° 76 vom 14. September 2009, S. 2.

961 Für die Beratung und anschließende Beschlussfassung siehe Plenarprotokoll (*Compte rendu intégral*), Assemblée Nationale, 14. September 2009, J.O. Débats, N° 98 A.N. (C.R.) (2009), S. 7051 f.

962 Siehe hierzu zusammenfassend die Rede des Abgeordneten URVOAS in der Plenarberatung, Plenarprotokoll (*Compte rendu intégral*), Assemblée Nationale, 14. September 2009, J.O. Débats, N° 98 A.N. (C.R.) (2009), S. 7044 f.

963 So auch ROUX, RDP 2009, S. 233, 251 bei der Besprechung des *loi organique*, der allerdings davon ausgeht, dass die Praxis den vorhandenen Unterschied einebnen werde. Für unerheblich wird der Unterschied von SAVONITTO, RFDC N° 93 (2013), S. 107, 110, Fn. 23 mehr als drei Jahre nach Inkrafttreten der QPC gehalten, ohne dass eine nähere Begründung für diese Annahme erfolgte.

964 PORTELLI, Rapport n° 637 (Sénat 2008–2009) vom 29. September 2009, S. 28 ff. Bei der Behandlung des Art. 23–2 findet sich nur die kurze Erwähnung, das Kriterium des *non dépourvue de caractère sérieux* diene dazu, verzögernde Fragen ohne wirklichen Sinn zu verhindern (S. 43), die Kriterien vor den obersten Gerichten werden nur kurz angesprochen (S. 48 f.).

965 Conseil constitutionnel, 03. Dezember 2009, N° 2009–595 DC, Considérant 13.

Bezüglich der Filterung durch die obersten Gerichte hielt das Gericht fest, die Einführung des Kriteriums der *question nouvelle* bezwecke eine Weiterleitung solche Fragen, denen eine noch nicht vom Conseil constitutionnel behandelte Verfassungsnorm zu Grunde liege. Dieses Kriterium sei alternativ zum *caractère sérieux*, womit es den beiden obersten Gerichten gestattet sei, in Abwesenheit einer neuen Frage über das Interesse einer Befassung des Conseil constitutionnel zu entscheiden. Aus dieser Sicht auf das Verhältnis der beiden Kriterien ergibt sich die Schlussfolgerung des Conseil constitutionnel, dass die Neuigkeit der Frage nicht alleine daraus resultieren könne, dass die betreffende Rechtsnorm noch nicht durch den Conseil constitutionnel untersucht worden sei.[966]

Der Conseil constitutionnel erkennt damit die Möglichkeit der beiden obersten Gerichte an, eine Entscheidung über die Erfolgsaussichten der Klage zu treffen und damit letztlich negative Verfassungsgerichtsbarkeit auszuüben. Das Urteil schweigt allerdings zu dem Umfang dieser Kompetenz, wenn auch die Verwendung der Formulierung *intérêt de saisir le Conseil constitutionnel* mehr als eine reine Zurückweisung offensichtlich unbegründeter Anfragen akzeptiert. Auch der offizielle Entscheidungskommentar enthält keine weiteren Details zu den beiden Kriterien, wenn auch angemerkt wird, dass der Filter vor den obersten Gerichten „leicht“ (*légèrement*) strenger als vor den Instanzgerichten ausgestaltet sei.[967]

Nach dem Gesetzgebungsverfahren und dem Urteil des Conseil constitutionnel bleibt hinsichtlich der beiden Kriterien, der *question nouvelle* und des *caractère sérieux*, eine gewisse Unsicherheit zurück. Denn auch wenn offensichtlich ist, dass vor allem den obersten Gerichten in gewissem Maße die Möglichkeit zugewiesen wird, Verfassungsgerichtsbarkeit auszuüben, so bleibt deren genaue Ausgestaltung doch ebenso unklar, wie die Antwort auf die Frage, ob es sich um ein zentralisiertes oder verteiltes System der Kontrolle handelt.[968] Würde es sich lediglich um eine Aufgabenverteilung zwischen ansonsten gleichberechtigten Instanzen handeln, brächte eine solche Unklarheit keine wesentlichen Probleme mit sich. Wie jedoch bereits ausgeführt, ist die Übertragung von Verfassungsgerichtsbarkeit auf die normalen Gerichte vor allem vor dem Hintergrund der Rechtssicherheit kritisch zu sehen. Den normalen Gerichten wird zwar nicht selbst die Fähigkeit zugestanden,

---

966 Conseil constitutionnel, 03. Dezember 2009, N° 2009–595 DC, Considérant 21. Hierzu merkt Roblot-Troizier, AJDA 2010, S. 80, 86 an, Bezugspunkt des Kriteriums der *question nouvelle* sei nicht die angegriffene Norm, sondern die geltend gemachte Regel der Verfassung.

967 Commentaire de la décision n° 2009–595 QPC, S. 10.

968 So spricht Urvoas in der Plenarberatung, Plenarprotokoll (*Compte rendu intégral*), Assemblée Nationale, 14. September 2009, J.O. Débats, N° 98 A.N. (C.R.) (2009), S. 7044 f., davon, eine verteilte Verfassungsmäßigkeitskontrolle liege nicht vor, da die normalen Gerichte keine Verwerfungskompetenz besäßen; deutlich kritischer hingegen Roux, RDP 2009, S. 233, 252, der anmerkt, eine begründete Nichtweiterleitungsentscheidung nähere sich einer, wenn auch nur summarischen, *contrôle diffus*.

Gesetze zu annullieren oder unangewendet zu lassen. Für den Rechtssuchenden erweist sich die Berechtigung, seine Frage nicht weiterzuleiten, jedoch kaum als weniger einschneidend. Insoweit kann erneut auf die bei WARSMANN[969] zitierte Feststellung KELSENS verwiesen werden, die Frage des Eröffnung des Verfahrens vor dem Verfassungsgericht sei entscheidend dafür, ob dieses Gericht seine Mission als Hüter der Verfassung erfüllen könne.[970]

2. *Versuch einer Eingrenzung des Filters*

Weil das Gesetzgebungsverfahren nur sehr eingeschränkt Auskunft über die Ausgestaltung des materiellen Filters gibt und auch der Conseil constitutionnel in seiner Entscheidung über das *loi organique* auf eine genaue Umgrenzung verzichtet hat, bleibt nur der Blick auf die seit Inkrafttreten ergangene Rechtsprechung. Auch in der Literatur wurden keine Vorschläge für die Ausgestaltung des Filters unternommen, die über die durch den Conseil constitutionnel gemachten Vorgaben hinausgingen.

Die Analyse der Rechtsprechung wird allerdings dadurch erschwert, dass der Conseil constitutionnel zum Thema des materiellen Filters nur in Ausnahmefällen eine Aussage trifft bzw. treffen kann. Denn wenn die obersten Gerichte sich gegen eine Weiterleitung an das Verfassungsgericht entscheiden, ist das Verfahren damit beendet, ohne das die Möglichkeit eines Rechtsmittels und damit einer Entscheidung des Conseil constitutionnel besteht. Leiten sie weiter, handelt es sich um Kriterien, die durch den Conseil constitutionnel nicht ausdrücklich geprüft werden. Sobald die Frage einmal dem Verfassungsgericht vorliegt, stellt sich das Problem der *question nouvelle* oder des *caractère sérieux* nicht mehr gesondert, das Verfassungsgericht muss dann darüber entscheiden, ob der geltend gemachte Vorwurf fundiert ist.[971]

Selbst wenn die angegriffene Norm schließlich für verfassungskonform erklärt wird und dem Antrag damit kein Erfolg beschieden ist, sagt dieses nur wenig darüber aus, ob die Frage eine Weiterleitung gerechtfertigt hat.[972] Ansonsten besteht die Gefahr einer zirkulären Argumentation: Weil der Conseil constitutionnel später die Verfassungskonformität feststellt, hätte schon überhaupt nicht weitergeleitet werden sollen, obwohl die Entscheidung des Verfassungsgerichts weder offenkundig noch absehbar war.

---

969 WARSMANN, Rapport N° 892 vom 15. Mai 2008, Ass. Nationale, 13ème législature, S. 423.

970 KELSEN, RDP 1928, S. 197, 245.

971 ROUX, Études AUTIN, S. 1253, 1262, Fn. 30, der aus diesem Grund das dritte Filterkriterium dem Conseil constitutionnel gänzlich entzogen sieht.

972 ROUX, RDP 2010, S. 233, 252 spricht hier davon, der *caractère sérieux* habe konzeptionell zunächst nichts mit der Frage der Begründetheit der Beschwerde zu tun.

Der Conseil constitutionnel konnte eine Aussage mithin nur unterschwellig, bei der Entscheidung über ihm vorgelegte Fälle treffen. Das beste Beispiel hierfür dürfte die Einführung der *doctrine du droit vivant* anlässlich der Frage der Möglichkeit der Überprüfung richterlicher Interpretationen sein.[973] Damit besteht das Problem, dass die beiden obersten Gerichte über die Ausgestaltung des Filters nahezu frei entscheiden können. Somit wird diesen faktisch die Möglichkeit gegeben, ihre eigene Kompetenz zu bestimmen und zu umgrenzen.

Die Literatur steht in weiten Teilen der Filterung dennoch positiv gegenüber[974]. Dieses überrascht. Denn gleichzeitig wird umfänglich festgestellt, dass die beiden obersten Gerichte bei ihrer Behandlung der ihnen im Rahmen der QPC weitergeleiteten Fragen in der Regel nicht lediglich entsprechend der Rechtsprechung des Conseil constitutionnel weiterleiten, sondern auch selbst Verfassungsgerichtsbarkeit ausüben. Das Bild ist damit ein diffuses. Denn auf der einen Seite wird zahlreich auf Entscheidungen hingewiesen, in denen die Gerichte ihre Grenzen überschritten haben, auf der anderen Seite wird für eine Änderung kein Bedarf gesehen.

Damit scheint es in der Literatur die Akzeptanz einer nicht mehr rein durch das Verfassungsgericht ausgeübten, sondern verteilten Kontrolle der Verfassungsmäßigkeit zu geben[975], wie sie durch den Gesetzgeber gerade nicht vorgesehen war und auch nach den vorgestellten Überlegungen nicht erstrebenswert sein kann.

Es ist hier sinnvoll, zunächst diejenigen Situationen darzustellen, bei denen ein solches Problem nicht besteht, um sich dann der Konfliktsituation der Wahrnehmung von Verfassungsgerichtsbarkeit zu nähern.

---

973 Auf diesen Fall weist Hamon, LPA 2013, N° 144, S. 3, 4 hin, der dabei den Vorteil des deutschen und des spanischen Systems herausstellt, in denen auch eine richterliche Entscheidung ohne Umwege auf ihre Verfassungsmäßigkeit geprüft werden kann und das Verfassungsgericht so die Befolgung seiner Entscheidungen sicherzustellen vermag.

974 Beispielhaft Mathieu, JCP-G 2013, S. 338, der 3 Jahre nach Inkrafttreten keine gesetzlichen Weiterentwicklungen für notwendig hält, sondern davon spricht, die Rechtsprechung habe sich stabilisiert.

975 Prägnant hierzu die Formulierung von Roblot-Troizier, CCC N° 40 (2013), S. 49, 58: *„Sans critiquer cette évolution – sans doute inévitable et que l'on jugera même souhaitable -, il faut néanmoins relever que le contrôle de constitutionnalité des lois a posteriori n'est pas un contrôle purement concentré.“*
(Ohne diese Entwicklung [hin zu einer eigenständigen Prüfung durch die obersten Gerichte] – ohne Zweifel unvermeidbar und sogar möglicherweise erstrebenswert – kritisieren zu wollen, erscheint es gleichwohl erforderlich, festzustellen, dass die Kontrolle der Verfassungsmäßigkeit keine rein zentralisierte Kontrolle ist.) [eig. Übersetzung].

a) Grundsätzlich unproblematische Fälle

aa) Filterung durch die einfachen Gerichte

Kaum Probleme bereitet die Behandlung der Frage durch die einfachen Gerichte. Die Instanzgerichte prüfen nach Art. 23–2 Ab.s 1 Nr. 3 der *ordonnance* über den Conseil constitutionnel, dass es der gestellten Frage nicht am „ernstlichen" Charakter mangelt. Dieses Kriterium ruft die Gerichte, die als erste mit der QPC befasst werden und über die Weiterleitung an die obersten Gerichte des jeweiligen Rechtszugs entscheiden, nicht dazu auf, detailliert zur Verfassungsmäßigkeit der angegriffenen Norm Stellung zu nehmen[976], sondern lediglich Fragen zurückzuweisen, denen es offensichtlich an jeder Relevanz fehlt.[977]

In der Literatur findet sich hierzu der Begriff der *question fantaisiste*[978]. Dieser Begriff lässt sich nicht unmittelbar ins Deutsche übertragen, die Stoßrichtung ist jedoch klar: Es geht darum, den Conseil constitutionnel von solchen Fragen zu entlasten, die bereits keinen identifizierbaren oder logisch erfassbaren Vorwurf der Verfassungswidrigkeit enthalten.[979] Da die Stellung einer QPC nicht mit Kosten verbunden ist, besteht die Versuchung, diese zur Verzögerung des Verfahrens oder aus einem nicht näher substantiierbaren Gefühl der ungerechten Behandlung zu stellen.

Die Behandlung der QPC durch die einfachen Gerichte scheint bisher weitestgehend reibungslos verlaufen zu sein, der Vorwurf einer Kompetenzanmaßung wird nicht erhoben.[980] Außerdem ist zu bedenken, dass gegen die Nichtweiterleitungsentscheidung des Instanzgerichts stets ein Rechtsmittel zu den obersten

976 So Belloir, QPC, S. 40 unter Verweis auf das Gesetzgebungsverfahren: Es geht um eine *appréciation préliminaire et sommaire.*

977 Verpeaux, QPC, S. 70.

978 Beispielsweise bei Rousseau, in: Perrier (Hrsg.), QPC, S. 97, 104; ebenso Jan, LPA 2009, N° 252, S. 6, 11; Mathieu, JCP-G 2009, N° 52, S. 55, 60.

979 Disant, QPC, S. 232, Rn. 307 spricht von „*questions absurdes, fantaisistes ou à but purement dilatoire*".

980 An dieser Stelle sei auf das Fazit von Urvoas anlässlich der Evaluation der QPC 2013 verwiesen, Urvoas, Rapport N° 842 vom 27. März 2013, Ass. Nationale, 14ème législature, S. 33, der zu Recht anmerkt, dass sich aus der geringen Anzahl von Rechtsmitteln gegen Nichtweiterleitungsentscheidungen der einfachen Gerichte schließen lasse, dass der Filter funktioniere. Diese Argumentation überzeugt, wenn die Entscheidungen zur Nichtweiterleitung an die beiden obersten Gerichte nicht nachvollziehbar wären, würde gegen diese häufiger vorgegangen.

Gerichten gegeben ist und auch keinerlei Verpflichtung[981] besteht, die Frage der Verfassungsmäßigkeit bereits in der Instanz aufzuwerfen.[982]

Solange sich diese Filterung darauf beschränkt, ohne jeden Zweifel unbegründete und vor allem unsubstantiierte Anträge zurückzuweisen, erweist sich der Filter nicht als unüberwindbarer „Korken", sondern trägt im Gegenteil erheblich zur Effektivität des Verfahrens bei. Zum Problem werden kann dieser Filter nur dann, wenn die Instanzgerichte sich in ihrer Rechtsprechung an möglicherweise zu weitgehenden Entscheidungen der beiden obersten Gerichte orientieren und in der Folge ebenfalls zurückweisen.[983]

bb) Filterung durch die obersten Gerichte

Hinsichtlich der Filterung durch die obersten Gerichte ist hingegen eine Differenzierung erforderlich. Denn vor diesen besteht der alternative Weg der Feststellung, dass die Frage neu ist (*question nouvelle*), außerdem soll der Filter hinsichtlich des Kriteriums des *caractère sérieux* nach dem Willen des Gesetzgebers strenger als vor den einfachen Gerichten ausgestaltet sein. Mit Blick auf die Problematik der Übertragung der Verfassungsmäßigkeitsprüfung auf die einfachen Gerichte kann lediglich das Kriterium der *question nouvelle* als unproblematisch angesehen werden. Denn dabei handelt es sich nach dem ausdrücklichen Willen des Gesetzgebers um ein Alternativ- und damit letztlich Auffangkriterium, dessen Ziel gerade darin besteht, den ansonsten strengen Filter abzumildern. Es steht nach dem Wortlaut des Gesetzes an erster Stelle. Dieses entspricht jedoch nicht seiner Bedeutung für die Prüfung. Denn der „Hilfsweg" wird in der Regel nur dann beschritten, wenn das Kriterium des *caractère sérieux* nicht erfüllt ist. Entsprechend geringer ist auch die Anzahl derjenigen Entscheidungen, bei denen dieses Kriterium die Weiterleitung begründet.

In den meisten Entscheidungen zur Nichtweiterleitung argumentieren die beiden obersten Gerichte mit dem Fehlen des *caractère sérieux* und nehmen dazu auch mehr oder weniger ausführlich Stellung, wohingegen bezüglich der *question*

---

981 Insoweit eindeutig der Wortlaut des Art. 23–5 Abs. 1 der *ordonnance*: „*Le moyen [...] peut être soulevé, y compris pour la première fois en cassation, à l'occasion d'une instance devant le Conseil d'État ou la Cour de cassation.*" („Das Rechtsmittel kann, auch erstmals in der Kassationsinstanz, gelegentlich eines Verfahrens vor Conseil d'État oder Cour de cassation erhoben werden.") [eig. Übersetzung].

982 Diese Möglichkeit, jede Filterung durch die einfachen Gerichte zu vermeiden, bringt Savonitto, RFDC N° 93 (2013), S. 107, 111 f. dazu, die doppelte Filterung insgesamt in Frage zu stellen.

983 So verweist Jacquinot, AJDA 2012, S. 2097, 2099 ff., darauf, dass den Entscheidungen der beiden obersten Gerichte zur Nichtweiterleitung eine absolute Bindungswirkung nicht zukomme und die einfachen Gerichte mithin gehalten seien, in jedem Fall erneut die Erfüllung der Kriterien zu prüfen, und kritisiert aus diesem Grund einige Entscheidungen von Instanzgerichten, die sich die Argumentation der obersten Gerichte unmittelbar zu eigen gemacht haben.

nouvelle nur ein kurzer Hinweis gegeben wird.[984] Die Gerichte folgen damit zwar der sich aus dem Text ergebenden, aber nicht bindenden Reihenfolge. Im Ergebnis bleibt aber klar erkennbar, dass dem Kriterium des *caractère sérieux* ein bedeutend höherer Stellenwert eingeräumt wird.

(1) Der unproblematische Fall der question nouvelle – Regelfall

Der Conseil constitutionnel sah in seinem Urteil zum *loi organique* den Fall, dass die Beschwerde sich gegen die Verletzung einer Verfassungsnorm richtet, die noch nicht Gegenstand einer Interpretation durch das Verfassungsgericht geworden ist, als Regelfall der *question nouvelle* an.[985]

Dieser Fall lässt sich vergleichsweise leicht fassen, soweit es um textliche Änderungen der Verfassung geht. Gleichzeitig ist aber offensichtlich, dass dieser Fall der *question nouvelle* nicht häufig eintreten kann. Verfassungsänderungen kommen schon allgemein eher selten vor, dass darüber hinaus auch noch Grundrechte von diesen betroffen werden bzw. neue Rechte eingeführt werden, ist noch weniger zu erwarten.[986]

---

984 So enthalten viele Entscheidungen der Cour de cassation die Formulierung, die Frage, die nicht die Interpretation einer Verfassungsnorm betreffe, die der Conseil constitutionnel noch nicht angewandt habe, sei nicht neu, beispielhaft Cour de cassation, Chambre criminelle, 30. April 2014, N° 14–80974, Arrêt N° 2210, Attendu 2. („*Attendu que la question, ne portant pas sur l'interprétation d'une disposition constitutionnelle dont le Conseil constitutionnel n'aurait pas encore eu l'occasion de faire application, n'est pas nouvelle ;*") Die durch die unterschiedlichen Kammern der Cour de cassation verwendeten Formulierungen ähneln sich hier weitgehend, siehe dazu die detaillierten Analysen bei Pichard, S. 381, 392 f. (1ère chambre civile), Durand, S. 418, 427 (3ème chambre civile), Chantepie, S. 427, 436 (Chambre commerciale), Minet-Letalle, S. 437, 440 (Chambre sociale), Darsonville, S. 446, 459 (Chambre criminelle) und erneut Chantepie, S. 460, 468 (Assemblée plénière); alle in: Cartier (Hrsg.), QPC. Pichard, a.a.O., bezeichnet die gewählte Formulierung treffend als „stereotypisiert". Vor dem Conseil d'État wird dieses teilweise noch weiter abgekürzt und gleichzeitig mit der Verneinung des *caractère sérieux* entschieden, so beispielhaft Conseil d'État, 9ème sous-section, 30. April 2014, N° 368029, Considérant 5: „*Par suite, la question solevée, qui n'est pas nouvelle, ne présente pas un caractère sérieux.*"

985 So wird in der Entscheidung Conseil constitutionnel, 03. Dezember 2009, N° 2009–595 DC, Considérant 21 dieser Fall mit der deutlichen Formulierung, der Gesetzgeber habe mit der Einfügung dieses Kriteriums erzwingen (*imposer*) wollen, dass der Conseil constitutionnel zur Interpretation jeder Verfassungsnorm angerufen werde, zu deren Anwendung er noch keine Gelegenheit gehabt habe, den anderen Fällen, die nicht näher bestimmt werden, gegenübergestellt.

986 Disant, QPC, S. 226, Rn. 302 gelangt sogar zu der Annahme, diese Kategorie werde sich ohnehin selbst erschöpfen, da der Conseil constitutionnel den Großteil der Verfassung bereits habe anwenden können. Diese Einschätzung unterschätzt allerdings die Kreativität der Rechtssuchenden dahingehend, existierende

Die Frage der *question nouvelle* auf Grund einer Verfassungsänderung ist eng verbunden mit der bereits vorher zu beantwortenden Frage des *changement des circonstances de droit* wegen einer Verfassungsänderung.[987] Denn häufig hat der Conseil constitutionnel sich mit einem Gesetz bereits früher auseinandergesetzt, seine Neubefassung wird nur durch die Änderung des Prüfungsmaßstabs, der Verfassung, gerechtfertigt. Gerade, wenn die Verfassungsänderung erst kurz vor der neuen Befassung erfolgt ist, kann es vorkommen, dass der Conseil constitutionnel die in Rede stehende Verfassungsbestimmung noch nicht angewandt hat.[988]

Ein Beispiel für diese Doppelung findet sich in der bereits an zwei Stellen diskutierten Entscheidung „Kamel D." des Conseil d'État vom 08. Oktober 2010.[989] In diesem Fall wurde eine Vorlage des Art. L. 712–2 CESEDA trotz bereits erfolgter Entscheidung des Conseil constitutionnel damit gerechtfertigt, dass das Verbot der Todesstrafe erst nach der ersten Entscheidung zu diesem Artikel durch Art. 66–1 Const. Verfassungsrang erhalten hatte. Dieses *changement des circonstances de droit* vermag die Vorlage noch nicht zu rechtfertigen.[990] Auch das dritte Weiterleitungskriterium muss erfüllt werden. Hier bedient sich der Conseil d'État dann des Arguments der *question nouvelle,* da Art. 66–1 Const. noch nicht Gegenstand einer Entscheidung des Conseil constitutionnel war.[991]

Das Gericht, das ein *changement des circonstances de droit* wegen einer Verfassungsänderung bejaht, muss entsprechend immer die Möglichkeit in Erwägung ziehen, dass das Produkt der Verfassungsänderung dem Conseil constitutionnel noch nicht vorgelegen hat und daher die Frage schon aus diesem Grund[992] weiterzuleiten ist.

Verfassungsdispositionen als subjektive Rechte zu begreifen, dazu sogleich. Magnon, D. 2012, S. 2032, 2033 geht noch weiter, es sei nicht möglich, dass jemals alles über die verfassungsrechtlichen Prinzipien gesagt sei, die „Neuheit" sei nie ausgeschlossen.

987 Siehe zum *changement des circonstances de droit* bereits oben, Kapitel 2, B.II.

988 Roblot-Troizier, RFDA 2011, S. 691, 710.

989 Conseil d'État, 10ème et 9ème sous-sections réunies, 08. Oktober 2010, N° 338505, *Kamel D.*

990 Hier sei erneut auf die problematische Einschätzung von Magnon et al., QPC, S. 232, Rn. 290 verwiesen, die annehmen, der Conseil d'État habe das *changement des circonstances* nicht behandelt, sondern für seine Argumentation nur auf die *question nouvelle* zurückgegriffen. Demgegenüber stellt Roblot-Troizier, RFDA 2011, S. 691, 710 deutlich die erforderliche gleichzeitige Erfüllung beider Kriterien heraus.

991 Conseil d'État, 10ème et 9ème sous-sections réunies, 08. Oktober 2010, N° 338505, *Kamel D.*, Considérant 2 a.E. Wie bereits oben bei der Frage der Überprüfungsmöglichkeit von umgesetztem Europarecht festgestellt wurde, hatte das Gericht selbst keine ernstlichen Zweifel an der Verfassungsmäßigkeit und ging deswegen nicht von einem *caractère sérieux* der Frage aus.

992 Die Weiterleitung ist dann obligatorisch, vorausgesetzt, alle sonstigen Kriterien sind erfüllt, Roblot-Troizier, RFDA 2011, S. 691, 710.

Auch ohne diese Doppelung hat es bereits einige Fälle gegeben, in denen der Conseil constitutionnel Gelegenheit erhalten hat, sich bisher nicht untersuchten Verfassungsbestimmungen zuzuwenden. Dazu kommt es vor allem, weil der Bereich der *droits et libertés que la constitution garantit* nicht fest umgrenzt ist und somit teilweise auch die Verletzung solcher Verfassungsbestimmungen gerügt wird, denen nicht zwingend der Charakter eines subjektiven Rechts zukommt[993] oder die über eine Absichtserklärung nicht hinausgehen. In diesen Fällen kann auch bei älteren Verfassungsbestimmungen noch keine Befassung des Conseil constitutionnel erfolgt sein.

Ein Beispiel dafür findet sich in der Weiterleitungsentscheidung des Conseil d'État vom 21. März 2011.[994] Die Beschwerdeführer, Vereinigungen zur Förderung der deutsch-französischen Zweisprachigkeit im Elsass, rügten die Vorschrift des Art. L. 312–10 Code d'éducation[995], insoweit dieser den zweisprachigen Schulunterricht von einer mit der zuständigen Gebietskörperschaft abgeschlossenen vertraglichen Vereinbarung abhängig machte. Sie sahen dadurch den Art. 75–1 Const. verletzt, nach dem die Regionalsprachen zum kulturellen Erbe Frankreichs gehören.[996] Der Conseil d'État leitete diese Frage weiter, da der Conseil constitutionnel zur Bedeutung des Art. 75–1 Const. noch keine Stellung bezogen hatte. Die Beschwerde blieb allerdings im Weiteren ohne Erfolg[997], da der Conseil constitutionnel Art. 75–1 Const. nicht den Charakter eines durch die Verfassung garantierten Rechts zusprechen wollte.[998] Daher verwundert es nicht, dass die genannte Bestimmung vorher nicht durch den Conseil constitutionnel angewendet wurde.

---

993 Dabei darf jedoch die Bedingung, dass die geltend gemachten Bestimmungen grundsätzlich geeignet sind, ein subjektives Recht zu garantieren, nicht vollständig in den Hintergrund treten, nicht schlechterdings jede Verfassungsnorm ist geeignet, nur weil sie noch nie untersucht wurde, Disant, QPC, S. 227 Rn. 302.

994 Conseil d'État, 4ème sous-section, 21. März 2011, N° 345193, *Langues régionales.*

995 I.d.F. des Gesetzes N° 2005–380 vom 23. April 2005, zwischenzeitlich mit Wirkung vom 10. Juli 2013 geändert durch Gesetz N° 2013–595 vom 08. Juli 2013.

996 „*Les langues régionales appartiennent au patrimoine de la France.*", eingeführt durch Art. 40 des loi constitutionnelle N° 2008–724 vom 23. Juli 2008, siehe dazu auch die ausführliche Diskussion bei Warsmann, Rapport N° 892 vom 15. Mai 2008, Ass. Nationale, 13ème législature, S. 94 ff. sowie in der Folge Warsmann, Rapport N° 1009 vom 02. Juli 2008, Ass. Nationale, 13ème législature, S. 186 ff.

997 Conseil constitutionnel, 20. Mai 2011, N° 2011–130 QPC, *Mme Cécile L. et autres,* Considérant 3.

998 Zur Bedeutung des Art. 75–1 Const. und zum Gesetzgebungsverfahren ausführlich der Entscheidungskommentar, Commentaire de la décision n° 2011–130, insbes. S. 2. Auf die Problematik der normativen Wirkung des Art. 75–1 Const. geht auch Verpeaux, AJDA 2011, S. 1963, 1965, bei seiner Besprechung der Entscheidung ein und stellt fest, dass die fehlende Möglichkeit der Geltendmachung im Rahmen einer QPC den Artikel nicht zu einem „konstitutionellen Neutrum" werden lasse.

Auch bei der *question nouvelle* stellen sich jene Verfassungsprinzipien als Sonderfall dar, die nicht unmittelbar dem Verfassungstext entstammen. Hier ist zunächst an den Fall zu denken, der bereits beim *changement des circonstances* behandelt wurde, dass nämlich ein *Principe fondamental reconnu par les lois de la République* nicht durch den Conseil constitutionnel identifiziert wird, sondern dass ein anderes Gericht, namentlich der Conseil d'État, sich dieses Recht nimmt.[999] Dieses führt nicht allein zu einer Änderung der Rechtsumstände durch Verfassungsänderung, es muss auch zwingend zu einer Weiterleitung als *question nouvelle* kommen.[1000] Denn logischerweise konnte der Conseil constitutionnel vorher weder dazu Stellung nehmen, ob das Prinzip tatsächlich Verfassungsrang genießt, noch konnte er dessen genauen Inhalt näher bestimmen. Dieser Fall, und damit die bereits bei der Frage des *changement des circonstances* behandelte Möglichkeit einer Prüfung der *Koné*-Rechtsprechung, ist bisher jedoch nicht eingetreten.

Eine Steigerung besteht noch dahingehend, dass es sich auch dann, wenn die Existenz des PFRLR noch nicht gerichtlich festgestellt wurde[1001], um eine *question nouvelle* handelt. So behaupteten die Beschwerdeführer in einem vom Conseil d'État am 21. September 2011 weitergeleiteten Verfahren die Existenz eines PFRLR.[1002] Der Conseil d'État nahm hierzu keine Stellung, sondern behandelte die Frage als neu, da der Conseil constitutionnel dazu, ob das geltend gemachte Prinzip über Verfassungsrang verfügt, noch keine Stellung genommen habe. Allerdings besteht an dieser Stelle die Gefahr, dass die QPC lediglich zur Verschleppung des Verfahrens eingesetzt wird, obwohl hinsichtlich des geltend gemachten Prinzips tatsächlich kein Zweifel besteht.[1003] Daher muss eine Einschränkung dahingehend vorgenommen werden, dass es nicht ausreichen kann, die bloße Existenz eines Prinzips zu behaupten, auch wenn es diesem an jeder sichtbaren normativen Aufhängung (in Form eines vorkonstitutionnellen Gesetzes) oder Relevanz fehlt[1004],

---

999 So, wie bereits oben, Kapitel 2, B.II.2.a), am Beispiel der Entscheidung „*Koné*" des Conseil d'État vom 03. Juli 1996 ausgeführt.

1000 So die Einschätzung von Roux, RDP 2009, S. 233, 251, bereits vor Inkrafttreten der QPC.

1001 Magnon et al., QPC, S. 233, Rn. 292, sprechen hier zwar von einem „neuen Prinzip", der Verweis auf den Unterschied zur *Koné*-Rechtsprechung unterbleibt allerdings.

1002 Conseil d'État, 4ème et 5ème sous-sections réunies, 21. September 2011, N° 350385, Considérant 4.

1003 J.E.Gicquel, LPA 2011, N° 244, S. 6, 7.

1004 Rousseau et al., RDP 2013, S. 197, 204 f.; auch bei der Frage der *question nouvelle* könne nicht vollständig die Ernsthaftigkeit des vorgebrachten Arguments vernachlässigt werden. Ähnlich auch J.E.Gicquel, LPA 2011, N° 244, S. 6, 8, der allerdings anmerkt, dass diese Feststellung bei anderen Prinzipien als den PFRLR mangels klarer gesetzlicher Aufhängung größere Schwierigkeiten bereitet. Prägnant auch Lallet/Domino, AJDA 2011, S. 375, 384, es könne nicht sein, dass beispielsweise bei einem Streit über Sozialhilfe Vorschriften aus der *Charte de l'environnement* herangezogen werden, um sichtbar das Verfahren zu verzögern.

ohne dass dabei das Kriterium des *caractère sérieux* vollständig gegenüber der *question nouvelle* zur Anwendung gebracht werden darf.[1005]

Die großzügige Auslegung des Regelfalls der *question nouvelle* sorgt dafür, dass entsprechend der Entscheidung des Conseil constitutionnel N° 2009-595 DC zumindest in den Fällen, in denen Änderungen der Verfassung eingetreten oder schon länger vorhandene Normen bisher von der Verfassungsgerichtsbarkeit unbeachtet geblieben sind, die Frage auch tatsächlich zum Verfassungsgericht gelangt und so dessen Monopol der Verfassungsauslegung bestärkt wird.[1006]

Ebenso bedurfte es andererseits der Einschränkung, dass nicht bereits wegen einer fehlenden Befassung mit der einfachgesetzlichen Regelung diese weiterzuleiten ist, sonst wäre dem Kriterium der *question nouvelle* gegenüber dem zweiten Kriterium, der fehlenden Vorentscheidung des Conseil constitutionnel, kein eigenständiger Wert zugekommen.[1007] Diese Möglichkeit der Ausgestaltung des Filters bestand, der Gesetzgeber des *loi organique* hat jedoch die Entscheidung zu Gunsten der drei kumulativ zu erfüllenden Kriterien gefällt.

(2) Der unproblematische Fall der question nouvelle – Auffangtatbestand

Außerhalb dieser beiden Gruppen, die zu einem gewissen Grad als Gegenpole oder Extrempunkte verstanden werden können, bleibt die Ausgestaltung der *question nouvelle* allerdings unklar, die Entscheidungen scheinen einzelfallbezogen zu sein.[1008] Dieses ist hinsichtlich des Kriteriums der *question nouvelle* weitgehend unproblematisch, dient dieses doch vor allem dazu, auch in Fällen, in denen die

---

1005 Diese Kritik äußern Mathieu, JCP-G 2011, S. 1134, 1135; der keinen Unterschied der PFRLR zu anderen Verfassungsprinzipien sieht, sowie Mathieu/Rousseau, GD QPC, S. 154, Rn. 40, die für eine Verobjektivierung der Feststellung des Verfassungsprinzips plädieren, da nur der Conseil constitutionnel die endgültige Feststellung treffen könne. Im Ergebnis erscheint es nicht unmöglich, auch hier vollständig unsubstantiierte Fragen auszuschließen, jedoch muss dieser Ausschluss mit Augenmaß erfolgen. Siehe hierzu auch erneut die Kritik an der Entscheidung der Assemblée Plénière der Cour de cassation vom 20. Mai 2011, die bereits bei der Frage der Interpretation als tauglicher Beschwerdegegenstand thematisiert wurde.

1006 In diesem Sinne J.E.Gicquel, LPA 2011, N° 244, S. 6, 7; ähnlich auch Disant, QPC, S. 228, Rn. 304. Insgesamt als Verstärkung der Autorität des Conseil constitutionnel begreift die *question nouvelle* Barque, RFDA 2014, S. 353, 355 ff. m.w.N. für die Weiterentwicklung von (ungeschriebenen) Verfassungsprinzipien auf dem Wege der *question nouvelle.* Er äußert jedoch (S. 357) Kritik, ein nach seiner Auffassung verfassungsrechtlich nicht zwingend gebotenes Monopol der Verfassungsinterpretation durch den Conseil constitutionnel könne die Zusammenarbeit der Gerichte beeinträchtigen.

1007 Disant, QPC, S. 224, Rn. 299 f.; Maugüé/Stahl, QPC, S. 63.

1008 Dabei führt Disant, QPC, S. 225, Rn. 300 an, dass der Conseil constitutionnel bewusst den obersten Gerichten die Freiheit habe überlassen wollen, jenseits der von ihm festgelegten Extrempunkte eine eigene Judikatur zu entwickeln. Diese

Erfolgsaussichten des Antrags mehr als fraglich erscheinen, einen Zugang zum Conseil constitutionnel zu eröffnen.[1009] Durch seine Unbestimmtheit ermöglicht es dieses Kriterium, ohne einen Verstoß gegen den Wortlaut des Gesetzes solche Fragen durch den Conseil constitutionnel entscheiden zu lassen, bei denen die Erfolgsaussichten als gering angesehen werden, die jedoch angesichts ihrer kontroversen Natur[1010] oder auch, weil die Frage häufig gestellt wird[1011], einer endgültigen Antwort durch das Verfassungsgericht bedürfen.[1012] Ein Beispiel hierzu findet sich in der Entscheidung der Prémière chambre civile der Cour de cassation zur Frage der Eheschließung unter Homosexuellen vom 16. November 2010. Dort nahm das Gericht zur Frage des *caractère sérieux* keine Stellung[1013], sondern begründete die Weiterleitung der Frage damit, dass diese vor dem Hintergrund einer Weiterentwicklung der öffentlichen Moral und der Anerkennung gleichgeschlechtlicher Ehen in anderen Ländern in der Gesellschaft Gegenstand einer breiten öffentlichen Debatte sei.[1014] Damit sei die Frage neu „in dem Sinne, den der Conseil constitutionnel diesem alternativen Kriterium gebe."[1015]

Möglichkeit hält allerdings Verpeaux, QPC, S. 73, wohl für ausgeschlossen und plädiert für eine strikte Begrenzung dieses alternativen Kriteriums.

1009 Es handelt sich um ein Kriterium, das insoweit mehr politisch denn juristisch ist, so überschreibt J.E.Gicquel, LPA 2011, N° 244, S. 6 seine Ausführungen zur *question nouvelle* so, dass es sich um ein technisches Kriterium handele, das allerdings der „Rechtsprechungspolitik" diene.

1010 Lallet/Domino, AJDA 2011, S. 375. 385; bei diesen „*sujets dits de société*" wünschten die beiden obersten Gerichte nicht, selbst Position zu beziehen. Das „Nichtwollen" des Gerichts konstatieren auch Mathieu/Rousseau, GD QPC, S. 150, Rn. 38.

1011 Zweifelnd Charruault, JCP-G 2010, Supp. au N° 48, S. 51, 54.

1012 Plastisch hierzu Maugüé/Stahl, QPC, S. 65; es könnten auch Fragen weitergeleitet werden, deren ernsthafter Charakter nicht offensichtlich sei – oder umgekehrt, deren nicht ernsthafter Charakter außer Zweifel stünde. Sehr weitgehend hingegen die Analyse von Barque, RFDA 2014, S. 353, 358, der in diesem Fall eine Konstruktion ähnlich dem „writ of certiorari" des amerikanischen Supreme Court erblicken möchte.

1013 Roux, D. 2011, S. 209, 210 konstatiert hier ein „beredtes Schweigen" der Cour de cassation, die implizit festgestellt habe, dass sich aus den verfassungsrechtlichen Freiheiten kein Anspruch auf Zulassung einer gleichgeschlechtlichen Ehe ergebe.

1014 Diese Einschätzung ist allerdings nur bedingt zutreffend, denn Gegenstand der Debatte war nicht die Frage, ob unter der aktuellen Rechtslage eine solche Verbindung zulässig sei, sondern ob eine Änderung vorgenommen werden solle, Roux, D. 2011, S. 209, 211. Die Antwort auf diese Frage kann letztlich nur der Gesetzgeber geben, daher wies der Conseil constitutionnel die QPC mit Entscheidung vom 28. Januar 2011, N° 2010–92 QPC, *Mme Corinne C. et autre,* ab.

1015 Cour de cassation, 1ère chambre civile, 16. November 2010, N° 10–40042, Attendu 3.

Erneut ist die Parallele zum *changement des circonstances* des zweiten Kriteriums offensichtlich. Dort wird eine Neubefassung des Conseil constitutionnel auch dann ermöglicht, wenn es lediglich zu einer Änderung der tatsächlichen Umstände gekommen ist, bei der es sich auch um eine Änderung der politischen Lage oder der in der Bevölkerung überwiegenden Ansichten handeln kann. Nicht zuletzt kann bei der *question nouvelle* wie auch beim *changement des circonstances* ein Urteil einer supranationalen Instanz wie z.B. des Europäischen Gerichtshofs für Menschenrechte einen solchen Einfluss haben, verwiesen sei hier erneut auf die Frage der Nichtbegründung von Urteilen der Schwurgerichte[1016], auch wenn dieses im Urteil nicht zwingend angeführt wird. Bei dieser Frage nutzte die Chambre criminelle das Kriterium, ihrer Ansicht nach erfüllt wegen der Vielzahl der gestellten Fragen[1017], möglicherweise allerdings auch, um einen Widerspruch zur früheren Entscheidung der Sonderformation zu vermeiden, die einen *caractère sérieux* abgelehnt hatte.

(3) Fazit

Das Kriterium der *question nouvelle* bleibt insgesamt recht unscharf, wenn nicht der Fall eintritt, dass die Berufung auf eine bisher nicht angewendete Verfassungsnorm erfolgt. Eine solche Unschärfe begegnet insoweit grundsätzlicher Kritik, als es um den Zugang zur Verfassungsgerichtsbarkeit geht. Allerdings handelt es sich andererseits bei der *question nouvelle* eben nur um ein Auffangkriterium. Dass die obersten Gerichte bei der Weiterleitung eine große Freiheit genießen und daher die Weiterleitungsentscheidung nicht vorhersehbar ist, ist erst der zweite Schritt. Viel bedeutender erscheint es, dass der Frage auch ihr *caractère sérieux* abgesprochen wird und dieses Kriterium unmittelbar mit der (möglichen) Verfassungswidrigkeit der angegriffenen Norm in Verbindung steht.

Zweifeln begegnet allerdings die teilweise ausdrücklich befürwortete[1018] weitgehende Anwendung der *question nouvelle*, um mit dieser Rechtsprechungspolitik zu betreiben. Zwar können Gerichte unbestritten durch ihre Entscheidung ein Bewusstsein des Gesetzgebers für gesellschaftliche Fragestellungen und die Notwendigkeit einer entsprechenden Fortentwicklung schaffen[1019], ob jedoch ein Verfahren, das zunächst dazu bestimmt ist, ausdrücklich verfassungswidrige und

1016 Dazu, wie bereits bei der Frage der Überprüfbarkeit richterlicher Interpretationen angeführt, Maziau, D. 2011, S. 529, 533, der die Neuigkeit der Frage durch die Entscheidung des EGMR, Große Kammer, 16. November 2010, N° 926/05, *Taxquet geg. Belgien*, begründet sieht.

1017 Cour de cassation, Chambre criminelle, 19. Januar 2011, N° 10-85159, Arrêt 515; N° 10-85305, Arrêt 516; jeweils Attendu 3.

1018 So von Barque, RFDA 2014, S. 353, 359.

1019 Dieses weist zurück auf die Problematik der Eheschließung für Homosexuelle, entsprechend der zustimmungswürdigen Entscheidung des Conseil constitutionnel war das einzige Ergebnis des Verfahrens, den Spielball in das Feld des Gesetzgebers gebracht zu haben.

nicht nur möglicherweise nicht mehr zeitgemäße Normen zu beseitigen, dafür der richtige Ansatzpunkt ist, erscheint fraglich.

b) Das Problem des *caractère sérieux*

Das Kriterium des *caractère sérieux* ist jenes, bei dem die Verbindung zur Prüfung der Verfassungsmäßigkeit offensichtlich ist und das vor diesem Hintergrund einer nachvollziehbaren Ausgestaltung bedarf. Weder dem Gesetzgebungsverfahren noch der Entscheidung des Conseil constitutionnel zum *loi organique* lässt sich diese jedoch entnehmen. In der Entscheidung wird das Kriterium des *caractère sérieux* anders als die *question nouvelle* nur am Rande erwähnt. Dieses deutet darauf hin, dass das Gericht die Übertragung der Verfassungsmäßigkeitsprüfung auf die einfachen Gerichte in seinen Überlegungen nur bedingt berücksichtigt hat, sondern vielmehr sicherstellen wollte, dass die Neuregelung nicht zu einer übermäßigen Befassung und damit potentiellen Überlastung des Conseil constitutionnel führt.

Mit Blick auf das bereits diskutierte Postulat der Rechtssicherheit in Form einer zumindest teilweisen Vorhersehbarkeit der Entscheidung der filternden Gerichte erscheint es geboten, eine nachvollziehbare Eingrenzung dieses Kriteriums vorzunehmen. Allerdings bereitet diese sichtbar Probleme. So ist bemerkenswert, wie sich die diesbezüglichen Ansichten der anwendenden Gerichte auf der einen und der Wissenschaft auf der anderen Seite unterscheiden. Dieses wurde 2013 anlässlich der drei Jahre nach Inkrafttreten der QPC erfolgten Bestandsaufnahme des Rechtsausschusses der Assemblée nationale deutlich.[1020]

aa) Bilanz 2013 – Sicht der Gerichte

Der Sécretaire général des Conseil constitutionnel, Guillaume, äußerte sich insgesamt positiv über die Filterung durch die normalen Gerichte, sprach aber zugleich davon, dass es keinen Zweifel daran geben könne, dass die negative Verfassungsgerichtsbarkeit ausübten, insoweit sie die Weiterleitung unter Anwendung der Rechtsprechung des Conseil constitutionnel verweigerten.[1021] Er kritisierte allerdings, dass vor allem bei der Cour de cassation eine Tendenz bestehe, die Weiterleitungsentscheidung über die QPC mit der Entscheidung über die Zulässigkeit eines Antrags auf Kassation zu verbinden. Dieses führe zu dem paradoxen Ergebnis, dass das Fehlen der Möglichkeit, ein solches Rechtsmittel einzulegen, mit der QPC nicht angreifbar sei, da die QPC zusammen mit dem gleichzeitig eingelegten

1020 Das Ergebnis dieser Bestandsaufnahme findet sich im Bericht von Urvoas, Rapport N° 842 vom 27. März 2013, Ass. Nationale, 14ème législature.

1021 Guillaume, wiedergegeben bei Urvoas, ebd., S. 109, 113.

Rechtsmittel für unzulässig erklärt werde.[1022] GUILLAUME verwies entsprechend auf eine notwendige Weiterentwicklung des „Dialogs der Richter".[1023]

Deutlich positiver äußerten sich die ebenfalls befragten Vertreter des Conseil d'État, SAUVÉ und STIRN. So schätzte der Vizepräsident des Gerichtes, SAUVÉ, den Filter als weder zu streng noch zu durchlässig ein. Eine Nichtweiterleitung komme nicht nur bei offensichtlich unbegründeten Fragen (SAUVÉ verwendet hier die bereits oben beschriebene Formulierung „*fantaisiste*") oder solchen, die nur zur Verzögerung gestellt worden seien, in Frage, sondern auch dann, wenn mit Blick auf die verfolgten Ziele die betroffene Freiheit nicht übermäßig eingeschränkt werde, eine Ungleichbehandlung zwischen Personengruppen nicht offensichtlich ungerechtfertigt sei oder der Gesetzgeber offensichtlich seine Kompetenz ausreichend ausgeübt habe.[1024] Sobald ein Zweifel bestehe, werde weitergeleitet, selbst wenn das Gericht eine negative Antwort des Conseil constitutionnel erwarte. Auch verzichte der Conseil d'État auf eine umfangreiche Motivation der Weiterleitungsentscheidungen, um nicht die insoweit dem Conseil constitutionnel zufallene Kompetenz zu beeinträchtigen. Man wolle bei einer Weiterleitung dem Conseil constitutionnel nicht durch die Formulierung der Entscheidung eine Antwort vorgeben.[1025] Auf Nachfrage eines Abgeordneten präzisierte er seine Aussage dahingehend, es handele sich um eine Evidenzkontrolle, die ebenso gehandhabt werde wie Fragen der Europarechtskonformität im Rahmen des Vorabentscheidungsverfahrens. Nur, wenn die Kompatibilität mit der Verfassung offensichtlich sei, werde nicht weitergeleitet.[1026] SAUVÉ sah seine positive Einschätzung des Filters dadurch bestätigt, dass nur etwa 25% der weitergeleiteten Fragen zu einer Verfassungswidrigskeitserklärung seitens des Conseil constitutionnel führten.[1027] Einen Vergleich mit dem Vorabentscheidungsverfahren stellte auch STIRN als Präsident der für gerichtliche Entscheidungen zuständigen Sektion des Conseil d'État an, es genüge, dass vernünftigerweise die Verfassungskonformität hinterfragt werden könne.[1028]

Auch der Premier Président der Cour de cassation, LAMANDA, sah die Filterung durch die Cour de cassation als problemlos an, ging jedoch bezüglich des Kriteriums des *caractère sérieux* nicht ins Detail. Für ihn stellte sich die Filterung als natürliche Aufgabe der ordentlichen Gerichtsbarkeit dar, da dieser über Art. 66 Const. die Rolle des Hüters der individuellen Freiheiten zugewiesen sei.[1029] Dennoch schlug er eine Vereinheitlichung der Filterkriterien vor, da die Trennung zwischen

---

1022 GUILLAUME, wiedergegeben bei URVOAS, ebd., S. 109, 113, unter Bezugnahme auf die Entscheidung Cour de cassation, Chambre commerciale, 26. Juni 2012, N° 11–27515, Attendu 3.

1023 Dazu eingehend GUILLAUME, wiedergegeben bei URVOAS, ebd., S. 109, 115.

1024 SAUVÉ, wiedergegeben bei URVOAS, ebd., S. 119, 121.

1025 SAUVÉ, wiedergegeben bei URVOAS, ebd., S. 119, 122.

1026 SAUVÉ, wiedergegeben bei URVOAS, ebd., S. 119, 125.

1027 SAUVÉ, wiedergegeben bei URVOAS, ebd., S. 119, 122.

1028 STIRN, wiedergegeben bei URVOAS, ebd., S. 125, 126.

1029 LAMANDA, wiedergegeben bei URVOAS, ebd., S. 127.

der Neuheit und der Ernsthaftigkeit der Frage in der Praxis Schwierigkeiten bereite. Die Mehrstufigkeit des Filters wiederum hielt LAMANDA für grundsätzlich sinnvoll, da die Instanzgerichte im Gegensatz zur Cour de cassation nur eine oberflächliche Prüfung vornähmen.[1030] Außerdem stand er Entscheidungen des Conseil constitutionnel mit Interpretationsvorbehalten kritisch gegenüber, da diese eine Entscheidung des Parlaments verhindern würden.[1031]

Bemerkenswert in diesem Zusammenhang ist die durch den Abgeordneten TOURRET geäußerte Kritik an der Einschätzung LAMANDAS. Die Filter könnten dazu beitragen, das zugestandene Recht, ein Gericht anzurufen und von diesem eine Antwort zu erhalten, zu neutralisieren. Die Tatsache, dass die Entscheidung zum Filter wie ein unanfechtbarer Verwaltungsakt erscheine, sei eine Verletzung der Rechte und Freiheiten der betroffenen Personen.[1032]

Für LAMANDA stellte sich dieses Problem mit Blick auf die durch Art. 66 Const. vorgenommene Aufgabenzuweisung nicht, die Tatsache der Filterung könne somit weder „schockierend noch willkürlich" erscheinen.[1033]

bb) Bilanz 2013 – Sicht der Wissenschaft

Die Einschätzung von richterlicher Seite wurde durch die ebenfalls gehörten wissenschaftlichen Sachverständigen nur bedingt geteilt. Bei Prof. LEVADE klingt zumindest eine Kritik am Vorgehen der filternden Gerichte an. So spricht sie von einer Tendenz zu einem *pré-jugement* der Verfassungsmäßigkeit. Dabei sei kein signifikanter Unterschied im Vorgehen zwischen Conseil d'État und Cour de cassation feststellbar.[1034] Interessant ist in diesem Zusammenhang auch der Hinweis, dass die Cour de cassation sich über lange Zeit gesperrt habe, zu wissenschaftlichen Zwecken unveröffentlichte Entscheidungen zur Verfügung zu stellen.[1035] Deutlich weniger nuanciert ist die Kritik bei Prof. ROUSSEAU, der davon spricht, der Erfolg der QPC sei wegen des Vorhandenseins des Filters fragil, dieser bedürfe der Reform, da bereits seine Existenz die Nutzung der QPC willkürlich mache bzw. dem Zufall überlasse. ROUSSEAU schlägt eine direkte Zulässigkeitsprüfung durch den Conseil constitutionnel ohne Filter vor, der Mechanismus der QPC selbst dränge ansonsten die obersten Gerichte dazu, Verfassungsrecht zu betreiben (*pousse les juges à faire du droit constitutionnel*).[1036]

1030 LAMANDA, wiedergegeben bei URVOAS, ebd., S. 127, insbes. S. 133.
1031 LAMANDA, wiedergegeben bei URVOAS, ebd., S. 127, 130 und 133.
1032 TOURRET, wiedergegeben bei URVOAS, ebd., S. 134.
1033 LAMANDA, wiedergegeben bei URVOAS, ebd., S. 127, 134.
1034 LEVADE, wiedergegeben bei URVOAS, ebd., S. 136, 138.
1035 LEVADE, wiedergegeben bei URVOAS, ebd., S. 136, 138.
1036 ROUSSEAU, wiedergegeben bei URVOAS, ebd., S. 139, 140.

cc) Bilanz 2013 – Sicht der Anwaltschaft

Kritik hinsichtlich des Umgangs mit dem Kriterium des *caractère sérieux* wurde schließlich auch von Seiten der Anwaltschaft geäußert. So hielt Lévy den doppelten Filter zwar insgesamt für funktionstüchtig, störte sich aber daran, dass nach seiner Auffassung die Cour de cassation die Tendenz habe, anders als der Conseil d'État, einen deutlichen Zweifel an der Verfassungsmäßigkeit der angegriffenen Norm für eine Weiterleitung zu verlangen. Lévy regte entsprechend an, über Möglichkeiten eines Rechtsmittels gegen die Entscheidung der Nichtweiterleitung nachzudenken.[1037] Seine Kritik wurde auch durch die Vertreterin der Pariser Anwaltschaft, Saint-Geniest, geteilt.[1038]

Nach dieser Bestandsaufnahme wird offensichtlich, dass eine einheitliche Definition des *caractère sérieux* nicht gegeben ist. Am deutlichsten fällt noch die Stellungnahme von Sauvé aus, der die Filterung durch den Conseil d'État auf eine reine Evidenzkontrolle beschränkt sieht.

dd) Sicht der Literatur

Auch in der Literatur findet sich diesbezüglich kein einheitlicher Vorschlag. So wird darauf verwiesen, das Kriterium lasse sich theoretisch kaum erfassen, es könnten nur einige Grundlinien der Rechtsprechung ermittelt werden.[1039] An anderer Stelle wird festgestellt, dass die Definition Probleme bereite, weil die Qualifikation als „sérieux“ dem sonstigen Recht unbekannt sei.[1040] Einzelfallbezogen wirkt auch die Auflistung im annotierten Verfassungstext, der in der Regel als erstes durch einen mit der QPC befassten Juristen herangezogen wird.[1041]

ee) Eine vergleichbare Situation – Cilfit

Insgesamt lässt sich allerdings feststellen, dass eine Verbindung zwischen den Erfolgsaussichten der Frage und dem *caractère sérieux* hergestellt wird. Dafür spricht gerade die Stellungnahme von Sauvé, dass nämlich darauf geachtet werde, nur solche Fragen nicht weiterzuleiten, bei denen kein Zweifel bestehe.

Diese Einschätzung führt allerdings dazu, dass das weiterleitende Gericht zwingend eine Aussage über die Verfassungsmäßigkeit der Norm treffen muss, um zu entscheiden, ob sich eine Weiterleitung „lohne“. Hier aber offenbart sich ein

1037 Lévy, *Directeur du pôle juridique du Conseil national des barreaux* (Nationaler Rat der Anwaltskammern), wiedergegeben bei Urvoas, ebd., S. 152, 154.

1038 Saint-Geniest, *Membre du Conseil de l'ordre du barreau de Paris* (Mitglied des Vorstands der Pariser Anwaltskammer), wiedergegeben bei Urvoas, ebd., S. 155.

1039 Maugüé/Stahl, QPC, S. 67. Prägnant hierzu auch die bereits 2010 erfolgte Analyse des Präsidenten der Première chambre civile der Cour de cassation, Charruault, JCP-G 2010, Supp. au N° 48, S. 51, 53, der hinterfragt, ob man das *sérieux* anders als durch seine Feststellung definieren könne.

1040 Disant, QPC, S. 232, Rn. 308.

1041 Lascombe, Dalloz, Art. 61–1 Const., Rn. 170 ff.

Problem, denn die Frage bleibt, wie das Gericht diese Einschätzung vornehmen soll, ohne sich dabei zu sehr in den Aufgabenbereich des Conseil constitutionnel zu begeben.

Die Problematik, die hier zu Tage tritt, erinnert deutlich an die bereits im Europarecht gemachten Erfahrungen und die Frage der Stellung von Vorabentscheidungsersuchen. Es ist sinnvoll, die dortige Situation zu betrachten, um das Problem besser erfassen zu können.

Bereits Stirn stellt, ohne die Herkunft der Ausnahme zu benennen, eine Parallele zur *Cilfit*-Entscheidung des Europäischen Gerichtshof von 1982 her.[1042] Damals hatte der Gerichtshof entschieden, dass eine Ausnahme von der Vorlagepflicht des Art. 177 EWGV (heute Art. 267 AEUV) für Gerichte, deren Urteile mit innerstaatlichen Rechtsmitteln nicht angefochten werden können, nur dann in Frage komme, wenn die betreffende Frage nicht entscheidungserheblich sei, die in Bezug genommene Regel des Gemeinschaftsrechts bereits durch den Gerichtshof ausgelegt worden sei oder kein Raum für vernünftige Zweifel bleibe, weil die richtige Anwendung des Gemeinschaftsrechts offenkundig sei.[1043]

Der Conseil d'État hatte zuvor nach einer Möglichkeit gesucht, der Vorlagepflicht des Art. 177 Abs. 3 EWGV zu entgehen und argumentiert, eine „Frage" der Auslegung des Europarechts stelle sich nicht, wenn dessen Interpretation klar ersichtlich sei (*acte clair*).[1044] Dabei lag das Selbstverständnis des Gerichts aus dem Völkerrecht zu Grunde, wo die Auslegung der Verträge allein in der Kompetenz der Regierung gesehen wurde. Diese ursprüngliche *acte-clair*-Doktrin übertrug das Gericht auf Anraten der Commissaire du Gouvernement Nicole Questiaux[1045] auf das Europarecht.

Die Entscheidung des Europäischen Gerichtshof im *Cilfit*-Fall betraf genau diesen Fall, allerdings lag ihr eine Frage des italienischen Kassationshofes zu Grunde, der anfragte, ob und unter welchen Voraussetzungen der nationale Richter seinen Verpflichtungen aus Art. 177 Abs. 3 EWGV entgehen könne.[1046] Die Schlussanträge des Generalanwaltes hatten hier jedem Ermessen des nationalen Gerichts eine Absage erteilt, dieses könne nur dann eine Vorlage unterlassen, wenn entweder die Frage bereits entschieden sei oder es auf die Beantwortung der Frage für die Entscheidung des zu Grunde liegenden Streitfalles nicht ankomme.[1047] Dem Vorschlag der Kommission, einen Kriterienkatalog für die Feststellung des Vorliegens eines

1042 EuGH, 06. Oktober 1982, C-283/81, *Cilfit / Ministero della Sanità*, Slg. 1982, S. 3415.

1043 EuGH, ebd., S. 3431 f.

1044 Dieses ist das Ergebnis der Entscheidung Conseil d'État, Assemblée, 19. Juni 1964, N° 47007, 47008, 47028, 47029, 47030, 48961, 48962, 49019, *Société des pétroles Shell-Berre et autres*, RDP 1964, S. 1034, 1039, Considérant 13.

1045 Siehe hierzu die Schlussanträge von Questiaux, RDP 1964, S. 1019, insbes. 1028 ff.

1046 EuGH, a.a.O., S. 3419, 4. Absatz.

1047 Schlussanträge von Generalanwalt Francesco Capoporti zum Verfahren C-283/81 vom 13. Juli 1982, Slg. 1982, S. 3432, hier insbes. S. 3440 f.

Auslegungszweifels bei fehlender Vorentscheidung vorzugeben[1048] und somit die Nichtvorlage auch dann zu ermöglichen, wenn der Europäische Gerichtshof über die Sache noch nicht geurteilt habe, wurde nicht gefolgt, da auch in diesem Fall die Gefahr bestanden hätte, dass das nationale Gericht über die Stellung der Frage entgegen Art. 177 Abs. 3 EWGV eine Ermessensentscheidung trifft.[1049]

Der Gerichtshof entschied weniger streng. Bei materieller Identität der Frage mit einem entschiedenen Problem könne in Anwendung der *Da Costa*-Rechtsprechung[1050] die Weiterleitung entfallen.[1051] Aber auch dann, wenn sich die richtige Auslegung des Gemeinschaftsrechts mit einer solchen Deutlichkeit (*évidence* bzw. *evidenza* in der verbindlichen italienischen Sprachfassung) aufdränge, dass über die Lösung der Frage ein vernünftiger Zweifel nicht bestehen könne[1052], sei ein Verzicht möglich. Dieser Fall des *acte clair* ist aber mit Blick auf die Besonderheiten des Europarechts[1053], seine spezifischen Begriffsdefinitionen[1054] und vor allem seine Mehrsprachigkeit[1055] festzustellen und muss auch mit Blick auf den Gesamtkontext und die allgemeine Entwicklung des Rechts beurteilt werden.[1056] Dennoch reicht die Überzeugung des Gerichtes aus, dass alle anderen mitgliedsstaatlichen

1048 Siehe für die Stellungnahme der Kommission den Entscheidungstext, EuGH, a.a.O., S. 3424 f.

1049 Capoporti, a.a.O., S. 3441 a.E.

1050 EuGH, 27. März 1963, verb. Rs. C-28, 29 und 30/62, *Da Costa en Schaake NV u. a.*, Slg. 1962, S. 69, 80 ff. Prägnant hierzu die Formulierung in der zitierten deutschen Sprachfassung, die Wirkung einer früheren Entscheidung könne „doch im Einzelfall den inneren Grund dieser Verpflichtung entfallen und sie somit gegenstandslos erscheinen lassen." (S. 81 oben). Bemerkenswert sind hierbei die Schlussanträge von Generalanwalt Maurice Lagrange vom 13. März 1963, im französischen Original abgedruckt in Rec. 1963, S. 81 ff. Denn dieser zeichnet bereits in dieser Rechtssache grob die Umrisse der späteren *Cilfit*-Entscheidung (S. 88 ff.) und kommt zu einer Konzeption des Art. 177 Abs. 3 EWGV, die derjenigen des Conseil d'État in *Shell-Berre* ähnelt. (Und, wie sich aus dem Verweis in den Schlussanträgen von Questiaux, RDP 1964, S. 1019, 1031 ergibt, dem Conseil d'État durchaus als Vorlage gedient haben kann.) Der EuGH griff diese Überlegungen damals nicht auf, was auch damit begründet sein mag, dass seine Urteile Anfang der 1960er Jahre noch sehr dem knappen französischen Stil folgten und kaum über den eigentlichen Tenor hinausgingen. Auf die Ausführungen von Lagrange geht auch Capoporti, a.a.O., S. 3435 f., in seinen Schlussanträgen ein, der in ihnen aber nicht mehr erblicken möchte, als eine Untermauerung der „Da Costa"-Logik.

1051 EuGH, *Cilfit*, a.a.O., Rn. 13.

1052 EuGH, a.a.O., Rn. 16.

1053 EuGH, a.a.O., Rn. 17.

1054 EuGH, a.a.O., Rn. 19.

1055 EuGH, a.a.O., Rn. 18. Siehe in diesem Zusammenhang zu der Frage, ob hieraus eine Verpflichtung zum Vergleich aller Sprachversionen eines Rechtstextes entnommen werden kann Burr, in: Blanke/Mangiameli, TEU, Art. 55, Rn. 66.

1056 EuGH, a.a.O., Rn. 20.

Gerichte zum selben Ergebnis kommen würden, die Überzeugung, dass eine andere Auslegung jedenfalls ausgeschlossen ist, ist demgegenüber nicht erforderlich.[1057]

Die *Cilfit*-Kriterien verdienen eine genauere Betrachtung. Diese wurde durch Generalanwältin Christine Stix-Hackl in ihren Schlussanträgen zur Entscheidung „*Intermodal Transports*" 2005 vorgenommen.[1058] Im Streitfall ging es erneut um die Reichweite der Verpflichtung des nunmehrigen Art. 234 Abs. 3 EGV, in diesem Fall um den Umfang der notwendigen gerichtlichen Überzeugung.[1059]. Der Europäische Gerichtshof präzisierte die Cilfit-Kriterien dahingehend, dass für die Überzeugung eines nationalen Gerichtes nur die hypothetischen Interpretationen durch andere Gerichte, nicht aber durch sonstige staatliche Stellen genügen.[1060]

Deutlich relevanter als diese Weiterentwicklung erscheint die Auseinandersetzung mit „Cilfit" durch Stix-Hackl. Nach einer Wiederholung der oben genannten Kriterien[1061] ging sie auf die Probleme der Anwendung ein. Der Analyse von Capoporti[1062] sei zu folgen, wonach die Anwendung einer Norm nur dann keine Interpretation erfordere, wenn diese bereits durch eine Leitentscheidung ausgelegt worden sei.[1063] Die Frage sei mithin nicht, ob eine Interpretation stattfinde, sondern wie einfach oder kompliziert diese sei. „Cilfit" enthalte damit eine Kompetenzüberlassung an die nationalen Gerichte.[1064] Dieses sei auch bei Analyse der sonstigen Kriterien zu betrachten.[1065] So habe der Gerichtshof zwar verlangt, dass das nationale Gericht überzeugt sein müsse, dass auch alle anderen mitgliedsstaatlichen Gerichte zu dem selben Ergebnis kommen. Diese Objektivierung sei jedoch eine scheinbare, da sich das Gericht diese Überzeugung doch wieder selbst verschaffen müsse.[1066] Im Ergebnis ermöglichten die *Cilfit*-Kriterien damit keine

---

1057 EuGH, a.a.O., Rn. 16.

1058 Schlussanträge der Generalanwältin Christine Stix-Hackl vom 12. April 2005 in der Rechtssache C-495/03, *Intermodal Transports BV*, Slg. 2005, I-8154.

1059 Die Frage war im Kern, ob ein Vorabentscheidungsersuchen unterbleiben kann, wenn zwar das Gericht zu der Auffassung gelangt, die Interpretation der in Rede stehenden Vorschrift sehe sich keinen wie auch immer gearteten Zweifeln ausgesetzt, auch nicht durch ein Gericht eines anderen Mitgliedstaates, dabei jedoch zu einem anderen Auslegungsergebnis gelangt, als eine mitgliedsstaatliche Behörde, EuGH, 15. September 2005, C-495/03, *Intermodal Transports BV*, Slg. 2005, I-08191, Rn. 25 (Vorlagefragen). Konkret in Rede stehend war die Einordnung bestimmter Produkte unter Tarifgruppen des einheitlichen Zolltarifs.

1060 EuGH, a.a.O., Rn. 39 ff.

1061 Stix-Hackl, a.a.O., Rn. 81 ff.

1062 Capoporti, a.a.O., S. 3436.

1063 Stix-Hackl, a.a.O., Rn. 87.

1064 Stix-Hackl, a.a.O., Rn. 88 f.

1065 Stix-Hackl, a.a.O., Rn. 89.

1066 Stix-Hackl, a.a.O., Rn. 91–94. Auch hinsichtlich der weiteren Sprachfassungen werde daher kein allumfassender Sprachvergleich, sondern nur eine Berücksichtigung verlangt, Rn. 97–99.

objektive Feststellung des Interpretationszweifels.[1067] Eine Modifikation mit dem Ziel weiterer Objektivierung erscheine hingegen kaum möglich, auch nicht in der Form der Identifizierung „besonders bedeutender" Auslegungsfragen, die immer weiterzuleiten seien.[1068]

Der Abschaffung des Filters stehe hingegen die große Anzahl der Fragen und die damit drohende Überlastung des Gerichtshofes entgegen[1069], sodass im Ergebnis nur das Vertrauen auf das Urteilsvermögen der nationalen Gerichte verbleibt.[1070]

Die Feststellungen von Stix-Hackl hinsichtlich der *Cilfit*-Kriterien erinnern deutlich an die Situation bei der QPC. Denn auch hier ist die Behauptung, die weiterleitenden Gerichte könnten ohne eine eigenständig vorgenommene Interpretation über die Weiterleitung an den Conseil constitutionnel entscheiden, kaum aufrechtzuerhalten. Die QPC unterscheidet sich allerdings, denn das weiterleitende Gericht kann nicht alleine die Verfassung betrachten, sondern muss deren Auslegung durch den Conseil constitutionnel berücksichtigen (fehlte diese, wäre ansonsten eine *question nouvelle* gegeben). Außerdem ist das Ziel eben nicht nur die verbindliche Interpretation der höherrangigen Norm, sondern auch die Verwerfung des einfachen Rechts. Dennoch kann eines klargestellt werden: Die Nichtweiterleitung stellt eine Ausnahme dar, der *acte clair* ist gerade nicht die Regel.[1071]

ff) Denkbare Problemfälle

Es bleibt damit die Frage, welches Vorgehen der weiterleitenden Gerichte im Rahmen der QPC nicht diesen Grundsatz respektiert.

(1) Question fantaisiste

Unproblematisch erscheint auch vor den beiden obersten Gerichten die Nichtweiterleitung im Falle einer *question fantaisiste*, insbesondere dann, wenn die QPC vor diesen zum ersten Mal gestellt wird.[1072] Hier erfüllt der Filter vollständig die ihm zugedachte Funktion der Entlastung des Conseil constitutionnel. Beispielfälle allerdings zu finden, ist nur begrenzt möglich, die Grenze zur Zurückweisung auf Grund einer unverständlich gestellten Frage ist fließend. Verwiesen sei insoweit

1067 Stix-Hackl, a.a.O., Rn. 101 f.
1068 Stix-Hackl, a.a.O., Rn. 104.
1069 Stix-Hackl, a.a.O., Rn. 106.
1070 Stix-Hackl, a.a.O., Rn. 107.
1071 Kritisch daher Roblot-Troizier, CCC N° 40 (2013), S. 49, 57, die hinsichtlich der Weiterleitungspraxis im Rahmen der QPC eine Theorie der „*constitution claire*" erkennt.
1072 Zu dieser Situation kam es insbesondere kurz nach Inkrafttreten der QPC 2010, da bei vielen laufenden Verfahren eine Stellung der QPC vor den Instanzgerichten nicht mehr möglich war, Toulemonde et al., in: Cartier (Hrsg.), QPC, S. 283, 286.

auf die bereits bei der Problematik des gesonderten und begründeten Schriftstücks diskutierte Entscheidung der Chambre criminelle vom 10. Mai 2011.[1073]

Nichtsdestoweniger ist auch bei einer Zurückweisung aus diesem Grund Vorsicht geboten, vor allem dann, wenn eine nur geringe Umformulierung der Frage genügen würde, um diese ernsthaft werden zu lassen. Dieses verweist zurück auf die Problematik des Verbotes der Stellung der Frage von Amts wegen.

(2) Interprétation conforme

(a) Kritische Haltung in der Literatur

Der Kritik in der Literatur begegnet demgegenüber überraschenderweise eine weitere nachvollziehbare Möglichkeit, eine Weiterleitung von Fragen an den Conseil constitutionnel zu vermeiden. Denn dieser bedarf es rein logisch auch dann nicht, wenn das Gericht die Verfassungswidrigkeit bereits selbst beseitigen kann. Gerade diese Möglichkeit wird jedoch teilweise energisch abgelehnt, gerade hier verwandele sich der Filter in einen „*bouchon*".[1074] Die Beschreibung des Vorgangs selbst bereitet im Grundsatz keine Probleme. Das Gesetz wird so interpretiert, dass der Grund für die Beschwerde entfällt, plastisch, dass ihm das „Gift der Verfassungswidrigkeit" genommen wird.[1075] Damit ist auch verbunden, dass die Frage, sollte sie vorher einen *caractère sérieux* gehabt haben, ab diesem Zeitpunkt keinen Erfolg mehr haben kann.[1076] Die Kritik an dieser Möglichkeit scheint sich nun darauf zu stützen, dass die Frage trotz ihres ursprünglich bestehenden *caractère sérieux* doch nicht zum Conseil constitutionnel gelangt. Das anscheinend präferierte Ergebnis erscheint vor allem dann paradox, wenn die Norm in ihrer spezifischen Interpretation durch die Rechtsprechung angegriffen wird. Das Gericht, das durch eine QPC darauf aufmerksam gemacht wird, dass seine Rechtsprechung ggf. verfassungsrechtlichen Zweifeln begegnet, ist darin gehindert, auf diese Zweifel selbst zu reagieren, sondern soll dann eine Entscheidung des Conseil constitutionnel herbeiführen, der aber in der Regel auch die Norm nicht verwerfen, sondern seinerseits nur eine spezifische Interpretation vorgeben wird.

Die Gründe für die geäußerte Kritik sind schwer zu identifizieren. Zunächst scheint eine nur unvollständige Rezeption der *doctrine du droit vivant* Auslöser zu sein. Denn die Möglichkeit, dass eine ständige Auslegung der Norm Grund für deren Verfassungswidrigkeit sein kann, korreliert mit der ebenso bestehenden

---

1073 Cour de cassation, Chambre criminelle, 10. Mai 2011, N° 11–80993, mit wörtlicher Wiedergabe der gestellten Fragen, die eher wie eine (schwer verständliche) politische Stellungnahme wirken als wie juristische Argumente.

1074 So Disant, QPC, S. 239, Rn. 317; auch bereits wortgleich ders., in: Mathieu/Verpeaux, Contrôle de constitutionnalité, S. 51, 64; ebenso Mathieu/Rousseau, GD QPC, S. 133, Rn. 32. Ohne Verwendung der Formulierung auch Rousseau, Droit du contentieux constitutionnel, S. 254, Rn. 267; Fraisse, LPA 2011, N° 89, S. 5, 8 f.; etwas nuancierter Deumier, RTD Civ. 2011, S. 90, 93.

1075 Disant, QPC, S. 240, Rn. 318.

1076 Disant, QPC, S. 240, Rn. 318.

Möglichkeit, dass durch die ständige Auslegung einer Norm die Verfassungswidrigkeit beseitigt wird.[1077]

Auch der gegenüber der bisherigen Anwendung der *doctrine du droit vivant* in Frankreich vorgebrachte Kritikpunkt, dass die Grenze zwischen der Auslegung der Norm einerseits und der richterlichen Rechtsschöpfung andererseits kaum klar zu ziehen ist, findet ein Gegenstück im Bereich der verfassungskonformen Auslegung bzw. Interpretation der Norm. Denn Auslegung und Interpretation erfolgen stets auf Basis einer Norm und orientiert an dieser. Damit kann die Verfassungswidrigkeit einer Norm auf diesem Weg nur beseitigt werden, wenn die Norm Raum für eine verfassungskonforme Auslegung bietet. Die Grenze kann hier entweder beim Wortlaut oder zumindest beim klar artikulierten Willen des Gesetzgebers gezogen werden, eine nur noch sehr lose am Wortlaut aufgehängte Interpretation mag aus Rechtsschutzgründen Gegenstand der verfassungsrichterlichen Prüfung sein können, als „verfassungskonforme" Interpretation taugt sie jedoch nicht.

Diese Überlegungen treffen in der französischen Literatur jedoch nicht zwingend auf Zuspruch, dabei sind sie mit der gleichzeitig begrüßten *doctrine du droit vivant* eng verbunden. Ein Grund mag darin liegen, dass diese Doktrin vom Conseil constitutionnel eingeführt wurde, um einen Konflikt zu lösen und damit von vornherein als gegen die unabhängige Entscheidung der weiterleitenden Gerichte und deren Entscheidungskompetenz gerichtet begriffen wurde.[1078] In Italien mag eine ähnliche Ausgangssituation gegeben gewesen sein, inzwischen existiert jedoch eine fruchtbare Kooperation, im Rahmen derer das Verfassungsgericht die verfassungskonforme Interpretation nicht nur duldet, sondern sogar von den Gerichten erzwingt.[1079] Weiterhin sind dort alle Gerichte zur Stellung von Fragen der Verfassungsmäßigkeit direkt an das Verfassungsgericht berechtigt, sodass die Effektivität des Verfahrens nicht von den obersten Gerichten abhängt.[1080] Im Konflikt über die verfassungskonforme Interpretation mag man so eine Langzeitfolge der

---

1077 Genau aus der umgekehrten Richtung argumentiert Roux, Études Autin, S. 1253, 1281: Die Möglichkeit, durch eine verfassungskonforme Interpretation ein Gesetz zu „retten", ist auch entscheidendes Argument für die Überprüfbarkeit richterlicher Interpretationen. Aus welcher Richtung man auch argumentiert, das Ergebnis bleibt jedoch gleich, Roux, ebd., spricht von einer symmetrischen Lösung.

1078 Santolini, RFDC N° 93 (2013), S. 83, 94; in beiden Ländern gebe die verfassungskonforme Interpretation den Gerichten die Möglichkeit, der Entscheidung des Verfassungsgerichtes zu entgehen. In Italien werde sie jedoch im Sinne einer Kooperation und notwendigen Entlastung verstanden, sie sei gewollt, wohingegen in Frankreich der Konflikt immer noch im Vordergrund stehe, die Möglichkeit bleibe erduldet. („*en Italie, cette éviction est acceptée et même voulue, alors qu'en France, elle est subie.*").

1079 Santolini, RFDC N° 93 (2013), S. 83, 93 f., mit umfangreichen Nachweisen aus der italienischen Literatur und Rechtsprechung.

1080 Santolini, RFDC N° 93 (2013), S. 83, 94 f.

schwierigen Neuorientierung der Gerichte in ihrem Verhältnis zueinander, vor allem 2010, sehen, sowie insbesondere hinsichtlich der Cour de cassation, dass in diesem Fall Verfassungs- und Privatrechtswissenschaft zu Teilen erstmalig aufeinander getroffen sind.[1081]

Ein weiterer Faktor scheint darin zu liegen, dass der Begriff der verfassungskonformen Interpretation (*interprétation conforme*) nicht präzise umgrenzt wird. Denn die Vornahme einer bestimmten Interpretation sagt zunächst nichts darüber aus, ob diese auch verfassungskonform ist. Nach dem System der QPC ist es jedoch den weiterleitenden Gerichten sowohl zugewiesen, die Norm zu interpretieren (dieses stellt sogar strenggenommen ein absolutes Vorrecht dieser Gerichte dar[1082]) als auch, im Rahmen des Filters, über den *caractère sérieux* der Frage zu befinden.

Übertragen auf die erwähnte Problematik der Überprüfbarkeit tauglicher Interpretationen bedeutet dieses, dass das Gericht zunächst feststellen muss, dass eine bestimmte ständige Auslegung der Norm existiert, die Anlass der gestellten Beschwerde ist, und dann zu prüfen hat, ob diese Auslegung entweder eine neue Frage stellt oder einen *caractère sérieux* hat. Nicht allein, weil eine richterliche Interpretation vorhanden ist, ist die Frage als *sérieux* zu bewerten.[1083]

Teilweise geht die Kritik jedoch genau in diese Richtung. Kritisiert wird weniger, dass das Gericht die Norm ausgelegt hat, sondern dass es zu der Überzeugung gelangt ist, diese Auslegung sei verfassungskonform.[1084] Damit werden aber beide

---

1081 Es erscheint problematisch, aus der jeweiligen wissenschaftlichen Herkunft einzelner Autoren auf deren Position zu schließen, die Überzeugungskraft ihrer Argumente ist davon ohnehin unabhängig. Gleichwohl fällt auf, dass die Kritik an der *interprétation conforme* und generell an der Filterung insbesondere aus Richtung der Verfassungsrechtswissenschaft erhoben wird, während z.B. Maziau, der generell eine deutlich nuanciertere Position einnimmt, Zivilrechtslehrer ist und neben seiner akademischen Tätigkeit an der Cour de cassation als Berichterstatter tätig ist. Dieses führt, ohne dass ein konkreter Bezug zum hier diskutierten Problem besteht, auf die in der Einleitung zitierten Anmerkungen von Magnon, RDP 2013, S. 135, zum Verhältnis der Wissenschaft zu Conseil constitutionnel und QPC zurück, siehe dort, S. 145 ff., für den Versuch, einige „Denkschulen" zu identifizieren.

1082 In diesem Sinne Boucard, JCP-G 2010, S. 1494 f., mit Anmerkungen zur historischen Entwicklung der Möglichkeit richterlicher Interpretation.

1083 Maziau, D. 2011, S. 1775, 1778; genausowenig dürfe beispielsweise medialer Druck das Gericht davon abhalten, seinen Filteraufgaben nachzukommen.

1084 So z.B. bei Disant, in: Mathieu/Verpeaux (Hrsg.), Contrôle de constitutionnalité, S. 51, 65, wenn dieser fragt, ob nicht „die Linie überschritten sei, wenn der Conseil d'État unter Berufung auf seine eigene Rechtsprechung eine Regel für verfassungskonform erkläre". Dieses ist jedoch keine „verfassungskonforme Interpretation", sondern die Feststellung einer Konformität der Interpretation und damit etwas vollkommen anderes. Angedeutet findet sich diese Sicht auch in der sehr harschen Kritik an den Entscheidungen zur Nichtweiterleitung der

Prüfungen nicht scharf voneinander getrennt, ein Argument gegen die verfassungskonforme Interpretation scheint so nicht gegeben.[1085]

Bezug genommen wurde hier an mehreren Stellen[1086] auf eine Stellungnahme von Genevois aus dem Jahre 2002. Dieser kam damals zu dem Ergebnis, die verfassungskonforme Interpretation durch den Verwaltungsrichter finde ihre Grenze in der Unmöglichkeit, eine Verfassungsmäßigkeitskontrolle vorzunehmen.[1087] Dabei stellte Genevois der verfassungskonformen Interpretation die europarechtskonforme Auslegung gegenüber und kam zu dem Ergebnis, dass die Gerichte im zweiten Fall erheblich geringeren Beschränkungen unterlägen, da eben keine Gefahr bestehe, in den Aufgabenbereich des Conseil constitutionnel einzudringen.[1088] Gleichzeitig sah er aber die weitere Limitierung, dass nämlich auch eine richtlinienkonforme Interpretation nicht soweit gehen dürfe, dass es sich faktisch um eine Neu- oder Umschreibung des Gesetzes handele, diese müsse dem Gesetzgeber vorbehalten bleiben. In solchen Fällen könne das Gericht dann nur insgesamt auf die Anwendung der Norm verzichten.[1089] Der Unterschied zwischen beiden Fällen wird jedoch nicht vollständig deutlich. Es ist offensichtlich, dass der Conseil d'État nicht berechtigt ist, ein verfassungswidriges Gesetz vor allem gegen seinen Wortlaut so zu „biegen", bis die von ihm vorgenommene Interpretation wiederum mit der Verfassung übereinstimmt. Nichts anderes gilt jedoch im Grundsatz auch für die europarechtskonforme Auslegung. Selbst wenn man nicht den Wortlaut an dieser Stelle als äußerste Grenze annimmt, sondern stattdessen einen nach dem Gesetzgebungsverfahren klar identifizierbaren Willen des Gesetzgebers[1090], ändert dieses am Ergebnis kaum etwas. Die vorgenommene Interpretation darf nie so weit gehen, dass das Gericht sich faktisch die Macht zugesteht, das Gesetz zu annullieren. Der einzige Unterschied bei der *contrôle de conventionnalité* ist damit darin zu sehen, dass bei dieser eine Möglichkeit besteht, das Gesetz unangewendet zu lassen.

Der Versuch, diese Argumentation auf die QPC zu übertragen, kann jedoch nur teilweise gelingen. Wie ausgeführt, muss die verfassungskonforme Interpretation da zu ihrem Ende kommen, wo sie die durch die Norm selbst gesetzten Grenzen

---

Assemblée Plénière vom 20. Mai 2011 von Chagnollaud, D. 2011, S. 1426, 1428; ebenso auch bei Deumier, RTD Civ. 2011, S. 90, 93.

1085 In diesem Sinne auch Toulemonde et al., in: Cartier (Hrsg.), QPC, S. 283, 299, die allerdings nicht den Begriff der *interprétation conforme*, sondern den des Interpretationsvorbehaltes verwenden, ihn aber scharf von der Berechtigung der Weiterleitung trennen.

1086 So wörtlich von Disant, QPC, S. 240, Rn. 317; Fraisse, LPA 2011, N° 89, S. 5, 8.

1087 „*[...] la marge de manœuvre dont dispose le juge administratif pour interpréter la loi en conformité avec la Constitution trouve sa limite dans l'impossibilité d'exercer un contrôle de constitutionnalité.*" Genevois, RFDA 2002, S. 877, 884.

1088 Genevois, RFDA 2002, S. 877, 884.

1089 Genevois, RFDA 2002, S. 877, 885.

1090 Zum Vorgehen bei der Interpretation und zur Feststellung der gesetzgeberischen Intention daher eingehend auch Genevois, RFDA 2002, S. 877, 879.

überschreitet.[1091] Anders als noch 2002 ist es jedoch den Gerichten nunmehr nicht vollständig verboten, die Verfassungskonformität einer Norm zu beurteilen, sondern im Zuge der Beurteilung des *caractère sérieux* ein notwendiger Teilschritt. Die Kritik von GENEVOIS auf die QPC zu übertragen, bedeutet mithin, den Filter selbst in Frage zu stellen.

Das letzte Argument, das gegen die Möglichkeit einer verfassungskonformen Interpretation vorgebracht wird, ist die beschränkte Autorität der Entscheidungen der weiterleitenden Gerichte, womit die Befürchtung einer chaotischen Situation verbunden ist. Die vielbeachtete Aussage des Generalsekretärs des Conseil constitutionnel, GUILLAUME, 2010, war, dass sich Conseil d'État und Cour de cassation in der Unmöglichkeit befänden, eine Verfassungsmäßigkeitserklärung unter Vorbehalt vorzunehmen, da es sonst zu einer „Kakophonie" komme.[1092] Auf diese Aussage bezieht sich unter anderem DISANT[1093], der ferner darauf verweist[1094], dass die Interpretation durch die einfachen Gerichte nicht wie diejenige des Conseil constitutionnel durch Art. 62 Const. mit einer absoluten Autorität versehen sei.

Die fehlende formale Autorität der Entscheidungen ist eine Tatsache[1095], ihr steht jedoch eine faktische Autorität gegenüber. Jede QPC kann auf dem Wege des Rechtsmittels gegen die Nichtweiterleitungsentscheidung wieder vor das Obergericht gebracht werden, und die Instanzgerichte zeigen ohnehin eine starke Tendenz, sich der Rechtsprechung des jeweils höchsten Gerichts unterzuordnen, um nicht eine Aufhebung ihrer Entscheidungen zu riskieren.[1096]

Die Kritik an der verfassungskonformen Interpretation bezieht sich insgesamt sehr auf das Verhältnis der Gerichte zueinander und verliert dabei ein wenig aus

---

1091 LIÉBER/BOTTEGHI, AJDA 2010, S. 1355, 1363 führen hier an, die Interpretation des Gerichts dürfe nicht so weit gehen, dass sie faktisch in eine Normsetzung umschlage *(basculer dans le normatif)*, erkennen aber zugleich die große Herausforderung dieser Grenzziehung an, da sich Norm und Interpretation kaum trennen lassen. Bezogen auf den Conseil constitutionnel verweist auf den Übergang von Interpretation zu Normsetzung auch HAMON, LPA 2013, N° 144, S. 3, 4. ROBLOT-TROIZIER, CCC N° 40 (2013), S. 40, 59 sieht eine *contradiction flagrante* zwischen Gesetzestext und Verfassung als Grenze an.

1092 GUILLAUME, CCC N° 29 (2010), S. 21, 41.

1093 DISANT, QPC, S. 240, Rn. 317 f.

1094 DISANT, QPC, S. 241, Rn. 318.

1095 FRAISSE, LPA 2011, N° 89, S. 5, 9; dieser sieht genau hierin einen Verstoß der verfassungskonformen Interpretation gegen den Willen des verfassungsändernden Gesetzgebers. Die fehlende Autorität stellt auch DEUMIER, RTD Civ. 2010, S. 504, 506 fest, der Unterschied zwischen einer Entscheidung zur Nichtweiterleitung und einer Erklärung der Verfassungsmäßigkeit dient ihr allerdings gerade als Argument für eine unabhängige Filterung der normalen Gerichte, da darin so keine Einmischung in die Kompetenz des Verfassunsgerichts zu sehen sei.

1096 Hierauf verweist MAZIAU, D. 2011, S. 2811, 2816; in der Folge zustimmend auch JAQUINOT, AJDA 2012, S. 2097, 2099; ROBLOT-TROIZIER, CCC N° 40 (2013), S. 40, 60.

dem Blick, dass die QPC auch dazu dienen soll, die durch die Verfassung garantierten Rechte und Freiheiten durchzusetzen und zu befördern. Dieses Ziel wird allerdings bereits dann erreicht, wenn die Beeinträchtigung, so sie denn bestanden hat aufhört, zu existieren.[1097] Dieses lässt sich am einfachsten erreichen, wenn eine andere, verfassungskonforme Lesart der Norm möglich ist.[1098] Als Kompromissvorschlag wird teilweise angeführt, wenn schon die *interprétation conforme* zugelassen werde, müsse es sich zumindest um eine ständige, länger bestehende Interpretation handeln.[1099] Dieses weist auf die Problematik der *jurisprudence constante* zurück, wie sie bereits bei der Frage des tauglichen Beschwerdegegenstandes thematisiert wurde. Das Ergebnis scheint ähnlich zu sein. Denn wenn sich die Verfassungswidrigkeit durch eine neue „ständige Rechtsprechung" im Sinne eines nunmehrigen Festhaltenwollens beseitigen lässt, wirkt sich das Ergebnis unmittelbar zu Gunsten des Antragsstellers aus. Die frühere, verfassungswidrige Auslegung verschwindet somit aus der Rechtswirklichkeit.

Dagegen sprechen auch keine Erwägungen der Rechtssicherheit. Denn die Änderung der Rechtsprechung kommt nicht weniger abrupt oder vorhersehbar als eine Erklärung der Verfassungswidrigkeit durch den Conseil constitutionnel.

Die vorgebrachte Kritik an der verfassungskonformen Interpretation vermag damit insgesamt nicht zu überzeugen. Eine Bilanz der bisherigen Anwendung der Möglichkeit der verfassungskonformen Interpretation zu ziehen, gestaltet sich hingegen vor dem Hintergrund, dass die betroffenen Gerichte in der Regel die Aufgabe einer früheren Rechtsprechung nicht ausdrücklich feststellen, schwierig. Auch stellt die Aufgabe oder Änderung einer ständigen Rechtsprechung nur den Extremfall dar, deutlich wahrscheinlicher ist die auch von den Kritikern weithin anerkannte Situation, dass seit jeher unter den möglichen Interpretationen einer Norm jene gewählt wird, die mit der Verfassung vereinbar ist.

(b) Nachvollziehbare Anwendung durch die Rechtsprechung

(aa) Die Entscheidung Théron *– neutralisierende Auslegung oder textgetreue Anwendung*

Wie bereits angedeutet, kommt hierzu eine nicht unerhebliche Unsicherheit hinsichtlich der genauen Bedeutung der „verfassungskonformen Interpretation". Dieses wird bereits an der ersten Entscheidung des Conseil d'État, *Théron*, von Mai 2010 deutlich, die immer wieder im Rahmen der Diskussion zitiert wird. Denn

1097 So auch Rousseau et al., RDP 2013, S. 197, 204, der Frage werde zwar ihr *caractère sérieux* genommen, der Rechtssuchende profitiere jedoch in gleicher Weise.

1098 So im Ergebnis auch Maziau, D. 2012, S. 1833, 1834. Grundsätzlich zustimmend auch Magnon et al., QPC, S. 73, Rn. 89, die allerdings eine abrupte Änderung der Rechtsprechung für problematisch mit Blick auf den „Geist der QPC" halten.

1099 Disant, QPC, S. 241, Rn. 319; unter Verweis auf Fraisse, LPA 2011, N° 89, S. 5, 9 sowie Deumier, RTD Civ. 2011, S. 90, 93, wobei bei dieser das Ergebnis etwas unklar bleibt.

gerade dort tritt das Problem nicht manifest zu Tage. Wie bereits bei der Frage der Überprüfbarkeit richterlicher Interpretationen behandelt, kann nämlich die fragliche Interpretation auch so eng mit der Norm verwoben sein, dass jede andere Ansicht deutlichen Zweifeln begegnen muss.[1100] Dann kann eigentlich nicht von einer dezidiert verfassungskonformen Interpretation der Norm gesprochen werden, vielmehr handelt es sich um deren logische Anwendung. Im Fall „*Théron*" griff der Beschwerdeführer die Regel des Art. 728–1 CPP an, nach der bei Häftlingen das in der Haftanstalt eröffnete Konto in drei Teile geteilt wird. Ein Teil steht den Häftlingen unmittelbar zur Verfügung, ein weiterer wird als Guthaben für den Zeitpunkt der Entlassung vorgehalten. Strittig war hier jedoch der dritte (bzw. nach der Zählung des Gesetzes erste) Teil, gegenüber dem Dritte, denen im Verfahren Schadensersatz zugesprochen wurde (*partie civile*), und Unterhaltsberechtigte ihre Ansprüche geltend machen können.[1101] Der Beschwerdeführer sah durch diese Vorschrift die Unschuldsvermutung des Art. 9 DDHC verletzt, da die Kontenteilung auch auf Untersuchungshäftlinge anwendbar ist, deren strafrechtliche Verantwortlichkeit und damit zivilrechtliche Schadensersatzpflichtigkeit noch nicht gerichtlich festgestellt wurde.[1102]

Der Conseil d'État kam zu dem Ergebnis, dass die Frage mangels *caractère sérieux* nicht weiterzuleiten sei. Zur Begründung führte das Gericht aus, die Vorschrift habe nicht zur Folge, dass die Mittel des Untersuchungshäftlings dauerhaft zu Gunsten der *partie civile* oder eventueller Unterhaltsberechtigter eingezogen würden, vielmehr habe die Einrichtung des Kontos einen *caractère purement conservatoire* und missachte daher nicht die Unschuldsvermutung.[1103]

Diese Feststellung des *caractère purement conservatoire* wird weithin als neutralisierende Interpretation der Norm verstanden.[1104] Diese Annahme erscheint allerdings nicht zwingend. Denn einer anderen als dieser Interpretation steht, zumindest teilweise, bereits die Logik entgegen. Solange der Strafprozess nicht mit einer Verurteilung zu Ende gegangen ist, kann es auch keine anspruchsberechtigte

1100 Siehe hierzu oben, Kapitel 2. A.IV,4.c),aa).

1101 Art. 728–1 Abs. 2 CPP ergänzt, dass die Auszahlung an die *partie civile* auf Antrag der Staatsanwaltschaft unmittelbar durch die Haftanstalt erfolgt, allerdings unter Vorbehalt der Ansprüche eventueller Unterhaltsberechtigter.

1102 Conseil d'État, 6ème et 1ère sous-sections réunies, 19. Mai 2010, N° 331025, *Théron*, Considérant 2.

1103 Conseil d'État, 6ème et 1ère sous-sections réunies, 19. Mai 2010, N° 331025, *Théron*, Considérant 2.

1104 Darauf basiert die Kritik von Rousseau, Droit du contentieux constitutionnel, S. 254 Rn. 267, ebenso Mathieu/Rousseau, GD QPC, S. 132, Rn. 32. Von einer *interprétation neutralisante* sprechen auch Viala, RDP 2011, S. 965, 981; Roblot-Troizier, RFDA 2011, S. 691, 708; bei Liéber/Botteghi, AJDA 2010, S. 1355, 1363 sowie Lallet/Domino, AJDA 2011, S. 375, 386 ist abgemildert von einer „neutralisierenden Lesart" die Rede; von einer *réserve d'interprétation* spricht Jacquinot, AJDA 2012, S. 2097, 2099.

partie civile geben. Dass Geld für diesen Fall zurückgelegt wird, trifft noch keine Aussage darüber, ob dieser Fall überhaupt eintreten wird, genauso wenig, wie die Untersuchungshaft selbst hierzu eine Aussage ermöglicht. Auch hinsichtlich der Unterhaltsberechtigten ist ein Zusammenhang mit der Unschuldsvermutung nicht zu erkennen. Denn die Unterhaltspflicht, beispielsweise aus familienrechtlichen Gründen, hat mit der strafrechtlichen Verantwortlichkeit nichts zu tun.

Unabhängig davon wies der *Rapporteur public*, Guyomar, in seinen *Conclusions* darauf hin, dass Art. 728–1 CPP durch ein in Art. 728–1 Abs. 3 CPP vorgesehenes Dekret ergänzt werde.[1105] In den Art. D 320–1 ff. CPP werden die einzelnen Anteile festgelegt. In Art. D 325 CPP wird explizit vorgeschrieben, das eine Auszahlung an die *partie civile* erst erfolgen könne, nachdem die Verurteilung rechtskräftig geworden sei. Guyomar sieht vor allem durch diese Regelungen die Unschuldsvermutung ausreichend gewährleistet, hätte aber interessanterweise die Weiterleitung einer auf die *incompétence négative* gestützte QPC wegen der sehr weitgehenden Delegation an den Verordnungsgeber vorgeschlagen.[1106]

Den ausdrücklichen Vorschlag der verfassungskonformen Interpretation unterbreitet er bezüglich der Unschuldsvermutung nicht. Diesen Vorschlag macht er vielmehr bezüglich der Verletzung eines durch den Beschwerdeführer nicht gerügten Rechts, der Eigentumsfreiheit. Nach seiner Auffassung ist die verfassungskonforme Interpretation auch nur dort zulässig. Bei den Rechten, auf die der Antragsteller sich beruft, führe sie zu dem Risiko, sich an die Stelle des Conseil constitutionnel zu setzen.[1107] Der Vorschlag der verfassungskonformen Interpretation in diesem Fall überrascht, denn das Gericht ist durch das Verbot, die QPC von Amts wegen zu stellen, auch daran gehindert, einer gestellten QPC eine andere Norm der Verfassung zu Grunde zu legen.[1108] So hat auch der Conseil d'État hier das durch Guyomar genannte Eigentumsrecht, auf das sich der Antragsteller nicht berufen hatte, nicht einmal erwähnt.

Die *Théron*-Entscheidung ist damit als Beispiel für eine verfassungskonforme Interpretation nur bedingt geeignet, gibt jedoch einen deutlichen Beleg für die geäußerte Vermutung, dass zwischen der *interprétation conforme* einerseits und

1105 Guyomar, Gaz. Pal. 2010, S. 1638, 1640.

1106 Guyomar, Gaz. Pal. 2010, S. 1638, 1641; allerdings war zu diesem Zeitpunkt die Entscheidung des Conseil constitutionnel im Fall „*Kimberly Clark*" noch nicht erfolgt, Guyomar, Fn. 9, bzeieht sich auf die *Conclusions* von Boucher zu diesem Fall, siehe hierzu oben, Kapitel 2, E.1.2.

1107 Guyomar, Gaz. Pal. 2010, S. 1638, 1641.

1108 Siehe dazu oben, Kapitel 2, C.I. Widersprüchlich hierzu Disant, QPC: Auf S. 135, Rn. 165 wird das Verbot, die QPC auf die Verletzung anderer als der geltend gemachten Rechte zu stützen, benannt, hingegen wird auf S. 241, Rn. 319 das von Guyomar vorgeschlagene Vorgehen als Möglichkeit angeführt, jedoch insoweit kritisiert, als damit vom Umfang des Antrags der Umfang der möglichen verfassungskonformen Interpretation abhänge.

der möglichen Verfassungswidrigkeit im Sinne eines *caractère sérieux* häufig nicht ausreichend unterschieden wird.

(bb) Fall der neuen Auslegung einer Norm

Inzwischen existieren jedoch einige Beispielfälle für eine verfassungskonforme Interpretation, die es dem jeweiligen Gericht ermöglicht hat, auf eine Weiterleitung an den Conseil constitutionnel zu verzichten.

Gerade im Bereich des Strafrechts wurde die Möglichkeit genutzt, gesetzliche Regelungen ergänzend auszulegen, um so eine Weiterleitung zu vermeiden. Ein Beispiel[1109] hierfür findet sich in einer Entscheidung der Sonderformation vom 16. Juli 2010.[1110] Der Beschwerdeführer hatte die Verfassungswidrigkeit von Art. 417 CPP gerügt. Nach dieser Vorschrift darf sich der Beschuldigte in einem Strafverfahren von einem Anwalt vertreten lassen. In der 2010 gültigen Fassung war das Gericht allerdings nicht gehalten, über diese Möglichkeit zu informieren, lediglich in Abs. 4 war die Beiordnung eines Verteidigers für den Fall einer Erkrankung vorgesehen, die zur Beeinträchtigung der Verteidigung führen könnte.[1111] Nach Auffassung der Beschwerdeführer verstieß die fehlende Verpflichtung, über die Möglichkeit einer anwaltlichen Vertretung informiert zu werden, gegen die verfassungsmäßig garantierten Rechte der Verteidigung.[1112]

Eine Weiterleitung erfolgte jedoch nicht. Stattdessen führte die Sonderformation in ihrer Entscheidung aus, der Frage fehle es am „*caractère sérieux*", da die Möglichkeit der Beiziehung eines Verteidigers, um effektiv sein zu können, auch zwingend voraussetze, dass der Beschuldigte darüber informiert worden sei.[1113]

Die Verpflichtung für das Gericht, über diese Möglichkeit zu informieren, ergibt sich nicht zwingend aus dem Text der Norm, sondern stellt eine richterliche Rechtsfortbildung dar.[1114] Die Cour de cassation hat damit eine Entscheidung des Conseil constitutionnel vermieden, wobei in solchen Fällen auch das Verfassungsgericht nicht zwingend zu einer Annullierung kommen muss, sondern sich auch

1109 Für weitere Beispielfälle siehe die Zusammenfassung bei Maziau, D. 2011, S. 2811.

1110 Cour de cassation, Chambre criminelle (Formation spéciale), 16. Juli 2010, N° 10–80551, Arrêt N° 12185, *Mustapha X.*,

1111 So hieß es damals in Art. 417 Abs. 2 CPP lediglich, der Präsident müsse einen Verteidiger beiordnen, wenn der unverteidigte Beschuldigte nach einem solchen verlange, diese Vorschrift wurde so verstanden, dass eine Information über das Recht auf einen Verteidiger in das Ermessen des Präsidenten gestellt war, Danet, RSC 2011, S. 151.

1112 Cour de cassation, Chambre criminelle (Formation spéciale), 16. Juli 2010, N° 10–80551, Attendu 1.

1113 Cour de cassation, Chambre criminelle (Formation spéciale), 16. Juli 2010, N° 10–80551, Attendu 4.

1114 Maziau, D. 2011, S. 2811, 2812 bezeichnet die Verpflichtung als *obligation prétorienne.*

mit einem Interpretationsvorbehalt begnügen kann.[1115] Gleichzeitig ist aber auch die Grundlage einer (möglichen) Beeinträchtigung der Rechte des Beschwerdeführers entfallen, da davon auszugehen ist, dass die Instanzgerichte dieser Verpflichtung nachkommen werden, schon um nicht aus diesem Grund eine Kassation ihrer Urteile zu riskieren. Im konkreten Fall folgte die Cour de cassation diesem Prinzip, denn bei der Entscheidung über das spätere Rechtsmittel wurde das Urteil der niederen Instanz aufgehoben, weil der Beschuldigte nicht über sein Recht auf einen Verteidiger informiert worden war.[1116] Bemerkenswert ist weiterhin, dass das Gericht mit einer solchen Neuinterpretation einer Norm durchaus auch ein Handeln des Gesetzgebers im Sinne der richterlichen Interpretation erreichen kann. So wurde, auf einen Vorschlag im Jahresbericht der Cour de cassation für 2010[1117], Art. 417 CPP mit Wirkung zum 15. Dezember 2011 so geändert[1118], dass nunmehr auch nach dem Gesetzestext eine Information des Beschuldigten über sein Recht auf einen Verteidiger obligatorisch ist.[1119]

(cc) Fall der ausdrücklichen Aufgabe einer früheren Rechtsprechung

Die Cour de cassation geht allerdings noch weiter und ist tatsächlich bereit, eine Änderung der Rechtsprechung einzuleiten, wo diese erforderlich ist. Erstmals geschah dieses in einer Entscheidung vom 05. Oktober 2011.[1120] Die Beschwerde betraf Art. 716–4 CPP. Diese Vorschrift regelt die Anrechnung der vor der

1115 Auf diese mögliche Konsequenz verweist Maziau, D. 2011, 2811, 2815 bei der Besprechung der sogleich zu diskutierenden Entscheidung vom 05. Oktober 2011, er hält allerdings das normale Gericht grundsätzlich für besser geeignet, sinnvolle Anpassungen der Rechtsprechung vorzunehmen.

1116 Cour de cassation, Chambre criminelle, 24. November 2010, N° 10–80551, Attendu 4. Dabei führte das Gericht in diesem Fall zur Begründung seiner Entscheidung neben Art 16 DDHC auch Art. 14 § 3d IPbpR und Art. 6 § 3c EMRK an. Siehe zu dieser Entscheidung auch die Anmerkung bei Danet, RSC 2011, S. 151; allgemein zum Vorgehen der Cour de cassation auch Maziau, D. 2011, S. 529, 534.

1117 Cour de cassation, Rapport annuel 2010, S. 42.

1118 Dieses geschah durch Art. 64 des Gesetzes N° 2011–1862 vom 13. Dezember 2011, *relative à la répartition des contentieux et à l'allègement de certaines procédures juridictionnelles*, JORF n° 0289 vom 14. Dezember 2011, S. 21105. Die Änderung wurde nach dem Bericht des Berichterstatters in der Assemblée nationale unter Berücksichtigung der Rechtsprechung der Cour de cassation und von dessen Empfehlung vorgenommen, siehe hierzu Bonnot, Rapport N° 3604 vom 29. Juni 2011, Ass. Nationale., 13ème législature, S. 212.

1119 Die Formulierung des Art. 417 CPP lautet nunmehr, dass, sollte der Beschuldigte noch keinen Verteidiger benannt haben, er durch den Präsidenten über die Möglichkeit der Berufung eines Pflichtverteidigers informiert werde, falls er diese Information noch nicht vor der Verhandlung erhalten habe. Die Berufung eines solchen Verteidigers ist dann nach Satz 2 weiterhin von der Entscheidung des Beschuldigten abhängig.

1120 Cour de cassation, Chambre criminelle, 05. Oktober 2011, N° 11–90087.

Verurteilung erlittenen Haft auf eine später verhängte Freiheitsstrafe. Gegenstand der Beschwerde war die fehlende Anrechnung einer im Ausland erlittenen Untersuchungshaft auf eine Verurteilung in Frankreich, wenn die Untersuchungshaft wegen einer Tat im Ausland verhängt wurde, die dann jedoch nach einer Anzeige des ausländischen Staates[1121] an die französischen Behörden im Inland abgeurteilt wurde. Die Vorschrift des Art. 716–4 CPP schweigt zu dem Sonderfall der im Ausland erlittenen Untersuchungshaft, ausdrücklich erfasst wird in Absatz 2 nur die im Ausland erlittene Haft in der Folge eines Auslieferungsersuchens oder nach einem Europäischen Haftbefehl.

Die Chambre criminelle der Cour de cassation hatte 1997 festgestellt, dass keine gesetzliche oder völkervertragsrechtliche Norm eine Grundlage für die Anrechnung einer im Ausland verbüßten Strafe auf eine in Frankreich nach einem Verfolgungsersuchen verhängte Strafe biete[1122], so die ausländisches Strafe nicht entweder vollständig verbüßt oder verjährt sei.[1123]

Die QPC an den Conseil constitutionnel weiterzuleiten, hätte nach dem Grundsatz, dass die Norm in ihrer ständigen Auslegung durch die Rechtsprechung der eigentliche Prüfungsgegenstand des Verfahrens ist, mithin bedeutet, diese Rechtsprechung der Cour de cassation an der Verfassung zu messen.

Die Chambre criminelle vermied diesen Weg, gab vielmehr die Rechtsprechung von 1997 auf und stellte fest, dass Art. 716–4 CPP nicht etwa eine Anrechnung spezifisch ausländischer Untersuchungshaft ausschließe, sondern vielmehr allgemein jede Untersuchungshaft für anrechenbar erkläre.[1124] Diese Interpretation drängte sich ebenso wenig auf, wie die 1997 gewählte. Denn wo Art. 716–4 Abs. 1 CPP allgemein und ohne Nennung des Ortes von der Untersuchungshaft spricht, wird in Art. 716–4 Abs. 2 CPP die im Ausland verbüßte Haft ausdrücklich nur in Zusammenhang mit der Auslieferung und dem Europäischen Haftbefehl erwähnt. Man könnte die Norm also so verstehen, wie es die Cour de cassation 1997 tat, das die

1121 Sog. *dénonciation officielle* oder *dénonciation à fin des poursuites*, zu Deutsch *Strafverfolgungsersuchen*. Ziel eines solchen Ersuchens ist die Strafverfolgung des angefragten Staates gegen eigene Staatsbürger wegen einer Straftat auf dem Gebiet des anfragenden Staates, insbesondere, wenn eine Auslieferung nicht möglich ist. Siehe zur völkerrechtlichen Einordnung und der Frage des Strafklageverbrauchs Ambos/Poschadel, GA 158 (2011), S. 95 ff.

1122 Cour de cassation, Chambre criminelle, 21. Oktober 1997, N° 97–81099, Attendu 4.

1123 Im Ausgangsfall war ein Franzose in der Schweiz wegen Mordes zu 12 Jahren Freiheitsentzug verurteilt worden und nach insgesamt zwei Jahren Haft nach Frankreich geflüchtet, nach seiner dortigen Festnahme wurde er durch ein französisches Gericht ohne Anrechnung der früheren Strafe wegen derselben Tat zu 13 Jahren Freiheitsentzug verurteilt; Cour de cassation, Chambre criminelle, 21. Oktober 1997, N° 97–81099, Attendu 3.

1124 Cour de cassation, Chambre criminelle, 05. Oktober 2011, N° 11–90087, Attendu 4.

Auflistung der anrechenbaren Haft im Ausland abschließend ist[1125], oder man versteht den Hinweis auf die Auslandshaft als Hervorhebung einer Sondersituation, der Haft zur Auslieferung, die in Frankreich logischerweise nicht eintreten kann.[1126] Beide Interpretationen erscheinen damit im Rahmen der Vorschrift grundsätzlich möglich. Die Cour de cassation konnte somit der Beschwerde abhelfen, ohne dass eine Befassung des Conseil constitutionnel zwingend erforderlich gewesen ist.[1127]

An diesem Fall wird deutlich, dass auch die Nichtweiterleitungsentscheidungen eine Wirkung zumindest auf das laufende Verfahren haben und die Cour de cassation bereit ist, die von ihr vorgegebene Interpretation durchzusetzen. Denn das Gericht, das hier die QPC an die Cour de cassation übermittelt hatte, die Cour d'appel von Chambéry, entschied nach der Verweigerung der Weiterleitung zur Sache unter Anwendung der alten Rechtsprechung von 1997 und verweigerte mit Entscheidung vom 08. Februar 2012 eine Anrechnung ausländischer Untersuchungshaft[1128]. Diese Entscheidung hob die Chambre criminelle am 13. März 2013, unter Wiederholung der zur Zurückweisung der QPC gebrauchten Formulierung, auf.[1129] Das Gericht lässt also nicht zu, das seinem Interpretationsvorbehalt durch die Instanzgerichte nicht gefolgt wird, auch wenn der Wandel der Rechtsprechung abrupt erfolgte.

(c) Fazit zur verfassungskonformen Interpretation

Nach allem erweist sich die verfassungskonforme Interpretation als sinnvolles und nützliches Instrument zur Entlastung des Conseil constitutionnel. Sie stellt auch dessen Kompetenz als Verfassungsgericht nicht nachhaltig in Frage. Denn solange es möglich ist, ohne Überschreitung der Grenze des Wortlautes oder gegen den ausdrücklichen Willen des Gesetzgebers die angegriffene Norm so zu

---

1125 In diese Richtung geht die Anmerkung von Herzog-Evans, AJ Pénal 2012, S. 356, 357, die aber die von der Cour de cassation gewählte Lösung nicht ausdrücklich für ausgeschlossen hält, ähnlich auch Lasserre-Capdeville, AJ Pénal 2013, S. 425, 426.

1126 Peltier, Droit pénal 5/2013, Comm. 84, spricht hier davon, die Cour de cassation habe, um dieses Ergebnis zu erreichen beide Absätze in Kombination angewendet, zweifelt jedoch insgesamt an der Vereinbarkeit mit dem Wortlaut.

1127 Darsonville, in: Cartier (Hrsg.), QPC, S. 446, 459 sieht in diesem Vorgehen zwar eine „gewagte Position", stellt aber gleichzeitig fest, dass die Cour de cassation so ihre Rechtsprechung verfassungskonform gemacht habe und damit letztlich das Ziel erreicht sei.

1128 Dieses ergibt sich aus Cour de cassation, Chambre criminelle, 13. März 2013, N° 12–83024, Attendus 2 und 4.

1129 Cour de cassation, Chambre criminelle, 13. März 2013, N° 12–83024, Attendu 4. In der Kommentierung dieser Entscheidung wird allerdings der unmittelbare Zusammenhang mit der Entscheidung über die QPC nur bedingt hergestellt, so bei Peltier, Droit pénal 5/2013, Comm. 84; Lasserre-Capdeville, AJ Pénal 2013, S. 425, 426.

interpretieren, dass der gegen sie erhobene Vorwurf der Verfassungswidrigkeit gegenstandslos wird, könnte auch das Verfassungsgericht nicht zu einem anderen Ergebnis kommen, geschweige denn dürfen. Der Interpretationsvorbehalt eines obersten Gerichtes verfügt zwar nicht über die gleiche absolute Autorität wie ein solcher des Conseil constitutionnel, faktisch besteht jedoch kein Unterschied in der Wirkung.[1130]

Insgesamt erscheint damit die Kritik an der verfassungskonformen Interpretation, wenn man diese tatsächlich in dem Sinne versteht, dass das Gericht nach einer konformen Auslegung des Gesetzes sucht, nicht vollständig nachvollziehbar. Denn gerade die Notwendigkeit, seine eigene Rechtsprechung unter Umständen dem Urteil des Conseil constitutionnel auszusetzen, bewegt die Gerichte doch dazu, selbst die Verfassung bewusst in den Blick zu nehmen und zu beachten. Es wäre sicherlich unberechtigt, den Vorwurf zu erheben, dass dieses vor 2010 nicht erfolgt sei[1131], doch zumindest bestand bis zu diesem Zeitpunkt keine Möglichkeit, etablierte Entscheidungen der Obergerichte hinsichtlich ihrer Verfassungsmäßigkeit anzugreifen. Die Kritik an der verfassungskonformen Interpretation stellt sich damit eigentlich als Kritik an einer möglicherweise diskutablen oder schlicht inkorrekten Anwendung der Rechtsprechung des Conseil constitutionnel durch die beiden obersten Gerichte dar[1132], wenn man nicht davon ausgehen möchte, wie es teilweise durchscheint, dass das höchste Ziel einer eingelegten QPC zwingend die Entscheidung des Conseil constitutionnel ist. Insoweit kann der Analyse von Roblot-Troizier beigepflichtet werden, die die verfassungskonforme Interpretation als ein effektives Mittel der Um- und Durchsetzung der Verfassung ansieht.[1133]

Die teilweise überdeutliche Kritik an der *interprétation conforme* darf allerdings den Blick darauf nicht verstellen, dass die Rechtsprechung der beiden obersten Gerichte hinsichtlich des Filters ansonsten genügend Probleme aufwirft und eine loyale Einfügung in das System vermissen lässt.

(3) Die analoge Anwendung der Rechtsprechung des Conseil constitutionnel

Die eigentliche Problematik hinsichtlich der Filterung durch die beiden obersten Gerichte und der Anwendung des Kriteriums des *caractère sérieux* zeigt sich beim

1130 Maziau, D. 2011, S. 2811, 2816, unter Verweis darauf, dass bereits bei der Nichtweiterleitungsentscheidung eine objektive Frage behandelt werde, die den Instanzgerichten als „Inspiration“ dienen könne.

1131 Siehe beispielsweise hinsichtlich der Bedeutung der Verfassung für die Zivilgerichtsbarkeit Nadal, in: Mathieu (Hrsg.), *1958–2008: cinquantième anniversaire de la Constitution française*, S. 345, 347 ff.

1132 Diese Sichtweise scheint bei Rousseau, Regards sur l'actualité N° 368 (2/2011), S. 36, 39 f. durch, der die neutralisierende Interpretation als Mittel der beiden obersten Gerichte sieht, ihrer Unterordnung unter die Rechtsprechung des Conseil constitutionnel zu entgehen, die vor der QPC nur auf Höflichkeit basiert habe, nunmehr aber eine Verpflichtung sei, ebd., S. 38 a.E.

1133 Roblot-Troizier, CCC N° 40 (2013), S. 49, 59 f., ebenso auch schon S. 56.

Versuch der Übertragung der Rechtsprechung des Conseil constitutionnel auf andere Streitfälle. Roblot-Troizier spricht hier wie ausgeführt zugespitzt von einer Doktrin der *„constitution claire"*. Die obersten Gerichte verständen die Verfassung so, dass keine Zweifel hinsichtlich der ihr zu gebenden Auslegung beständen und sie daher anhand dieser Regeln darüber befinden könnten, ob eine Frage solche Zweifel der Verfassungsmäßigkeit aufwerfe, dass ihre Weiterleitung gerechtfertigt erscheine.[1134]

Verzichtet man auf die kritische Zuspitzung und betrachtet das Vorgehen der obersten Gerichte von einem neutralen Standpunkt, stellt sich die Situation allerdings kaum anders dar. Disant beschreibt den Prozess der Feststellung des *caractère sérieux* treffend als Anwendung eines „analogen Filters".[1135] Es gehe darum, innerhalb der Rechtsprechung des Conseil constitutionnel jene Entscheidung zu identifizieren, die, ohne sich direkt auf den Fall zu beziehen (dann bestünde das Problem der bestehenden Entscheidung in gleicher Sache), die entscheidenden Hinweise für die Lösung des Falles enthält. Damit ist jedoch das grundsätzliche Problem verbunden, dass eine analoge Anwendung immer bedeutet, dass gegenüber dem Ausgangsfall Modifikationen vorgenommen werden müssen.[1136]

Die QPC verlangt allerdings nicht in jedem Fall eine Modifikation gegenüber dem Ausgangsfall, es besteht auch die Möglichkeit, die Rechtsprechung direkt zur Anwendung zu bringen. Greift man hier auf die *Cilfit*-Kriterien zurück, kommt es auf die Überzeugung des Gerichts an, dass ein anderes Gericht in gleicher Position nicht zu einem anderen Ergebnis kommen würde. Diese Möglichkeit ist auch bei der Filterung durch die beiden obersten Gerichte gegeben, wenn diese die Erfüllung hart fassbarer Kriterien feststellen können. Aus diesem Grund ist es von großer Bedeutung, dass der Conseil constitutionnel die Übersichtlichkeit seiner Rechtsprechung wahrt und klare Abgrenzungsentscheidungen fällt. Das weiterleitende Gericht kann, ohne einer Analogie zu bedürfen, eine Weiterleitung verweigern, weil der Conseil constitutionnel festgestellt hat, dass ein bestimmter Normtyp nicht tauglicher Beschwerdegegenstand sein kann, dass ein bestimmtes Argument, wie z.B. die fehlende Beteiligung der Bürger am Erlass steuerrechtlicher Normen oder die Verletzung der Garantie der Regionalsprachen nach Art. 75–1 Const. im Rahmen der QPC nicht zulässig ist oder das der Schutzbereich eines spezifischen Grundrechts eine ganze Kategorie von Fällen nicht erfasst.[1137] Dann wird der Filter

---

1134 Roblot-Troizier, CCC N° 40 (2013), S. 49, 57.

1135 Disant, QPC, S. 239, Rn. 316.

1136 Disant, QPC, S. 239, Rn. 316 bezeichnet die Analogie als *„approximation logique"*, gegenüber der Vorsicht geboten sei.

1137 Diesen Fall beschreiben Liéber/Botteghi, AJDA 2010, S. 1355, 1362 f., sie geben dazu Beispiele, bei denen der Conseil d'État klar auf die Ausgestaltung der Grundrechte durch die Rechtsprechung des Conseil constitutionnel Bezug genommen hat. Ihre Argumentation geht jedoch über die bloße Anwendung einer klaren und präzisen Rechtsprechung hinaus, sie sehen den Conseil d'État als vollwertigen „Verfassungsrichter des einfachen Rechts" (juge constitutionnel

so zum Einsatz gebracht, wie er vom Gesetzgeber konzipiert wurde, denn er ermöglicht die Entlastung des Conseil constitutionnel von solchen Fragen, die dieser bereits eindeutig beantwortet hat, ohne dass jedoch die weiterleitenden Gerichte insoweit eine eigene Auslegung vornehmen würden.

Die Literatur stellt jedoch zu Recht fest, dass dieser zurückhaltende Einsatz des Filters nicht der gerichtlichen Realität entspricht. Vor allem die obersten Gerichte verlassen regelmäßig den Bereich der reinen Anwendung der Rechtsprechung des Conseil constitutionnel, um selber, nach eigener Auslegung und Abwägung, zu einem Urteil der Verfassungskonformität zu gelangen. Hier könnte zunächst nur vom Problem des „analogen Filters“ gesprochen werden, wenn versucht wird, eine bestimmte Rechtsprechung des Conseil constitutionnel für einen Fall nutzbar zu machen. Diese Möglichkeit der analogen Filterung zu kritisieren, bedeutet letztlich erneut, die Entscheidung für den Filter insgesamt in Frage zu stellen.

Das Problem geht jedoch über diesen Fall dann hinaus, wenn fraglich erscheinen muss, ob aus logischen Gründen die Übertragung einer bisherigen Rechtsprechung möglich ist. Schwierigkeiten bereiten hier jene Fälle, in denen eine Abwägungsentscheidung erforderlich ist. Dann wenn es darum geht, festzustellen, ob die Beschränkung eines Grundrechtes verhältnismäßig zu dem angestrebten Ziel ist oder wenn mehrere Grundrechte in Ausgleich zueinander gebracht werden müssen, kann die Rechtsprechung des Conseil constitutionnel zwar Anhaltspunkte, eine sichere Antwort auf die gestellte Frage jedoch kaum geben. Wenn also in einem solchen Fall eine Weiterleitung unterlassen wird, handelt es sich nicht um die Anwendung einer bereits durch das Verfassungsgericht vorgenommenen Abwägung, sondern um die eigene Entscheidung des mit der Frage betrauten Gerichts.

(a) Verständnis als getreue Aufgabenwahrnehmung

Dieses Vorgehen kann unterschiedlich bewertet werden. Aus der Sicht der weiterleitenden Gerichte handelt es sich dabei nicht um die Anmaßung einer ihnen nicht zustehenden Kompetenz, sondern um das genaue Gegenteil. An dieser Stelle sei erneut auf den bereits zitierten und umfänglich rezipierten Aufsatz von Liéber/Botteghi verwiesen, die schon 2010 die Entwicklung zu einer eigenständigen Verfassungsrechtsprechung der weiterleitenden Gerichte vorhersagten. Sie gingen davon aus, dass sich die Rechtsprechung der weiterleitenden Gerichte so entwickeln werde, dass nicht mehr jeder kleine Zweifel für eine Weiterleitung genüge, ihrer Auffassung nach war es für den Erfolg des Systems gerade erforderlich, dass die normalen Gerichte vollumfänglich die Aufgabe des *„juge constitutionnel négatif“* wahrnähmen.[1138] Dabei zeige die vorgebrachte Begründung, dass eine bestimmte Norm „keine unverhältnismäßige Belastung“ verfüge, dass das Verwaltungsgericht die Angewohnheiten des Verfassungsgerichts annehme (*endosse des habits de juge*

---

de droit commun). Diese weitgehende Lesart begegnet jedoch der Kritik, dazu sogleich.

1138 Liéber/Botteghi, AJDA 2010, S. 1355, 1361.

constitutionnel).[1139] Die Entscheidung des Gerichts wird damit nicht als Anwendung der zu diesem Fall bestehenden Rechtsprechung des Conseil constitutionnel verstanden, vielmehr gehört es eben zum normalen Instrumentarium eines Verfassungsgerichts, zu dem der Verwaltungsrichter hier erklärt wird, auch selbst abzuwägen.

(b) Verständnis als Überschreitung der zugewiesenen Kompetenz

Es besteht jedoch auch die Möglichkeit, in dieser Vornahme von Verfassungsgerichtsbarkeit keine getreue Anwendung des Kriteriums des *caractère sérieux* zu sehen, sondern die Überschreitung der durch die Verfassung und das *loi organique* zugewiesenen Kompetenzen.[1140] Für diese Sichtweise lässt sich vor allem anführen, dass bei der Einrichtung der QPC die Entscheidung gegen eine verteilte Verfassungsgerichtsbarkeit gefallen ist.[1141] Damit bleibt der Grundsatz des *loi écran*, der es den einfachen Gerichten verbietet, Verfassungsgerichtsbarkeit auszuüben, bestehen, es gibt auch grundsätzlich nicht die Möglichkeit, diesen durch die analoge Anwendung der Rechtsprechung des Conseil constitutionnel zu durchbrechen.[1142] Dieses ist jedoch das Vorgehen des normalen Gerichts, das in der Entscheidung des Verfassungsrichters eine Ermächtigung dazu erblicken möchte, in dem Sinne, dass es sich überhaupt nicht um eine Kontrolle der Verfassungsmäßigkeit handele, sondern lediglich darum, der Autorität der Entscheidungen des Verfassungsgerichts zu voller Geltung zu verhelfen.[1143]

Dieser Versuch der Rechtfertigung kann im Fall der QPC nicht überzeugen. Denn diese basiert, wie Disant zu Recht anmerkt, darauf, dass der Conseil constitutionnel die Möglichkeit erhält, die Verfassung verbindlich auszulegen und ggf. seine Rechtsprechung weiterzuentwickeln.[1144] Disant macht allerdings auch darauf aufmerksam, dass die Grenze zwischen der eigenständigen Wahrnehmung von Verfassungsgerichtsbarkeit und der bloßen Prüfung des *caractère sérieux* nicht trennscharf gezogen werden könne, nicht allein durch die Berufung auf die Rechtsprechung des Conseil constitutionnel bleibe die Prüfung innerhalb der ihr gesetzten Grenzen.[1145] Daher wird in der Literatur zu Teilen die Feststellung der Überschreitung der Grenze der reinen Untersuchung des caractère sérieux

1139 Liéber/Botteghi, AJDA 2010, S. 1355, 1363.
1140 In diesem Sinne Disant, in: Mathieu/Verpeaux, Examen de constitutionnalité, S. 51, 58.
1141 Disant, in: Mathieu/Verpeaux, Examen de constitutionnalité, S. 51, 62.
1142 Disant, ebd., S. 61.
1143 Disant, ebd., S. 62.
1144 Disant, ebd., S. 62.
1145 Disant, ebd., S. 59.

vermieden, vielmehr wird von einer „vertieften Kontrolle“ (*contrôle approfondi*) gesprochen[1146], die sich ggf. als problematisch erweise.[1147]

(c) Fazit

Die Anwendung des Kriteriums des caractère sérieux wird damit insgesamt dann zum Problemfall, wenn die weiterleitenden Gerichte nicht mehr im Rahmen einer Evidenzkontrolle oder gestützt auf eine klar zu identifizierende und übertragbare Rechtsprechung des Conseil constitutionnel ihre Entscheidungen vornehmen, sondern wenn sie sich stattdessen selbst die Rolle des Verfassungsgerichts zugestehen. Dieses führt zwar zu einer Entlastung des Verfassungsgerichts, weil damit die Zahl der weitergeleiteten Fragen insgesamt sinkt, gleichzeitig leidet jedoch die Rechtssicherheit. Der Rechtssuchende muss, will die Erfolgsaussichten seines Antrags einschätzen können, im Detail nicht nur die möglicherweise anwendbare Rechtsprechung des Conseil constitutionnel kennen, sondern sich auch zusätzlich mit der Rechtsprechung des für die Weiterleitung im konkreten Fall zuständigen Spruchkörpers auseinandersetzen.[1148] Die Einheitlichkeit der Verfassungsrechtsprechung, die wesentlicher Vorteil des zentralisierten Systems der Verfassungsgerichtsbarkeit ist, wird so nachhaltig beeinträchtigt, gleichzeitig ist nicht erkennbar, dass eine so weitgehende Verlagerung der Verfassungsgerichtsbarkeit auf die einfachen Gerichte vom Gesetzgeber beabsichtigt oder vor dem Hintergrund des erstrebten Ziels der Entlastung des Verfassungsgerichts und der Schnelligkeit des Verfahrens erforderlich ist.

III. Fazit zur Verfassungsmäßigkeitsprüfung durch die einfachen Gerichte

Der verfassungsändernde Gesetzgeber hat sich bei Einführung der QPC entschlossen, den Zugang zum Verfassungsgericht von einer vorherigen gerichtlichen Filterung abhängig zu machen. Diese Grundentscheidung für den Filter ist zu respektieren, auch wenn sie zwangsläufig zur Folge hat, dass die Verfassungsgerichtsbarkeit nicht alleine bei einer zentralen Instanz angesiedelt ist. Diese Zentralisierung ist jedoch grundsätzlich mit Blick auf das Ziel der Einheitlichkeit der Rechtsprechung und damit der Rechtssicherheit erstrebenswert.

1146 So z. B. von Roblot-Troizier, RFDA 2011, S. 691, 707.

1147 So z. B. bei Magnon et al., QPC, S. 241, Rn. 304, die als Beispiel den Unterschied zwischen der reinen Prüfung der Anwendbarkeit eines bestimmten Rechts und der Kontrolle der Verhältnismäßigkeit in den Blick nehmen. Siehe für weitere Beispiele dies., S. 242, Rn. 305 f.

1148 Diesen Hinweis geben Magnon et al., QPC, S. 242, Rn. 304, das darin liegende Problem benennen sie selbst, da sie bezüglich der Obergerichte nicht von Rechtsprechung, sondern von „*politiques jurisprudentielles*“ sprechen, die es zu beachten und zu verfolgen gelte.

Der Gesetzgeber des *loi organique* hat als materielles Kriterium der Weiterleitung an den Conseil constitutionnel die Feststellung der Neuheit oder Ernsthaftigkeit der Frage vorgesehen, hinsichtlich der Weiterleitung an die obersten Gerichte genügt bereits die Feststellung, dass es an der Ernsthaftigkeit nicht fehlt. Entsprechend erscheint hauptsächlich die Weiterleitung an den Conseil constitutionnel problembehaftet. Insgesamt kann nicht davon gesprochen werden, dass sich der Filter zu einem „Korken" entwickelt habe, der die Effektivität des Systems insgesamt vereitele. Dazu trägt bei, dass das Alternativkriterium der Neuheit der Frage durch die Gerichte großzügig angewandt wird, dazu trägt auch bei, dass die weiterleitenden Gerichte bereit sind, ihre eigene Rechtsprechung auf Verfassungsmäßigkeit zu prüfen und entsprechend der Frage des Antragsstellers zu verändern.

Es kann jedoch festgestellt werden, dass die Verfassungsmäßigkeitskontrolle in einem insgesamt größeren Maße als durch Gesetzgeber vorgesehen durch die weiterleitenden Gerichte wahrgenommen wird, zu Lasten der Rechtssicherheit und Vorhersehbarkeit der Ergebnisse. Dieses ist die Folge eigenständiger Verfassungsanwendung durch die weiterleitenden Gerichte, die an dieser Stelle nicht mehr nur allein eine analoge Übertragung der Rechtsprechung des Conseil constitutionnel vornehmen.

Die Frage bleibt, ob dieses Ergebnis auf Grund der Ausgestaltung des Filters unausweichlich war, erstrebenswert kann es wegen der klaren Entscheidung des Gesetzgebers gegen eine verteilte Kontrolle kaum sein. Das Kriterium des *caractère sérieux* bedingt für sich genommen nicht, dass die Gerichte auch Abwägungsentscheidungen treffen und sich an die Stelle des Conseil constitutionnel setzen. Der Konflikt rührt wohl vielmehr daher, dass der Conseil constitutionnel eine klare Eingrenzung dieses Kriteriums nicht vorgenommen hat und es nur natürlich ist, dass ein Gericht seine Kompetenzen in der Regel eher weit als eng verstehen wird. Es ist möglich, durch den weitgehenden Verzicht auf Abwägungsentscheidungen innerhalb der durch den Gesetzgeber vorgesehenen Grenzen zu bleiben, ohne dass damit zwingend eine Überlastung des Verfassungsgerichts einhergeht.

Ein Tätigwerden des Gesetzgebers an dieser Stelle könnte sinnvoll sein, um eine größere Klarheit über die Weiterleitungskriterien und damit eine größere Rechtssicherheit herbeizuführen, in Frankreich haben sich Wissenschaft und Politik[1149] trotz aller Sorge vor dem *gouvernement des juges* wohl mit der verteilten Verfassungsgerichtsbarkeit abgefunden.

1149 So sah Urvoas bei der Evaluation 2013 das Problem des Fehlens eines Rechtsmittels gegen die Nichtweiterleitungsentscheidungen als weniger aktuell als noch 2010 an (*moins brûlante aujourd'hui*), er gab keine Empfehlung hinsichtlich einer Weiterentwicklung oder Umänderung des Kriteriums des *caractère sérieux*, auch wenn er sich mit der erwähnten harschen Kritik Rousseaus an der Filterung konfrontiert sah. Urvoas, Rapport N° 842 vom 27. März 2013, Ass. Nationale, 14ème législature, S. 45 bzw. S. 62, dort allerdings mit der Einschränkung, man müsse verfolgen, wie sich der Filter in Zukunft entwickele.

Kapitel 3 – Folgen der Entscheidung und das Verhältnis zur *contrôle de conventionnalité*

A. Die Entscheidung des Conseil constitutionnel und ihre Folgen

Wenn die weiterleitenden Gerichte zu dem Ergebnis gekommen sind, dass die ihnen vorgelegte QPC eine auf den Streitfall anwendbare Rechtsnorm zum Inhalt hat, eine frühere Entscheidung in gleicher Sache nicht entgegensteht und schließlich das Kriterium der *question nouvelle* oder des *caractère sérieux* erfüllt ist, gelangt diese Frage zum Conseil constitutionnel, der für seine Entscheidung über die Verfassungsmäßigkeit der angegriffenen Norm drei Monate Zeit hat.

An dieser Stelle soll die Untersuchungstechnik des Conseil constitutionnel nicht vertieft betrachtet werden, denn diese unterscheidet sich nicht wesentlich von der bei der *contrôle à priori* praktizierten Vorgehensweise.[1150] Außerdem ist anzumerken, dass bei den bereits diskutierten Prüfungspunkten häufig der richterliche Umgang durch eine Befassung des Conseil constitutionnel mit dem entsprechenden Streitfall geprägt wurde und damit bereits einige Feststellungen zur Untersuchungstechnik des Verfassungsgerichts getroffen wurden. In einem wesentlichen Punkt, der sich jedoch aus der Natur des Verfahrens nahezu zwingend ergibt, unterscheidet sich die Untersuchung des Conseil constitutionnel bei der QPC jedoch von der *contrôle à priori.* Die Beschränkung auf die *droits et libertés que la Constitution garantit* wird auch bei der Untersuchung durch den Conseil constitutionnel beachtet. Es handelt sich damit nicht um eine reine Zugangsbeschränkung zu einem Gericht, welches dann doch allumfassend prüft, sondern schränkt dessen Kompetenz an dieser Stelle insgesamt ein.[1151]

Der Frage, ob neben denjenigen Normen, die ausdrücklich subjektive Rechte garantieren, auch weitere Verfassungsnormen mit in die Prüfung einbezogen

---

1150 Disant, QPC, S. 314, § 2 spricht davon, die Kontrolltechniken seien von der *contrôle à priori* entliehen (*empruntées*). Maugüé/Stahl, QPC, S. 182 sprechen allgemein von einem „Erbe" der *contrôle à priori.*

1151 Ein Vergleich erscheint hier zum Verfahren der Popularklage nach Art. 98 Satz 4 der Bayerischen Verfassung möglich. Denn für die Zulässigkeit der Popularklage reicht nicht allein das Interesse des Klägers aus, vielmehr muss er substantiiert die Möglichkeit einer Grundrechtsverletzung darlegen, Müller, in: Meder/Brechmann, BV, Art. 98 Satz 4, Rn. 18 ff. Ist die Popularklage jedoch einmal wirksam erhoben, findet entgegen dem Wortlaut von Art. 98 Satz 4 BV, der von der „verfassungswidrigen Einschränkung eines Grundrechts" spricht, eine Prüfung am Maßstab der gesamten Bayerischen Verfassung statt, Müller, in: Meder/Brechmann, BV, Art. 98 Satz 4, Rn. 29 ff.

werden sollen, wurde bereits bei der Problematik der *incompétence négative* nachgegangen. Es lässt sich feststellen, dass der verfassungsändernde Gesetzgeber in Frankreich nicht bestrebt war, sich der *Elfes*-Logik des Bundesverfassungsgerichts anzuschließen und entsprechend einen Eingriff nur durch ein im Übrigen verfassungskonformes Gesetz zulassen wollte. Allerdings sollte hier die Kritik nur vorsichtig angebracht werden. Denn die französische Vorstellung von Grundrechtsprüfung sollte und kann nicht vom Standpunkt des deutschen Rechts beurteilt werden, gerade auch, weil auch die deutsche Prüfungsstruktur nicht immer logisch erscheint und frei von aller Kritik bleibt.

Eine bedeutende Einschränkung bei der Prüfung lässt sich jedoch ausmachen. Der Conseil constitutionnel begreift sich als Organ, dessen Kompetenz sich nur unmittelbar aus der Verfassung ergibt und durch diese strikt limitiert wird.[1152] Er sieht sich entsprechend auch eng an das vorgesehene System der Gewaltenteilung gebunden und vermeidet daher nicht nur die Einmischung in den Aufgabenkreis des Gesetzgebers im Sinne einer sanktionierenden Entscheidung, sondern zu Teilen bereits die inhaltliche Auseinandersetzung mit vorgebrachter Kritik an dessen Tätigkeit. Die klassische Formulierung hierzu lautet, die Verfassung gestehe dem Conseil constitutionnel nicht eine zum Recht des Parlaments identische Möglichkeit der Einschätzung und Entscheidung zu, sondern gebe ihm nur die Möglichkeit, über die Verfassungskonformität der ihm vorgelegten Normen zu entscheiden.[1153] Die Einschränkung hat das Gericht auch für die QPC übernommen und urteilte so beispielsweise bei der Frage der Eheschließung für Homosexuelle in leicht abgewandelter Form, Art. 61–1 der Verfassung, dem Beispiel des Art. 61 Const. folgend, gebe dem Conseil constitutionnel keine generelle Macht zur Beurteilung und Entscheidung, wie sie dem Parlament zukomme, dieser Artikel gebe dem Gericht damit nur die Kompetenz, über die Vereinbarkeit einer gesetzlichen Regelung mit den Rechten und Freiheiten der Verfassung zu entscheiden.[1154] Dazu führt der Entscheidungskommentar weiter aus, das Gericht habe entschieden, dass es ihm nicht zustehe, seine Einschätzung an die Stelle der Einschätzung des Gesetzgebers

1152 Inwieweit eine solche Zurückhaltung auch durch das Bundesverfassungsgericht geübt wird, darf kritisch hinterfragt werden, siehe dazu nur Depenheuer, in: Hillgruber (Hrsg.), Gouvernement des juges, S. 79, zum Problem des „judicial self restraint" insbes. S. 89 ff.

1153 So Disant, QPC, S. 318, Rn. 433, Fn. 1, unter Verweis auf die umfangreiche Rechtsprechung des Conseil constitutionnel, insbesondere auf die bereits diskutierte Entscheidung „IVG", in der sich die Einschränkung in Considérant 1 wiederfindet – Conseil constitutionnel, 15. Januar 1975, N° 74–54 DC, *IVG*.

1154 Conseil constitutionnel, 28. Januar 2011, N° 2010–92 QPC, Mme. Corinne C. et autre, Considérant 5: „[...] *que l'article 61–1 de la Constitution, à l'instar de l'article 61, ne confère pas au Conseil constitutionnel un pouvoir général d'appréciation et de décision de même nature que celui du Parlement ; que cet article lui donne seulement compétence pour se prononcer sur la conformité d'une disposition législative aux droits et libertés que la Constitution garantit;* [...]" [eig. Übersetzung].

zu setzen.[1155] Wie angemerkt wird, führt dieses Selbstverständnis auch dazu, dass das Gericht in der Regel darauf verzichtet, Empfehlungen auszusprechen, wie der Gesetzgeber einer festgestellten Verfassungswidrigkeit abhelfen könne, woraus auch resultieren kann, dass die Wirkung der Entscheidung weit in die Zukunft verschoben wird.[1156] Diese Selbstbeschränkung erweist sich jedoch nicht als besonderes Problem, denn sie hat nicht zur Folge, dass der Conseil constitutionnel eine offensichtliche Verfassungswidrigkeit akzeptiert, um nicht die Kompetenz des Gesetzgebers zu beeinträchtigen. Das Gericht verzichtet aber darauf, gesellschaftlichen Streitfragen auf dem Wege der Verfassungsgerichtsbarkeit zu begegnen.[1157]

Es bleibt mithin die Frage bestehen, welche Auswirkung den Entscheidungen des Conseil constitutionnel im Rahmen der QPC zukommt, und damit auch, welche Möglichkeiten der Entscheidung dem Gericht offenstehen. Die Frage des Inhaltes und der Reichweite der Entscheidung des Verfassungsgerichts im neuen Verfahren wurde im Gesetzgebungsverfahren nur am Rande diskutiert. Die Frage der Auswirkungen der Entscheidungen des Conseil constitutionnel findet sich allgemein nicht in Art. 61 bzw. 61–1 Const., sondern in Art. 62 geregelt.

Dabei enthält Art. 62 Abs. 1 Const. zunächst die auf die *contrôle à priori* bezogene Vorschrift, dass eine nach Art. 61 Const. für verfassungswidrig erklärte Norm weder verkündet noch zur Anwendung gebracht werden könne.[1158] Der frühere Art. 62 Abs. 2, nunmehr Abs. 3 Const. stellt dann, wie bereits bei der Frage der früheren Entscheidung in gleicher Sache diskutiert, fest, dass gegen die Entscheidung des Conseil constitutionnel kein Rechtsmittel bestehe und diese für alle öffentlichen Gewalten und die Verwaltung und Gerichte verbindlich seien.[1159]

Bereits das Comité Balladur schlug vor, zwischen diesen beiden Absätzen zu ergänzen, dass eine nach Art. 61–1 Const. für verfassungswidrig erklärte Norm zu dem Datum abgeschafft werde, das der Conseil constitutionnel in seinem Urteil

---

1155 Commentaire de la décision n° 2010–92 QPC, S. 11.

1156 Maugüé/Stahl, S. 190, unter Verweis auf die Rechtsprechung des Conseil constitutionnel zur *Garde à vue* und die dort gebrauchte Formulierung, es stehe dem Gericht nicht zu, diejenigen Änderungen des Strafprozessrechts anzuzeigen, die erforderlich sind, um der konstatierten Verfassungswidrigkeit abzuhelfen; Conseil constitutionnel, 30. Juli 2010, N° 2010–14/22 QPC, *M. Daniel W. et autre*, Considérant 30. Siehe zu dieser Einschränkung auch den Entscheidungskommentar, Commentaire de la décision n° 2010–14/22 QPC, S. 22.

1157 Siehe hierzu erneut das bereits oben bei der Frage der *question nouvelle* diskutierte Problem der Eheschließung für Homosexuelle, bei dem schlussendlich der Gesetzgeber die gesetzliche Änderung vornehmen musste und das Gericht sich eines Urteils insoweit enthalten hat.

1158 „*Une disposition déclarée inconstitutionnelle sur le fondement de l'article 61 ne peut être promulguée ni mise en application.*“

1159 „*Les décisions du Conseil constitutionnel ne sont susceptibles d'aucun recours. Elles s'imposent aux pouvoirs publics et à toutes les autorités administratives et juridictionnelles.*“

festlege, sie aber jedenfalls nicht auf bereits laufende Verfahren zur Anwendung kommen könne.[1160] Diese Regel fand in ähnlicher Form ihren Weg in den Gesetzesentwurf zur Verfassungsänderung und wurde auch so ohne Änderungen beschlossen. In Art. 62 Abs. 2 Const. heißt es nunmehr, eine für verfassungswidrig erklärte Norm werde mit Publikation der Entscheidung des Conseil constitutionnel oder zu einem späteren, durch die Entscheidung festgelegten Datum abgeschafft.[1161] Das Gericht entscheide über die Bedingungen und Grenzen, unter denen die Folgen der Norm in Frage gestellt werden könne.[1162] Der Berichterstatter in der Assemblée nationale führt dazu aus, diese Vorschrift sehe zwei mögliche Konsequenzen einer Entscheidung vor. Neben der Abschaffung der Norm für die Zukunft ab Publikation oder ab einem späteren Zeitpunkt sei die zweite Konsequenz, dass der Conseil constitutionnel über eine Möglichkeit verfüge, eine eventuelle Wirkung der Entscheidung für die Vergangenheit festzustellen.[1163] Diese Möglichkeit erlaube es dem Gericht, eventuelle extreme Wirkungen der verfassungswidrigen Norm aus der Vergangenheit abzufedern, ohne dass jedoch gleichzeitig jede frühere Anwendung des Gesetzes in Frage gestellt werde. Das Gericht habe entsprechend einen Ausgleich zwischen dem allgemeinen Interesse, ein verletztes Recht wiederherzustellen, und anderen Prinzipien, wie insbesondere der Rechtssicherheit, herzustellen.[1164] Die große Heterogenität der Fälle verbiete es jedoch, dieses zeige die Erfahrung anderer europäischer Staaten mit ähnlichen Kontrollmechanismen, hierfür eine gesetzliche Lösung vorzusehen, die Lösung sei durch die Rechtsprechung zu finden.[1165] Im Rechtsausschuss fand zu dieser Vorschrift keine Diskussion statt. In der Plenarberatung wurde hierüber nur wenig diskutiert.[1166] Auch im Sénat

---

1160 Rapport Balladur, S. 176 (= Proposition 74 a.E.).

1161 Diese gesetzlich ausdrücklich festgelegte Möglichkeit der Verschiebung des Eintritts der Wirkung der Aufhebungsentscheidung hebt Disant, CCC N° 40 (2013), S. 63, 64, besonders hervor, in anderen Ländern wie in Deutschland, Spanien oder Italien basiere diese Möglichkeit nur auf einer richterlichen Anerkennung.

1162 „*Une disposition déclarée inconstitutionnelle sur le fondement de l'article 61-1 est abrogée à compter de la publication de la décision du Conseil constitutionnel ou d'une date ultérieure fixée par cette décision. Le Conseil constitutionnel détermine les conditions et limites dans lesquelles les effets que la disposition a produits sont susceptibles d'être remis en cause.*"

1163 Warsmann, Rapport N° 892 vom 15. Mai 2008, Ass. Nationale, 13ème législature, S. 443 oben.

1164 Warsmann, Rapport N° 892 vom 15. Mai 2008, Ass. Nationale, 13ème législature, S. 443, vorletzter Absatz.

1165 Warsmann, Rapport N° 892 vom 15. Mai 2008, Ass. Nationale, 13ème législature, S. 443 a.E. und 444.

1166 Bemerkenswert ist gleichwohl ein Änderungsantrag, der in der Beratung schlussendlich nicht mehr aufrecht erhalten wurde, nachdem der Rechtsausschuss hierzu ohne Diskussion ein negatives Votum abgegeben hatte. Nach diesem Änderungsantrag sollte der Teil der Vorschrift, der ein Aufschieben der Auswirkungen der Erklärung der Verfassungswidrigkeit ermöglicht, ebenso entfallen

blieb diese Vorschrift ohne Änderungen, der dortige Berichterstatter schloss sich weitgehend WARSMANNS Ausführungen an.[1167]

Wie durch WARSMANN ausgeführt, wurde damit die Ausgestaltung der Wirkung der Entscheidungen in weiten Teilen dem Conseil constitutionnel überlassen, da eine nähere gesetzliche Umschreibung kaum möglich erschien. Das *loi organique* konnte zu dieser Frage keine weiteren Feststellungen treffen, da sein Anwendungsbereich auf Art. 61–1 Const. beschränkt ist, die fraglichen Regelungen jedoch in Art. 62 Const. enthalten sind.

Der Conseil constitutionnel hat in umfangreichem Maße von den Möglichkeiten des Art. 62 Abs. 2 Const. Gebrauch gemacht und auch darüber hinaus eine variantenreiche Rechtsprechung entwickelt, da von der Vorschrift alle Fälle nicht erfasst werden, die die Verfassungskonformität der Vorschrift bestätigen. So besteht die Möglichkeit einer Erklärung der Verfassungskonformität, einer Konformität unter Vorbehalt, einer sofortigen oder einer zeitlich verschobenen Aufhebung der Norm. Zuletzt ist es auch möglich, dass das Gericht überhaupt keine Prüfung vornimmt, sondern zu einem *„non lieu à statuer“* kommt, wie bereits bei der Frage der Überprüfung von Umsetzungsrecht und bei der Problematik der früheren Entscheidung in gleicher Sache erörtert wurde.

Bei der Betrachtung der Gesamtheit der bisherigen Entscheidungen zur QPC wird deutlich, dass der überwiegende Teil der Urteile keine besonderen Probleme mit sich bringt. Zunächst ist die Anzahl der Fälle, in denen es zu einer, auch nur teilweisen, Erklärung der Verfassungswidrigkeit gekommen ist, begrenzt. Bei insgesamt 356 Entscheidungen zur QPC[1168] ist es in 103 Fällen zur Feststellung einer vollständigen oder teilweisen Verfassungswidrigkeit gekommen, dieses entspricht eine Quote von knapp 30%. In etwa einem Drittel dieser Fälle (32) hat das Gericht von seinem Recht Gebraucht gemacht, die Wirkung seiner Entscheidung auf einen späteren Zeitpunkt zu verschieben.[1169]

Zu den 103 Fällen des Verwerfens der Norm kommen 19 Fälle, in denen das Gericht aus unterschiedlichen Gründen zu einem *non-lieu* gekommen ist, dabei

---

wie die Möglichkeit, eine teilweise Retroaktivität anzuordnen. Begründet wurde dieses damit, es sei nicht akzeptabel, dem Conseil constitutionnel eine solche Macht zuzugestehen, mit der Möglichkeit der Anordnung der Retroaktivität werde er faktisch mit legislativer Macht versehen. Siehe hierzu Änderungsantrag (Amendement) N° 143 des Abgeordneten LE FUR vom 19. Mai 2008 zum Projet de loi N° 820, geladen von http://www.assemblee-nationale.fr/13/pdf/amendements/0820/082000143.pdf am 29.08.2014.

1167 Siehe hierzu HYEST, Rapport N° 387 (Sénat 2007–2008) vom 14. August 2008, S. 179f.

1168 Stand 31. August 2014.

1169 So die Anmerkung auf der Internetseite des Conseil constitutionnel, „A la une“ von September 2014, geladen von http://www.conseil-constitutionnel.fr/conseil-constitutionnel/francais/a-la-une/septembre-2014-les-effets-dans-le-temps-des-decisions-qpc.142100.html, geladen am 24.09.2014.

wurde allerdings in 6 Fällen die Entscheidung nur teilweise verweigert und ansonsten die Verfassungskonformität festgestellt.

Vollständig für verfassungskonform befunden wurde die untersuchte Norm in 192 Fällen, in 39 Fällen wurde die Konformität hingegen nur unter einem Interpretationsvorbehalt festgestellt. Die verbleibenden drei Entscheidungen betreffen die Korrektur eines Fehlers im Urteil, die Zurückweisung eines vorgeblich auf eine solche Korrektur gerichteten Antrags und schließlich den noch zu thematisierenden Sonderfall eines Vorabentscheidungsersuchens an den Europäischen Gerichtshof.

Mit Blick auf die Überlegungen aus dem Gesetzgebungsverfahren erscheinen hier die Fälle am interessantesten, bei denen der Conseil constitutionnel zwar zum Ergebnis der Verfassungswidrigkeit gekommen ist, jedoch die Wirkung dieser Entscheidung für die Zukunft aufgeschoben hat. Diese Verschiebung der zeitlichen Wirkung steht in engem Zusammenhang mit dem Hauptunterschied des neuen Prüfungsverfahrens zur contrôle à priori, dass nämlich die Entscheidung des Conseil constitutionnel überhaupt bestehende Situationen in Frage stellen kann.[1170] Die 32 Fälle, in denen der Conseil constitutionnel zu diesem Ergebnis gekommen ist, sind einer Systematisierung gut zugänglich[1171] und lassen sich grob in drei Kategorien einteilen.

I. Fälle, in denen die Erklärung der Verfassungswidrigkeit ohne Wirkung bleibt

Zunächst lassen sich jene Fälle erfassen, in denen die Erklärung der Verfassungswidrigkeit der angegriffenen Norm ohne eine weitere Intervention des Gesetzgebers nur begrenzt Auswirkungen hätte. Wie bereits ausgeführt, hält sich der Conseil constitutionnel grundsätzlich streng an die Beschränkung seiner Kompetenz und begrenzt den Inhalt seiner Urteile damit auf die Annullierung von Rechtsnormen. Er beabsichtigt nicht, sich vom *législateur négative* im kelsenianischen Sinne[1172] zum *législateur positive*[1173] zu machen und sich an die Stelle des parlamentarischen Gesetzgebers zu setzen.

Es gibt jedoch eine größere Zahl von Entscheidungen, bei denen die bloße Annullierung einer Norm die Verfassungswidrigkeit nicht beseitigen kann. Dieser Fall ist von der zweiten, sogleich zu behandelnden Möglichkeit zu unterscheiden, dass durch die Annullierung der Norm ein ungerechtfertigter Unterschied eingeebnet

---

1170 Disant, CCC N° 40 (2013), S. 63, 64; unter Hinweis darauf, dass die Fähigkeit des Verfassungsgerichts, die Auswirkung seiner Entscheidung zu bestimmen (*pouvoir d'aménagement*), zwingende Folge der Vielfältigkeit der betroffenen Sachverhalte und der teilweise weitgehenden Auswirkungen der Aufhebung sei.

1171 Da es sich bei dem späteren Wirkungseintritt um eine Ausnahme handelt, ist der Conseil constitutionnel zu einer ausdrücklichen und nachvollziehbaren Begründung verpflichtet, Disant, CCC N° 40 (2013), S. 63, 67.

1172 Siehe hierzu ausdrücklich Kelsen, The Journal of Politics 1942, S. 183, 187; ähnlich auch ders., RDP 1928, S. 197, 224f.

1173 Diesen auch begrifflichen Gegensatz hebt Disant, QPC, S. 357, Rn. 497, hervor.

wird und in der Folge alle betroffenen Bürger gleich schlecht gestellt werden.[1174] Jener Fall, dass die Annullierung schlussendlich ohne ein Einschreiten des Gesetzgebers ohne jede Wirkung bleibt, ist vor allem im Bereich der Umsetzung der *Charte d'environnement* aufgetreten. Diese sieht eine umfangreiche Beteiligung der Bürger bei Genehmigungen im Bereich des Baurechts vor. Wenn nun die entsprechenden einfachgesetzlichen Regeln diese verfassungsrechtliche gebotene Beteiligung nicht vorsehen, sind sie aus diesem Grund verfassungswidrig. Ihre Aufhebung hat jedoch gerade nicht zur Folge, dass nunmehr dem Anspruch aus der Verfassung Genüge getan wird.[1175] Nur der Gesetzgeber kann in dieser Situation Abhilfe schaffen, indem er die Norm entsprechend ändert.[1176] Die Aufhebung der Norm hat auch zur Folge, dass in ihrem Regelungsbereich nunmehr jede gesetzliche Grundlage fehlte, sodass eine Lähmungswirkung eintritt, die ebenfalls nicht als verfassungskonform gelten kann. Der Conseil constitutionnel gesteht daher in ständiger Rechtsprechung an dieser Stelle dem Gesetzgeber eine Frist zur Anpassung zu.[1177] Er verzichtet dabei insbesondere auch darauf, die retroaktive Wirkung

1174 Anders jedoch die bereits erwähnte Einschätzung auf der Internetseite des Conseil constitutionnel, „A la une" von September 2014, geladen von http://www.conseil-constitutionnel.fr/conseil-constitutionnel/francais/a-la-une/septembre-2014-les-effets-dans-le-temps-des-decisions-qpc.142100.html, geladen am 24.09.2014, wo als Regelfall für eine wirkungslose Erklärung der Verfassungswidrigkeit gerade der Fall des ungerechtfertigten Unterschieds angenommen wird.

1175 Magnon et al., QPC, S. 308, Rn. 378.

1176 Treffend hierzu Verpeaux, QPC, S. 113, das Gericht „gebe dem Gesetz die Zeit, zu tun, was es noch nicht habe realisieren können".

1177 Magnon et al., QPC, S. 308, Rn. 378 verweisen hier auf die Entscheidung Conseil constitutionnel, 13. Juli 2012, N° 2012–262 QPC, *Association France Nature Environnement*, Considérant 9. Der Conseil constitutionnel hat diese Rechtsprechung allerdings bereits in seiner Entscheidung vom 14. Oktober 2011, N° 2011–183/184 QPC, *Associations France Nature Environnement*, Considérants 10 f., geprägt und diese seitdem in vielen ebenfalls Partizipationsrechte nach der *Charte de l'Environnement* betreffenden Entscheidungen angewandt; namentlich 27. Juli 2012, N° 2012–269 QPC, *Union Départementale pour la Sauvegarde de la Vie, de la Nature et de l'Environnement et autres*, Considérants 7 f. und N° 2012–270 QPC, *Fédération départementale des syndicats d'exploitants agricoles du Finistère*; Considérants 8 f.; sowie 23. November 2012, N° 2012–282 QPC, *Association France Nature Environnement et autre*, Considérants 33 f. und N° 2012–283 QPC, *M. Antoine de M.*; Considérants 30 f. In allen Fällen hat der Conseil constitutionnel jeweils einen langen Aufschub gewährt, bis zum 01. Januar oder 01. September 2013, um dem Gesetzgeber ausreichend Zeit zur Anpassung zu geben und dabei auch berücksichtigt, dass bereits Änderungsvorschläge in der parlamentarischen Diskussion standen, siehe hierzu den Entscheidungskommentar Commentaire de la décision n° 2012–283 QPC, S. 21. Außerhalb des Umweltrechts ist er bisher einmal, mit Entscheidung vom 09. Dezember 2011, N° 2011–205 QPC, *Patelise F.*, Considérants 8f., dieser Logik gefolgt. Seit dem 23. November 2012 sind keine weiteren Entscheidungen dieser Art hinzugekommen.

seiner Entscheidung anzuordnen, um nicht, gerade im Bereich des Bau- und Planungsrechts, eine vor dem Hintergrund der Rechtssicherheit mehr als problematische Rechtsunsicherheit zu schaffen.

II. Fälle, in denen die Aufhebung einen allgemeinen Rechtsverlust zur Folge hätte

Die zweite Kategorie ähnelt dem ersten gerade vorgestellten Fall, denn auch hier ist die Notwendigkeit des Aufschubs durch die Unmöglichkeit für das Gericht bedingt, selbst positives Recht zu schaffen. Die Auswirkungen der Entscheidung sind jedoch leicht verschieden. Es geht um den Fall, dass mit der QPC eine Ungleichbehandlung gerügt wird, in der Form, dass einer Personengruppe ein Recht oder eine staatliche Leistung zugestanden wird, einer anderen Personengruppe jedoch unberechtigterweise nicht. Wenn der Conseil constitutionnel nun zu dem Ergebnis gelangt, dass es tatsächlich an einer Rechtfertigung für die Ungleichbehandlung fehlt, kann er nur die gesamte Norm für verfassungswidrig erklären. Damit wird jedoch nicht den bisher Benachteiligten nunmehr das Recht zugestanden, sondern dieses allen entzogen.[1178] Der Conseil constitutionnel geht in diesen Fällen davon aus, dass nur der Gesetzgeber eine solche Entscheidung treffen kann und hierfür eine gewisse Zeit benötigen darf.[1179] Auch würden mit einer reinen Aufhebung die bisher von dem Vorteil profitierenden Bürger ohne Begründung rechtlos gestellt, was mit der Rechtssicherheit nicht vereinbar wäre.[1180] Der Gesetzgeber muss entsprechend entscheiden, ob er nunmehr den streitgegenständlichen Vorteil allen zugestehen oder unter Berücksichtigung von Rechtssicherheit und Vertrauensschutz

1178 Magnon et al., QPC, S. 308, Rn. 378; beispielhaft die Entscheidung Conseil constitutionnel, 25. März 2011, N° 2010–108 QPC, *Mme Marie-Christine D.*, Considérant 6. Dort hätte eine Erklärung der Verfassungswidrigkeit zur Folge gehabt, die streitgegenständliche Waisenrente nicht etwa den von dieser unberechtigt ausgenommenen Kindern ebenfalls zuzugestehen, sondern diese im Gegenteil für alle Fälle entfallen lassen. Dieses mag eine gangbare Lösung sein, die aber schlussendlich dem Gesetzgeber überlassen bleiben muss.

1179 Ausdrücklich zustimmend daher Disant, QPC, S. 357, Rn. 497, jedes gegenteilige Vorgehen könne dem Gericht zum Vorwurf gemacht werden. Boudon, JCP-G 2010, S. 1825 verweist darauf, dass der Conseil constitutionnel bei der Bemessung der dem Gesetzgeber verbleibenden Zeit auch die Regelmäßigkeiten des legislativen Prozesses berücksichtige. So werde beispielsweise, wenn es einer Änderung im Haushaltsgesetz bedürfe, die Frist bewusst auf den 01. Januar, zu dem regelmäßig solche Gesetze in Kraft treten, gelegt. Zu einer ähnlichen Analyse gelangt Tilli, RDP 2011, S. 1591, 1597.

1180 Borzeix, RDP 2010, S. 981, 987; der Gesetzgeber benötige Zeit, um auf die „erworbenen Rechte“ derjenigen, die der aufgehobenen Norm unterlagen, Rücksicht zu nehmen.

allen entziehen will.[1181] Über ein Drittel der Entscheidungen, bei denen die zeitliche Wirkung aufgeschoben wurde, fällt in diese Kategorie.[1182]

III. Fälle, in denen die Aufhebung andere Rechtsgüter gefährden würde

Die dritte Kategorie betrifft den Fall, dass durch eine unmittelbare Aufhebung der angegriffenen Norm ein juristisches Vakuum entstehen würde, von dem seinerseits eine Gefahr für andere schützenswerte Rechtsgüter oder Interessen der Allgemeinheit ausginge.[1183] Plastisch kann dieses am Beispielfall der *Garde à vue* erläutert werden. Wie bereits ausgeführt, erklärte der Conseil constitutionnel mit Entscheidung vom 30. Juli 2010 das bisherige System der allgemeinen *Garde à vue* für teilweise verfassungswidrig.[1184] Hätte diese Entscheidung nun unmittelbare Wirkung entfaltet, hätte es ab diesem Zeitpunkt keine Rechtsgrundlage mehr für eine Ingewahrsamnahme durch die Polizei im Falle allgemeiner Straftaten gegeben.[1185] Dass dieses Ergebnis ebenfalls kaum als verfassungskonform gelten kann,

---

1181 Disant, QPC, S. 357, Rn. 497, unter Verweis auf die Entscheidung vom 28. Mai 2010, N° 2010–1 QPC, *Cristallisation des pensions.* Hierzu führen Magnon et al., QPC, S. 308, Rn. 378 unter Bezugnahme auf das Considérant 12 der Entscheidung allerdings an, dass der Conseil constitutionnel gar keine Wahl gehabt habe, da auch die Situation nach Aufhebung der fraglichen Regel ihrerseits verfassungswidrig gewesen wäre.

1182 Insgesamt lassen sich 12 Fälle anführen, bisher 4 aus 2014, 2 aus 2013, 1 aus 2012 und jeweils 3 aus 2011 und 2010. Siehe beispielhaft zuletzt Conseil constitutionnel, 20. Juni 2014, N° 2014–404 QPC, *Époux M.*, Considérant 12 f. Der Entscheidungskommentar, Commentaire de la décision n° 2014–404 QPC, S. 10 a.E. und 11, stellt die Möglichkeiten anschaulich vor, der Gesetzgeber habe nun die Möglichkeit, das streitgegenständliche System der Besteuerung entweder beizubehalten und auf alle Fälle zu erweitern, die verfassungswidrige Ausnahmeregel insgesamt zu beseitigen oder eine Ausnahme vorzusehen, die durch objektive Gründe gerechtfertigt ist.

1183 Nach der Anmerkung auf der Internetseite des Conseil constitutionnel, „À la une" von September 2014, geladen von http://www.conseil-constitutionnel.fr/conseil-constitutionnel/francais/a-la-une/septembre-2014-les-effets-dans-le-temps-des-decisions-qpc.142100.html, geladen am 24.09.2014, soll bereits die reine Sorge vor den „exzessiven Konsequenzen" ein Aufschieben der Entscheidung ermöglichen. Dieses übersieht aber, dass sich hinter diesen „Konsequenzen" stets ein verletztes Recht verbirgt.

1184 Conseil constitutionnel, 30. Juli 2010, N° 2010–14/22 QPC, *M. Daniel W. et autres*, Considérant 29.

1185 Siehe zu den Folgen einer unmittelbaren Aufhebung auch den Entscheidungskommentar, Commentaire de la décision n° 2010–14/22 QPC, S. 22. Plastisch dargestellt werden die möglichen Folgen auch bei Perrier, in: ders. (Hrsg.), QPC, S. 245, 250, ebenso ders., AJ Pénal 2010, S. 470, 472.

versteht sich von selbst.[1186] Der Conseil constitutionnel sucht in diesen Fällen in der Regel nach einem anderen Postulat der Verfassung und rekurriert hierbei regelmäßig auf die bereits diskutierten *objectifs de valeur constitutionnelle*[1187], die an dieser Stelle in ihrer ursprünglichen Funktion als Limitierung für eine schrankenlose Ausübung der Grundrechte zum Einsatz kommen. So wurde das System der *Garde à vue* auch vor dem Hintergrund, dass der Conseil constitutionnel sich wie erwähnt nicht für berechtigt hält, eine spezifische Änderung vorzuschlagen, für nahezu ein Jahr[1188], bis zum 01. Juli 2011, aufrecht erhalten. Dieses begründete das Gericht durch eine Abwägung mit dem *objectif de prévention de l'atteinte à l'ordre public* sowie mit dem *objectif de recherche des auteurs d'infractions* und damit, dass die Konsequenzen ansonsten *manifestement excessives* seien.[1189] Diese beiden Gründe wurden auch in weiteren Fällen herangezogen. Bei der Frage der Einweisung in eine geschlossene psychiatrische Einrichtung (*hospitalisation sans consentement*) zog das Gericht auch den *ordre public*, zusätzlich jedoch den Schutz der Gesundheit heran und nahm entsprechend, ohne dieses ausdrücklich auszuführen, eine Abwägung zwischen widerstreitenden Rechten der Betroffenen vor.[1190] In weiteren Entscheidungen entfällt die klare Benennung des geschützten Prinzips, vielmehr wird allgemein auf die „exzessiven Konsequenzen" einer sofortigen Aufhebung verwiesen.[1191]

Die Rechtsprechung des Conseil constitutionnel erscheint an dieser Stelle gut nachvollziehbar. Denn es kann Ziel der verfassungsgerichtlichen Entscheidung nicht sein, den Staat daran zu hindern, seinen Schutzpflichten gegenüber den Bürgern nachzukommen. Eine Abwägung zwischen einer unangenehmen, aber nicht dauerhaft bestehenden oder reversiblen Beeinträchtigung des Einen und

---

1186 Ausdrücklich den Begriff des „Chaos" verwendet in seiner Besprechung der Entscheidung Fournié, JCP-G 2010, S. 1714, 1716, der der Entscheidung jedoch insgesamt wohl kritisch gegenübersteht.

1187 Hierauf verweisen Magnon et al., QPC, S. 122, Rn. 157.

1188 Eine solche lange Frist hält Boudon, JCP-G 2010, S. 1825, für durchaus gerechtfertigt, da die Entscheidung mit dem Ende der Sitzungsperiode zusammenfiel und es undenkbar wäre, ein Eilgesetz über ein solch wichtiges Thema zu erzwingen. Disant, CCC N° 40 (2013), S. 63, 79, merkt hier an, es gebe gerade keine gesetzliche Grenze für diese aufschiebende Wirkung, in Österreich habe sich gezeigt, dass eine solche der Komplexität der gesetzgeberischen Entscheidungsfindung nicht gerecht werde.

1189 Conseil constitutionnel, 30. Juli 2010, N° 2010–14/22 QPC, *M. Daniel W. et autres*, Considérant 30.

1190 So in den Entscheidungen Conseil constitutionnel, 26. November 2010, N° 2010–71 QPC, *Mlle. Danielle S.*, Considérant 41 sowie 09. Juni 2011, N° 2011–135/140 QPC, *M. Abdellatif B. et autre*, Considérant 16.

1191 So beispielsweise in der Entscheidung Conseil constitutionnel, 14. Oktober 2011, N° 2011–182 QPC, *M. Pierre T.*, Considérant 9. Disant, CCC N° 40 (2013), S. 63, 79 bezeichnet dieses Kriterium als „gewohnt, aber dennoch nebulös" (*habituel, mais toujours nébuleux*).

der Notwendigkeit, die Rechte der Anderen zu schützen, erscheint geboten und möglich. Nicht nur das Beibehalten einer verfassungswidrigen Norm[1192], sondern auch deren sofortige Aufhebung vermag rechtsstaatliche Grundsätze zu beeinträchtigen.[1193] Der Conseil constitutionnel vernachlässigt auch nicht, dass die QPC zwar eine objektive Prüfung zur Folge hat, es jedoch schwer verständlich ist, wenn der jeweilige Antragsteller keinen Vorteil davon erhält, dass seinem Vorbringen gefolgt wird. Das Gericht bezieht diesen Aspekt vielmehr in seine Überlegungen ein[1194], gerade bei der Gefahr einer sonst drohenden Rechtsverletzung können aber dennoch die Interessen der Allgemeinheit überwiegen.

Lediglich in einem Fall, in dem ein ungünstiges Zusammentreffen das Gericht zwang, die Rolle des *législateur négative* zu verlassen, wurde seine Entscheidung bisher manifest in Frage gestellt. Das Gericht hatte am 02. Juli 2010 über die Zusammensetzung der Disziplinargerichte der Handelsmarine zu entscheiden und sah sich mit dem Problem konfrontiert, dass diesen auch Marineoffiziere und Beamte oder andere Staatsbedienstete angehörten, ohne jedoch gleichzeitig aus ihrer jeweiligen Hierarchie entlassen zu sein.[1195] Das Gericht musste entsprechend zu dem Ergebnis kommen, dass diese Besetzung gegen den Grundsatz der richterlichen Unabhängigkeit verstößt. Die entsprechende Vorschrift jedoch zu annullieren, hätte bedeutet, die Handelsmarine ohne Disziplinargerichtsbarkeit zu lassen, solange der Gesetzgeber keine andere Lösung findet.[1196] Umgekehrt wäre ein Aufschub der Wirkung der Entscheidung mit einem unhaltbaren Zustand verbunden gewesen, aus dem auch rechtskräftige Urteile hätten resultieren können. Der Conseil constitutionnel ging daher nicht den Weg, den Wirkungseintritt seiner Entscheidung zu verschieben, sondern erklärte die Norm direkt für verfassungswidrig, legte aber

---

1192 Dieses Beibehalten kritisiert Brimo, RDP 2011, S. 1189, 1193.

1193 In diesem Sinne Tilli, RDP 2011, S. 1591, 1606 f.

1194 Hier beispielhaft erneut der Fall der stationären Unterbringung in der vorzitierten Entscheidung vom 09. Juni 2011, Considérant 15; dort findet sich die grundsätzliche und so häufig wiederholte Aussage, dass zwar Grundsatz sei, dass die Erklärung der Verfassungswidrigkeit dem Autor der QPC zu Gute kommen müsse (*que, si, en principe, la déclaration d'inconstitutionnalité doit bénéficier à l'auteur de la question prioritaire de constitutionnalité*), der Conseil constitutionnel aber nach Art. 62 eben auch über das Recht verfüge, die Wirkung seiner Entscheidung für die Vergangenheit und Zukunft festzustellen. Zustimmend auch Disant, QPC, S. 348, Rn. 483, der allerdings anmerkt, dass durch die offene Gestaltung der Anwendbarkeit auf den Streitfall nicht sichergestellt sei, dass die Entscheidung des Conseil constitutionnel im Ausgangsverfahren überhaupt eine Rolle spiele. Nichtsdestoweniger sei die QPC nicht nur als objektives Verfahren konzipiert worden. Kritisch Lallet/Domino, AJDA 2011, S. 375, 386 f.

1195 Conseil constitutionnel, 02. Juli 2010, N° 2010–10 QPC, *Consorts C. et autres*, Considérant 4.

1196 Auf die Gefahr eines *vide juridique* verweist Disant, QPC, S. 351, Rn. 486, gerade daher sei der Conseil constitutionnel auch selbst berechtigt, Übergangsregeln zu erlassen.

zugleich fest, dass die Disziplinargerichte ab diesem Zeitpunkt in der Besetzung der sonstigen Strafgerichte zu entscheiden hätten.[1197] Es handelt sich damit nicht um eine aufschiebende Entscheidung, der Conseil constitutionnel bezeichnet sie selbst auch nicht in diesem Sinne.

Dieser Entscheidung wird vorgeworfen, sie sei verfassungswidrig und lasse sich weder mit dem Geist der Verfassungsreform noch mit Art. 62 Const. vereinbaren[1198], der Conseil constitutionnel habe manifest die Grenzen der ihm durch die Verfassung anvertrauten Kompetenzen überschritten.[1199] Diese Kritik erscheint teilweise nachvollziehbar. Denn es ist zutreffend, dass eine Entscheidung, wie sie vom Conseil constitutionnel getroffen wurde, ausdrücklich so nicht in Art. 62 Const. vorgesehen war. Aber, und aus diesem Grund bleibt die Entscheidung verständlich, eine andere Alternative hätte nicht zur Verfügung gestanden. Eine solche verfassungswidrige Gerichtsbarkeit fortbestehen zu lassen, kann die Lösung nicht sein, zumal dann nicht, wenn die Urteile Rechtskraft erlangen können.[1200] Es ist bisher bei dieser einen Entscheidung geblieben, weitere Entwicklungen sind, wenn nicht erneut eine solche Situation eintritt, kaum denkbar. Denn in vergleichbaren Fällen kann es genügen, nur die Präsenz derjenigen Mitglieder der entscheidenden Formation zu verbieten, bei denen das Problem der fehlenden Unabhängigkeit besteht, bzw. die Vorschrift nur insoweit aufzuheben.[1201] Hier zeigt sich allerdings, wie nah sich die Möglichkeit der Aufhebung einerseits und der Rechtsneuschöpfung andererseits kommen können, sodass die Grenze nicht immer scharf zu ziehen ist. Ein

---

1197 Conseil constitutionnel, 02. Juli 2010, N° 2010–10 QPC, *Consorts C. et autres*, Considérant 5.

1198 Boudon, JCP-G 2010, S. 1825, 1826.

1199 Boudon, JCP-G 2010, S. 1825, 1827. Zweifelnd auch Magnon et al., QPC, S. 310, Rn. 380, ebenso Puig, RTD Civ. 2010, S. 517, 518.

1200 Dieses Problem stellt auch Boudon, JCP-G 2010, S. 1825, 1826, trotz aller Kritik, fest. Siehe für den weiteren Umgang mit der Entscheidung des Conseil constitutionnel auch ders., CCC N° 35 (2012), S. 221 ff.

1201 So in der Entscheidung Conseil constitutionnel, 25. Februar 2011, N° 2010–110 QPC, *M. Jean-Pierre B.*, Considérant 7, bezüglich der Zusammensetzung bestimmter Kommissionen im Bereich der Sozialhilfe (*commission départementale d'aide sociale*), die die Aufgaben eines Verwaltungsgerichts erster Instanz wahrnehmen. Das Gericht erklärte aus Gründen der fehlenden Unabhängigkeit und Überparteilichkeit sowohl die Präsenz dreier Verwaltungsbediensteter als auch dreier gewählter Vertreter des Conseil général des Départements für verfassungswidrig. Im Ergebnis verblieben so nur der Berichterstatter und der vorsitzende Richter. Dabei handelt es sich, anders als von Brimo, RDP 2011, S. 1189, 1196, angenommen, jedoch nicht um eine Rechtsfortbildung durch den Conseil constitutionnel, denn hier hat das Gericht, anders als beim Fall der Disziplinargerichte, gerade nichts hinzugefügt. Insoweit kommt der Erwähnung der nunmehr gültigen Zusammensetzung in Considérant 9 nur ein deklaratorischer Charakter zu, siehe dazu auch den Entscheidungskommentar, Commentaire de la décision n° 2010–110 QPC, S. 11 f.

Vorwurf verbleibt gleichwohl, der Conseil constitutionnel hat es dabei belassen, die Zusammensetzung der Gerichte zu ändern, eine Frist für den Gesetzgeber, seinerseits tätig zu werden[1202], hat er nicht gesetzt. Dieses wäre, schon um zu demonstrieren, dass die Entwicklung zu einem *législateur positif* nicht beabsichtigt ist, zu bevorzugen gewesen.

IV. Fazit

Mit der neuerworbenen Kompetenz, Gesetze nach ihrem Inkrafttreten zu annullieren, musste sich der Conseil constitutionnel mit einer ganz neuen Situation befassen[1203], dass nämlich seine Entscheidungen auf real existierende und nicht theoretisch erfasste Lebenssachverhalte eine Auswirkung zeitigen. Die Betrachtung seiner bisherigen Rechtsprechung hinsichtlich der Reichweite seiner Entscheidung zeugt einerseits von einem großen Respekt vor der durch die Verfassung vorgenommenen Aufgaben- und Gewaltenteilung. Andererseits hat das Gericht aber auch erkennen müssen, wie weitreichend die Folgen seiner Entscheidungen sein können. Es hat entsprechend eine gut nachvollziehbare und insgesamt gut strukturierte Rechtsprechung zur Veränderung der zeitlichen Geltung seiner Entscheidungen entwickelt, ohne dabei in einen übertriebenen Formalismus zu verfallen. Insoweit bewahrheitet sich die Annahme von Warsmann aus dem Gesetzgebungsverfahren, dass wegen der Vielschichtigkeit und Verschiedenheit der Streitfälle nur die Rechtsprechung selbst eine qualifizierte Entscheidung dieser Art treffen kann.

B. Das schwierige Verhältnis zwischen „Contrôle de conventionnalité“ und „Contrôle de constitutionnalité“ nach Einführung der QPC

I. Contrôle de conventionnalité als Gefahr für die QPC

Darin, dass auch nach Einführung der QPC die normalen Gerichte weiterhin berechtigt sein sollten, die Kompatibilität der Gesetze zum supra-nationalen Recht zu prüfen (*contrôle de conventionnalité*) und ggf. ein völkervertragsrechtswidriges Gesetz unangewendet zu lassen, lag eine große Gefahr für den Erfolg des neuen

---

1202 Zur Möglichkeit der Fristsetzung allgemein Tilli, RDP 2011, S. 1591, 1597, der in dieser recht weitgehend eine Inanspruchnahme der Initiative zur Gesetzgebung durch den Conseil constitutionnel sieht, die ansonsten Parlament und Regierung zugestanden wird. Nicht von der Hand zu weisen ist jedenfalls, dass durch Fristsetzungen das Gericht einen Einfluss auf das Tätigwerden des, ansonsten möglicherweise unwilligen, Gesetzgebers hat.

1203 Auf die Unterschiede sowohl zur *contrôle à priori* als auch, hinsichtlich der einfachen Gerichte, zur *contrôle de conventionnalité*, verweist Brimo, RDP 2011, S. 1189, 1191 f.

Verfahrens. Denn es stellte sich die Frage, wie groß die gerichtliche Bereitschaft sei, dem Conseil constitutionnel Fragen der Verfassungsmäßigkeit weiterzuleiten, und welches Kontrollverfahren der Bürger bevorzuge.[1204] Zumindest nicht ganz fernliegend war die Überlegung, dass das neue Verfahren, das gerade auch eingerichtet wurde, um den Einfluss der *contrôle de conventionnalité* zurückzudrängen und die Kontrolle von Menschen- und Bürgerrechten gewissermaßen zu „nationalisieren", durch die weitere Vornahme der *contrôle de conventionnalité* marginalisiert werden könnte.[1205]

Die Intention, den innerstaatlichen Grundrechten stärker zur Geltung zu verhelfen, die bis zu diesem Zeitpunkt mangels prozessualer Durchsetzungsmöglichkeit faktisch zur Bedeutungslosigkeit verkamen, lässt sich bereits aus dem Auftrag von Präsident Sarkozy an das Comité Balladur entnehmen. So hieß es dort zur Begründung des Wunsches nach einer Erweiterung der Anrufbarkeit des Conseil constitutionnel, es könne nicht sein, dass einigen internationalen Normen ein größerer Einfluss auf das nationale Recht zukomme als den eigenen Verfassungsprinzipien.[1206] Das Comité Balladur ging darauf ein und führte aus, die Unmöglichkeit, Prinzipien der nationalen Verfassung geltend zu machen, führe dazu, dass dem supra-nationalen Recht, auch wenn dieses häufig keine besonderen Unterschiede zu den nationalen Gewährleistungen enthalte, durch die Bürger eine höhere Bedeutung als der Verfassung eingeräumt werde.[1207] Der Vorwurf, ausländisches Recht werde stärker respektiert als die eigene Verfassung, wurde auch durch Premierminister Fillon bei den Beratungen zur Verfassungsänderung erhoben[1208] und findet sich im Bericht von Warsmann zum dortigen Gesetzesentwurf.[1209]

II. Gesetzgeberische Lösung: Vorrang der QPC

Begegnet wurde diesem Problem erst durch das *loi organique*, der verfassungsändernde Gesetzgeber hatte hierzu noch geschwiegen.[1210] Bereits im Gesetzesentwurf war eine entsprechende Regelung enthalten. So heißt es dort beim Entwurf

---

1204 Roux, RDP 2009, S. 645, 652.

1205 Roux, RDP 2010, S. 233, 245 spricht plastisch von einer „zwingenden Bedingung für die Lebensfähigkeit" (*condition impérative de viabilité*) der neuen Regelung, bereits, weil diese unbekannt und komplexer sei als der gewohnte Kontrollmechanismus.

1206 Der Auftrag (*Lettre de mission*) vom 18. Juli 2007 ist wiedergegeben im Rapport Balladur, S. 206 ff., hier insbes. S. 211.

1207 Rapport Balladur, S. 169.

1208 Fillon, Rede vor der Assemblée nationale zur ersten Lesung des *Projet de loi constitutionnelle de modernisation des institutions de la Ve République*, wiedergegeben im Plenarprotokoll (*Compte rendu intégral*), Assemblée Nationale, 21. Mai 2008, J.O. Débats, N° 35 [3] A.N. (C.R.) (2008), S. 2221.

1209 Warsmann, Rapport N° 892 vom 15. Mai 2008, Ass. Nationale, 13ème législature, S. 436.

1210 Hierauf weisen Simon/Rigaux, CCC N° 29 (2010), S. 63, hin.

von Art. 23–2, dass das weiterleitende Gericht, wenn zeitgleich Verfassungs- und Vertragswidrigkeit mit analogen Anträgen gerügt werde, zuerst über die Weiterleitung der Frage der Verfassungsmäßigkeit entscheiden müsse, allerdings unter Berücksichtigung (*sous réserve*) der sich aus Art. 88–1 Const. ergebenden Verpflichtungen.[1211] Diese Priorität sollte nach dem Willen des Gesetzgebers eine Entscheidung zur Verfassungswidrigkeit mit *erga omnes*-Wirkung begünstigen und wurde als logische Folge des durch die Verfassungsänderung zum Ausdruck kommenden Willens der Wiederinbesitznahme (*réappropriation*) der Verfassung verstanden.[1212]

Die vorgeschlagene Regelung lädt in zweierlei Hinsicht zu einer näheren Betrachtung ein. Auffällig ist zunächst, dass nach dem Vorschlag die Priorität der Verfassungsmäßigkeitskontrolle nur vor den Instanzgerichten hätte gelten sollen, Conseil d'État oder Cour de cassation daran jedoch nicht gebunden gewesen wären. Wie der Berichterstatter in der Assemblée nationale zu Recht anmerkt, fehlt für diese Einschränkung jede Begründung.[1213] Diese Beschränkung wurde entsprechend im Gesetzgebungsverfahren beseitigt, sodass sich nunmehr in Art. 23–5 Abs. 2 der *ordonnance* über den Conseil constitutionnel die parallele Formulierung auch für die beiden obersten Gerichte findet.[1214]

Bei den Beratungen im Rechtsausschuss der Assemblée nationale wurde jedoch vor allem deutlich, dass über die grundsätzliche Entscheidung des Vorrangs der Verfassungsmäßigkeitskontrolle keine Einigkeit herrschte. Dabei lassen sich die Meinungen in drei große Gruppen unterteilen.

Zunächst gab es massive Vorbehalte hinsichtlich eines wie immer auch gearteten Vorrangs des neuen Verfahrens, da befürchtet wurde, auf diesem Weg den Rechtsschutz sogar zu verschlechtern und die *contrôle de conventionnalité* zu beeinträchtigen.[1215]

1211 Projet de loi organique N° 1599 relatif à l'application de l'article 61–1 de la Constitution, Assemblée nationale, 13ème législature, 08. April 2009, dort unter Artikel 1 Rn. 14.

1212 Siehe hierzu die im vorgenannten Entwurf enthaltene Gesetzesbegründung, dort unter Art. 1, 1°, b) *La procédure applicable.*

1213 Warsmann, Rapport N° 1898 vom 3. September 2009, Ass. Nationale, 13ème législature, S. 24 und 75, so auch bei den Anhörungen vor dem Rechtsausschuss Prof. Mathieu, S. 104, 109; Prof. Molfessis, S. 136, 141; auch Prof. Cassia, S. 149, 157, der der Priorität kritisch gegenüberstand, forderte der eine gleiche Anwendung für alle Gerichte.

1214 Siehe hierzu den angenommenen Änderungsantrag (Amendement) N° CL 40 von Warsmann, der die für die einfachen Gerichte gebrauchte Formulierung hinsichtlich des Vorrangs der Contrôle de constitutionnalité für Cour de cassation und Conseil d'État übernimmt; wiedergegeben bei Warsmann, Rapport N° 1898 vom 3. September 2009, Ass. Nationale, 13ème législature, S. 207.

1215 So vor allem der *Premier Président der Cour de cassation*, Lamanda, wiedergegeben bei Warsmann, Rapport N° 1898 vom 3. September 2009, Ass. Nationale, 13ème législature, S. 178, 181, der als Beispielfall eine Haftsituation anführte, bei

Dazu gesellte sich jene Ansicht, die dem ursprünglichen Gesetzesentwurf am nächsten kommt. Ein Vorrang der *contrôle de constitutionnalité* sei zwar grundsätzlich zu begrüßen[1216], die Stellung des Europarechts auch innerhalb der französischen Rechtsordnung gebiete es jedoch, dessen Kontrolle wiederum den Vorrang einzuräumen.[1217]

Im Unterschied zu den beiden vorgenannten Ansichten sprach sich die Mehrheit der Sachverständigen dafür aus, den Vorrang beizubehalten und darüber hinaus auch die Ausnahme hinsichtlich des Europarechts zu streichen, da diese zum einen undeutlich formuliert sei und zum anderen eine Inkompatibilität mit der Rechtsprechung des Europäischen Gerichtshofs, insbesondere der Entscheidung *Simmenthal*, nicht bestehe.[1218] Kritisiert wurde auch die Bezugnahme auf Art. 88–1 Const., da die Reichweite dieses Vorbehaltes nur schwer zu fassen sei. Aus diesem Grund empfahl beispielsweise der Vorsitzende des nationalen Rates der Anwaltskammern, die Formulierung abzuändern und anstelle der Bezugnahme auf Art. 88–1 Const. die Worte „unbeschadet des Art. 234 EGV“[1219] einzufügen. Im Ergebnis ging er aber davon aus, dass das Europarecht durch die Gerichte ohnehin befolgt werde und zum neuen Verfahren nicht in Widerspruch stehe.[1220]

Die Abgeordneten schlossen sich der überwiegenden Meinung der Sachverständigen an und entfernten die das Europarecht betreffende Sonderregelung bereits in den Ausschussberatungen.[1221] Auch in der Plenarberatung und im Sénat wurde dieser Problematik keine entscheidende Bedeutung zugemessen.

Aufschlussreich erscheint allerdings die Betrachtung durch den Conseil constitutionnel. In seiner Entscheidung über das *loi organique* nahm das Gericht auch zu

---

der die *Contrôle de conventionnalité* eine schnellere Freilassung mit sich bringen könne; für unnötig hielt den Vorrang Prof. Levade, S. 121, 125 f.

1216 Die Notwendigkeit dieses Vorrangs für den Erfolg der Reform wurde von Sauvé, Vizepräsident des Conseil d'État, wiedergegeben bei Warsmann, a.a.O., S. 91, 94, anerkannt.

1217 Sauvé, S. 91, 95; Prof. Cassia, S. 149, 156; im Ergebnis auch Levade, S. 121, 126.

1218 Dieses war das Ergebnis von Prof. Mathieu, S. 104, 107 f.; Prof. Colliard, S. 116, 117 f.; Prof. Molfessis, S. 136, 140 f.; Prof. Carcassonne, S. 144, 145 f. und des Generalsekretärs des Conseil constitutionnel, Guillaume, S. 158, 160 ff., mit umfangreichen Anmerkungen zum Verhältnis von Verfassung und insbesondere Europarecht.

1219 *„sans préjudice de l'article 234 du traité instituant la Communauté européenne“* [seit dem Inkrafttreten des Vertrags von Lissabon Art. 267 AEUV].

1220 Wickers, *Président du Conseil National des Barreaux*, wiedergegeben bei Warsmann, a.a.O., S. 111, hier insbesondere S. 112.

1221 Siehe hierzu den angenommenen Änderungsantrag (Amendement) CL 30 von Warsmann, der den Verweis auf Art. 88–1 Const. entfernt, ebenso wie die aus Verständlichkeitsgründen gerügte Formulierung der „Analogie der Anträge“; wiedergegeben bei Warsmann, a.a.O., S. 205. Es entfielen gleichzeitig die weniger weitreichenden Änderungsanträge von Urvoas et al., CL 11 und CL 12, wiedergegeben bei Warsmann, a.a.O., S. 202.

dem Vorrang der *contrôle de constitutionnalité* Stellung. Das Gericht geht zunächst auf die Motivation des Gesetzgebers ein, die zu diesem Vorrang geführt hat. So habe der Gesetzgeber auf diesem Weg den Respekt vor der Verfassung und deren Stellung an der Spitze der Normenhierarchie garantieren wollen.[1222] Dann folgt jedoch eine bedeutende Einschränkung. So heißt es dort, die einzige Folge der Priorität bestehe darin, die Reihenfolge der Untersuchung der Rechtsmittel vorzugeben[1223], eine Limitierung der Kompetenz, nach Anwendung der Regeln über die QPC den Vorrang des Völkervertragsrecht und der Regeln der Europäischen Union gegenüber den Gesetzen umzusetzen, sei nicht gegeben[1224]. Aus diesem Grund werde durch die gewählte Formulierung weder Art. 55 Const., noch Art. 88–1 Const., dessen genauer Inhalt im Urteil wiedergegeben wird, verletzt. Diese Einschränkung hat in diesem Fall keinen ausdrücklichen Interpretationsvorbehalt zur Folge, nichtsdestoweniger wird es aber nach der unmissverständlichen Formulierung des Conseil constitutionnel ausgesprochen schwierig, in der Priorität der QPC mehr zu sehen, als eine den Ablauf des Verfahrens betreffende Regelung.

Auch wenn über die Frage, ob den Anforderungen von insbesondere Art. 267 AEUV Genüge getan wird, nach allem nur der EuGH entscheiden kann, erscheint es doch möglich, die Feststellungen des Conseil constitutionnel hier als eine Art antizipierten „Dialog der Gerichte“ zu begreifen.[1225] Das Gericht hätte sich kaum veranlasst gesehen, Art. 88–1 Const. im Volltext zu zitieren, wenn es nicht davon ausgegangen wäre, hier ein potentielles Problem der Neuregelung vorliegen zu

---

1222 Conseil constitutionnel, 03. Dezember 2009, N° 2009–595 DC, Considérant 14.

1223 „[...] *que cette priorité a pour seul effet d'imposer, en tout état de cause, l'ordre d'examen des moyens soulevés*[...]“.

1224 „[...] *qu'elle ne restreint pas la compétence de cette dernière [la juridiction saisie], après avoir appliqué les dispositions relatives à la question prioritaire de constitutionnalité, de veiller au respect et à la supériorité sur les lois des traités ou accords légalement ratifiés ou approuvés et des normes de l'Union européenne;*“.

1225 Diese Sicht wird auch, in unterschiedlicher Intensität, in der Literatur vertreten. So spricht Roux, RDP 2010, S. 233, 248 hinsichtlich der durch den Conseil constitutionnel getroffenen Feststellungen in Considérant 14 von einem „befriedenden Verfassungsrat“ (*Conseil appaisant*); bei Fombeur, D. 2010, S. 1229, 1232 heißt es, das Gericht habe darauf geachtet (*a pris soin*), die fehlende Auswirkung auf das Europarecht festzustellen; bei der Besprechung der Entscheidung von Gaïa et al., GD Cons., S. 600, Rn. 29 wird festgestellt, das Gericht habe gewissenhaft insistiert (*soigneusement insisté*), dass die *contrôle de conventionnalité* nicht beeinträchtigt werde. Auch Magnon, RFDC N° 84 (2010), S. 761, 767 konstatiert eine zumindest implizite Feststellung der Europarechtskonformität an dieser Stelle. Gautier, Droit administratif 10/2010, S. 13, 15 geht zumindest davon aus, das Gericht habe die Problematik nicht völlig unberücksichtigt gelassen. Interessant auch der Hinweis von Simon, Pouvoirs N° 137 (2011), S. 19, 21, Fn. 5; sollte der Conseil constitutionnel die Europarechtskonformität tatsächlich in seinen Überlegungen berücksichtigt haben, sei genau darin eine Aufgabe der „IVG“-Rechtsprechung zu sehen.

haben und gegenüber dem EuGH klarstellen zu müssen, dass keine Abweichung von den gegenüber dem Europarecht bestehenden Verpflichtungen geplant sei.

III. Problem der Europarechtskonformität

1. Vorlageentscheidung der Cour de cassation

Gleichwohl konnte der Conseil constitutionnel das Problem der möglichen Europarechtswidrigkeit der Priorität des neuen Verfahrens alleine nicht lösen. Dazu bedurfte es einer Entscheidung des Europäischen Gerichtshofs. Ermöglicht wurde diese durch eine Vorlage der Cour de cassation vom 16. April 2010. Nach den Äußerungen des Premier Président der Cour de cassation, LAMANDA, im Gesetzgebungsverfahren war mit dieser zu rechnen, vor allem weil damals noch die Sonderformation unter Vorsitz LAMANDAS allein zuständig für die QPC war. Die Vorlageentscheidung begegnete dennoch erheblicher Kritik, die zum Teil auf Grund des Vorgehens des Gerichts berechtigt erscheint, wie sogleich dargestellt wird, zum Teil jedoch auch als Ausdruck einer recht einseitigen, uneingeschränkt positiven Sicht auf die QPC gesehen werden kann.[1226] Für das Gericht dürfte eine der Konsequenzen der Vorlage an den Europäischen Gerichtshof in der Auflösung der Sonderformation bestanden haben, da der Eindruck einer insgesamt „feindlichen Einstellung" gegenüber der QPC entstanden war.[1227]

Das Gericht legte dem EuGH die Frage der Europarechtskonformität der *ordonnance* vor, da sich aus seiner Gesamtschau Zweifel an dieser ergaben.[1228] So stellte die Cour de cassation zunächst zutreffend fest, dass die Gerichte durch den Vorrang der QPC gehindert seien, vor deren Weiterleitung über die Frage der Völkerrechtskonformität zu befinden.[1229] Weiterhin seien die Entscheidungen des Conseil constitutionnel nach Art. 62 Const. einem Rechtsmittel nicht zugänglich und für alle Gerichte verbindlich.[1230] Wenn nun, so die Überlegung der Cour de cassation, der Conseil constitutionnel in seiner Entscheidung zur QPC die Europarechtskonformität der Norm bejahe, so binde diese Entscheidung auch die vorlegenden

---

1226 Hierzu eindrücklich MAGNON, RFDC N° 84 (2010), S. 761, 763; es herrsche die Auffassung, die QPC sei ein Gewinn für den Rechtsstaat, eine diese gefährdende entgegenstehende Position wie jene der Cour de cassation sei entsprechend schlecht.

1227 Siehe zur Auflösung der Sonderformation und der Problematik des Vorgehens bereits die Ausführungen bei der Frage der Überprüfung der Interpretation von Gesetzen, Kapitel 2, A.IV.3.b).

1228 Cour de cassation, Assemblée plénière (Formation spéciale), 16. April 2010, N° 10–40002 – unveröffentlicht in der Entscheidungsdatenbank, wiedergegeben bei MATHIEU, JCP-G 2010, S. 866, 867.

1229 Cour de cassation, vorgenannte Entscheidung, zweiter Erwägungsgrund.

1230 Cour de cassation, vorgenannte Entscheidung, dritter Erwägungsgrund.

Gerichte. Sie könnten dann auch nach Abschluss des Verfahrens der QPC kein Vorabentscheidungsersuchen mehr an den EuGH stellen.[1231]

Unproblematisch erscheint zunächst, dass mit der Vorlage selbst in diesem Fall die Priorität der QPC nicht beachtet worden ist, denn Gegenstand der Vorlagefrage war gerade die Gültigkeit der in Rede stehenden Verpflichtung.[1232] Zweifeln begegnen jedoch die Auswahl des zu Grunde liegenden Verfahrens[1233] und die Auslegung von Gesetz und Rechtsprechung des Conseil constitutionnel.

Bei den Betroffenen im Ausgangsverfahren handelte es sich um algerische Staatsangehörige, die sich illegal in Frankreich aufhielten. Sie wurden anlässlich einer verdachtsunabhängigen Kontrolle in der Nähe der französischen Grenze zu Belgien durch die Polizei festgenommen und zum Zwecke der Abschiebung inhaftiert. Die Rechtsgrundlage für die Identitätskontrolle fand sich in Art. 78–2 Abs. 4 CPP, der in einem Abstand von 20 km zur Grenze eines Schengen-Staates die Kontrolle jeder Person ermöglicht, um festzustellen, ob diese im Besitz der erforderlichen Aufenthalts- und Identitätsdokumente ist (sog. Schleierfahndung).

Die beiden Inhaftierten erhoben vor dem Haftrichter (*juge des libertés et de la détention*) eine QPC und führten an, Art. 78–2 Abs. 4 CPP verstoße gegen die von der Verfassung garantierten Rechte und Freiheiten. Dabei wurde allerdings nicht eine Verletzung eines unmittelbar aus der französischen Verfassung resultierenden Grundrechtes, wie z. B. der Freizügigkeit, gerügt.[1234] Vielmehr sollte sich nach Auffassung der Beschwerdeführer die Verfassungswidrigkeit der inkriminierten Norm aus ihrer Unvereinbarkeit mit dem Europarecht ergeben. Denn die Verpflichtungen

---

1231 Cour de cassation, vorgenannte Entscheidung, dritter und vierter Erwägungsgrund.

1232 Akandji-Kombé, JCP-G 2010, S. 1060; ebenso Simon/Rigaux, CCC N° 29 (2010), S. 63, 69.

1233 Das Gericht konnte seine Auswahl aus über 220 vorliegenden Anträgen treffen, Simon/Rigaux, CCC N° 29 (2010), S. 63, 70.

1234 Dieses ist vor dem Hintergrund bemerkenswert, dass das angegriffene Gesetz bereits 1993 einer „Contrôle à priori" unterzogen und in seinen wesentlichen Bestimmungen für verfassungskonform erklärt worden war (Conseil constitutionnel, 05. August 1993, N° 93–323 DC, *Loi relative aux contrôles et vérifications d'identité*, Considérant 11 ff.), ob das Inkrafttreten des Vertrags von Lissabon insoweit ein *changement des circonstances* bewirkt und damit eine Neuuntersuchung möglich gemacht hat, erscheint durchaus fraglich; zweifelnd bereits der *Avocat Général* in seinen Schlussanträgen vor der Cour de cassation, Domingo, RFDA 2010, S. 445, 446 f.; ebenso Levade, D. 2010, S. 1254, 1256; Mathieu, JCP-G 2010, S. 866; Simon/Rigaux, CCC N° 29 (2010), S. 63, 70 f.; Rousseau, Droit du contentieux constitutionnel, S. 247, Rn. 255; Gautier, RFDA 2010, S. 449, 453 nimmt daher eine veränderte Bedeutung von Art. 88–1 Const. als Begründung für die Neubefassung an.

Frankreichs aus dem Vertrag von Lissabon hätten wegen Art. 88–1 Const. Verfassungsrang.[1235]

Bereits die Beschwerde zielte damit darauf, den Conseil constitutionnel zu einer Stellungnahme hinsichtlich der Bedeutung von Art. 88–1 Const. im Rahmen der QPC zu bringen. Dabei erschien das Ergebnis vor dem Hintergrund der bisherigen Rechtsprechung des Conseil constitutionnel zu dieser Materie nicht unvorhersehbar. Denn das Gericht entnimmt zwar Art. 88–1 Const. eine Verpflichtung zur Umsetzung von Richtlinien in nationales Recht, würde aber nur bei einer manifest unrichtig umgesetzten Richtlinie selbst die Europarechtswidrigkeit feststellen.[1236] Hinweise auf eine Tendenz zur Änderung dieser Rechtsprechung ließen sich jedoch nicht finden[1237], es gab keinen Hinweis darauf, dass das Gericht jenseits einer offensichtlichen Falschumsetzung die Befolgung des Europarechts nunmehr im Detail prüfen würde[1238], zumal sich an der zeitlichen Problematik und der damit nach Auffassung des Gerichts verbundenen Unmöglichkeit, seinerseits ein Vorabentscheidungsersuchen an den EuGH zu stellen, gegenüber der *contrôle à priori* nichts geändert hatte.[1239]

Entsprechend wäre die Cour de cassation durchaus in der Lage gewesen, die QPC als versteckte *contrôle de conventionnalité* zurückzuweisen, womit der wieder zuständige Haftrichter bei Zweifeln an der Europarechtskonformität das Vorabentscheidungsersuchen hätte stellen können.[1240] Das Gericht ging jedoch, auch entgegen der klaren Aussage des Conseil constitutionnel im Urteil über das *loi*

1235 Für die Wiedergabe des Entscheidungsgangs und des Beschwerdeinhaltes in Frankreich siehe die Zusammenfassung in der EuGH-Entscheidung über das Vorabentscheidungsersuchen, EuGH, Große Kammer, 22. Juni 2010, C-188/10 und C-189/10, *Melki* und *Abdeli*, Slg. 2010 I-05667, Rn. 16 ff. Siehe hierzu auch zusammenfassend MAGNON, RFDC N° 84 (2010), S. 761, 764.

1236 Dieses ist, wie bereits oben, Kapitel 2, A.III.4.a) ausgeführt, das Ergebnis der Entscheidungen Conseil constitutionnel, 27. Juli 2006, N° 2006–540 DC, Considérant 20, und 30. November 2006, N° 2006–543 DC, Considérant 7.

1237 MATHIEU, JCP-G 2010, S. 866, 867; in diesem Sinne auch bereits die Schlussanträge von *Avocat Général* DOMINGO, RFDA 2010, S. 445, 447.

1238 SIMON/RIGAUX, CCC N° 29 (2010), S. 63, 72.

1239 Kritisch zur damit nur beschränkten Auswirkung von Art. 88–1 Const. jedoch GAUTIER, Droit administratif 10/2010, S. 13, 16.

1240 AKANDJI-KOMBÉ, JCP-G 2010, S. 1060, 1061; ähnlich auch GAHDOUN, RDP 2010, S. 1709, 1710. Die Annahme einer versteckten *contrôle de conventionnalité* sieht sich allerdings der Kritik von MAGNON, RFDC N° 84 (2010), S. 761, 765 ausgesetzt, der keinen Hinweis darauf in den Anträgen erkennt. Dabei wird allerdings außer Acht gelassen, dass es für die *contrôle de conventionnalité* keines Antrags bedarf, sondern sich die Frage von Amts wegen stellen kann und vor den höchsten Gerichten sogar nach Art. 267 Abs. 3 AEUV muss. Selbst wenn also die Antragssteller nie die Europarechtskonformität der Regeln zur Schleierfahndung gerügt hätten, wäre damit dennoch eine zeitgleiche Frage der *conventionnalité* aus sich heraus gegeben gewesen.

organique 2009, das vorlegende Gericht werde an der *contrôle de conventionnalité* nicht gehindert, davon aus, der Conseil constitutionnel werde eine verbindliche Aussage über die Europarechtskonformität fällen.[1241]

Es legte dem EuGH daher zwei Fragen vor, nämlich zum einen die vom konkreten Fall losgelöste Frage der Kompatibilität der Art. 23–2 Abs. 2 und Art. 23–5 Abs. 2 der *ordonnance* mit Art. 267 AEUV, zum anderen die auf den konkreten Fall bezogene Frage der Vereinbarkeit der Schleierfahndung nach Art. 78–2 Abs. 4 CPP mit Art. 67 AEUV.[1242]

Die Kritik an der Argumentation des Cour de cassation zur Untermauerung seiner Vorlage an den EuGH erscheint berechtigt, dieses beantwortet aber die Frage der Europarechtskompatibilität nicht.[1243] Denn wie bei einer genauen Betrachtung der Simmenthal-Rechtsprechung deutlich wird, begegnete die QPC nicht allein in der von der Cour de cassation zu Grunde gelegten Konstellation der europarechtlichen Prüfung durch den Conseil constitutionnel, sondern auch in der tatsächlichen Ausgestaltung Bedenken hinsichtlich ihrer Konformität mit dem Europarecht.

1241 Kritisch zu dieser Argumentation Akandji-Kombé, JCP-G 2010, S. 1060, 1061, der anführt, die Argumentation der Cour de cassation trage dazu bei, dem gesamten Europarecht auf dem Umweg des Art. 88–1 Const. Verfassungsrang zukommen zu lassen. Ähnlich auch Mathieu, JCP-G 2010, S. 866, 867, der in der Entscheidung eine Aufforderung an den Conseil constitutionnel sieht, seine Rechtsprechung zu ändern; Gaïa, RFDA 2010, S. 458, 460; Simon/Rigaux, CCC N° 29 (2010), S. 63, 71. A.A. jedoch Cassia/Saulnier-Cassia, D. 2010, S. 1234, 1238. Grundsätzlich zustimmend zur Vorlage auch Lucazeau, JCP-G 2010, S. 1330 f. Ebenfalls zustimmend zur Vorlage, jedoch mit einer sehr weitgehenden Analyse Gautier, RFDA 2010, S. 449, 454, die wegen der Rechtsprechung N° 2006–540 DC die Geltung des IVG-Grundsatzes in Zweifel zieht, da das Gericht die Überprüfung der Europarechtskonformität nicht in allen Fällen ausschließe. Ihr ist zuzugestehen, dass die Frage der Nichtüberprüfbarkeit von Europarecht erheblich vielschichtiger ist, als die der IVG-Rechtsprechung zu Grunde liegende Frage der Völkervertragsrechtskompatibilität, dieses ändert aber nichts daran, dass der Conseil constitutionnel keinerlei Hinweis auf die der Argumentation der Cour de cassation zu Grunde liegende Behauptung einer generellen Prüfung gegeben hat und auch die Ausnahme der manifesten Fehlumsetzung nach den Entscheidungen N° 2006–540 DC und N° 2006–543 DC restriktiv handhabt.

1242 Für die Vorlagefragen siehe EuGH, Große Kammer, 22. Juni 2010, C-188/10 und C-189/10, Slg. 2010 I-05667, Rn. 22.

1243 Akandji-Kombé, JCP-G 2010, S. 1060, 1062; Gahdoun, RDP 2010, S. 1709, 1719; Simon, Pouvoirs N° 137, S. 19, 22. Auch Manin, AJDA 2010, S. 1023, 1029 sieht die Beantwortung dieser Frage als notwendig an und betrachtet die Kritik an der Cour de cassation daher als, zumindest teilweise, unbegründet. Etwas undeutlich hierzu die Argumentation bei Gautier, Droit administratif 10/2010, S. 13, 16, die zwar die Konfrontation für unausweichlich hält, sich jedoch nicht klar mit Blick auf die Einschätzung der Cour de cassation positioniert.

2. *Die Simmenthal-Rechtsprechung des EuGH*

Die Zweifel an der Europarechtskonformität gründeten sich vor allem auf die Rechtsprechung des Europäischen Gerichtshof in der Rechtssache „Simmenthal II“ von 1978[1244]. Die Ausgangsproblematik im damaligen Verfahren bestand darin, dass eine italienische Regelung durch den Europäischen Gerichtshof für unvereinbar mit der Warenverkehrsfreiheit erklärt worden war[1245], das ursprünglich vorlegende Gericht sich aber durch das nationale Recht gehindert sah, ohne ein entsprechendes Urteil des italienischen Verfassungsgerichtshofes diese Regelung dann im Streitfall unangewendet zu lassen. Darüber hinaus konnte die Entscheidung des Verfassungsgerichtshofes Wirkung nur für die Zukunft entfalten und verhinderte somit nach der Auffassung des Gerichts eine Wiedergutmachung hinsichtlich der verletzten Verpflichtungen des Staates.[1246]

Die italienische Regierung erkannte im Verfahren grundsätzlich die Verpflichtung der Mitgliedsstaaten an, für eine effektive Durchsetzung des Europarechts zu sorgen. So dürfe es nicht dazu kommen, dass Gemeinschaftsbestimmungen, die subjektive Rechte gewährleisten würden, durch entgegenstehende Vorschriften des nationalen Rechts ausgehebelt würden.[1247]

Allerdings führte die Regierung weiter aus, die Frage der Durchsetzung bleibe eine solche des nationalen Rechts und könne aus diesem Grund nur nach den entsprechenden nationalen Regeln erfolgen. Da in Italien die einfachen Gerichte gehindert seien, ein gültiges Gesetz nicht anzuwenden, könne die effektive Durchsetzung des Gemeinschaftsrechts nur mittels einer Erklärung der Verfassungswidrigkeit seitens des Verfassungsgerichtshofs erreicht werden.[1248]

Bemerkenswert ist, dass zur Unterstützung der Argumentation ähnlich wie bei der QPC auf die Reichweite der Entscheidungen des Verfassungsgerichtshofes verwiesen wird. Im Gesetzgebungsverfahren zum *loi organique* war ein wesentliches Argument für den Vorrang der QPC die Möglichkeit, durch eine Entscheidung des Conseil constitutionnel das Gesetz mit Wirkung *erga omnes* zu beseitigen und so für Rechtssicherheit zu sorgen. Die italienische Regierung brachte dieses Argument hinsichtlich der obligatorischen Verwerfung durch den Verfassungsgerichtshof vor. Nur sein Urteil könne gewährleisten, dass die gemeinschaftsrechtswidrigen Normen „aus dem staatlichen Recht entfernt“ würden.[1249] Eine andere Lösung

---

1244 EuGH, 09. März 1979, N° 106/77, Slg. 1978, S. 629, *Simmenthal II.*

1245 EuGH, 15. Dezember 1976, N° 35/76, Slg. 1976, S. 1871, *Simmenthal I*, betreffend obligatorische gesundheitspolizeiliche Untersuchungen bei Lebensmitteln nach Grenzübertritt als „Maßnahmen gleicher Wirkung“ wie eine mengenmäßige Beschränkung im Sinne des damaligen Art. 30 EWGV.

1246 EuGH, 09. März 1979, N° 106/77, Slg. 1978, S. 629, 632.

1247 Siehe zum Vortrag der Italienischen Regierung EuGH, a.a.O, S. 635 ff., hier S. 636, erster Absatz.

1248 EuGH, a.a.O., S. 636, zweiter Absatz.

1249 EuGH, a.a.O., S. 637 a.E.

berge auch die Gefahr, dass die gemeinschaftsrechtswidrige Norm nur dann nicht angewendet werde, wenn die Unvereinbarkeit mit dem Gemeinschaftsrecht ausdrücklich vor Gericht gerügt werde.[1250] Weiterhin sei zu befürchten, dass es zur unterschiedlichen Ausfüllung unbestimmter Rechtsbegriffe wie „Angemessenheit" oder „Verhältnismäßigkeit" komme.[1251] Im Ergebnis trage die zwingende Beteiligung des nationalen Verfassungsgerichtshofes zur einheitlichen Anwendung des Gemeinschaftsrechts bei.[1252]

Die Kommission trug demgegenüber vor[1253], zwar könne die Aufhebung der nationalen Vorschrift durch das Verfassungsgericht mit erga omnes-Wirkung zur Stärkung der sich aus dem Gemeinschaftsrecht ergebenden Rechte führen[1254], dieses ändere jedoch nichts daran, dass der Vorrang des Gemeinschaftsrechts jeder Verpflichtung eines mitgliedsstaatlichen Gerichts, auf die Entscheidung einer anderen Instanz zu warten, entgegenstehe[1255], zumal dann, wenn bereits ein die Gemeinschaftsrechtswidrigkeit feststellendes Urteil des Europäischen Gerichtshof vorhanden sei.[1256]

Auch der Generalanwalt folgte in seinen Schlussanträgen[1257] der Ansicht der italienischen Regierung nicht. Der Vorrang des Gemeinschaftsrechts ergebe sich nicht aus dem nationalen Verfassungsrecht, sondern unmittelbar aus der autonomen Gemeinschaftsrechtsordnung.[1258] Daher sei eine Feststellung der Verfassungswidrigkeit keine Voraussetzung der Nichtanwendung gemeinschaftsrechtswidriger Vorschriften.[1259] Insbesondere verbiete sich die Erforderlichkeit eines innerstaatlichen Überprüfungsverfahrens mit mehrjähriger Dauer und entsprechenden Kosten.[1260] Hinsichtlich der Rechtssicherheit werde vor allem dann, wenn bereits eine entsprechende Entscheidung des EuGH vorhanden sei, durch die Befassung einer zentralen innerstaatlichen Instanz nichts gewonnen, da die einzelnen Gerichte ohnehin nur eine sehr begrenzten Ermessensspielraum bei der Umsetzung des Gemeinschaftsrechts hätten.[1261] Der Grundsatz des Vorrangs des Gemeinschaftsrecht verlange nur, dass die Anwendung dieses Rechts auf keine nationalen Hindernisse

1250 EuGH, a.a.O., S. 637, dritter Absatz.
1251 EuGH, a.a.O., S. 638, erster Absatz.
1252 EuGH, a.a.O., S. 638, zweiter Absatz a.E.
1253 Wiedergegeben bei EuGH, a.a.O., S. 638 ff.
1254 EuGH, a.a.O., S. 640, zweiter Absatz.
1255 EuGH, a.a.O., S. 639, fünfter und sechster Absatz.
1256 EuGH, a.a.O., S. 639 a.E.
1257 Schlussanträge von Generalanwalt Gerhard Reischl zum Verfahren N° 106/77 vom 16. Februar 1978, Slg. 1978, S. 647.
1258 Reischl, a.a.O., S. 652 und S. 654, jeweils zweiter Absatz.
1259 Reischl, a.a.O., S. 653, zweiter Absatz.
1260 Reischl, a.a.O., S. 653, fünfter Absatz.
1261 Reischl, a.a.O., S. 656, zweiter Absatz.

stoße, die Forderung nach einer erga omnes-Aufhebung der entgegenstehenden nationalen Regel sei damit nicht verbunden.[1262]

Der Gerichtshof schloss sich den Schlussanträgen des Generalanwaltes an und kam zu dem Ergebnis, dass jedes mitgliedsstaatliche Gericht eine gemeinschaftsrechtswidrige Norm unmittelbar unangewendet lassen müsse, ohne dass es dafür auf die Erklärung einer anderen Instanz oder ein Tätigwerden des Gesetzgebers ankomme.[1263]

Eine Klarstellung hinsichtlich der Reichweite von Art. 177 EWGV (nunmehr Art. 267 AEUV) findet sich darüber hinaus in den Randnummern 19 und 20. Dieser Artikel schreibe nicht nur vor, dass ein nationales Gericht sich jederzeit mit einem Vorabentscheidungsersuchen an den Gerichtshof wenden könne, wenn dessen Antwort für sein Urteil erforderlich sei. Die effektive Durchsetzung dieser Norm werde darüber hinaus auch beeinträchtigt, wenn der Richter daran gehindert sei, dem Gemeinschaftsrecht unmittelbar zu einer mit der Entscheidung und der Rechtsprechung des Gerichtes konformen Anwendung zu verhelfen.[1264]

Die Simmenthal-Entscheidung trifft damit eine entscheidende Feststellung: Die Durchsetzung des Gemeinschaftsrechts im konkreten Streitfall obliegt unmittelbar nur dem mit der Sache befassten Gericht, das auf andere Instanzen keine Rücksicht zu nehmen hat. Eine weitere Klarstellung hält das Ende von Randnummer 23 bereit. Danach ist es unerheblich, ob die für die Aufhebung der problematischen Rechtsnorm notwendige Entscheidung die unmittelbare Geltung des Europarechts gänzlich verhindert oder nur verzögert, in dem Sinne, dass das Gericht nicht sofort entsprechende Schritte ergreifen kann, um die fraglichen europarechtlichen Normen „auszuschalten“. Dieser Nachsatz, der für die Entscheidung nicht zwingend erforderlich gewesen wäre, erweist sich mit Blick auf die QPC, wie sich zeigen wird, als Kernpunkt der Entscheidung. Dabei kann auch noch darauf hingewiesen werden, dass die deutsche Sprachfassung des Urteils gegenüber der italienischen verbindlichen[1265] Sprachfassung und der Fassung in der Arbeitssprache des Gerichtshofes, Französisch, diesen Punkt weniger deutlich hervorhebt. Denn das „unmittelbar“ in Randnummer 19/20 weist weniger stark als das italienische „*immediatamente*“ oder das französische „*immédiatement*“[1266] auf die zeitliche Komponente hin.

1262 Reischl, a.a.O., S. 656, dritter Absatz.

1263 EuGH, a.a.O., Rn. 24.

1264 EuGH, a.a.O., Rn. 19/20.

1265 Nach Art. 41 der Verfahrensordnung des Gerichtshofes ist die Sprachfassung in der Verfahrenssprache verbindlich, so nicht das Gericht eine andere Sprache zugelassen hat; Verfahrensordnung des Gerichtshofs vom 25. September 2012 (ABl. L 265 vom 29.9.2012) i.d.F. vom 18. Juni 2013 (ABl. L 173 vom 26.6.2013, S. 65).

1266 Erweitert man den Sprachvergleich, so deutet die Analyse der anderen romanischen Sprachfassungen Spanisch (*inmediatamente*) und Portugiesisch (*imediatamente*) in die gleiche Richtung. Die niederländische (*rechtstreeks*) und schwedische (*omedelbart*) Sprachfassung gehen eher in Richtung des deutschen

Die Entscheidung verweist auch darauf, dass das Gericht nicht nur das Ergebnis eines eventuellen Vorabentscheidungsverfahrens, sondern auch die frühere Rechtsprechung in sein Urteil einzubeziehen hat. Dieses deutet klar in die Richtung einer selbstständigen Entscheidung des Gerichtes, eine Norm nicht anzuwenden, wenn deren Gemeinschaftsrechtswidrigkeit wegen der früheren Entscheidungen des EuGH und damit der Ausgestaltung des Gemeinschaftsrechts offensichtlich ist.

Die Entscheidung trifft damit eine umfassende Aussage zum Umgang mit gemeinschaftsrechtswidrigem nationalem Recht. Dabei geht sie, insoweit sie die Reichweite des Art. 177 EWGV betont, noch über das hinaus, was zur Entscheidung der Streitfrage erforderlich gewesen wäre.[1267]

Nach der Entscheidung des Gerichtshofs wird damit klar, dass zum einen die Verpflichtung der nationalen Gerichte, europarechtswidriges Recht unangewendet zu lassen, unter keinen Umständen unter dem Vorbehalt der vorherigen Entscheidung eines anderen Gerichtes, insbesondere Verfassungsgerichtes, über diese Streitfrage stehen darf und dass weiterhin die Möglichkeit, zu jedem Zeitpunkt ein für notwendig erachtetes Vorabentscheidungsersuchen an den Gerichtshof zu richten, nicht limitiert werden kann. Weiterhin wird auch klar, dass ein Gericht, das nach einer Entscheidung des EuGH oder kraft eigener Überzeugung von der Europarechtswidrigkeit einer Norm tätig wird, unverzüglich die notwendigen Konsequenzen zu ziehen hat.

3. Die potentielle Europarechtswidrigkeit der QPC

Der Verdacht der Unvereinbarkeit der QPC mit Art. 267 AEUV kann sich auf zwei Argumente gründen, von denen allerdings die Cour de cassation nur das schwächere zur Begründung ihrer Vorlage genutzt hat.[1268]

Nach der Behauptung des Gerichts entstehe durch die Pflicht, eine QPC vorrangig weiterzuleiten, eine Situation entstehen, die derjenigen im Fall „Simmenthal II" ähnlich sei. Die Gleichsetzung von Verfassungsrecht und Europarecht und damit die Prüfung beider Gebiete durch den Conseil constitutionnel würde

---

Wortes „unmittelbar". Eine deutlich stärkere Betonung der zeitlichen Komponente findet sich hingegen in der dänischen (øjeblikkeligt) und vor allem englischen (*forthwith*) Sprachfassung. Auf die englische Sprachfassung im Sinne eines „*sans délai*" verweisen Maugüé/Stahl, QPC, S. 280, die allerdings die zeitliche Problematik, siehe sogleich, nicht weiter herausstellen.

1267 Anzumerken ist an dieser Stelle auch, dass die gemeinschaftsrechtswidrige Regel des italienischen Rechts zwischenzeitlich auf Antrag eines anderen Gerichts für verfassungswidrig erklärt worden war, der EuGH betrachtete dieses jedoch nicht als ausreichend, um auf die Entscheidung über die Vorlagefrage zu verzichten, EuGH, a.a.O., Rn. 10/11.

1268 Entsprechend deutlich fällt die Kritik am Vorgehen des Gerichtes aus, siehe beispielhaft Simon/Rigaux, Europe 5/2010, S. 5, 8; ähnlich auch Gahdoun, RDP 2010, S. 1709, 1720.

die Möglichkeit für die Cour de cassation, dem Europarecht umfänglich Geltung zu verschaffen, aushebeln, da diese erst nach dem Conseil constitutionnel tätig werden könne und darüber hinaus an dessen Entscheidung gebunden sei. Gerügt wird entsprechend die materielle Unterordnung der Cour de cassation unter die Entscheidung des Conseil constitutionnel.

Diesem Argument liegt allerdings die Annahme zu Grunde, der Conseil constitutionnel werde seine Rechtsprechung hinsichtlich des Europarechts ändern und dieses sowie analog auch das Völkervertragsrecht als tauglichen Prüfungsgegenstand betrachten. Dafür gibt es jedoch keine Anzeichen.[1269] Insofern verfängt der unmittelbare Verweis auf *Simmenthal* nur bedingt.[1270]

Das zweite Argument, das für eine Europarechtswidrigkeit der QPC spricht, ist ein zeitliches. Selbst wenn der Conseil constitutionnel keine hinsichtlich der Europarechtskonformität bindende Entscheidung fällt, so bleibt es doch dabei, dass der Vorrang der QPC die Cour de cassation daran hindert, so schnell bzw. so bald wie möglich dem Europarecht Geltung zu verschaffen. Es ist zwar nicht ausgeschlossen, zeitgleich zur Weiterleitung der QPC auch eine Vorlagefrage an den EuGH zu richten, womit das Verfahren nach Art. 267 AEUV zeitlich gegenüber der QPC nicht in Rückstand gerät.[1271]

Wie jedoch zu Recht angemerkt wird[1272], besteht neben dem Verfahren nach Art. 267 AEUV auch die Möglichkeit, dass das befasste Gericht zu eigener Überzeugung von der Europarechtswidrigkeit der Norm gelangt und diese sodann auch ohne Vorlage zum EuGH unangewendet lassen müsste. Selbst wenn die Möglichkeit verbleibt, nach Abschluss des Verfahrens der QPC die Konsequenzen aus dieser Einschätzung zu ziehen, so geschieht die effektive Durchsetzung des Europarechts doch mit Zeitverzug.[1273] Ein solcher Zeitverzug erscheint mit Blick auf die unmittelbare Anwendung des Europarechts problematisch. Nach *Simmenthal* muss das Gericht die europarechtswidrige Norm aus eigener Entscheidungsbefugnis unangewendet lassen, ohne deren Aufhebung durch ein anderes Verfahren abwarten zu

1269 So unter Verweis auf die unzweideutige Formulierung von Art. 61–1 Const. und die lang entwickelte Rechtsprechung des Conseil constitutionnel zur *contrôle de conventionnalité* de Bechillon, JPC-G 2010, S. 1042.

1270 Manin, AJDA 2010, S. 1023, 1028 bezeichnet den Verweis als *hors de propos*.

1271 In Anbetracht der erheblich längeren Verfahrensdauer vor dem EuGH gegenüber der klaren Fristen unterliegenden QPC dürfte in der Regel bei gleichzeitiger Einlegung die Frage der Europarechtskonformität erheblich später beantwortet werden. Darin liegt kein besonderes Problem, wenn die Verfassungswidrigkeit der Norm in der Zwischenzeit festgestellt wird, entfällt damit auch der mögliche Verstoß gegen das Europarecht. Zu diesem und weiteren möglichen Szenarien bei der gleichzeitigen Durchführung beider Verfahren Gundel, EuR 2012, S. 213, 219; ähnlich auch Burgorgue-Larsen, RFDA 2009, S. 787, 797 f. mit deutlicher Kritik am Vorrang der QPC.

1272 Gundel, EuR 2012, S. 213, 219 f.

1273 Simon/Rigaux, Europe 5/2010, S. 5, 8.

müssen.[1274] Bei *Simmenthal* wurde die zeitliche Komponente zwar bereits erwähnt, blieb jedoch noch im Hintergrund, da in diesem Fall auch ein nicht nur temporäres Hindernis bestand, die Entscheidung wurde ohne besondere Bezugnahme auf die zeitliche Problematik noch verschiedentlich in Bezug genommen.[1275] Genau an dieser Stelle liegt jedoch das Problem.[1276] Noch deutlicher wurde die Problematik in den Schlussanträgen von Generalanwalt Bot zur Rechtssache „*Winner Wetten*" von 2010, wo dieser explizit feststellt, jede nationale Regelung sei mit den inhärenten Anforderungen des Europarechts unvereinbar, wenn sie dessen Effektivität dadurch mindere, dass der zuständige nationale Richter bei der Anwendung des Europarechts daran gehindert sei, solche Normen unangewendet zu lassen, die möglicherweise, *wenn auch nur zeitweise*, die volle Effektivität der europarechtlichen Normen beeinträchtigen würden.[1277] Auch wenn der Fall hier so gelagert war, dass die europarechtswidrige Norm selbst in absehbarer Zeit außer Kraft treten würde[1278], so war doch offensichtlich, dass im Falle der (offensichtlichen) Europarechtswidrigkeit kein Aufschub akzeptabel ist.

Für den Fall, dass die Europarechtswidrigkeit einer Norm durch ein französisches Gericht selbst festgestellt wird, begegnete damit die Verpflichtung, dennoch die QPC mit Vorrang zu behandeln, Zweifeln hinsichtlich ihrer Kompatibilität mit

1274 EuGH, a.a.O., Rn. 24.

1275 Siehe hierzu beispielsweise die Entscheidungen *Debus*, EuGH, 04. Juni 1992, C-13/91 und C-113/91, Slg. 1992, I-3617, Rn. 32; und *Lucchini*, 18. Juli 2007, C-119/05, Slg. 2007, I-6199, Rn. 61, sowie aktuell noch *Confédération paysanne*, 03. Oktober 2013, C-298/12, Rn. 37 und *Napoli*, 06. März 2014, C-595/12, Rn. 50, jeweils noch unveröffentlicht.

1276 So, unter besonderer Hervorhebung des Verbots des „Abwarten müssens" in der Entscheidung *Filipiak*, 19. November 2009, C-314/08, Slg. 2009, I-11049, Rn. 81 ff. überzeugend Gundel, FS Spellenberg, S. 573, 586, ebenso ders., EuR 2012, S. 213, 220, Fn. 41; ähnlich auch Gautier, RFDA 2010, S. 449, 456 f. Die *Filipiak*-Entscheidung ist auch deshalb von Bedeutung, weil in ihr die Ausgangsproblematik eine zeitliche war, da dort das polnische Verfassungsgericht den Zeitpunkt des Außerkrafttretens europarechtswidriger Normen nach hinten verlegen konnte, siehe dazu Manin, AJDA 2010, S. 1023, 1027.

1277 Generalanwalt Y. Bot, Schlussanträge zur Rs. C-409/06, 26. Januar 2010, Rn. 99; die besondere Betonung der zeitlichen Komponente stellt Manin, AJDA 2010, S. 1023, 1028 heraus.

1278 Im Streitfall hatte das Bundesverfassungsgericht hinsichtlich des Sportwettenmonopols in Bayern zwar einen Verstoß gegen die Berufsfreiheit festgestellt, zur Verhinderung eines rechtlichen Vakuums die Regeln jedoch einstweilen bestehen lassen. Der EuGH sah mit Entscheidung vom 08. September 2010, also nach seiner Entscheidung über die Problematik der QPC, in Übereinstimmung mit den Schlussanträgen des Generalanwaltes keinen Raum für eine, wenn auch nur zeitweise, Aufrechterhaltung der zugleich unionsrechtswidrigen Normen. Siehe zum Ganzen EuGH, Große Kammer, 08. September 2010, C-409/06, *Winner Wetten*, Slg. 2010, I-08015.

dem Europarecht.[1279] Solche Zweifel sind auch dann angebracht, wenn das Verfahren der QPC eine Vorlage an den EuGH verzögert, wofür sich aber nach allem keine Anzeichen finden lassen.[1280]

4. *Reaktion des Conseil constitutionnel*

Die Frage der potentiellen Europarechtswidrigkeit der QPC und die Vorlage des Komplexes an den Gerichtshof haben dazu geführt, dass der Conseil constitutionnel sich genötigt sah, seine bereits in der Entscheidung zum *loi organique* angelegten Ausführungen zu präzisieren. Die Entscheidung ist insoweit bemerkenswert, als sie sich nicht nur der durch die Cour de cassation behaupteten Problematik widmet, sondern im Sinne eines umfänglichen „Dialogs der Gerichte" dem Gerichtshof auch hinsichtlich der tatsächlich bestehenden Problematik eine Lösung anbietet. Die Stellungnahme des Conseil constitutionnel erfolgte in einem Verfahren der *contrôle à priori* und somit außerhalb des Komplexes der QPC.[1281] Dabei waren allerdings die Antragsteller bereits auf das Problem eingegangen, als sie vom Conseil constitutionnel in Folge der Vorlageentscheidung der Cour de cassation eine *contrôle de conventionnalité* forderten.[1282] Auch die Regierung reagierte diesbezüglich mit einer ausführlichen Stellungnahme, in der sie sich kritisch mit der Argumentation der Cour de cassation auseinandersetzte.[1283]

Der Conseil constitutionnel hätte sich dennoch damit begnügen können, seine Unzuständigkeit für die Prüfung der Europarechtskonformität kurz festzustellen. Das Gericht wählte jedoch den Weg eines ausführlichen *obiter dictums*. Es wiederholte zunächst den wesentlichen Inhalt seiner IVG-Rechtsprechung und

---

1279 So SIMON/RIGAUX, Europe 5/2010, S. 5, 8, unter Verweis darauf, dass mit einer Verzögerung der unmittelbaren Wirkung von mindestens sechs Monaten die Trias „gleichbedeutend, gleichbindend et gleichbleibend" hinsichtlich der universellen Geltung des Europarechts durchbrochen werde. [Deutsch im Original].

1280 A.A. wohl MAGNON, RFDC N° 84 (2010), S. 761, 786, der hierzu den Fall annehmen will, dass das Fallgericht daran gehindert sei, vor Weiterleitung der QPC ein Vorabentscheidungsersuchen an den EuGH zu richten. Dieser Fall erscheint jedoch insoweit eher unwahrscheinlich, als eine gleichzeitige Stellung beider Fragen wohl keine Probleme bereitet, dazu sogleich, und sodann der Fall, dass die Frage nach Art. 267 AEUV unbedingt vor der QPC weitergeleitet werden muss, kaum vorstellbar erscheint.

1281 Conseil constitutionnel, 12. Mai 2010, N° 2010–605 DC, *Loi relative à l'ouverture à la concurrence et à la régulation du secteur des jeux d'argent et de hasard en ligne.*

1282 Ursprünglich war die Europarechtskonformität nicht Gegenstand des Antrags gewesen, dieser wurde vielmehr nach der Entscheidung der Cour de cassation explizit erweitert. (Die gestellten Anträge sind herunterzuladen auf der zugehörigen Entscheidungsseite des Conseil constitutionnel, siehe hierzu die Entscheidungsübersicht im Anhang).

1283 Die ergänzende Stellungnahme (*observations complémentaires*) der Regierung kann ebenfalls über die Entscheidungsseite heruntergeladen werden.

insbesondere die Einschränkung, dass die Kontrolle der Beachtung von Art. 55 Const. nicht im Verfahren der Verfassungsmäßigkeitskontrolle erfolgen müsse.[1284] Dann ging das Gericht auf den Regelungsgehalt von Art. 23–2 Abs. 5 und Art. 23–5 Abs. 2 der *ordonnance* ein und stellte fest, diese dienten dazu, das Verhältnis der Verfassungsmäßigkeitskontrolle, die dem Conseil constitutionnel obliege, und der *contrôle de conventionnalité*, die den ordentlichen Gerichten und den Verwaltungsgerichten zugewiesen sei, zu bestimmen. Der Vorwurf der Vertragswidrigkeit könne nicht als Vorwurf der Verfassungswidrigkeit betrachtet werden.[1285] Seine Untersuchung bleibe daher den ordentlichen und den Verwaltungsgerichten zugewiesen.[1286]

Bereits damit wäre der Vorwurf der Cour de cassation, der Conseil constitutionnel nehme auch eine *contrôle de conventionnalité* vor, weitgehend ausgeräumt. Das Gericht beließ es allerdings nicht bei dieser Erklärung. Es stellte weiterhin fest, dass die Autorität seiner Entscheidungen nach Art. 62 Const. keinerlei Einfluss auf die Kompetenz der anderen Gerichte habe, die internationalen und europäischen Verpflichtungen gegenüber nationalem Recht, das nicht mit ihm vereinbar ist, durchzusetzen, selbst wenn dieses Recht für verfassungskonform erklärt worden sei.[1287]

Nachdem der Conseil constitutionnel so der Argumentation der Cour de cassation umfassend entgegengetreten war, nahm er auch noch Stellung zur Problematik der zeitlichen Verzögerung der Durchsetzung des Unionsrechts. Das Gericht, das verpflichtet sei, eine QPC vorrangig weiterzuleiten, werde nicht daran gehindert, zeitgleich alle Maßnahme zu ergreifen, um die Auswirkungen des europarechtswidrigen Zustandes zu beseitigen. Bei fristgebundenen Entscheidungen könne es entscheiden, ohne den Ausgang des QPC-Verfahrens abzuwarten, sonst ständen Mittel des einstweiligen Rechtsschutzes zur Verfügung. Weder Art. 61–1 Const. noch die Regeln des *loi organique* hinderten das Gericht daran, alles zu tun, um die Anwendung solcher Normen, die die effektive Durchsetzung des Europarechts behindern, zu verhindern.[1288] Auch seien die Gerichte nicht daran gehindert, zeitgleich mit der Weiterleitung der QPC ein Vorabentscheidungsersuchen an den EuGH zu richten.[1289]

Anschließend wiederholte der Conseil constitutionnel die Grundsätze seiner Rechtsprechung zu Art. 88–1 Const., stellte erneut fest, aus Zeitgründen selbst kein Vorabentscheidungsersuchen stellen zu können, und beschränkte seine Kontrolle von Umsetzungsgesetzen zu Richtlinienrecht auf Verstöße gegen die

1284 Conseil constitutionnel, 12. Mai 2010, N° 2010–605 DC, Considérant 10.

1285 Conseil constitutionnel, 12. Mai 2010, N° 2010–605 DC, Considérant 11.

1286 Conseil constitutionnel, 12. Mai 2010, N° 2010–605 DC, Considérant 12.

1287 Conseil constitutionnel, 12. Mai 2010, N° 2010–605 DC, Considérant 13.

1288 Conseil constitutionnel, 12. Mai 2010, N° 2010–605 DC, Considérant 14.

1289 Conseil constitutionnel, 12. Mai 2010, N° 2010–605 DC, Considérant 15. Hierzu merken Mathieu/Rousseau, GD QPC, S. 95, Rn. 20 an, dieses entspreche dem Sinn des Gesetzes, „prioritär“ sei eben nicht mit „exklusiv“ gleichzusetzen.

Verfassungsidentität Frankreichs und auf manifeste Umsetzungsfehler.[1290] Auch an dieser Stelle findet sich eine bedeutende Erweiterung. Das Gericht entschied, dass die Umsetzungsverpflichtung aus Art. 88–1 Const. kein von der Verfassung garantiertes Recht darstelle und deren Verletzung damit nicht im Rahmen einer QPC gerügt werden könne.[1291] Der Conseil constitutionnel nutzte diese Entscheidung, um große Teile seiner früheren Rechtsprechung in Erinnerung zu rufen, gleichzeitig aber auch, um die entsprechenden Auswirkungen dieser Rechtsprechung in Bezug auf die QPC klarzustellen.[1292]

Dabei stellt die Ablehnung der Contrôle de conventionnalité eine Fortsetzung der bisherigen, seit „IVG“ etablierten Rechtsprechung dar. Neu ist hingegen, dass der Conseil constitutionnel, in Fortsetzung seiner Entscheidung über das *loi organique*[1293], die Möglichkeit der vorlegenden Gerichte hervorhob, sowohl gleichzeitig ein Vorabentscheidungsersuchen an den EuGH zu richten als auch, durch vorläufige Maßnahmen, die Auswirkungen der eventuellen Europarechtswidrigkeit bis zum Abschluss des Verfahrens einzudämmen.[1294]

Im Gegensatz zur Cour de cassation hatte der Conseil d'État von vornherein keine Zweifel an der Europarechtskonformität der QPC und folgte entsprechend der Entscheidung des Conseil constitutionnel. Dazu nutzte das Gericht die nächste

---

1290 Conseil constitutionnel, 12. Mai 2010, N° 2010–605 DC, Considérants 17 ff. Diese Beibehaltung der nur sehr eingeschränkten Prüfung der Umsetzung von Richtlinien bedauert Magnon, RFDC N° 84 (2010), S. 761, 780; bei der *contrôle à priori* könnte ansonsten immerhin das Inkrafttreten eines europarechtswidrigen Gesetzes verhindert werden. Magnon weist allerdings selbst darauf hin, dass dann der auch möglichen Erklärung der Konformität eine Bindungswirkung nicht zukommen dürfe, um nicht die normalen Gerichte in der Folge zu beschränken. Entsprechend scheint die von ihm angestrebte Lösung ein Problem durch ein anderes zu ersetzen.

1291 Conseil constitutionnel, 12. Mai 2010, N° 2010–605 DC, Considérant 19.

1292 Levade, D. 2010, S. 1321, 1322. Eine ähnliche Unterteilung findet sich auch bei Mathieu, JCP-G 2010, S. 1077 sowie, etwas undeutlicher, bei Magnon, RFDC N° 84 (2010), S. 761, 776.

1293 Levade, D. 2010, S. 1321, 1323 geht insoweit davon aus, das Gericht habe bei der Entscheidung über das *loi organique* eine deutlichere Aussage nicht für erforderlich gehalten, mit der Frage der Cour de cassation an den Gerichtshof habe sich die Notwendigkeit der Klarstellung ergeben. Ähnlich auch Mathieu, JCP-G 2010, S. 1077, 1078; die Frage habe sich in dieser Deutlichkeit 2009 noch nicht gestellt. Der offizielle Entscheidungskommentar, Commentaire de la décision n° 2010–605 DC, S. 9 spricht ebenfalls davon, der Conseil constitutionnel habe eine Präzisierung hinzugefügt. Deutlich weiter geht Gundel, EuR 2012, S. 213, 222, nach dessen Auffassung der Conseil constitutionnel 2009 bewusst eine Auseinandersetzung mit dem Europarecht unterlassen habe, ähnlich auch später Levade, AJDA 2011, S. 1257, 1258, die nunmehr ein Schweigen des Conseil constitutionnel in der Entscheidung von 2009 konstatiert.

1294 Mathieu, JCP-G 2010, S. 1077, 1078.

zur Verfügung stehende Weiterleitungsentscheidung über eine QPC, zwei Tage nach dem Urteil des Conseil constitutionnel, und ergänzte diese mit einem *obiter dictum*. Die Entscheidung *Rujovic* vom 14. Mai 2010 wurde bereits bei der Frage angesprochen, ob Zustimmungsgesetzes zu völkerrechtlichen Verträgen tauglicher Prüfungsgegenstand einer QPC sein können[1295]. Sie enthält aber in ihrem ersten Considérant zusätzlich einige Anmerkungen zum Europarecht, ohne dass dieses ansonsten eine Bedeutung für den Fall gehabt hat.[1296] Dieses erste Considérant, das vom Gericht in der Regel genutzt wird, um die Bedingungen für die Weiterleitung einer QPC aufzuzählen, wird hier durch einen weiteren Halbsatz ergänzt, in dem der Conseil d'État sowohl die Möglichkeit bestätigt, unmittelbar zu verhindern, dass ein europarechtswidriges Gesetz Folgen zeitigt, als auch, jederzeit ein Vorabentscheidungsersuchen an den EuGH zu richten.[1297]

Auffällig bei beiden Entscheidungen ist das zumindest mittelbare Eingehen auf die Simmenthal-Rechtsprechung und auch auf den Vorwurf der potentiellen Verzögerung der Durchsetzung des Europarechts: Sowohl der Conseil constitutionnel[1298] als auch der Conseil d'État[1299] bestätigen jeweils, dass das Fallgericht über die Möglichkeit verfüge, „*immédiatement*" die Anwendung der europarechtswidrigen Norm zu verhindern.[1300] Dabei ist noch eine kleine sprachliche Nuance zu bemerken, denn wo der Conseil constitutionnel nur die Möglichkeit einräumt, die Auswirkung zeitweilig zu verhindern bzw. zu suspendieren, ist das „*cesser*" des Conseil d'État bedeutend endgültiger. Hingegen erscheint die Annahme, der Conseil d'État sei insoweit offener gegenüber dem Europarecht, als auch vor der Weiterleitung der QPC eine Frage an den Europäischen Gerichtshof gerichtet werden könne, recht weitgehend[1301], zumal der Fall bereits schwer vorstellbar erscheint.

1295 Siehe hierzu oben, Kapitel 2, A.III.3.

1296 SIMON/RIGAUX, Europe 6/2010, S. 1, 2; auch in den Visa der Entscheidung wird kein Bezug zum Europarecht hergestellt.

1297 Conseil d'État, 10ème et 9ème sous-sections réunies, 14. Mai 2010, N° 312305, *Rujovic*, Considérant 1.

1298 Conseil constitutionnel, 12. Mai 2010, N° 2010–605 DC, Considérant 14: „*[...] qu'il peut ainsi suspendre immédiatement tout éventuel effet de la loi incompatible avec le droit de l'Union [...]*" (dass er somit mit sofortiger Wirkung jede mit dem Europarecht inkompatible Auswirkung der Norm aussetzen kann) [eig. Übersetzung].

1299 Conseil d'État, 10ème et 9ème sous-sections réunies, 14. Mai 2010, N° 312305, Considérant 1: „*[...] pour faire cesser immédiatement tout effet éventuel de la loi contraire au droit de l'Union [...]*" (um mit sofortiger Wirkung jede eventuelle Auswirkung des Gesetzes dauerhaft zu beenden, die mit dem Unionsrecht inkompatibel ist) [eig. Übersetzung].

1300 SIMON/RIGAUX, Europe 6/2010, S. 1, 2, mit besonderer Betonung des *immédiatement*.

1301 So jedoch MAGNON, RFDC N° 84 (2010), S. 761, 783; auch GAUTIER, Droit administratif 10/2010, S. 13, 17 sieht die *priorité* durch den Conseil d'État ausgehebelt; demgegenüber findet sich beispielsweise bei LEVADE, D. 2010, S. 1321, 1324 sowie bei MATHIEU, JCP-G 2010, S. 1077, 1078 nur der Hinweis, die Argumentati-

Nachdem sowohl Conseil constitutionnel als auch Conseil d'État auf die Vorwürfe der Cour de cassation eingegangen waren, blieb die Frage der Einschätzung durch den Gerichtshof.

5. Die Entscheidung des EuGH vom 22. Juni 2010

Der Gerichtshof (Große Kammer) entschied am 22. Juni 2010 über die verbundenen Rechtssachen *Melki* und *Abdeli*, C-188/10 und C-189/10. Bereits am 12. Mai 2010 hatte der Präsident dem Antrag der Cour de cassation stattgegeben, wegen der Haftsituation und der Bindung des Cour de cassation an die dreimonatige Frist zur Entscheidung über die QPC im beschleunigten Verfahren zu entscheiden.[1302] Entsprechend wurden durch den Generalanwalt keine Schlussanträge gestellt, dieser gab lediglich eine, wenn auch umfangreiche, Stellungnahme ab.[1303]

In seiner Stellungnahme widmete sich der Generalanwalt zunächst der zweiten Vorlagefrage, bei der es um die materielle Europarechtskonformität des Art. 78–2 CPP ging.[1304] Diese Frage betraf die Europarechtskonformität der QPC nicht und kann mithin an dieser Stelle unberücksichtigt bleiben.

Bezüglich der ersten Vorlagefrage stellte er sodann fest, dass diese entgegen dem Vortrag der französischen Regierung nicht von vornherein als unzulässig zurückzuweisen sei.[1305] Denn auch wenn diese dargelegt habe, dass es zu der Vorlage überhaupt nur wegen einer fehlerhaften Interpretation des nationalen Rechtes durch die Cour de cassation gekommen sei[1306], so sei doch der Gerichtshof zu einer Auslegung des nationalen Rechts nicht befugt und habe sich entsprechend nach der Darstellung in der Vorlagefrage zu richten. Deren Antwort sei auch nicht offensichtlich ohne Bedeutung für die Entscheidung des Ausgangsverfahrens.[1307]

Die weitergehende Analyse des Generalanwaltes legte die von der Cour de cassation behauptete Rechtslage zu Grunde und kam zu dem Ergebnis, dass eine

---

on sei vergleichbar. In ihrer späteren Analyse stellen MATHIEU/ROUSSEAU, GD QPC, S. 94, Rn. 20 eine identische Analyse durch den Conseil d'État fest; ebenso GUNDEL, EuR 2012, S. 213, 223.

1302 Diese Möglichkeit räumt Art. 23a des Statuts des Gerichtshofes ein, ergänzt durch den früheren Art. 104a, inzwischen Art. 105 der Verfahrensordnung.

1303 Diese Möglichkeit ergibt sich aus Art. 104a Abs. 5, inzwischen Art. 105 Abs. 5 der Verfahrensordnung, wonach der Gerichtshof den Generalanwalt im beschleunigten Verfahren lediglich anzuhören hat.

1304 Stellungnahme von Generalanwalt JAN MAZÁK vom 07. Juni 2010 zu den verbundenen Rechtssachen C-188/10 und C-189/10, Rn. 26 ff.

1305 MAZÁK, ebd., Rn. 61.

1306 Die Möglichkeit der fehlerhaften Interpretation schließt MAZÁK zumindest nicht völlig aus, so bezieht er sich neben der französischen Regierung auch auf die gleichlautende Einschätzung der Kommission, dieses bleibt aber hinsichtlich der Zulässigkeit ohne Belang, MAZÁK, ebd., Rn. 58.

1307 MAZÁK, ebd., Rn. 59, 60.

solche Regelung als europarechtswidrig anzusehen sei.[1308] Der Generalanwalt stützte dieses sowohl auf die Entscheidung *Simmenthal* als auch auf die zahlreichen Entscheidungen des Gerichtshofes zu der Möglichkeit, jederzeit ein Vorabentscheidungsersuchen zu stellen.[1309] Die Norm sei dann europarechtswidrig, wenn die Frage der Verfassungsmäßigkeit vorrangig weiterzuleiten sei und gleichzeitig bei ihrer Beantwortung auch die Frage der Europarechtskonformität zu erörtern sei.[1310]

Der Generalanwalt beschränkte sich allerdings streng auf den Wortlaut der Vorlagefrage und nahm daher zu dem zweiten oben geschilderten Problemkomplex der möglichen Verzögerung einer Nichtanwendung der europarechtswidrigen Norm keine Stellung. Er ignorierte allerdings nicht die möglicherweise fehlerhafte Interpretation der Cour de cassation, sondern schränkt seine Antwort dahingehend ein, dass diese auf der Darstellung des vorlegenden Gerichts basiere.[1311]

Die Kommission hatte sich vorher in ihrer Stellungnahme nicht allein auf die durch die Cour de cassation vorgestellte Interpretation beschränkt[1312], sondern auch die Möglichkeit geprüft, dass vor dem Verfassungsgericht das Argument der Europarechtswidrigkeit unzulässig sei. Dann würde nach ihrer Ansicht die Regelung nicht gegen Europarecht verstoßen, solange die gleichzeitige Stellung eines Vorabentscheidungsersuchens nicht ausgeschlossen und die Entscheidung des vorlegenden Gerichts nicht für eine unangemessene Zeit aufgeschoben werde.[1313] Damit kann bereits in der Stellungnahme der Kommission eine Abmilderung gegenüber der Simmenthal-Rechtsprechung erblickt werden, hält sie doch zumindest eine Verzögerung nicht für gänzlich unvereinbar mit dem Europarecht.

Die Entscheidung des Gerichtshofes ging über die Vorschläge des Generalanwaltes und damit letztlich über die durch die Cour de cassation gestellte Frage hinaus und ist bereits aus diesem Grund bemerkenswert.[1314] Der Gerichtshof hätte sich damit zufrieden geben können, die Regelung entsprechend der Interpretation

---

1308 Mazák, ebd., Rn. 77.

1309 Mazák, ebd., Rn. 74. Zur Möglichkeit des jederzeitigen Vorabentscheidungsersuchens auch, unter Bezugnahme auf die Entscheidung *Rheinmühlen Düsseldorf*, 12. Februar 1974, N° 146/73, Slg. 1974, S. 139, ders., ebd., Rn. 69 ff. mit weiteren Nachweisen, insbesondere Fn. 34.

1310 Mazák, ebd., Rn. 78 Nr. 2.

1311 Mazák, ebd., Rn. 78 Nr. 2 am Anfang: *„Au vu de la présentation faite par la juridiction du renvoi du cadre juridique nationale [...]"*.

1312 Für die Wiedergabe der Überlegungen der Kommission siehe EuGH, Große Kammer, 22. Juni 2010, C-188/10 und C-189/10, Slg. 2010 I-05667, Rn. 38 f. Plastisch dort die Darstellung der Problematik einer *contrôle de conventionnalité* durch das Verfassungsgericht; damit werde die diesbezügliche Kompetenz *„implicitement mais nécessairement"* auf den Conseil constitutionnel übertragen.

1313 EuGH, ebd., Rn. 39.

1314 Donnat, D. 2010, S. 1640, 1643 führt dazu aus, der Gerichtshof antworte sowohl auf die Frage, die die Cour de cassation gestellt habe, als auch auf jene, die sie hätte stellen sollen.

durch die Cour de cassation zu untersuchen und wäre dann notwendigerweise, in Fortsetzung der Simmenthal-Entscheidung, zu einem negativen Urteil gelangt.[1315]

Er ging jedoch einen anderen Weg. Zunächst wurde zwar eine Zurückweisung wegen Unzulässigkeit verweigert, da der Gerichtshof entsprechend den Ausführungen des Generalanwaltes nicht zu prüfen habe[1316], ob die Interpretation des vorlegenden Gerichts zutreffend sei.[1317] Dann berücksichtigte der Gerichtshof jedoch die Auslegung des Conseil constitutionnel und des Conseil d'État, um die Europarechtskonformität der so ausgelegten Regel beurteilen zu können.[1318]

Dieses Vorgehen ist, eingedenk der nur wenig vorher getroffenen Feststellung, die Interpretation des nationalen Rechts durch das vorlegende Gericht nicht überprüfen zu können, zumindest bemerkenswert. Es ist aber gleichermaßen diplomatisch wie pragmatisch. Der Gerichtshof vermied, indem er nicht nur die Auslegung der Cour de cassation berücksichtigte, zu deren Gunsten in den Konflikt der drei obersten französischen Gerichte einzugreifen.[1319] Auch wenn die Feststellung, ob das nationale Recht tatsächlich europarechtswidrigen Inhalt besitzt, nicht dem Gerichtshof obliegt, so wäre die Beurteilung einer so augenscheinlich nicht existenten Regelung doch zumindest diskutabel gewesen.[1320] Unabhängig von der Problematik des Verhältnisses zu den nationalen Gerichten zeugt die Entscheidung auch von einem erheblichen Pragmatismus. Denn erst dadurch, dass sich der Gerichtshof am Conseil constitutionnel und am Conseil d'État orientierte, kann die durch die Cour de cassation nicht gestellte Frage der Europarechtskonformität einer Verzögerung der erforderlichen Nichtanwendung einer europarechtswidrigen Regel durch das Fallgericht entschieden werden. Gleichzeitig konnte der Gerichtshof, indem er sich zwar sichtbar an der Rechtsprechung von Conseil constitutionnel und Conseil d'État orientierte[1321], aber die Interpretation der Cour de cassation nicht

---

1315 EuGH, ebd., Rn. 47 m.w.N.

1316 Eine andere Lesart findet sich bei Thery, RTD Civ. 2010, S. 810, 812, der die Untersuchung zweier verschiedener Interpretationen durch den EuGH als Beleg dafür anführt, dass die Norm nicht unabhängig von ihrer Auslegung durch die Rechtsprechung untersucht werden könne, auch unter Verweis auf die Rechtsprechung des EGMR im Fall *Kruslin geg. Frankreich*, 24. April 1990, N° 11801/85, Rn. 29.

1317 EuGH, ebd., Rn. 27 ff., siehe hierzu auch die Erläuterungen bei Donnat, D. 2010, S. 1640, 1643.

1318 EuGH, ebd., Rn. 48 ff.

1319 Gundel, EuR 2012, S. 213, 223 spricht passend vom „Bewusstsein der verfassungspolitischen Sensibilität der Auseinandersetzung". Ähnlich auch Simon/Rigaux, Europe 7/2010, S. 1.

1320 Donnat, D. 2010, S. 1640, 1643. Simon, Pouvoirs N° 137 (2011), S. 19, 23 hebt hier hervor, dass der Gerichtshof an mehreren Stellen ausdrücklich betont, von der Auslegung der Cour de cassation auszugehen, gleichsam als ob das Gericht sich von dieser distanzieren wolle.

1321 Levade, Regards sur l'actualité N° 368 (2/2011), S. 45, 54 weist auf die augenscheinliche Parallele zwischen der EuGH-Entscheidung und der vorherigen Rechtsprechung von Conseil constitutionnel und Conseil d'État hin.

völlig verwarf, seine neutrale Position hinsichtlich der Auslegung des nationalen Rechtes wahren.[1322]

Der Gerichtshof kommt auch diesbezüglich zu einer abwägenden Lösung. Die Möglichkeit, ein Vorabentscheidungsersuchen an den EuGH zu richten, kann unter keinen Umständen eingeschränkt werden. Darin jedoch eine Einschränkung der *„priorité"* zu sehen, erscheint zweifelhaft, da zumindest die gleichzeitige Weiterleitung beider Fragen nicht ausgeschlossen wird.[1323] Aus der Aussage des Gerichtshofs, ein Vorabentscheidungsersuchen müsse jederzeit möglich sein, folgt zwar theoretisch, dass dieses auch vor der QPC erfolgen können muss. Dieses wirkt jedoch konstruiert, da der Fall, dass das Gericht nicht beide Anträge zugleich behandeln kann, kaum denkbar erscheint.[1324] Es ist jedoch möglich, die Entscheidung, die nationale Norm nicht anzuwenden, bis zum Abschluss des Verfahrens der Verfassungsmäßigkeitskontrolle aufzuschieben und an ihrer Statt während des laufenden Verfahrens nur einstweiligen Rechtsschutz zu gewähren.[1325] Eine Gegenausnahme existiert für den Fall, dass die angegriffene Norm unmittelbar in Umsetzung einer Richtlinie erlassen wurde. Denn dann könnte die Aufhebung des Gesetzes durch das nationale Verfassungsgericht verhindern, dass der Gerichtshof seinerseits in die Lage versetzt wird, die Richtlinie am Primärrecht zu messen und ggf. aufzuheben. Dieses wäre mit seiner Monopolstellung hinsichtlich der Prüfung der Gültigkeit von Unionsrecht unvereinbar.[1326]

1322 Donnat, D. 2010, S. 1640, 1644; Gahdoun, RDP 2010, S. 1709, 1713.

1323 Diese Gleichzeitigkeit sieht aber Gautier, Droit administratif 10/2010, S. 13, 18 wohl bereits als Ablehnung der *priorité*.

1324 A.A., wie ausgeführt, Magnon, RFDC N° 84 (2010), S. 761, 786, der dem Urteil des EuGH daher eine Verweigerung des *caractère prioritaire* entnehmen möchte (*La Cour [...] met ainsi en echec le caractère prioritaire de la QPC*). Dieser Ansicht liegt aber eine recht weitgehende Analyse der Rechtsprechung des Conseil d'État zu Grunde, sie übersieht auch, dass, wenn sich die Frage der Europarechtskonformität bereits vor der QPC stellt, ein Konflikt überhaupt nicht entsteht. Diese Ansicht, die sich bei Magnon et al., QPC, S. 24, Rn. 28 wiederholt findet, wird an anderer Stelle kaum geteilt. Siehe andererseits nur die knappe Feststellung bei Levade, JCP-G 2011, S. 16, 19, die QPC sei nach der Entscheidung des EuGH kompatibel mit dem Europarecht, sich auf die durch den Gerichtshof formulierten Vorbehalte zu stützen, führe zu Unrecht zur Annahme des Gegenteils, auch da der EuGH selbst nicht mehr als vom Conseil constitutionnel zugestanden verlange.

1325 EuGH, ebd., Rn. 57.

1326 EuGH, ebd., Rn. 54 ff., unter Verweis auf die Entscheidung vom 22. Oktober 1987, N° 314/85, Slg. 1987, S. 4199, *Foto-Frost*. Dabei nennt der Gerichtshof in Rn. 55 ausdrücklich den Fall, dass sich die Verfassungswidrigkeit des nationalen Gesetzes aus einem Verstoß gegen ein Grundrecht ergibt, dass in gleicher Weise durch die Grundrechtecharta garantiert wird. Siehe zu dieser Problematik auch Gundel, EuR 2012, S. 213, 224 und 227 ff.; dieser weist zu Recht darauf hin, dass diese Problemsituation wegen der eingeschränkten Überprüfbarkeit

Mit dieser Entscheidung ist letztlich eine Klarstellung hinsichtlich der Bedeutung des bereits diskutierten Begriffs „*immédiatement*“ verbunden. Unverzüglich hat nur der Schutz der aus dem Unionsrecht resultierenden Rechte, auch durch einstweilige Maßnahmen, zu erfolgen, die endgültige Entscheidung in der Sache kann aber bis zur Erledigung der gleichzeitig stattfindenden Verfassungsmäßigkeitskontrolle aufgeschoben werden. Dabei dürfte allerdings davon auszugehen sein, dass dieser Aufschub sich in einem angemessenen Rahmen zu bewegen hat. Da dem Gerichtshof die französische Regelung vorgelegen hat, können wohl die dortigen maximal sechs Monate als ein ungefährer Maßstab gelten. Somit kann in der Entscheidung eine zumindest teilweise Aufgabe der Simmenthal-Rechtsprechung gesehen werden[1327], wenn man nicht lediglich von der Präzisierung einer vorher in diesem Bereich noch nicht vollständig ausgeprägten Rechtsprechung sprechen möchte.[1328]

Es bleibt damit als Ergebnis festzuhalten, dass die französische Regelung solange nicht in Widerspruch zum Europarecht gerät, wie der Conseil constitutionnel seine Rechtsprechung „IVG“ beibehält[1329], das Europarecht nicht prüft und damit keine gegenüber den normalen Gerichten verbindliche Entscheidung zur

---

von Umsetzungsgesetzen (bei ansonsten korrekter Umsetzung nur wegen eines Verstoßes gegen die *identité constitutionnelle de la France*, siehe hierzu eingehend oben, Kapitel 2, A.4.a) in Frankreich kaum eintreten dürfte. Auch LEVADE, Regards sur l'actualité N° 368 (2/2011), S. 45, 55, hält diese Möglichkeit zwar für unwahrscheinlich, schlägt aber gleichzeitig vor, der Conseil constitutionnel könne in einem solchen Fall seinerseits das Verfahren aussetzen und die Entscheidung des EuGH abwarten. Eine ähnliche Sicht findet sich auch bei DONNAT, D. 2010, S. 1640, 1647; ROUX, D. 2010, S. 2524 sowie MAGNON, RFDC N° 84 (2010), S. 761, 787 ff., wobei bei letzterem Kritik daran laut wird, dass der EuGH vor dem Hintergrund der unzweideutigen Rechtsprechung des Conseil constitutionnel überhaupt eine solche Klarstellung für nötig erachtet habe. Dabei wird aber außer Acht gelassen, dass der EuGH nur die europarechtlichen Bedingungen klarstellt, in der Regel jedoch die nationale Rechtsprechung nicht bewertet.

1327 DONNAT, D. 2010, S. 1640, 1645; ebenso GAHDOUN, RDP 2010, S. 1709, 1724 f.; von einer „*inflexion significative*“ sprechen GAÏA ET AL., GD Cons., S. 601, Rn. 33, fragen sich jedoch, ob der EuGH diese Rechtsprechung fortsetzen werde. In einer Linie der Reform oder Weiterentwicklung der Simmenthal-Rechtsprechung sieht die Entscheidung BERTRAND, RFDA 2011, S. 367, 370, der in ihr ebenfalls eine teilweise Aufgabe erblickt, mit umfangreichen weiteren Nachweisen hinsichtlich der sonstigen, hier nicht relevanten Entwicklungen in diesem Bereich.

1328 In diese Richtung weist die Einschätzung von GAUDIN, RDP 2011, S. 1313, 1330, die eine bessere oder stärkere Beschreibung der Rahmenbedingungen für die nationalen Gerichte durch den EuGH annimmt.

1329 SIMON/RIGAUX, Europe 7/2010, S. 1, 2; das deutsche „Solange“, in Anlehnung an die Rechtsprechung des Bundesverfassungsgerichts, ist in der französischen Rechtssprache zu einem festen Ausdruck zur Beschreibung einer solch bedingten Konformität geworden.

Europarechtskonformität trifft[1330], weiterhin darf weder die Möglichkeit einer Vorlage zum EuGH noch der Gewähr einstweiligen Rechtsschutzes eingeschränkt werden.

6. Reaktion der Cour de cassation

Einen inzwischen wohl mehr dokumentarischen Wert hat in diesem Zusammenhang die Folgeentscheidung der Cour de cassation, die als letzter Widerstand gegen die QPC verstanden werden kann. Das Gericht erklärte am 29. Juni 2010 im Nachgang zur Entscheidung des Gerichtshofs, die QPC weiterhin nicht weiterzuleiten.[1331] Es berief sich dazu auf den Urteilstenor, nachdem es dem nationalen Gericht überlassen sei, die Kompatibilität der nationalen Regelung mit den aufgestellten Kriterien zu überprüfen, und kam zu dem Ergebnis, dass das nationale Recht ihm die Möglichkeit nicht einräume, den geforderten einstweiligen Rechtsschutz zu gewähren.[1332] Daher verweigerte es die Weiterleitung, um dem Richter im Ausgangsverfahren eine unverzügliche Entscheidung zu ermöglichen, wobei es die fehlende Europarechtskonformität der angegriffenen Regel bereits selbst konstatierte.[1333]

Unabhängig davon, dass die vorgestellte Argumentation der Cour de cassation weiterhin erheblichen Zweifeln begegnet[1334], ist festzustellen, dass sich bisher keine Hinweise ergeben haben, dass das Gericht dieser Auffassung weiterhin folgt.[1335] Dieses mag mit den besonderen Umständen des Einzelfalls zusammenhängen, viel eher aber wohl mit der deutlich weniger kritischen Einstellung der nunmehr entscheidungsbefugten Kammern.[1336]

1330 Gundel, EuR 2012, S. 213, 225 äußert aus diesem Grund erhebliche Zweifel an der vergleichbaren belgischen Regelung, da dort das Verfassungsgericht umfänglich die Europarechtskonformität prüft und diese Prüfung damit zumindest faktisch den Fachgerichten entzogen wird.

1331 Cour de cassation, Assemblée plénière (Formation spéciale), 29. Juni 2010, N° 10–40001, Attendu 7.

1332 Zustimmend Gahdoun, RDP 2010, S. 1709, 1724, das Gericht antworte nur auf das Schweigen des Gesetzgebers; ebenso gehen auch Cassia/Saulnier-Cassia, D. 2010, S. 1636, 1635 weiterhin von der umfänglichen *inconventionnalité* der QPC aus, sowohl vor der Cour de cassation als auch wohl vor den Instanzgerichten.

1333 Cour de cassation, Assemblée plénière (Formation spéciale), 29. Juni 2010, N° 10–40001, Attendu 8; kritisch hierzu Simon/Rigaux, Europe 8/2010, S. 1, 2.

1334 Grundlegend hierzu Croze, JCP-G 2010, S. 1741, 1746 f., der auf die Schwierigkeiten des geeigneten einstweiligen Rechtsschutzes eingeht.

1335 Anders wohl Prétot, JCP-G 2013, S. 1149, der drei Jahre nach der Entscheidung des EuGH zwar auch von einem Ende der Debatte spricht, aber als deren Ergebnis die Lösung der Cour de cassation festhalten möchte, ohne jedoch diesbezüglich eine entsprechende Rechtsprechung anzuführen.

1336 Disant, QPC, S. 163, Rn. 213 konstatiert eine allgemein deutlich offenere Haltung der einzelnen Kammern, die jedoch mit eine diversifizierten Rechtsprechung und Koordinationsproblemen erkauft werde.

Somit bleibt bezüglich der Frage der Europarechtskonformität festzuhalten, dass erneut, wie bereits bei der Frage der Überprüfbarkeit richterlicher Interpretationen, die Sonderformation zur Klärung einer bedeutenden Frage beigetragen hat, auch wenn das hierzu gewählte Vorgehen und möglicherweise auch seine Motivation kritisch gesehen werden können und dürfen.

Die Entscheidung des EuGH ist bemerkenswert, zeugt sie doch von einem gewachsenen Bewusstsein für die Bedeutung des „Dialogs der Gerichte“ und von einem Verständnis des Europarechts, das, ohne dessen Vorrang aus dem Blick zu verlieren, doch an den entscheidenden Stellen eine flexible Lösung ermöglicht.[1337] Mit der grundsätzlichen Bestätigung der Konformität der QPC zum Europarecht hat das Gericht sicherlich auch einen erheblichen Protest in Frankreich vermieden. Denn es erscheint nicht ganz fernliegend, zu vermuten, dass ein Teil der massiven Kritik am Vorgehen der Cour de cassation weniger deren zumindest diskutabler Argumentation, als vielmehr der Sorge vor einer tatsächlich negativen Entscheidung des EuGH geschuldet war. Nach der vorgestellten Analyse ist schließlich zu bemerken, dass das Urteil des Gerichtshofs nicht selbstverständlich war. Nicht nur den Protest in Frankreich konnte der EuGH vermeiden, er hat auch die Möglichkeit bestehen lassen, dass europarechtswidrige Normen nicht nur durch normale Gerichte unangewendet bleiben, sondern auch, wie bereits von der italienischen Regierung im Zuge der Diskussion um „Simmenthal“ vorgebracht, endgültig durch ein Verfassungsgericht getilgt werden können.

7. Erste Vorlage des Conseil constitutionnel an den EuGH – Änderung der Rechtslage?

Bis 2013 hatte sich der Conseil constitutionnel stets der Vorlage von Vorabentscheidungsersuchen an den Gerichtshof enthalten und damit den Eindruck vermieden, er prüfe selbst die Europarechtskompatibilität des innerstaatlichen Rechts im Rahmen der Verfassungsmäßigkeitskontrolle. Mit einer Entscheidung vom 04. April 2013[1338], im Folgenden als „Jérémy F.“ bezeichnet, legte das Gericht jedoch erstmalig dem Gerichtshof eine Auslegungsfrage vor. Damit war fraglich, ob die der *Melki und Abdeli*-Entscheidung des Gerichtshofs zu Grunde liegende Einschätzung, das Verfassungsgericht überlasse die *contrôle de conventionnalité* vollumfänglich den normalen Gerichten, Bestand haben konnte.

Nur dadurch, dass das Gericht bis zu diesem Zeitpunkt jede Überprüfung der Kompatibilität einer nationalen Norm mit dem Europarecht, selbst dann, wenn

---

1337 Gautier, Droit administratif 10/2010, S. 13, 18 spricht von einer gegenwärtigen Tendenz des Gerichthofs, eher Kompromisse als Konfrontation mit den nationalen Gerichten zu suchen (*la tendance contemporaine de la Cour à rechercher des compromis avec les juridictions nationales plutôt que des affrontements*).

1338 Conseil constitutionnel, 04. April 2013, N° 2013–314P QPC, *Jérémy F.*

diese in Umsetzung einer Richtlinie erlassen wurde[1339], vermied, konnte eine Beeinträchtigung der durch Art. 267 AEUV geforderten Unabhängigkeit der einfachen Gerichte hinsichtlich einer Vorlage an den Gerichtshof vermieden werden. Wie die Kommission 2010 ausführte, führt jede Überprüfung der Europarechtskonformität durch das Verfassungsgericht „*implicitement mais nécessairement*" zu einer zentralisierten Kontrolle, der sich die normalen Gerichte Art. 267 AEUV zuwider unterordnen müssen.[1340]

Mit der Stellung der Vorlagefrage am 04. April 2013 erklärte der Conseil constitutionnel entgegen seiner früheren Beteuerungen aber doch zumindest implizit, dass die Frage des Europarechts im Verfahren nicht unberücksichtigt geblieben war, woraus man den Schluss ziehen könnte, jeder Fall ohne Stellung einer Frage enthalte eine Feststellung der Europarechtskonformität.[1341]

Die Entscheidung von 2013 ist jedoch im Ergebnis kaum geeignet, diesen Schluss zuzulassen. Denn es ging hier nicht um eine Frage der Europarechtskonformität. sondern vielmehr um eine aus anderen Gründen für nötig erachtete Interpretation der europarechtlichen Norm durch den Gerichtshof. Schließlich betraf die Vorlage eine sehr spezifische Rechtsmaterie, den Europäischen Haftbefehl, sodass eine über den Fall hinausgehende Bedeutung von vornherein zweifelhaft ist.

Ein englischer Lehrer war mit seiner 15jährigen Schülerin nach Frankreich geflüchtet und dort festgenommen worden, da gegen ihn ein Europäischer Haftbefehl wegen Entführung einer Minderjährigen bestand. Auf der Basis dieses Haftbefehls wurde er nach Großbritannien ausgeliefert. Die britischen Behörden legten ihm nunmehr auch den sexuellen Kontakt zu einer Minderjährigen zur Last, der im Haftbefehl nicht aufgeführt war.[1342] Um mit diesem neuen Vorwurf die Inhaftierung des Beschwerdeführers und wegen dieser Tatbestände eine Verurteilung erreichen zu können, bedurften die britischen Behörden der Zustimmung Frankreichs zur Erweiterung des Haftbefehls.[1343]

1339 Mit Ausnahme der manifesten Fehlumsetzung, hier sei erneut auf die Entscheidung vom 30. November 2006, N° 2006-543 DC, *Secteur de l'énergie*, verwiesen.

1340 Für die Wiedergabe der Überlegungen der Kommission siehe erneut EuGH, Große Kammer, 22. Juni 2010, C-188/10 und C-189/10, Slg. 2010 I-05667, Rn. 38 f.

1341 Darauf, dass diese dem Gericht bei seiner Entscheidung bewusst gewesen sind, deutet der offizielle Entscheidungskommentar, Commentaire de la décision n° 2013-314P QPC, S. 19, hin.

1342 Siehe zu den Ereignissen, die zum vorliegenden Rechtsstreit geführt haben, zusammenfassend den Entscheidungskommentar, Commentaire de la décision n° 2013-314P QPC, S. 11.

1343 Dieses ist die Folge des im Auslieferungsrecht seit langem bekannten Spezialitätsprinzips (*principe de spécialité*), wonach sich die Strafverfolgung im Anschluss an eine Auslieferung in der Regel nur auf die der Auslieferung zu Grunde liegenden Delikte erstrecken darf. Siehe hierzu eingehend den Entscheidungskommentar, Commentaire de la décision n° 2013-314P QPC, S. 2 f. Laybale/Mehdi, RFDA 2013, S. 461, 462 sehen das Spezialitätsprinzip gar als einen der letzten Punkte an,

Gegen die durch das zuständige Gericht erteilte Zustimmung legte der Betroffene ein Rechtsmittel zur Cour de cassation ein, das mit einer QPC verbunden war. Der Vorwurf der Verfassungswidrigkeit ergab sich daraus, dass die französische Regelung zum Europäischen Haftbefehl zwar den Rechtsweg zur Cour de cassation gegen die ursprüngliche Entscheidung der Anerkennung des Haftbefehls vorsah[1344], nicht jedoch gegen die Entscheidung über dessen Erweiterung.[1345] Hierdurch sah der Beschwerdeführer den Gleichheitsgrundsatz sowie das Recht auf effektiven Rechtsschutz verletzt.

Im Normalfall wäre dieser Sachverhalt nicht besonders beachtenswert gewesen. Die Cour de cassation hätte die QPC im Zweifel an den Conseil constitutionnel weitergeleitet und dieser hätte, wegen der Haftsituation beschleunigt, eine Aussage über die Verfassungsmäßigkeit des Fehlens des Rechtsmittels getroffen.

Die französischen Regeln zum europäischen Haftbefehl basieren jedoch auf einem Rahmenbeschluss (*décision-cadre*) im System der früheren „dritten Säule", der polizeilichen und justiziellen Zusammenarbeit in Strafsachen.[1346] In diesem Rahmenbeschluss, der für den Mitgliedsstaat ähnlich einer Richtlinie nur hinsichtlich seiner Ziele verbindlich war[1347], wurde die Möglichkeit eines Rechtsmittels gegen die Anerkennung der Erweiterung des Europäischen Haftbefehls nicht ausdrücklich vorgesehen.[1348] Vielmehr erschien es möglich, wegen der kurzen vorgesehenen Frist[1349] sogar auf deren vollständigen Ausschluss zu schließen.[1350]

---

den der Europäische Haftbefehl noch mit dem klassischen Auslieferungsrecht gemein habe.

1344 So ausdrücklich Art. 695–31 Abs. 4 CPP, die Möglichkeit steht auch der Staatsanwaltschaft offen.

1345 Dieses ergab sich eindeutig aus Art. 695–46 Abs. 4 CPP, dort war festgelegt, dass die Entscheidung der Untersuchungskammer *sans recours* zu erfolgen hatte, diese Einschränkung wurde durch den Conseil constitutionnel in der Folge des hier behandelten Falles mit Entscheidung vom 14. Juni 2013, N° 2013–314 QPC, für verfassungswidrig erklärt und damit zum 16. Juni 2013 aufgehoben. Mit Gesetz N° 2013–711 vom 05. August 2013 wurde nunmehr auch für diesen Fall die Möglichkeit eines zeitlich eng begrenzten Rechtsmittels zur Cour de cassation vorgesehen.

1346 Rahmenbeschluss 2002/584/JI des Rates vom 13. Juni 2002 *über den Europäischen Haftbefehl und die Übergabeverfahren zwischen den Mitgliedstaaten*, ABl. L 190 vom 18.07.2002, S. 1 ff.; zuletzt geändert durch Rahmenbeschluss 2009/299/JI des Rates vom 26. Februar 2009, ABl. L 81 vom 27.03.2009, S. 24 ff.

1347 Dieses ergibt sich aus Titel VI, Art. 34 Nr. 2 lit. b EUV (Maastricht).

1348 So statuiert Art. 27 des Rahmenbeschlusses zwar, dass eine Verfolgung wegen anderer Straftaten als der im Haftbefehl genannten außerhalb weniger Ausnahmen der Zustimmung der ausliefernden Justizbehörde bedarf (Abs. 2 i.V.m. Abs. 3 lit. g), schweigt aber bezüglich der Ausgestaltung des Zustimmungsverfahrens.

1349 Nach Art. 27. Abs. 4 a.E. des Rahmenbeschlusses hat die Entscheidung innerhalb von 30 Tagen zu erfolgen.

1350 So Coutron/Gahdoun, RDP 2013, S. 1207, 1209.

Diese besondere europarechtliche Implikation führte schließlich zur Vorlage an den EuGH. Denn für den Spezialfall des europäischen Haftbefehls enthält die Verfassung in Art. 88–2 Const. eine weitgehende Sonderregel.[1351] Die Notwendigkeit zu dieser verfassungsrechtlichen Aufhängung des Haftbefehls entstand dadurch, dass in Frankreich das Verbot der Auslieferung aus politischen Gründen, die im Rahmenbeschluss nicht ausdrücklich ausgeschlossen wird, Verfassungsrang genießt und somit einer einfachgesetzlichen Umsetzung entgegengestanden hätte.[1352] Art. 88–2 Const. ist damit so zu verstehen, dass er die Verfassungsmäßigkeit einer in direkter Umsetzung eines Beschlusses zum Europäischen Haftbefehl erlassenen Rechtsnorm bestätigt und damit die Berufung auf das Verbot der Auslieferung aus politischen Gründen verbietet.[1353] Nur insoweit dem nationalen Gesetzgeber bei der Umsetzung ein Spielraum gelassen wird, erscheint dann eine Überprüfung am Maßstab der Verfassung möglich.[1354]

Damit musste der Conseil constitutionnel eine Entscheidung vor der eigentlichen Untersuchung der Norm fällen. Wäre der Ausschluss des Rechtsmittels bereits durch den Rahmenbeschluss vorgesehen, wäre die französische Regelung insoweit durch Art. 88–2 Const. bereits für verfassungskonform erklärt und somit der Untersuchung des Gerichts entzogen geblieben. Nur im dem Fall, dass der Rahmenbeschluss ein Rechtsmittel nicht ausschließt, wäre eine vollständige Prüfung möglich.[1355] Es handelt sich hier mithin von vornherein nicht um einen Fall, der als Bestätigung der von der Cour de cassation anlässlich der Vorlage der QPC an den Gerichtshof erhobenen Behauptung, der Conseil constitutionnel werde entgegen der Rechtsprechung „IVG" nunmehr auch Völker- und Europarecht als Maßstab heranziehen, taugt. Selbst wenn jedoch der Sonderfall des Haftbefehls nicht gegeben wäre, sondern allgemein die Überprüfungsmöglichkeit von Umsetzungsrecht

---

1351 Art. 88–2 Const., bis zum Inkrafttreten des Vertrags von Lissabon Abs. 4, nunmehr einziger Abs.: „*La loi fixe les règles relatives au mandat d'arrêt européen en application des actes pris sur le fondement du Traité sur l'Union européenne/ [nach Lissabon:] pris par les institutions de l'Union européenne.*" (Das Gesetz bestimmt die Regeln bezüglich des Europäischen Haftbefehls in Anwendung der auf Basis des Vertrags über die EU erlassenen Rechtsakte/ [nach Lissabon:] durch die Institutionen der Europäischen Union erlassenen Rechtsakte) [eig. Übersetzung].

1352 Dieses war das Ergebnis der Stellungnahme des Conseil d'État zu der Frage, ob der Rahmenbeschluss ohne Verfassungsänderung in das französisches Recht übertragen werden konnte; Conseil d'État, Avis N° 368–282 vom 26. September 2002.

1353 Levade, JCP-G 2013, S. 1111, 1113; es handele sich um ein *brevet de constitutionnalité.*

1354 Conseil constitutionnel, 04. April 2013, N° 2013–314P QPC, Considérant 5.

1355 Siehe hierzu die Darstellung der Problematik bei Magnon, RFDC N° 96 (2013), S. 917, 920 f., mit besonderem Hinweis darauf, dass Art. 88–2 Const. dazu führt, dass den Regeln zum Haftbefehl auch die *identité constitutionnelle de la France* nicht mehr entgegengehalten werden kann, da sie als verfassungskonform zu gelten haben.

zur Debatte stände, würde sich an der Situation kaum etwas ändern.[1356] Denn dann käme es eben, wie oben dargestellt, auf eine Verletzung der *identité constitutionnelle de la France* an, wenn die nationale Norm in Umsetzung unzweideutiger Festlegungen der Richtlinie erlassen wurde.

Die Situation ist damit auch eine andere als bei der Überprüfung der nationalen Regeln zum Kommunalwahlrecht für EU-Ausländer. Hier urteilte das Gericht wegen des Wortlautes von Art. 88–3 Const.[1357], dass die Verfassungsmäßigkeit des umsetzenden *loi organique* auch davon abhängig sei, dass dieses den Anforderungen des Europarechts genüge.[1358] Dabei handelt es sich allerdings um einen Sonderfall, da das Gericht hier die Verbindung von *conventionnalité* und *constitutionnalité* ausdrücklich durch die Verfassung angeordnet sieht.[1359]

Die Vorlage des Conseil constitutionnel im Fall Jérémy F. gründete sich nun darauf, dass der Conseil constitutionnel hinsichtlich des Rahmenbeschlusses nicht von einem „*acte clair*" ausgehen wollte, sondern Zweifel hinsichtlich der Interpretation hatte. Auch wenn die Literatur über die Berechtigung dieser Zweifel gespalten ist[1360], so ändert dieses nichts daran, dass eine Überprüfung des nationalen Gesetzes am Maßstab des Europarechts und damit eine Aufgabe der IVG-Rechtsprechung nicht zur Debatte standen.[1361] Die erste Vorlage an den EuGH gibt mithin keinen Anlass, die Entscheidung „Melki und Abdeli" in Frage zu stellen.

Es bleibt allerdings dennoch die Frage bestehen, ob der Conseil constitutionnel diese Rechtsprechung fortsetzen wird und kann. Unzweifelhaft hält der Conseil sich für kompetent, eine Frage an den EuGH zu richten und nimmt damit

---

1356 Diese Parallele zieht Levade, JCP-G 2013, S. 1111, 1113, allerdings unter Verweis auf den Unterschied zwischen Richtlinie und Rahmenbeschluss.

1357 Dort heißt es in Satz 1, das Wahlrecht könne „entsprechend den durch den Vertrag über die EU vorgesehenen Modalitäten" (*selon les modalités prévues par le Traité sur l'Union européenne*) an Unionsbürger verliehen werden, Satz 3 bestimmt dann, dass ein *loi organique* die Anwendung dieses Artikels zu regeln habe.

1358 Conseil constitutionnel, 20. Mai 1998, N° 98–400 DC, *Droit de vote de étrangers*, Considérant 4.

1359 Prägnant dazu die Formulierung im Urteil, die Prüfung der Europarechtskonformität „resultiere aus dem Willen des Konstituanten selbst" (*il résulte de la volonté même du constituant*), ebd., Considérant 4. J. Bonnet, Études Autin, S. 1231, 1237 spricht daher von einem „*cas précis et unique*", bei dem eine Verbindung zwischen *contrôle de conventionnalité* und *contrôle de constitutionnalité* bestehe. Siehe zum Unterschied zwischen Art. 88–1 und Art. 88–3 Const. auch Gaïa et al., GD Cons., S. 216, Rn. 5.

1360 Kritisch zu diesem Verzicht auf die eigene Entscheidung Puig, RTD Civ. 2013, S. 564, 567 f.; ebenso Bonichot, D. 2013, S. 1805, 1807, der allerdings dennoch die Vorlage begrüßt. Zustimmend zum Vorgehen hingegen Gautier, AJDA 2013, S. 1086, 1088; ebenso B. Bonnet, RDP 2013, S. 1229, 1240; de Béchillon, AJDA 2013, S. 817.

1361 Labayle/Mehdi, RFDA 2013, S. 461, 469.

an, tatsächlich „Gericht" im Sinne des Art. 267 AEUV zu sein.[1362] Auch der EuGH nimmt dieses so an.[1363] Dass das Gericht nun jedoch stets dann, wenn es mit der Frage einer möglicherweise überschießenden Umsetzung konfrontiert wird, die Entscheidung des EuGH einholen wird, darf vor dem Hintergrund der sehr spezifischen Umstände dieses Falls bezweifelt werden[1364], da es an einer weiteren Entscheidung gleicher Art, bezogen auf einen „normalen" Fall, bislang fehlt. Gegen die Möglichkeit einer weiteren Vorlage wird dabei auch zu Recht angemerkt, dass nicht in allen Fällen das in diesem Fall durch den EuGH angewandte beschleunigte Verfahren zur Verfügung stehe[1365] und damit der Conseil constitutionnel Gefahr laufe, die durch Art. 23–10 der *ordonnance* vorgegebene Drei-Monats-Frist zu überschreiten.[1366] Verführe der Conseil constitutionnel jedoch so, würde dieses tatsächlich einen großen Umbruch seiner Rechtsprechung bedeuten.[1367]

Die Frage der Europarechtskonformität wurde im Ergebnis im Verfahren „Jérémy F." nicht aufgeworfen, der Conseil constitutionnel lässt auch weiterhin nicht erkennen, dass er beabsichtigte, seine seit „IVG" bestehende Rechtsprechung zu verändern und auch, wenn nicht eine manifeste und offensichtliche Fehlumsetzung einer Richtlinie vorliegt, Fragen des Europarechts zuzulassen. Die durch den

---

1362 So Magnon, RFDC N° 96 (2013), S. 917, 918, der allerdings darauf hinweist, dass der Conseil constitutionnel die Feststellung einer „Verpflichtung" nach Art. 267 Abs. 3 AEUV vermieden habe.

1363 Der EuGH nahm das Ersuchen ohne besonderen Hinweis auf die Natur des vorlegenden Gerichtes an (so wird in der Regel bei allen verfassungsgerichtlichen Vorlagen verfahren, Puig, RTD Civ. 2013, S. 564, 569) und beantwortete dieses in dem Sinne, dass die fehlende Möglichkeit des Rechtsschutzes nicht durch den Rahmenbeschluss vorgeschrieben werde (EuGH, 30. Mai 2013, C-168/13, noch unveröffentlicht, Rn. 76) wodurch ermöglicht wurde, dass der Conseil constitutionnel in seiner Entscheidung vom 14. Juni 2013, N° 2013–314 QPC, die französische Regel für verfassungswidrig erklärte. Für eine detaillierte Analyse dieser Folgeentscheidung siehe die Besprechung bei Levade, JCP-G 2013, S. 842 ff.

1364 Levade, JCP-G 2013, S. 1111, 1114; unter Annahme, dass der Conseil constitutionnel nur im Fall absoluter Notwendigkeit auf die Vorlage zurückgreifen werde.

1365 Der EuGH begründete die Anwendung des beschleunigten Verfahrens mit der Haftsituation des Beschwerdeführers im Ausgangsverfahren und nicht mit der vom Conseil constitutionnel vorgebrachten Entscheidungsfrist des Verfahrens der QPC, EuGH, a.a.O., Rn. 30–32. Es erscheint allerdings nicht ausgeschlossen, mit Aubert et al., AJDA 2013, S. 1686, 1687 davon auszugehen, dass diese Entscheidung durch ein Verständnis des Gerichtshofes für die Besonderheiten der Vorlage bedingt war, denn der Beschwerdeführer war ohnehin schon zu einer Freiheitsstrafe verurteilt worden und daher nicht wegen des streitgegenständlichen Verfahrens in Haft.

1366 Gautier, AJDA 2013, S. 1086, 1089 f.

1367 In diesem Sinne Magnon, RFDC N° 96 (2013), S. 917, 932 ff., mit detaillierter Auflistung der Anwendungsmöglichkeiten und der Konsequenzen des Vorabentscheidungsersuchens.

Gerichtshof festgestellte Europarechtskonformität der QPC bleibt damit unverändert bestehen, die „Jérémy F."-Entscheidung demonstriert allerdings erneut, welch tiefgreifende Auswirkungen die Einführung der QPC in Frankreich entfaltet, denn ohne ein solches Untersuchungsverfahren wäre die hier relevant gewordene Fallsituation dauerhaft dem Zugriff des Verfassungsgerichts entzogen geblieben.

Kapitel 4 – Abschließende Betrachtung

A. Der Stand der Diskussion

Ziel dieser Arbeit war es, den Komplex der Question prioritaire de constitutionnalité in Frankreich zu erfassen, strukturiert aufzuarbeiten und in für den deutschen wissenschaftlichen Leser zugänglicher Art darzustellen.

Dabei sollten nicht allein die wesentlichen Entscheidungen zu den offensichtlichen und weithin diskutierten Problemkomplexen erfasst werden, vielmehr sollten auch die unterschiedlichen Ansichten und Diskussionen in der Literatur betrachtet werden.

Die QPC ist ein sehr weiter Komplex. Dieses machte die Beschränkung auf einige wenige Problempunkte nötig, insgesamt jene, die im Gesetzgebungsverfahren ausdrücklich diskutiert wurden und auch tatsächlich in der Praxis zu Schwierigkeiten führten. Diese Verbindung ist das erste interessante Resultat der Untersuchung, es zeigt sich deutlich, wie sehr ein sachverständig beratener Gesetzgeber in der Lage ist, die späteren Konflikte und Problempunkte zu antizipieren.

Die Untersuchung erfolgte nicht nur in Anlehnung an die im Gesetzgebungsverfahren diskutierten Problempunkte, sondern orientierte sich darüber hinaus an den Fragestellungen, die für die Praxis besonders relevant sind und entsprechend auch in der Debatte behandelt werden. Wie ausgeführt, existieren einige Gesamtdarstellungen, die bemüht sind, für die praktische Anwendung entsprechende Hinweise zu geben. Nach Abschluss der Untersuchung lässt sich jedoch insgesamt eines klar festhalten: Wie bereits am Anfang vermutet, würde es der Komplexität des Themas nicht gerecht, lediglich eine Übertragung einer solchen Gesamtdarstellung in die deutsche Sprache vorzunehmen. Denn an dieser Stelle tritt die unterschiedliche wissenschaftliche Herangehensweise in beiden Ländern klar zu Tage.

Es ist nicht so, dass in Frankreich eine weitgehende Einigkeit über alle diskutierten Punkte herrscht oder erzielt ist. Dieses wird jedoch erst dann deutlich, wenn eine kritische Gegenüberstellung nicht nur der allgemeinen Betrachtungen, sondern auch der zahlreichen einzelnen Anmerkungen, Detailanalysen und weitergehenden Schlussfolgerungen vorgenommen wird. An vielen Stellen wurden die Differenzen erst offenbar, als die verschiedenen Ansichten im Detail einander gegenübergestellt waren. Wie bereits in der Einleitung festgestellt, soll dieses Ergebnis jedoch keinesfalls als Kritik an der französischen Rechtswissenschaft verstanden werden, es handelt sich vielmehr um eine Feststellung, die sich der deutsche Leser vergegenwärtigen soll.

Kritik am Vorgehen darf gleichwohl in einer Hinsicht geäußert werden. Die Übersichtlichkeit des wissenschaftlichen Diskurses würde erheblich davon profitieren, wenn Übernahmen aus eigenen Werken deutlich gekennzeichnet würden und sich nicht wortgleiche Anmerkungen in verschiedenen Texten, zu Teilen aus unterschiedlichen Jahrgängen, wiederfänden.

Bevor im Folgenden ein Überblick über die festgestellten Besonderheiten des Systems der QPC gegeben wird, um auf dieser Basis ein Gesamtfazit zu ziehen, soll eine Frage vorher kurz angerissen werden. Bei einem in der französischen Diskussion bereits umfänglich diskutierten Thema bleibt die Frage, ob die Betrachtung aus dem Ausland eine neue Facette oder ein anderes Ergebnis hinzufügen kann. Das Ergebnis an dieser Stelle ist ein positives. Es wäre vermessen, davon auszugehen, dass eine Untersuchung wie die hier vorgenommene, die notwendigerweise sowohl zeitlich als vom Umfang engen Grenzen unterliegt, bei einem solch gewichtigen Thema eine vollkommen neue Gesamtsicht hinzufügen könnte. Dennoch zeigt sich bei vielen Detailfragen und bei einigen größeren Komplexen, dass die Debatte noch nicht abgeschlossen ist, selbst wenn die wissenschaftliche Diskussion zumindest zeitweise zum Erliegen gekommen sein sollte.

Dieses gefühlte Erliegen der Diskussion in einigen Punkten stellt sich als Folge der umfänglichen Diskussion und zugleich des jungen Alters des Diskussionsgegenstandes dar. Denn an vielen Stellen ist versucht worden, Detailprobleme möglichst umfänglich zu behandeln, es wurde auf die entsprechenden Leitentscheidungen der beiden obersten Gerichte und des Conseil constitutionnel gewartet, um zunächst ein funktionsfähiges, erfassbares Grundgerüst vorliegen zu haben.

Betrachtet man nun, vier Jahre nach dem Inkrafttreten der QPC, den Stand der wissenschaftlichen Debatte, so lässt sich eine gewisse Verschiebung des Schwerpunktes bemerken. Die Zahl der erscheinenden Abhandlungen ist immer noch groß, jedoch insgesamt im Sinken begriffen. Denn es darf nicht ignoriert werden, dass die wissenschaftliche Diskussion nicht alleine die QPC zu erfassen hat, sondern auch weitere Themen zu diskutieren sind. Es erscheint nunmehr die Zeit der grundsätzlicheren Diskussion gekommen zu sein, bei der eine tiefgehende, nicht dem ständigen Wandel der Rechtsprechung und der ständigen Weiterentwicklung unterworfene Analyse möglich wird. Die QPC bleibt damit ein wissenschaftlich sehr interessantes Thema, dessen weitere Entwicklung verfolgt werden sollte. Betrachtet man außerdem die im Allgemeinen langen Zeiträume, die die Entwicklung der Rechtsprechung benötigt, ist auch damit zu rechnen, dass sich wesentliche Änderungen am System in absehbarer Zeit nicht ergeben. Denn weder ist von gesetzgeberischer Seite eine Fortentwicklung zum gegenwärtigen Zeitpunkt geplant, noch bestehen im Moment offensichtliche Problemfelder, die einer Antwort des Conseil constitutionnel bedürften.

Die kommende Entwicklung wird auch zeigen, inwieweit das System der QPC so erfolgreich bleiben wird. Angesichts der problematischen Tatsache, dass gesetzliche Regeln hinsichtlich ihrer Verfassungsmäßigkeit in der Regel nur einmal dem Conseil constitutionnel vorgelegt werden können, so sich nicht ausnahmsweise eine Änderung der Umstände ergibt, kann mit einem „Ausbrennen" des gesamten Komplexes gerechnet werden. Dieses ist nicht in jeder Hinsicht als negativ zu bewerten. Vielmehr könnte das System auch davon profitieren, dass sich die Zahl der gestellten Fragen auf einem noch gut durch das Verfassungsgericht zu bewältigenden Niveau einpendelt. Außerdem bewirkt die ständige Aktivität des Gesetzgebers, dass sich zumindest die Zahl der überprüfbaren Normen in nächster

Zeit nur unwesentlich reduzieren wird. Wie effektiv die QPC jedoch insgesamt bleiben kann, hängt wesentlich davon, ob alle Akteure bereit sind, ihr Verhältnis zu diesem Verfahren ständig zu überdenken und ggf. auf notwendige Änderungen hinzuwirken. So mag sich aktuell die Problematik der „endgültigen" Entscheidung noch nicht als manifestes Problem ergeben, wenn jedoch in absehbarer Zeit aus dem bisher kräftigen Fluss der neuen Fragen aus diesem Grund ein Tröpfeln zu werden droht, mag der Conseil constitutionnel seine Haltung grundlegend überdenken, wie es bereits in ähnlicher Art und Weise mit dem früheren *Considérant balai* der *contrôle à priori* geschehen ist.

Auch das Verhältnis zum Europarecht mag zwar in Frankreich einstweilen als geklärt erscheinen, weder ist jedoch ausgeschlossen, dass der Conseil constitutionnel weitere Vorabentscheidungsersuchen an den Gerichtshof richtet, noch hält die geklärte Lage in Frankreich die Entwicklung in den anderen 27 Mitgliedsstaaten und damit ggf. weitere Entscheidungen des Europäischen Gerichtshofs auf.

B. Die Ergebnisse im Einzelnen

Die vorliegende Bearbeitung gliedert sich nach einer einleitenden Vorstellung des Systems und der historischen Hintergründe nach den verfassungsprozessualen Grundfragen, die sich auch in Frankreich nicht wesentlich anders stellen, als in Deutschland. Dabei darf gleichwohl nie aus dem Blick verloren werden, dass es sich bei der QPC um ein in zweierlei Hinsicht hybrides System handelt.

Es ist eine Normenkontrolle, die nur abstrakt vorgenommen werden darf und sich der Betrachtung konkreter Lebenssachverhalte verschließen muss, die aber zugleich nur im Zuge eines aus anderen Gründen geführten Verfahrens durch die Parteien dieses Verfahrens gestellt werden kann und deren Prüfungsmaßstab lediglich die durch die Verfassung garantierten Rechte und Freiheiten sind.

Und es ist eine Normenkontrolle, die zwar letztlich dem Conseil constitutionnel als Verfassungsgericht vorbehalten bleibt, die zu ihrem Funktionieren jedoch der Kooperation der normalen Gerichte bedarf, deren Aufgabe es ist, die zu behandelnden Fragen dem Verfassungsgericht weiterzuleiten, und die diese damit zwingend zu Teilhabern der Kontrolle der Verfassungsmäßigkeit macht.

I. Tauglicher Beschwerdegegenstand

Begonnen wurde die Vorstellung mit der Frage des tauglichen Beschwerdegegenstandes. Nach der gesetzlichen Regelung kann es sich dabei nur um eine auf den Streitfall anwendbare *disposition législative* handeln. Während das Kriterium der Anwendbarkeit keine besonderen Schwierigkeiten bereitet, führen doch die getroffenen Entscheidungen hinsichtlich der tauglichen Rechtsnorm zu einigen Zweifeln. Bei der Überprüfung von Referendumsentscheidungen hat der Conseil constitutionnel inzwischen seine seit 1962 bestehende Rechtsprechung auf die QPC übertragen, auch wenn diese weiterhin insgesamt nur begrenzt zu überzeugen vermag, vor allem, da sie insgesamt eine Kohärenz vermissen lässt.

Wo die fehlende Überprüfungsmöglichkeit von Verfassungsänderungen und den Ratifizierungsgesetzen zu völkerrechtlichen Verträgen insgesamt zu überzeugen vermag, bleibt die Haltung gegenüber der Umsetzung von Europarecht im Bereich der QPC nicht ohne Bedenken. Die durch den Conseil constitutionnel eingenommene Haltung, seine Prüfungskompetenz in diesem Bereich einzuschränken, erscheint insgesamt verständlich. Zu bedauern ist allerdings weiterhin, dass das Gericht es bisher unterlässt, die genauen Grenzen der eigenen Kompetenz zu bestimmen, und sich unnötigerweise diese Möglichkeit durch die Übertragung der Frage an die einfachen Gerichte für die Zukunft versperrt.

Die bedeutendste Fragestellung im Bereich des tauglichen Prüfungsgegenstandes bleibt jedoch ohne Zweifel jene der Überprüfbarkeit richterlicher Interpretationen. Hier wurden die Entwicklung und die Diskussion, die zu einer Übertragung der italienischen Doktrin des „droit vivant“ auf das französische Recht geführt haben, umfangreich dargestellt. Dabei fällt jedoch auf, dass die nunmehr gefundene und allgemein akzeptierte Lösung doch nur eine Hilfskonstruktion bleibt. Die Wissenschaft beachtet diesen Punkt bisher weitestgehend nicht, doch die erwiesene Notwendigkeit, auf diese Doktrin zurückzugreifen, zeugt deutlich davon, dass die genaue Umschreibung des tauglichen Beschwerdegegenstandes durch den Gesetzgeber einer Überarbeitung bedarf. Auch ist zu bedauern, dass diese Doktrin in Frankreich weiterhin als Mittel zur Lösung eines Konfliktes und weniger als Mittel der sinnvollen Kooperation zwischen den Gerichten verstanden wird. Hier ist die weitere Entwicklung abzuwarten, denn auch in Italien hat diese mehrere Jahrzehnte gebraucht.

II. Fehlende Entscheidung in gleicher Sache

An die Betrachtung des tauglichen Beschwerdegegenstandes schloss sich die Auseinandersetzung mit dem weiteren Kriterium der fehlenden früheren Entscheidung in gleicher Sache an. Dieses Kriterium, dessen Erfassung auf den ersten Blick keine besonderen Probleme mit sich brachte, erwies sich jedoch als ausgesprochen heikel. Festgestellt und kritisiert wurde hier zunächst die in der französischen Literatur zwar wahrgenommene, aber zugleich auch nahezu kritiklos hingenommene Entscheidung des Conseil constitutionnel, mit seinen Entscheidungen ein Urteil nicht nur über die vorgebrachten Bedenken hinsichtlich der Verfassungsmäßigkeit, sondern über die Vereinbarkeit mit der gesamten Verfassung zu treffen. Diese Entscheidung mag zwar mit dem abstrakten Charakter des Verfahrens teilweise begründbar sein, sie entfernt dieses jedoch nachhaltig von den Bürgern und stellt die eigentlich vorgesehene „Wiederinbesitznahme“ der Verfassung durch diese in Frage. Die problematische Reichweite der Entscheidungen des Verfassungsgerichts wird dadurch verstärkt, dass das Gericht seinen Entscheidungen auch materiell eine absolute Bindungswirkung zugesteht.

Selbst wenn man dieses weitgehende Verständnis von der Autorität der eigenen Entscheidungen als Spezifikum des französischen Verfassungsrechts hinnehmen möchte, so bleibt doch hier ein Unbehagen dahingehend zurück, dass dieses bei der Diskussion im Gesetzgebungsverfahren um die frühere Entscheidung in gleicher Sache so nicht thematisiert wurde und die Anwendung der gesetzlichen Kriterien insbesondere hinsichtlich der Änderung der Umstände hier zu erheblicher Unsicherheit führt. Hier liegt einer der Punkte, bei denen eine Änderung der Rechtsprechung erheblich dazu beitragen könnte, die Effektivität des Verfahrens in Bezug auf den erstrebten Schutz der Grundrechte zu verstärken. Gleichermaßen erscheint an dieser Stelle eine Auseinandersetzung des Gesetzgebers mit der Problemlage erforderlich, die möglicherweise auch in eine Anpassung des Art. 62 Abs. 3 Const. münden könnte, dessen aktuelle Formulierung für das Verfahren der *contrôle à priori* geeignet erscheint, jedoch im Rahmen der QPC zu einer nicht gerechtfertigten und auch teilweise unbegründeten Überbetonung der gerichtlichen Autorität führt. Diese Überbetonung bleibt auch insoweit unverständlich, als mit ihr faktisch einhergeht, dass den Entscheidungen des Conseil constitutionnel systemwidrig eine quasi-normative Wirkung zugestanden wird.

III. Tauglicher Antragsteller

Auch bei der Frage des tauglichen Antragstellers bleibt ein zwiespältiger Eindruck zurück. Denn wo einerseits die möglichst weite Ziehung des Kreises der tauglichen Antragsteller dazu führt, dass vielfältig Anträge gestellt werden können und die Chance entsprechend steigt, dass verfassungswidrige Normen angegriffen werden, bleibt andererseits die nicht unbegründete Sorge zurück, dass das Verfahren von Interessengruppen missbraucht werden kann, um entweder eigene Interessen durchzusetzen, auch wenn damit für sie kein direkter Vorteil einhergeht. Im Zusammenwirken mit der absoluten Autorität der Entscheidungen des Conseil constitutionnel kann dieses dazu führen, dass auf diesem Weg durch einen begrenzt gestellten Antrag jeder weitere Angriff gegen die Norm verhindert wird. Zwiespältig ist der Eindruck auch dahingehend, dass die normalen Gerichte daran gehindert sind, Fragen der Verfassungsmäßigkeit aufzuwerfen. Zwar kann dieser Regelung zugestanden werden, dass damit das Verfahren in der Hand der Parteien bleibt, die sich entscheiden können, ob sie überhaupt verfassungsrechtliche Argumente vorbringen wollen oder eine Lösung auf dem Weg der Völkervertragsrechtswidrigkeit anstreben. Die damit einhergehende Möglichkeit, dass ein Gericht gezwungen sein kann, wissentlich eine verfassungswidrige Norm anzuwenden, ist mehr als bedenklich. Die *contrôle de conventionnalité* ist hier nur eine unzureichende Kompensation. Zwar kann sie von Amts wegen vorgenommen werden und ermöglicht an vielen Stellen ein auf den konkreten Fall bezogen ähnliches Resultat. Das Ergebnis ist jedoch nicht identisch, da die Norm rechtlich fortbesteht und die Entscheidung des Gerichts nur Wirkung für den Einzelfall entfaltet. Wenn die grundsätzliche Entscheidung getroffen wurde, dass sich auch bestehendes Recht am Maßstab der Verfassung messen lassen muss, dann erscheint es systemwidrig, den Gerichten die Möglichkeit vorzuenthalten, ihrerseits Zweifel zu haben und zu äußern. Es bleibt der Eindruck, dass die Motivation für die Einschränkung, dass der Antrag nicht von Amts wegen gestellt werden kann, weniger darin lag, dass das Verfahren nur dem Bürger ein neues Recht zugestehen und diesen in den Mittelpunkt rücken wollte, sondern dass weiterhin eine diffuse Sorge vor dem *gouvernement des juges* diese Entscheidung beeinflusst hat. Dieses erscheint paradox, denn zugleich wird die Möglichkeit einer *contrôle de conventionnalité* durch die normalen Gerichte hingenommen und galt sogar lange Zeit als geeignete Kompensation für das Fehlen der Verfassungsmäßigkeitskontrolle. Die Angst vor dem *gouvernement des juges* ist hier ohnehin unbegründet. Denn es geht gerade nicht darum, eine verteilte Kontrolle der Verfassungsmäßigkeit einzuführen, wie sie in den Vereinigten Staaten von Amerika, auf die sich die begriffsbestimmende Streitschrift von LAMBERT seinerzeit bezog, existiert, sondern lediglich um die Eröffnung des Zugangs zu einem Verfassungsgericht, dessen Verwerfungskompetenz bereits anerkannt ist. Der Zugang der Gerichte zum Conseil constitutionnel könnte auch, wie bei der konkreten Normenkontrolle nach Art. 100 GG, an deutlich engere Kriterien geknüpft werden als im Falle eines Antrags durch den Bürger, sodass das Gericht nur bei wirklich ernsten Zweifeln oder einer Überzeugung von der Verfassungswidrigkeit zur Vorlage berechtigt ist.

IV. Zuständiges Gericht

Keinen grundsätzlichen Bedenken begegnen demgegenüber die Einschränkungen hinsichtlich der Gerichte, vor denen die Stellung der Frage zulässig ist, mit Ausnahme des Sonderfalls der Wahlgerichtsbarkeit. Der Ausschluss des Tribunal des conflits darf hinterfragt werden, da dessen Einfügung in das System der QPC ohne größere Schwierigkeiten möglich gewesen wäre, es handelt sich dabei jedoch um einen Sonderfall, dessen praktische Relevanz sehr begrenzt ist. Der Ausschluss der Schwurgerichte hingegen erscheint demgegenüber wegen der Besonderheiten des Verfahrens vollumfänglich gerechtfertigt und wird durch die weiterhin bestehende Möglichkeit, im Ermittlungsverfahren oder zusammen mit einem Rechtsmittel dennoch eine QPC zu erheben, ausreichend kompensiert.

Der Sonderfall des Conseil constitutionnel als Wahlgericht wurde durch das Gericht selbst so gelöst, dass an dieser Stelle ein Rechtsschutzdefizit nicht besteht. Jedoch bleibt die gewählte Lösung systemwidrig und liefert jener Ansicht Argumente, die die Rechtsprechung des Verfassungsgerichts weniger von juristischen als von politischen Erwägungen beeinflusst sieht. Leider ist zu bemerken, dass die Rechtsprechung des Conseil constitutionnel hier zwar kritisiert wird, dass aber kein Bedarf gesehen wird, eine Änderung der Verfassung oder des *loi organique* vorzunehmen. Wenn jedoch das Gericht seine Kompetenz an dieser Stelle selbst bestimmen und letztlich ausweiten kann, werden damit all jene Fälle in Frage gestellt, bei denen die Zurückweisung von Anträgen mit der fehlenden Kompetenz des Conseil constitutionnel begründet wurde. Generell bleibt zu überlegen, ob nicht eine Trennung der Funktion des Wahlrichters von jener des Verfassungsrichters anzustreben ist, um die mit der Überschneidung verbundenen Schwierigkeiten zu vermeiden.

V. Tauglicher Prüfungsmaßstab

Die QPC kann nach dem eindeutigen Wortlaut von Art. 61–1 Const. nur mit der Verletzung von Rechten und Freiheiten, die durch die Verfassung garantiert werden, gestellt werden. Diese Lösung steht in unmittelbarem Zusammenhang mit der Konzeption des Verfahrens als Möglichkeit der „Wiederinbesitznahme“ der Verfassung durch die Bürger. Diese Beschränkung erscheint vor dem Hintergrund des objektiven Prüfungsverfahrens, das auf Initiative des Bürgers angestrengt wird, sinnvoll. Denn sonst wäre die Zahl der Fragen schnell uferlos, weil zahlreiche Mängel des Gesetzgebungsverfahrens, der Kompetenzverteilung oder sonstiger Formalia durch Bürger vorgebracht würden, obwohl das Gesetz sie nur am Rande betrifft oder eben überhaupt nicht in ihren Rechten verletzt oder verletzen kann. Will man den Prüfungsmaßstab auf die gesamte Verfassung erweitern, geht damit praktisch die Notwendigkeit einher, gleichzeitig zumindest bei der Zulässigkeitsprüfung stärker eine individuelle Betroffenheit zu fordern. Denn sonst kann die Unzufriedenheit einzelner das Verfahren behindern.

Gleichzeitig erscheint es auch gerechtfertigt, die Frage der Völkerrechtskonformität weiterhin nicht vor dem Verfassungsgericht zu erörtern. Denn dagegen spricht systematisch dessen Stellung unterhalb der Verfassung. Nähme das Verfassungsgericht hier eine Prüfung vor, liefe es Gefahr, die eigentliche Verfassung gegenüber dem internationalen Recht abzuwerten, eine Haltung, die zwar völkerrechtlichen Prinzipien entsprechen mag, vom Standpunkt des nationalen Rechts aber inakzeptabel bleibt und auch nicht zwingend erforderlich ist. Denn die Verletzung eines mit einem anderen Staat geschlossenen Vertrags interessiert das Völkerrecht, kann aber kaum einen subjektiven Anspruch des Bürgers begründen.

Den unübersichtlichen französischen Grundrechtekatalog an dieser Stelle umfänglich zu untersuchen, erschien für die Vorstellung des Systems nicht erforderlich, zumal eine weitgehende Einigkeit darüber herrscht, dass die Berufung auf diesen im System der QPC ohne weitere Schwierigkeiten möglich ist. Bei den beiden näher betrachteten Sonderfällen, der *incompétence négative* und den *objectifs de valeur constitutionnelle*, vermögen die gefundenen Lösungen hingegen nicht zu überzeugen. Dieses liegt einerseits daran, dass der Conseil constitutionnel nicht bereit ist, klar und ausdrücklich festzuhalten, in welcher Art und Weise eine Berufung auf diese Sonderfälle möglich ist, und andererseits die Literatur weitgehend kritiklos die unübersichtliche Rechtsprechung hinnimmt und ebenfalls auf eine klare Trennung der Begriffe nicht achtet.

Bei der *incompétence négative* wurde festgestellt, dass die durch das Gericht vorgenommene zweischrittige Prüfung ausgesprochen formalistisch erscheint, gleichzeitig aber eine Vorhersehbarkeit der Ergebnisse nicht gewährleisten kann. Wenn eine Beschränkung auf Rechte und Freiheiten, die die Verfassung garantiert, beabsichtigt ist, ist es bedeutend sinnvoller, es dabei zu belassen und jeweils festzustellen, ob die in Rede stehende gesetzliche Regelung ausführlich genug ist und vor Willkür schützt. Diese Feststellung kann auch unabhängig davon getroffen werden, wann die Verfassungsnorm in Kraft getreten ist, denn deren Garantien gelten von diesem Zeitpunkt an allgemein.

Hinsichtlich der *objectifs de valeur constitutionnel* ist das Problem an derselben Stelle zu sehen. Der Conseil constitutionnel will sich vermutlich die Möglichkeit offenhalten, diese *objectifs* im Rahmen der Prüfung einer QPC als zu Gunsten des Antragstellers zu berücksichtigen, und scheut daher davor zurück, einen allgemeinen Ausschluss festzustellen. Dabei ginge damit, wegen bestehender Garantien durch andere Grundrechte, ein Rechtsschutzdefizit nicht einher, bei Bedarf könnte das Gericht ein neues Verfassungsprinzip anerkennen. Wenig hilfreich ist an dieser Stelle auch die indifferente Haltung der Literatur, die teilweise die Möglichkeit der Geltendmachung mit jener der Erwähnung im Prozess oder im Urteil verwechselt und insgesamt, mit wenigen Ausnahmen, die Konstruktion einer vollständigen oder bedingten Möglichkeit der Berufung auf diese *objectifs* befürwortet. Der Vorwurf richtet sich aber letztlich auch gegen das Verfassungsgericht, das durch eine klare Aussage zu diesen *objectifs* nicht nur im Rahmen der QPC, sondern auch darüber hinaus die Rechtsunsicherheit beseitigen könnte. Denn dagegen, dass der Verfassung bestimmte immanente Schranken entnommen werden, kann sich ein Widerspruch kaum regen.

VI. Form

Das Formerfordernis des *écrit distinct et motivé* steht in unmittelbarem Zusammenhang mit der Objektivität der Prüfung und ist, auch mit Blick auf das zugleich verfolgte Ziel der Beschleunigung des Verfahrens, vollumfänglich gerechtfertigt, zumal daraus keine besonderen Härten für den rechtssuchenden Bürger resultieren. Gleichermaßen gerechtfertigt erscheint es, dass die Frage in das normale Verfahren eingebettet bleibt und sich daher auch dessen Form- und Fristerfordernissen zu beugen hat.

VII. Beteiligung der normalen Gerichte an der Verfassungsgerichtsbarkeit

Der problematischste Komplex im Rahmen der QPC bleibt die Beteiligung der normalen Gerichte an der Prüfung der Verfassungsmäßigkeit. Die Lösung der Weiterleitung durch die normalen Gerichte in Verbindung mit einer dem Bürger vorbehaltenen Antragstellung dürfte so weithin einzigartig sein und verlangte daher nach einer detaillierten Untersuchung. Die Entscheidung des Gesetzgebers für eine Filterung der Fragen, die zum Verfassungsgericht dringen können, erscheint insgesamt nachvollziehbar. Denn die drohende Überlastung des Verfassungsgerichts ist kein theoretisches „Schreckgespenst", sondern lässt sich vor allem mit dem Beispiel des Bundesverfassungsgerichts sichtbar belegen. Einer solchen Filterung steht aber zugleich das Postulat entgegen, dass sowohl die Normverwerfung (die auch im französischen System nie an anderer Stelle verortet werden sollte) als auch die Normbestätigung am sinnvollsten einem einzigen Gericht überlassen werden, um eine uneinheitliche Rechtsprechung und eine damit verbundene Beeinträchtigung der Rechtssicherheit zu vermeiden. Dabei wurde hier dargestellt, dass sich diese Konzeption bereits aus KELSENS theoretischen Überlegungen zur Verfassungsgerichtsbarkeit herleiten lässt.

Dem französischen Gesetzgeber kann zugutegehalten werden, dass er das Systems des Filters tatsächlich am Ziel der Effektivität des Verfassungsgerichts ausgerichtet hat und nicht, wie teilweise behauptet wird, die Einrichtung einer verteilten Verfassungsgerichtsbarkeit oder die Stärkung der Autorität der weiterleitenden Gerichte im Blick hatte. Dennoch hat sich das System an dieser Stelle bis zu einem gewissen Grad verselbstständigt, ohne dass Gesetzgeber oder Wissenschaft darauf entsprechend reagieren. Denn wenn auch bei der Einrichtung eines Filters die Übertragung der Kompetenz zur Normbestätigung nicht ausgeschlossen werden kann, wenn sich die Filterung nicht auf die Behandlung rein formaler Fragen beschränken soll, so ist doch offensichtlich, dass die Rechtsprechungspraxis in Frankreich an dieser Stelle weit über die durch den Gesetzgeber vorgesehenen Grenzen hinausgeht und es durchaus berechtigt erscheint, von einer verteilten oder abgemildert von einer zumindest nicht mehr vollständig zentralisierten Verfassungsgerichtsbarkeit zu sprechen.

Auslöser dieser Übertragung ist nicht das Kriterium der *question nouvelle*. Wie dargestellt, handelt es sich hierbei ohnehin nur um eine Ausnahmeregelung, die dann, wenn die Frage eigentlich nicht weiterzuleiten wäre, zum Einsatz kommt. Sie wird aber durch die weiterleitenden Gerichte allgemein weit verstanden und verhindert zuverlässig, dass es Verfassungsteile gibt, die nie vor das Verfassungsgericht gelangen. Auch die Möglichkeit, so gesellschaftlich besonders problematische Fragen vor das Verfassungsgericht zu bringen, verdient Zustimmung.

Die Schwierigkeit liegt vielmehr bei der nur unzureichenden gesetzlichen Ausgestaltung und der sehr freien Interpretation des Kriteriums des *caractère sérieux*. Wie mit Blick auf das Europarecht und insbesondere die *Cilfit*-Kriterien herausgearbeitet wurde, ist es nicht möglich, einem Gericht einerseits die Möglichkeit der Filterung einzuräumen bzw. diese nicht alleine auf formale Kriterien zu beschränken und andererseits gleichzeitig zu verhindern, dass dieses Gericht eine eigene Interpretation der Bezugsnorm, im nationalen Fall der Verfassung, vornimmt. Die Frage, die sich stellt, war also nach der Entscheidung des Gesetzgebers für den Filter nicht mehr, ob die normalen Gerichte an der Verfassungsgerichtsbarkeit beteiligt werden sollten, sondern wie diese Beteiligung auszugestalten war. Der Conseil constitutionnel hat es allerdings unterlassen, klar zum Umfang des *caractère sérieux* Stellung zu beziehen, er hat sich vielmehr auf eine sorgfältige Aufgabenwahrnehmung der weiterleitenden Gerichte, vor allem von Conseil d'État und Cour de cassation verlassen. Dabei ist es durchaus möglich, das Kriterium so einzugrenzen, dass die normalen Gerichte eine Prüfung vornehmen, die exakt der Rechtsprechung des Conseil constitutionnel folgt, indem sie nur dann die Weiterleitung verweigern, wenn sich objektive Kriterien identifizieren lassen. In der Literatur wird diese Problematik durchaus gesehen, damit korrespondiert aber kaum die Aufforderung an die Gerichte oder in letzter Konsequenz an den Gesetzgeber, eine Änderung vorzunehmen. Gleichzeitig begegnet vor allem die *interprétation conforme* Bedenken, sie scheint in einigen Fällen für kritikwürdiger gehalten zu werden als die selbstständige Vornahme von Abwägungsentscheidungen durch die obersten Gerichte ohne sichtbare und deutliche Verbindung zur Rechtsprechung des Conseil constitutionnel. Dabei ist gerade die verfassungskonforme Interpretation das Mittel der Wahl, um innerhalb der durch Wortlaut und gesetzgeberischen Willen gesetzten Grenzen schnell zu einem verfassungskonformen Ergebnis zu kommen, auch weil sie genau wie die *contrôle de conventionnalité* jedem Gericht zur Verfügung steht.

Der Umgang mit dem Kriterium des *caractère sérieux* durch die obersten Gerichte bestätigt letztlich das Ergebnis der theoretischen Überlegungen, dass auch hinsichtlich der Normbestätigung die Kompetenz bei einer zentralen Instanz gebündelt sein sollte. Dann, wenn vertiefte Untersuchungen nicht der Rechtsprechung eines Verfassungsgerichts, sondern vieler Spruchkörper der beiden höchsten Instanzen erforderlich werden, um dem Rechtssuchenden einen Eindruck von den erfolgversprechenden Argumenten zu geben, darf deutlich angezweifelt werden, ob die Beeinträchtigung der Rechtssicherheit sich noch mit der Entlastung des Verfassungsgerichts und der Effektivität des Verfahrens rechtfertigen lässt. Dieses vor allem auch vor dem Hintergrund, dass der verfassungsändernde Gesetzgeber sichtbar eine solche Kompetenzverteilung gerade vermeiden wollte.

VIII. Reichweite der Entscheidungen

Die Betrachtung der Reichweite der Entscheidungen wurde aus Gründen der Übersichtlichkeit auf den problematischsten Fall der Verschiebung der Auswirkungen einer Entscheidung zur Verfassungsmäßigkeit beschränkt. Die Rechtsprechung des Conseil constitutionnel zu dieser Frage ist insgesamt gut nachvollziehbar, das Gericht hat für die drei großen Problemfälle bei einer sofortigen Aufhebung zufriedenstellende Lösungen gefunden und bestätigt an dieser Stelle gleichzeitig auch seinen Willen, die Grenzen seiner durch die Verfassung gesetzten Rolle nicht zu überschreiten. Nur in Ausnahmefällen kann es erforderlich sein, dass das Gericht selbst eine rechtsschöpfende Rolle einnimmt, eine allgemeine Tendenz, sich in die politische Debatte einzumischen, ist jedoch nicht erkennbar. Dieser Entscheidung ist uneingeschränkt zuzustimmen, denn ein Verfassungsgericht darf nie selbst die Grenze überschreiten und eine eigene politische Agenda verfolgen.

IX. Verhältnis zum Europarecht

Ebenso war die Frage der Kompatibilität mit den Vorgaben des Europarechts zu betrachten. Der Gesetzgeber hatte, wegen der Gefahr einer Marginalisierung des neuen Verfahrens nicht unverständlich, die Entscheidung für dessen unbedingten Vorrang vor jeder anderen Prüfung, namentlich vor der Prüfung der „conventionnalité", eingerichtet und damit einen Konflikt mit dem Vorrang des Europarechts und den Anforderungen des Vorabentscheidungsverfahrens nach Art. 267 AEUV riskiert. Die hierzu ergangene Entscheidung des EuGH zeugt davon, dass der Gerichtshof immer mehr bereit ist, den Besonderheiten und Schwierigkeiten, die sich aus einer nunmehr aus 28 unterschiedlichen Rechtsordnungen bestehenden EU ergeben, Rechnung zu tragen. Es ist der QPC zu verdanken (und letztlich auch der Cour de cassation, die trotz erheblicher Widerstände die Vorlage unternommen hat), dass der EuGH die Gelegenheit erhalten hat, seine Simmenthal-Rechtsprechung entscheidend zu präzisieren und dabei teilweise abzuschwächen bzw. sogar aufzugeben. Das Zusammenspiel von EuGH, Conseil constitutionnel, Conseil d'État und letztlich auch Cour de cassation zeugt davon, dass auf europäischer Ebene nicht nur Raum für eine Konfrontation, sondern vor allem für einen fruchtbaren Dialog der Gerichte vorhanden ist.

Die erste Vorlage des Conseil constitutionnel fügt sich in diesen Kontext ein, allerdings sollte, solange das Gericht dem ersten Fall nicht weitere hat folgen lassen, doch davon ausgegangen werden, dass nur in außergewöhnlichen Sonder- und Einzelfällen dieser Weg beschritten wird. Damit bleibt die nationale Verfassung der Maßstab der Verfassungsmäßigkeitsprüfung und behält gegenüber dem Europarecht ihren Stellenwert.

C. Versuch einer Gesamtbewertung

Nach dieser Zusammenfassung der wesentlichen Untersuchungsergebnisse und Kritikpunkte bleibt die Frage bestehen, wie die QPC insgesamt zu bewerten ist. Diese Beurteilung kann weder zu einem insgesamt positiven noch insgesamt negativen Ergebnis kommen kann, dieses würde der Vielschichtigkeit des Systems wie auch der Rechtsprechung kaum gerecht werden.

I. Grundsätzlicher Erfolg

Der QPC kann mit Blick auf die Anzahl der Entscheidungen ein großer Erfolg bescheinigt werden. Denn inzwischen hat der Conseil constitutionnel in diesem Verfahren nahezu 400 Entscheidungen fällen können. Damit sind hier in nur vier Jahren schon so viele Entscheidungen zusammengekommen, wie bei der *contrôle à priori* bis 1998 in 40 Jahren. Dabei ist es in ungefähr einem Viertel der Fälle auch zu einer zumindest teilweisen Aufhebung der angegriffenen Vorschriften wegen deren Verfassungswidrigkeit gekommen. Die Zahl der tatsächlich gestellten QPC dürfte um ein Vielfaches darüber liegen, da ein großer Teil durch die Instanzgerichte oder die beiden obersten Gerichte nicht weitergeleitet wird, wobei hier genaue statistische Daten nur begrenzt verfügbar sind.

Auch ein qualitativer Erfolg des neuen Verfahrens ist wahrnehmbar. In den unterschiedlichsten Bereichen vom Steuerrecht über das Strafverfahrensrecht bis hin zum allgemeinen Zivilrecht ist es zur Aufhebung von Normen gekommen, deren Verfassungswidrigkeit in Teilen offensichtlich war, die aber bis zu diesem Zeitpunkt von jeder Überprüfung frei blieben. Das Gesetz hat damit seine bis 2010 nahezu vollumfänglich bestehende Unangreifbarkeit verloren und muss sich der

Verfassung unterordnen. Die QPC ist damit in der Entwicklung des französischen Verfassungsrechts ein bedeutender Schritt.

Dem neuen Verfahren ist es auch gelungen, ein Bewusstsein für die Bedeutung der Verfassung nicht nur bei den Gerichten, sondern auch bei den Bürgern zu wecken, die sich das neue Rechtsinstitut vielfältig zu Nutze machen, sodass, wie vom Gesetzgeber beabsichtigt, von einer Wiederinbesitznahme der Verfassung gesprochen werden kann.

II. Die Schwierigkeiten des Systems

Bei dieser positiven Bilanz bleibt gleichwohl die Frage bestehen, ob dieses System in allen Punkten zu überzeugen vermag oder ob nicht Potential für Verbesserungen vorhanden ist, durch die ein noch effektiverer Schutz der Grundrechte des Einzelnen ermöglicht würde.

Diese Überlegung stellt sich auch bei der quantitativen Betrachtung trotz der hohen Zahl der Anträge. Denn wenn zahlreiche QPC überhaupt nicht zum Conseil constitutionnel gelangen, stellt sich geradezu zwingend die Frage, ob nicht an dieser Stelle zu stark gefiltert wird, ob nicht auch Fragen, die einer Antwort des Conseil constitutionnel bedurft hätten, diesem vorenthalten wurden.

Gleichermaßen verdient auch das Vorgehen des Conseil constitutionnel einer näheren Betrachtung, denn wenn dieser nur in einem Viertel der ihm vorgelegten Fälle zu einem Urteil der Verfassungswidrigkeit kommt, darf doch hinterfragt werden, ob die Maßstäbe des Gerichts nicht teilweise zu streng sind und ob die Verweigerung der Verwerfung jeweils gerechtfertigt ist.

1. Eine nachvollziehbare Entscheidung des Gesetzgebers

Das System der QPC ist in Europa einzigartig, da es eine objektive, vom konkreten Streitfall losgelöste Prüfung der Verfassungsmäßigkeit mit der Bedingung verbindet, dass das Verfahren nur durch einen Rechtssuchenden, nicht jedoch durch die Gerichte selbst eingeleitet werden kann. Gleichermaßen hervorzuheben ist hier die Beschränkung auf die reinen „Rechte und Freiheiten, die die Verfassung garantiert". Die Normenkontrolle bleibt damit insgesamt abstrakt, aber zugleich hinsichtlich ihres Prüfungsmaßstabs beschränkt.

Diese besondere Ausgestaltung des französischen Systems wirft, vor allem vom Standpunkt des deutschen Systems der Verfassungsbeschwerde, Fragen auf. Denn es bleibt zunächst unverständlich, warum das Verfahren, wenn es eine objektive Prüfung ermöglichen soll, nur einen begrenzten Teil der verfassungsrechtlichen Regeln zum Gegenstand haben soll, umgekehrt, warum es, wenn es einen verstärkten Grundrechtsschutz des einzelnen Bürgers ermöglichen soll, dann die Umstände des Einzelfalls keine Rolle spielen.

Bei genauerer Betrachtung zeigt sich jedoch, dass das Kernproblem oder besser die Schwierigkeit des französischen Systems nicht bei der hybriden Natur der Prüfung zwischen Verfassungsbeschwerde und letztlich abstrakter Normenkontrolle zu suchen ist. Zunächst bleibt festzuhalten, dass diese Entscheidung durch den Gesetzgeber bewusst getroffen worden ist und nicht etwa Folge einer Auslegung durch die Rechtsprechung ist. Wo das Verfassungsgericht grundsätzlich dem Gesetzgeber einen weiten Entscheidungsspielraum zumisst, sollte auch die Kritik, vor allem wenn sie von einem externen Standpunkt erfolgt, anerkennen, dass der Gesetzgeber für seine Entscheidung gute, durchaus auch politische Gründe gehabt haben kann.

Die QPC stellt in Frankreich eine bedeutende, aber zugleich vorsichtige Weiterentwicklung der Verfassungsgerichtsbarkeit dar. Die angestrebte „Wiederinbesitznahme" der Verfassung durch die Bürger und damit die Einrichtung eines wirksamen Grundrechtsschutzes stellen ein hohes Ziel dar, diese Motivation kann und soll aber doch nie darüber hinwegtäuschen, dass sich jedes System in das bereits vorhandene Recht einfügen muss. Die Besonderheit der QPC liegt darin, wie bereits am Anfang festgestellt, dass ihre Einfügung in die französische Verfassung nicht mit einer großen Krise oder einem historischen Bruch einhergeht. Es gab bereits ein etablierters, funktionierendes Rechts- und Gerichtssystem, zu dem das neue Verfahren passen musste. Betrachtet man unter diesen Vorzeichen beispielsweise die deutsche Verfassungsgerichtsbarkeit, fällt auf, dass diese nicht in ein bestehendes System eingefügt wurde, sondern zeitgleich mit der gesamten Staatsorganisation gewissermaßen „am Reißbrett" neu geschaffen wurde.

Der französische Gesetzgeber hatte bei seiner Einrichtung der QPC auch die Gelegenheit, die zahlreichen im Ausland bestehenden Systeme, ihre Vorteile und Probleme zu betrachten.

Die Entscheidung für ein objektives System der Prüfung bringt bei genauem Hinsehen keine wesentlichen Nachteile, sie erscheint argumentativ sogar vorteilhaft. Denn dadurch, dass das Verfassungsgericht den Einzelfall in seine Erwägungen nicht einbezieht, sondern sich nur mit der Rechtsnorm beschäftigt, wird dessen Entwicklung zu einer *Cour suprême* vermieden. Betrachtet man im Vergleich hierzu die nahezu zur Floskel verkommene Beteuerung des Bundesverfassungsgerichts, es sei keine Superrevisionsinstanz und prüfe nur die Verletzung spezifisch verfassungsrechtlicher Regeln, so fällt die Antwort, welche der beiden Lösungen letztlich konsequenter ist, nicht schwer, auch wenn die Haltung des Bundesverfassungsgerichts ebenfalls das Ergebnis einer gesetzgeberischen Entscheidung, in diesem Fall für die grundsätzliche Rügefähigkeit gerichtlicher Entscheidungen, darstellt. Das System der QPC geht von vornherein davon aus, dass auch die normalen Gerichte, vor allem die jeweils höchsten Instanzen, in der Lage sind, die Verfassung als verbindliche Norm anzusehen und ihre Entscheidungen an dieser auszurichten. Hier tritt deutlich hervor, dass das neue Verfahren Rücksicht auf die existierende Situation nehmen musste und genommen hat. Denn eine andere Entscheidung hätte den zumindest unterschwelligen Vorwurf an die gesamte Gerichtsbarkeit erhoben, in den 50 Jahren seit Inkrafttreten der Verfassung von 1958 und auch davor die Grundrechte und grundsätzlichen Wertentscheidungen nicht ausreichend beachtet zu haben.

Gegen die durch die zwingende Objektivität des Verfahrens bestätigte Aufgabenteilung zwischen den obersten Gerichten und dem Conseil constitutionnel ist mithin solange nichts einzuwenden, wie nicht die Gerichte die Schwelle zur Rechtssetzung überschreiten, was auf die Problematik des Richterrechts als Prüfungsgegenstand zurückverweist. Dennoch kann überlegt werden, ob nicht auch die Prüfung rein verwaltungsrechtlicher Normen bei der Verfassungsgerichtsbarkeit besser aufgehoben wäre, wodurch die Trennung zwischen der Kontrolle der Anwendung der Norm und der Kontrolle des Inhalts konsequent zu Ende gedacht würde.

Bei diesem objektiven Kontrollverfahren bleibt dann die Frage bestehen, warum tauglicher Prüfungsmaßstab nur die Rechte und Freiheiten der Verfassung, nicht jedoch alle anderen Verfassungsdispositionen sein sollen. Ein Rechtsschutzdefizit ergibt sich aus dieser Beschränkung nur dann, wenn man entsprechend der *Elfes*-Logik des Bundesverfassungsgerichts für jeden Eingriff in durch die Verfassung garantierte Rechte verlangt, dass dieser Eingriff nur durch ein in jeglicher Hinsicht verfassungskonformes Gesetz erfolgen kann. Legt man diese strenge Sicht nicht zu Grunde, ist die Beschränkung auf die reinen Rechte und Freiheiten ausreichend. Denn das System mag zwar dadurch, dass die Prüfung objektiv und abstrakt erfolgt, wirken, als ob seine eigentliche Zielrichtung die Durchsetzung der Normenhierarchie ist, dem steht jedoch der erklärte Wille des Gesetzgebers entgegen, die Grundrechte der Verfassung für die Bürger zugänglich zu machen.

Der einzelne Bürger mag zwar ein abstraktes Interesse daran haben, dass sich der Gesetzgeber insgesamt verfassungskonform verhält. Dieses abstrakte Interesse jedoch ohne weitere Einschränkung justiziabel zu machen, würde zu einer kaum beherrschbaren Flut von Anträgen führen. Die getroffenen Einschränkungen greifen damit ineinander. Solange es dem Bürger überlassen bleibt, das Verfahren anzustrengen, muss gleichzeitig dafür gesorgt werden, dass die Anzahl der Anträge nicht uferlos wird und erkennbar bleibt, aus welchem Grund der Bürger ein Interesse an der Aufhebung eines Gesetzes hat. Dabei wird allerdings der Bereich der Rechte und Freiheiten, wie z.B. am Fall der Laizität deutlich wird, in Frankreich ohnehin weit verstanden.

Ein Umbau hin zu einem Durchsetzungsinstrument der Normenhierarchie ist nur denkbar, indem entweder die Antragstellung den Gerichten übertragen wird, unter Umständen mit der Einschränkung, dass nur erhebliche Zweifel für einen Antrag genügen können, oder indem ein subjektives Element im Sinne einer möglichen Verletzung eigener Rechte eingeführt wird. Der Gesetzgeber der QPC hat es verstanden, sicherlich in ungewöhnlicher, aber doch wirkungsvoller Art und Weise, eine kaum beherrschbare Flut von zweifelhaften Anträgen zu vermeiden.

2. *Eine problematische Umsetzung in der Praxis*

Das System bleibt gleichwohl nicht frei von Kritik, die sich aber weniger gegen die getroffenen Grundentscheidungen, sondern vielmehr gegen die konkrete gesetzliche Ausgestaltung und in der Folge gegen den gerichtlichen Umgang mit dieser richtet.

Wie bei der Untersuchung der einzelnen Kriterien für eine Befassung des Verfassungsgerichts offenbar geworden ist, weist der Umgang der Rechtsprechung mit den Sachentscheidungsvoraussetzungen der QPC Züge eines teilweise großen Formalismus auf. Dieses zeigt sich vor allem beim Blick auf den tauglichen Prüfungsmaßstab. So versucht der Conseil constitutionnel sowohl bei der Frage der *incompétence négative* als auch in geringerem Umfang hinsichtlich der *objectifs de valeur constitutionnelle* scheinbar objektive Kriterien für die Möglichkeit der Geltendmachung festzuhalten, bei genauerem Hinsehen bleibt die jeweilige Entscheidung jedoch unvorhersehbar und einzelfallbezogen. In beiden Fällen bemühen sich weite Teile der Literatur, diese unübersichtlich Rechtsprechung als kohärentes System der Filterung darzustellen.

Das System der objektiven Untersuchung führt ebenfalls zu manchen Missverständnissen. Denn es ist zu unterscheiden zwischen der Berücksichtigung der Umstände des Einzelfalls, des konkreten, dem Ausgangsverfahren zu Grunde liegenden Streites und der Berücksichtigung der vorgebrachten Argumente des Antragstellers. Diese Unterscheidung wird jedoch nicht vorgenommen. Respektiert man die Grundentscheidung des Gesetzgebers, der die Anwendung der Gesetze auf konkrete Lebenssachverhalte den normalen Gerichten überlassen und von jeder Überprüfung durch das Verfassungsgericht freistellen wollte, so resultiert daraus nicht zwingend die Schlussfolgerung, dass die durch die Beschwerdeführer vorgebrachten Argumente ignoriert werden müssen. Die Prüfung bleibt auch dann objektiv, wenn das Verfassungsgericht nur zu den gerügten Verletzungen dezidiert Stellung nimmt und seine Entscheidung auf diese Fragen beschränkt.

Wie dargestellt, erfolgt jedoch zumindest nach dem Urteilstenor eine vollumfängliche Prüfung der Norm. Unabhängig von der damit verbundenen problematischen Autorität der Entscheidungen des Conseil constitutionnel ist die rein praktische Folge, dass der Bürger auf die Rolle des Anstoßgebers für ein ihm im Weiteren entzogenes Verfahren reduziert wird. Denn wenn die Prüfung ohnehin allumfassend ist, ist auch die mündliche Verhandlung vor dem Verfassungsgericht eigentlich unnötig, die vorgetragenen Argumente mögen das Gericht auf Probleme hinweisen, am Umfang der Entscheidung können sie kaum etwas ändern. Missverständlich ist dann auch der Urteilstenor, der dennoch auf die vorgebrachten Argumente eingeht. Wenn das Gericht jedoch ohnehin beabsichtigt, ein *brevet de constitutionnalité* zu erteilen, bedarf es dieses Vorgehens nicht.

Der Vorwurf, die Objektivität des Verfahrens werde falsch verstanden, trägt zu einem Eindruck bei, der sich auch durch die sehr weitgehend verstandene Autorität der Entscheidungen des Conseil constitutionnel verfestigt, dass nämlich das Verfahren der QPC gegenüber dem weiterhin bestehenden Verfahren der *contrôle à priori* keine ausreichende Selbstständigkeit erlangt habe. Zwar gelten für beide Verfahren zunächst unterschiedliche Verfahrensregeln. Doch an den kritischen Stellen kommen beide Verfahren nah zusammen. Dieses zeigt sich daran, dass die Autorität der Entscheidungen des Conseil constitutionnel in beiden Fällen durch

Art. 62 Abs. 3 Const. bestimmt wird. Es zeigt sich auch daran, dass in beiden Fällen die Erklärung der Konformität mit der gesamten Verfassung erfolgt.

Neben der Problematik der falsch verstandenen Objektivität des Verfahrens bleibt die Frage des Funktionierens der Filterung durch die weiterleitenden Gerichte. Bei der Einführung des Systems der QPC wurde verschiedentlich darauf hingewiesen, dass alle europäischen Länder, die über ein Filtersystem verfügten, dieses früher oder später hätten aufgeben müssen, da die zu restriktive Filterung die Effektivität der Verfassungsgerichtsbarkeit nachhaltig beeinträchtigt habe. Die Bilanz des Filters der QPC fällt bisher so negativ nicht aus. Zwar werden die normalen Gerichte an der Verfassungsgerichtsbarkeit beteiligt und nehmen diese auch in einem stärkeren Maße als vom Gesetzgeber vorgesehen wahr. Dennoch gibt es keinen Hinweis darauf, dass die Möglichkeit, mit einer Frage zum Verfassungsgericht durchzudringen, durch eine zu strenge Filterung nur theoretische Natur bleibt. Es mag eine Anzahl von Entscheidungen geben, bei denen den filternden Gerichten ein zu großes Selbstbewusstsein gegenüber dem Conseil constitutionnel vorgeworfen werden kann, davon zu sprechen, dass der Filter sich in einen *bouchon* verwandelt habe, erscheint dennoch übertrieben.

Zugleich ermöglicht es die Filterung tatsächlich, sicherzustellen, dass das Verfassungsgericht innerhalb der kurzen Entscheidungsfristen zu einem Urteil gelangen kann, und bestätigt so letztlich die Berechtigung der teilweisen Übertragung der Normbestätigungskompetenz auf die normalen Gerichte.

Es sollte aber dennoch eine Diskussion darüber geführt werden, ob eine selbstständige, von der Rechtsprechung des Conseil constitutionnel weitgehend losgelöste Feststellung der Erfolgsaussichten einer QPC durch die normalen Gerichte beabsichtigt ist, wie sie faktisch dann vorgenommen wird, wenn diese Abwägungsentscheidungen treffen, oder ob nicht eine Limitierung des Entscheidungsspielraums sinnvoll ist. Abschließend eine Aussage darüber zu treffen, ob das Verfassungsgericht weiterhin nicht überlastet würde, wenn die obersten Gerichte nur nach objektiven oder zumindest klar fassbaren Kriterien filterten, ist allerdings kaum möglich. Entsprechend sollte die Entwicklung des Filters verfolgt werden, unbefriedigend bleibt es, dass der Kritik in der Literatur kaum Änderungs- oder Weiterentwicklungsvorschläge folgen.

3. *Ausblick*

Nach allem kann die QPC als Erfolgsmodell betrachtet werden, das seiner gesetzlichen Konzeption nach gelungen ist, dessen Umsetzung in die Praxis jedoch einigen Schwierigkeiten begegnet. Die Entwicklung an dieser Stelle sollte in den nächsten Jahren aufmerksam verfolgt werden, beeindruckend ist jedenfalls, in welch kurzer Zeit sich das neue System etablieren konnte und welche tiefgreifenden Veränderungen des französischen Verfassungsverständnisses es bereits ausgelöst hat.

Zu diesen Veränderungen darf auch gezählt werden, dass durch die QPC eine Brücke zwischen sonst weitgehend getrennten juristischen Disziplinen geschlagen worden ist. Die französische Juristenausbildung kennt nicht das Ziel des

Einheitsjuristen, sondern trennt ab dem vierten Jahr streng zwischen der zivilrechtlichen und der öffentlich-rechtlichen Ausbildung. Dieses schlägt sich auch in der späteren Ausbildung der Richter nieder, nur die Richter der ordentlichen Gerichtsbarkeit werden durch die nationale Richterschule, École nationale de la magistrature, ENM, ausgebildet, während die Verwaltungsrichter in der Regel über eine Verwaltungsausbildung an der École nationale d'administration, ENA, verfügen. Damit kommt dem öffentlichen Recht in der Ausbildung der meisten Juristen nur eine vergleichsweise geringe Rolle zu.

Die QPC, die als verfassungsrechtliche Streitigkeit klar dem öffentlichen Recht zuzuordnen ist, stellt jedoch ein Rechtsinstitut dar, dass allen juristischen Disziplinen gleichermaßen offensteht. Sie bietet nicht nur Anwälten mit zivil- oder strafrechtlichem Tätigkeitsschwerpunkt eine neue, öffentlich-rechtliche Argumentationsgrundlage, sie verlangt vor allem auch von den Richtern der ordentlichen Gerichtsbarkeit die Antwort auf verfassungsrechtliche Fragen. Außerdem führt sie zu umfangreichen Debatten über verfassungsrechtliche Problemstellungen, an denen sich auch die Zivilrechtswissenschaft umfänglich beteiligt, sodass eine insgesamt lebendige Debatte über das Verfassungsrecht konstatiert werden kann.

Wenn man die QPC als Erfolgsmodell ansieht, stellt sich zwangsläufig die Frage, ob sich aus diesem Modell Hinweise für eine Weiterentwicklung an anderer Stelle ziehen lassen. Die deutsche Verfassungsbeschwerde krankt daran, dass das Bundesverfassungsgericht der Vielzahl der gestellten Anträge und Beschwerden kaum Herr wird. Die bei der QPC stets präsente Sorge vor einem *encombrement* findet sich bestätigt. Das System der QPC könnte hier zumindest teilweise weiterhelfen. Zwar kann das französische System nicht ohne Änderungen nach Deutschland übertragen werden, da damit auch die Einrichtung einer zumindest teilweise verteilten Verfassungsgerichtsbarkeit einhergeht. Einen Filter jedoch vorzusehen, der zum Ausschluss von *question fantaisistes* führen oder weitergehend auch die Weiterleitung solcher Fälle unterbinden würde, bei denen sich aus der Rechtsprechung der Verfassungsgericht objektiv die fehlende Erfolgsaussicht des Antrags ablesen lässt, könnte diskutiert werden und ist rechtsstaatlich eher haltbar als der Versuch, den Antragsstellern das Verfahren über die Erhebung erhöhter Missbrauchsgebühren insgesamt zu verleiden.

Für eine mögliche Weiterentwicklung des Verfahrens nach Art. 267 AEUV hin zu einem den Bürgern offenstehenden Klage- oder Beschwerdeverfahren würde nichts anderes gelten, für die aktuelle Situation auf europäischer Ebene bleibt jedoch, mit Blick auf die notwendige Rechtseinheit in der gesamten Union, kaum eine andere Lösung als der durch die *Cilfit*-Entscheidung vorgezeichnete Weg.

Entscheidungsverzeichnis und Hinweise zur Urteilszitierung

Die folgende Liste enthält die in dieser Arbeit zitierten Entscheidungen der französischen Gerichte, der Europäischen Gerichtshofs, des Europäischen Gerichtshofs für Menschenrechte und des Bundesverfassungsgerichts.

Die Zitierung der französischen Urteile erfolgt in der vorliegenden Untersuchung einheitlich unter Angabe des Spruchkörpers, des Entscheidungsdatums, des Aktenzeichens sowie, sofern gebräuchlich, einer Kurzbezeichnung.

Vor der Cour de cassation wird ferner, soweit verfügbar, die Nummer des Urteils (*N° d'arrêt*) angegeben, da das Aktenzeichen den gesamten Fall erfasst und so mehrere Entscheidungen, eine zur QPC und eine im normalen Verfahren, möglich sind.

Der überwiegende Teil der zitierten Urteile von Conseil constitutionnel, Conseil d'État und Cour de cassation kann über die offizielle französische Datenbank *legifrance.gouv.fr* kostenfrei abgerufen werden, indem auf der Startseite bei „Jurisprudence" eine der drei Kategorien der Gerichtsbarkeit ausgewählt wird.

Daher werden nur jene Entscheidungen zusätzlich mit einer Literaturfundstelle zitiert, die wegen ihres Alters oder aus sonstigen Gründen nicht online verfügbar sind. Auch in Frankreich ist die Zitierung von Urteilen auf diesem Weg inzwischen weit verbreitet.

Für die Entscheidungen des Conseil constitutionnel wird außerdem auf die offizielle Internetseite des Gerichts, *conseil-constitutionnel.fr*, verwiesen. Dort besteht über den Menüeintrag „*Les décisions*" ein Vollzugriff auf alle Entscheidungen des Gerichts seit 1958. Auf der jeweiligen Entscheidungsseite sind zusätzlich weitere Materialien verlinkt. Dazu gehören bei den Entscheidungen im Verfahren der *contrôle à priori* insbesondere die Anträge, mit denen der Gesetzentwurf dem Conseil constitutionnel vorgelegt wurde, sowie ggf. die Stellungnahmen der Regierung. Auf diese Entscheidungsseiten wird verwiesen, wenn in der Arbeit Anträge zitiert werden.

Bei den Entscheidungen über QPC ist die Weiterleitungsentscheidung des jeweiligen obersten Gerichts hinterlegt, außerdem werden alle mündlichen Verhandlungen aufgezeichnet und sind als Video abrufbar.

Am wichtigsten sind an dieser Stelle die offiziellen Entscheidungskommentare, die seit 1996 durch den *service juridique* des Gerichts erstellt werden und nur online abgerufen werden können. Die Zitierung dieser Kommentare in der vorliegenden Arbeit bezieht sich jeweils auf die Seite des online verfügbaren .pdf-Dokuments.

A. Conseil constitutionnel

Datum	Nummer	Titel/ Anmerkungen
11. August 1960	60–8 DC	*Loi de finances rectificative pour 1960*
6. November 1962	62–9 REF	*Proclamation des résultats du référendum du 28 octobre 1962 relatif au projet de loi concernant l'élection du Président de la République au suffrage universel*
6. November 1962	62–20 DC	*Loi relative à l'élection du Président de la République au suffrage universel direct, adoptée par le référendum du 28 octobre 1962*
16. Juli 1971	71–44 DC	*Loi complétant les dispositions des articles 5 et 7 de la loi du 1er juillet 1901 relative au contrat d'association (Liberté d'association)*
15. Januar 1975	74–54 DC	*Loi relative à l'interruption volontaire de la grossesse (IVG)*
14. Juni 1976	76–65 DC	*Loi organique modifiant la loi n° 62–1292 du 6 novembre 1962 relative à l'élection du Président de la République au suffrage universel*
5. Juli 1977	77–79 DC	*Loi portant diverses dispositions en faveur de l'emploi des jeunes et complétant la loi n° 75–574 du 4 juillet 1975 tendant à la généralisation de la sécurité Ch. Soc.*
17. Januar 1979	78–102 DC	*Loi portant approbation d'un rapport sur l'adaptation du VIIe Plan*
20. Januar 1981	80–127 DC	*Loi renforçant la sécurité et protégeant la liberté des personnes*
27. Juli 1982	82–142 DC	*Loi portant réforme de la planification*
27. Juli 1982	82–141 DC	*Loi sur la communication audiovisuelle*
25. Januar 1985	85–187 DC	*Loi relative à l'état d'urgence en Nouvelle-Calédonie et dépendances*
20. Juli 1988	88–244 DC	*Loi portant amnistie*
21. Oktober 1988	88–1082/1117 AN	*A.N., Val-d'Oise (5ème circ.)*

Datum	Nummer	Titel/ Anmerkungen
9. Januar 1990	89–265 DC	*Loi portant amnistie d'infractions commises à l'occasion d'évènements survenus en Nouvelle-Calédonie*
11. Januar 1990	89–271 DC	*Loi relative à la limitation des dépenses électorales et à la clarification du financement des activités politiques*
9. April 1992	92–308 DC	*Traité sur l'Union européenne (Maastricht I)*
2. September 1992	92–312 DC	*Traité sur l'Union européenne (Maastricht II)*
23. September 1992	92–19 REF	*Proclamation des résultats du référendum du 20 septembre 1992 (Referendum Maastricht)*
23. September 1992	92–313 DC	*Loi autorisant la ratification du traité sur l'Union européenne*
20. Juli 1993	93–321 DC	*Loi réformant le code de la nationalité*
5. August 1993	93–323 DC	*Loi relative aux contrôles et vérifications d'identité*
11. Januar 1995	95–363 DC	*Loi relative au financement de la vie politique*
29. Dezember 1995	95–371 DC	*Loi de finances rectificative pour 1995*
20. Mai 1998	98–400 DC	*Droit de vote des étrangers*
29. Juli 1998	98–403 DC	*Loi d'orientation relative à la lutte contre les exclusions*
22. Januar 1999	98–408 DC	*Traité portant statut de la Cour pénale internationale*
15. März 1999	99–410 DC	*Loi organique relative à la Nouvelle-Calédonie.*
29. Dezember 1999	99–424 DC	*Loi de finances pour 2000*
7. Dezember 2000	2000–436 DC	*Loi relative à la solidarité et au renouvellement urbains*
12. Januar 2002	2001–455 DC	*Loi de modernisation sociale*
26. März 2003	2003–469 DC	*Révision constitutionnelle relative à l'organisation décentralisée de la République*
15. Mai 2003	2003–3377 AN	*A.N., Wallis et Futuna*

Datum	Nummer	Titel/ Anmerkungen
4. Dezember 2003	2003–485 DC	*Loi modifiant la loi n° 52–893 du 25 juillet 1952 relative au droit d'asile*
10. Juni 2004	2004–496 DC	*Loi pour la confiance dans l'économie numérique*
1. Juli 2004	2004–497 DC	*Loi relative aux communications électroniques et aux services de communication audiovisuelle*
29. Juli 2004	2004–498 DC	*Loi relative à la bioéthique*
12. August 2004	2004–503 DC	*Loi relative aux libertés et responsabilités locales*
19. November 2004	2004–505 DC	*Traité établissant une Constitution pour l'Europe*
21. April 2005	2005–512 DC	*Loi d'orientation et de programme pour l'avenir de l'école*
7. Juli 2005	2005–516 DC	*Loi de programme fixant les orientations de la politique énergétique*
22. Juli 2005	2005–520 DC	*Loi précisant le déroulement de l'audience d'homologation de la comparution sur reconnaissance préalable de culpabilité*
13. Oktober 2005	2005–524/525 DC	*Engagements internationaux relatifs à l'abolition de la peine de mort*
27. Juli 2006	2006–540 DC	*Loi relative au droit d'auteur et aux droits voisins dans la société de l'information*
30. November 2006	2006–543 DC	*Secteur de l'énergie*
3. Mai 2007	2007–23 ELEC	*Pascal Jan*
21. Februar 2008	2008–562 DC	*Loi relative à la rétention de sûreté et à la déclaration d'irresponsabilité pénale pour cause de trouble mental*
29. Mai 2008	2008–24 ELEC	*Observations du Conseil constitutionnel relatives aux élections législatives des 10 et 17 juin 2007*
16. Juni 2008	2008–564 DC	*Loi relative aux organismes génétiquement modifiés*
8. Januar 2009	2008–573 DC	*Loi relative à la commission prévue à l'article 25 de la Constitution et à l'élection des députés*
18. März 2009	2009–578 DC	*Loi de mobilisation pour le logement et la lutte contre l'exclusion*

Datum	Nummer	Titel/ Anmerkungen
3. Dezember 2009	2009–595 DC	*Loi organique relative à l'application de l'article 61–1 de la Constitution*
12. Mai 2010	2010–605 DC	*Loi relative à l'ouverture à la concurrence et à la régulation du secteur des jeux d'argent et de hasard en ligne*
28. Mai 2010	2010–1 QPC	*Cristallisation des pensions*
11. Juni 2010	2010–6/7 QPC	*M. Stéphane A. et autres*
18. Juni 2010	2010–5 QPC	*SNC Kimberly Clark*
2. Juli 2010	2010–9 QPC	*Section française de l'Observatoire international des prisons*
2. Juli 2010	2010–10 QPC	*Consorts C. et autres*
2. Juli 2010	2010–12 QPC	*Commune de Dunkerque*
9. Juli 2010	2010–13 QPC	*M. Orient O. et autre*
22. Juli 2010	2010–4/17 QPC	*M. Alain C. et autre*
23. Juli 2010	2010–16 QPC	*M. Philippe E.*
30. Juli 2010	2010–14/22 QPC	*M. Daniel W. et autre*
17. September 2010	2010–28 QPC	*Association Sportive Football Club de Metz*
22. September 2010	2010–33 QPC	*Société Esso SAF*
29. September 2010	2010–44 QPC	*Epoux M.*
6. Oktober 2010	2010–39 QPC	*Mmes Isabelle D. et Isabelle B.*
6. Oktober 2010	2010–45 QPC	*M. Mathieu P.*
7. Oktober 2010	2010–613 DC	*Loi interdisant la dissimulation du visage dans l'espace public*
26. November 2010	2010–71 QPC	*Mlle. Danielle S.*
10. Dezember 2010	2010–77 QPC	*Mme Barta Z.*
17. Dezember 2010	2010–79 QPC	*M. Kamel D.*

Datum	Nummer	Titel/ Anmerkungen
17. Dezember 2010	2010–80 QPC	*M. Michel F.*
28. Januar 2011	2010–92 QPC	*Mme Corinne C. et autre*
28. Januar 2011	2010–95 QPC	*SARL du Parc d'activités de Blotzheim et autres*
4. Februar 2011	2010–96 QPC	*M. Jean-Louis de L.*
25. Februar 2011	2010–110 QPC	*M. Jean-Pierre B.*
10. März 2011	2011–625 DC	*Loi d'orientation et de programmation pour la performance de la sécurité intérieure*
17. März 2011	2010–104 QPC	*Epoux B.*
25. März 2011	2010–108 QPC	*Mme. Marie-Christine D.*
1. April 2011	2011–133/115 QPC	*M. Xavier P.*
8. April 2011	2011–117 QPC	*Huchon*
8. April 2011	2011–120 QPC	*M. Ismaël A.*
20. Mai 2011	2011–130 QPC	*Mme Cécile L. et autres*
26. Mai 2011	2011–630 QPC	*Loi relative à l'organisation du championnat d'Europe de football de l'UEFA en 2016*
9. Juni 2011	2011–135/140 QPC	*M. Abdellatif B. et autre*
9. Juni 2011	2011–631 DC	*Loi relative à l'immigration, à l'intégration et à la nationalité*
30. Juni 2011	2011–142/145 QPC	*Départements de la Seine-Saint-Denis et autres*
30. Juni 2011	2011–143 QPC	*Départements de la Seine-Saint-Denis et de l'Hérault*
16. September 2011	2011–165 QPC	*Société HEATHERBRAE LTD*
30. September 2011	2011–169 QPC	*Consorts M. et autre*
14. Oktober 2011	2011–182 QPC	*M. Pierre T.*
14. Oktober 2011	2011–183/184 QPC	*Association France Nature Environnement*

Datum	Nummer	Titel/ Anmerkungen
10. November 2011	2011–192 QPC	*Mme Ekaterina B., épouse D., et autres*
9. Dezember 2011	2011–205 QPC	*Patelise F.*
12. Januar 2012	2011–4538 SEN	*Sénat, Loiret*
21. Februar 2012	2012–233 QPC	*Mme. Marine Le Pen*
28. Februar 2012	2012–647 DC	*Loi visant à réprimer la contestation de l'existence des génocides reconnus par la loi*
14. Mai 2012	2012–243/ 244/ 245/ 246 QPC	*Société Yvonne Républicaine et autre*
18. Juni 2012	2010–254 QPC	*Fédération de l'énergie et des mines – Force ouvrière FNEM FO*
13. Juli 2012	2012–262 QPC	*Association France Nature Environnement*
27. Juli 2012	2012–269 QPC	*Union Départementale pour la Sauvegarde de la Vie, de la Nature et de l'Environnement et autres*
27. Juli 2012	2012–270 QPC	*Fédération départementale des syndicats d'exploitants agricoles du Finistère*
12. Oktober 2012	2011–4565/ 4567/ 4568/ 4574/ 4575/ 4576/ 4577 AN	*A.N., Val de Marne*
23. November 2012	2012–282 QPC	*Association France Nature Environnement et autre*
23. November 2012	2012–283 QPC	*M. Antoine de M.*
30. November 2012	2012–285 QPC	*M. Christian S.*
15. Februar 2013	2012–4580/ 4624 AN	*A.N., Français établis hors de France (6ème circ.)*
21. Februar 2013	2012–297 QPC	*Association pour la promotion et l'expansion de la laïcité*
4. April 2013	2013–314P QPC	*Jéremy F.*
14. Juni 2013	2013–314 QPC	*Jéremy F.*
18. Oktober 2013	2013–349 QPC	*Sociétés Allianz IARD et autre*

Datum	Nummer	Titel/ Anmerkungen
20. März 2014	2014–691 DC	*Loi pour l'accès au logement et un urbanisme rénové*
25. April 2014	2014–392 QPC	*Droit du travail en Nouvelle-Calédonie*
20. Juni 2014	2014–404 QPC	*Époux M.*
11. Juli 2014	2014–409 QPC	*M. Clément B. et autres*

B. Conseil d'État

Datum	Spruchkörper (Ziffern beziehen sich jeweils auf die entscheidende *sous-section*)	Nummer	Kurzbezeichnung / bes. Fundstelle
29. März 1901			*Casanova* (Sirey 1901 III, S. 73)
30. März 1916			*Compagnie général d'éclairage de Bordeaux* (Sirey 1916 III, S. 17)
10. Januar 1930	Section		*Despujol* (Sirey 1930 III, S. 41)
6. November 1936	Section		*Arrighi* (Sirey 1937 III, 33)
19. Juni 1964	Assemblée	47007, 47008, 47028, 47029, 47030, 48961, 48962, 49019	*Société des pétroles Shell-Berre et autres* (RDP 1964, S. 1034)
1. März 1968	Section	62814	*Syndicat général des fabricants de semoules de France*
15. März 1972	2, 6	80242	*Dame Veuve Sadok Ali*
20. Oktober 1989	Assemblée	108243	*Nicolo*
3. Juni 1996	Assemblée	169219	*Koné*
30. Oktober 1998	Assemblée	200286/287	*Sarran*
14. April 2010	1, 6	336753	

Datum	**Spruchkörper (Ziffern beziehen sich jeweils auf die entscheidende *sous-section*)**	**Nummer**	**Kurzbezeichnung / bes. Fundstelle**
14. April 2010	1, 6	323830	
14. April 2010	5, 4	329290	
16. April 2010	2	336270	
16. April 2010	1, 6	320667	
23. April 2010	10, 9	327166	*SNC Kimberly Clark*
14. Mai 2010	10, 9	312305	*Rujovic*
14. Mai 2010	10, 9	312305	
18. Mai 2010	3, 8	306643	*Commune de Dunkerque*
19. Mai 2010	6, 1	323930	*Section française de l'Observatoire international des prisons*
19. Mai 2010	6, 1	331025	*Théron*
19. Mai 2010	2, 7	330310	*Commune de Buc*
2. Juni 2010	9	338965	*Ponsart*
9. Juni 2010	3, 8	338028	
18. Juni 2010	9, 10	338638	
9. Juli 2010	8, 3	339081	
15. Juli 2010	3, 8	322419	*Compagnie agricole de la Crau*
16. Juli 2010	9, 10	339292	*Sociéte de brasseries et casinoes „Les flots bleus"*
16. Juli 2010	10, 9	334665	*SCI La Saulaie*
8. Oktober 2010	10, 9	338505	*Kamel D. (Daoudi)*
26. November 2010	2	340213	*Parc d'activités de Blotzheim*
17. Dezember 2010	9, 10	331113	

Datum	**Spruchkörper (Ziffern beziehen sich jeweils auf die entscheidende *sous-section*)**	**Nummer**	**Kurzbezeichnung / bes. Fundstelle**
28. Januar 2011	3, 8	338199	*Huchon*
1. Februar 2011	8, 3	342536	*Prototech*
21. März 2011	4	345193	*Langues régionales*
15. April 2011	6, 1	346459	
20. April 2011	1, 6	346460	
20. April 2011	1, 6	346205	
29. Juni 2011	10, 9	347214	*Président de l'assemblée de la Polynésie française*
29. Juni 2011	10, 9	343170	
18. Juli 2011	6, 1	340512	*Fédération Nationale des Chasseurs*
19. Juli 2011	Assemblée	308544	*Commune de Trélazé*
21. September 2011	4, 5	350385	
23. September 2011	6, 1	336839	
20. Dezember 2011	6, 1	346960	
2. Februar 2012	2, 7	355137	*Mme. Marine Le Pen*
4. Juli 2012	3	359735	
25. Juni 2013	1	366345	
30. April 2014	9	368029	

C. Cour de cassation

Datum	Kammer	N° du pourvoi	Arrêt	Bemerkungen/ bes. Fundstelle
11. Mai 1833	Ch. Crim.			*Sieur Paulin*; Sirey 1833 I, S. 357
30. März 1847	Chs. réunies			*Bacon*; D. 1847 I, S. 168
24. Mai 1975	Ch. mixte	73–13556		*Jacques Vabre*
21. Oktober 1997	Ch. Crim.	97–81099		
2. Juni 2000	Ass. Plén.	99–60274		*Mlle. Fraisse*
20. Februar 2007	1ère Ch. Civ.	06–15647		
16. April 2010	Ass. Plén., Form. spéc	10–40002		nicht online, s. JCP-G 2010, S. 866, 867
7. Mai 2010	Ch. Crim., Form. spéc.	10–90034		
19. Mai 2010	Ch. Crim., Form. spéc.	09–83328	12019	
19. Mai 2010	Ch. Crim., Form. spéc.	09–87307	12020	
19. Mai 2010	Ch. Crim., Form. spéc.	09–82582	12023	
19. Mai 2010	Ch. Crim., Form. spéc.	09–87651	12024	
19. Mai 2010	Ass. Plén., Form. spéc	09–70161	12009	
31. Mai 2010	Ch. Crim., Form. spéc.	09–87578	12029	
11. Juni 2010	Ch. Crim., Form. spéc.	09–87884	12074	
16. Juni 2010	Ch. Crim., Form. spéc.	10–80551	12185	
25. Juni 2010	Ass. Plén., Form. spéc	10–40008	12112	
29. Juni 2010	Ass. Plén., Form. spéc	10–40001		

Datum	Kammer	N° du pourvoi	Arrêt	Bemerkungen/ bes. Fundstelle
8. Juli 2010	Ass. Plén., Form. spéc	10–10385	12413	
5. Oktober 2010	Ch. Crim.	10–83090		
16. November 2010	1ère Ch. Civ.	10–40042		
30. November 2010	3ème Ch. Civ.	10–16828	1522	
19. Januar 2011	Ch. Crim.	10–85159	515	
19. Januar 2011	Ch. Crim.	10–85305	516	
10. Mai 2011	Ch. Crim.	11–80993		
20. Mai 2011	Ass. Plén.	11–90025	595	
20. Mai 2011	Ass. Plén.	11–90032	596	
20. Mai 2011	Ass. Plén.	11–90033	597	
20. Mai 2011	Ass. Plén.	11–90042	598	
25. Mai 2011	Ch. Crim.	11–81244		
8. Juni 2011	2ème Ch. Civ.	11–40011		
15. Juni 2011	Ch. Soc.	10–27130		
15. Juni 2011	Ch. Soc.	10–27131		
21. Juni 2011	Ch. Crim.	11–82866		
28. Juni 2011	Ch. Comm.	11–40030		
28. Juni 2011	Ch. Crim.	11–90054		
31. August 2011	Ch. Crim.	11–90065		
21. September 2011	Ch. Crim.	11–81559		
27. September 2011	1ère Ch. Civ.	11–13488		
5. Oktober 2011	Ch. Crim.	11–90087		
23. November 2011	Ch. Crim.	11–83254		
6. Dezember 2011	Ch. Crim.	11–86721		
25. Januar 2012	Ch. Crim.	11–87944		
14. Februar 2012	Ch. Crim.	11–90121		
22. Februar 2012	Ch. Crim.	11–90122		

Datum	Kammer	N° du pourvoi	Arrêt	Bemerkungen/ bes. Fundstelle
9. März 2012	Ch. Soc.	11–40109		
12. Juni 2012	Ch. Crim.	12–90023		
25. Juni 2012	Ch. Crim.	12–90035		
26. Juni 2012	Ch. Comm.	11–27515		
5. Februar 2013	Ch. Crim.	11–85909		
13. März 2013	Ch. Crim.	12–83024		
30. April 2014	Ch. Crim.	14–80974		

D. weitere Gerichte

Tribunal des conflits

Datum	Nummer
04. Juli 2011	11–03803

Gerichtshof der Europäischen Union

Datum	Nummer	Kurzbezeichnung	Fundstelle
27. März 1963	C-28, 29, 30/62	*Da Costa en Schaake NV u. a.*	Slg. 1962, S. 69
12. Februar 1974	C-146/73	*Rheinmühlen Düsseldorf*	Slg. 1974, S. 139
15. Dezember 1976	C-35/76	*Simmenthal I*	Slg. 1976, S. 1871
9. März 1979	C-106/77	*Simmenthal II*	Slg. 1978, S. 629
6. Oktober 1982	C-283/81	*Cilfit / Ministero della Sanità*	Slg. 1982, S. 3415
22. Oktober 1987	C-314/85	*Foto Frost*	Slg. 1987, S. 4199
4. Juni 1992	C-13/91, 113/91	*Debus*	Slg. 1992, I-3617
15. September 2005	C-495/03	*Intermodal Transports BV*	Slg. 2005, I-08191
18. Juli 2007	C-119/05	*Lucchini*	Slg. 2007, I-6199
19. November 2009	C-314/08	*Filipiak*	Slg. 2009, I-11049
8. September 2010	C-409/06	*Winner Wettern*	Slg. 2010, I-08015

Datum	Nummer	Kurzbezeichnung	Fundstelle
22. Oktober 2010	C-188/10, 189/10	*Melki und Abdeli*	Slg. 2010, I-05667
30. Mai 2013	C-168/13	*Jérémy F.*	noch unveröffentlicht
3. Oktober 2013	C-298/12	*Confédération paysanne*	noch unveröffentlicht
6. März 2014	C-595/12	*Napoli*	noch unveröffentlicht

Europäischer Gerichtshof für Menschenrechte

Datum	Nummer	Kurzbezeichnung
24. April 1990	11801/85	*Kruslin geg. Frankreich*
16. November 2010	926/05	*Taxquet geg. Belgien*

Bundesverfassungsgericht

Datum	Aktenzeichen	Kurzbezeichnung	Fundstelle
22. Oktober 1986	2 BvR 197/83	*Solange II*	BVerfGE 73, S. 339
07. Juni 2000	2 BvL 1/97	*Bananenmarkt*	BVerfGE 102, S. 147

Literaturverzeichnis

Akandji-Kombé, Jean-François, *QPC versus question préjudicielle à la CJUE: à qui la priorité?* La Semaine juridique – Ed. Générale (JCP-G) 2010, S. 1060.

Ambos, Kai; Poschadel, Annika Maleen, *Transnationales Strafverfolgungsersuchen: Verfolgungshindernis im ersuchenden Staat?* Goltdammer's Archiv für Strafrecht (GA) 158 (2011), S. 95.

Ardant, Philippe; Mathieu, Bertrand, *Institutions politiques et droit constitutionnel*, 24. Auflage, Paris, LGDJ 2012, zit.: Ardant/Mathieu, Droit constitutionnel.

Aubert, Michel; Broussy, Emmanuelle; Cassagnabère, Hervé, *Mandat d'arrêt européen – Dialogue des juges*, Actualité juridique – droit administratif (AJDA) 2013, S. 1686.

Badinter, Robert, *L'exception d'inconstitutionnalité*, in: *Le dialogue des juges, Mélanges en l'honneur du président Bruno Genevois*, Paris, Dalloz 2009, zit.: Badinter, Mélanges Genevois, S. 39.

—: *Introduction*, in: Institut Louis Favoreu (Hrsg.), Actes du Colloque „*Le contrôle de constitutionnalité par voie préjudicielle en France: Quelles pratiques?*", Paris, 16. Februar 2009, Aix en Provence, Presses universitaires d'Aix-Marseille 2009, zit.: Badinter, in: Institut Favoreu (Hrsg.), Contrôle constitutionnelle, S. 11.

Balladur, Édouard et al., *Une Ve République plus démocratique Rapport du Comité de réflexion et de proposition sur la modernisation des institutions de la Ve République*, Paris, Fayard/ La documentation Française 2008, zit.: Rapport Balladur, ebenfalls verfügbar unter http://www.ladocumentationfrancaise.fr/var/storage/rapportspublics/074000697/0000.pdf, dort abweichende Seitenzahlen.

Barque, François, *La question nouvelle dans la procédure de la question prioritaire de constitutionnalité. Un critère discret aux effets considérables sur le contentieux constitutionnel*, Revue française de droit administratif (RFDA) 2014, S. 353.

Bauer, Steffen, *Verfassungsgerichtlicher Grundrechtsschutz in Frankreich*, Baden-Baden 1998, zugl. Freiburg (Breisgau), Univ., Diss., 1997, zit.: Bauer, Grundrechtsschutz.

Beaud, Olivier, *Pour / contre un tel contrôle en France: Un plaidoyer modéré en faveur d'un tel contrôle*, Cahiers du Conseil constitutionnel (CCC) N° 27 (2010), S. 43.

Belloir, Phillipe, *La question prioritaire de constitutionnalite*, Paris, L'Harmattan 2012, zit.: Belloir, QPC.

BENETTI, JULIE, *À propos des conditions de la suppression de la formation spéciale de la Cour de cassation chargée du renvoi des questions prioritaires de constitutionnalité. Le „coup de pied de l'âne" du Conseil constitutionnel à la Cour de cassation?* Constitutions 2010, S. 505.

–, *Échec au renvoi: les décisions QPC de „non-lieu à statuer"*, Revue du droit public (RDP) 2012, S. 593.

BERNAUD, VALÉRIE; FATIN-ROUGE STEFANINI, MARTHE, *La réforme du contrôle de constitutionnalité une nouvelle fois en question? Reflexions autour des articles 61–1 et 62 de la Constitution proposés par le comité Balladur*, Revue française de droit constitutionnel (RFDC) 2008, hors-série n° 2, S. 169.

BERTRAND, BRUNESSEN, *La jurisprudence Simmenthal dans la force de l'âge*, Revue française de droit administratif (RFDA) 2011, S. 367.

BEZZINA, ANNE-CHARLÈNE, *L'autorité des décisions du Conseil sur lui-même: réflexion sur l'impertinence d'une liberté autoproclamée*, in: BERTRAND MATHIEU, MICHEL VERPEAUX (Hrsg.), *L'autorité des décisions du Conseil constitutionnel*, Les cahiers constitutionnels de Paris I, Paris, Dalloz 2010, zit.: BEZZINA, in: MATHIEU/VERPEAUX (Hrsg.), *L'autorité des décisions du Conseil constitutionnel*, S. 13.

BEZZINA, ANNE-CHARLÈNE; VERPEAUX, MICHEL, *Carton rouge pour les saisines blanches*, La Semaine juridique – Ed. Générale (JCP-G) 2011, S. 1495.

BLACHÈR, PHILIPPE, *Droit constitutionnel*, 2. Auflage, Paris, hachette 2012.

BLACHÈR, PHILIPPE; GICQUEL, JEAN-ÉRIC; JAN, PASCAL, *Droit et libertés constitutionnels*, Paris, Hachette 2012, zit.: BLACHÈR ET AL., Droits constitutionnels.

BLACHÈR, PHILIPPE; PROTIÈRE, GUILLAUME, *Le Conseil constitutionnel, gardien de la constitution face aux directives communautaires*, Revue française de droit constitutionnel (RFDC) N° 69 (2007), S. 123.

BLANKE, HERMANN-JOSEF; MANGIAMELI, STELIO (HERAUSGEBER), *The Treaty on European Union (TEU) – A Commentary*, Heidelberg u. a. 2013, zit.: BEARBEITER, in: BLANKE/MANGIAMELI, TEU, Art., Rn.

BON, PIERRE, *La question prioritaire de constitutionnalité après la loi organique du 10 décembre 2009*, Revue française de droit administratif (RFDA) 2009, S. 1107.

BONICHOT, JEAN-CLAUDE, *Le Conseil constitutionnel, la Cour de justice et le mandat d'arrêt européen*, Recueil Dalloz (D.) 2013, S. 1805.

BONNET, BAPTISTE, *Le paradoxe apparent d'une question prioritaire de constitutionnalité instrument de l'avènement des rapports de systèmes*, Revue du droit public (RDP) 2013, S. 1229.

Bonnet, Julien, *L'indépendance du contrôle de conventionnalité des lois,* in: *Indépendance(s),* Études offertes au Professeur Jean-Louis Autin, Bd. 2, Montpellier, Presses de la Faculté de Montpellier 2011, zit.: J. Bonnet, Études Autin, S. 1231.

Bonnot, Marcel, *Rapport fait au nom de la commission des lois constitutionnelles, de la législation et de l'administration générale de la République sur le projet de loi (n° 3373), adopté par le Sénat après engagement de la procédure accélérée, relatif à la répartition des contentieux et à l'allègement de certaines procédures juridictionnelles, Assemblée Nationale, 13ème législature, N° 3604, 29. Juni 2011,* geladen von http://www.assemblee-nationale.fr/13/pdf/rapports/r3604.pdf am 08.08.2013.

Boré, Louis, *Feu la peine justifiée?* Recueil Dalloz (D.) 2011, S. 251.

Borzeix, Arnaud, *La question prioritaire de constitutionnalité: quelle confiance légitime, quelle sécurité juridique?,* Revue du droit public (RDP) 2010, S. 981.

Boualili, Halima, *L'orgue d'église: instrument de culte ou instrument de musique?* Revue du droit public (RDP) 2012, S. 1523.

Boucard, François, *La question prioritaire de constitutionnalité et les cours surprêmes – Une partie de billard à trois bandes?* La Semaine juridique – Ed. Générale (JCP-G) 2010, S. 1494.

Boucher, Julien, *L'incompétence négative du législateur, Conclusions sur Conseil d'État 23 avril 2010, SNC Kimberly-Clark, req. n° 327166,* Revue française de droit administratif (RFDA) 2010, S. 704.

Boudon, Julien, *Le Conseil constitutionnel s'est-il trompé de Constitution? À propos de ce que fevrait être la modulation dans le temps des effets de ses décision,* La Semaine Juridique – Ed. Générale (JCP-G) 2010, S. 1825.

–, *Commentaire des décisions Cass. crim., 19 mai 2010, n° 09.87307 et 09.82582,* Les Nouveaux Cahiers du Conseil constitutionnel (CCC), N° 31 (2011), S. 246.

Boudou, Guillaume, *Autopsie de la décision du Conseil constitutionnel du 16 juillet 1971 sur la liberté d'association,* Revue française de droit constitutionnel (RFDC) N° 97 (2014), S. 5.

Brimo, Sara, *Les conséquences de la modulation dans le temps des effets des décisions QPC,* Revue du droit public (RDP) 2011, S. 1190.

Burgorgue-Larsen, Laurence, *Question préjudicielle de constitutionnalité et contrôle de conventionnalité,* Revue française de droit administratif (RFDA) 2009, S. 787.

Burguburu, Julie, *La loi autorisant la ratification d'une convention internationale, Conclusions sur Conseil d'État, 14 mai 2010, Rujovic, req. n° 312305,* Revue française de droit administratif (RFDA) 2010, S. 709.

Caille, Pierre-Olivier, *Exercice du recours en cassation et contestation d'un refus de transmettre une question prioritaire de constitutionnalité, Note sur Conseil d'État, 01. Februar 2011, N° 342556, Prototech,* Actualité juridique – droit administratif (AJDA) 2011, S. 1209.

Camby, Jean-Pierre, *Le principe de laïcité: l'apaisement par le droit?* Revue du droit public (RDP) 2005, S. 3.

Carcassonne, Guy, *Faut-il maintenir la jurisprudence issue de la décision n° 74–54 DC du 15 janvier 1975?* Cahiers du Conseil constitutionnel (CCC) N° 7 (1999), S. 93

—, *Pour / contre un tel contrôle en France: Un plaidoyer résolu en faveuer d'un tel contrôle sagement circonscrit,* Cahiers du Conseil constitutionnel (CCC) N° 27 (2010), S. 46

—, *Le Parlement et la QPC,* Pouvoirs N° 137 (2011) – *La question prioritaire de constitutionnalité,* S. 73.

—, *La Constitution, introduite et commenté, Préface de Georges Vedel,* 11. Auflage, Paris, Éditions du Seuil 2013

Carcassonne, Guy; Duhamel, Olivier, *QPC- La Question prioritaire de constitutionnalité,* Paris, Dalloz 2011, zit.: Carcassone/Duhamel, QPC.

Carpentier, Elise, *La QPC sur la cession gratuite de terrain ou la suite du dialogue de sourds entre les hautes juridictions françaises,* Recueil Dalloz (D.) 2011, S. 136.

Cassard-Valembois, Anne-Laure, *La recevabilité d'une QPC posée devant le Conseil constitutionnel, juge électoral,* Constitutions 2013, S. 277.

Cassia, Paul, *Le Conseil constitutionnel, saisi comme juge ordinaire, est habilité à statuer directement sur une QPC,* Recueil Dalloz (D.) 2012, S. 327.

Cassia, Paul; Saulnier-Cassia, Emmanuelle, *Imbroglio autour de la question prioritaire de constitutionnalité (QPC),* Recueil Dalloz (D.) 2010, S. 1234.

—, *La QPC peut-elle être prioritaire?* Recueil Dalloz (D.) 2010, S. 1636.

Chagnollaud, Dominique, *Un coup d'Etat juridique?* Recueil Dalloz (D.) 2011, S. 1426.

Chaltiel, Florence, *Droit constitutionnel et droit communautaire, Nouvelle précision sur les rapports entre le droit constitutionnel et le droit communautaire,* Revue française de droit constitutionnel (RFDC) N° 68 (2006), S. 837.

Chantepie, Gaël, *Le contrôle des conditions de nouveauté et de sérieux dans la jurisprudence de l'Assemblée plénière de la Cour de cassation,* in: Emmanuel Cartier (Hrsg.), *La QPC, le procès et ses juges – L'impact sur le procès et l'architecture juridictionelle,* Paris, Dalloz 2013, zit.: Chantepie, in: Cartier (Hrsg.), QPC, S. 460.

–, *Les spécificités de l'appréciation des caractères nouveau et sérieux dans la jurisprudence de la Cour de cassation – La chambre commerciale de la Cour de cassation,* in: Emmanuel Cartier (Hrsg.), *La QPC, le procès et ses juges – L'impact sur le procès et l'architecture juridictionelle,* Paris, Dalloz 2013, zit.: Chantepie, in: Cartier (Hrsg.), QPC, S. 427.

Charruault, Christian, *Le filtrage selon la Cour de cassation,* Beitrag zum Kolloquium *La question prioritaire de constituionnalité, Premier bilan et prospective* vom 22.09.2010, abgedruckt in La Semaine juridique – Ed. Générale (JCP-G), Supp. au N° 48, 29.11.2010, S. 51.

Chauvaux, Didier, *L'exception d'inconstitutionnalité, 1990–2009: réflexions sur un retard,* Revue du droit public (RDP) 2009, S. 566.

Chénedé, François, *QPC et interprétation jurisprudentielle: entre ralliement officiel et résistance ponctuelle de la Cour de cassation,* La Semaine Juridique – Ed. Générale (JCP-G) 2011, S. 1975.

Colliard, Jean-Claude, *Un nouveau Conseil constitutionnel,* Pouvoirs N° 137 (2011) – *La question prioritaire de constitutionnalité,* S. 155.

Connil, Damien, *L'étendue de la chose jugée par le Conseil constitutionnel lors d'une question prioritaire de constitutionnalité: observations dubitatives sur l'état de la jurisprudence,* Revue française de droit administratif (RFDA) 2011, S. 742.

Conseil constitutionnel, *Anmerkung zur aktuellen Rechtsprechung im November 2010 (À la une): QPC et interprétation de la loi,* veröffentlicht auf der Internetseite des Conseil constitutionnel, geladen von http://www.conseil-constitutionnel.fr/conseil-constitutionnel/francais/a-la-une/novembre-2010-qpc-et-interpretation-de-la-loi.50038.html am 14.02.2014.

Conseil constitutionnel, *Anmerkung zur aktuellen Rechtsprechung im Oktober 2012 (À la une): QPC – La notion de „Disposition applicable au litige",* veröffentlicht auf der Internetseite des Conseil constitutionnel, geladen von http://www.conseil-constitutionnel.fr/conseil-constitutionnel/francais/a-la-une/octobre-2012-qpc-la-notion-de-disposition-applicable-au-litige.115625.html am 25.09.2014.

Conseil constitutionnel, *Anmerkung zur aktuellen Rechtsprechung im September 2014 (À la une): Les effets dans le temps des décisions QPC,* veröffentlicht auf der Internetseite des Conseil constitutionnel, geladen von http://www.conseil-constitutionnel.fr/conseil-constitutionnel/francais/a-la-une/septembre-2014-les-effets-dans-le-temps-des-decisions-qpc.142100.html am 24.09.2014.

CONSEIL D'ÉTAT, *Rapport public 2009 – Activité juridictionnelle et consultative des juridictions administratives,* Paris, La documentation Française 2009.

COQ, VÉRONIQUE, *Qu'est-ce que la „jurisprudence constante"?* Revue française de droit administratif (RFDA) 2014, S. 223.

COUR DE CASSATION, *Rapport annuel 2010 – Le droit de savoir,* Paris, La documentation Française 2010.

COUTRON, LAURENT; GAHDOUN, PIERRE-YVES, *Premier renvoi préjudiciel du Conseil constitutionnel à la Cour de justice de l'Union européenne: une innovation aux implications incertaines,* Revue du droit public (RDP) 2013, S. 1207.

CROZE, HERVÉ, *L'application immédiate du droit de l'Union européenne: un obstacle à la transmission d'une QPC? À propos de Cass., QPC, 29 juin 2010,* La Semaine juridique – Ed. Générale (JCP-G) 2010, S. 1741.

DANET, JEAN, *Obligation pour le juge de s'assurer que le prévenu a été informé de son droit d'être assisté d'un avocat, Observations sur Cour de cassation, Chambre criminelle, 16. Juli 2010, N° 10–80551,* Revue de science criminelle (RSC) 2011, S. 151.

DARSONVILLE, AUDREY, *Les spécificités de l'appréciation des caractères nouveau et sérieux dans la jurisprudence de la Cour de cassation – La chambre criminelle de la Cour de cassation,* in: EMMANUEL CARTIER (Hrsg.), *La QPC, le procès et ses juges – L'impact sur le procès et l'architecture juridictionelle,* Paris, Dalloz 2013, zit.: DARSONVILLE, in: CARTIER (Hrsg.), QPC, S. 446.

DAUGERON, BRUNO, *Un référendum d'initiative partagée sur le „mariage homosexuel" est-il possible?* Recueil Dalloz (D.) 2012, S. 2613.

–, *Mariage „pour tous": retour sur la constitutionnalité du référendum,* Recueil Dalloz (D.) 2013, S. 320.

DE BÉCHILLON, DENYS, *La question de constitutionnalité, peut-elle être „prioritaire"? Un arrière-plan à ne pas perdre de vue,* La Semaine Juridique – Ed. Générale (JCP-G) 2010, S. 1042.

–, *Interprétation – L'interprétation de la Cour de cassation ne peut pas être complètement tenue à l'écart du contrôle de constitutionnalité des lois,* La Semaine Juridique – Ed. Générale (JCP-G) 2010, S. 1264.

–, *Jouer le jeu,* Actualité juridique – droit administratif (AJDA) 2013, S. 817.

DE GAULLE, CHARLES, *Pressekonferenz vom 31. Januar 1964,* geladen von http://fresques.ina.fr/de-gaulle/fiche-media/Gaulle00382 am 10.10.2013.

DE MONTALIVET, PIERRE, *Les objectifs de valeur constitutionnelle,* Cahiers du Conseil constitutionnel (CCC) N° 20 (2006), S. 169.

–, *La dégradation de la qualité de la norme constitutionnelle sous la V*[e] République, Revue du droit public (RDP) 2012, S. 925.

Debré, Jean-Louis, *Les idées constitutionnelles du général de Gaulle,* Paris, Librairie générale de droit et de jurisprudence 1974, zit.: J. Debré, de Gaulle.

Debré, Michel, *Note sur l'élection du Président de la République à l'intention du Général de Gaulle,* 10. Juli 1948, zitiert nach J. Debré, *Les idées constitutionnelles du général de Gaulle,* S. 427, Paris, Librairie générale de droit et de jurisprudence 1974.

Denoix de Saint Marc, Renauld, *De l'arrêt Koné à la QPC,* Actualité juridique – droit administratif (AJDA) 2014, S. 107.

Denquin, Jean-Marie, *La jurisprudence du Conseil constitutionnel: Grandeur ou décadence du droit constitutionnel?* Jus Politicum N° 7 (2012), nur online, geladen von http://www.juspoliticum.com/IMG/pdf/JP7_Denquin_PDF_corr01.pdf am 05.09.2014.

Depenheuer, Otto, *Grenzenlos gefährlich – Selbstermächtigungen des Bundesverfassungsgerichts,* in: Christian Hillgruber (Hrsg.), *Gouvernement des juges – Fluch oder Segen,* Schönburger Schriften zu Recht und Staat Nr. 4, Paderborn 2014, zit.: Depenheuer, in: Hillgruber (Hrsg.), Gouvenement des juges, S. 79.

Deprieck, Matthieu, *Comprendre l'affaire Huchon, lexpress.fr vom 24. Januar 2011,* geladen von http://www.lexpress.fr/actualite/politique/huchon-peut-il-devenir-ineligible_954784.html am 24.03.2014.

Derosier, Jean-Philippe, *Le Noyau constitutionnel identitaire, frein à l'intégration européenne,* Beitrag zum 8. Kongress der Association française de droit constitutionnel, geladen von http://www.droitconstitutionnel.org/congresNancy/comN2/derosierT2.pdf am 16.01.2014.

Derosier, Jean-Philippe; Gren, Marie; Macaya, Ariana, *Le Conseil d'État, juge constitutionnel? Étude du rôle d'un juge de l'inconstitutionnalité potentielle de la loi,* in: Bertrand Mathieu, Michel Verpeaux (Hrsg.), *L'examen de la constitutionnalité de la loi par le Conseil d'État,* Les cahiers constitutionnels de Paris I, Paris, Dalloz 2011, zit.: Derosier et al., in: Mathieu/Verpeaux (Hrsg.), Examen de constitutionnalité, S. 33.

Desportes, Frédéric; Le Gunehec, Francis, *Droit pénal général,* 15. Auflage, Paris, Economica 2008.

Deumier, Pascale, *QPC: la question fondamentale du pouvoir d'interprétation (à propos du filtrage),* Revue trimestrielle de droit civil (RTD Civ.) 2010, S. 504.

–, *QPC: la question fondamentale du pouvoir d'interprétation (à propos du contrôle de l'interprétation de la loi),* Revue trimestrielle de droit civil (RTD Civ.) 2010, S. 508.

—, *L'interprétation de la loi: quel statut? quelles interprétations? quel(s) juge(s)? quelles limites?* Revue trimestrielle de droit civil (RTD Civ.) 2011, S. 90.

—, *La jurisprudence des juges du fond et l'interprétation constitutionnelle conforme des Cours suprêmes,* Revue trimestrielle de droit civil (RTD Civ.) 2011, S. 495.

DISANT, MATHIEU, *Droit de la question prioritaire de constitutionnalité – Cadre juridique, Pratiques jurisprudentielles,* Rueil-Malmaison, Lamy 2011, zit.: DISANT, QPC.

—, *L'utilisation par le Conseil d'État des décisions du Conseil constitutionnel. Figures, contraintes et enjeux autour de l'hypothèse de l'„appropiation" du contrôle de constitutionnalité de la loi,* in: BERTRAND MATHIEU, MICHEL VERPEAUX (Hrsg.), *L'examen de la constitutionnalité de la loi par le Conseil d'État,* Paris, Dalloz 2011, zit.: DISANT, in: MATHIEU/VERPEAUX (Hrsg.), Examen de constitutionnalité, S. 51.

—, *Les effets dans le temps des décisions QPC,* Les Nouveaux Cahiers du Conseil constitutionnel (CCC) N° 40 (2013), S. 63.

DOMINGO, MARC, *Question prioritaire de constitutionnalité et question préjudicielle à la Cour de justice de l'Union européenne, Avis sur Cour de cassation, 16 avril 2010, Aziz Melki et Sélim Abdeli,* Revue française de droit administratif (RFDA) 2010, S. 445.

DOMINO, XAVIER; BRETONNEAU, AURÉLIE, *QPC: deux ans, l'âge de raison? – Chronique générale de jurisprudence administrative française,* Actualité juridique – droit administratif (AJDA) 2012, S. 422.

DONNARUMMA, MARIA ROSARIA, *Intégration européenne et sauvegarde de l'identité nationale dans la jurisprudence de la Cour de justice et des Cours constitutionnelles,* Revue française de droit constituionnel (RFDC) N° 84 (2010), S. 719.

DONNAT, FRANCIS, *La Cour de justice et la QPC: chronique d'un arrêt prévisible et imprévu,* Recueil Dalloz (D.) 2010, S. 1640.

DORD, OLIVIER, *QPC „AOC" et QPC „d'assemblage". A propos du Conseil constitutionnel juge électoral d'un grief d'inconstitutionnalité,* Actualité juridique – droit administratif (AJDA) 2012, S. 961.

DRAGO, GUILLAUME, *Le Conseil constitutionnel à la croisée des chemins,* in: MATHIEU, BERTRAND (Hrsg.), 1958–2008: cinquantième anniversaire de la Constitution française, Paris, Dalloz 2008, S. 315.

—, *La défense de la Constitution à regret,* in: INSTITUT LOUIS FAVOREU (Hrsg.), Actes du Colloque *„Le contrôle de constitutionnalité par voie préjudicielle en France: Quelles pratiques?",* Paris, 16. Februar 2009, Aix en Provence, Presses universitaires d'Aix-Marseille 2009, zit.: DRAGO, in: INSTITUT FAVOREU (Hrsg.), Contrôle constitutionnelle, S. 25.

–, *La condition de non-déclaration de constitutionnalité,* Beitrag zum Kolloquium *La question prioritaire de constituionnalité, Premier bilan et prospective* vom 22.09.2010, abgedruckt in La Semaine juridique – Ed. Générale (JCP-G), Supp. au N° 48, 29.11.2010, S. 18.

–, *Le nouveau visage du contentieux constitutionnel,* Revue française de droit constitutionnel (RFDC) N° 84 (2010), S. 751.

–, *La Cour de cassation, juge constitutionnel,* Revue du droit public (RDP) 2011, S. 1438.

Dubout, Édouard, *„Les règles ou principes inhérents à l'identité constitutionnelle de la France": une supra-constitutionnalité?,* Revue française de droit constitutionnel (RFDC) N° 83 (2010), S. 451.

–, *L'efficacité structurelle de la question prioritaire de constitutionnalité en question,* Revue du droit public 2013, S. 107.

Duffy-Meunier, Aurélie; Janicot, Laetitia; Roblot-Troizier, Agnès, *Observatoire de jurisprudence constitutionnelle, Rubrik „Pouvoirs publics et autorités administratives – collectivités territoriales",* Les Nouveaux Cahiers du Conseil constitutionnel (CCC) N° 32 (2011), S. 213.

Dupic, Emmanuel; Briand, Luc, *La Question prioritaire de constitutionnalité – Une révolution des droits fondamentaux,* Paris, Presses Universitaires de France (P.U.F.) 2013, zit.: Dupic/Briand, QPC.

Durand, Valérie, *Les spécificités de l'appréciation des caractères nouveau et sérieux dans la jurisprudence de la Cour de cassation – La troisième chambre civile de la Cour de cassation,* in: Emmanuel Cartier (Hrsg.), *La QPC, le procès et ses juges – L'impact sur le procès et l'architecture juridictionelle,* Paris, Dalloz 2013, zit.: Durand, in: Cartier (Hrsg.), QPC, S. 418.

Dutheillet de Lamothe, Olivier, *Contrôle de constitutionnalité et contrôle de conventionnalité,* in: *Juger l'adminstration, administrer la justice,* Mélanges en l'honneur de Daniel Labetoulle, Paris, Dalloz 2007, S. 315.

–, *Le Conseil constitutionnel et le processus d'intégration communautaire,* in: *L'état souverain dans le monde d'aujord'hui,* Mélanges en l'honneur de Jean Pierre Puissochet, Paris, A. Pedone 2008, S. 85.

Egéa, Pierre, *Lois mémorielles, fin de partie,* Recueil Dalloz (D.) 2013, S. 805.

Eisenmann, Charles, *La justice constitutionnelle et la Haute Cour constitutionnelle d'Autriche,* mit einem Vorwort von Hans Kelsen, Paris, LGDJ 1928, zit.: Eisenmann, Justice constitutionnelle.

Fioravanti, Marco, *Sieyès et le jury constitutionnaire: perspectives historico-juridiques*, Annales historiques de la Révolution française (AHRF) 349, Juli-September 2007, S. 87

Flauss, Jean-François, *Contrôle de conventionnalité et contrôle de constitutionnalité devant le juge administratif, Note de jurisprudence sur Conseil d'État, Assemblée Plenière, 30. Oktober 1998, Sarran et Levacher*, Revue de droit public (RDP) 1999, S. 919.

Fombeur, Pascale, *Question prioritaire de constitutionnalité, droit constitutionnel et droit de l'Union européenne*, Recueil Dalloz (D.) 2010, S. 1229.

Fournié, François, *Nouvelles considérations „huroniques" – À propos de la décision du Conseil constitutionnel du 30 juillet 2010*, La Semaine juridique – Ed. Générale (JCP-G) 2010, S. 1714.

Fraisse, Régis, *La contribution des services juridiques à la prise de décision des cours constitutionnelles*, geladen von http://www.conseil-constitutionnel.fr/conseil-constitutionnel/root/bank_mm/pdf/Conseil/20050930.pdf am 16.12.2013.

—, *La chose jugée par le Conseil constitutionnel dans les motifs et le dispositif de ses décisions et la QPC*, Les Nouveaux Cahiers du Conseil constitutionnel (CCC), N° 30 (2011), S. 77.

—, *QPC et interprétation de la loi*, Les Petites affiches (LPA) 2011, N° 89, S. 5.

Frier, Pierre-Laurent; Petit, Jacques, *Précis de droit administratif*, 5. Auflage, Paris, Montchrestien 2008, zit.: Frier/Petit, Droit administratif.

Fromont, Michel, *Die Verfassungsmäßigkeitskontrolle in Deutschland und Frankreich*, DÖV 2003, S. 542.

—, *La révision de la Constitution et les règles constitutionnelles intangibles en droit allemand*, Revue du droit public (RDP) 2007, S. 89.

Gahdoun, Pierre-Yves, *Repenser la priorité de la QPC*, Revue du droit public (RDP) 2010, S. 1709.

—, *Argumenter la question prioritaire de constitutionnalité*, in: Rousseau, Dominique (Hrsg.), La Question prioritaire de constitutionnalité, 2. Auflage, Paris, lextenso, 2012, S. 124, zit.: Gahdoun, in: Rousseau (Hrsg.), QPC, S. 124.

Gaïa, Patrick, *La Cour de cassation resiste... mal*, Revue française de droit administratif (RFDA) 2010, S. 458.

Gaïa, Patrick et al., *Les Grandes décisions du Conseil constitutionnel*, begründet von Louis Favoureu und Loïc Philip, herausgegeben von Patrick Gaïa, Richard Ghevontian, Ferdinand Mélin-Soucramanien, Éric Oliva, André Roux, keine Angabe des jeweiligen Bearbeiters, 17. Auflage, Paris, Dalloz 2013, zit.: Gaia et al., GD Cons.

Gaudemet, Yves, *Brouillard dans les Institutions: à propos de l'exception d'inconstitutionnalité,* Revue du droit public (RDP) 2008, S. 581.

–, *La conformité des lois à la Constitution – Pourquoi faire simple quand on peut faire compliqué,* Recueil Dalloz (D.) 2008, S. 1703.

Gaudin, Hélène, *Jurisprudence de la Cour de justice de l'Union européenne 2010,* Revue du droit public (RDP) 2011, S. 1313.

Gautier, Marie, *La question de constitutionnalité peut-elle rester prioritaire?* Revue française de droit administratif (RFDA) 2010, S. 449.

–, *QPC et droit communautaire – Retour sur une tragédie en cinq actes,* Droit administratif 10/2010, S. 13.

–, *L'entrée timide du Conseil constitutionnel dans le système juridictionnel européen,* Actualité juridique – droit administratif (AJDA) 2013, S. 1086.

Geffray. Édouard, *La procédure de consultation des électeurs en cas de fusion de communes, Conclusions sur Conseil d'État, 18. Mai 2010, N° 306643, Commune de Dunkerque,* Revue française de droit administratif (RFDA) 2010, S. 713.

Genevois, Bruno, *Faut-il maintenir la jurisprudence issue de la décision n° 74–54 DC du 15 janvier 1975?* Cahiers du Conseil constitutionnel (CCC) N° 7 (1999), S. 101.

–, *Le Conseil d'État n'est pas le censeur de la loi au regard de la Constitution,* Revue française de droit administratif (RFDA) 2000, S. 715.

–, *Le Conseil d'État et l'interprétation de la loi,* Revue française de droit administratif (RFDA) 2002, S. 877.

Gervier, Pauline, *Le changement des circonstances dans la jurisprudence du Conseil constitutionnel,* Revue du droit public (RDP) 2012, S. 89.

Ghevontian, Richard, *Droit électoral – Le contentieux des élections régionales en Île de France: Tout ça pour ça,* Revue française de droit constitutionnel (RFDC) N° 88 (2011), S. 875.

Gicquel, Jean-Eric, *La question nouvelle, condition de renvoi d'une question prioritaire de constitutionnalité au Conseil constitutionnel – Un critère technique au service de politiques jurisprudentielles,* Les Petits affiches (LPA) 2011, N° 244, S. 6.

Gicquel, Jean; Gicquel, Jean-Éric, *Droit constitutionnel et institutions politiques,* 27. Auflage, Paris, LGDJ 2013, zit.: Gicquel/ Gicquel, Droit constitutionnel.

Girardot, Thierry-Xavier, *Stellungnahme in der mündlichen Verhandlung vom 07. Dezember 2010 über die QPC n° 2010–79 QPC,* Video abrufbar von http://www.conseil-constitutionnel.fr/conseil-constitutionnel/francais/acces-videos/

decisions/2010/affaire-n-2010-79-qpc.138378.html ab Min. 13:45, zuletzt eingesehen am 13.01.2014.

Groulier, Cédric, *A propos de CE 18 juillet 2011, Fédération nationale des chasseurs et Fédération départementale des chasseurs de la Meuse,* Actualité juridique – droit administratif (AJDA) 2012, S. 1047.

Guerrini, Marc, *De l'articulation des contrôles à priori et à posteriori de constitutionnalité: Le cas des saisines blanches. Commentaire de la décision du Conseil constitutionnel n° 2011–630 DC du 26 mai 2011, Loi relative à l'organisation du championnat d'Europe de football de l'UEFA en 2016,* Revue française de droit constitutionnel (RFDC) N° 89 (2012), S. 109.

–, *Les moyens périphériques aux droits et libertés que la Constituion garantit,* Revue du droit public (RDP) 2012, S. 1639.

Gueydan, Céline, *La constitutionnalisation du droit local d'Alsace-Moselle et la question prioritaire de constitutionnalité,* Revue française de droit constitutionnel (RFDC) N° 96 (2013), S. 857.

Guichard, Michel; Grau, Romain, *Question prioritaire de constitutionnalité et incompétence négative du législateur – Conformitéa à la Constitution de la délégation par la loi au pouvoir réglementaire des modalités de déduction de la TVA (oui),* Revue de droit fiscal (DF) N° 48/2010, S. 16.

Guillaume, Marc, *QPC: Textes applicables et premières décisions,* Les Nouveaux Cahiers du Conseil constitutionnel (CCC), N° 29 (2010), S. 21.

–, *L'autorité des décisions du Conseil constitutionnel: vers de nouveaux équilibres?* Les Nouveaux Cahiers du Conseil constitutionnel (CCC), N° 30 (2011), S. 49.

Gundel, Jörg, *Verfassungsgerichtliche Gesetzeskontrolle in Frankreich mit der neuen „question prioritaire de constitutionnalité": Konsequenzen für den Status des Unionsrechts in der französischen Rechtsordnung?,* in: Bernreuther, Jörg et al. (Hrsg.), Festschrift für Ulrich Spellenberg zum 70. Geburtstag, München 2010, S. 573.

–, *Die „question prioritaire de constitutionnalité" vor dem EuGH: Unionsrechtliche Vorgaben für die Koordination nationaler Vorlagepflichten mit Art. 267 AEUV und dem Vorranganspruch des EU-Rechts, Anmerkung zu EuGH, 22. Juni 2010, verb. Rs. C-188/10 u. 189/10 – Melki und Abdeli,* Europarecht (EuR) 2012, S. 213.

Guyomar, Matthias, *Conclusions sur Conseil d'État, 6ème et 1ère sous-sections réunies, 19. Mai 2010, N° 331025, Théron,* Gazette du Palais (Gaz. Pal.) 2010, S. 1638.

Haenel, Hubert, *Contrôle de constitutionnalité et droit de l'Union Européenne, 07. Februar 2011, Journée de travail à la Cour de justice de l'Union européenne,* geladen von http://www.conseil-constitutionnel.fr/conseil-constitutionnel/root/bank_mm/discours_interventions/2011/haenel-07022011.pdf am 14.01.2014.

HAMON, FRANCIS, *Les pouvoirs respectifs du Conseil constitutionnel et des juges chargés de l'application des lois en matière d'interprétation,* Les Petites affiches (LPA) 2013, N° 144. S. 3.

HAMON, FRANCIS; TROPER, MICHEL, *Droit constitutionnel,* 34. Auflage, Paris, LGDJ 2013.

HERZOG-EVANS, MARTINE, *La détention provisoire subie à l'étranger peut s'imputer sur la peine française, Observations sur Cour de cassation, Chambre criminelle, 05. Oktober 2011, N° 11–90087,* Actualité Juridique Pénal (AJ Pénal) 2012, S. 356.

HOFFMANN, FABIEN, *Le droit local alsacien-mosellan au crible de la QPC,* Droit administratif 2/2013, Commentaire N° 12.

HUYETTE, MICHEL, *Comment motiver les décisions de la cour d'assises?* Recueil Dalloz (D.) 2011, S. 1158.

HYEST, JEAN-JACQUES, *Rapport n° 387 (2007–2008), fait au nom de la commission des lois, déposé le 11 juin 2008,* Publikation des Senats, 2008, ebenfalls verfügbar unter http://www.senat.fr/rap/l07-387/l07-3871.pdf, zuletzt eingesehen am 14.08.2013

JACQUINOT, NATHALIE, *L'utilisation par les juges du fond des arrêts de non-renvoi d'une QPC,* Actualité juridique- droit administratif (AJDA) 2012, S. 2097.

JAN, PASCAL, *La Question prioritaire de constitutionnalité,* Les Petites affiches (LPA) 2009, N° 252, S. 6.

KELSEN, HANS, *La garantie juridictionnelle de la Constitution (La Justice constitutionnelle),* Revue du droit public (RDP) 1928, S. 197.

–, *Wer soll der Hüter der Verfassung sein?* Berlin 1931.

–, *Judicial Review of Legislation: A Comparative Study of the Austrian and the American Constitution,* The Journal of Politics 1942, S. 183, Übersetzung ins Französische durch LOUIS FAVOREU, Revue française de droit constitutionnel (RFDC) N° 1 (1990), S. 17.

LABAYLE, HENRI; MEHDI, ROSTANE, *Le Conseil constitutionnel, le mandat d'arrêt européen et le renvoi préjudiciel à la Cour de justice,* Revue française de droit administratif (RFDA) 2013, S. 461.

LABETOULLE, DANIEL, *Des Semoules à Nicolo,* Revue française de droit administratif (RFDA) 2014, S. 585.

LABETOULLE, DANIEL; STAHL, JACQUES-HENRI, *Tribunal des conflits – pour un Tribunal des conflits sans garde des Sceaux,* Recueil Dalloz (D.) 2013, S. 98.

Laillé, Mathieu, *Le quarantième anniversaire du referendum de 1962 ou les effets secondaires d'une révision constitutionnelle,* Cahiers de la recherche sur les droits fondamentaux (CRDF) N° 1 (2002), S. 105.

Lallet, Alexandre; Domino, Xavier, *An I ap. QPC – Chronique général de jurisprudence administrative française,* Actualité juridique – droit administratif (AJDA) 2011, S. 375.

Lambert, Édouard, *Le gouvernement des juges et la lutte contre la législation sociale aus États-Unis,* Paris, Giard 1921.

Lascombe, Michel, Code constitutionnel et des droits fondamentaux, 3. Auflage – Ed. 2014, Paris, Dalloz 2013, zit.: Lascombe, Dalloz, Art., Rn.

Lasserre-Capdeville, Jérôme, *Précisions sur l'imputation de la détention provisoire sur la durée de la peine prononcée, Observations sur Cour de cassation, Chambre criminelle, 13. März 2013, N° 12–83024,* Actualité Juridique Pénal (AJ Pénal) 2013, S. 425.

Le Bars, Stéphanie, *Laïcité: l'exception d'Alsace et Moselle attaquée. lemonde.fr vom 20.02.2013,* geladen von http://www.lemonde.fr/societe/article/2013/02/20/laicite-l-exception-d-alsace-et-moselle-attaquee_1835480_3224.html am 11.09.2014.

Le Prado, Didier, *La question prioritaire de constitutionnalité vue par un avocat,* Actualité juridique – droit administratif (AJDA) 2010, S. 94.

Lenoir, Jean-Claude, *Rapport fait au nom de la commission des affaires économiques, de l'environnement et du territoire sur le projet de loi (n° 3201) relatif au secteur de l'énergie, Assemblée Nationale, 12ème législature, N° 3278, 31. August 2006,* geladen von http://www.assemblee-nationale.fr/12/pdf/rapports/r3278.pdf am 15.12.2013.

Levade, Anne, *Le Conseil constitutionnel aux prises avec le droit communautaire dérivé,* Revue du droit public (RDP) 2004, S. 889.

–, *Le Conseil constitutionnel aux prises avec la Constitution européenne,* Revue du droit public (RDP) 2005, S. 19.

–, *Le Conseil constitutionnel et l'Union européenne,* Cahiers du Conseil constitutionnel (CCC) hors série 2009, S. 63.

–, *QPC 1, 2 et 3: Le Conseil d'État joue le jeu du renvoi!,* Recueil Dalloz (D.) 2010, S. 1061.

–, *Renvoi préjudiciel versus Question prioritaire de constitutionnalité: la Cour de cassation cherche le conflit,* Recueil Dalloz (D.) 2010, S. 1254.

–, *Contrôle de constitutionnalité et contrôle de conventionnalité ne sont pas jeux de hasard: la réplique du Conseil constitutionnel à la Cour de cassation!* Recueil Dalloz (D.) 2010, S. 1322.

–, *Épilogue d'un débat juridique: l'interdiction de la dissimulation du visage dans l'espace public validée!* La Semaine juridique – Ed. Générale (JCP-G) 2010, S. 1978.

–, *Les dispositions susceptibles d'être contestées,* Beitrag zum Kolloquium *La question prioritaire de constituionnalité, Premier bilan et prospective* vom 22.09.2010, abgedruckt in La Semaine juridique – Ed. Générale (JCP-G), Supp. au N° 48, 29.11.2010, S. 22.

–, *L'étendue du contrôle du Conseil constitutionnel,* in: Perrier, Jean-Baptiste (Hrsg.), *La question prioritaire de constitutionnalité,* Bulletin d'Aix hors série, Aix-en-Provence, Presses Universitaires d'Aix-Marseille 2011, zit.: Levade, in: Perrier (Hrsg.), QPC, S. 111.

–, *La „guerre de trois" n'aura pas lieu! Sur l'improbabilité des conflits,* La Semaine juridique – Ed. Générale (JCP-G) 2011, Supp. au N° 26, 27.06.2011, S. 16.

–, *QPC et droits européens,* Regards sur l'actualité N° 368 (2/2011), S. 45.

–, *QPC et interprétation: quand la Cour de cassation se fait gardienne de l'esprit de la réforme!* Recueil Dalloz (D.) 2011, S. 2707.

–, *Anatomie d'une première: renvoi préjudiciel du Conseil constitutionnel à la Cour de justice!* La Semaine juridique – Ed. Générale (JCP-G) 2013, S. 1111.

–, *Articulation des contrôle: l'examen de la constitutionnalité „par suite" d'un arrêt préjudiciel,* La Semaine juridique – Ed. Générale (JCP-G) 2013, S. 842.

Lévy, David, *L'efficacité de la question prioritaire de constitutionnalité – Le point de vue du justiciable et de ses conseils,* Actualité juridique – Droit administratif (AJDA) 2011, S. 1251.

–, *Devant qui soulever la question prioritaire de constitutionnalité?,* in: Rousseau, Dominique (Hrsg.), La Question prioritaire de constitutionnalité, 2. Auflage, Paris, lextenso, 2012, S. 21, zit.: Lévy, in: Rousseau (Hrsg.), QPC, S. 21.

Liéber, Sophie-Justine; Botteghi, Damien; Daumas, Vincent, *La question prioritaire de constitutionnalité vue du Conseil d'État,* Les Nouveaux Cahiers du Conseil constitutionnel (CCC), N° 29 (2010), S. 101.

Liéber, Sophie-Justine; Botteghi, Damien, *Le juge administratif, juge constitutionnel de droit commun?* Actualité juridique – Droit administratif (AJDA) 2010, S. 1355.

Lizop, Arnaud, *Qui peut soulever la question prioritaire de constitutionnalité?* in: Rousseau, Dominique (Hrsg.), La Question prioritaire de constitutionnalité, 2. Auflage, Paris, lextenso, 2012, S. 11, zit.: Lizop, in: Rousseau (Hrsg.), QPC, S. 11.

Long, Marceau et al., *Les grands arrêts de la jurisprudence administrative,* herausgegeben von Marceau Long, Prosper Weil, Guy Braibant, Pierre Devolvé,

BRUNO GENEVOIS, keine Angabe des jeweiligen Bearbeiters, 19. Auflage, Paris, Dalloz 2013, zit.: LONG ET AL., GAJA, Nr. (Kurzbezeichnung), Rn.

LUCAZEAU, GILLES, *Constitution, Convention ou Traité – La „guerre des trois" aura-t-elle lieu?* La Semaine juridique – Ed. Générale (JCP-G) 2010, S. 1330.

LUCHAIRE, FRANÇOIS, *L'Union Européene et la Constitution,* Revue de droit public (RDP) 1992, S. 1588.

–, *La Constitution pour l'Europe devant le Conseil constitutionnel,* Revue du droit public (RDP) 2005, S. 51.

–, *Brèves remarques sur une création du Conseil constitutionnel: l'objectif de valeur constitutionnelle,* Revue française de droit constitutionnel (RFDC) N° 64 (2005), S. 675.

MAGNON, XAVIER, *La QPC face au droit de l'Union: la brute, les bons et le truand,* Revue française de droit constitutionnel (RFDC) N° 84 (2010), S. 761.

–, *La QPC, révélateur des limites du droit constitutionnel?* Recueil Dalloz (D.) 2012, S. 2032.

–, *La doctrine, la QPC et le Conseil constitutionnel; Quelle distance? Quelle expertise?* Revue du droit public (RDP) 2013, S. 135.

–, *La revolution continue: le Conseil constitutionnel est une juridiction... au sens de l'article 267 du Traité sur le fonctionnement de l'Union européenne,* Revue française de droit constitutionnel (RFDC) N° 96 (2013), S. 917.

–, *Sur un pont-aux-ânes? L'autorité des décisions du Conseil constitutionnel, pour une distinction entre „autorité" et „force" de chose jugée,* Revue française de droit administratif (RFDA) 2013, S. 859.

MAGNON, XAVIER; BERNAUD, VALÉRIE; FOUCHER, KARINE; MIGNARD, JEAN-PIERRE; RENOUX, THIERRY S., *QPC- La Question prioritaire de constitutionnalité – Principes généraux, pratique et droit du contentieux,* 2. Auflage, Paris, LexisNexis 2013, zit.: MAGNON ET AL., QPC.

MALHIÈRE, FANNY, *Le contrôle de l'équivalence des protections des droits fondamentaux: les juges et les rapports de systèmes,* Revue du droit public (RDP) 2013, S. 1523.

MANIN, PHILIPPE, *La question prioritaire de constitutionnalité et le droit de l'Union européene,* Actualité juridique – droit administratif (AJDA) 2010, S. 1023.

MARTIN, SÉBASTIEN, *L'identité de l'État dans l'Union européenne: entre „identité nationale" et „identité constitutionnelle",* Revue française de droit constitutionnel (RFDC) N° 91 (2012), S. 13.

MASTOR, WANDA; DE LAMY, BERTRAND, *A propos de la motivation sur la non-motivation des arrêts d'assises: „je juge donc je motive"*, Recueil Dalloz (D.) 2011, S. 1154.

MATHIEU. BERTRAND, *La question prioritaire de constitutionnalité – Les améliorations apportées par l'Assemblée nationale au projet de loi organique,* La Semaine Juridique – Ed. Générale (JCP-G) 2009, N° 40, S. 11.

–, *La Question prioritaire de constitutionnalité: une nouvelle voie de droit – À propos de la loi organique du 10 décembre 2009 et de la décision du Conseil constitutionnel n° 2009–595 DC,* La Semaine Juridique – Ed. Générale (JCP-G) 2009, N° 52, S. 55.

–, *La question de constitutionnalité, quelles lois? Quels droits fondamentaux?,* Les Petites affiches (LPA) 2009, N° 126, S. 18.

–, *La loi,* 3. Auflage, Paris, Dalloz 2010.

–, *La Cour de Cassation tente de faire invalider la question prioritaire de constitutionnalité par la Cour de Luxembourg,* La Semaine Juridique – Ed. Générale (JCP-G) 2010, S. 866.

–, *Les débuts prometteurs de la question prioritaire de constitutionnalité devant le Conseil d'État,* La Semaine Juridique – Ed. Générale (JCP-G) 2010, S. 868

–, *La question de l'interprétation de la loi au cœur de la QPC,* La Semaine Juridique – Ed. Générale (JCP-G) 2010, S. 2038.

–, *La guerre des juges n'aura pas lieu – À propos de la décision n° 2010–605 DC du Conseil constitutionnel,* La Semaine juridique – Ed. Générale (JCP-G) 2010, S. 1077.

–, *Un état des lieux sans concessions – À propos du rapport d'évaluation de la QPC du 5 octobre 2010,* La Semaine Juridique – Ed. Générale (JCP-G) 2010, S. 2152.

–, *Jurisprudence relative à la Question prioritaire de constitutionnalité – 4 november 2010 – 4 février 2011,* La Semaine Juridique – Ed. Générale (JCP-G) 2011, S. 346.

–, *La prescription de l'action publique ne constitue pas un principe constitutionnel,* La Semaine juridique – Ed. Générale (JCP-G) 2011, S. 1134.

–, *Jurisprudence relative à la Question prioritaire de constitutionnalité – 22 julliet – 18 novembre 2011,* La Semaine Juridique – Ed. Générale (JCP-G) 2011, S. 2439.

–, *3 questions à Bertrand Mathieu, professeur à l'École de droit de la Sorbonne (Paris I), membre du CSM, président de l'AFDC,* La Semaine juridique – Ed. Générale (JCP-G) 2013, S. 338.

MATHIEU, BERTRAND; ROUSSEAU, DOMINIQUE, *Les grandes décisions de la Question prioritaire de constitutionnalité,* Paris, LGDJ 2013, zit.: MATHIEU/ ROUSSEAU, GD QPC.

Mathieu, Bertrand; Verpeaux, Michel, *La reconnaissance et l'utilisation des principes fondamentaux reconnus par les lois de la République par le juge: la contribution de l'arrêt „Koné" du Conseil d'État à l'analyse de la hiérarchie des normes en matière de droits fondamentaux*, Recueil Dalloz (D.) 1997, Chronique, S. 219.

–, *Le régime électoral en Nouvelle-Calédonie entre arrangements constitutionnels et exigences conventionnelles, Anmerkung zu Cour de cassation, Assemblée plénière, 02. Juni 2000*, Recueil Dalloz (D.) 2000, Jurisprudence, S. 865.

Matsopoulou, Haritini, *Le non-renvoi de la QPC tendant à constater l'imprécision de l'article 121–2 du Code pénal au Conseil constitutionnel*, La Semaine Juridique - Ed. Générale (JCP-G) 2010, S. 1947.

Maugüé, Christine, *L'arrêt Sarran, entre apparence et réalité*, Cahiers du Conseil constitutionnel (CCC) N° 7 (1999), S. 87.

Maugüé, Christine; Stahl, Jacques-Henri, *La question prioritaire de constituionnalité*, 2. Auflage, Paris, Dalloz 2013, zit.: Maugüé/Stahl, QPC.

Mayaud, Yves, *À propos des arrêts QPC du 20 mai 2011: point de vue d'un pénaliste*, Revue du droit public (RDP) 2011, S. 1446.

Mazeaud, Pierre, *Vœux du président du Conseil constitutionnel, M. Pierre Mazeaud, au Président de la République*, Cahiers du Conseil constitutionnel (CCC), N° 18 (2005), S. 2.

Maziau, Nicolas, *Brefs commentaires sur la doctrine du droit vivant dans le cadre du contrôle incident de constitutionnalité*, Recueil Dalloz (D.) 2011, S. 529.

–, *Les „bonnes raisons" de la Cour de cassation*, Recueil Dalloz (D.) 2011, S. 1775.

–, *Nouveaux développements dans la mise en œuvre de la question prioritaire de constitutionnalité: le filtre au service des évolutions jurisprudentielles de la Cour de cassation*, Recueil Dalloz (D.) 2011, S. 2811.

–, *Le revirement de jurisprudence dans la procédure de QPC – Comment la Cour de cassation, dans son interprétation de la loi, s'inspire du Conseil constitutionnel dans son rôle d'interprète de la Constitution*, Recueil Dalloz (D.) 2012, S. 1833.

Meder, Theodor; Brechmann, Winfried (Herausgeber), *Die Verfassung des Freistaates Bayern*, 5., neu bearbeitete Auflage, Stuttgart u. a. 2014, zit.: Bearbeiter, in: Meder/Brechmann, BV, Art., Rn.

Mestre, Achille, *Observations sur Conseil d'État, 06. November 1936, Arrighi*, Recueil Sirey (Sirey) 1937, Troisième partie (Jurisprudence administrative), S. 33.

Millet, François-Xavier, *Le dialogue des juges à l'épreuve de la QPC*, Revue du droit public (RDP) 2010, S. 1729.

MINET-LETALLE, CATHERINE, *Les spécificités de l'appréciation des caractères nouveau et sérieux dans la jurisprudence de la Cour de cassation – La chambre sociale de la Cour de cassation,* in: EMMANUEL CARTIER (Hrsg.), *La QPC, le procès et ses juges – L'impact sur le procès et l'architecture juridictionelle,* Paris, Dalloz 2013, zit.: MINET-LETALLE, in: CARTIER (Hrsg.), QPC, S. 436.

MOLFESSIS, NICOLAS, *La jurisprudence supra-constitutionem,* La Semaine Juridique - Ed. Générale (JCP-G) 2010, S. 1955.

–, *La résistance immédiate de la Cour de Cassation á la QPC,* Pouvoirs N° 137 (2011)– *La question prioritaire de constitutionnalité,* S. 83.

–, *La QPC posée sur un texte déjà déclaré inconstitutionnel – Peut-on tuer un mort?* La Semaine juridique – Ed. Générale (JCP-G) 2013, S. 1826.

MOURON, PHILIPPE, *Question prioritaire de constitutionnalité et question préjudicielle à la Cour de justice de l'Union européenne, toujours dans l'impasse,* Revue française de droit constitutionnel (RFDC) N° 87 (2011), S. 588.

NADAL, JEAN-LOUIS, *La Constitution et le juge judiciaire,* in: MATHIEU, BERTRAND (Hrsg.), 1958–2008: cinquantième anniversaire de la Constitution française, Paris, Dalloz 2008, S. 345.

NICO, HÉLÈNE, *Cour d'assises – La Cour de cassation élude la question prioritaire de constitutionnalité relative à la motivation des arrêts de cours d'assises,* Recueil Dalloz (D.) 2010, S. 2236.

PARLAMENTARISCHER RAT (HRSG.), *Stenographische Berichte über die Sitzungen des parlamentarischen Rates 1948/1949,* Bonn, Universitätsdruckerei Scheur 1949.

PELTIER, VIRGINIE, *Imputation de la durée d'une détention provisoire subie à l'étranger, Observations sur Cour de cassation, Chambre criminelle, 13. März 2013, N° 12–83024,* Droit pénal N° 5/2013, Commentaire N° 84.

PERRIER, JEAN-BAPTISTE, *Une décision empreinte de pragmatisme,* Actualité Juridique Pénal (AJ Pénal) 2010, S. 470.

–, *D'une motivation à l'autre (à propos de la décision 2011–113–115 QPC du Conseil constitutionnel du 1er avril 2011),* Recueil Dalloz (D.) 2011, S. 1156.

–, *La question prioritaire de constitutionnalité et la matière pénale – De la concurrence à la complémentarité dans la protection des droits et libertés fondamenteaux,* in: PERRIER, JEAN-BAPTISTE (Hrsg.), *La question prioritaire de constitutionnalité,* Bulletin d'Aix hors série, Aix-en-Provence, Presses Universitaires d'Aix-Marseille 2011, zit.: PERRIER in: DERS. (Hrsg.), QPC, S. 245.

–, *Le non-renvoi des question prioritaires de constitutionnalité par la Cour de cassation,* Revue française de droit administratif (RFDA) 2011, S. 711.

PFERSMANN, OTTO, *Le renvoi préjudiciel sur exception d'inconstitutionnalité: La nouvelle procédure de contrôle concret à posteriori (Les articles 61–1 et 62 de la Constitution),* Les Petites affiches (LPA) 2008, N° 254, S. 103.

PHILIPPE, XAVIER, *La question prioritaire de constitutionnalité: à l'aube d'une nouvelle ère pour le contentieux constitutionnel français... Réflexions après l'adoption de la loi organique,* Revue française de droit constitutionnel (RFDC) N° 82 (2010), S. 273.

PICHARD, MARC, *Les spécificités de l'appréciation des caractères nouveau et sérieux dans la jurisprudence de la Cour de cassation – La première chambre civile de la Cour de cassation,* in: EMMANUEL CARTIER (Hrsg.), *La QPC, le procès et ses juges – L'impact sur le procès et l'architecture juridictionelle,* Paris, Dalloz 2013, zit.: PICHARD, in: CARTIER (Hrsg.), QPC, S. 381.

PIWNICA, EMMANUEL, *L'égalité devant la chambre criminelle,* in: Cour de cassation, Rapport annuel 2003, *L'égalité,* Paris, La documentation française 2003, zit.: PIWNICA, in: Cour de cassation, Rapport annuel 2003, S. 50.

PONSARD, RÉGIS, *Questions de principe sur „l'autorité de la chose interprétée par le Conseil constitutionnel": normativité et pragmatisme,* in: BERTRAND MATHIEU, MICHEL VERPEAUX (Hrsg.), *L'autorité des décisions du Conseil constitutionnel,* Les cahiers constitutionnels de Paris I, Paris, Dalloz 2010, zit.: PONSARD, in: MATHIEU/VERPEAUX (Hrsg.), *L'autorité des décisions du Conseil constitutionnel,* S. 29.

PORTELLI, HUGUES, *Rapport n° 637 (2008–2009), fait au nom de la commission des lois, déposé le 29 septembre 2009,* Publikation des Senats 2009, *ebenfalls verfügbar unter* http://www.senat.fr/rap/l08-637/l08-6371.pdf, zuletzt eingesehen am 13.07.2013.

—, *Droit constitutionnel,* 10. Auflage, Paris, Dalloz 2013.

PRÉTOT, XAVIER, *Rapport commun aux questions prioritaires de constitutionnalité,* Revue du droit public (RDP) 2011, S. 1380.

—, *Le droit de l'Union européene tient le constitutionnel en l'état...,* La Semaine Juridique – Ed. Générale (JCP-G) 2013, S. 1149.

PUIG, PASCAL, *QPC: le changement des circonstances source d'inconstitutionnalité (à propos de la décision du Conseil constitutionnel n° 2010–14/22 QPC du 30 juillet 2010 relative au régime de la garde à vue),* Revue trimestrielle de droit civil (RTD Civ.) 2010, S. 513.

—, *Le Conseil constitutionnel et la modulation dans le temps des décisions QPC,* Revue trimestrielle de droit civil (RTD Civ.) 2010, S. 517.

—, *Vers un nouveau „dialogue des juges" constitutionnel et européen,* Revue trimestrielle de droit civil (RTD Civ.) 2013, S. 564.

Questiaux, Nicole, *Conclusions sur Conseil d'État, Assemblée, 19. Juni 1964, N° 47007, 47008, 47028, 47029, 47030, 48961, 48962, 49019, Société des pétroles Shell-Berre et autres,* Revue du droit public (RDP) 1964, S. 1019.

Reghi, Isabelle, *De quelques réflexions d'un juge civiliste de base saisi par le doute,* La Semaine Juridique – Ed. Générale (JCP-G) 2011, Supp au N° 26, 27.06.2011, S. 27.

Rideau, Joël, *Contrôle de constitutionnalité et contrôle de conventionnalité: les orphelins de la pyramide,* Revue de droit public (RDP) 2009, S. 601.

Rieg, Christelle, *43 millions d'électeurs en France,* (Veröffentlichung des nationalen Statistikinstitutes INSEE), geladen von http://www.insee.fr/fr/themes/document.asp?reg_id=0&ref_id=ip1369 am 26.09.2013.

Robert, Jacques-Henri, *QPC sur la constitutionnalité de la responsabilité pénale des personnes morales,* La Semaine Juridique – Ed. Générale (JCP-G) 2010, S. 1946.

Roblot-Troizier, Agnès, *La question prioritaire de constitutionnalité devant les juridictions ordinaires: entre méfiance et prudence,* Actualité juridique – Droit administratif (AJDA) 2010, S. 80.

–, *Le non-renvoi des questions prioritaires de constitutionnalité par le Conseil d'État – vers la mutation du Conseil d'État en un juge constitutionnel de la loi,* Revue française de droit administratif (RFDA) 2011, S. 691.

–, *La QPC, le Conseil d'État le la Cour de cassation,* Les Nouveaux Cahiers du Conseil constitutionnel (CCC) N° 40 (2013), S. 40.

Rousseau, Dominique, *Chronique de jurisprudence constitutionnelle 1992,* Revue du droit public 1993, S. 5.

–, *Chronique de jurisprudence constitutionnelle 2004,* Revue du droit public 2005, S. 267.

–, *Chronique de jurisprudence constitutionnelle 2005,* Revue du droit public 2006, S. 245.

–, *La question préjudicielle de constitutionnalité: Un big bang juridictionnel?,* Revue du droit public (RDP) 2008, S. 631.

–, *L'art italien au Conseil constitutionnel: Les décisions des 6 et 14 octobre 2010,* Gazette du Palais (Gaz. Pal.) 2010, S. 2863.

–, *Le Conseil constitutionnel, Cour suprême?* Regards sur l'actualité N° 368 (2/2011), S. 36.

–, *La Cour a ses raisons, la raison les siennes!* Revue du droit public (RDP) 2011, S. 1464.

—, *Pour un noveau mode de désignation des membres du Conseil constitutionnel – Ultime plaidoirie,* La Semaine juridique – Ed. Générale (JCP-G) 2011, Supp. au N° 26, 27.06.2011, S. 23.

—, *Les conditions de recevabilité de la QPC,* in: PERRIER, JEAN-BAPTISTE (Hrsg.), *La question prioritaire de constitutionnalité,* Bulletin d'Aix hors série, Aix-en-Provence, Presses Universitaires d'Aix-Marseille 2011, zit.: ROUSSEAU, in: PERRIER (Hrsg.), QPC, S. 97.

—, *Droit du contentieux constitutionnel,* 10. Auflage, Paris, LGDJ 2013.

ROUSSEAU, DOMINIQUE; GAHDOUN, PIERRE-YVES; BONNET, JULIEN, *Chronique de jurisprudence constitutionnelle 2012,* Revue du droit public (RDP) 2013, S. 197.

ROUX, JÉRÔME, *Le Conseil constitutionnel, le droit communautaire dérivé et la Constitution,* Revue du droit public (RDP) 2004, S. 912.

—, *L'abandon de la jurisprudence IVG: une question d'opportunité ou de logique?,* Revue du droit public (RDP) 2009, S. 645.

—, *La question prioritaire de constitutionnalité à la lumière de la décision du Conseil constitutionnel du 3 décembre 2009,* Revue du droit public (RDP) 2010, S. 233.

—, *Constitution et pouvoirs publics, La Cour de justice et le contrôle incident de constitutionnalité des directives de l'Union: remarques sur un obiter dictum,* Recueil Dalloz (D.) 2010, S. 2524.

—, *La QPC menace-t-elle l'indépendance du Conseil d'État et de la Cour de cassation vis-à-vis du Conseil constitutionnel?,* in: *Indépendance(s),* Études offertes au Professeur JEAN-LOUIS AUTIN, Bd. 2, Montpellier, Presses de la Faculté de Montpellier 2011, zit.: ROUX, Études AUTIN, S. 1253.

—, *QPC et interprétation jurisprudentielle de dispositions législatives: Le conflit entre la Cour de cassation et le Conseil constitutionnel a-t-il vraiment pris fin?,* Les Petites affiches (LPA) 2011, N° 135, S. 8.

—, *La QPC sur le „mariage homosexuel": une question plus nouvelle que sérieuse?* Recueil Dalloz (D.) 2011, S. 209.

—, *Au regard de quelles normes soulever la question prioritaire de constitutionnalité?,* in: ROUSSEAU, DOMINIQUE (Hrsg.), La Question prioritaire de constitutionnalité, 2. Auflage, Paris, lextenso, 2012, S. 67, zit.: ROUX, in: ROUSSEAU (Hrsg.), QPC, S. 67.

—, *Contre quels textes soulever la question prioritaire de constitutionnalité?,* in: ROUSSEAU, DOMINIQUE (Hrsg.), La Question prioritaire de constitutionnalité, 2. Auflage, Paris, lextenso, 2012, S. 42, zit.: ROUX, in: ROUSSEAU (Hrsg.), QPC, S. 42.

Rrapi, Patricia, *„L'incompétence négative" dans la QPC: de la double négation à la double incompréhension,* Les Nouveaux Cahiers du Conseil constitutionnel (CCC) N° 34 (2012), S. 163.

Sachs, Michael (Herausgeber), *Grundgesetz, Kommentar,* 6. Auflage, München 2011, zit.: Bearbeiter, in: Sachs, GG, Art., Rn.

Sagalovitsch, Eric, *Des effets de la QPC sur les arrêts de règlement,* Actualité juridique - Droit administratif (AJDA) 2011, S. 705.

Saint-James, Virginie, *Droit constitutionnel,* 4. Auflage, Paris, Bréal 2011.

–, *Les décision de la Cour de cassation et du Conseil d'État de ne pas transmettre une QPC: la place des cours souveraines en question?,* Revue du droit public (RDP) 2012, S. 607.

Santolini, Thierry, *La question prioritaire de constitutionnalité au regard du droit comparé,* Revue française de droit constitutionnel (RFDC) N° 93 (2013), S. 83.

Sarkozy, Nicolas, *Lettre de mission du président de la République à Edouard Balladur* vom 18. Juli 2007, abgedruckt in: *Une Ve République plus démocratique Rapport du Comité de réflexion et de proposition sur la modernisation des institutions de la Ve République,* Paris, Fayard/ La documentation Française 2008.

Savonitto, Florian, *L'absence de double filtrage des questions prioritaires de constitutionnalité,* Revue française de droit constitutionnel (RFDC) N° 93 (2013), S. 107.

Schlette, Volker, *Die verwaltungsgerichtliche Kontrolle von Ermessensakten in Frankreich,* Baden-Baden 1991, zugl. Göttingen, Univ., Diss., 1990/1991, zit.: Schlette, Ermessenskontrolle

Schmitt, Carl, *Der Hüter der Verfassung,* Tübingen 1931.

Sénac, Charles-Édouard, *Le renouveau de la jurisprudence État d'urgence en Nouvelle-Calédonie,* Revue du droit public (RDP) 2013, S. 1453.

Severino, Caterina, *Un an de droit vivant devant le Conseil constitutionnel,* Constitutions 2012, S. 43.

Simon, Denys, *Conventionnalité et constitutionnalité,* Pouvoirs N° 137 (2011) – *La question prioritaire de constitutionnalité,* S. 19.

–, *Primauté – Commentaire des décisions Conseil constitutionnel, N° 2010–79 QPC und N° 2010–102 QPC,* Europe 3/2011, S. 12.

Simon, Denys; Rigaux, Anne, *Drôle de drame: la Cour de cassation et la question prioritaire de constitutionnalité,* Europe 5/2010, S. 5.

–, *Le feuilleton de la question prioritaire de constitutionnalité: Drôle de drame, Quai des brumes, Le jour se lève?* Europe 6/2010, S. 1.

—, *Perseverare autem diabolicum? La Cour de cassation refuse définitivement de donner effet à la question prioritaire de constitutionnalité...*, Europe 8/2010, S. 1.

—, *Solange, le mot magique du dialogue des juges...*, Europe 7/2010, S. 1.

—, *La priorité de la question prioritaire de constitutionnalité; harmonie(s) et dissonances(s) des monologues juridictionnels croisés,* Les Nouveaux Cahiers du Conseil constitutionnel (CCC) N° 29 (2010), S. 63.

SPINOSI, PATRICE, *Stellungnahme in der mündlichen Verhandlung vom 07. Dezember 2010 über die QPC n° 2010–79 QPC,* Video abrufbar von http://www.conseil-constitutionnel.fr/conseil-constitutionnel/francais/acces-videos/decisions/2010/affaire-n-2010-79-qpc.138378.html, zuletzt eingesehen am 13.01.2014.

STIRN, BERNARD, *Le filtrage selon le Conseil d'État,* Beitrag zum Kolloquium *La question prioritaire de constituionnalité, Premier bilan et prospective vom 22.09.2010,* abgedruckt in, La Semaine juridique – Ed. Générale (JCP-G), Supp. au N° 48, 29.11.2010, S. 48.

THERY, PHILIPPE, *De la question prioritaire de constitutionnalité comme révélateur des mentalités: La Cour de cassation demeure et ne se rend pas...*, Revue trimestrielle de droit civil (RTD Civ.) 2010, S. 810.

TILLI, NICOLAS, *La modulation dans le temps des effets des décisions d'inconstitutionnalité à posteriori,* Revue du droit public (RDP) 2011, S. 1591.

TOULEMONDE, GILLES; THUMEREL, ISABELLE; GALATI, DAVID, *Les juridictions suprêmes renforcées dans leur office de cour suprême,* in: EMMANUEL CARTIER (Hrsg.), *La QPC, le procès et ses juges – L'impact sur le procès et l'architecture juridictionelle,* Paris, Dalloz 2013, zit.: TOULEMONDE ET AL., in: CARTIER (Hrsg.), QPC, S. 283.

TROPER, MICHEL, *Identité constitutionnelle,* in: MATHIEU, BERTRAND (Hrsg.), 1958–2008: cinquantième anniversaire de la Constitution française, Paris, Dalloz 2008, S. 123.

TROPLONG, RAYMOND-THÉODORE, *Considérations sur Cour de cassation, Chambres réunies, 30. März 1847, Bacon,* Recueil Dalloz (D.) 1847, Première partie (Jurisprudence de la Cour de cassation), S. 168.

TUKOV, CHRISTOPHE, *Une touche finale apportée par le Conseil constitutionnel à un tableau en „trompe-l'oeil"? À propos de la décision n° 2013–681 DC du 5 décembre 2013,* La Semaine juridique – Ed. Générale (JCP-G) 2013, S. 2366.

TÜRK, PAULINE, *L'affaire Huchon – le mécanisme de question prioritaire de constitutionnalité en action,* Revue française de droit administratif (RFDA) 2011, S. 723.

TURPIN, DOMINIQUE, *La constitution et ses juges,* in: MATHIEU, BERTRAND (Hrsg.), 1958–2008: cinquantième anniversaire de la Constitution française, Paris, Dalloz 2008, S. 329.

Urvoas, Jean-Jacques, *Rapport d'information déposé par la commission des lois constitutionnelles, de la législation et de l'administration générale de la République sur la question prioritaire de constitutionnalité, Assemblée nationale, 14ème législature, N° 842, 27. März 2013*, geladen von http://www.assemblee-nationale.fr/14/pdf/rap-info/i0842.pdf am 22.07.2014.

Van Tuong, Nguyen, *Observations sur Conseil constitutionnel, 23. September 1992, N° 92–313 DC*, La Semaine juridique – Ed. Générale (JCP-G) 1992, Jurisprudence 21956.

— *Une loi référendaire est-elle soumise au contrôle de constitutionnalité?* Recueil Dalloz (D.) 1996, Chronique 17.

Verpeaux, Michel, *La question préjudicielle de constitutionnalité et le projet de loi organique*, Actualité juridique – droit administratif (AJDA) 2009, S. 1474.

–, *Question prioritaire de constitutionnalité et libre administration des collectivités territoriales*, Actualité juridique – droit administratif (AJDA) 2010, S. 1594.

–, *Les QPC ou questions pour commencer*, Actualité juridique – droit administratif (AJDA) 2011, S. 1235.

–, *Langues régionales et QPC: l'impossible dialogue*, Actualité juridique – droit administratif (AJDA) 2011, S. 1963.

–, *Repos dominical en Alsace-Moselle et principe fondamental reconnu par les loi de la République*, La Semaine juridique – Ed. Générale (JCP-G) 2011, S. 2297.

–, *La Question prioritaire de constitutionnalité*, Paris, Hachette 2013, zit.: Verpeaux, QPC.

Viala, Alexandre, *De la puissance à l'acte: la QPC et les nouveaux horizons de l'interprétation conforme*, Revue du droit public (RDP) 2011, S. 965.

Vidard, Brigitte, *La mise en œuvre de la QPC par les tribunaux administratifs*, Actualité juridique – Droit administratif (AJDA) 2011, S. 1242.

Volmerange, Xavier, *L'Union européenne en tant que révélateur de l'identité constitutionnelle en France et en Allemagne*, in: Capitant, David; Sommermann, Karl-Peter; Vilain, Yoan (Hrsg.), *Actualité du droit public comparé en France et en Allemagne, Actes des séminaires franco-allemands de droit public comparé (2006–2007)*, Paris, Société de législation comparée 2009, zit.: Volmerange, in: Capitant et al., *Actualité du droit public comparé en France et en Allemagne*, S. 27.

von Mangoldt, Hermann; Klein, Friedrich; Starck, Christian (Herausgeber), *Kommentar zum Grundgesetz*, 6. Auflage, München 2010, zit.: Bearbeiter, in: vMKS, GG, Art., Rn.

Vonsy, Moea, *Le „Parlement constituant" n'est pas souverain,* Revue du droit public (RDP) 2007, S. 793.

Wachsmann, Patrick, *L'Oracle des libertés ne parle qu'une seule fois,* Jus Politicum N° 7/2012, nur online; geladen von http://www.juspoliticum.com/IMG/pdf/JP7_Wachsmann.pdf am 16.08.2014.

Walter, Maja, *Integrationsgrenze Verfassungsidentität – Konzept und Kontrolle aus europäischer, deutscher und französischer Perspektive,* Zeitschrift für ausländisches öffentliches Recht und Völkerrecht (ZaöRV) 72 (2012), S. 177.

Warsmann, Jean Luc, *Rapport fait au nom de la commission des lois constitutionnelles, de la législation et de l'administration générale de la République sur le projet de loi constitutionnelle (n° 820) de modernisation des institutions der la Ve République, Assemblée Nationale, 13ème législature, N° 892, 15. Mai 2008,* geladen von http://www.assemblee-nationale.fr/13/pdf/rapports/r0892.pdf am 12.08.2013.

–, *Rapport fait au nom de la commission des lois constitutionnelles, de la législation et de l'administration générale de la République sur le projet de loi constitutionnelle, modifié par le senat (n° 993), de modernisation des institutions der la Ve République, Assemblée Nationale, 13ème législature, N° 1009, 2. Juli 2008,* geladen von http://www.assemblee-nationale.fr/13/pdf/rapports/r1009.pdf am 24.10.2013.

–, *Rapport fait au nom de la commission des lois constitutionnelles, de la législation et de l'administration générale de la République sur le projet de loi organique (n° 1599) relatif à l'application de l'article 61–1 de la Constitution, Assemblée Nationale, 13ème législature, N° 1898, 3. September 2009,* geladen von http://www.assemblee-nationale.fr/13/pdf/rapports/r1898.pdf am 13.07.2013.

–, *Rapport d'information déposé en application de l'article 145 du Règlement par la commission des lois constitutionnelles, de la législation et de l'administration générale de la République sur l'évaluation de la loi organique n° 2009–1523 du 10 décembre 2009 relative à l'application de l'article 61–1 de la Constitution, Assemblée Nationale, 13ème législature, N° 2830, 5. Oktober 2010, présenté par* J.L. Warsmann, geladen von http://www.assemblee-nationale.fr/13/pdf/rap-info/i2838.pdf am 15.08.2014.

Wendel, Mattias, *Lisbon Before the Courts: Comparative Perspectives,* European Constitutional Law Review (EuConst) 7 (2011), S. 96.

Zagrebelsky, Gustavo, *La doctrine du droit vivant et la question de constitutionnalité,* Constitutions 2010, S. 9.

Kölner Schriften zu Recht und Staat

Herausgegeben von
Hartmut Schiedermair und Bernhard Kempen

Band 1 Bernhard Kempen: Die deutsch-polnische Grenze nach der Friedensregelung des Zwei-plus-Vier-Vertrages. 1997.

Band 2 Hans-Georg Maaßen: Die Rechtsstellung des Asylbewerbers im Völkerrecht. Überlegungen zu den völkerrechtlichen Rahmenbedingungen einer europäischen Asylrechtsharmonisierung. 1997.

Band 3 Udo Fink: Kollektive Friedenssicherung. Kapitel VII UN-Charta in der Praxis des Sicherheitsrats der Vereinten Nationen. 1999.

Band 4 Stephan Grigolli: Sprachliche Minderheiten in Italien, insbesondere Südtirol, und in Europa. Der Gebrauch der Sprache vor Behörden und Gerichten und die Vergabe öffentlicher Stellen. 1997.

Band 5 Uta Stoy-Schnell: Das Bundesverfassungsgericht und die Corte costituzionale. Ein Vergleich der Verfassungsgerichtsbarkeiten in Deutschland und Italien. 1998.

Band 6 Christian Hillgruber: Die Aufnahme neuer Staaten in die Völkerrechtsgemeinschaft. Das völkerrechtliche Institut der Anerkennung von Neustaaten in der Praxis des 19. und 20. Jahrhunderts. 1998.

Band 7 Jochen Seitz: Planungshoheit und Grundeigentum. Die verfassungsrechtlichen Schranken der städtebaulichen Entwicklungsmaßnahmen. 1999.

Band 8 Jochen Herbst: Rechtskontrolle des UN-Sicherheitsrates. 1999.

Band 9 Kristin Möller: Die Beschaffung naturschutzrechtlicher Ausgleichsflächen im Baurecht. 1999.

Band 10 Klaus Löffelbein: Genehmigungsfreies Bauen und Nachbarrechtsschutz. Die baurechtlichen Anzeige- und Freistellungsverfahren der Länder aus nachbarlicher Sicht. 2000.

Band 11 Patrick Mittmann: Die Rechtsfortbildung durch den Gerichtshof der Europäischen Gemeinschaften und die Rechtsstellung der Mitgliedstaaten der Europäischen Union. 2000.

Band 12 Martin R. Albus: Zur Notwendigkeit eines Internationalen Umweltgerichtshofs. Zugleich eine Analyse der Staatenpraxis zum Internationalen Umwelthaftungsrecht und der Rechtsschutzmöglichkeiten bei grenzüberschreitenden Umweltbeeinträchtigungen. 2000.

Band 13 Irene Baur: Die Haftung der Europäischen Zentralbank. 2001.

Band 14 Tobias R. Ehlen: Zentralisierungsmöglichkeiten der deutschen Börsenaufsicht. 2003.

Band 15 Ulrich Steiner: Wertsicherungsklauseln. Zur Europarechtskonformität des neuen § 2 PaPkG. 2003.

Band 16 Stephanie Vogel: Der Prüfungsumfang des Bundesverfassungsgerichts bei Verfassungsbeschwerden am Beispiel der Kunstfreiheitsrechtsprechung. 2004.

Band 17 Thomas Schmidt: Deutsche Hochschulräte. Begriff, Darstellung und rechtliche Analyse. 2004.

Band 18 Kirsten Schmalenbach: Die Haftung Internationaler Organisationen im Rahmen von Militäreinsätzen und Territorialverwaltungen. 2004.

Band 19 Gunter Warg: Von Verteidigung zu kollektiver Sicherheit. Der Nato-Vertrag *auf Rädern*. 2004.

Band 20 Bernhard Kempen / Yvonne Dorf: Bodenreform 1945–1949. Eine verfassungsrechtliche Neubewertung. 2004.

Band 21 Jeanette Nolte: Die völkerrechtliche Vertragspraxis der EG und die Haftung der Mitgliedstaaten am Beispiel der Fischereipolitik. 2004.

Band 22 Rüdiger Schmid-Kühnhöfer: Die Staatlichkeit von Beihilfen. Mittel- und Transferzurechnung nach Art. 87 Abs. 1 EG-Vertrag. 2004.

Band 23 Florian Schöler: Die Reform des Europäischen Kartellverfahrensrechts durch die Verordnung (EG) Nr. 1/2003. 2004.

Band 24 Christina Maria Pelzer: Die Kompetenzen der EG im Bereich Forschung. Eine Analyse ihrer Reichweite und Grenzen vor dem Hintergrund des Art. 5 Abs. 3 GG. Dargestellt am Beispiel der Gentechnologie. 2004.

Band 25 Nikolaus Vieten: Die verfassungsrechtliche Zulässigkeit der Wiedereinführung einer Vermögensteuer. Zugleich eine Untersuchung des Halbteilungsbeschlusses des Bundesverfassungsgerichts. 2005.

Band 26 Bernhard Kempen (Hrsg.): Die rechtsstaatliche Bewältigung der demokratischen Bodenreform. 2005.

Band 27 Erik Hansalek: Die parlamentarische Kontrolle der Bundesregierung im Bereich der Nachrichtendienste. 2006.

Band 28 Thomas Günther: Zur Zulässigkeit der Errichtung privater Volksschulen als Bekenntnisschulen religiös-ethnischer Minderheiten nach Art. 7 Abs. 5 GG. Am Beispiel einer islamischen Grundschule. 2006.

Band 29 Christian Hoppe: Staatshaftung und Rechtsschutz bei Verletzung grundfreiheitlicher Schutzpflichten. 2006.

Band 30 Julia Schäfer: Die Entscheidung des ECOFIN-Rats über das Vorliegen eines übermäßigen Defizits. Eine Entscheidung zwischen Politik und Recht. 2007.

Band 31 Erika Elisabeth Orth: Ein Grundrecht auf Umweltschutz in Europa? Eine rechtsdogmatische Einordnung des Art. 37 GRC. 2007.

Band 32 Cécile Günther: Die Auslegung des Rechts auf Bildung in der europäischen Grundrechtsordnung. Eine Analyse von Schutzbereich und Reichweite – dargestellt am Beispiel des Art. 14 EU-GRCh (Art. II-74 EuVerf). 2007.

Band 33 Muna A. Yousif: Die extraterritoriale Geltung der Grundrechte bei der Ausübung deutscher Staatsgewalt im Ausland. 2007.

Band 34 Stefanie von Hoff: Die Rolle des US-Supreme Court im Prozess der Verfassungsänderung in den Vereinigten Staaten von Amerika. 2008.

Band 35 Alexander Metz: Das Recht Prominenter am eigenen Bild in Kollision mit Drittinteressen. Insbesondere vor dem Hintergrund des Falles Caroline von Hannover. 2008.

Band 36 Susanne Dyrchs: Das hybride Khmer Rouge-Tribunal. Entstehung, Entwicklung und rechtliche Grundlagen. 2008.

Band 37 Heiko F. Schmitz-Elvenich: Targeted Killing. Die völkerrechtliche Zulässigkeit der gezielten Tötung von Terroristen im Ausland. 2008.

Band 38 Stefania Slavu: Die Osterweiterung der Europäischen Union. Eine Analyse des EU-Beitritts Rumäniens. 2008.

Band 39 Thomas Krings: Der Grundrechtsberechtigte des Grundrechts aus Art. 13 GG. 2009.

Band 40 Zan He: The ICJ´s Practice on Provisional Measures. 2010.

Band 41 Anna Köhler: Private Sicherheits- und Militärunternehmen im bewaffneten Konflikt. Eine völkerrechtliche Bewertung. 2010.

Band 42 Jens Beynio: Die völkerrechtliche Zulässigkeit der Aufrüstung mit Kernwaffen. 2010.

Band 43 Johannes Maria Baumann: Die Rechtsprechung des EuGH zum Vorrang von Gemeinschaftsrecht vor mitgliedstaatlichen Verwaltungsakten und Gerichtsurteilen. 2010.

Band 44 Susanne Koch: Die grenzüberschreitende Wirkung von nationalen Genehmigungen für umweltbeeinträchtigende industrielle Anlagen. 2010.

Band 45 Sebastian Gerlach: Innere Konfliktregelungsmechanismen der Afrikanischen Union vor dem Hintergrund der entsprechenden Bestimmungen der Europäischen Union. 2010.

Band 46 Anne Rausch: *Responsibility to Protect*. Eine juristische Betrachtung. 2011.

Band 47 Bernhard Kempen / Kolja Naumann: Demokratie und Religion. Tagungsband zum Kolloquium der Wissenschaftlichen Arbeitsgruppe für weltkirchliche Aufgaben der Deutschen Bischofskonferenz und der Demokratie Stiftung an der Universität zu Köln am 23.11.2009 in Köln. 2011.

Band 48 Clemens David Comans: Ein „modernes" europäisches Datenschutzrecht. Bestandsaufnahme und Analyse praktischer Probleme des europäischen Datenschutzes unter besonderer Berücksichtigung der Richtlinie zur Vorratsdatenspeicherung. 2012.

Band 49 Christian Peter Kokew: Der Auslandsschutz deutscher Staatsangehöriger bei Entführungen. 2012.

Band 50 Julia Pullen: Die Immunität von Staatsunternehmen im zivilrechtlichen Erkenntnis- und Vollstreckungsverfahren. 2012.

Band 51 Leonard Koops: Seeräubereibekämpfung durch die Bundeswehr im Einklang mit dem Grundgesetz. Verfassungsrechtliche Anforderungen an einen Einsatz der Streitkräfte zur Bekämpfung der Seepiraterie außerhalb deutscher Seegebiete. 2013.

Band 52 Gesine Anna Eva Krohne: Die Ausbürgerung illoyaler Staatsangehöriger. Geltendes Verfassungsrecht, internationaler Rechtsvergleich und rechtspolitische Reformperspektiven. 2013.

Band 53 Vincent Brenner: Der privatrechtsgestaltende Verwaltungsakt im Regulierungsrecht. Zu den Möglichkeiten und Grenzen der Privatrechtsgestaltung mittels Verwaltungsakt am Beispiel des Eisenbahn- und Telekommunikationszugangsrechts. 2014.

Band 54 Elisabeth Rossa: Kinderrechte. Das Übereinkommen über die Rechte des Kindes im internationalen und nationalen Kontext. 2014.

Band 55 Lukas Preußler: *Question prioritaire de constitutionnalité*. Perspektiven konkreter Normenkontrolle in Frankreich. 2015.

www.peterlang.com

www.ingramcontent.com/pod-product-compliance
Ingram Content Group UK Ltd.
Pitfield, Milton Keynes, MK11 3LW, UK
UKHW041827290926
8980IPUK00002B/104